"一带一路"
国际工程合规与风控实务

"一带一路"（中国）仲裁院　授权
上海市建纬律师事务所　组织编写

中国城市出版社

图书在版编目（CIP）数据

"一带一路"国际工程合规与风控实务 / 上海市建
纬律师事务所组织编写 . —北京：中国城市出版社，
2019.12
ISBN 978-7-5074-3252-7

Ⅰ.①—… Ⅱ.①上… Ⅲ.①"一带一路"—国际承
包工程—工程项目管理—风险管理—研究 Ⅳ.
①F746.18

中国版本图书馆 CIP 数据核字（2019）第 294289 号

责任编辑：宋　凯　张智芊
责任校对：赵　颖　王　烨

"一带一路"国际工程合规与风控实务
"一带一路"（中国）仲裁院　授权
上海市建纬律师事务所　组织编写
*
中国城市出版社出版、发行（北京海淀三里河路9号）
各地新华书店、建筑书店经销
逸品书装设计制版
北京圣夫亚美印刷有限公司印刷
*
开本：787×1092毫米　1/16　印张：30¼　字数：753千字
2019年12月第一版　2019年12月第一次印刷
定价：**80.00**元
ISBN 978-7-5074-3252-7
（904224）

本书编委会

编委会主任：朱树英

主   编：孙玉军

副 主 编：宋仲春　刘思俣

编写人员：（按编写章节顺序排列）

耿　超	金哲远	吕万里	滕桦楠	朱　亚
鲁忠江	费本根	顾增平	林　隐	童　跃
陆宝成	龙晓忠	张　博	万妍玫	杨睿奇
江宝灵	栗　魁	徐海亮	侯伟华	王　猛
张建伟	朱命强	吴娜丽	付　莹	李　灿
李　硕	林　桢	林芳漩	石　鹏	张　雪
王　欢	潘天浩	李晨阳	向　锐	陈少飞
张　戈	张海涛	李靖祺	何红霞	杨哲文
邓南平	裴　敏	姚春华	戴勇坚	张　彪
彭　丹	陈　沸	徐　丹	张维帆	刘彦林
池红美	于智浡	张先庆	万　平	蔡　颖
晋一巍				

前言 | Preface

长风破浪会有时，直挂云帆济沧海

——写在"一带一路"法律丛书第二部完稿时

继本院组稿的"一带一路"法律丛书第一部《"一带一路"国家工程与投资法律制度及风险防范》于 2018 年 4 月正式出版后，在"一带一路"（中国）仲裁院的高度重视和努力下，朱树英副院长带领他所在上海市建纬律师事务所 58 位专业律师通过不懈努力，终于让丛书第二部《"一带一路"国际工程合规与风控实务》顺利成稿。

2013 年秋，中国国家主席习近平统筹国内国际两个大局，着眼人类发展未来，提出共建"一带一路"重大合作理念，契合了人类追求幸福生活的美好愿景，开启了世界共同繁荣发展的崭新征程。弹指之间，沧桑巨变。这六年来，共建"一带一路"已完成夯基垒台、立柱架梁，转入落地生根、开花结果的全面推进阶段，成为广受欢迎的国际公共产品，在历史时空中镌刻下深深的中国印记。

"一带一路"在沿线国家的持续深入发展，使得中国工程企业对外承揽业务也迎来了新高潮。中马友谊大桥、约旦阿塔拉特油页岩电站、喀麦隆曼维莱水电站、乌克兰敖德萨州南方港、阿尔及利亚首都机场新航站楼、斯里兰卡莫勒格哈坎达水库、马来西亚关丹港新深水码头、乌干达国际机场高速公路、匈塞铁路塞尔维亚段等一大批重大项目落地，无不彰显了中国质量、中国速度和中国标准。伴随着"一带一路"工程项目数量和标的的不断增加，工程企业对于沿线国家工程与投资法律制度及风险防范的需求也水涨船高。有鉴于此，作为国内首家专门基于"一带一路"业务的仲裁机构，"一带一路"（中国）仲裁院牵头编写了《"一带一路"国家工程与投资法律制度及风险防范》一书，于 2018 年 4 月正式出版。由于在此之前还未有一部能将"一带一路"沿线六十余个国家工程和投资法律制度及风险防范逐个梳理得如此清晰的书籍，因此，该书甫一面世，即受到了广大国际工程企业和专业人士的热烈欢迎，但读者们仍不满足，又继续关注我们何时能够出版第二部有关"一带一路"工程法律的书籍。大家的热情让我们深受鼓舞。在编写组各位专家的共同努力之下，第二部书工作进度快马加鞭，于 2019 年年底前付梓，这就是此时您手中的这部《"一带一路"国际工程合规与风控实务》。该书的编写思路，恰有三句诗可以形容：

"一叶荣华春秋意，年月回首却思量。""一带一路"沿线经过东南亚、南亚、西亚、东亚、中亚、中东欧等六十多个国家，各国经济政治发展水平不一、历史文化差异很大，工程和投资的法律制度也不尽相同，甚至大相径庭，这在之前的《"一带一路"国家工程与投资法律制度及风险防范》一书当中已经得到了充分的体现。那我们的企业、技术人员和法务人员面对这种纷繁复杂的情况应该怎么办呢？如何才能避免淹没在各国浩如烟海的信息中呢？答案就是抽丝剥茧、总结归纳。沿线国家虽多、法律规定虽繁，但在建设和投资领域肯定有共同规律可循，如果说上一部《"一带一路"国家工程与投资法律制度及风险防范》是站在各国讲"个性"，那么这一部《"一带一路"国际工程合规与风控实务》就是跳出各国讲"共性"。

"沉舟侧畔千帆过，病树前头万木春。"中国对外承包工程业务最早可以追溯到20世纪六七十年代的对外援助，"坦赞铁路"就是当时最大的援外工程项目。改革开放后，国际工程承揽可以概括分为四个阶段，分别是积累提高阶段（1978-1989年）、快速发展阶段（1990-2001年）、规模发展阶段（2002-2008年）、稳步增强阶段（2009年至今）。"筚路蓝缕，以启山林。"中国工程企业在海外拓展业务的过程中既有高歌猛进、攻城略地，也不乏功亏一篑甚至"走麦城"。这些经验教训都是十分宝贵的财富，特别是一些代价高昂的教训，对于企业合规和风险管控意义重大，值得深入研究。因此，本书在各章的最后专门安排了"典型案例分析"一节，分为"案例介绍""案例启示"两部分，对国际工程中的成功经验和失败教训深入解读，以使得企业和专业人士能够获得更加直观和深刻的印象。

"纸上得来终觉浅，绝知此事要躬行。"目前的"一带一路"国际工程出现了转型升级与多方合作的"双轮驱动"模式，具体表现为工程企业越来越多地以EPC+F、BOT、PPP等方式参与项目，通过参股、并购境外企业的方式拓展业务空间，设计咨询企业积极探索跨国并购、跨界整合、延伸产业链的创新发展之路，对外承包工程行业向多元化、专业化、国际化发展的趋势日趋明显，企业和专业人士对于合规和风险控制的要求也将越高、越细、越超前。为此，我们由副院长朱树英带领他所在的上海市建纬律师事务所作为组织编写单位，朱树英律师作为编委会主任，动员建纬总所及多家分所参与编写，还广邀央企法律顾问、资深专业律师、国际仲裁界人士、高校法学学者等对本书建言献策，以确保本书贴近国际工程合规和风控最新实务要求。

三句诗分别对应了本书的总结性、启示性和实用性，这也正是我们编写本书的理念之所在。我们希望本书能够成为工程专业人士案头现场的工具书，能够成为法律专业人士学习研究的专业书，更希望能够成为指导企业合规和风控实务的教科书。本书的出版时值中华人民共和国成立七十周年，谨以此书作为献礼，祝伟大祖国繁荣富强，祝"一带一路"越走越宽广。

"一带一路"（中国）仲裁院

彭国元

于 2019 年 12 月

目录 | Content

第三章　政治风险 　　　　　　　　　　　　　　　　59

第四章　经济风险 　　　　　　　　　　　　　　　　79

第五章　法律风险　　　　119

第一章
国际工程合规与风控概述

第一节　合规与风控基础

一、合规与合规管理

（一）合规

中文"合规"一词本质上属于外来词汇，是由英文"Compliance"翻译而来，英文原义为"服从、顺从、遵从"；而"合规"在中文中的含义，顾名思义为"合乎规范"。目前通行的观点认为合规起源于1977年美国《反海外腐败法》(FCPA——*Foreign Corrupt Practices Act*)。随着我国改革开放的深入，跨国企业将合规理念引入中国。而随着中国企业越来越多的走出去，参与国际竞争，合规既成为国内企业的自主管理行为，也成为政府部门推动的管理要求。

《企业境外经营合规管理指引》中对"合规"的定义为"企业及其员工的经营管理行为符合有关法律法规、国际条约、监管规定、行业准则、商业惯例、道德规范和企业依法制定的章程及规章制度等要求"。

《中央企业合规管理指引（试行）》对"合规"的定义为"中央企业及其员工的经营管理行为符合法律法规、监管规定、行业准则和企业章程、规章制度以及国际条约、规则等要求"。

《ISO 19600：2014合规管理体系——指南》中对"合规"的定义为"履行组织所有的合规义务"，"合规义务"是指"合规要求"或"合规承诺"；"合规要求"是指"组织有义务遵守的要求"，"合规承诺"是指"组织选择遵守的要求"。

一般而言，"合规"是对企业及其员工的经营管理行为提出的要求，要求企业及员工的经营管理行为符合五方面的要求：

（1）符合国内法律法规、监管规定的要求；

（2）符合国际条约的要求；

（3）符合境外经营所在国的法律法规、监管规定的要求；

（4）符合行业准则、商业道德的要求；

（5）符合企业章程、规章制度的要求。

合规有广义、狭义之分。广义的合规是指企业和员工的经营管理行为应当遵守所有的法律法规、国际条约、监管规定、商业道德等要求，包括环境保护、社会责任、反垄断、反欺诈、反腐败、反洗钱、出口管制、个人信息保护等各个方面。而狭义的合规是指遵守反腐败、反商业贿赂的要求。

（二）合规管理

前文我们对合规的概念进行了介绍，不过最终目的并非在于把合规进行学理化的研究，而是如何在实践中规避合规风险，这就要提到所谓的"合规管理"。合规管理最早出现在银行、保险公司等金融企业中。在国内，金融企业的合规管理文件较多，诸如银监会《商业银行合规风险管理指引》、中国保监会《保险公司合规管理办法》等。

2018年11月2日，国有资产监督管理委员会发布《中央企业合规管理指引（试行）》。该指引中，合规风险是指中央企业及其员工因不合规行为，引发法律责任、受到相关处罚、造成经济或声誉损失以及其他负面影响的可能性；合规管理是指以有效防控合规风险为目的，以企业和员工经营管理行为为对象，开展包括制度制定、风险识别、合规审查、风险应对、责任追究、考核评价、合规培训等有组织、有计划的管理活动。

2018年12月26日，国家发展改革委发布《企业境外经营合规管理指引》，其中对合规管理未加以准确定义，而是在第四条"合规管理框架"中规定："企业应以倡导合规经营价值观为导向，明确合规管理工作内容，健全合规管理架构，制定合规管理制度，完善合规运行机制，加强合规风险识别、评估与处置，开展合规评审与改进，培育合规文化，形成重视合规经营的企业氛围。"同时，该指引第五条"合规管理原则"规定合规管理应遵循三大原则：独立性原则、适用性原则、全面性原则。

从上述对于合规管理的定义来看，合规管理应当是企业建立的一系列独立的管理组织架构、规章制度，并且与企业日常生产经营活动相适应的合规工作流程，以确保公司的决策、运行、经营、管理等全方位的整体行为符合法律、法规的规定及相关国际条约，符合业内通行的行业标准、职业道德，并避免"法律责任、受到相关处罚、造成经济或声誉损失以及其他负面影响"的风险。

二、风险与风险控制

（一）风险

风险（Risk）一词也是在企业经营管理中经常出现的一个术语。在国家标准《风险管理术语》（GB/T 23694—2013/ISO Guide 73：2009）中将风险（Risk）定义为"不确定性对目标的影响"；其中"影响是指偏离预期，可以是正面的和/或负面的"；"目标可以是不同方面（如财务、健康与安全、环境等）和层面（如战略、组织、项目、产品和过程等）的目标"。

在国有资产监督管理委员会《中央企业全面风险管理指引》中，第三条规定"本指引所称企业风险，指未来的不确定性对企业实现其经营目标的影响。企业风险一般可分为战略风险、财务风险、市场风险、运营风险、法律风险等；也可以能否为企业带来盈利等机会为标志，将风险分为纯粹风险（只有带来损失一种可能性）和机会风险（带来损失和盈利的可能性并存）"。

企业经营中的风险，从不确定性事件的来源进行分类，可以分为战略风险、财务风险、市场风险、运营风险、法律风险五类。

战略风险是指国家的宏观产业政策、本行业状况、科技进步、主要竞争对手等不确定因素对企业的发展规划与战略、投融资规划等的影响。

财务风险是指企业自身的负债，或有负债、应收账款及其占销售收入的比重、成本费用以及利率、汇率、原材料价格波动等不确定因素对企业利润、现金流等的影响。

市场风险是指产品或服务的价格及供需变化、原材料等物资的价格及供需变化、供应商的资信情况、税收政策、竞争者及潜在竞争者的产品等不确定因素对企业实现其市场目标的影响。

运营风险是指企业组织结构、管理能力等企业运营方面的不确定性因素对公司经营目标的影响。

法律风险是指国内外的法律法规、新的法律法规、合同、知识产权、法律纠纷等不确定因素给企业带来的影响。

（二）风险控制

风险控制也可称为风险管理。在《风险管理术语》（GB/T 23694—2013/ISO Guide 73: 2009）中将风险管理定义为"在风险方面，指导和控制组织的协调活动"。在《风险管理原则与实施指南》（GB/T 24353—2009）中指出风险管理的原则有"控制损失，创造价值；融入组织管理过程；支持决策过程；应用系统的、结构化的方法；以信息为基础；广泛参与、充分沟通；持续改进"。

在国有资产监督管理委员会《中央企业全面风险管理指引》中，第四条规定："本指引所称全面风险管理，指企业围绕总体经营目标，通过在企业管理的各个环节和经营过程中执行风险管理的基本流程，培育良好的风险管理文化，建立健全全面风险管理体系，包括风险管理策略、风险理财措施、风险管理的组织职能体系、风险管理信息系统和内部控制系统，从而为实现风险管理的总体目标提供合理保证的过程和方法"。

《中央企业全面风险管理指引》规定风险管理基本流程包括收集风险管理初始信息；进行风险评估；制定风险管理策略；提出和实施风险管理解决方案；风险管理的监督与改进。规定风险管理总体目标包括确保将风险控制在与总体目标相适应并可承受的范围内；确保内外部，尤其是企业与股东之间实现真实、可靠的信息沟通，包括编制和提供真实、可靠的财务报告；确保遵守有关法律法规；确保企业有关规章制度和为实现经营目标而采取的重大措施的贯彻执行，保障经营管理的有效性，提高经营活动的效率和效果，降低实现经营目标的不确定性；确保企业建立针对各项重大风险发生后的危机处理计划，保护企业不因灾害性风险或人为失误而遭受重大损失。

综上所述，风险控制的根本原则是"控制损失，创造价值"。风险仅仅是一种不利的可能性。在企业经营中，风险控制制度的作用即在于及时收集风险信息以识别风险，通过风险评估与预测制定风控策略和风险解决方案，或者避免不利事件的发生，或者将不利事件化解，消除、规避或转移风险。

第二节　国际工程中的风险控制

一、工程项目风险管理的发展历史与现状

（一）工程项目风险管理的发展历史

广义上的风险管理思想萌芽可以追溯到远古时期。远古时期，人类在面对狩猎觅食、抵御野兽、自然灾害、疾病及外部侵扰时，通常采用结为部落、共担责任、共享收益的方式抵御并分担风险，这些方式渗透着人类最原始、最朴素的风险管理意识和风险管理实践。对此，全世界各国人民都有着类似的共识，我国古代"居安思危""防患于未然"，国外古代"不要把鸡蛋放在一个篮子里"等俗语谚语都透露出类似的简单的风险管理意识。

风险管理作为一项具体的制度的出现，在我国可以追溯到商朝时期，商朝时期，长江商船行船开始将货物分散装载在多条船上，以分散货损风险；而在国外，公元前916年在爱琴海罗得岛出现了共同海损制度，公元前400年出现了船货押贷制度，上述制度是风险管理思想的雏形。

18世纪，是近代风险管理思想的启蒙时期。瑞士数学家贝努利1705年发现了大数定律，该定律奠定了未来一切保险计价的基础；产业革命时期，法国管理学家亨利法约尔在《一般管理和工业管理》中正式将企业面临的风险作为企业管理的核心职能之一，但并未提出明确、完整的风险管理体系与制度，直至1952年美国学者格拉尔在《费用控制的新时期——风险管理》一文中才正式提出了"风险管理"一词。

20世纪前后，是现代风险管理学的奠基时期。20世纪之前，风险管理的应对方式通常仅仅建立在定性分析的基础上，但随着概率论与数理统计学的发展，风险的量化成为一种可能，并逐渐发展成为一门正式的学科。1955年，美国宾夕法尼亚大学沃顿商学院的施耐德教授正式提出"风险管理学"的概念，并开设相关课程。1970年以后，风险管理已经成为一门较为成熟的综合性的边缘学科，它的应用已不再局限于保险业，而是开始渗入社会经济生活的方方面面，成为经济运作及企业运转评估中不可或缺的内容；至此，全美的大多数工商管理学院及保险系都开设了风险管理课程，且风险管理的概念及教育也由美国逐步传入德国、英国、加拿大、法国、日本等工业发达国家。1995年，世界上第一个国家风险管理标准AS/NZS4360由澳大利亚及新西兰联合制定，标志着风险管理学进入标准化操作的时代。

20世纪至今，是风险管理学高度发展的时代。大量学术研究机构及协会的成立对风险管理学的发展起到了不可估量的作用，其中影响较大的机构包括美国风险与保险协会、欧洲风险研究会、国际项目管理协会（IPMA）、美国项目管理协会（PMI）等。1983年，美国RIMS年会上制定的101条风险管理原则成为现行各国通用的风险管理准则；2000年，美国项目管理协会（PMI）新出版的PMBOIO（2000版本）中，将项目风险管理体系由四个方面拓展到6个层面。

风险管理的研究、发展与科学技术和生产力水平有着密切的关系，发达国家例如美国、德国、法国、加拿大等在风险管理的研究和运用始终处于领先地位，发展中国家对此较为滞后，20世纪80年代联合国《发展中国家风险管理的推进》的出版，大大推进了发展中国家对于风险管理的推广及普及。

我国风险管理起步较晚，直至20世纪80年代中期，我国才初步引入风险管理的相关内容，一开始，风险管理的相关思想主要运用于采矿、具有高爆、高毒特点的工业项目及重要的自动化设备的运行可靠性分析。直至大型水利项目——三峡水利水电站的立项研究，风险管理理论，才正式引入工程项目实际中。

（二）工程项目风险管理的现状

我国不仅风险管理的起步较晚，发展速度也不尽如人意。直至今日，工程项目的风险管理在项目管理中也属于相当边缘化的内容，实际的项目管理中，项目风险管理几乎处于一种可有可无的状态，其主要原因包括以下几个方面：

1. 早期经济环境的影响

项目管理理论引入时，我国刚刚开始改革开放的步伐，全国市场还处于计划经济的状态，企业管理人以政府官员和国企负责人为主，普遍缺乏风险意识，主张政绩、数据，不重视客观实际，对于项目客观风险，往往意识不到，或即使已经意识到风险，但出于降低项目预算的目的，宁愿采用自留风险或不合理转移风险的手段来达到少列或者不列风险费用的目的，以减少项目预算，以完成政绩或业绩目标。但这种情况下，一旦风险真的发生，往往导致实际发生的工程价款超过预算，超预算、超概算乃至项目总体功能无法实现而烂尾等不良后果。

2. 我国绩效考核的习惯难以适应风险管理的要求

相较于工程项目管理的其他部分，工程项目风险管理的收益难以量化，也就难以列入绩效考核的目标，换而言之，风险管理的收益难以转化为绩效奖励的目标，项目管理人员难以取得正向反馈，由此缺乏加强风险管理的动力。

3. 我国项目管理的底子薄弱，难以支撑成熟的风险管理体系

我国自20世纪80年代才刚刚开始改革开放，吸收国际项目管理的先进经验，但由于历史原因，当时的项目管理人员的基础知识水平和基本管理水平难以充分吸收国际先进经验，当时没有同时引进项目管理九大知识体系之一的项目风险管理理论、方法及体系。而20世纪80年代至今，对于工程管理层而言，仅仅完成了两代人的替换，还不足以形成关于工程风险管理成熟的标准及运行模式。

4. 项目风险管理理论的发展本身还未成熟，实际运用方面还存在现实的困难

相对于工程管理的其他门类，工程风险管理本身起步较晚，还未形成切实有效可以完全量化的风险管理的操作方法、体系及标准。例如，目前常用的风险识别的方法为事故树、事件树、初始清单法等方法，这些方法仅能应对较为简单的工程项目；对于大型复杂工程，风险影响因素极多，事故树、事件树、初始清单法等简单的风险识别方法并不能满足项目的客观需要。而新近发展起来的例如蒙特卡罗模拟法等还属于理论技术，工程实践中运用不多，理论技术转化为成熟的实践技术还需要较长的时间的考量。

二、国际工程中的主要风险

由于各类风险的存在，中资建筑企业在国际工程项目中遭遇"滑铁卢"并不鲜见。例如，中国铁建股份有限公司于 2010 年 10 月发布公告称，该公司在沙特麦加萨法至穆戈达莎轻轨项目的实施过程中，由于不熟悉当地的投资环境，加之天气炎热、拆迁不利等未能预料的因素，再加上 EPC 合同不完善，遭受的亏损高达 40 多亿元；2011 年，中国海外工程有限责任公司因合同中缺少对其有利的关键条款，在波兰 A2 高速公路项目中遭受巨额亏损，同时还面临高达 2.71 亿美元的赔偿要求和罚款。此外，中国建筑股份有限公司全资子公司承建的巴哈·玛度假村项目，中国电力投资集团公司承建缅甸密松水电站项目，中国交通建设集团投资开发的科伦坡港口城项目等都面临着不同程度的危机。在这些超级项目中，我国承包商均遭受巨额损失。

对于国际工程，从风险来源进行分类，可以将风险分为政治风险、经济风险、法律风险、项目相关方风险、投标和缔约风险、合同管理和履约风险、计价和支付风险、不可抗力风险、争议解决方式风险等。

（一）政治风险

政治风险（Political Risk）是指由于项目所在国内政治变动、项目所在国与第三国政治关系的变动、民族宗教冲突等造成外国承包商损失的风险。风险因素主要包括驻在国的政局变化、战争、武装冲突、恐怖袭击或绑架、社会动乱、民族宗教冲突、治安犯罪等。

（二）经济风险

经济风险是指由于外汇汇率、所在国经济环境、债务危机等因素造成外国承包商损失的风险。风险因素主要包括外汇汇率变动、材料价格变动、利率波动、通货膨胀、税收、外部经济环境异常、项目所在国债务危机等。

（三）法律风险

法律风险是指由于外国承包商对项目所在国相关法律法规、监管政策以及国际组织的规定等缺乏了解或未能引起重视，而未遵守有关规定或者违反有关规定，造成企业承担民事责任、行政处罚等而造成损失的风险；或外国承包商因项目所在国法律更替而造成损失的风险。风险因素主要包括投资限制、劳动用工、财政税收、环境保护、商业贿赂等。

（四）项目相关方风险

项目相关方风险是指国际工程中代理商、发包人、融资担保机构等项目相关方未履行合同、未遵守法律法规等造成外国承包商损失的风险。主要风险因素包括代理商、发包人、融资担保机构、联营方、分包商、咨询机构等的违约、违法行为。

（五）投标和缔约风险

投标和缔约风险是指在投标和缔约阶段，由于外国承包商对项目所在国的自然环境、社会文化、招标文件等方面的了解、理解不足而导致损失的风险。主要风险因素包括自然环境、社会文化、招标文件理解、投标报价、项目自身、语言翻译等。

（六）合同管理和履约风险

合同管理和履约风险是指合同签订后，施工过程中，由于现场施工条件、施工管理与配合、工期变化等合同条件与实际情况不符，或者合同条件理解争议等，造成外国承包商损失的风险。主要风险因素包括现场施工条件、施工管理与配合、工期、质量、安全等合同条件以及施工现场履约情况等。

（七）计价和支付风险

计价和支付风险是指在国际工程合同中约定的计价方式、进度款支付、结算方式等合同条件，造成外国承包商损失的风险。主要风险因素包括计价方式、进度款支付、结算方式、质保金等合同条件。

（八）不可抗力风险

不可抗力风险是指由于不可抗力造成外国承包商损失的风险。主要风险因素包括洪水、海啸、地震、滑坡等自然事件，以及战争、宣战、政乱、内乱、骚乱、罢工、游行、无序、恐怖袭击、政府强制征收等行为。

（九）争议解决方式风险

争议解决方式风险是指国际合同争议不同的解决方式造成外国承包商损失的风险。主要风险因素包括协商、争端解决替代方式、仲裁、诉讼等争议解决方式，以及向外国政府索赔、仲裁裁决执行、判决执行等。

三、国际工程风险管理的主要方法

根据风险管理理论，对于风险管理或者控制的主要方法如下：

（一）风险回避

风险回避主要是中断风险源，使其不致发生或遏制其发展[①]。采用风险回避措施来控制风险，于承包商而言，一般需要产生一定的损失，但该损失较之其所要规避的风险产生的损失要小得多，甚至可以忽略。

但是回避风险一种消极的风险管理方法，承包商不能因为有风险存在而不参加投标或放弃投标。毕竟，很多风险是投机风险，既可能给承包商带来收益也可能带来损失，如果承包商管理得当，措施到位，很可能从风险中获益。

---

① 雷胜强主编：《国际工程风险管理与保险》，中国建筑工业出版社，2012年3月第三版，第95页。

（二）损失控制

损失控制包括两方面：一是"采取各种预防措施以杜绝损失发生的可能"[①]，二是"在风险损失已经不可避免地发生的情况下，通过种种措施以遏制损失继续恶化或局限其扩展范围使其不再蔓延或扩展"[②]。损失控制是一种主动的、积极的风险控制方法。损失控制必须是预防在先，通过风险评价手段，列出风险清单，制定风控计划，如紧急事件应对计划、工程索赔计划等，采取针对性的措施，以达到或者杜绝风险事件发生或者控制损失费用与范围的目的。

（三）风险自留

"风险自留即是将风险留给自己承担，不予转移"[③]。也就是说风险发生可能导致的损失是承包商自己承担的风险范围，通过其内部财务措施处理，是企业成本的一部分。风险自留可分为主动自留与被动自留，前者是承包商已经预见到的风险，内部决策自行承担该风险可能造成的损失；后者是承包商未预见到的风险，未采取措施，发生风险造成损失，只能自己承担。

（四）风险转移

风险转移即承包商通过合同等方式将风险转移给其他人。

1. 分包

即承包商采用工程分包的方法，将其与业主之间的合同责任和风险转移给分包人。

2. 第三方担保

即承包商通过银行或保险公司向业主开具履约保函、质量保函等。

3. 保险

即承包商向保险公司购买保险，由保险公司承担赔偿责任。如承包商可购买战争与内乱险、工伤险、建设工程一切险等。

四、国内企业参与国际工程的风险管理要求

（一）《对外投资合作境外安全风险预警和信息通报制度》（商合发〔2010〕348号）

1. 规定境外安全风险种类

境外安全风险主要包括：政治风险，指驻在国的政局变化、战争、武装冲突、恐怖袭击或绑架、社会动乱、民族宗教冲突、治安犯罪等；经济风险，指经济危机、金融市场动荡、主权债务危机、通货膨胀、利率汇率变动等宏观经济形势变化；政策风险，指驻在国

[①] 雷胜强主编：《国际工程风险管理与保险》，中国建筑工业出版社，2012年3月第三版，第96页。

[②] 同上。

[③] 雷胜强主编：《国际工程风险管理与保险》，中国建筑工业出版社，2012年3月第三版，第99页。

政府的财政、货币、外汇、税收、环保、劳工、资源政策的调整和国有化征收等;自然风险,指地震、海啸、火山、飓风、洪水、泥石流等自然灾害及重大流行性疾病;境外发生的可能对我国对外投资合作造成危害或形成潜在威胁的其他各类风险。

2. 境外安全风险预警

各驻外经商机构、各地商务主管部门和有关商(协)会负责收集涉及驻在国、本地区和本行业企业的境外安全风险信息,整理、分析和评估有关信息对我国对外投资合作造成的影响,及时向驻在国中资企业、本地区、本行业相关企业发布预警并将有关情况报送商务部。商务部视情况对各单位报送的和通过其他渠道获取的境外安全风险信息向全国发布预警。各驻外经商机构、各地商务主管部门、有关商(协)会要高度重视境外安全风险预警、信息通报和应急处置工作,建立工作机制,及时收集并发布境外安全风险预警信息,做好信息通报工作,要求并指导驻在国、本地区和本行业的对外投资合作企业加强安全防范,增强抵御风险的能力。

3. 境外安全风险信息通报

各驻外经商机构、各地商务主管部门、有关商(协)会应认真搜集情况,分析各类境外安全风险对我国对外投资合作造成的影响和后果,及时向驻在国中资企业、本地区、本行业相关企业进行通报,并将有关情况报送商务部。商务部汇总各类境外安全风险信息,视情况向全国进行通报。信息通报的主要内容包括:境外安全形势分析;境外安全突发事件总体情况;企业应对和防范境外安全风险的典型案例;企业境外安全生产和管理案例。

4. 境外安全风险防范和报告制度

对外投资合作企业应建立境外安全风险防范制度,保持境内外通信畅通,收到境外安全风险预警后,立即采取措施加强安全防范,尽量减少风险造成的损失,并及时将应急处置情况向驻外经商机构、地方商务主管部门和有关商(协)会报告。

(二)《对外投资合作境外安全事件应急响应和处置规定》(商合发〔2013〕242号)

1. 处置责任

境外安全事件由境外中资企业机构在驻外使(领)馆指导下进行处置。对外投资合作企业负责人是境外安全管理的第一责任人,对境外中资企业机构和人员预防和处置境外安全事件承担领导责任。外交部会同商务部向驻外使(领)馆发布境外安全风险预警,指导驻外使(领)馆协助处置对外投资合作境外安全事件,依据职责维护境外中资企业机构和人员的安全与合法权益。商务部负责向对外投资合作企业发布境外安全风险预警,建立健全对外投资合作境外安全事件预警、防范和应急处置机制,制订突发事件应急预案,指导企业做好安全风险防范和境外事件的处置、商务合同的善后、索赔等方面的工作,以及境外中资企业机构人员回国后的权益保障等后续工作。住房城乡建设部负责配合商务部指导对外承包工程企业做好境外生产安全事故的应急处置工作。

2. 应急响应

境外安全事件发生后,境外中资企业机构应第一时间向驻外使(领)馆和对外投资合作企业报告情况,并在驻外使(领)馆指导下做好现场处置工作。驻外使(领)馆指导境外中资企业机构开展处置工作，并向对外投资合作企业注册地省级人民政府和商务部、外交部、住房城乡建设部、卫生计生委、国资委、安全监管总局等有关部门报告，提出事件处置的意见建议，包括必要时请国内派工作组赴前方指导协调。

3. 处置程序

（1）战争、政变等境外安全事件发生后，驻外使（领）馆应立即将情况报外交部、商务部等有关部门，启动境外安全事件应急处置预案，如情况危急，协助境外中资企业机构和人员撤至安全地区。境外中资企业机构和人员应按照驻外（使）领馆统一指挥，采取安全防范和应对措施，并按照驻外使（领）馆的建议决定是否撤离至安全地区。

（2）恐怖袭击、绑架、治安犯罪等境外安全事件发生后，驻外使（领）馆应为境外中资企业机构和人员提供必要领事保护，并要求驻在国政府有关部门保障当地中资企业机构和人员的安全。境外中资企业机构和人员应及时向当地警方报警，并采取措施开展伤员救治、人员转移、资产保护等现场处置，做好相关人员及受害者家属的安抚工作，并及时向驻外使（领）馆报告事态发展和处置情况，服从使（领）馆的统一部署和指挥，配合做好对外协调与联络、信息发布和媒体应对等相关工作。

（3）自然灾害、生产安全事故、公共卫生事件等境外安全事件发生后，驻外使（领）馆应指导境外中资企业机构妥善应对，协调驻在国主管部门在人员救治、转移、安置等方面为境外中资企业机构和人员提供协助，并视情请我援外医疗队参与驻在国中资企业机构和人员的医疗救治和疫情防控工作。境外中资企业机构应积极采取措施组织救援，力争将人员伤亡和财产损失降到最小，妥善处理相关善后事宜，并向驻在国主管部门报告情况。

（三）《境外中资企业员工管理指引》（商合发〔2011〕64号）

1. 合规要求

境内企业要认真了解和研究中国和东道国法律法规，特别是与劳动用工相关法律政策规定，并严格遵守，做到知法、守法，用法律规范用工行为，维护双方合法权益；要认真遵守中国有关规定，严格人员选派工作。派出人员应熟悉业务，身体健康，并拥有合法的出入境手续和工作许可。

2. 培训考核

境内企业要加强对派出人员的行前教育、培训和考核。培训内容重点是外事纪律、涉外礼仪、东道国社会概况、相关的法律法规、风俗习惯、宗教信仰等。培训结束后应组织考核，不合格的人员不能派出。要教育派出人员充分认识中国与东道国存在的文化差异，尊重当地的风俗习惯；在日常工作和生活中，平等对待当地雇员，尊重其宗教信仰和生活习俗，注意自己的言行，避免产生误解。要关注平等就业，避免出现种族、部落、肤色、宗教、性别等方面歧视做法。

3. 报备信息

境外企业（机构）中方负责人应主动向中国驻外使（领）馆报到登记，按照《对外投资合作企业在外人员相关信息备案制度》的要求报备人员信息；如发生劳资纠纷，应及时向中国驻外使（领）馆、境内企业所在地政府主管部门和工商联如实报告。

（四）《境外中资企业机构和人员安全管理规定》（商合发〔2010〕313号）

1. 境外安全风险防范

企业要制订境外安全管理制度，建立境外安全突发事件应急处置机制，指导派出企业机构制订安全防范措施和应急预案。

商务部会同外交部、国家发展改革委与公安部建立对外投资合作境外安全风险监测和预警机制，定期向对外投资合作企业通报境外安全信息，及时发布境外安全预警。外交部负责向驻外使领馆通报安全预警信息。

2. 境外安全突发事件应急处置

境外安全突发事件是指境外发生的对境外中资企业机构和人员生命和财产安全构成威胁或造成损失的事件，包括战争、政变、恐怖袭击、绑架、治安犯罪、自然灾害、安全生产事故和公共卫生事件等。

境外安全形势发生异常时，境外中资企业机构应及时向我驻外使领馆报告。境外安全突发事件发生后，境外中资企业机构应立即向我驻外使领馆报告，在使领馆指导下妥善处置。

3. 高风险国家和地区的管理

高风险国家和地区名单由外交部会同商务部、公安部等有关部门确定，并根据情况进行调整。对在高风险国家和地区开展对外投资合作，商务和发展改革部门要严格进行审核，并征求驻外使领馆的意见。

在高风险国家和地区开展业务时，企业应建立完整的境外安全制度以确保境外经营活动的安全，包括境外安全管理规定、境外安全成本预算、境外突发事件应急处置预案等；应严格遵守有关管理规定，及时到驻外使领馆报到登记，并接受驻外使领馆的指导和管理。

境外中资企业机构和项目驻地必须配备必要的安全保卫设施，并可根据当地安全形势雇佣当地保安或武装警察，以增强安全防护能力，提高安全防护水平。

（五）《境外中资企业机构和人员安全管理指南》（商务部对外投资和经济合作司、中国对外承包工程商会，2018年3月21日发布）

为指导境外中资企业加强安全风险防范，建立境外安全风险管理体系和相关管理制度，提高境外安全风险管理水平和突发事件应急处置能力，保障境外中资企业机构和人员安全，商务部对外投资和经济合作司委托中国对外承包工程商会编著了《境外中资企业机构和人员安全管理指南》。该指南介绍了企业境外安全管理战略、安全风险管理、安全风险管理措施、突发事件应急管理、安全审核、安全培训等内容。

第三节　合规与风控管理体系

一、合规管理制度建设

（一）合规制度的要点

合规制度，在企业合规管理中处于核心地位，无论是企业的合规治理架构、合规文化建设还是合规信息管理，都必须以合规制度为基础和依据。因而企业走上合规管理之路的第一步，便是制定适合于本企业的、全面的、具有实际操作性的合规制度。

概述

合规制度，是企业对于一切与合规相关的管理工作的制度安排和要求的总称。企业需要对业务涉及各类合规行为以及管理流程进行明确规范，使员工在开展各项业务时能够得到明确的合规原则指导和操作规范指引。

合规制度通常表现为企业的合规制度规范、针对不同类型业务的专项管理办法、合规管理工作流程、员工的行为准则以及辅助性的合规信息管理方法等文件。

企业以盈利为目的，如果企业盈利的目标与保持合法合规经营相冲突，那么有的企业便有可能突破合法合规的底线。近年来，非法集资事件频发，P2P 理财产品集中爆雷，网店假冒伪劣产品肆虐，甚至关乎人类安危的疫苗造假，无一不是为了谋求巨额利益而突破合规底线。不法事件发生后固然需要严惩，但更理想的做法自然是防患于未然，从一开始便依靠制度约束不当牟利行为，让企业不只是着眼于眼前的短期利益，而是认识到长远发展的重要意义，推动企业长期稳定安全发展。

（二）基本原则

企业建立的合规制度不能是脱离现实的空中楼阁，必须能够在日常经营活动中实践，鉴于此，建立合规制度应当将以下几点要求作为原则：

1. 风险导向

建立合规制度的根本目的是为了规避企业经营管理活动中可能存在的风险，所以以风险为导向是合规制度的首要原则。制度制定者应当对企业的工作内容、风险程度做到清晰划分，判断出业务流程中的风险点，有针对性地制定管理办法，如针对建筑行业而言，项目招投标、材料设备采购、各项报批验收程序等属于高风险环节，合规管理的力度则应该相应加大。

2. 公正公开

合规管理应当针对业务种类及流程有所侧重，但对于企业所有成员而言则应当一视同仁，不应有任何排除在外的员工，并且针对不同管理级别、权限的人员，设定的合规义务也应当有所差别，而对于部分关键岗位如财务、涉密岗位，要求则应当更加严格。此外，合规制度应当向全体员工发布，一方面便于员工了解自己应遵守的合规义务，另一方面也有利于企业形成合规的氛围。

与其他制度相契合。建立合规制度时，应当广泛听取企业管理层、各部门员工的意见和建议，与企业各部门相配合，例如财务、采购、人力资源部门，在熟悉企业其他管理制度的前提下，将合规制度与其他管理制度相融合，一方面契合企业的发展轨迹，另一方面有利于员工尽快熟悉与自己工作相关的合规管理要求，确保合规制度能够落到实处。

3. 具有可操作性

合规制度要落到实处，有效执行，除了内容需符合国家及行业监管要求和企业发展外，制度条文本身需简洁易懂，条理明晰，尤其是针对员工的行为准则，必须准确具体，避免歧义。对于法律法规和监管要求中操作性不明确的内容，企业也应当根据原则性要求制定出具体操作内容，尽量避免虚而不实。

（三）框架搭建

1. 总体纲领性制度

总体纲领性制度主要包括企业经营的大政方针、企业员工需遵循的基本商业原则，包括但不限于遵纪守法、诚实信用、依法纳税、维护公平竞争、防止贿赂腐败等原则，作为一个企业合规制度的基础，其目的在于为企业树立起合规的价值观和意识，为具体的合规管理规范的落实做好铺垫。

2. 具体规范性制度

在总体纲领性制度的基础上，需结合企业发展过程中可能存在的风险点制定具体规范性制度，通常既包含强制性法律法规的规定，又涉及特定行业规范、特定地区合规要求及商业道德规范。

3. 操作指引性制度

无论是总体纲领性制度还是具体规范性制度，要得到落实，都需要具有可操作性的程序和工具予以辅助。例如企业规定员工差旅费单次不超过600元，报销需经部门经理审批，超过600元的，需经企业首席财务官审批。那么这一合规要求的落实，就需要一套完整的差旅费报销流程配合实现。

（四）内容设计

企业合规管理制度的具体内容，需根据企业业务的侧重点，有选择地进行规定，为员工提供全面且详略得当的操作规范指引，通常而言包含以下内容：

1. 采购销售

需明确采购或销售的正规流程及严禁行为，可与相关部门的详细规定相结合。

2. 招待和礼品

需明确招待和礼品必须出于正当商业目的，并同时明确规定招待规格和礼品价值对应的不同类型外部人员、费用等级、登记程序、严禁行为等。

3. 赞助和捐赠

需明确赞助和捐赠的方式、决策主体、操作流程、对被赞助方和被捐赠方的背景评估等。

4. 人事管理

与人事管理相关的合规要求主要涉及企业培训、绩效考核及招聘环节，企业需明确上述各环节中的不合规行为及相应的处置方式。

5. 政府合作

部分类型企业如建筑行业经常会与政府合作，需与政府合作事宜专门规定相应流程、对接人员、费用管理及严禁事项等，降低合规风险。

6. 合作伙伴合规

合作伙伴通常包括供应商、经销商、代理商等，建筑企业通常还包括业主/施工、设计、监理等单位，在合作伙伴的选择和关系维护方面可能存在较高的合规风险，需明确相应合规义务。

7. 利益冲突

与人事管理相结合，需明确员工除本企业工作外的其他政府关系和其他商业活动，避免与企业存在利益冲突，应当建立专门的利益冲突审查系统并及时更新员工及企业客户信息。

8. 关联交易

需明确关联方及关联交易的申报批准流程、披露信息范围、交易价格要求、禁止性规定等。

9. 行贿与受贿

作为重大合规风险提示，并重点规定举报调查制度及惩罚措施等。

10. 举报和调查

针对违反合规义务的情形，建立完整的合规举报制度，通过企业员工之间相互监督降低合规风险，需明确举报人的身份限制、受理范围、处理规则、举报途径及奖励措施、调查流程等。

11. 培训和考核

以员工充分理解合规要求、明确合规义务为目的，将合规内容纳入培训和考核范围。

12. 管理工具

针对合规信息管理系统，需明确其管理目标及范围、操作机制等。

（五）搭建治理架构

建立完备的合规管理制度是企业合规管理的基础，但合规制度还需要相应的组织机构予以实施方能发挥作用。合规涉及企业经营的方方面面，企业的所有组织机构及成员都有着一定的合规义务，因此，想要实现企业合规发展，降低合规风险，需整合整个企业治理组织，建立高效运行的合规机制，企业内外组织协同配合，共同实现合规管理。

1. 总体原则

搭建合规治理架构需遵循"分层管理，统一协调"的总体原则。所谓"分层管理"是指合规管理职责需划分为决策、管理、执行三个层级，三个层级合理分工，明确合规管理部门和相关部门的角色、权力和职责；"统一协调"则是指就合规管理所设立的单独部门之外，企业其他日常运营部门也应当根据其合规义务予以协调配合，共同执行合规管理制度。

2. 总体要求

搭建合规治理架构，首先需在总体上把握以下要求：①企业合规管理机构需根据企业性质、经营业务类型、企业规模、地方及行业监管要求等合理设立，例如对于成立年限已久、规模较大、经营业务复杂的企业，适宜建立专门的合规管理部门履行合规管理职责，但对于规模较小的企业，可以将原有的法务、内控、审计或行政等部门的职责进行调整，承担起合规管理职责；②合规管理机构需整体保持独立性，其做出的调查结果、风险提示等报告能够不受其他部门影响而直接交由决策层讨论决定，并且合规管理机构具备一定权力和资源推进各项合规管理措施，不会因利益牵涉而受到企业其他部门掣肘；③设立合规管理机构时，在纵向上需注意不同层级的管理机构的权限分配及隶属关系，同时在横向上注意合规管理机构与企业其他机构的联系及协调机制，使合规管理机构在保持独立性的同时又能与其他机构相互配合。

3. 机构及职能划分

（1）合规委员会

合规委员会作为企业合规管理体系的最高负责机构，属于决策层，通常设于董事会，由通晓法律、财务及人事管理的部分董事组成，若企业不设立董事会，可以由执行董事组建，人选在企业最高管理人员中产生。合规委员会主要负责对企业的合规工作进行总体战略部署，搭建管理体系，引导合规方向。

（2）合规管理协调委员会

合规管理协调委员会工作重点在于协调，即由企业中与合规管理相关的部门人员组成，常见的如法务、内控、审计、人事、财务等，主要负责协调其各自部门的日常工作与合规管理之间的关系，确保合规管理体系的有效运作。

（3）合规负责人

合规负责人是企业具体组织合规工作执行的人员，根据企业规模及合规工作量，合规委员会可决定由专人出任合规负责人或由企业其他相关负责人如企业法律顾问或法务总监兼任。合规负责人主要工作为执行合规委员会各项合规决策、配合合规管理协调委员会沟通联系企业其他部门，在企业各个部门的配合下落实合规管理工作。

（4）合规管理部门

与合规负责人相似，企业也需根据自身规模和合规工作量确定是否设立专职的合规管理部门，合规管理部门在合规委员会和合规负责人的领导下，具体负责合规工作的开展，包括对国家、地区、行业各项监管政策及时掌握、据此制定合规工作计划、审查企业各项规章制度是否合规、员工合规培训、把控企业决策的合规风险等。

（5）合规专员

合规专员设于企业合规管理部门之外的其他部门，主要负责根据其所属部门的工作任务建立完善的管理制度，配合企业其他合规相关机构执行合规管理任务，为所属部门工作人员提供管理及工作建议等。

4. 部门协调

（1）合规部门与企业员工

企业合规部门与员工的沟通环节，主要是针对全体或部分员工进行合规制度的普及培训，在企业建立合规制度之初需要对全体员工进行系统培训，当有新员工加入企业或其他员工调岗时，则需针对该部分员工进行单独培训，此外，合规部门与员工的沟通还包括针对个别违反合规义务的员工进行纠正和惩戒。

（2）合规部门与业务部门

由于合规部门并不直接接触企业业务，其日常工作需要其他各部门的支持与配合。其他业务部门对企业业务进行分析，识别问题，进而由合规部门根据业务部门的分析对风险进行评测，做出风险提示，再由业务部门根据相应风险提示制定并落实相应的规避方案，及时控制业务风险。

（3）合规部门与监督部门

合规工作的开展除了需要业务部门的配合外，还需要企业各类监督部门的配合，如法务、内控、审计部门。此类部门工作包含一定合规性质，合规部门可为其提供一定的合规审查方向和重点，企业应根据各监督部门的职责具体划分合规管理责任。

（4）企业与外部监管机构

企业与外部监管机构的协调，主要体现在企业的合规管理制度应当随时与外部监管机构的相关规则保持一致，建立沟通渠道，当发生合规风险时，及时向外部监管机构提供相关信息，协调与政府和执法机构的关系，协调企业其他业务及监督部门配合提供相关资料，降低合规风险。

（5）企业与商业合作伙伴

商业合作伙伴包括但不限于客户、供应商、投资人及其他第三方服务机构如律师事务所、会计师事务所等，企业应及时向合作伙伴传达合规要求，针对合作伙伴的每一次投诉或违规，企业合规部门均应进行跟踪记录，及时分析合规风险，避免形成争议冲突进而产生更大损失。

（六）开发管理系统

无论在任何时期，对于一个企业而言，信息获取的及时性、准确性都十分必要，在信息化的今天，信息管理能够让企业及早掌握行业动态、获取发展机遇、提前规避风险，为企业带来更高的经济效益。所以，信息管理系统是企业发展的必需工具。对于合规风控来说，信息化管理能够及时对合规管理中的各项信息作出处理与反馈，形成资料及案例数据库，及时审查评估合规风险，制定风控方案，为企业发展保驾护航。

1. 目标及范围

（1）管理目标

首先，合规信息管理应当符合法律法规及各项行业监管规定的要求。例如上市公司需披露的各类例行报告或专项报告，国有企业涉及资产交易时需申请报批的各项文件资料等，都应当列为重点管理对象，谨慎审核与发布。

其次，合规信息管理应当符合企业自身合规管理的要求。企业针对合规管理制定的一系列规章制度都应当成为合规信息管理的指引规范，对于合规体系涉及的合规政策、管理体系设置、风险清单、培训计划等内容，均应包括在管理系统中。

最后，合规信息管理应当能够提供信息支撑，协助企业合规管理工作有序开展。企业合规管理体系的正常运作，及时解决与预防管理过程中出现的问题、发现的风险，均需要合规信息管理系统配合方能实现，这也是信息管理最终价值所在。

（2）管理范围

信息管理的范围，取决于企业的具体情况，一般没有统一固定的界限。设立信息管理的界限时，通常需考虑以下因素：企业类型及行业特点；企业存续时间及规模；企业架构及员工规模、员工资质与要求；业务种类、业务流程复杂程度；企业现行管理体系。

2. 操作机制

一套完整的信息管理系统，应当能够满足信息从创建到废止全过程处理的要求，各类信息经过处理，适用于企业合规管理不同的需求。具体的操作机制包含以下几个环节：

（1）信息创建及接收

应纳入合规信息管理系统的信息通常包括以下几类：企业合规管理制度、企业其他各项管理制度及操作流程指引、须经审批通过的各项意见、合同等文件。针对可能涉及较高风险的文件，需特别明确创建及接收流程以尽可能规避风险。

（2）合规评审

重要文件在发布之前，应当根据企业的合规管理制度进行评审，审查其是否符合企业的各项管理规定，是否包含合规风险。对于文件中存在的不合规问题，通知相关人员根据合规要求及时改正，对于信息管理系统建立之前的文件进行清查处理，及时作出完善措施。

（3）信息发布与更新

信息经过合规评审，确认符合合规管理要求后予以发布，在发布信息时需注意避免信息发布的不规范，例如对于文件编号、版本序号、主送单位、发布时间、发布主体、保密级别等须准确作出标识，避免文件信息混淆，造成不必要损失。对于企业各项管理制度，或需经过数次修改而成的文件，需注意及时更新版本，对于过时版本及时做归档或废止处理。

（4）信息获取与使用

为便于企业员工获取及使用信息，应合理设置获取及使用信息的权限、形式、操作步骤及保密责任，必要时可就如何操作与使用企业的信息管理系统进行培训，并根据企业规模设立一定的技术服务人员，防止因员工失误操作或其他原因造成信息毁损或不正当使用。

（5）信息保存与归档

为避免在使用信息的过程中出现使用者擅自修改、信息毁损灭失、泄露的情况，信息的保存和归档也必须形成一定的制度，在人员方面，相关岗位员工应当签订保密协议，责任落实到个人，在设备条件方面，除配备基本的档案室、保险柜等之外，更要建立应急处理方案，保证信息安全。

（6）信息废止及处置

针对已经失效、执行完毕或停止执行的文件，除了需进行长期保存和归档的以外，应当及时进行处置。企业针对文件的废止与处置，也应当建立相应的流程，例如经相应级别管理人员审批后销毁，保留废止资料的名录以备查等。

（七）建设合规文化

人类传统观念认为，文化既是人们在长期的社会生活过程中形成的一种社会现象，同时又是凝聚着人类发展与历史积淀的历史现象。对于企业而言，企业在长期的经营发展过程中也会形成体现该企业特点的企业文化，通常体现于企业的经营理念和价值观、企业形象的树立、经营策略与方针、经营活动、社会责任的承担等，而企业文化的核心在于价值观。

合规之所以被一个正当经营的企业所看重，从精神意识层面来说，是因为其符合了人们对于诚信、规范价值观的追求，在这种价值观的引导下，企业能够遵从正确的道德规范，并制定出符合合规要求的行为准则，这一过程，就是合规文化形成并发挥作用的过程。

1. 概述

《合规管理体系指南》中对于"合规文化"的定义是："贯穿整个组织（2.1）的价值观、道德规范和信念，与组织的结构和控制系统相互作用，产生有利于合规（2.17）成果的行为准则。"[①] 通过上述定义可以发现，合规文化渗透于三个概念之中：价值观、道德规范和信念。

价值观是一个人评价行为、事物以及做出选择的一种思维取向，个人价值观有一个形成的过程，一旦确立，在较长时间内会保持稳定，逐渐固定为某种思维导势或行为模式，最终体现为价值目标和评价标准。合规价值观也是如此，不同主体对于是否按照合规要求履行义务，也有一定的选择性，如果其认可合规要求，积极主动执行合规义务，即该主体建立了正向、积极的合规价值观，并且能够以此价值观长久地影响自己的行为。

道德规范是社会规范的形式之一，是用以评判人们是非善恶的某种标准。合规与道德通常是相互关联的概念，正如《合规管理体系指南》引言所载："合规意味着企业遵守了适用的法律法规及监管规定，也遵守了相关标准、合同、有效治理原则或道德准则。"[②] 对于企业而言，仅依靠规章制度、法律法规进行管理是远远不够的，对于商业利益的追逐有可能会让决策者、企业员工放弃道德规范，突破道德底线，因此一个良好运营的企业建立的合规制度及文化，其背后必然离不开道德的制约。

信念是一个人或一个组织的精神内核，在信念的支撑下，主体会将某种主张、理念视为自己终生追求信奉的行为准则。对于合规主体而言，诚实信用应当始终作为其坚定的信念，不合规现象的出现，例如收受贿赂、偷工减料、以权谋私等，皆是诚实信念的缺失导致，因而信念亦是合规文化的内涵之一。

2. 合规文化的意义

合规是一个企业可持续发展的基石。合规文化需在企业的经营活动和管理工作过程中建立，反过来又会影响到企业日常活动的各个方面。

（1）合规文化能够对企业员工的工作发挥导向功能。文化作为精神产物所特有的协调功能够帮助企业构建积极向上、和谐相处的人际关系，为合规行为创造良好的环境，而价值观、道德观念和信念所形成的凝聚力则可以使员工产生强大的向心力，促使员工在道德观念的指引下主动参与合规管理。

（2）合规文化顺应企业经营管理的目标，能够成为企业的生产力。企业想要稳健长远发展，就不能一味强调效率、过分注重盈利，以牺牲风险管理为代价，但同样也不能过于强调安全、止步不前，而是在合理控制风险的同时尽可能地谋求正当利益，即追求风险与

---

①《合规管理体系指南》（GB/T 35770—2017/ISO 19600：2014）：2.19。

②《合规管理体系指南》（GB/T 35770—2017/ISO 19600：2014）：引言。

利润的动态平衡。而建立合规文化，一方面帮助企业把控风险、降低损失；另一方面为企业的长远发展提供持久动力。实践证明，坚持合规操作的企业，即使短时间内会损失部分利益，但从长远来看，在合规文化影响下树立的品牌形象、市场口碑，将成为企业更大的生产力。

3. 合规文化的形成

《合规管理体系指南》第6.3.2.3条提出："发展合规文化，要求治理机构、最高管理者和管理层，对组织的各个领域所要求的、共同的、已发布的行为标准作出积极的、可见的、一致的和持久的承诺。"由此可见，在企业中形成合规文化，有两个关键点，一是保持合规的思想信念，二是管理层首先以身作则。[1]

（1）保持合规的思想信念

形成合规文化，通常要求企业对于企业现行的内部管理制度及管理活动进行分析，确认是否符合合规价值观，并以正确的合规价值观、道德规范及思想信念，修改或重新搭建企业内部合规及风控管理制度，同时通过各种传播途径以及企业内部各类培训、沟通活动，将符合合规要求的合规及风控管理制度传播于企业一般员工，在整个企业中形成合规理念及意识。

企业建设合规文化的终极目标，就是通过合规核心价值观的树立、合规管理体系的建构、合规培训沟通习惯的养成以及合规风险评估及应对机制的完善等一系列方法，将合规理念渗入到企业每一位员工、每一项工作之中，使每一位员工都能以合规的思想信念指导自身的行为，实现企业和个人的共同发展。

（2）管理层以身作则

企业成立的本质及根本目的，都是为了盈利，相较之下，合规管理则仿佛站在对立面，对企业及员工一味追求利益的行为进行约束，好比一辆高速行驶的快车，合规管理便是刹车装置，当意识到前方存在风险、违规操作时，及时刹住车，阻止企业违法违规地获取利润。与利益相对，决定了合规文化很难在员工中自发形成，需要领导及管理层从上到下地推动，在合规管理制度建立的过程中，由于工作程序变得复杂，在员工中也必然会出现反对的声音，所以，领导及管理层对待合规的态度，直接决定了企业是否能够形成合规文化。

对于形成合规文化，管理层应当在以下方面以身作则：积极实施和遵守内化于企业各项规章制度的合规价值观；鼓励员工认可合规的价值及重要意义，帮助员工明确其合规义务和责任；在指导、培训合规制度时以身作则，亲身参与；引导创造合规管理的环境，鼓励员工及时报告、改正不合规行为；出现不合规情形时，各级管理层保持一致处理态度；积极推动合规文化与其他企业文化相融合，促进合规文化与企业长期发展目标相一致等。

4. 合规文化的推广

人文活动可以分为两个层次，第一个是认识的层次，第二个是运用的层次，合规文化的形成和推广同样符合这两个层次。如果认为合规文化的形成是决策者建立合规体系、员工获得认知的过程，那么合规文化的推广就是企业所有员工共同落实合规文化、运用合规制度推动企业稳步健康发展的过程。

---

①《合规管理体系指南》(GB/T 35770—2017/ISO 19600：2014)第6.3.2.3条。

合规文化的推广，可以从以下几方面进行：

（1）合规专项培训从新员工入手，增强员工对于合规要求的认同感，培训内容方面，应当包括本企业的一系列合规管理制度及价值观、以往出现的合规案例等，也可考虑将合规要求作为新员工入职考核的标准之一。日常工作持续培训并不断更新培训内容。《合规管理体系指南》第 6.2.2 条关于培训，明确指出："培训项目的目标是确保所有员工有能力以与组织合规文化和对合规的承诺一致的方式履行角色职责。设计合理并严格执行的培训能为员工提供有效的方式交流之前未识别的合规风险。"[①] 由此，合规文化需要通过经常性、系统性的培训进行推广。

（2）制度及时调整。国家的法律法规始终处于不断更新的状态，对于合规的要求也会因时而变，加之企业发展过程中也会随时出现新的问题，因此企业负责合规管理的部门应当保持开放的态度，及时与内部员工和外部合伙方就本企业合规管理制度进行沟通，及时更新相关制度要求。

（3）合规考核。建立健全绩效考核制度，对员工的合规行为作出评估，并与其工作报酬挂钩。将这两者挂钩的做法，能够进一步推动企业各级管理层、员工以更为谨慎认真的态度对待合规管理，提高其重视程度。对阶段性合规管理成绩予以公开性的表彰。公开的方式多种多样，例如在企业会议时表扬，通过发送邮件表扬，或年终时在企业例行总结大会上进行表彰等。对故意或过失违反合规制度的行为及时进行制裁和惩罚。与表彰相对的，不履行合规义务的行为也必须及时进行制止，并且针对不合规行为导致的不同风险和损失，应当采取不同的措施应对，同时注意在惩戒相关责任人时将企业承受的风险和损失降到最低。

二、国外经验

国际社会中，企业合规制度体系建立的渊源是美国 1976 年爆发的洛克希德公司在日本及其他众多发展中国家业务经营中的行贿丑闻事件。这一事件，直接促使了 1977 年美国《反海外腐败法》（FCPA）的出台。随后，巴林银行事件、安然事件、世通公司事件等一系列因企业或其职员违反商业道德而导致企业崩溃破产的案例，使人们越来越意识到企业合规的重要性。人们开始反思企业经营、管理和良好发展所必须面对的一个重要问题，即如何在企业文化中强化道德与合规，以平衡片面、过度地追逐利润给企业带来的负面影响和危机。

2002 年，美国国会高票通过了《萨班斯法案》，对企业治理、会计执业监管、证券市场监管等作出了众多新的规定。《萨班斯法案》所建立的法律合规模式，超越了过去以规则为基础的模式，通过直接与企业管理机构（董监事会）、高级管理人员、企业财务人员、法律合规部门人员建立工作联系与审批汇报机制，来促使他们承担起企业健康发展的责任，确保经营管理决策和企业文化更侧重于维护商业道德与秩序，而不仅仅局限于遵守（或者合理规避）法律规定。也正是在《萨班斯法案》出台的同一年，美国企业开始落实企业内部层面的合规体系与制度建设。美国企业的制度建设从设立岗位开始，各大跨国企业

---

① 《合规管理体系指南》（GB/T 35770—2017/ISO 19600：2014）：第 6.2.2 条。

首次出现"首席道德与合规官",由董事会任命,向董事会汇报,全面负责企业的道德与合规政策的制定、管理和执行。目前,全球大型跨国公司和世界500强企业大多都设立了"首席道德与合规官(CECO)"或"首席合规官(CCO)"。

一系列的国际性丑闻使越来越多的跨国公司进一步意识到"道德与合规"对于企业稳定健康发展的重要性。与此同时,各国政府和相关国际组织也在加大促进企业合规反腐的工作力度。2009年12月,联合国全球契约组织和透明国际组织联手制定了《反腐败第十项原则报告指引》,在总结众多跨国公司经验的基础上,提出了企业撰写合规反腐报告的框架。此外,联合国全球契约组织成立了第十项原则专家组,即反对企业商业腐败原则的专家组,推进全球企业合规反腐。2009年12月,OECD理事会通过了《关于进一步打击国际商业交往中贿赂外国官员的建议》,2010年2月通过了《内控、道德与合规最佳行为指南》,2011年5月底又推出了新修订版的《跨国公司行为准则》,并每年召开两次会议来总结各国企业经验,推进全球企业合规反腐。2010年7月,英国通过了反腐力度创历史新高的《反贿赂法》,将与贿赂有关的罪名分为三类:一般贿赂犯罪(包括受贿罪与行贿罪)、贿赂外国公职人员罪、商业组织防止贿赂失职罪。其中,防止贿赂失职罪是一个全新的罪名,体现了从重处理到重预防的执法理念的转变。

国际化标准委员会在2014年发布了ISO 19600合规管理体系—指南(以下简称《指南》)。根据《〈ISO 19600合规管理体系—指南〉简介》一文,该标准的起源可追溯至1998年出版的《澳大利亚标准AS3806》。2006年对最初的标准进行了修订,并于2009年被新西兰采用。到2014年底,该标准向ISO 19600的转化代表了一个重要的进程——一系列广泛的准则成为澳大利亚、新西兰、亚洲部分地区甚至而今全球范围内合规最佳实践的基准。通过系统化的体系建设,企业完全可以从源头防止不合规行为的发生,通过体系运行发现企业经营活动中存在的相关法律风险,通过对企业业务的整体合规性审查和规章制度建设,将合规风险消除于萌芽状态。最重要的是,ISO 19600体系标准在对企业提出挑战的同时,也为企业在加强管理和提升管控水平等方面带来了改善机遇。很多企业开展合规管理工作最初只是为了合规,但最后发现最大的回报不是在合规本身,而是通过对内部控制的梳理,加强了企业管控力度,推进了流程的标准化以及提高了企业管理者的信心。

三、国内指导性文件

(一)《风险管理原则与实施指南》(GB/T 24353—2009)(2009年9月30日国家质量监督检验检疫总局、国家标准化管理委员会发布;2009年12月1日实施)

本标准是风险管理系列标准中的指导性标准,参考了ISO/DIS31000《风险管理原则与实施指南》编制而成。该标准明确指出"风险管理过程是组织管理的有机组成部分",应"嵌入在组织文化和实践当中,贯穿于组织的经营过程"。根据该标准,风险管理过程由明确环境信息、风险评估、风险应对、监督和检查等步骤组成;其中核心是风险评估,风险评估包括风险识别、风险分析和风险评价。

（二）《企业法律风险管理指南》（GB/T 27914—2011）（2011 年 12 月 30 日国家质量监督检验检疫总局、国家标准化管理委员会发布；2012 年 2 月 1 日实施）

该标准是在《风险管理原则与实施指南》的指导下，国家编制的企业法律风险领域的专门的管理标准。该标准规定了企业法律风险管理的原则、过程和实施，并附录了企业法律风险识别、分析等示例。企业法律风险管理过程包括明确法律风险环境信息、法律风险评估、法律风险应对、监督与检查等步骤；其中核心是法律风险评估，包括法律风险识别、分析、评价等步骤。

（三）《合规管理体系指南》（GB/T 3570—2017/ISO 19600：2004）（2017 年 12 月 29 日国家质量监督检验检疫总局、国家标准化管理委员会发布；2018 年 7 月 1 日实施）

该标准用于指导建立、改进合规管理体系，对合规管理体系流程提出了建议做法。根据该标准，企业可按以下流程建立和改进合规管理体系：从组织环境角度确定合规管理体系范围，从合规义务出发进行合规风险的识别、分析和评价，根据合规方针分配合规职责与权限，根据合规目标策划应对合规风险，运行策划进行合规风险控制，开展绩效评价并持续改进。

（四）《中央企业合规管理指引（试行）》（国资发法规〔2018〕106 号，2018 年 11 月 2 日，国资委发布）

为推动中央企业全面加强合规管理，加快提升合规管理水平，国资委制定了该指引。根据该指引，公司董事会、监事会、管理层、合规管理机构、业务部门都有相应的合规管理职责；合规管理的重点领域有市场交易、安全环保、产品质量、劳动用工、财务税收、知识产权、商业伙伴等；合规管理的重点环节有制度制定环节、经营决策环节、生产运营环节等；合规管理的重点人员有管理人员、重要风险岗位人员、海外人员等；央企要强化海外投资经营行为的合规管理；央企要建立合规管理制度，强化违规问责。

（五）《企业境外经营合规管理指引》（发改外资〔2018〕1916 号，2018 年 12 月 26 日，国家发展改革委、外交部、商务部、人民银行、国资委、外汇局、全国工商联发布）

为更好的服务企业开展境外经营，推动企业持续提升合规管理水平，发改委等部门共同制定了《企业境外经营合规管理指引》。该《指引》提出了企业在对外贸易、境外投资、对外承包工程、境外日常经营的合规要求；提出企业建立权责清晰的合规治理结构；提出合规管理机构一般由合规委员会、合规负责人和合规管理部门组成；提出了企业合规管理包括合规培训、合规汇报、合规考核、合规咨询与审核、合规信息举报与调查、合规问责等运行机制；提出了合规风险识别、合规风险评估、合规风险处置等合规管理的核心流程；对合规评审与改进、合规文化建设也提出相应的指引。

四、企业合规建议

制定企业合规制度和流程，首先要考虑企业自身性质与特征，需要对企业所在行业、所有制性质、上市与否、业务模式、组织架构的设置及职责分工、适用的合规规范及相关规定、授权机制、现有制度、现有合同及文件、同行业发生过的违规事件、本企业发生过的违规事件等，作详细的尽职调查，进行风险识别、分析和评价，提出风险应对和防范措施，然后从合规管理角度对现有制度进行修改、补充和完善，或者制定新的合规制度和流程。

良好的合规工作团队往往可以凭借职业经验和行业实践，协助企业其他职能部门找到既合规又有效的新经营方式与商业途经，使企业和员工个人的风险均得到有效控制或者排除，同时还使企业的成本与费用得到节省或避免。通过与内控工作团队的配合，企业合规与道德工作团队不仅可以为企业的各项内控制度提供政策依据，而且还可以对内控制度的合理性、有效性提出具体的建议和评估。通过与内控制度的紧密结合，道德与合规制度不仅对外可以使企业减少因违规造成的行政处罚或民事赔偿方面的损失，对内还可以使企业减少因利益冲突或恶意偷盗而造成的损失。

企业合规管理负责部门制定合规管理制度，当与各职能部门和业务部门沟通和协调，充分听取他们的意见和建议。从制度框架来看，可以制定企业合规管理总体指南，将合规管理各构成要素的组织、范围、要求和程序纳入一个文件中统一规定。也可以针对合规管理的每一构成要素，制定若干单行的合规管理制度。具体可以根据企业的习惯及规章制度的制定规范予以确定。

职能部门管理规章具有很强的专业性，其制定当以职能部门为主，合规管理负责部门参与。合规管理负责部门应充分利用参与制定和修改、合规审查、合规评审等，对职能部门管理规章实施有效合规管理。

业务合规流程是企业合规管理与业务管理高度协调融合的产物。业务合规流程须根植于企业业务及其管理，与相关业务管理制度和流程充分协调，有机衔接，科学融合。正因为如此，业务合规流程可以采取单行制度形式；也可以将合规管理要点和程序直接纳入业务管理制度和流程之中，成为业务管理制度和流程的一部分。企业合规管理负责部门和业务部门应成立项目小组，专门负责前期尽职调查、合规风险识别及分析评价，以及业务合规流程的起草、修改和制定。

第四节　合规管理与完善的思考

企业建立合规制度并不是为了获取空名，而是出于企业现实利益的需要。从实际操作层面出发，国家与政府引导、要求企业建立企业合规制度，是为了树立良好的市场秩序，提供合乎现代法律制度与商业体系的企业合规环境，以规范企业的市场行为，提高自身经济体的竞争力，并在全球化进程日益加深的今天保证自身的合规环境与国际大环境充分接轨。当代商业社会中绝大多数知名跨国公司都建立了相对成熟的道德与合规制度是存在历史原因的。20世纪中期开始，全球化进程正式开启，跨国公司相继建立，西方世界企业在第三世界国家广泛采取贿赂、权钱交易、不正当竞争的方法互相争夺市场与资源，不仅造成了商业成本不断增加、行业整体利益受损等后果，企业与国家形象也受到严重打击。随着一系列合规丑闻的爆发商业名誉垮塌事件的相继发生，跨国公司意识到，企业在合规与商业道德方面出现问题，则会给经营带来难以承受的损失——声名狼藉、股价大跌、市场尽失，其影响是全局性、根本性，甚至是毁灭性的。没有任何一个成熟的企业肯在这样的问题上进行豪赌。众多的案例告诉人们，企业的发展必须建立在诚信、合规的基础上，这样，企业就不必担心日后会被追责而不得不支付巨额的赔偿、罚款与诉讼费用，不必害怕因发生丑闻而失去客户并被逐出市场。从长远看，诚信、合规的方式是最节约的发展方式，冒道德、违法风险获得的财产始终都不是自己的财产。

在现代社会里，企业拥有巨额的财富，掌握丰富的资源，拥有巨大的影响力，因此，也承担着重大的社会责任。企业作为国家经济的细胞，其素质高低、健康与否，决定着国家的素质和竞争力。很难想象在一个企业毫无合规与道德而言的社会里，公民利益与公共安全如何能够得到保障，消费者的信心如何可以得到支撑。从这个意义上讲，合规运作是企业应尽的社会责任。

正确认识合规与发展的关系是企业领导推动合规体系建设时需要跨越的认识上的门槛。对于大多数企业来说，谈发展容易达成共识，搞合规则经常难下决心，总想等一个更恰当的时机。其实，如果抱着等到企业成功甚至在行业中占有绝对优势时再搞合规的心态，那么企业就永远也不会有搞合规的恰当时机。把合规与发展对立起来的经营理念是错误的，认为越合规就越没有竞争力的观点是短视的。企业越面临挑战，就越需要合规工作的渗入。企业缺乏竞争力，首先应当在产品质量、营销战略、成本模式、管理效率等方面找原因，恰当的合规工作，可以帮助企业以对社会、客户、股东和员工高度负责的态度，认真寻找提高企业竞争力的根本途径，勇于承担自己应尽的职责。

一、合规工作与体系建设的现实意义

在全球化时代，跨国公司之间的竞争已经从过去以硬件竞争为主上升到以软件竞争为主，从过去主要是技术、产品的竞争上升到企业责任理念以及企业道德水准的竞争。先进的企业责任理念成为企业制胜不可或缺的软竞争力。中国企业应该适应全球企业竞争的新局面，通过更新理念、强化责任来增强软竞争力。值得高兴的是，近年来，许多中国企业，特别是进行国际化发展的大企业，正越来越重视企业的道德与合规工作并且取得了积极的进展。根据联合国全球契约组织的相关统计，2007年，进入全球500强的26家中国内地企业中，仅有8家编写披露了企业合规反腐报告；然而到2011年，在进入全球500强的57家中国内地企业中，已经有49家编写并披露了合规反腐报告。2012年，69家进入世界500强的中国内地企业中，有54家披露了企业合规反腐报告，特别是其中有30多家企业的合规反腐报告写得相当完备，具有很高的透明度和很高的可操作性。

此外，在当前的政治经济环境下，倡导企业道德与合规理念、建立道德与合规制度不仅关乎企业的长远健康发展，也是企业践行新时期社会主义核心价值观的重要要求。党的十八大提出"倡导富强、民主、文明、和谐,倡导自由、平等、公正、法治,倡导爱国、敬业、诚信、友善,积极培育社会主义核心价值观",社会主义核心价值观的宗旨是重塑国家、社会与个人的道德信仰,提升道德在促进经济发展中的重要作用,通过引导每一个社会个体讲道德、遵道德、守道德,追求高尚的道德理想,来培养良好的道德风尚,提高社会道德水准,推动社会经济的全面发展。企业作为社会经济活动的主体,理应按照更高的道德标准来规范自身的行为。企业不断地提升自身道德标准,在日常经营活动中主动、自觉地严格按照道德标准来开展经济活动,与客户、用户、合作伙伴、社区居民等利益相关方建立诚信、和谐的商业关系,既是企业应尽的社会责任,也是企业践行社会主义核心价值观的重要方式。

二、海外合规执行与管理中的困难因素

随着海外项目派遣人员重要性的提升,工作环境的特殊,合规管理意识若不能随之提高,不但对本人的职业发展有害,还可能给企业经营管理和业务发展带来较大的风险和损失。由此建议国有大型企业给予海外派员工这一特殊群体更多的关注、支持和约束,规避企业海外运营合规风险。

海外工作人员由于远离总部,职责独立性强,所以更应该加强对其制约和管理,更好的保障海外派驻人员健康履职。在工作中可以借鉴的方式有:一是以工作团队为单位向海外机构派驻人员。这样避免一个人权力过于集中;同时团队成员之间也可以相互支持,相互制约。二是外派时间实行错位制。尽量不将外派员工同时派出,同时调回。这样有利于保持海外管理团队的稳定性和持续性;有利于企业培养熟悉一线管理人才;同时新老人员交叉也起到以老带新,相互制约的作用。三是运用互联网管理系统。通过互联网对于海外分支机构的部分职能采取集中管理,合理规避海外机构经营合规风险。

管理的目的在于保护企业和员工的共同利益,发现制度漏洞,防微杜渐。由此对于海外员工的管理应做到:第一,在绩效考核方面,应在考核业绩的同时多参考驻外环境的复杂性,将定量考核与定性考核相结合。以此避免因急功近利追求业绩,带来不必要的合规风险。第二,在职业发展规划方面,最好在决定外派之际就让本人对回归后的职业方向有所了解。这样可以缓解对前途茫然带来的恐慌心理,促使外派人员为了回国后的升迁机会竭尽全力完成任务,严格要求自己。第三,健全的探亲休假制度和适当的经济支持,可使外派人员有更多的机会与家人团聚,减少孤独感,缓解思乡之情。用亲情巩固外派人员的心理防线。第四,完善管理制度体制和强有力的制度制约,制衡海外派驻人员的职责权利,控制海外不合规行为带来的风险。

三、海外派遣人员合规风险管控

加强管理只是合理控制海外派驻人员的手段,只有从派遣前的甄选、培训;派遣中加强沟通和思想政治教育;回归后支持三个方面,全面的加强对海外派驻人员的教育和支撑,才能从源头杜绝海外派驻人员不合规风险的发生。

（一）外派前的甄选和培训

首先，外派人员的甄选范围设定要将工作所需和成本效益原则相结合。合理的划分甄选范围可以避免外派人员到驻地享受着高额的补贴，工作量却不饱和，给企业带来成本损失和人力资源浪费；同时也有助于选拔出适合的外派人员带领新的团队中形成有利于母公司的价值理念和管理体系。其次，设置科学的评估标准有助于识别出最合适的外派人员。较合理的评估标准应该包含对其个人综合素质的评估和其家庭情况的评估两大部分。主要包括：业务能力、沟通能力、关系发展能力、文化适应能力、心理抗压能力、人格特质以及适合的家庭情况。第三，由于目前使用较多的面试法有诸多不足：方法相对单一、对评价者经验性的依赖性较高等，因此最好将面试法于社会科学研究方法相结合，建立完整的甄选方法体系。外派前培训有其独特性，不以技能技巧、工作方法为主，而是侧重于跨地域管理知识和工作经验；保持对不同地域文化的敏感性和观察力；自我派遣心理压力以及协调、推动不同文化背景员工协同合作的能力等。因此有针对性地开展境外履职培训尤为重要。

（二）加强沟通和思想政治教育

外派人员身处异国他乡，孤独、寂寞成为他们最大的心理障碍，他们的沟通欲望和诉求明显多于境内工作人员。为了帮助他们释放这些心理压力，建立通畅的沟通途径，充分发挥当地党组织的作用加强思想政治工作教育都是很好的解决方法。同时，企业还可以采取统一租赁宿舍，配置先进的信息通信设备，组织外派员工和当地员工的联谊活动等方式，帮助外派员工扩大社交范围，更便捷的与亲友沟通，积极融入当地的文化氛围。

（三）回归后支持

外派人员长期驻外易引发家庭矛盾，也会导致亲友疏离等问题，且回归后对国内企业的企业文化氛围都需要有重新熟悉、适应的过程。因此，将外派人员回归后支持工作列入完整的外派召回体系的一部分，将对外派人员的职业发展、后续外派工作的顺利进行、增强集体归属感乃至防治外派任期中舞弊都大有裨益。建议在外派人员任期即满之际多提供了解企业近期信息，熟悉人际环境的机会，协助他们做好回归热身。

四、以实效为导向的合规设计理念

企业在海外业务拓展中推进合规体系建设，不仅要在制度、机制上下功夫，更要抓落实、注重实效，并树立以实际效果为导向的合规理念。要把相关的理念真正地落实到意识上和行为上，要让合规工作、遵守合规体系的企业运行成为每个经理人与员工的自觉意识和行为习惯，成为企业文化、企业精神的一部分。这样，危及企业声誉的不道德、不合规的行为，就会在企业内部遇到层层阻力，无法冠冕堂皇地或暗度陈仓。

从企业道德观念方面看，与外国企业相比，中国企业的道德观念过于空泛，缺乏与企业的商业经营活动密切关联的指导原则，没有诸如合规官、合规委员会、新员工培训和全员定期培训、举报热线、违纪处理等具体的实施机制，宣传和培训也远不到位。这也是造成当前中国企业道德问题较为严峻的重要原因之一。

因此，在推进中国企业合规理念的相关制度建设时，首先要在理念和意识上加强宣传和培训，使企业和企业管理者全面了解企业道德与合规的内涵，充分认识道德与合规对于企业长期发展的重要意义。推行企业道德与合规不是作秀，也不仅是公益，而是能够给企业带来现实利益、促进企业长期、健康发展的重要手段和保障。不注重商业道德和合规经营的企业，永远无法成为一家能够长久健康发展的伟大企业。同时，还要在借鉴国外企业强化合规经营经验的基础上，根据中国企业和中国企业制度的现实状况，建立适合于中国国情的道德与合规制度体系。加强道德与合规风险的预警、控制机制，全面推进企业的道德与合规管理。

第二章

国际工程的合规管理

诚信合规、契约至上是现代国际业务的基本规则，也是企业活动的基本依据。而跨境投资和承包国际工程对企业而言往往涉及更大的经营、政治、法律等风险，并且涉及对母国和当地法律法规的双重合规要求。同时，由于信息不透明、法律政治体系差别、文化差异等原因，使得政府对企业的海外经营合规，尤其是国际工程承包合规进行监管更为困难，尤其是国际工程承包市场。根据透明国际组织（Transparency International）发布的数据显示，历年来公共工程和建筑行业在 17 个产业领域中腐败程度高居榜首，每年因工程建设腐败造成的损失约 32 万亿美元，工程腐败已经成为全球性第一大公害，严重制约着各国的经济发展。因此海外经营合规，特别是国际工程的合规无论是对企业运营还是政府监管都提出了更高的要求。

为此，各国政府都出台了与海外经营合规相关的法律法规。企业合规主要涉及两个层面：第一，遵守企业所在国家各类外部法律、法规和监管要求；第二，遵守企业内部价值观、职业道德和行为准则等规章制度。因此，这些法律法规也从两个层面进行了要求：一方面是对于企业海外经营的直接监管规定，另一方面是鼓励企业加强自身合规制度建设的要求。

第一节　我国政府对国内企业走出去的合规要求

目前，我国企业走出去主要有两种形式，即对外投资和对外承包工程（包括对外劳务合作）。对外投资是指在我国境内依法设立的企业通过新设、并购及其他方式在境外拥有企业或取得既有企业所有权、控制权、经营管理权及其他权益的行为。对外承包工程是指中国的企业或者其他单位承包境外建设工程项目的活动，包括咨询、勘察、设计、监理、招标、造价、采购、施工、安装、调试、运营、管理等。上述两类活动受到国家发展改革委、商务部、外管局、国资委等多个政府部门的监管，涉及诸多监管合规要求，现介绍如下：

一、我国企业境外投资的合规要求

目前，我国境外投资的国内立法尚不完善，主要由一系列部门规章进行规制，包括国家发展改革委的《企业境外投资管理办法》、商务部的《境外投资管理办法》、国资委的《中央企业境外投资监督管理办法》以及国家外管局的《境内机构境外直接投资外汇管理规定》等。此外，国家外管局的《关于境内居民通过特殊目的公司境外投融资及返程投资外汇管理有关问题的通知》规定了境内居民（含境内机构和个人）在真实合理需求的基础上，可以购汇进行境外特殊目的公司的设立，故而拓宽了境外投资的主体。而国家发展改革委、商务部、人民银行、外交部《关于进一步引导和规范境外投资方向的指导意见》明确限制赌博业、房地产、影城、俱乐部等境外投资，鼓励"一带一路"基础设施项目建设。我国的境外投资审查制度的发展也经历了从早期的严格审批制到后来的相对宽松的审批制和备案制的过程。政府转变职能主要体现在减少审批事项、下放审批权、实行核准制等方面。下面就我国境外投资的监管体系和合规要求进行介绍：

（一）国家发展改革委进行的境外投资项目核准和备案

2017年12月26日，国家发展改革委发布了《企业境外投资管理办法》。该《办法》由总则、境外投资指导与服务、境外投资项目核准和备案、境外投资监管、法律责任和附则共六章构成，自2018年3月1日起实施。国家发展改革委在国务院规定的职责范围内，履行境外投资主管部门职责，根据维护我国国家利益和国家安全的需要，对境外投资进行宏观指导、综合服务和全程监管。

1. 该《办法》的适用范围

《办法》所适用的境外投资，是指中华人民共和国境内企业（以下称"投资主体"）直接或通过其控制的境外企业，以投入资产、权益或提供融资、担保等方式，获得境外所有权、控制权、经营管理权及其他相关权益的投资活动。上述投资活动既包括获得境外土地、自然资源、基础设施、企业或资产的所有权、使用权等权益，也包括新建、新设境外固定资产、企业或股权投资基金或对其增加投资，还包括通过协议、信托等方式控制境外企业或资产的情况。

《办法》适用于各种类型的非金融企业和金融企业，以及其控制的境外企业，即对该企业直接或间接拥有半数以上表决权，或虽不拥有半数以上表决权，但能够支配企业的经营、财务、人事、技术等重要事项。但《办法》不适用于境内自然人直接对境外开展投资。

2. 境外投资项目的核准

《办法》规定，投资主体开展境外投资，应当履行境外投资项目核准、备案等手续，报告有关信息，配合监督检查。其中由国家发展改革委实行核准管理的范围是投资主体直接或通过其控制的境外企业开展的敏感类项目，包括以下内容。

涉及敏感国家和地区的项目。敏感国家和地区包括与我国未建交的国家和地区；发生战争、内乱的国家和地区；根据我国缔结或参加的国际条约、协定等，需要限制企业对其投资的国家和地区等。

涉及敏感行业的项目。敏感行业包括武器装备的研制生产维修；跨境水资源开发利用；新闻传媒；根据我国法律法规和有关调控政策，需要限制企业境外投资的行业。敏感行业目录由国家发展改革委发布。

3. 境外投资项目的备案

实行备案管理的范围是投资主体直接开展的非敏感类项目，即涉及投资主体直接投入资产、权益或提供融资、担保的非敏感类项目。实行备案管理的项目中：投资主体若是中央管理企业（含中央管理金融企业、国务院或国务院所属机构直接管理的企业），备案机关是国家发展改革委；投资主体若是地方企业，且中方投资额3亿美元及以上的，备案机关是国家发展改革委；投资主体若是地方企业，且中方投资额3亿美元以下，备案机关是投资主体注册地的省级政府发展改革部门。

（二）商务部门进行的境外投资项目核准和备案

2014年9月6日，商务部发布了《境外投资管理办法》，为境外直接投资搭建了基本的制度框架。该《办法》由总则、备案和核准、规范和服务、法律责任和附则共五章构成，自2014年10月6日起实施。该《办法》取消了之前对特定金额以上境外投资、在境外设立特殊目的的公司实行核准的要求。中方投资在10亿美元以上的项目，除涉及敏感国家和地区、敏感行业的项目外，都实行备案。最大程度缩小了项目核准范围，缩短对外投资项目操作时间，提高了运作效率。商务部和各省级商务主管部门负责对境外投资实施管理和监督。

1. 该《办法》的适用范围

《办法》所适用的境外投资，是指在中华人民共和国境内依法设立的企业（以下简称企业）通过新设、并购及其他方式在境外拥有非金融企业或取得既有非金融企业所有权、控制权、经营管理权及其他权益的行为。

《办法》第4条进一步规定，企业境外投资不得有以下情形：

"（一）危害中华人民共和国国家主权、安全和社会公共利益，或违反中华人民共和国法律法规；

（二）损害中华人民共和国与有关国家（地区）关系；

（三）违反中华人民共和国缔结或者参加的国际条约、协定；

（四）出口中华人民共和国禁止出口的产品和技术。"

2. 境外投资项目的核准

《办法》规定，商务部和省级商务主管部门按照企业境外投资的不同情形，分别实行备案和核准管理。其中企业境外投资涉及敏感国家和地区、敏感行业的，实行核准管理：敏感国家和地区是指与中华人民共和国未建交的国家、受联合国制裁的国家，以及商务部可另行公布的其他实行核准管理的国家和地区。实行核准管理的行业是指涉及出口中华人民共和国限制出口的产品和技术的行业、影响一国（地区）以上利益的行业。

对属于核准情形的境外投资，中央企业向商务部提出申请，地方企业通过所在地省级商务主管部门向商务部提出申请。核准境外投资应当征求我驻外使（领）馆（经商处）意见，驻外使（领）馆（经商处）应当自接到征求意见要求之日起7个工作日内回复。商务部应当在受理中央企业核准申请后20个工作日内［包含征求驻外使（领）馆（经商处）意见的时间］作出是否予以核准的决定。省级商务主管部门应当在受理地方企业核准申请后对申请是否涉及本办法第四条所列情形进行初步审查，并在15个工作日内［包含征求驻外使（领）馆（经商处）意见的时间］将初步审查意见和全部申请材料报送商务部。商务部收到后，应当在15个工作日内做出是否予以核准的决定。对予以核准的境外投资，商务部出具书面核准决定并颁发《证书》。

3. 境外投资项目的备案

企业其他情形的境外投资，实行备案管理。对属于备案情形的境外投资，中央企业报商务部备案；地方企业报所在地省级商务主管部门备案。中央企业和地方企业通过"境外投资管理系统"按要求填写并打印《境外投资备案表》，加盖印章后，连同企业营业执照复印件分别报商务部或省级商务主管部门备案。《备案表》填写如实、完整、符合法定形式，且企业在《备案表》中声明其境外投资无本办法第 4 条所列情形的，商务部或省级商务主管部门应当自收到《备案表》之日起 3 个工作日内予以备案并颁发《证书》。

4. 外管局进行的境外投资外汇监管

境外投资关系到国家的国际收支平衡，对于实行外汇管制的国家来说，对境外投资用汇也会采取一定的措施。我国人民币目前还没有实现完全自由兑换，资本项目存在一定程度的管制，并由国家外汇管理局制定和调整我国与境外投资外汇有关的政策。根据国家外汇管理局发布的《现行有效外汇管理主要法规目录》（截至 2018 年 12 月 31 日），我国外汇管理综合性法规包括 21 项，其中基本法规类 8 项，账户管理类 6 项，行政许可类 1 项，其他类 6 项。

我国境外投资的外汇管理制度经过多年发展，不断简政放权，呈逐步放宽的态势，为我国企业境外投资提供支持。2012 年国家外汇局先后发布两个通知，对外汇管理政策作出改进和调整，对投资主体境外投资活动的外汇管理进行简化，继续鼓励和支持投资的发展。近年来发展和完善的速度较快，2015 年国家外汇管理局发布了《关于进一步简化和改进直接投资外汇管理政策的通知》（汇发〔2015〕13 号文）。根据该文件，自 2015 年 6 月 1 日起，境内外投资主体可直接到银行办理直接投资外汇登记。但非金融企业境外投资办理外汇登记应提供商务主管部门颁发的《企业境外投资证书》；金融机构境外投资则应提供相关金融主管部门对该项投资的批准文件或无异议函。

（三）我国企业对外承包工程和劳务合作的合规要求

1. 对外承包工程的合规要求

我国对外承包工程的指导规范主要为 2008 年 9 月 1 日施行并于 2017 年 3 月 1 日修订的《对外承包工程管理条例》。我国商务部、外交部等主管部门也颁布了一系列的法规和部门规章，对中国企业对外承包工程分包管理、劳务管理、安全质量管理、事故汇报、项目所在地监管等各个环节均进行了规制。《对外承包工程管理条例》是国务院第一次发布的规范对外承包工程的法律文件，对于对外承包工程企业更好地实施"走出去"战略，增强企业的国际竞争力具有重大意义。

（1）对外承包工程的资格

目前最新的《对外承包工程管理条例》正式取消了对外承包工程资格审批，而且删除了商务主管部门可以吊销对外承包工程资格证书的规定。对外承包工程资格核发的取消表明，今后企业走出去承包国外工程将不再受相关资格限制，这一变化有利于进一步调动企业对外承包工程的积极性。同时，相关部门也将加强事中事后监管，规范行业的经营秩序。

（2）对外承包工程的风险防范

《对外承包工程管理条例》规定国务院商务主管部门应当会同有关部门建立对外承包工程安全风险评估机制，定期发布有关国家和地区安全状况的评估结果，及时提供预警信息，指导对外承包工程的单位做好安全风险防范；建立、健全对外承包工程突发事件预警、防范和应急处置机制，制定对外承包工程突发事件应急预案等。与境外工程项目发包人订立合同后，要建立及时的突发事件报告制度。

（3）对外承包工程外派人员的合法权益

《对外承包工程管理条例条例》规定，对外承包工程的单位应当依法与其招用的外派人员订立劳动合同，按照合同约定向外派人员提供工作条件和支付报酬，履行用人单位义务，并保护其人身财产安全。对外承包工程单位存缴备用金用于支付外派人员的报酬、因发生突发事件外派人员回国或者接受其他紧急救助所需费用，以及依法对外派人员的损失进行赔偿所需费用。

（4）对外承包工程的质量及安全生产

《对外承包工程管理条例》规定，对外承包工程的单位应当加强对工程质量和安全生产的管理，建立、健全并严格执行工程质量和安全生产管理的规章制度。对外承包工程单位将工程项目分包的，应当与分包单位订立专门的工程质量和安全生产管理协议，或者在分包合同中约定各自的工程质量和安全生产管理责任，并对分包单位的工程质量和安全生产统一协调、管理；禁止对外承包工程的单位将工程项目分包给不具备国家规定的相应资质的境内单位，或者将工程项目的建筑施工部分分包给未依法取得安全生产许可证的境内建筑施工企业。

（5）对外承包工程监管及责任

《对外承包工程管理条例》规定，我国对外承包工程监管主要是国务院主管部门和有关部门、地方政府、商会协会。国务院商务主管部门负责全国对外承包工程的监督管理，国务院有关部门在各自的职责范围内负责与对外承包工程有关的管理工作。国务院建设主管部门组织协调建设企业参与对外承包工程。

（6）对外承包工程保函风险专项资金的相关规定

财政部和原对外经济贸易部2001年10月10日发布《对外承包工程保函风险专项资金管理暂行办法》，2003年3月31日发布《补充规定》。该办法列明，对外承包工程保函风险专项资金系指中央财政出资设立，为符合本办法规定的对外承包工程项目开具的有关保函提供担保、垫支赔付款的专项资金。保函风险资金支出范围为：为符合条件的项目开具的投标保函、履约保函和预付款保函提供担保；垫支对外赔付资金；垫支赔付资金的核销。

2. 对外劳务合作的合规要求

实施"走出去"战略，对外劳务合作对增加国民收入、促进就业均发挥了积极作用，但在领域合作中，部分单位或个人非法组织劳务人员到境外打工，境外务工人员的权益受到侵害，境外劳务纠纷等群体性事件时有发生，不仅损害了劳务人员的合法权益，也损害了我国的国际形象。

2012年6月4日国务院为规范对外劳务合作，保障劳务人员的合法权益，促进对外劳务合作健康发展制定发布《对外劳务合作管理条例》。本条例旨在完善政策措施，抓紧制定对外劳务合作管理的行政法规，从制度上解决对外劳务合作中存在的问题，有利于维护劳务人员合法权益，促进对外劳务合作健康发展。2014年7月18日，商务部发布《对外劳务合作风险处置备用金管理办法（试行）》，自8月17日起施行。2017年9月14日，商务部发布《商务部令2017年第3号商务部关于废止和修改部分规章的决定》，对该办法进行了修改。根据上述条例和办法，对外劳务合作需满足以下条件。

（1）对外劳务合作经营活动条件

①符合企业法人条件；②实缴注册资本不低于 600 万元人民币；③有 3 名以上熟悉对外劳务合作业务的管理人员；④有健全的内部管理制度和突发事件应急处置制度；⑤法定代表人没有故意犯罪记录。

（2）备用金制度

对外劳务合作企业应当自工商行政管理部门登记之日起 5 个工作日内，在负责审批的商务主管部门指定的银行开设专门账户，缴存不低于 300 万元人民币的对外劳务合作风险处置备用金。备用金也可以通过向负责审批的商务主管部门提交等额银行保函的方式缴存。备用金用于支付下列费用：对外劳务合作企业非法收取的服务费；依法应支付的劳动报酬；依法应赔偿的费用；因发生突发事件，劳务人员回国或者接受紧急救助所需费用。

（3）不得非法组织劳务人员到境外

未依法取得对外劳务合作经营资格并向工商行政管理部门办理登记，任何单位和个人不得从事对外劳务合作；任何单位和个人不得以商务、旅游、留学等名义组织劳务人员赴国外工作；对外劳务合作企业不得允许其他单位或者个人以本企业的名义组织劳务人员赴国外工作；对非法从事对外劳务经营活动的，公安、工商行政管理部门有权依法予以取缔。

（4）对外劳务合作合同的规定

对外劳务合作企业应当与国外业主订立书面劳务合作合同。劳务合作合同应必备劳务人员的工作内容和时间、合同期限、劳动条件、劳动许可办理、劳动保险、经济补偿、突发情况救助、违约责任等条款，并在签订合同时保障劳动者知情权。

（5）政府的服务和管理

国务院商务主管部门会同国务院有关部门建立对外劳务合作信息收集、通报制度，为对外劳务合作企业和劳务人员无偿提供信息服务；建立对外劳务合作风险监测和评估机制，及时发布有关国家或者地区安全状况的评估结果，提供预警信息，指导对外劳务合作企业做好安全风险防范；建立对外劳务合作服务平台，为对外劳务合作企业和劳务人员无偿提供服务；建立对外劳务合作不良信用记录和公告制度；制定对外劳务合作突发事件应急预案，妥善处置对外劳务合作突发事件等。

另外，商务部、外交部、财政部等部门颁布了一系列的法规和部门规章，对中国企业对外劳务合作经营资格管理、服务平台资金管理、备用金管理、人员分类管理等各个环节均进行了规制。例如《商务部办公厅关于继续做好对外劳务合作管理有关工作的通知》《商务部、外交部关于建立境外劳务群体性事件预警机制的通知》《商务部关于印发〈对外承包工程业务统计制度〉〈对外劳务合作业务统计制度〉的通知》《财政部商务部关于做好2012 年对外劳务合作服务平台支持资金管理工作的通知》等。另有《商务部关于对外劳务合作经营资格管理有关工作的函》进一步明确对外劳务合作经营资格管理工作；《商务部关于加强对外投资合作在外人员分类管理工作的通知》旨在加强对外投资合作在外人员分类管理相关事宜；《涉外劳务纠纷投诉举报处置办法》对于涉外劳务纠纷投诉举报、受理、处置、结案程序与要求均予以明确。

3. 我国企业对外承包工程的外汇合规要求

因工程行业的特征与业务特性，对外工程承包的外汇管理规定散见于不同的法规文件中。由于对外承包工程一般因项目周期较长，且可能涉及境外机构的设立等问题，对外承包工程的外汇管理规定一般会涉及境外投资资本项目的外汇管理规定。除上述境外投资资本项目的外汇管理规定外，工程承包还可能同时涉及经常项目下的货物贸易与服务贸易。

（1）境外工程承包涉及的货物贸易方面的外汇管理规定

在货物贸易方面，相关的外汇管理规定主要有《国家外汇管理局关于印发货物贸易外汇管理法规有关问题的通知》附件中的《货物贸易外汇管理指引》《货物贸易外汇管理指引实施细则》，这两份文件主要是对企业名录管理、贸易外汇收支管理、非现场核查、现场核查、分类管理作出规定。

在企业名录管理方面，外汇局实行"贸易外汇收支企业名录"登记管理，金融机构对名录内的企业办理贸易外汇收支业务。企业获得或失去对外贸易经营权都应持有关材料到外汇局办理名录登记或注销手续。

在贸易外汇收支管理方面，经 2012 年货物贸易外汇管理制度改革后，货物贸易项下由逐笔核销的出口收汇核销制度转变为货物贸易项下的总量核查制度。

在非现场核查及现场核查方面，外汇局定期或不定期对企业一定期限内的进出口数据和贸易外汇收支数据进行总量比对，核查企业贸易外汇收支的真实性及其与货物进出口的一致性，对企业的货物流、资金流实施非现场总量核查。

对企业非现场核查中发现的异常或可疑的贸易外汇收支业务外汇管理局可实施现场核查，现场核查的方式可以是要求提交书面材料、约见企业重要人员、现场查阅、复制资料等。

在分类管理方面，外汇管理局根据非现场或现场核查结果，结合企业遵守外汇管理规定等情况，将企业分成 A、B、C 三类进行分类管理。

（2）境外工程承包涉及的服务贸易方面的外汇管理规定

在服务贸易方面，《国家外汇管理局关于印发服务贸易外汇管理法规的通知》附件《服务贸易外汇管理指引》与《服务贸易外汇管理指引实施细则》（以下简称"细则"）在外汇收支审查、存放境外管理、监督管理、法律责任等方面明确了对外承包工程项下的外汇业务规范。

在外汇收支方面，不同于货物贸易外汇管理规定的核查制度，国家对服务贸易项下的国际支付不予限制，因而在服务贸易项下对对外承包工程项下的外汇收结汇都无强制性的规定。

在外汇收支审查方面，依据细则第 9 条的规定，在办理服务贸易境内外汇划转业务时，由划付方金融机构在对外承包工程项下总承包方向分包方划转工程款下、服务外包项下、总包方向分包方划转相关费用审查并留存分包合同和发票（支付通知）作为交易单证；在对外承包工程联合体已指定涉外收付款主体的情形下，收付款主体与联合体其他成员之间划转工程款金融机构会审查并留存相关合同和发票（支付通知）作为交易单证；在境内机构向个人归还垫付的公务出国项下对相关费用审查并留存相关费用单证或者费用清单作为交易单证。细则第 10 条规定，在办理服务贸易外币现钞提取业务时，在企业赴战乱、外汇管制严格、金融条件差的国家（地区）的情况下，在对外劳务合作或对外承包工程项下提取外币现钞金融机构应审查并留存合同（协议）和预算表作为交易单证。境内机构和境内个人应留存每笔服务贸易外汇收支相关交易单证 5 年备查。

在法律责任方面，境内机构、境内个人和金融机构都应当按照细则及其他相关规定办理服务贸易外汇收支，外汇管理局对违反相关规定的依据《外汇管理条例》的相关规定进行处罚。

（3）境外工程承包涉及的结汇、售汇及付汇事项方面的规定

除以上货物贸易及服务贸易外汇规定中的外汇收支规定外，境外工程承包涉及的结汇、售汇及付汇事项还应当遵守中国人民银行《结汇、售汇及付汇管理规定》中的条款。另外，外汇管理局《境外外汇账户管理规定》（以下简称"境外账户规定"）以及中国人民银行《境内外汇账户管理规定》（以下简称"境内账户规定"）这两部文件明确了账户如何开立、使用以及对外汇账户的监管。

在账户开立方面，境外账户规定明确：从事境外承包工程项目需在境外开立外汇账户的，可向国家外汇管理局及分局申请，从事境外承包工程业务的，申请应当提供由境内机构法人代表或者其授权人签署并加盖公章的申请书、营业执照正本及其复印件、境外账户使用的内部管理规定等，除上述文件和资料外，还应当提供有关项目合同；外商投资企业在境外开立外汇账户的，除提供上述文件和资料外，还应当提供相关外汇业务登记凭证。

在外汇账户的使用和监管方面，境外账户规定明确：境内机构不得出租、出借、串用境外外汇账户。需变更境外外汇账户的开户行、收支范围、账户最高金额和使用期限等内容的，应当事先向外汇局申请。境内机构的境外外汇账户的开立、收支由外汇管理局依照相关规定进行监管。境内账户明确规定了贷款以及换汇等问题。在账户监管方面，外汇局对外汇账户实行年检制度，未按照外汇局核定的收支范围、使用期限、最高金额使用外汇账户，违反规定擅自开立、出租、出借或者串用外汇账户，利用外汇账户代其他单位或者个人收付、保存或者转让外汇，将单位外汇以个人名义私存，擅自超出外汇局核定的使用期限、最高金额使用外汇账户的，将受到行政处罚。

再有，在对外承包工程项下还存在着国际收支统计申报的问题，企业应当依照《国际收支统计申报办法》《通过银行进行国际收支统计申报业务实施细则》《国家外汇管理局关于印发〈通过银行进行国际收支统计申报业务指引（2016 年版）〉的通知》以及《国家外汇管理局关于印发〈涉外收支交易分类与代码（2014 版）〉的通知》进行申报。

二、国有企业境外投资要求

国有企业的境外投资由国资委进行监管。2017 年 1 月颁布的《中央企业境外投资监督管理办法》中建立发布了中央企业境外投资项目负面清单。列入负面清单禁止类的境外投资项目，中央企业不得投资，负面清单之外的境外投资项目，中央企业自主决策。

《中央企业境外国有资产监督管理办法》要求国资委主要从以下方面对国企开展境外投资活动进行监管：制定有关监督管理制度、实施和监督检查；资产统计、清产核资、资产评估和绩效评价等；落实有关资产的保值增值责任等。其外，对于一切的国有资产的处置，都应遵守《企业国有资产法》《国有资产监督管理暂行条例》等对国有资产管理的规定。

对于境外国有资产，除了应遵守上述规定外，还应遵守于对境外国有资产管理的专门

规定。1999年，财政部、外交部、国家外汇管理局、海关总署联合出台了《境外国有资产管理暂行办法》。2011年开始，国资委就中央企业的境外国有资产管理相继出台了《中央企业境外国有资产管理暂行办法》《中央企业境外投资监督管理办法》，对央企的境外国有资产管理及监督做了进一步细致的规定。其外还有《境外投资管理办法》《企业境外投资管理办法》中规定了备案和核准的问题。

（一）经营主体

根据《境外国有资产管理暂行办法》第5条的规定，境外国有资产经营实行政企职责分开、出资者所有权与企业法人财产权分离、政府分级监管、企业自主经营的原则。中央及省属企业及其各级子企业依法对境外企业享有资产收益、参与重大决策和选择管理者等出资人权利，依法制定或者参与制定其出资的境外企业章程，并应当依法参与其出资的境外参股、联营、合作企业重大事项管理。

（二）设立形式及持有人

占用境外国有资产的机构可注册为独资公司、股份有限公司、有限责任公司或其他形式的经营性和非经营性实体，但不得为"无限责任公司"。经政府或政府授权部门批准的境外投资项目，原则上均须以企业、机构名义在当地持有国有股权或物业产权。属于中央企业的，应当由中央企业或者其各级子企业持有。

（三）企业管理

企业管理应建立完善的法人治理结构、加强投资管理、预算管理、遵守境内企业及国资委制定的融资权限等，具体内容应根据《中央企业境外国有资产监督管理暂行办法》及各省制定的具体的省属企业境外国有资产管理办法或监督管理办法等确定。

（四）重大决策事项

《境外国有资产管理暂行办法》第11条规定了以下重大决策事项，具体包括：（1）境外发行公司债券、股票和上市等融资活动；（2）超过企业净资产50%的投资活动；（3）企业增、减资本金；（4）向外方转让国有产权（或股权），导致失去控股地位；（5）企业分立、合并、重组、出售、解散和申请破产；（6）其他重大事项。在发生重大决策事项时，各级国有企业应报对应财政管理部门备案。

（五）备案、核准、批准

1. 企业设立

境内企业以国有资产在境外投资设立企业，须按国家有关境外投资管理规定报政府有关部门审核批准。

2. 日常经营

境内企业投资设立的境外企业的日常监管和考核由其境内母企业负责，但涉及重大决策事项，应由其境内母企业报财政（国有资产管理）部门备案。

中央管理境外企业不超过企业净资产50%的境外投资活动须报财政部备案；中央企

业及其重要子企业收购、兼并境外上市公司以及重大境外出资行为应当依照法定程序报国资委备案或者核准。

中央企业管理的境外企业有下列重大事项之一的，应当按照法定程序报中央企业核准：增加或者减少注册资本，合并、分立、解散、清算、申请破产或者变更企业组织形式；年度财务预算方案、决算方案、利润分配方案和弥补亏损方案；发行公司债券或者股票等融资活动；收购、股权投资、理财业务以及开展金融衍生业务；对外担保、对外捐赠事项；重要资产处置、产权转让；开立、变更、撤并银行账户；企业章程规定的其他事项。

3. 资产变动

境外机构发生分立、合并、整体出售、撤资、解散或申请破产情形时，须审核批准、清算并办理产权注销登记。清理后归中方所有的财产、收入，按照国家有关规定，及时由其投资者足额收回，并报国家有关部门备案。

境外企业（含专业银行、保险公司）国有资本金总额增减变动超过上次产权登记数额20%、境外企业股权发生变化引起股权结构和中方持股比例变化时，应经主管单位批准。

针对央企，境外国有产权转让等涉及国有产权变动的事项，由中央企业决定或者批准。其中，中央企业重要子企业由国有独资转为绝对控股，绝对控股转为相对控股或者失去控股地位的，应当报国资委审核同意。

4. 个人持有

以个人名义持有国有股权或物业产权的属于例外情况。

确实需要委托个人持有时，须经境内投资者报省级人民政府或国务院有关主管部门批准后，按《境外国有资产管理暂行办法》第15条规定程序办理，其中公证文件（副本）须报财政（国有资产管理）部门备案。

针对央企，须以个人名义持有的，应当统一由中央企业依据有关规定决定或者批准，依法办理委托出资、代持等保全国有资产的法律手续，并以书面形式报告国资委。

5. 境外机构经营、运行中的特别事项

（1）借款：境外企业可自行决定在境外进行借款，但需以其不动产作抵押的，应报境内投资者备案。

（2）抵押：境外企业为其全资子公司借款设立抵押或为其非全资子公司借款按出资比例设立抵押，应报境内投资者备案。

（3）对外担保：除国家允许经营担保业务的金融机构外，境外机构不得擅自对外提供担保。确需对外提供担保时，境内投资者应按照财政部境外投资财务管理的有关规定执行。

（4）境外资金使用：境外机构为企业的，其在境外以借款、发行公司债券等方式筹集资金的，其所筹集资金不得调入境内使用；境外机构为非经营性机构的，不得以其自身名义直接对外筹集资金。境内机构应当按照《境内机构发行外币债券管理办法》《境内机构借用国际商业贷款管理办法》及《境内机构对外担保管理办法》等规定办理外债的筹借、使用和偿还。

本章节中所述的企业从事的对外投资、融资、担保等活动，仍应根据《企业境外投资管理办法》《境外投资管理办法》的规定依法向发改委及商务部等主管部门申请核准或备案。

（六）境外国有资产的监督管理

1. 境外国有资产的监督管理主体

境外国有资产遵循"国家统一所有、政府分级监管"的原则，各级国资委负责对本级政府管辖的境外国有资产进行监督管理。

2. 监督管理的具体职责

根据《境外国有资产管理暂行办法》第4条规定，管理机构履行的相关职责具体包括：制定境外国有资产管理规章、制度，并负责组织实施和检查监督；对违法违规行为责任人给予经济、行政的处罚；建立境外国有资产经营责任制，组织实施境外企业国有资本金效绩评价；审核境外企业重大国有资本运营决策事项；组织境外机构开展国有资产产权界定、产权登记、资产统计、资产评估等各项基础管理工作；从总体上掌握境外国有资产的总量、分布和构成；检查监督境外国有资产的运营状况，并向本级政府和上级财政（国有资产管理）部门反映情况和提出建议；办理政府授权管理的其他事项。

3. 中央企业境外国有资产的管理

中央企业境外国有资产由国资委及中央企业进行监督管理。国资委履行的职责包括：制定中央企业境外国有资产监督管理制度，并负责组织实施和监督检查；组织开展中央企业境外国有资产产权登记、资产统计、清产核资、资产评估和绩效评价等基础管理工作；督促、指导中央企业建立健全境外国有资产经营责任体系，落实国有资产保值增值责任；依法监督管理中央企业境外投资、境外国有资产经营管理重大事项，组织协调处理境外企业重大突发事件；按照《中央企业资产损失责任追究暂行办法》组织开展境外企业重大资产损失责任追究工作；法律、行政法规以及国有资产监督管理有关规定赋予的其他职责。

4. 各省属企业境外国有资产的管理

各省属企业境外国有资产由各省国资委及各省属企业进行监督管理。各省国资委及企业的具体管理职责与上述中央企业管理中国资委和中央企业的职责基本相同，可参照《中央企业境外国有资产监督管理暂行办法》及各省的相关规定进行管理。

三、反贿赂、反洗钱、技术出口要求

（一）反贿赂法规和要求

我国规制贿赂腐败行为的主要法律为《刑法》和《反不正当竞争法》。除这两部法律外，反贿赂的相关规定还散见于《药品管理法》《公司法》《保险法》《政府采购法》等专门行业领域立法。上述法律之下还配套有相关法规、规章、规范性文件和司法解释，如《国家工商行政管理局关于禁止商业贿赂行为的暂行规定》《最高人民法院、最高人民检察院关于办理贪污贿赂刑事案件适用法律若干问题的解释》等，形成了较为完整的反贿赂反腐败监管体系。在国际上，我国还加入了《联合国反腐败公约》《联合国打击跨国有组织犯罪公约》《亚太地区反腐败行动计划》等国际公约，与其他国家联手合作，在全球范围内更加高效而有力地预防和打击腐败。

根据我国《刑法》，基于受贿者身份的不同，与贿赂有关的违法犯罪行为主要分为两类：一类是向国家工作人员进行贿赂，即"官员贿赂"。根据《刑法》第97条的规定，"国家工作人员"既包括国家机关中从事公务的人员，也包括国有公司、企业、事业单位、人民团体中从事公务的人员和国家机关、国有公司、企业、事业单位委派到非国有公司、企业、事业单位、社会团体从事公务的人员，以及其他依照法律从事公务的人员。与国家工作人员接受贿赂有关的罪名主要包括受贿罪、单位受贿罪、行贿罪、对有影响力的人行贿罪、对单位行贿罪、介绍贿赂罪、单位行贿罪等。我国政府对于国家工作人员的贿赂腐败问题一向非常重视，党的十八大以来更是采取一系列新举措加强惩治和预防腐败体系建设，并于2018年3月修改宪法并发布了《监察法》，确立了监察委员会这一组织机构，由其对所有行使公权力的公职人员进行监察，调查职务违法和职务犯罪，开展廉政建设和反腐败工作。

另一类与贿赂有关的违法犯罪行为是涉及非国家工作人员的贿赂，即"商业贿赂"。相关罪名主要包括非国家工作人员受贿罪、对非国家工作人员行贿罪、单位受贿罪等。近年来，为规范市场秩序，确保公平的商业竞争环境，我国政府对于商业贿赂的惩治力度也在不断加大。除《刑法》外，规制商业贿赂的主要法律为1993年制定的《反不正当竞争法》，该法于2017年和2019年进行了修订，在新法修订的若干亮点中，对经营者商业贿赂行为规制的新规定是最引人注目的变化之一。根据该法第七条的规定，商业贿赂是指经营者采用财物或者其他手段贿赂交易相对方的工作人员、受交易相对方委托办理相关事务的单位或者个人，或者利用职权或者影响力影响交易的单位或者个人，以谋取交易机会或者竞争优势。一直以来商业贿赂主要由工商行政机关进行查处，2018年我国将工商行政管理总局、质量监督检验检疫总局、食品药品监督管理总局等机构的职责整合组建了市场监督管理总局，商业贿赂的查处职责也一并转入。

随着全球化的进展以及中国经济实力不断增强，我国企业越来越多地参与到跨国投资、贸易和工程承包等国际商业经济交流之中。为打击国际市场中的腐败贿赂问题，确保国际市场的公平竞争环境，2005年10月全国人大常委会表决通过了加入《联合国反腐败公约》的决定，该公约自2006年2月12日起对我国生效。为了进一步贯彻该公约的相关要求，履行我国承担的国际义务，进一步完善我国反腐败刑事法治的需要，2011年2月25日通过了《刑法修正案（八）》，首次明确将"为谋取不正当商业利益而给予外国公职人员、国际公共组织官员以财物"的行为规定为犯罪，即"对外国公职人员、国际公共组织官员行贿罪"。至此，我国企业在对外投资、贸易和工程承包过程中，不仅在涉及我国国内主体之间的对外投资核准备案、项目融资、国内企业合作、海关进出口等环节要注意遵守禁止官员贿赂和商业贿赂的反腐败法律法规；在项目所在的国家和地区，尤其在发展中和不发达国家和地区，也要特别注意遵守我国禁止对外国公职人员、国际公共组织官员行贿的合规要求。

（二）反洗钱法规和要求

我国规制反洗钱的主要法律为《反洗钱法》和《刑法》。根据上述法律中对于反洗钱和洗钱罪的定义，洗钱是指通过各种方式掩饰、隐瞒特定上游犯罪所得及其收益的来源和性质的活动。就洗钱资金来源的上游犯罪而言，我国的反洗钱立法经过多年的发展，不断扩大上游犯罪的范围，目前已明确包括毒品犯罪、黑社会性质的组织犯罪、恐怖活动犯罪、走私犯罪、贪污贿赂犯罪、破坏金融管理秩序犯罪和金融诈骗犯罪。就进行洗钱的各种方式而言，则包括提供资金账户、协助将财产转换为现金、金融票据、有价证券、通过转账或者其他结算方式协助资金转移、协助将资金汇往境外以及其他掩饰、隐瞒犯罪所得及其收益的来源和性质的行为。而反洗钱是政府动用立法、司法和行政力量，调动有关机构和人员对洗钱活动予以识别和惩处，从而遏制洗钱犯罪及相关上游犯罪的国家行为。

洗钱涉及大量资金的跨国流动，因此各国都将金融机构置于反洗钱活动的核心地位，国际上的反洗钱合作也主要集中在金融领域。我国的《中国人民银行法》规定由中国人民银行负责指导、部署金融业反洗钱工作，负责反洗钱的资金监测，并进行了一系列的行政立法，包括《金融机构反洗钱规定》《金融机构大额交易和可疑交易报告管理办法》《金融机构报告涉嫌恐怖融资的可疑交易管理办法》《金融机构客户身份识别和客户身份资料及交易记录保存管理办法》《国务院办公厅关于完善反洗钱、反恐怖融资、反逃税监管体制机制的意见》《银行业金融机构反洗钱和反恐怖融资管理办法》《证券期货业反洗钱工作实施办法》《中国人民银行关于加强反洗钱客户身份识别有关工作的通知》《中国人民银行关于进一步做好受益所有人身份识别工作有关问题的通知》《中国人民银行关于进一步加强反洗钱和反恐怖融资工作的通知》等，构建金融机构给内部控制和报告制度，加强客户身份识别、客户身份资料和交易记录保存以及大额交易和可疑交易报告等各项反洗钱和反恐怖融资义务，以形成涵盖事前、事中、事后的完整监管链条。我国还加入了《联合国反腐败公约》《联合国打击跨国有组织犯罪公约》，以打击跨国洗钱和其上游的恐怖主义、贿赂腐败、毒品买卖等犯罪行为。

随着我国对外投资规模迅速上升，人民币国际化进程不断推进，跨境资本流动规模不断扩大，防范和打击跨境投资领域洗钱风险的任务艰巨。以虚假的境外投资并购非法获取外汇、转移资产进行洗钱的活动时有发生，尤其是房地产、娱乐业等特殊行业具有大量现金收入的特性，更是洗钱活动的高发领域。这对于我国走出去投资和承包工程企业的财务合规，以及我国各大银行的境外经营合规都提出了更高的要求。银监会于 2017 年 1 月出台了《中国银监会关于规范银行业服务企业走出去加强风险防控的指导意见》，中国人民银行也于近两年出台了一系列通知和规定，指导我国金融机构的反洗钱合规管理水平与国际标准接轨。

（三）技术出口法规和要求

我国关于技术出口的基本法律为《对外贸易法》适用于包括货物进出口、技术进出口和国际服务贸易在内的整体对外贸易以及与对外贸易有关的知识产权保护。对于技术出口这一特别领域，国务院制定了《技术进出口管理条例》《核两用品及相关技术出口管制条例》《导弹及相关物项和技术出口管制条例》《生物两用品及相关设备和技术出口管制条例》等法规，规制特殊技术及相关产品的出口活动。目前主管技术出口的国务院部委主要为商务部和科技部，并制定了一系列的部门规章和规范性文件，如《禁止出口限制出口技术管理办法》《有关化学品及相关设备和技术出口管制办法》《技术进出口合同登记管理办法》以及《敏感物项和技术出口经营登记管理办法》等。此外，中国政府还加入了《不扩散核武器条约》《禁止生物武器公约》和《禁止化学武器公约》，并参加了联合国常规武器转让登记制度。

2001 年 12 月 10 日，国务院公布了《技术进出口管理条例》，奠定了入世后的我国技术出口管理制度，并于 2011 年 1 月 8 日和 2019 年 3 月 18 日对该条例进行了修订。根据该条例的规定，技术出口是指从我国境内向境外，通过贸易、投资或者经济技术合作的方式转移技术的行为，包括专利权转让、专利申请权转让、专利实施许可、技术秘密转让、技术服务和其他方式的技术转移。我国将可出口的技术分为三类，其中属于禁止出口的技术，不得出口；属于限制出口的技术，实行许可证管理；未经许可，不得出口；对属于自由出口的技术，实行合同登记管理，合同自依法成立时生效，不以登记为合同生效的条件。因此，我国企业在对外投资和工程承包过程中涉及技术出口的，应根据技术的具体性质办理技术出口许可或者技术出口合同登记，办理完毕后才能进行后续的外汇、银行、税务、海关等相关手续。该条例发布后，国家又先后出台了部分敏感物项和技术出口的管制法规，作为一般管理的例外规定。

根据《对外贸易法》《技术进出口管理条例》的规定，国家基于国家安全、公共利益等原因，可以限制或者禁止有关技术的出口，具体的禁止或者限制出口的技术目录由国务院外经贸主管部门会同国务院有关部门制定、调整并公布。目前最新的目录为 2008 年由商务部和科技部共同发布的《中国禁止出口限制出口技术目录》，该目录中规定禁止出口技术参考原则包括：（一）为维护国家安全、社会公共利益或者公共道德，需要禁止出口的；（二）为保护人的健康或者安全，保护动物、植物的生命或者健康，保护环境，需要禁止出口的；（三）依据法律、行政法规的规定，其他需要禁止出口的；（四）根据我国缔结或者参加的国际条约、协定的规定，其他需要禁止出口的。该目录中禁止出口的技术涉及畜牧业、电信和其他信息传输服务业等 20 类共 33 项技术，限制出口的技术涉及农业、软件业等 33 类共 117 项技术，并明确了技术名称和控制要点。

《技术进出口管理条例》中没有规定出口技术再出口的问题，但在对于敏感物项及相关技术的出口管制法规中则有规定。例如《核两用品及相关技术出口管制条例》第 6 条规定，"核两用品及相关技术出口的许可，应当基于接受方的如下保证：（一）接受方保证，不将中国供应的核两用品及相关技术或者其任何复制品用于核爆炸目的以及申明的最终用途以外的其他用途……（三）接受方保证，未经中国政府允许，不将中国供应的核两用品及相关技术或者其任何复制品向申明的最终用户以外的第三方转让"。《导弹及相关物项和技术出口管制条例》第 6 条规定，"导弹相关物项和技术出口的接受方应当保证，未经中国政府允许，不将中国供应的导弹相关物项和技术用于申明的最终用途以外的其他用途，不将中国供应的导弹相关物项和技术向申明的最终用户以外的第三方转让。"即中国政府对核两用品和导弹相关技术的再出口实施管制。

除此之外，我国政府早在 1985 年就已开始与一些国家达成协议，以政府的名义为我国企业进口受出口国控制的商品和技术出具《最终用户和最终用途说明》。该说明是商务部代表中国政府向出口国政府出具的，证明进口敏感商品和技术的最终用户和最终用途仅用于中华人民共和国，而不向第三国转口的国际进口证明文件。目前，我国可向美国、加拿大、日本、澳大利亚、英国、德国、法国等 23 个国家和地区出具该说明。为出具该说明，商务部可对最终用户进行检查，也可委托地方商务主管部门对最终用户进行检查，最终用户和进口商有义务予以配合。同时，商务部可就最终用户和最终用途的有关事项进行调查，有权要求企业、其他组织和个人提供调查范围内所必需的文件、资料或其他信息，有关机构应当提供有关信息并给予协助。

因此，我国企业在参与对外贸易和技术许可过程中，首先需要注意我国对于技术出口的限制，对于禁止出口的技术不得出口；对于限制或自由出口的技术，要及时办理技术出口许可或者技术出口合同登记。如未能满足技术出口合规要求，轻则面临无法办理后续的外汇、银行、税务、海关等相关手续，重则面临承担行政乃至刑事责任的风险。同时，也需要特别注意我国以及其他国家对于技术再出口的限制，如已向商务部承诺进口商品只用于声明的最终用途，未经商务部批准，不得转用、转运或向其他目的地再出口。如引起全球市场关注的中兴和华为遭美国政府封杀事件，起因就是美国政府认为其违反了美国对伊朗的制裁法规及出口管制禁令，通过转手贸易等途径向伊朗出口混有美国科技公司软硬件的产品。由此可见，技术出口合规对于企业开展海外业务，尤其是高科技类的产品和技术贸易，其重要性可想而知。

第二节　我国政府对国内企业自身合规管理的要求

一、《企业境外经营合规管理指引》

为更好的服务企业开展海外经营业务，推动企业持续提升合规管理水平，2018 年 12 月 26 日，国家发展改革委会同外交部、商务部等有关部门和单位参考《合规管理体系指南》（GB/T 35770—2017）及有关国际合规规则，制定并发布了《企业境外经营合规管理指引》（下简称《指引》），要求企业开展境外投资，应严格遵守国内法律法规和监管要求，同时也应当遵守所涉国家（地区）政府关于外资准入、贸易管制、国家安全审查、行业监管和反垄断申报等方面的法律法规和监管要求，确保合理有序开展境外投资活动，防范和应对境外投资风险，实现境外投资阶段全流程的合法合规。具体内容如下。

（一）根据具体的境外经营行为适用相应的合规要求

《指引》第二章"合规管理要求"针对对外贸易、境外投资、对外承包工程、境外日常经营四类境外经营行为提出了不同的合规要求。其中第 6 条"对外贸易中的合规要求"规定，企业开展对外货物和服务贸易，应确保经营活动全流程、全方位合规，全面掌握关于贸易管制、质量安全与技术标准、知识产权保护等方面的具体要求，关注业务所涉国家（地区）开展的贸易救济调查，包括反倾销、反补贴、保障措施调查等。第 7 条"境外投资中的合规要求"规定，企业开展境外投资，应确保经营活动全流程、全方位合规，全面掌握关于市场准入、贸易管制、国家安全审查、行业监管、外汇管理、反垄断、反洗钱、反恐怖融资等方面的具体要求。第 8 条"对外承包工程中的合规要求"规定，企业开展对外承包工程，应确保经营活动全流程、全方位合规，全面掌握关于投标管理、合同管理、项目履约、劳工权利保护、环境保护、连带风险管理、债务管理、捐赠与赞助、反腐败、反贿赂等方面的具体要求。第 9 条"境外日常经营中的合规要求"规定，企业开展境外日常经营，应确保经营活动全流程、全方位合规，全面掌握关于劳工权利保护、环境保护、数据和隐私保护、知识产权保护、反腐败、反贿赂、反垄断、反洗钱、反恐怖融资、贸易管制、财务税收等方面的具体要求。

（二）按照统一协调、分层管理原则建立合规管理架构

《指引》第三章"合规管理制度"要求企业结合发展需要建立权责清晰的合规治理结构，在决策、管理、执行三个层级上划分相应的合规管理责任，以解决企业治理结构纵向层级上的合规管理分工问题。同时，企业可根据业务性质、地域范围、监管要求等设置相应的合规管理机构，该机构一般由合规委员会、合规负责人和合规管理部门组成的相应的合规管理机构。但企业合规管理部门之间，以及对内与业务部门、监督部门之间应分工协作，一同识别、管理业务范围内的合规风险，组织或者接受合规检查，协助或者配合违规查处；一同协调配合，形成合力，解决企业组织架构中横向职能部门之间的合规管理责任划分问题，确保各业务系统合规运营。除此之外，《指引》还强调合规管理部门与外部监管机构和第三方沟通协调，不仅应当建立沟通渠道，构建公开透明关系，了解监管机构期望的合规流程，制定符合监管机构规则的合规制度，降低在报告义务和遭受处罚等方面的风险，还应当向重要的第三方传达合规要求，包括自身的合规要求和对对方的合规要求，并在商务合同中明确约定。

（三）制定包括行为准则、管理办法和操作流程的合规管理制度

《指引》第四章"合规管理制度"中要求企业制定合规行为准则、合规管理办法以及合规操作流程。其中合规行为准则是最重要、最基本的合规制度，是其他合规制度的基础和依据，其规定了境外经营活动中必须遵守的基本原则和标准，其应适用于从事海外经营相关业务的所有员工，以及代表企业从事海外经营活动的第三方。在合规行为准则的基础上，企业还应针对特定主题或特定合规风险领域制定具体的合规管理办法和规范，针对特定行业或地区特有的合规要求制定专门的合规管理制度。最后，企业可结合境外经营实际，就合规行为准则和管理办法制定相应的合规操作流程，进一步细化标准和要求。也可将具体的标准和要求融入现有的业务流程当中，便于员工理解和落实，确保各项经营行为合规。

（四）通过培训、汇报、考核、咨询、举报和问责机制实现合规管理有效运行

《指引》第五章"合规管理运行机制"还指出企业应将合规培训纳入员工培训计划，培训内容需随企业内外部环境变化进行动态调整。同时，合规负责人和合规管理部门应享有通畅的合规汇报渠道，应当定期或在性质严重的情况下可及时向决策层和高级管理层汇报合规管理情况。企业还应建立合规绩效考核机制，将合规与评优评先、职务任免、职务晋升以及薪酬待遇等挂钩。对于复杂或专业性强且存在重大合规风险的事项，应采用强制合规咨询和审核制度。对于已发生的不合规情况，企业应根据自身特点和实际情况建立和完善合规信息举报体系，使得员工、客户和第三方均有权进行举报和投诉。对于调查确认的不合规情况，企业应建立全面有效的合规问责制度，严格认定和追究违规行为责任。

二、《民营企业境外投资经营行为规范》

国家发展改革委、商务部、人民银行、外交部和全国工商联发布的《民营企业境外投资经营行为规范》(发改外资〔2017〕2050号)从经营管理、合规诚信经营、社会责任、资源环境保护、境外风险防范等角度对于中国企业在东道国的投资提出进一步的总体要求,其中特别强调"得以虚假境外投资非法获取外汇、转移资产和进行洗钱等活动",在"民营企业在境外跟踪拟使用中国金融机构信贷保险的项目,未取得有关金融机构出具的承贷、承保意向函前不得做出对外融资或保险承诺。"

三、《合规管理体系指南》

国家标准化管理委员会于2017年2月组织人员起草完成了《合规管理体系指南》征求意见稿。该征求意见稿于2017年12月29日并被国家标准经国家质量监督检验检疫总局、国家标准化管理委员正式批准并发布,并已于2018年8月1日起开始实施。

该《指南》中,指出合同履行过程中的合规管理体系本质上是一个回旋往复的过程,其要旨就是在合规化的实践中,不断提高企业的合规管理能力。首先,必须依照现行的法律法规、行业标准及企业管理层所制定的企业自身标准评价体系,确定企业面对问题的内因与外因,以确定良好的治理原则,通过已经发现的内外因问题及治理原则,来确认整个合规管理系统作用的界限。这个界限不应当过于空泛,相对应当具有可操作性、可细化的特征,不然在实际的合规管理过程中就将失去抓手。通过合规管理系统的界限来确定对合规管理的大方针,再在大方针的指导下具体确认合规的义务,评估合规的风险。上述活动既可以由公司内部的合规管理部门来完成,也可以选择对外聘请专业的法律服务机构来完成。许多企业目前选择的模式是,由专业的法律服务机构为企业设计运行顺畅的合规管理系统,交付给企业内部合规管理部门来进行合规管理与对合规系统日常的维护,在遇到棘手的问题时,再聘请外部专业的法律服务机构为企业设计相应解决方案,这样做的好处在于,既能保证合规管理体系从设计上的科学性与合理性,又因为在日常的活动中由企业内部部门进行管理,从而提高了合规体系的效率。企业的合规部门日常工作在于解决企业日常经营过程中的合规风险,并实现合规管理的运行目标。对外可以聘请专业的法律服务机构,可以站在第三方的角度,更加公正、客观地对企业合规管理运行体系进行绩效评价,从而出具对企业合规管理的评价报告,以供企业内部的合规部门在此基础上进一步改进。通过上述各个环节,循环更新,在实际运行过程中不断优化企业的合规管理系统。

四、《规范对外投资合作领域竞争行为的规定》

依据该《规定》,以下行为构成不正当竞争行为:①以商业贿赂争取市场交易机会;②以排挤竞争对手为目的的不正当价格竞争行为;③串通投标;④诋毁竞争对手商誉;⑤虚假宣传业绩;⑥其他依法被认定为不正当竞争的行为。

《规定》明确指出进行国际业务的中国企业应当从严遵守《对外承包工程管理条例》

《对外劳务合作管理条例》以及《境外投资管理办法》。对于违反本规定的本国企业，商务部将依据相关管理条例及办法对其予以处罚。

依据《规定》，商务部将会同有关部门建立并维护对外投资合作不良信用记录制度，将中国企业违反本规定构成不正当竞争的对外投资合作经营行为记录在案。涉及上述行为的中国企业 3 年内不得享受国家有关支持政策。

在中国企业"走出去"战略指导下，中国投资者的海外投资在过去十年里大幅增长。本规定是中国政府旨在规范中国投资者间不正当竞争行为，以促进对外投资合作业务健康发展的一种尝试。

第三节　外国政府、国际组织的合规要求

合规是企业国际化的必然要求。各国及国际组织加强监管的趋势对企业合规提出了更严格的要求。企业合规管理的适用范围很广，不同行业、不同情形、不同时期，国际化企业的合规管理工作有着不同的侧重点。本小节主要讨论的合规问题为国际反腐败反贿赂、反洗钱、国际税收以及技术和出口管制四个方面。在这些问题中，腐败是全球都无法避免的共性问题，时至今日，不论哪个行业的跨国公司都会将商业反腐方面的合规管理放在第一顺位。透明国际组织（Transparency International，简称 TI）的调查显示，工程建设领域是腐败问题的重灾区，这一问题严重制约着各国的经济稳定发展。因此，本小节将着重论述国际反腐败反贿赂的合规管理。

一、国际反腐败、反贿赂监管

腐败是一种自古以来伴随着人类文明的社会现象，通俗的说，腐败是利用委托的权力谋取私利的行为。《联合国反腐败公约》中对于腐败的定义是："妨害司法；窝赃；为犯罪所得洗钱；私营部门侵吞财产；私营部门贿赂；资产非法增加；滥用职权；影响力交易；公职人员挪用、贪污或者以其他类似方式侵犯财产；贿赂国际公共组织官员或者外国及本国公职人员"。国际货币基金组织则将腐败定义为："滥用公共权力以权谋取私人利益"。透明国际组织对腐败的含义理解为："公共部门中官员的行为，不论是从事政治事务的官员，还是行政管理的官员，他们通过错误地使用公众委托他们的权力，使他们自己或亲近他们的人不正当和非法地富裕起来"。

全球性公约、区域性公约和各国国内法构成了目前国际社会反腐败的主要法律依据。全球性公约主要是指 2005 年 10 月生效的《联合国反腐败公约》（United Nations Convention Against Corruption）。区域性的公约主要有欧洲理事会制定的《反腐败民事公约》（Criminal Law Convention on Corruption）、《反腐败刑事公约》（Criminal Law Convention on Corruption）和《欧盟反腐败公约》（European Union Convention against Corruption Involving Officials）以及经济合作与发展组织制定的《OECD 国际商务交易活动反对行贿外国公职人员公约》（OECD Convention on Combating Bribery of Foreign Public

Officials in International Business Transactions)(以下简称《OECD 反贿赂公约》)、非洲国家联盟制定的《防止和治理腐败公约》、美洲国家组织制定的《美洲反腐败公约》。亚洲和太平洋地区在亚洲开发银行和经合组织的推动下，通过了《反腐败行动计划》。就国际工程领域反腐方面，国际咨询工程师联合会于 2001 年制定了商业廉洁管理体系，它是一项预防公共采购腐败的私人部门措施，该体系建议其他成员编制道德守则手册并参与"廉洁承诺"。

（一）《联合国反腐败公约》

《联合国反腐败公约》（以下简称《公约》）被认为是联合国历史上第一次用法律文件的形式指导国际反腐败斗争的实践活动。2003 年 10 月召开的第 58 届联合国大会全体会议审议并通过了《公约》。两年后，在我国第十届全国人民代表大会常务委员会第十八次会议上，加入《公约》的决定被全票通过。该《公约》对国际反腐败斗争的意义非常中道，其规定了预防腐败、界定腐败犯罪，加强国际各国间反腐败合作以及非法资产追缴等问题，极大提高了国际反腐行动的威慑力，提高了反腐活动的成效。

《公约》要求各缔约国履行的国际义务主要有：一是制定预防性反腐败的政策性措施的义务。要求缔约国制定预防性反腐败政策，采取各种预防性防腐败措施，包括公共部门及公职人员行为守则、公共采购和公共财务的管理、保证审判机关和检察机关的人员廉洁性的措施等。二是确立刑事定罪和执法机制。《公约》将五种犯罪列入公约打击范围：①交易型腐败犯罪，即行贿和受贿行为；②侵占型腐败犯罪，即公职人员以贪污、挪用等方式侵占财产以及私营部门侵吞财产；③渎职型腐败犯罪；④资产来源不明型腐败犯罪；⑤关联型腐败犯罪，包括财务犯罪、洗钱犯罪、窝赃犯罪和妨碍司法犯罪等四种具体类型。《公约》要求缔约国采取必要的立法措施，对上述行为进行定罪，包括考虑对影响力交易、滥用职权、资产非法增加等行为进行定罪，并制定相关执法机制，追缴犯罪所得。三是建立财务和会计监督系统。要求缔约国必须建立有助于预防和追踪腐败的财务和会计监督系统，确保企业的账目和报表符合适当的审计和核查程序。《公约》规定了六项禁止性义务，即不得设立账外账户、账外交易、使用假账单、谎报支出用途、虚列支出、故意销毁账簿。四是设立国际合作机制，规定缔约国应当就《公约》规定的犯罪进行国际合作，包括引渡、司法协助、移管被判刑人等。五是资产追回机制，缔约国应当对跨国流动的腐败资产的追回提供有效的合作与协助，包括合适的预防和监测犯罪。

（二）《OECD 反贿赂公约》

1997 年 11 月 21 日，OECD 组织颁布了《OECD 国际商务交易活动反对行贿外国公职人员公约》，该协议于 1999 年 2 月 15 日开始执行。该公约中制定了具有法律约束力的反腐标准，将国际商业交易中的外国公职人员贿赂定为刑事犯罪，并规定了一系列相关措施，使其有效。这是第一个也是唯一一个专注于贿赂交易"供应方"的国际反腐工具，是 OECD 反腐败行动的基础。OECD 资质当时有 30 个成员国，所有成员国以及 8 个非成员经济体共同签约了这一公约，许诺在国际商务活动中，将贿赂外国公职人员的行为作为犯罪行为；同意贯彻法律、规定和政策去防止、打击、监督、制裁违规行为；加强合作确保公约的有效实施；通过同级评审来监管公约的贯彻。

公约对贿赂的表现形式进行了详细的列举。首先，无论涉嫌贿赂的公司是否为招标结果顺位第一的公司，只要其为了获得或保有业务或其他不当利益而行贿都属于犯罪。其次，不论行贿者是否真实履行了行贿的承诺，均构成行贿犯罪行为。此外，无论提供的贿金价值高低、后果如何、当地风俗习惯如何、当地政府机关对这种行为的容忍度，或者辩称为了获得或保有业务或其他不当利益提供贿金的是无可避免的，也都属于行贿犯罪行为。

为了使得《OECD 反贿赂公约》的更顺利地实施，经合组织亦于 2010 年发布了《OECD 关于内控道德与合规的良好做法指引》。该指引吸收了民间社会组织及个人的提议，是唯一一个注重在政府间层级进行反腐败指引的文件，致力于帮助各种规模的公司保护其正当商业行为、防范海外腐败的风险。

（三）美国《反海外腐败法》（Foreign Corrupt Practices Act 1977）

跨国商业贿赂法律的产生的标志性事件是 1977 年美国制定《反海外腐败法》，到目前为止，该文件被美国公认为是最有效的惩治反腐败的文件。《反海外腐败法》颁布后，历经三次修订（分别为 1988 年、1994 年、1998 年）。1977 年《反海外腐败法》实施后，美国公司首先受到改法的规制，直接表现为无法继续以贿赂海外政府官员的方式在海外经营，使得美国公司在国际市场上处于竞争劣势。1988 年，美国政府针对这一问题，对该法做出了两大方面的调整。一方面，将外国企业或自然人在美国国内的行贿行为纳入《反海外腐败法》的管辖范围。另一方面，排除了一些政府例行工作加快费支付（小额"润滑费"）的非法性，但支付必须在合理范围之内。1988 年之后美国政府开始积极推动《反海外腐败法》的国际化，这也冲击了许多发展中国家的市场。

《反海外腐败法》主要由三个部分构成：一是反贿赂条款，禁止企业为获得或者维持目前或潜在的合同关系，向美国以外政府官员提供或给予任何有价值的物品，包括财物、服务或利益。二是账簿记录，要求上市企业保持精准的账簿和会计记录，以确保企业经营过程透明度，严禁企业以做假账或不入账的方式隐藏不正当支出。其中，保持账簿记录的目的在于防止三种不当行为：不记录非法交易、虚假记录以隐瞒非法交易、制作交易数量准确而性质错误的记录，从而可使调查委员会发现会计账目中的不法行为。会计条款的应用可以确保会计记录的透明性、完整性和真实性，其目标在于将控制贿赂的防线提前到预防阶段，作为事后归责的依据。三是内部控制，要求上市企业建立完善的会计及财务控制，以充分的使人合理确信所有的交易都获得了适当授权。内部制度包括以下因素：董事会的职权、公司程序和政策在内部的传达情况、权力和责任的分配制度、个人能力和操守、能够执行和遵守政策和程序的能力、客观有效的内部审计功能。

对于美国《反海外腐败法》，应当注意以下几个问题。

1. 管辖范围宽广

任何与美国有联系的公司都将受到其规制。第一类是包括发行者，即在美国登记发行股票或定期向美国证监会报告的公司。即使一家彻底的中国企业，只要在美国上市，就受到该法律的管辖。第二类对象包括任何主要经营地在美国，或依据美国任意州法律成立的公司。第三类规范对象是腐败行为或支付行为与美国有一定的关联，如使用了美国的银行系统等情形的当事人。我国许多工程企业经常有可能在不知情的情况下卷入美国的反腐败调查。同时，该法还规定子公司与母公司的连坐制度，海外子公司的行贿行为，国内的母公司要承担相应的法律责任。

2. 意图行贿视为行贿

《反海外腐败法》以主观认定行贿行为，只要有行贿的承诺即构成犯罪。这种情况下不要求对方是否利用职务之便使行贿人获取不正当利益。因此，即使腐败行为没有实际成功，也都将视为犯罪。调查人员可以凭借公司往来邮件及财务记录直接判断是否意图行贿，而无须追踪外国官员账户的资金流，事实上也不可能追查得到。

3. 抗辩规定执行严格

该法规定了两个积极抗辩，如果腐败行为根据行贿地的法律认为合法，则为积极抗辩之一。但美国司法部对于适用相关规则也采取了从严的原则。故被告人可能更倾向于另一种抗辩，即为了促进合同的顺利履行而善意支付合理的费用。在积极抗辩下，被告方负举证责任。

4. 中国的国有企业被视为政府部门

在中国有一项值得注意的问题，就是中国的国有企业也在《反海外腐败法》的规制范围内。这些国有企业被看作是国家的工具性机构，因此，若中国国有企业符合国际上政府性机构的评价标准，则向国有企业的工作人员行贿也会被美国追究相应的法律责任。

（四）《英国反贿赂法案》（UK Bribery Act 2010）

2010年4月，英国通过了《反贿赂法案》，该法案于2011年7月1日生效。该法案具有很强的域外管辖权，处罚范围涵盖了在英国开展业务的任何类型的公司，只要是在英国开展经营业务，不管在全球任何地方进行商业贿赂，都有可能遭受英国相关部门的调查。同时，还禁止企业间的商业贿赂行为，并将小额润滑费也纳入犯罪的范畴。此外，企业如果未有防止贿赂行为（通过有合同关系的关联公司）将承担严格的法律责任，除非它具备"足够的程序"（Adequate Procedure）预防贿赂发生。

所谓"足够的程序"必须满足六个原则：第一，企业需要构建适当的程序，例如建立比较完善的合规机构和合规条例；第二，高层管理人员必须对公司的行为进行必要的监督和管理；第三，必须有定期的风险评估；第四，所有合规的相关机构必须做出尽职的审查，不得包庇纵容；第五，保障有效的沟通，对员工进行合规的培训，改进相关制度；第六，实施各个方面的监督，有鼓励员工披露和揭发的机制。

（五）加拿大《反外国公职人员腐败法》（Corruption of Foreign Public Officials Act 1999）

1999年加拿大制定了《反外国公职人员腐败法》，该法律的制定是加拿大加入《OECD反贿赂公约》的要求之一。2013年该法修订后，得到了国际社会的关注。第一，该法的管辖权得到了扩展。只要与加拿大有"真正且实质性的联系"的非法活动，即可受到该法的约束。第二，增加了关于账目和记录的规定。虽然它没有FCPA的记录保存规定那么极端，但是也对隐瞒、销毁或伪造记录以促进或掩盖贿赂行为的做法定罪。第三，个人的最高刑期从5年增加到14年。意味着加拿大国会对反腐败立法持有非常认真的态度，意识到反腐败的迫切和严重性。

（六）其他组织

透明国际组织（TI）也是一个不容忽视的反商业腐败机构，这是一个非政府、非盈利、国际性的民间组织。该中立性的组织由德国人彼得·艾根创办于1993年创立。这是目前国际上在反腐败方面最权威的国际性非政府组织。透明国际在衡量腐败程度上主要用两种指标，即"清廉指数"（Corruption Perceptions Index，CPI）和"行贿指数"（Bribe Payers Index，BPI）。CPI反映的是一个国家政府官员的廉洁程度和受贿情况。BPI反映一国（地区）的出口企业在国外行贿的意愿。透明国际每年对各国的廉洁状况开展一次评估，以上述两种指数的高低对各国进行评分，并按得分排名得出"腐败排行榜"。

此外，世界银行也为打击"腐败癌症"进行了许多努力。其中，最受国际社会关注的就是世界银行黑名单。截至2015年10月15日，世界银行把全球910家企业或个人列入了欺诈、行贿等腐败行为的黑名单，并予以制裁。其中，中国上榜的有44家。中国这份黑名单中，最显著的特点是以工程公司为主，包括中国建筑国际工程总公司、中国交通建设股份有限公司、中国地质工程集团公司、中国一冶建设有限公司等多家国企在内。世界银行对于腐败行为会采取两步制裁管理流程。首先，诚信部门会介入调查，如果发现投标过程中有公司存在不当行为，则向评估主管提出制裁申请。随后，评估主管会提出制裁建议。其次，制裁理事会审理会接收被指控的公司提出的异议，理事会将审议并根据指控证据和该公司的答辩，对案件做出终审决定。企业一旦被列入世界银行的黑名单，该企业将会遭遇全球范围的信用危机和市场危机。

二、国际反洗钱监管

自20世纪80年代，洗钱已经成为一个国际性的话题，被视为"犯罪的放大器"。FATF（The Financial Action Task Force，国际金融行动特别工作组）将洗钱定义为，"犯罪组织或个人通过掩饰、转移、藏匿其非法财产来源与收益，逃避国家和社会监管的行为"。2000年，《联合国打击跨国有组织犯罪公约》（The Palermo Convention，巴勒莫公约）将洗钱理解为，"知道这种财产是由犯罪或犯罪参与这种罪行或行为，藏匿或掩饰财产的真实性、来源、位置、处置、实际控制人、受益人等；收购、持有或使用财产，知道当时收到该财产是从犯罪或罪行或从参与这种犯罪行为或罪行……"。21世纪以来，除传统洗钱行为外，各类新兴洗钱方式，如虚拟货币洗钱、网络支付洗钱等交织掺杂，相互掩护，导致洗钱行为不断加剧恶化，严重挑战国际社会的经济秩序。

全球性公约、区域性公约和各国国内法构成了国际反洗钱法律框架。反洗钱的全球性公约及规定主要由联合国、专门性的反洗钱国际合作组织FATF制定。美国、英国等发达国家的反洗钱立法对国际反洗钱的监管也有积极作用。多数国家的反洗钱法律体系中都规定了信用系统，而各国亦建立了相应的反洗钱信息网络平台，开发反洗钱软件等，以建立起国际性的安全网络。其中格蒙特集团开发的埃格蒙特安全网络是现今世界上影响范围最大的情报网络之一。

（一）联合国反洗钱立法

联合国先后出台了以下四个公约，构成了联合国在反洗钱方面采取措施的完整体系：

1.《联合国禁止非法贩运麻醉药品和精神药物公约》(United Nations Convention Against Illicit Traffic in Narcotic Drugs and Psychotropic Substances，以下简称"禁毒公约")

该公约最初的主旨实际上是针对国际贩毒犯罪行为，但同时该公约也对洗钱行为作出了最初的规定，明确将洗钱行为确定为犯罪，规定为属于毒品"非法贩运罪"的一部分。该公约最终被各国际金融行动特别组与其他国际组织认可，成为国际反洗钱重要基础。

2.《制止向恐怖主义提供资助的国际公约》(The International Convention for the Suppression of the Financing of Terrorism)

该公约的主要目的在于将资助恐怖活动规定为犯罪，然而因为恐怖主义活动常常会伴随着洗钱行为，因此该公约亦对洗钱行为进行了规范。如该公约第 8 条第一款规定就针对恐怖犯罪活动的收益确认，第二款则规定了对恐怖活动犯罪资金没收的措施；公约同时还规定了金融机构应有核实客户交易真实身份的义务，并需要向主管部门报告可疑的交易行为，以达到防止洗钱活动的目的。

3.《联合国打击跨国有组织犯罪公约》(United Nations Convention against Transnational Organized Crime and the Protocols Thereto，又称巴勒莫公约)

《巴勒莫公约》的主要目的依然并非是专门打击洗钱犯罪行为，而是为打击跨国有组织犯罪。但因为越来越多的洗钱犯罪表现为跨国有组织犯罪，因此该公约也在相应条款专门规定了洗钱行为属于跨国有组织犯罪行为，并针对预防、侦查、起诉相应犯罪行为的程序进行了规定。

4.《联合国反腐败公约》(United Nations Convention Against Corruption)

在针对洗钱犯罪方面，《反腐败公约》是继《巴勒莫公约》之后联合国又一次对反洗钱立法的重要更新，因此，其是对《巴勒莫公约》的一脉相承和继续完善。其在预防洗钱犯罪方面，对《巴勒莫公约》进行了补充和完善，而在没收犯罪所得收益方面，该公约提出了资产追回的新思路。

（二）FATF 关于反洗钱《40+9 条建议》

国际金融行动特别工作组（FATF）是国际社会致力于反洗钱行动而成立的最具权威性的国际组织，始终在反洗钱国际合作组织中处于领导地位。《40 条建议》于 1990 年诞生以来，经过了 1996 年和 2003 年两次重大修订。新 40 条建议分为前言、引言、法律体系、金融机构和非金融行业和职业应采取的反洗钱和反恐融资措施、反洗钱和反恐融资体系中的制度性措施和其他必要措施、国际合作、术语表以及《40 条建议的解释》等部分。2001 年为了打击恐怖主义融资活动，FATF 在《40 条建议》的基础上提出了 8 项特别建议，2004 年在反恐融资 8 项特别建议的基础之上增加了一项针对恐怖主义犯罪分子跨国运输现金问题的特别建议，成为 9 条特别建议，特别建议的内容主要包括：①批准和执行联合国决议；②将恐怖融资及其相关的洗钱活动规定为刑事犯罪；③冻结和没收恐怖分子财产；④报告与恐怖融资有关的可疑交易；⑤国际合作；⑥替代性汇款机制；⑦电汇；⑧非营利组织；⑨现金运输。《40+9 条建议》在国际反洗钱行动中具有不可替代的作用。

（三）美国反洗钱立法

1.《银行保密法》(Bank Secrecy Act)

1970 年颁布的《银行保密法》是美国目前国内关于反洗钱最主要的立法。该法案以及后续一系列的补充法案，都是为了惩治美国国内金融犯罪的成熟法律体系。外国资金的秘密银行账户是《银行保密法》主要遏制的对象，其主要方法是要求受监管的银行机构必须要识别并保存进出美国或存入金融机构的货币和金融工具的来源、流向记录。《银行保密法》共包含二十章，主要内容是规定金融机构有义务向美国金融犯罪执法网（Financial Crimes Enforcement Network ，〈FinCEN〉）提交各种类型的记录和报告，包括涉及货币交易、外汇、金融工具的汇入汇出等相关报告。美国财政部门可以依据该法案要求特定的美国国内或国外的金融机构提交特定的信息报告，例如报告某账户的实际权益受益人等。同时，该法案明确禁止以逃避报告义务为目的对交易结构的调整。违反《银行保密法》的后果非常严厉。美国金融执法机构对违法者有权向法院申请禁令、提起民事或刑事诉讼，违法者将可能面临罚款、罚金、监禁等民事、刑事处罚。

2.《通过提供拦截和阻止恐怖主义所需的适当工具以团结和强化美国法案》[(USA PATRIOT Act)，又称《美国爱国者法案》]

在 "9·11" 恐怖主义袭击之后，布什总统于 2001 年 10 月 26 日签署了《美国爱国者法案》，极大地修订了《银行保密法》。《美国爱国者法案》由十个章节组成。其中第三章 "2001 年国际反洗钱和反恐怖主义融资法案" 对银行保密法下的反洗钱的相关规定作出了重大修订，包括要求金融机构从政策、程序和风控措施方面制定反洗钱方案，指定合规官员，对内部人员进行培训，对反洗钱方案进行独立测试，并基于风险对客户活动和信息进行持续的监测和更新。

作为反洗钱系统的一部分，《美国爱国者法案》加强了传统的客户尽调（Know-Your-Customer〈KYC〉）流程，使之更为严格。例如，法案要求银行实施监管计划并向联邦执法机构和财政部提交可疑活动报告（Suspicious Activity Report〈SAR〉），其中可疑活动包括：

（a）任何交易总额在 5000 美元或以上，涉嫌洗钱、恐怖融资活动或规避《银行保密法》的交易；

（b）任何交易总额在 5000 美元或以上，犯罪嫌疑人已被识别的交易；

（c）金融机构内部的任何可疑内幕交易（无金额限制）；

（d）任何潜在犯罪交易金额为 25000 美元或以上的交易，无论是否已发现潜在犯罪嫌疑人。

根据此规定，以上涉嫌违法交易发生后，金融机构必须提交可疑活动报告，并提供有关交易嫌疑人的信息、可疑活动的类型、涉及的美元金额、任何对金融机构造成的损失，以及有关报告金融机构的信息。

3. 其他联邦立法

美国国内反洗钱体系除了《美国爱国者法案》对《银行保密法》外，还有其他反洗钱的法律对反洗钱犯罪行为进行了进一步的规制。

其中包括将洗钱纳入联邦犯罪的范畴的《1986 年洗钱控制法》；要求金融机构提交可疑活动报告及电汇记录的《1992 年 Annunzio-Wylie 反洗钱法》以及建立了对从事货币汇兑业务公司的联邦注册要求，并将无照运营货币汇兑业务和为逃避监管的现金货币架构交易定为违法联邦法规的罪行的《1994 年反洗钱法》。

此外，2017 年 5 月，美国参议院还通过了《打击洗钱、恐怖主义融资和造假法案》（Combating Money Laundering, Terrorist Financing, and Counterfeiting Act of 2017），试图通过消除诸如虚拟货币等立法空白和风险，加强现有的反洗钱和打击恐怖主义融资的法律监管。

三、国际税收账户监管

（一）国际税收的概念

国际税收是指两个或两个以上国家政府，各自基于其税收管辖权，对同一纳税人进行征税从而发生的国家之间的税收分配关系，其实质是各国政府对各自主权管辖范围内的跨国纳税人征税而形成的税收权益分配。随着国际经济交往增加，纳税人的境外经济活动日渐频繁，各国之间税收制度和税收法律的差异性使得国际税收相关法律问题日益凸显。跨国纳税人的跨国所得通常会被按照属地原则以及属人原则进行重复征税。

（二）国际避税和逃税的概念

全球化促进了资本的全球流动，跨国企业为追求利润的最大化，利用减税或免税政策是必行之道。国际避税指的是纳税人利用各国法律的漏洞，以减少其本应承担的纳税数额。国际逃税则是指纳税人通过各种非法手段，减少或逃避其应交税款。由于前者相对于后者有一定的合法性，国际社会对国际逃税主要是依法打击和处罚，而对国际避税一般采取弥补法律漏洞、依法纠正等措施。

（三）国际税收账户监管协作

国内税收信息获取行为直接依赖于国家权力的强制力，以及税收相关的法律规范。因此国与国之间的税收信息的相互交流有着先天的障碍。目前国与国之间解决相关税收问题的方式是通过建立双边协定或多边协定的方式，互相交换国内的税收信息。当然也有美国霸权主义采取的单边主义。

（四）双边协定

双边协定是指不同国家之间通过签订双边税收情报交换协定（Tax Information Exchange Agreement, TIEA）或者避免双重征税协定（Double Taxation Convention, DTC）来获取税收信息，实践中通常表现为当一方发生国内案件纠纷时，请求另一方提供相关情报，或一方主管当局发现特定约定的情况发生时主动将涉税信息提供给另一方主管当局的情况。

（五）多边协定

多边协定主要由经合组织（OECD）、欧洲委员会和 G20 等推动。多边协作能够使信息交换的内容和范围均具备更加直接和清晰的模块，便于执行。

1.《多边税收征管互助公约》（The Multilateral Convention on Mutual Administrative Assistance in Tax Matters）

《多边税收征管互助公约》由经合组织与欧洲委员会共同于 1987 年制定，其主旨在于在尊重纳税人权利的前提下组织各国合作打击国际避税，其中涉及了税收信息交换的内容。2010 年 4 月，该条约进行了修订，主要体现在：放开了非经合组织成员和非欧洲委员会成员国的加入资格，扩大了该公约的适用范围；明确突破国内税收信息交换的障碍，从而强化了税收透明度原则；扩大了信息交换的范围，增加了自动交换模式。我国于 2013 年 8 月 27 日签署了该条约。

2.《金融账户涉税信息自动交换标准》（Standard for Automatic Exchange of Financial Account Information in Tax Matters）

2014 年 7 月，经合组织（OECD）受二十国集团（G20）委托发布了《金融账户涉税信息自动交换标准》（以下简称"标准"）。该标准在当年受到 G20 布里斯班峰会的核准，成为各国加强国际税收合作、打击跨境逃避税的强有力的工具。2015 年 12 月 17 日，我国加入了该协议。在 G20 的大力推动下，截至 2017 年 6 月 30 日，已有 101 个国家（地区）承诺实施"标准"，96 个国家（地区）签署实施"标准"的多边主管当局协议或者双边主管当局协议。

"标准"分为主管当局间协议范本与统一报告标准两个部分。主管当局间协议范本（CAA）主要规范各国（地区）以互惠型模式为基础以指导税务主管当局之间如何开展金融账户涉税信息自动交换，分为双边和多边两个版本。统一报告标准（CRS）主要作了程序性和账户信息要求的规定，并提供了信息交换的标准和准则，包括信息应交换的账户信息、报告金融机构的范围、报告账户的种类，及报告金融机构应遵循的尽职调查程序等。

根据"标准"规定，涉税信息的自动交换，首先应由一方的金融机构通过尽职调查程序识别另一方的税收居民个人和企业在该机构开设的账户，定期向金融机构所在地的主管部门报送账户持有者的名称、纳税人识别号、地址、账号、余额、利息、股息等信息，再由所在地的税务主管当局与账户持有人的居民国税务主管当局开展信息交换，最终为各方进行跨境税源监管提供信息支持。

3.《实施税收协定相关措施以防止税基侵蚀和利润转移的多边公约》（Multilateral Convention to Implement Tax Treaty Related Measures to Prevent Base Erosion and Profit Shifting，BEPS）

为了解决国际税收规则的漏洞，2013 年 9 月 G20 领导人发布了圣彼得堡峰会公报，委托经济合作与发展组织（OECD）牵头推进实施国际税收改革 BEPS 行动计划。

BEPS 计划包括 5 大类别，分别为：应对数字经济带来的挑战；协调各国企业所得税税制；重塑现行税收协定和转让定价国际规则；提高税收透明度和确定性；开发多边工具促进行动计划实施。

（六）美国《海外账户税收合规法》（Foreign Account Tax Compliance Act，FATCA）

2010年3月18日，美国颁布《海外账户税收合规法》（FATCA）。该法案的主要内容是信息报告制度和预提税制度。该规定要求海外金融机构必须向美国国税局报告美国纳税人的海外金融账户信息，或美国纳税人在其中享有实质收益的外国实体的金融账户信息；不遵守新报告义务的外国金融机构在获得来源于美国的某些收入（包括股票红利、利息、保险费等）时将被征收30%的预提税。

四、技术和出口管制

2018年4月15日，美国商务部工业与安全局（"BIS"）向中兴通讯股份有限公司发出拒绝令（"Denied Order"），并将中兴列入《被拒贸易方清单》（"Denied Persons list"）。这对于众多开展国际投资与贸易的中国公司而言，建立必要的出口管制合规制度已经刻不容缓。

（一）出口管制的概念

出口管制（Export Control）是指国家出于政治、经济、军事和对外政策的需要，制定的限制商品出口相关法律和规章，以对出口国别和出口商品进行控制。其主要措施有：①对生产所需的原料，半成品以及供应不足的商品，实行出口许可证制，限量出口；②对战略物资、尖端技术及先进产品，实行特种出口许可证，严加控制；③承担某种国际义务，对某类商品实行自动限制出口；④对出口商品质量价格等方面，国家加以管制，加强其竞争能力。

（二）美国出口管制制度概述

美国出口管制制度的法律基础主要有《出口管理法》（Export Administration Act，EAA）、《武器出口管制法》（Arms Export Control Act，AECA）、《国际紧急经济权力法案》（International Emergency Economic Powers Act，IEEPA）等。上述三部法律构成了美国出口管制制度的基础。

美国出口管制内容可以分为以下两部分。

（1）军用领域的出口管制：此类出口管制主要针对军用装备、专用物资、技术等。以《武器出口管制法》和1954年制定的《原子能法》（Atomic Energy Act，AEA）作为基础立法，由国务院颁布的《武器国际运输条例》（International Traffic in Arms Regulations，ITAR）规定具体操作规范。《武器国际运输条例》中包含的《美国防务目录》（United States Munitions Lists，USML），规定了受国务院出口管制的产品主要是航空器、战舰、导弹、枪支等产品或技术，与绝大部分商业企业并不相关。

（2）军民两用产品和技术的出口管制（又称商业出口管制）：此类出口管制主要针对核、生化、电子设备等敏感物项和技术的管制。在实践中，该类管制措施以《出口管理法》的基本制度作为依据。《出口管理法》失效后，BIS主导并制定的《出口管理条例》

（Export Administration Regulation，EAR）成为主要法律依据。

（三）美国《出口管理条例》（Export Administration Regulation，EAR）

美国《出口管理条例》的主旨是限制或禁止与"特定国家"或该"特定国家"的公司进行与"管制物品"相关的"交易"。

美国商务部制定的《商业管制清单》（Commerce Control List，CCL）定义了"管制物品"的范围，指的是被明确列举的原产于美国的产品或技术（America-origin items）。另有一部分未被列入《商业管制清单》，但按其他法律法规被指定为由其管辖的产品及技术。在该清单中，所有原产于美国的产品和技术共分为十大类别，五个功能组。每一物品按其所在类别和功能组均有一个特定出口管制分类代码（ECCN），其被用于判断某一物品是否为管制物品及其是否具有许可证。

"特定国家"或"特定组织"，就是 BIS 管制的应受到出口限制或禁止的对象。首先各个国家的禁运产品及许可标准不尽相同，因此 BIS 在"国家清单"中会对各国实行的特定商品禁运的原因进行阐释。目前，国际上伊朗、古巴、苏丹、朝鲜及叙利亚等国被称为"禁运国"，这几个国家被 BIS 全面禁运。其次，BIS 会在持续监管中针对特定的国家、社团组织、公司或个人签发限制令。以中国为例，美国 BIS 对于中国部分国防相关的大学签发了出口限制令；在 2015 年又对中国四个超级计算机中心禁运所有超算相关产品。

"交易"，是指下列情形之一：①直接将"管制物品"出口、投资于受出口限制或禁止的"特定国家"；②将"管制物品"组装、制造成自己的产品后，或将包括"管制物品"的物品或技术出口、转出口至或投资于"特定国家"；③通过第三方或变相实施上述行为。

美国政府对于"管制物品"的交易采取许可证制度。对签发出口许可设立了大量的环节，包括政府部门磋商（Government-to-Government assurances）、多方审查（Multilateral reviews）等。美国政府部门采取类似于联席会议的方式就出口许可协调运作：实践中，对于具体产品和技术，BIS 可能在接到出口申请后将是否批准出口的调查任务交给其他更加熟悉该产品和技术的相关部门，包括美国国务院、国防部、能源部，甚至美国国家航空航天局、中央情报局等。BIS 在施加禁运限制时会明确对于此种禁运签发出口许可的条件，例如对中国四家超级计算机中心采用"推定拒绝"的审查模式（Presumption of denial），即"除非你能证明你的用途是不违背禁运条例的，否则 BIS 就会拒绝签发出口许可。"出口许可的类型包括一般许可证、单项有效许可证（又称特种许可证）、多次有效许可证。一般来说，出口许可是由出口商进行申请的。

虽然美国企业是美国出口管制规则的主要义务主体，但美国的出口管制规则也具有一定的域外效力。BIS 所认定的"出口"概念针对原产美国的产品或技术的所有流转，采取的政策是考察产品的终端用户或终端用途（End-user and End-use），即美国原产的产品或技术不论如何流转都禁止被禁运对象所用。例如，一个他国企业进口了美国原产的产品或技术，并转卖给了禁运对象，则该企业就会被认定违反了美国的《出口管理条例》。美国的出口管制制度甚至包括对于非原产于美国的产品或技术（Non-U.S.-made Items，以下简称"外国产品"）的限制。当外国产品的产品成分中包含一定比例的美国来源成分（一般比例为 10% 或 25%）或被认定为直接采用美国的技术或软件生产的"直接产品"，就属于《出口管理条例》管制范围。而一旦外国产品被认定适用美国出口管制规则，那么该产品不论是出口、再出口或是国内转卖都需要符合美国出口管制规则。例如，若某外国电脑厂商生产的电脑中有 50% 的零部件是美国原产零部件，则组装完成的电脑就会受到美国出口管制规则的限制。如果该电脑厂商将该电脑卖给了中国某电脑厂商，该中国电脑厂商将电脑再出口给伊朗，那么，该中国电脑厂商依旧违反了美国《出口管理条例》。由此可见，美国的出口管制制度的域外使用范围非常之广。

企业若希望避免遭遇出口管制风险，应当全面了解国内外的出口管制制度，并建立完善的内控制度，减少因出口管制遭到的损失。

第三章

政治风险

第一节　政治风险概述

一、政治风险的内容及表现形式

政治风险（Political Risk）是指由于东道国国内政治变动或者东道国与第三国政治关系的变动给外国企业的投资经营造成损失的风险[①]。全球化智库发布的《中国企业国际化报告（2014）》蓝皮书显示，政治风险已成为中国企业国际化面临的主要风险。政治风险主要有以下类型。

（一）政府干预

主要是指东道国政府为干预外国企业的市场经营活动，设立投资审查。这是中国企业在发达国家遭遇的主要政治风险，发达国家经常以国家安全和中资企业的国企背景为由，限制中国企业进入敏感行业，如资源能源、高科技行业等。[②]

（二）蚕食式征用又称间接征用

是指东道国常通过突击检查、高额罚款和额外征税、没收财物等措施，阻碍外国企业有效控制、使用和处置本企业财产，限制或实际上取消外国企业权利，从而构成事实上的征用行为。[③]具体表现为不适当的独断性征税、限制汇款、禁止解雇、拒绝批准出口原材料。[④]

（三）政策法律变动

是指东道国改变有关国内政策法律，进而影响外国企业在东道国的经营环境。具体表现为修改本国涉及外商投资领域的法律，进而对外商在本国的投资和经营予以限制。

（四）民族主义行为

是指东道国国内民众为捍卫本民族利益而采取的反对外国企业投资经营的活动。例如，2014年的越南平阳大规模排华运动。

[①] 2011年，商务部在其制定的《对外投资合作境外安全风险预警和信息通报制度》中将政治风险定义为：驻在国的政局变化、战争、武装冲突、恐怖袭击或绑架、社会动乱、民族宗教冲突、治安犯罪等。

[②] 梁静波：《中国企业海外投资的政治风险与对策》，载《求实》2013年第4期。

[③] 同上。

[④] 经合组织开发援助委员会投资保证专门委员会《关于保护外国人财产的条约》第三条的注释，蚕食式征用具体指不适当的独断性征税、限制汇款、禁止解雇、拒绝批准进出口原材料等。

（五）恐怖袭击

由于意识形态、民族矛盾、宗教冲突，恐怖分子采取的暴力、破坏、恐吓行为。具体表现为劫持人质、武装袭击[1]。

（六）战争和武装冲突

战争是指集体和有组织的互相使用暴力的行为；武装冲突则是指国家间相互使用武力而发生的未构成法律上战争状态的武装敌对行为。战争和武装冲突会带来社会治安状况的急剧恶化，严重影响企业海外投资和经营安全[2]。

（七）政府违约

是指东道国政府违反或拒绝履行其与外国企业签订的合同[3]。由于其违约主体的特殊性，外国企业寻求救济的难度加大。

二、政治风险的特点

（一）不可控及不确定性

政治风险具有一定现实客观性，突发性较强，母国或者企业的预警评估难度较大，而且其类型多样，往往综合作用于企业对外投资和经营活动，加剧了政治风险的管控难度。并且，政治风险的发生及政治风险发生时是否会导致工程建设预期目标与实际结果存在差异，也是不确定的。例如，某一国内出现政府腐败事件是确定的，但由于不同的工程承包商对于政府风格的认识不同、对信息的获取存在不对称，因此政府腐败是否会导致工程建设预期目标与实际建设结果存在差异即存在不确定性。

（二）多发性

我国企业海外工程承包项目常常因政治风险流产，2011 年，中缅密松水电项目、2014 年中泰"高铁换大米"计划、2015 年墨西哥坎昆龙城项目停工、2015 年斯里兰卡科伦坡港口城、2016 年哥斯达黎加合建炼油厂等项目都因遭遇政治风险而被迫搁置。随着我国企业海外投资和工程承包规模的扩大，政治风险发生的频率大大增加。[4]

---

① 10·5 中国船员金三角遇害事件（湄公河惨案）。

② 利比亚内外战争中，战争造成我国直接经济损失近 200 亿美元。

③ 根据中国出口信用保险公司 2015 年编撰的《信用保险词典》，政府违约是指一国政府不履行与外国投资者签署的合同或协议，从而给外国投资者的正常经营带来影响的违约行为。

④ 2017 年 1 月 12 日，中国社会科学院世界经济与政治研究所发布了"2017 年度中国海外投资国家风险评级"，从总的评级结果来看，低风险级别（AAA-AA）仅有新加坡一个国家；中等风险级别（A-BBB）包括 26 个国家，占 35 个国家的绝大多数；高风险级别（BB-B）包括 8 个国家。

（三）危害性大

由于经济全球化的持续推进，我国海外投资和经营的规模日益增大，政治风险损失的可能性增加。我国境外投资和工程承包项目集中于能源资源和基建类项目，项目投资金额巨大、工程建设和投资回报周期长，一旦遭受到政治风险，投资者面临的损失极大。企业一旦遭遇政治风险，往往只能依赖母国从中斡旋，难以在东道国通过法律途径解决，需自担风险。

第二节　政治风险的识别

海外工程承包项目政治风险的来源并不是单一的，往往在一个东道国有多种来源共同作用，这些风险不仅于来源东道国还极有可能来自于第三国。"一带一路"推进过程中，海外承包工程项目的政治风险从大方面来说可以分为宏观政治风险和微观政治风险，宏观政治风险系从国家整体层面进行干预，不针对某个特定项目，如战争、政权更替、国家制度变化或重大政治事件等，微观政治风险则针对特定项目，如特定行业的政策变动、政府出面对项目建设进行干预等。常见的政治风险来源主要包括以下内容。

一、地缘政治风险

地缘政治风险（Geopolitical Risk）是指：各国基于地缘政治关系的政治战略考量引发的对抗风险。"一带一路"贯穿亚欧非大陆，地域影响较为广泛，沿线各国政治、经济、文化、民族、社会差异性大。"一带一路"的推行逐渐取得成效，不可避免地会对地区乃至全球各国基于地理因素的政治关系产生深刻的影响，也将为中国带来巨大的地缘政治利益。[1]

但与此同时，这也进一步加剧了大国之间在"一带一路"沿线地区的政治博弈，地缘政治风险发生的概率大大增加。例如：美国的首要战略任务是维持美国全球霸权、维护美元的全球利益、防范竞争对手做大[2]。2011年美国提出的"新丝绸之路战略"，谋求建立美国主导的中亚和南亚新秩序，因此在我国推出"一带一路"倡议后，其采取的是遏制策略。日本为谋求其在中亚和高加索地区的政治利益以及自身能源需求，不断推行"丝绸之路外交"。俄罗斯对"一带一路"倡议保持防范心理，担心它会制约俄罗斯主导建立的"欧亚经济联盟"。印度为维护其自身的地缘政治利益，推出与中国"一带一路"相制衡的"香料之路"计划、"季节：跨印度洋海上航路和文化景观"计划。各国的地缘政治战略之间的矛盾与冲突，进一步加剧了地缘政治的破碎化，给我国"一带一路"倡议的实施带来诸多不确定性。同时，"一带一路"沿线的一些国家或地区，在历史上便因为种族、宗教

---

① 周平：《"一带一路"面临的地缘政治风险及其管控》，载《探索与争鸣》2016年第1期。

② 黄丽娟、郭进：《"一带一路"战略面临的政治风险与中国的战略选择》，载《青海社会科学》2017年第1期。

等原因存在矛盾和冲突，20世纪中期后，民族主义、极端主义和恐怖主义的泛滥，各地区发展水平的不均，以及原有的国家体制改革，又进一步升级了矛盾和冲突，进而演化为地区武装冲突。只是由于地理环境的阻隔，这些矛盾和冲突局限于部分地区，随着"一带一路"倡议的推进，我国企业面临的地区矛盾风险也将逐步增大。

二、领土争端风险

一方面，我国与其他"一带一路"沿线国存在一定的领土争端。例如：中印领土争端使得我国与印度在藏南问题上一直难以达成共识，极有可能影响"一带一路"倡议的推进；南海争端牵涉六国七方[①]，各方战略利益的冲突，使得各方政治互信降低，致使地区政治风险加剧。南海仲裁案以及中越"海洋石油981"勘探风波等事件发生；中日之间在钓鱼岛和东海专属经济区仍存较大争议，使得日本对我国推行的"一带一路"倡议存有对抗情绪。

另一方面，"一带一路"沿线的其他国家之间也存在领土争端。印巴之间围绕克什米尔地区的争端冲突一直持续，其长期对峙影响了南亚地区的安全稳定，威胁了海上丝绸之路和"两个走廊"（孟中印缅经济走廊和中巴经济走廊）的投资安全。持续了半个多世纪的巴以领土争端以及中亚五国领土边界争端的存在，都加剧了地区投资环境的不稳定性。

三、政局动荡风险

"一带一路"沿线的大部分国家正处在政治体制急剧变革的时期，而且各国政治制度差异较大，政局存在诸多不稳定因素。主要体现在以下几个方面。

（一）国家转型

"一带一路"沿线存在诸多转型国家，普遍处于新旧体制转轨期、民主改造探索期和社会局势动荡期。面临着政权现代化的问题，存在着政权不稳的风险。

（二）政党轮替

政党轮替致使东道国法规政策缺乏连续性，继任政党上台后处于自身党派利益的考量，往往拒绝履行前任政府签订的合同，使得正常项目被迫暂停或者流产。

（三）法制水平较低

"一带一路"沿线许多国家政府权力有限，中央与地方分权现象突出，加之市场化水平不高，企业的商业经营成本升高。东道国对外国企业经营活动管理法律的缺失、司法救济途径不畅通、法律稳定性较差等问题，使我国海外投资经营企业权益缺乏法律保障。

此外，"一带一路"沿线国家还面临政府效率低，致使外商投资审批程序复杂、政府腐败、行政不作为等问题。

[①] 注：中国、中国台湾、越南、菲律宾、马来西亚、文莱、印度尼西亚。

四、恐怖主义风险

恐怖主义风险有别于传统的政治风险，对企业海外投资安全威胁最为严重。

对于落后的发展中国家来说，恐怖主义泛滥往往意味着与世界分工和贸易网络的日渐脱离，陷入"恐怖活动频发——外资撤离、外贸衰落——经济衰退、社会失序——恐怖活动更加猖獗"的恶性循环（"贸易隔离效应"）。[①] 据美国国家恐怖主义及反恐研究会（START）统计数据显示：2000—2014 年间，全球总共发生恐怖活动约 7.2 万次，其中约 84% 的恐怖活动都发生在"一带一路"沿线国家。全球总计约 17 万人死于恐怖活动，其中"一带一路"沿线国家占比约为 79%[②]。

从恐怖主义的空间分布来看，中东地区由于美国主导的"反恐战争"，阿富汗、伊拉克、利比亚等伊斯兰国家的局势长期混乱，新旧恐怖主义势力不断发展融合，形成了"伊斯兰国""塔利班""基地组织"等重大恐怖组织，严重威胁中东地区的安全；南亚地区是传统的民族分裂恐怖主义活动地区，民族分裂主义、极端主义、恐怖主义组织有数百之多。中亚地区各国占据着极为特殊的地缘战略位置，但与此同时又是世界大国政治博弈的主要地区之一，恐怖主义活动兼具宗教极端主义和民族分裂主义的特点。[③]

从恐怖主义针对的目标来看，恐怖活动的发起通常带有明确的政治取向，政府部门、军队和警察往往成为主要袭击对象，因此在重要的政府部门附近、宗教场所附近的人群，或影响力较大的企业也会作为恐怖袭击的目标。尤其是安保力量相对较弱的施工工地、工业园区等，更易成为恐怖分子袭击、绑架的目标。

五、地区冲突和局部战争风险

地区冲突、局部战争会动摇东道国政府的存续性和合法性，降低政府在投资者之中的信用等级，可能发生被动的政府违约现象，使投资者遭受损失。[④]"一带一路"沿线一些国家战乱频繁，冲突造成东道国社会治安环境恶化，不适合外国企业的长期投入。而且由于引发冲突原因的复杂性，往往牵涉宗教矛盾、领土纠纷、民族问题、大国博弈，一旦冲突发生，企业只能被迫撤离，无法通过其他途径挽回损失。

典型的案例如利比亚战争。2011 年 2 月，利比亚战争爆发，当时在利比亚有 75 家中国企业承建的 50 个工程承包项目，涉及金额 188 亿美元。利比亚政局动荡造成中资企业有十多人受伤，企业工地、营地遭到袭击抢劫，直接经济损失达 15 亿元人民币。再加上中国企业在利比亚的项目暂停，利比亚危机带给中国企业的损失估计超过 200 亿元。

---

① 张晓磊，张二震：《"一带一路"沿线恐怖活动风险的贸易隔离效应》，载《世界经济文汇》2017 年第 1 期。

② "一带一路"沿线国家中 60% 处于和平状态，25% 处于危险状态，15% 处于高危状态，伊拉克、巴基斯坦、阿富汗、叙利亚等国已成为恐怖犯罪活动的高发国家。以"伊斯兰国"为首的国际恐怖势力和其他形形色色极端势力猖獗，已由区域性安全威胁转变为全球性安全威胁。

③ 孙永生，吴永超：《一带一路：中国海外利益安全风险防控》，载《智库理论与实践》2017 年第 12 期。

④ 陈成：《中国对外直接投资中的政治风险及其防范机制研究》，载《中国市场》2013 年第 46 期。

第三节　政治风险的管控

一、存在的问题

"一带一路"倡议推进下企业海外投资政治风险成因具有高度复杂性，本文拟从国家及企业层面探寻政治风险的成因，为下一步有效应对政治风险做铺垫。

（一）国家层面

1. "一带一路"倡议推进受阻

《2017年世界投资报告》显示：中国对外投资总额上升44%，达1830亿美元，首次成为全球第二大对外投资国及最不发达国家的最大投资国。中国经济的飞速发展以及综合国力的不断增强引起部分国家的恐慌。西方国家利用"中国威胁论"来曲解中国的发展，称我国的海外投资是一种"新殖民主义"，使得东道国政府和民众对我国的海外投资经营活动存在认知错误，加剧了他们对我国海外企业的抵触情绪。

这其中既有对"一带一路"倡议的认知偏差，也有对中国企业的错误认知。"一带一路"是中国提出的一项经济合作倡议，"一带一路"是一条跨地区具有全球视野的各国互尊互信、合作共赢、文明互鉴之路。"一带一路"涉及的区域极为广泛，沿线国家处于自身国家利益的综合考量，对"一带一路"的看法迥异，有误解的、有疑惑的、有偏见的，甚至也有敌意的。"一带一路"倡议的持续推进离不开沿线国家的支持，如果缺乏沿线国家的积极主动参与，将会极大影响我国企业全方位走出去，难以实现"一带一路"的预定目标。由于我国对外投资和进行工程承包的企业中国有企业占比较大[①]，这一背景使得东道国对于我国国有企业的政治目的抱有疑虑。国有企业在海外的投资和经营容易使东道国联想到其背后国家政治战略的实施，加之我国对国有企业往往有经济政策支持，更容易引起东道国的猜忌。

我国政府应重视通过外交途径强化与东道国政府的政治互动，从而加大对我国企业的保护。就目前而言，我国企业在海外遭遇政治风险时，政府发挥的作用较为有限。我国政府与东道国政府应注意加强交涉、谈判，通过外交途径支持企业海外维权，出面提供政治援助。

2. 对海外投资经营立法滞后

我国现有的对外投资经营法律政策体系侧重于宏观政策的引导，缺乏微观操作层面的指引。针对企业内部政治风险管控的监管制度缺失，使得我国企业在海外投资和经营过程中缺少参照执行的具体规则。

我国企业对外投资起步的时间较晚，立法未能及时跟进，缺少一部专门性立法，难以从法律层面规范我国企业海外投资及工程承包的活动，企业在海外遇到政治风险时，缺乏

[①]　2014年国有企业对外直接投资比例仍然占55.6%，参见："一带一路"地缘政治风险的评估与管理 - 道客巴巴 http://www.doc88.com/p-7068946620067.html，最后访问日期：2018年8月20日。

救济渠道。现有的商务部颁布的《境外投资管理办法》和国家外汇管理局发布的《境内机构境外直接投资的外汇管理规定》只是从部门规章层面进行的监管，其效力层次偏低。随着海外投资新增量、新的政治风险挑战等不断出现，仅仅依靠部门规章层面的监管手段远不能保证海外投资和经营的安全。

多边和双边投资保护协定的作用未能有效发挥。多边和双边保护协定进一步明确了海外投资经营合作的具体方式，利于投资争端的有效解决，保障了投资人的利益。双边投资保护协定作为国家间的法律协定，弥补了东道国的制度缺位。[①]但是我国双边投资条约的数量和质量跟不上我国企业海外投资的需求，一些双边投资协定中仅是原则性的规范内容，保护标准不明确、可仲裁事项的范围过窄，很难顺利保障企业的投资权益[②]。我国海外投资及建设项目的投资规模不断加大，双边投资条约的内容有待进一步充实、细化。

3. 保险制度亟待完善

企业在"一带一路"沿线国家进行工程建设的过程中，由于其承担政治风险损失的能力不高，需要通过保险途径转移风险。从大范围的海外投资角度来看，发达国家为适应企业海外投资应对政治风险的需要，在海外投资早期就制定了完备的海外投资保险制度。例如：美国的海外投资保证制度，主要面向政治风险的应对，包含外汇险、征用险和战争险，适用于企业为扩大发展及现代化需要进行的海外投资项目，由美国政府批准且该企业所认可的海外投资项目；日本针对本国企业海外投资遇到的政治风险提供外汇险、征用险和战争险，由满足条件的合格保险对象提出申请后，通商产业省主管部门（主要是企业局）进行审批是否予以承保，保险人为日本通商产业省大臣，不要求投资对象国与日本签订了双边投资保护协定，但仍然要求投资对象国要具有相对完备的投资政策和健康的政治经济环境。

我国针对企业海外投资政治风险的承包机构仅有中国出口信用保险公司（简称中国信保），其主要业务是"出口信用保险"，而不是"海外投资保险"。这一保险体制由于存在诸多固有缺陷，难以适用海外投资需要。一是程序复杂，审查时间长、难度大；二是保险费率较高，平均保费4%，对于企业而言成本过高；三是保险险种覆盖面小，不能有效应对政治风险的多样性、复杂性；四是我国投资保险采用的是"申保合一"模式，从双边投资协定（BIT）角度看，我国投资保险实施的是不以东道国与我国签订 BIT 为前提的"单边模式"，后果是我国代位求偿权不能获得东道国承认，赔付投资者损失后难以追偿。

另外，我国企业对于 MIGA[③]这一投资担保机构的认识不足。MIGA 可以在国内保险

---

① 协天紫光、张亚斌、赵景峰：《政治风险、投资者保护与中国 OFDI 选择——基于"一带一路"沿线国家数据的实证研究》，载《经济问题探索》2017年第 7 期。

② 朱伟东：《关于建立"一带一路"争端解决机制的思考》，载《法治现代化研究》2018年第 3 期。该文章中的统计指出，在 65 个国家中，同中国签订有双边投资保护协定的国家有 54 个。在这 54 个双边投资保护条约中，对于征收补偿额争议，有 32 个双边投资保护条约规定此类争议可提交专设仲裁庭解决，只有 6 个条约规定此类争议可通过 ICSID 解决；规定所有投资争议或相关投资争议可以通过专设仲裁庭解决的双边投资保护条约有 8 个，规定此类争议可通过 ICSID 解决的双边投资保护条约有 9 个。在这 54 个双边投资保护条约中，有 40 个双边投资保护条约规定了友好协商的前置程序。

③ MIGA 的宗旨之一是向外国私人投资者提供政治风险担保，帮助外国投资者和东道国政府解决投资争端，防止潜在索赔要求升级，使项目得以继续。

制度无法实施保护时为投资者提供风险保证，对于一些高风险的国家，国内保险制度可能因为没有能力或者投资具有高风险性而不予审批，但 MIGA 在保险审批时更加倾向于战略优先领域，更易获得保险。但由于我国企业对于 MIGA 认识不足，适用范围尚不广泛。

4. 缺乏纠纷解决的配套机制

（1）政府部门缺乏对政治风险情报资源的整合。情报信息的准确性在一定程度上决定着我国企业在"一带一路"沿线中的投资行为以及项目合作的成功与否。[1] 由于我国未能搭建针对政治风险防范的综合信息服务平台，对现有东道国投资信息，比如投资潜力、市场规模、宗教文化等缺乏全面准确的认识。我国政府部门（商务部、外交部等）、民间智库、咨询公司、高校、科研院所都在进行"一带一路"政治风险信息的收集、整理与发布，但是各机构收集信息的侧重点不同，且资源不能共享，这种缺乏整合的信息难以满足企业海外工程承包风险管理所需的全面的、深入的、精准的、定制化的需要。

（2）工程承包保障制度不健全。①军事力量保障薄弱。随着我国企业海外工程承包的规模日益扩大，工程建设过程中面临的安全挑战日益增多，迫切需要加强安全保障，营造安全的生产经营环境。以海洋丝绸之路经济带为例，其与我国的海洋强国战略紧密对接，这二者战略目的的实现离不开我国远洋控制能力的提升，海军力量的提高。"一带一路"沿线地域范围广阔，我国与沿线国家区域安全合作保障不足，难以全面打造企业安全生产的格局。②安保保障不足。我国企业海外工程建设的安全保障也离不开安保行业的发展，目前我国的涉外安保行业在海外发展的市场广阔，但还存在经验不足等问题。③国际化经营管理人才缺乏。海外工程类企业内部缺乏小语种复合型人才，与投资东道国的沟通不畅。国内会计、律师等中介机构不发达，尽职调查能力较弱。如果聘请外资中介机构，其对于我国企业的需求等了解不充分，且过度倚重外资中介机构，会导致对于政治风险采取的策略缺乏针对性。

（二）企业层面

1. 我国企业战略布局尚存缺陷

（1）工程建设环境差。我国企业"走出去"进行外国工程承包的时间较晚，为了获得更广阔的市场空间，需选择目前基础设施建设相对不完善的区域，因此不得不选择到政治风险高、社会制度体系不完备、经济发展水平低、投资环境较差和基础设施匮乏的国家去寻找工程承包的机会。具体到"一带一路"的推进，其沿线国家多为新兴经济体，整体经济基础较为薄弱，经济结构单一，经济稳定性较差[2]，中国网《一带一路列国投资政治风险研究》统计的 61 个国家中，政治风险比较低的国家只有五个（新加坡、阿曼、斯里兰卡、文莱和马来西亚），其他国家大多面临政局动荡、政党纷争、民族宗教冲突、恐怖主义、腐败与排华等问题，这导致我国建筑企业在走出国门时，面临的政治风险就比较高。

（2）企业行为合规性不足。企业合规经营意识不强，不注重企业形象，企业社会责任感较弱，进而有损国家整体形象。一是企业自律性不强，不注重保障当地劳工权益，劳资纠纷较多，安全生产意识不足，对员工的工作安全缺乏必要的保障措施；二是环境保护意

①　李猛：《"一带一路"中我国企业海外投资风险的法律防范及争端解决》，载《中国流通经济》2018 年第 8 期。

②　王小霞：《"一带一路"沿线国家投资环境不断改善》，载《中国经济时报》2018 年 5 月 7 日，第 1 版。

识淡薄，使得项目因环保问题遭到当地民众、其他公司、媒体以及非政府组织（NGO）的干涉，严重时会造成项目暂停或者流产。西方国家指责中国"掠夺性发展""中国环境新殖民主义"就是由于部分中国企业缺乏环境保护意识，致使项目施工给当地环境生态带来巨大的破坏；三是企业缺乏信用，生产质量意识不强。发达国家在企业海外投资经营过程中极其重视投资当地的社区能力建设，积极提供免费的技术培训、教育、医疗帮扶，最大程度提高当地民众的地方政府的支持和信任。

2. 我国企业政治风险防范意识不足

（1）承包工程前对东道国的经济环境缺乏客观全面的认识，前期的环境调研与分析不充分。其一，对东道国政治体制了解不深，盲目参与工程投标。其二，对东道国履约能力缺乏关注。其三，缺乏东道国对华友好关系的认识，领导人访问次数、建交年限、友好城市都可作为具体衡量指标。其四，我国企业对于我国与东道国是否签订多边或者双边投资保护协定缺乏重视。其五，对东道国国内反对派、非政府组织、社会舆论的了解不多。

（2）我国海外投资企业对于政治风险的评估仍然处于起步阶段，风险评估能力弱。中国信保2017年《全球投资风险分析报告》的调研数据显示，我国有超过72%的企业建立了风险管理组织体系，67%的企业对海外投资项目进行了风险评估，62%的企业建立了风险预警机制。虽然部分海外投资企业也建立了风险管控部门，但是由于掌握信息资源的有限性，风险的分析与评估作用不大。

（3）我国企业属地化经营、管理经验不足，与当地政府部门的联系不紧密，不注重与当地政府的联络，与当地企业联合投资的比例较低，也造成企业投资结构本身的风险较高。

（4）我国企业应对政治风险的防范措施尚存缺陷。我国企业一方面应充分衡量投资的风险与收益，尽量避开在政局动荡、对华关系不友好的国家进行工程建设；另一方面，就是考虑东道国的投资环境，结合企业自身风险适应能力，制定综合性的防范措施，企业应将政治风险的管理纳入企业的战略管理。政治风险的防范应贯穿项目从投标到建设的全过程，在发现政治风险苗头时，可以通过提前停止施工、逐步替换并撤离外派员工、主动和东道国谈判等方式最大限度地缓冲政治风险发生带来的冲击。在承包海外工程过程中应重视当地资源对于应对政治风险的作用，主动寻求当地有经验的中介机构参与政治风险的评估、预警和管理。目前我国企业正是在上述方面的管理仍不到位，才使得海外承包工程的政治风险较高。

3. 事后风险应对机制不完善

（1）东道国司法途径应对政治风险的意识不足。中国企业境外投资调查显示，超过70%非国有企业与80%国有企业在面临境外风险时首选与中国使馆、驻外商业机构以及国内有关部门等机构联系[①]。表明中国企业对东道国法律体系和司法规则不熟悉，在遇到问题时，聘请当地有经验的律师作为法律顾问的概率较小。

（2）我国企业利用现有国际通行的法律规制体系应对政治风险能力较弱。从"权力导向"向"规则导向"演进是国际经贸治理的基本趋势[②]，我国企业国际化水平不高，对企业国际化经营过程中的商务规则运用的能力不足。以国际投资争端解决中心来看，其对投资

---

① 方旖旎：《"一带一路"战略下中国企业对海外直接投资国的风险评估》，载《现代经济探讨》2016年第1期。

② 王军杰：《论"一带一路"沿线投资政治风险的法律应对》，载《现代法学》2018年第3期。

争议的解决具有极大的便利性，但是我国企业对这一争端解决渠道的认识不足，缺乏运用的能力。

二、应对策略

我国对"一带一路"沿线国家投资建设项目多、投资金额大，各国国情差别很大，投资与风险并存。企业海外承包工程面临多类风险，其中政治风险是最不容易被量化和把控的，投资者往往会因政治风险而血本无归，无法实现投资双方合作的良好愿望，还可能会引发国家间纠纷。而针对投资过程中可能面临的政治风险，需要从政府及企业两方面入手，完善应对策略，降低政治风险可能带来的损失。

（一）政府层面

1. 推动投资条约签订并完善我国国内相关法律体系

（1）加快签订、完善投资条约

1）签订双边投资条约。据统计，到 2014 年底，我国企业对"一带一路"沿线国家对外投资排名前五的国家分别为：新加坡、俄罗斯、印尼、老挝和缅甸，最主要的原因在于我国与上述国家签订了双边投资条约。此外，截至 2016 年 12 月，我国已与 104 个国家签订了双边投资条约。[①] 若我国已经与东道国订立了双边投资条约，那么在政治风险事件发生后，我国企业就可以依据相关双边条约按照"合理补偿原则"进行求偿。如果没有订立双边投资条约，那么企业将处于被动地位，只能按照东道国国内法律规定的赔偿数额、时间和方式进行求偿，不利于企业合法权益的保护。利用双边投资条约弥补东道国制度的缺失，可以降低政治风险，更好地保护企业的投资权益。

为保证我国企业海外承包工程安全，必须加快与东道国相关投资双边条约的签订和完善，双边投资条约是帮助我国企业海外投资规避政治风险最有效的法律手段。签订双边投资条约，规定实体性事项和程序性事项同样重要，实体性事项事关投资顺利进行，程序性事项事关争议解决和求偿。对还没有签订双边投资保护条约的国家，我国还要继续加强国家间对话，加快条约签订进程，同时也要根据实际情况适时修改和完善已经签订的双边投资保护条约。

2）利用多边投资担保机构公约。我国已经加入了《多边投资担保机构公约》，该《公约》规定为会员国对外投资的非商业性保险进行担保，旨在鼓励向发展中国家投资。依照《公约》规定，可承保政治风险的主要险别包括征收或类似措施险、货币兑换险、战争与内乱险和违约险等。《公约》项下设立有多边投资担保机构，保障国际投资的政治风险，有利于弥补区域性和国家性投资担保机构的不足，具有明显优势。充分利用《多边投资担保机构公约》和多边投资担保机构，也是规避和应对政治风险的有效选择。

（2）加快健全海外投资和海外工程承包法律体系

现阶段，我国还未建立完备的海外投资及海外工程承包的法律体系，没有关于海外投

---

① 参见《我国对外签订双边投资协定一览表》，商务部条约法律司网站，http：//tfs. mofcom.gov.cn/article/Nocategory/201111/20111107819474.shtml，最后访问时间 2018 年 7 月 30 日。

资及海外工程承包的普通法律，缺乏从最高层面对投资行为进行规范的、统一、稳定和权威的立法。目前我国规范海外承包工程行为主要依靠有关双边投资协定、海外投资监督制度、海外投资保险制度及国务院各部委颁布的规章或条例[①]，并且在相关鼓励和保障政策方面，实质性内容较少，管理部门之间存在职能交叉、内容重叠的现象，统一立法规范迫在眉睫。鉴于此，我国应当加紧《中国企业海外投资法》《国际工程承包法》及其实施细则的立法工作，明确各政府部门对海外承包工程活动的管理职责及各投资主体的权利义务，同时也应对企业海外承包工程活动的鼓励和限制措施进行细化。

2. 强化国际交流与合作

近年来，有关于"中国威胁论"的言论甚嚣尘上，部分西方媒体恶意丑化我国的国家形象，对我国进行正常的国际交流和协作形成阻碍，对我国进行海外承包工程活动也造成了一定不良影响。因此，我国应当在尊重主权平等的原则下，加强与世界各国尤其是"一带一路"沿线国家之间的对话，努力做到化解矛盾、求同存异。为给我国"一带一路"倡议正名，应当加强媒体对外宣传，海外承包工程是正常的经济活动而非政治活动，海外工程建设不仅仅是我国经济发展的现实需要，更惠及建设国民众，是"一带一路"合作国家的互利共赢。不仅如此，我国也应建立双向沟通机制，按照国际主流政治运作模式，在国家海外投资主管部门和建筑企业内部设立海外承包工程运作模式的沟通协调机制。加大对政治风险的研究投入，定期发布和反馈东道国已经发生的政治风险事件，学习借鉴别国预防和应对政治风险的操作方式。

加强国际交流与合作，其一要加强国家间的政治合作，我国需与世界各国保持友好关系，声明我国始终走和平发展的道路，坚持倡导国际社会和平稳定发展和共同进步的立场，[②]世界各国同在一个"地球村"，共同努力构建人类命运共同体，通过外交活动加强国家间政治互信，为企业对外投资营造良好政治环境。与此同时，我国还可以积极推动政府间协议的签订，将一些重大的基础设施建设项目纳入框架合作协议之中，为企业参与海外工程承包提供便利。其二是深化国家间经贸合作，在"一带一路"倡议创造的良好机遇下，我国应当加强与沿线国家之间的经济贸易往来，共同努力消除贸易壁垒，扩大经济合作的范围。利用亚欧博览会、东盟博览会、中阿合作论坛等平台深化与沿线各国的经贸合作，为企业对外投资营造良好的经济环境。其三还需加强国家间军事合作，海外工程的建设极需国家强有力的军事实力做后盾。

3. 加强政治风险评估

"一带一路"沿线国家众多且各国国情不一，为我国企业海外承包工程增加了很多不确定因素，在投标前评估东道国政治风险，无疑会减少建设过程中的一些不必要的麻烦。承包工程前首先要加强对东道国的国情研究，建立风险评估和预警机制，进一步加强对海外承包工程的宏观调控和指导，在选择投资对象时更加慎重。

（1）设置合理的风险评估指标

科学准确评估东道国政治风险的前提是设置建立一套合理、规范的评估指标体系。现有最完善的对于政治风险的量化评估方法就是全球治理指数（WGI），覆盖面较广且政治

---

① 如《境外投资管理办法》（商务部令 2014 年第 3 号）。

② 张健：《国际工程承包政治风险应对策略研究》，北京交通大学 2017 年硕士学位论文。

侧重方面较完善。政治风险维度共含有 6 个子指标，分别对应腐败控制、政府有效性、政治稳定与无暴力程度、监管质量、法制建设和表达与问责。评分越高，政治表现越好，相应的政治风险越低。有关学者根据统计分析的结果，对"一带一路"沿线 64 国的政治风险作出了低风险、较低风险、中等风险、较高风险、高风险等评级。

"一带一路"沿线 64 国政治风险等级①　　　　　　　　表 1

低风险	较低风险	中等风险	较高风险	高风险
新加坡	哈萨克斯坦	伊朗	叙利亚	尼泊尔
马来西亚	沙特阿拉伯	土耳其	黎巴嫩	阿富汗
阿联酋	波兰	印度	摩尔多瓦	巴勒斯坦
	文莱	斯洛伐克	马其顿	
	越南	捷克	乌兹别克斯坦	
	俄罗斯	巴林	马尔代夫	
	阿曼	保加利亚	东帝汶	
	卡塔尔	埃及	不丹	
	科威特	土库曼斯坦		
	匈牙利	塞尔维亚		
	以色列	阿尔巴尼亚		
	爱沙尼亚	缅甸		
	罗马尼亚	吉尔吉斯斯坦		
	菲律宾	柬埔寨		
	蒙古	老挝		
	泰国	斯里兰卡		
	阿塞拜疆	白俄罗斯		
	拉脱维亚	伊拉克		
	斯洛文尼亚	克罗地亚		
	印度尼西亚	巴基斯坦		
	立陶宛	亚美尼亚		
	格鲁吉亚	孟加拉国		
		塔吉克斯坦		
		乌克兰		
		也门		
		约旦		
		波斯尼亚		
		黑山		

（2）建立专业的政治风险评估机构

目前，我国还没有国家级的海外投资风险评估机构，大多还是依靠民间或海外机构进行风险评级，根据固有指标作出的固有分析，无法真实地体现我国海外投资实践，对投资环境和市场状况的分析具有局限性，不具有我国"一带一路"倡议的特色，针对性不强。由于"一带一路"沿线国家多为发展中国家，国情具有复杂性，我国应当建立一套完备的

---

① 许勤华教授主编：《2018"一带一路"能源资源投资政治风险评估报告》，http：//nads.ruc.edu.cn/displaynews. php？id=5527，最后访问时间：2018 年 8 月 22 日。

评估系统和新型智库，为企业对外投资提供准确信息。同时，设置专门的政治风险评估机构，按照统一的政治风险评估指标，定期评估东道国国家的政治风险，适时发布权威的评估报告，为企业承包海外工程规避政治风险提供参考。

4. 推进海外投资保险制度发展

（1）国内现状

当前我国没有针对海外投资保险的专门立法，完备的海外投资保险制度也未建立。随着我国"一带一路"倡议深入实施，企业海外投资领域及金额不断扩大，急需大量保险项目提供保障。为更好地减少东道国政治风险给企业海外工程建设活动带来的冲击，保护企业合法投资权益，我国应当尽快完善海外投资保险制度建设，以保险制度保护企业海外投资行为。

中国信保是目前我国唯一从事出口信用保险业务的政策性保险公司，其可以为我国海外投资者及金融机构提供政治风险的保障，主要包括征收、汇兑限制、战争及政治暴乱、违约等[1]，并且规定承保业务的保险期最长不超过20年，损失比例最高不超过95%。尽管中国信保已经初步开展了一些海外投资保险业务，但真正涉及海外投资保险的业务占比很小。据中国信保官网统计，2016年总海外投资保险承保金额仅占总承保金额的11.09%，按照《2017世界投资报告》的数据，我国1830亿美元的对外投资总额中仅有2.33%获得中国信保的承保。这表明我国现有的海外投资保险制度不能完全满足对外投资金额快速增长的需要，亟待完善。

（2）完善海外投资保险保障措施

我国当前应对海外投资政治风险的保险机制还不健全，相关领域立法脚步还未跟上海外投资所面临的政治风险。对此，我国应当进一步完善海外投资保险保障机制，有效应对政治风险。

具体来说，一方面我国政府应重视海外投资保险保障体系的建立及完善，尤其是针对"一带一路"沿线国家的实际国情，加强对沿线国家政治风险的研究力度，建立由著名学术机构和优秀企业组成的联盟或者智库，完善政治风险的信息共享和预警体系。另一方面，除了现在主要办理进出口保险业务的中国信保，我国还应当利用专项财政补贴，鼓励和组织更多的民间或海外投资保险公司发展，拓展企业选择保险公司的范围。指导保险公司进一步简化政治风险保险办理程序、扩大政治风险保险险种，将更多的政治风险情况纳入承保范围。保险公司也要根据"一带一路"沿线国家的具体风险情况，不断推出适合"一带一路"沿线国家地区政治风险的新产品，提高保险产品的覆盖面。还要进一步丰富业务类型，如借鉴美国私人投资保险公司的做法，对承保稳定的公司及项目进行有选择性的融资，既可以增加自身收入，也成为在企业对外投资之外的另一种新的海外投资方式。

---

[1] 承保的政治风险具体包括：①征收。东道国采取国有化、没收、征用等方式，剥夺投资项目的所有权和经营权，或投资项目资金、资产的使用权和控制权。②汇兑限制。东道国阻碍、限制投资者换汇自由，或抬高换汇成本，以及阻止货币汇出该国。③战争及政治暴乱。东道国发生革命、骚乱、政变、内战、叛乱、恐怖活动以及其他类似战争的行为，导致投资企业资产损失或永久无法经营。④违约。东道国政府或经保险人认可的其他主体违反或不履行与投资项目有关的协议，且拒绝赔偿。

5. 搭建综合信息服务平台

我国企业海外工程承包遭遇政治风险的其中一个原因就是信息不对称，导致企业在工程投标前不能对东道国国情有清楚的认识。对此，我国应当由政府部门主导建立"一带一路"投资综合信息服务平台，帮助企业防范政治风险。

（1）建立海外投资公共信息网络共享平台

由商务部、外交部、国家发展改革委等部门和国际商会共同搭建，发布投资东道国现有及潜在政治风险情况，并进行风险热点提示，实时引导企业规避政治风险。发挥各类国际商会和行业协会的积极作用，与政府部门信息形成互补，建立更加有效的信息共享平台。

（2）建立投资风险咨询平台

目前，海外投资风险咨询机构在我国还不常见，企业调查东道国政治风险主要依靠国内政府部门及驻外使馆，信息严重不对称。因此我国应当开设自己的海外投资风险咨询公司[1]，通过向企业提供海外投资政治风险的分析、评估及应对服务，帮助企业提升防范和应对政治风险的能力。

（3）融合利用承包工程商会与保险机构的信息

如果拟投标海外工程企业为中国对外承包工程商会会员，在其向商务部申请办理《对外承包工程投标（议标）许可证》前，需得到驻外经参处和承包商会的书面意见。[2]因此商会对企业海外工程的具体情况了解较多，而涉猎外海投资业务的保险机构也对海外项目风险信息有较高的敏感度。所以，政府部门可以建设统一的信息服务平台，充分利用承包商会与保险机构的信息，为企业提供全方位的信息服务。

（二）企业层面

1. 建立政治风险预警机制

我国企业除了密切关注国家有关部门定期发布的"一带一路"沿线国家投资风险评估报告，还要设立海外承接工程项目相关风险防控部门，尤其是针对政治风险评估的组织机构。企业要树立政治风险意识，做好工程承包前的政治风险评估工作，细致调查东道国政治、社会、经济、文化等情况，对东道国政治形势有一个清楚的了解。通过风控部门的评估、专家咨询等方式，制定出针对东道国的经营方略，在工程承包前期就进行政治风险的预防和规避，对于时局动荡、局势紧张的国家持更加谨慎的承接态度。企业同时要明确，"一带一路"倡议强调的共同发展，是合作双方的共同参与、共同规划、共同建设和共享成果，企业必须对自己投标的项目有较为清楚的认识，应当在对东道国建设工程的收益和损失进行详细分析后，谨慎选择建设项目，避免将人力、物力、财力投入到高风险、低收益的国家和项目中。

在甄别和评估项目时，企业可以从以下几个方面进行：①该国国内政治状况是否稳定、民族和地区冲突是否频发；②该国是否与我国签订了双边投资条约；③条约中有关

---

① 《海外投资：中国需要自己的政治风险咨询公司》，网易财经，http：//money.163.com/15/0129/11/AH4EL57M00253B0H.html，2018年8月2日最后访问。

② 张健：《国际工程承包政治风险应对策略研究》．北京交通大学，2017年硕士学位论文。

"程序条款""除外条款""冲突条款"的规定是否合理，是否有利于我国企业规避政治风险。企业选择投标项目过程中应当尽可能收集到全面的信息，较为细致地评估政治风险，同时结合分析企业自身需要和适应能力，科学、合理地参与投标。此外，企业也应当重视制定政治风险的预警方案，争取将政治风险降到最低。

建立政治风险预警机制，要求企业必须仔细研究东道国相关法律，尤其是对政治风险保障的立法。另外企业还需要对我国与东道国之间的经济贸易往来及外交情况、是否签订双边投资保护协定及协定内容有明确的了解，在进行东道国政治风险评级时，可以参考一些国际机构组织对东道国的风险评级情况（如 IMF、WEO 等），以及一些专业风险评级机构的数据，如 ICRG（美国纽约国际报告集团提出的国家风险国际指南）、FI（美国商业环境情报所提出的富兰德指数）、EI（《欧洲货币》杂志社提出的欧洲货币国家风险等级表）等。

2. 建立完善风险控制机制

（1）企业内部风险控制机构

企业应充分考虑自身的发展需要、成长阶段及发展前景，打造专业的海外工程业务团队，加强对海外承包工程决策的监管，建立决策责任制度和问责制度，保障权责的一致性。[①] 具体要做到：

1）建立自上而下的风险控制组织架构。至少应包括企业决策层、企业执行层和海外项目执行层三级体系，实行员工责任制，明确分配风险控制工作。

2）建立员工应对风险培训机制。针对企业决策层、管理层包括一线工人，有针对性地进行海外工程的政治风险培训，尽可能贴合意向项目所在地的政治环境。

3）建立突发政治风险处置机制。在海外工程项目建设前，提前针对可能出现的政治风险编制相应的处置预案，在发生政治风险后，及时做好项目现场协调应对、人员安置、善后维稳等工作。

（2）营造良好的工程承包环境

我国企业能够顺利进行海外工程建设，离不开东道国稳定、良好的建设环境，具体包括：

1）要加强文化包容性。在进入东道国承包工程之前，企业及企业员工应当对东道国社会文化有充分的了解，经营过程中增加文化交流活动，防止产生文化冲突。

2）要提高企业本地化经营的水平。建设过程中注重本地化，就是要求我国企业在海外工程建设过程中弱化外国形象，加快融入东道国的政治、经济和人文环境。一方面，企业可以加强与东道国政府、当地企业的交流与合作，降低东道国政府和企业的排斥情绪。雇佣和培养东道国员工，选用东道国供应商，在建设过程中部分转移政治风险。另一方面，企业可参考和借鉴东道国企业的经营理念和企业文化，雇佣东道国当地的工程和管理人才，增加东道国就业率，树立积极的企业形象。

3）要合法、绿色建设。海外工程项目与其他海外投资项目的区别在于对建设地的环境依赖性较高，如果忽略对建设工程所在地的环境保护，更易导致当地民众的抵触情绪从而引发政治风险。为协调好项目建设对环境的影响与东道国环境保护之间的关系，首先我

---

① 汤吉军、陈俊龙：《国有企业海外投资风险防范机制研究》，载《国有经济评论》2015 年第 7 期。

国企业应当坚持保护环境的理念，减少对当地自然环境及社会环境的破坏。企业要积极承担社会责任，在社会慈善、用工制度、环境保护等方面加大投入。其次，在建设过程中要注重对东道国劳工的保护，企业不仅要学习和遵守东道国的劳工法规，更要加强对劳工合法权益的保护，减少因劳工问题引发的政治风险。最后加大企业海外舆论宣传，树立良好的企业形象，增强东道国及其国民对我国企业的认可程度，化解与缓和民族主义和排外情绪。[①]

（3）转移分散政治风险

购买保险是企业应对海外工程承包政治风险的有效方式之一，企业可以通过购买保险将政治风险部分转移给保险人，以此来减少因政治风险带来的损失。对于保险机构的选择，企业可以在工程承包前做好调研工作，了解各保险公司的情况，企业可以多调研、多了解，根据自身情况选择最合适的保险产品。我国已经在天津自贸区设立了"走出去"政治风险统保平台，海外投资承保费用方式为"政府资助＋金融机构优惠＋企业自付"，切实降低企业海外投资成本。[②] 同时，国外也有许多保险公司可以为我国海外工程承包提供政治风险保险，如美国国际集团、丘博保险公司及其在我国境内的全资子公司安达保险公司、北美保险公司等，[③] 企业可以根据东道国实际情况选择合适的保险机构进行投保。一旦发生政治风险，在第一时间通知保险公司，按照工程承包合同中的保险条款及保险合同相关要求，提供理赔所需的各类材料，最大限度降低政治风险对企业造成的损失。

3. 建立政治风险事件应对机制

（1）利用多元化投资争端解决机制

1）ICSID 国际投资争端解决中心。国际投资争端解决中心（The International Center for Settlement of Investment Disputes），依据《解决国家与他国国民间投资争端公约》（即《华盛顿公约》）建立，是世界上第一个专门解决国际投资过程中外国投资者与东道国政府之间投资争议的机构。该机构的设立为国家与投资者之间的交往培育了一种互相信任的氛围，有利于促进海外投资不断增加。我国于 1992 年加入该公约，并且要求在证明东道国政府违反了与我国签订的相关双边投资条约中投资保护条款的情况下，投资者可以提起 ICSID 仲裁。[④] 所以，企业在与我国签订了双边投资保护条约的国家进行工程承包，当符合 ICSID 的仲裁条件时，可通过国际仲裁解决争端。ICSID 通常是通过临时仲裁庭进行仲裁，没有常设的上诉机制，其裁决结果为"一裁终局"，效力等同于败诉方国内最终裁决的效力。

2）国际商事争端解决机制。2018 年 1 月 23 日，中央全面深化改革领导小组审议通过了《关于建立"一带一路"国际商事争端解决机制和机构的意见》，加快建设"一带一路"

---

① 梁静波：《中国企业海外投资的政治风险与对策》，载《求实》2013 年第 4 期。

② 陈庆滨、陈相利：《天津自贸区累计对外投资 171.7 亿美元设置"走出去"政治风险统保平台》，http：//www.cnr.cn/tj/jrtj/20161027/t20161027_523225979.shtml，2019 年 10 月 27 日最后访问。

③ 梁静波：《中国企业海外投资的政治风险与对策》，载《求实》2013 年第 4 期。还包括日本的通商产业省贸易局，英国的出口信贷保证部，德国的信托监察公司和黑姆斯信用保险公司等。

④ 当前 161 个 ICSID 成员国中，"一带一路"沿线 64 国有 51 个国家加入了该条约。未加入《华盛顿条约》的国际分别是越南、老挝、缅甸、印度、巴基斯坦、波兰、塔吉克斯坦、马尔代夫、不丹、阿联酋、伊朗。另外还有 3 个沿线国已经签署了该条约但尚未批准生效，分别是泰国、吉尔吉斯斯坦与俄罗斯。

国际商事争端解决机制和机构，为"一带一路"倡议实施提供司法服务和保障。国际商事争端解决机制主要是在最高人民法院设立国际商事法庭，以便企业选择调解、诉讼、仲裁等多种方式应对海外投资纠纷。[①]此外，还由最高人民法院牵头，组建国际商事专家委员会，选拔精通国际法及我国国内法的专业人才，制定相应的工作规则。国际商事争端解决机制的建立，为我国企业防范和应对海外投资政治风险提供了新的途径，也为企业海外工程承包增加了一份保障。

（2）借助行业协会的力量

国内企业在海外进行工程承包离不开行业协会的协助，抱团合作才有进一步强大的可能。我国现有的与海外工程承包相关的行业协会如中国海外投资联合会，协会指导和帮助我国企业在"一带一路"沿线国家的投资，为企业提供海外投资风险防范、项目融资支撑以及人员、资产安全等服务；又如中国对外承包工程商会，是由在中华人民共和国境内依法注册从事对外承包工程、劳务合作、工程类投资及提供相关服务的企业和单位依法自愿组成的全国性、行业性、非营利性的社会组织，参与相关法律法规、产业政策、技术标准和行业发展规划的制订，向政府反映会员的合理建议。代表行业进行对外交涉，维护会员企业及劳务人员的合法利益。代表本行业参加国际同行业组织，出席有关国际会议，与相关国际组织和地区、国家同行业组织建立联系，促进行业的国际间合作。

（3）依托金融机构和基金

2015年，由我国倡议建立的亚洲基础设施投资银行正式成立，其宗旨之一就是与其他多边和双边开发机构紧密合作，推进区域合作和伙伴关系，应对发展挑战。亚投行的成立为"一带一路"跨境投资保障提供了新的思路，在东道国投资合作前景不明朗的情况下，可以分步骤、分领域缔结专项基金，仅在部分领域进行合作，以便政治风险发生后及时脱身。同年经国务院批准我国设立了中国保险投资基金，该基金主要投向基础设施建设、"一带一路"建设、绿色环保等领域，不仅有利于国家海外保险业的发展，同时也为企业海外投资提供了保障，第一期400亿元的基金已经投向了境外的"一带一路"项目，为项目的推进提供强大的经济支撑。

第四节　典型案例分析

一、案例介绍

（一）泰国"仁爱屋"工程项目

"仁爱屋"工程（Bann Eua-Arthorn Project）是泰国政府推出的政策性低成本住房项目，以解决月收入不超过17500泰铢（约折合人民币不超过4000元）的低收入家庭包括

---

① 不仅如此，最高人民法院在深圳市设立"第一国际商事法庭"，在西安市设立"第二国际商事法庭"，受理当事人之间的跨境商事纠纷案件。

相当数量的公务员家庭的住房问题。为提高泰国人民生活质量，泰国政府计划自 2003 年起至 2007 年推出总量 60 万套的"仁爱屋"，并指定国家房屋局统一负责对"仁爱屋"工程的组织、规划、实施和管理。

北京城建国际建设有限公司曾于 2006 年中标"仁爱屋"工程，按照合同规定，承包商必须先向业主支付履约保函，其金额为合同价的 10% ~ 15%。然而，在中国公司将几千万履约保函发到泰国方面账户之后不久，泰国就发生了军事政变，他信政府倒台，"仁爱屋"工程作为他信政府执政的产物，开始被舆论抨击为他信政府拉选票的举措，新政府对前政府签订的合同一概不承认，"仁爱屋"工程被迫放缓建设脚步。后来，北京城建国际公司通过外交途径，历经数番周折，才追回履约保函。

除了北京城建公司外，中鼎国际也同样于 2006 年中标部分"仁爱屋"工程，但同样由于泰国政局动荡和地方官员的频繁变更，造成中国政府与当地的沟通困难。中鼎国际中标城建的仁爱屋工程，从 2006 年底开始实施，一直到 2009 年 6 月才完工，期间，泰国更换了 5 届政府，主管"仁爱屋"工程的国家房屋管理局更换了 4 任局长。

（二）昆都士公路项目 [①]

阿富汗普勒胡姆里—昆都士—塔拉坎项目是阿富汗政府成立后的重要公路修复项目，该项目由世界银行投资 2900 万美元，中国中铁十四局集团公司负责承建，于 2003 年 10 月 23 日动工，2005 年 12 月 31 日竣工。该公路项目是阿富汗政府成立后最早确定重建的公路项目之一，是阿富汗连接北部、东北部各省的最主要干线，同时也是连接邻国塔吉克斯坦的唯一干线。

中铁中标后，2003 年 11 月下旬，中铁集团公司相关工作人员陆续抵达阿富汗，但在 2004 年 6 月 10 日深夜，北部项目加劳盖尔拌合站工地遭受恐怖袭击，造成 11 名中国工人死亡，4 人受伤。此次恐怖袭击由阿富汗塔利班组织实施，当时正临近阿富汗大选，国内安全形势日益紧张，而且中国中铁承建的项目由西方势力的代表世界银行援建，因此，成为恐怖组织向政府和西方国家炫耀实力、破坏阿富汗重建进程的重要袭击目标。

事后，中铁集团积极采取措施，经过与业主艰苦细致的谈判，业主同意对项目部增加武装警察，并负担 253 万美元的安全设施费用，项目工期延长三个月，最终确保工程能够顺利进行。2006 年 6 月 27 日，该项目举行隆重的竣工典礼。阿富汗总统卡尔扎伊、中国驻阿富汗大使刘建及该项目沿线的各省代表参加了该项目的竣工剪彩仪式。阿富汗总统卡尔扎伊在竣工仪式上做了重要讲话，指出该公路项目的投入使用对于带动阿富汗北部、东北部地区经济发展起到至关重要的作用，同时也是中阿深厚友谊的重要见证。

二、案例启示

中国企业的海外建设工程往往是从第三世界国家开始的，但这些国家动荡的政局却是

---

① 商务部：《中铁十四局集团公司在阿富汗承包的北部昆都士公路修复项目工地遭恐怖分子袭击》，http://www.mofcom.gov.cn/article/ae/ai/200406/20040600232801.shtml；《阿富汗昆都士公路项目举行竣工通车典礼仪式》，http://af.mofcom.gov.cn/aarticle/jmxw/200607/20060702580322.html；2019 年 10 月 19 日最后访问。

阻碍中国企业海外建设工程顺利完成的障碍，往往令国内企业亏损巨大。案例中北京城建公司是在外交部门的协助下最终追回了履约保函，但这只是极少数情况，而且发生在经济和财政状况已经相对较好的泰国，如果发生在政治局势更为动荡、甚至冲突战争不断的非洲或中东等地区，追回损失的可能性极低。

如前所述，国家转型、政党轮替及法治水平较低是导致中国企业海外投资面临政局动荡的政治风险的主要原因。而往往这三者还会相互结合，共同促成投资困难的局面。

与一般的海外投资项目相比，海外建设工程项目一个鲜明的特点就在于其对于建设环境的依附性。大型房建、水电、道路、机场等项目一旦开始施工，就无法再进行场地的变更，并且这些项目投资规模较大，往往由政府部门组织建设或由国际社会援建，更具有鲜明的政府背景和政治色彩，更易成为恐怖主义针对的目标。

此外，恐怖主义导致的是项目的直接损失，而与此同时，恐怖主义或其他政治事件，也会带来当地政府治理能力、履约能力的下降以及当地整体经济形势的恶化，从而间接影响建设项目的开展。

第四章

经济风险

第一节　经济风险概述

一、经济风险定义

国际工程由于受项目所在国政治、经济、法律、社会文化和自然环境等多方面因素的影响，其高风险性及风险的多样性已成为业内人士的共识。经济风险的含义有两层：第一，是来源于经济活动或经济现象的风险，如汇率波动、外汇管制、价格波动、税收与财政行为等；第二，是对企业的经济层面产生负面影响的风险，即因企业在海外项目中的经营活动使企业产生收入、盈利上的负面后果的因素。

二、经济风险种类

国际工程的经济风险除了外汇汇率风险、材料涨价风险、利率波动风险、通货膨胀风险，还有税收风险、财务风险、外部经济环境风险、项目所在国债务危机风险等。该等风险均符合经济风险的两个要素，即来自于经济活动或者现象，且对企业的经济行动产生负面后果。

第二节　经济风险的识别

一、市场环境风险

市场环境风险主要包括工程项目所在国的外部经济环境风险、债务危机风险等。

（一）外部经济环境风险

外部经济环境风险主要是指世界经济环境、国家经济环境以及相关行业经济环境的变化给项目带来的风险，包括外部经济环境复苏和恶化带来的风险。外部经济环境引发的风险是系统性、综合性的风险，既可能表现为经济复苏、材料涨价，也可能表现为经济低迷、购买力下降等。外部经济环境带来的风险具有多样性、关联性、不确定性、可变性等特点，各种经济风险之间内在关系错综复杂。由于国际工程项目投资规模大、建设周期长、涉及范围广，在项目实施过程中，外部经济环境风险随时都有可能发生。外部经济环境风险发生的原因主要是由于建筑施工企业在承接项目前，无法对外部经济环境的走向做出准确判断，也无法对未来一段时间市场变化趋势做出准确预测。实践中，项目所在国经济环境的复苏或恶化都会给项目带来较大的风险，具体表现在：第一，建筑企业在投标国际工程项目时，项目所在国经济不景气，原材料价格处于低位，但施工期间，国内经济开始复苏，原材料价格、人工工资、设备租赁价格等大幅度上涨，建筑企业将会面临成本失控的风险；相反，如果施工期间，项目所在国经济继续下滑，经济形势进一步恶化，业主资金不能及时到位，可能会给工程结算与支付带来巨大的风险。第二，建筑企业在投标国际工程项目时，项目所在国经济比较繁荣，建材市场产品丰富，材料价格平稳，但施工期间，国内经济环境恶化，通货膨胀居高不下，建筑材料供应短缺，采购成本大幅度增加，建筑企业也将会面临成本失控的风险。项目所在国经济形势恶化，在基本建设领域会有比较明显的表现，政府一般会实施扩张性的财政政策，增加货币发行量，举借外债或者内债，建筑市场会出现较高的通货膨胀。

外部经济环境风险与所在国经济增长率、通货膨胀率、外债指标、利率汇率波动等指标密切相关，当上述指标超过一定限度时，会引发外部经济环境风险。

1. 经济增长率

国民经济增长率是衡量所在国经济环境的重要指标，观察经济增长率，不仅要关注经济增长指标高低，还应考察经济增长速度是否平稳，各行业之间发展是否平衡，经济增长过快会导致投资过热，信贷需求膨胀，金融机构过分冒险，体系性风险增加。而经济增长过慢则会减少投资，减少企业收入和利润，影响其现金流量，使其不能及时支付工程款项。经济增长率、经济增长率波动幅度、预期下滑速度和持续时间能够在一定程度上反映项目所在国经济环境的优劣。

2. 通货膨胀率

通货膨胀是宏观经济失衡的一种表现，其实质是社会总需求大于社会总供给，主要表现为货币贬值、物价上涨、购买力下降，它对国民经济的影响十分广泛。高通货膨胀率会扭曲资源配置和财富分配，打击生产性投资，促使企业在实际利率很低甚至低于零的情况下过度举债。项目所在国如果出现严重通货膨胀，其工资和物价水平上涨超过投标时的合理预见水平，则会给总承包企业带来较大经济损失。

3. 外债指标

外债是商品经济高度发展、世界经济走向融合的产物，外债指标包括负债率、债务率和偿债率，外债指标也能反映一个国家经济环境的风险程度。外债是一把"双刃剑"，对社会经济发展既能起到促进推动作用，也能起到阻碍破坏作用，举借外债可以弥补财政赤字和国内建设资金不足，降低增发货币和通货膨胀的风险。但是，一旦外债规模超过财政可以承担的水平，就会产生财政风险，严重时可引发债务危机。

4. 利率和汇率波动

利率与汇率是国家宏观调控的重要工具，利率和汇率波动也能反映一国的经济发展情况，并对国际工程收支结算产生重大影响。当经济过热时，国家会提高利率，减少经济泡沫；当经济发展低迷时，国家会下调利率，鼓励投资，增加社会需求。汇率上升表示外币升值，本币贬值；汇率下降表示本币升值，外币贬值。国际工程承包项目一般以美元及项目所在国货币计价，执行周期长，当汇率波动时，则会给承包企业带来较大的汇率风险。

（二）项目所在国财政风险

1. 财政风险之厘定

从海外投资企业的角度看，财政风险（Fiscal Risk）是指政府偿债能力不足的风险，即政府不能支付到期的借款（含债券）本息及商品和劳务价款的风险。造成债务危机的因素有外债余额过大、清偿能力差、短期债务比重过大、举债能力差、收回债权实绩差等方面。

政府偿债能力主要取决于政府的财政收入水平的高低和财政支出水平的高低。财政收入水平决定了政府财力的大小。政府财政收入的主要来源为税收收入，此外还有债务收入、收费收入等来源。政府的财政支出包括购买性支出和转移性支出。购买性支出是政府购买商品和劳务的支出。转移性支出是政府将财政资金无偿地、单方面转移给居民和其他受益者的支出。

2. "一带一路"企业海外投资财政风险主要来源

企业海外投资财政风险的来源不是单一的，往往有多种来源共同作用，且风险来源不仅包括东道国自身因素还包括第三国的影响。东道国政府的财政风险主要风险来源包括以下内容。

（1）财政收入风险

财政收入水平经常契合经济发展水平，一般情况下，经济高进，财政收入水平就会越高。经济发展水平受技术、资源、人力、地理、投资结构与水平及经济体制、财政政策、货币政策等因素的影响。随着经济全球化的发展，一国的经济发展水平往往会受全球经济的影响。当一国经济发展水平受到不利因素影响而下降，往往导致财政收入减少，进而引起财政风险。

（2）财政支出风险

财政支出自身具有一定的惯性，往往与财政收入变化不同步。同时，国家面临的新问题也可能使财政支出增长。

（3）政府债务管理的风险

政府债务资金使用往往缺乏经济效益，导致政府债务资金使用不能满足债务还本付息的要求。

（4）财政制度风险

财政相关法律不健全、政策本身的易变可能导致决定的不合理以及预算约束作用的削弱，进而导致财政风险。

二、外汇风险

（一）概述

随着国家"一带一路"倡议的推动，我国企业积极开拓国际工程承包市场，并取得了丰富的成果，但因现阶段我国施工企业总体管理水平欠佳，与此同时也面临着比国内市场更大的风险，其中，外汇汇率风险是最突出的风险之一。"一带一路"沿线多为欠发达国家，汇率波动较大，因此给国际工程承包企业财务管理带来极大的挑战，如何提高相应的风险管控意识及能力已经成为国际工程承包企业迫切需要解决的问题。

1. 汇率风险的内涵

所谓汇率风险，是指在国际工程承包企业中，因一定时期内汇率变动而使外币计价的企业资产或负债价值上涨或遭受损失的风险。汇率风险产生的根源是汇率的波动，如果不同币种之间的汇率保持不变，那也就不存在汇率风险[①]。

2. 汇率风险的主要类别

按照汇率风险产生的原因不同，一般将汇率风险分为三类：折算风险、交易风险和经营风险。

（1）折算风险，又称会计风险，是指国际工程承包企业在根据《企业会计准则第19号——外币折算》的规定进行期末财务报表的会计处理时，以外币计价的资产负债项目在期末折算为人民币核算时因汇率变化导致价值变化的风险。

（2）交易风险，是指企业在国际工程施工经营过程中，由于从发包人处收取的工程款与国际工程承包企业向下游材料商、分包商支付的币种不一致，且收款时间和付款时间也不一致，而国际工程承包企业一般需要大量外汇进行跨国采购，在此期间由于汇率波动给企业应收账款和应付账款价值产生损益的风险。

（3）经营风险，是指国际工程承包企业在经营过程中，因汇率波动导致工程企业未来纯收益发生变化的风险。由于合同总额确定，工程企业未来纯收益的不确定性主要取决于工程成本，而汇率波动导致工程企业的施工成本存在极大的不确定性。通常来说，一个企业对于汇率预测的准确度，体现了企业控制汇率风险的能力，从某种程度上也决定了企业的盈利能力。

3. 汇率风险的特点

（1）客观性。国际工程企业只要跨出国门就必然要面临汇率的风险，而且汇率风险时时刻刻都存在。对于国际工程企业而言，汇率风险是客观存在、不可避免的。

（2）复杂性。"一带一路"沿线，包括中国在内共有65个国家，其中多为欠发达国家，汇率波动较大，各国的汇率制度差异也很大。部分工程企业需将当地货币折算成美元，若再按照国内的汇率将美元结汇成人民币，就产生了双重汇率风险。因为影响汇率波动的因素众多，导致汇率走向极其复杂，难以准确预测。

（3）两面性。虽然汇率波动是国际工程必然需要面对的一种风险，但汇率波动带来的并不一定都是损失。如果国际工程企业应收币种汇率持续上升，国家工程企业反而会因此获得额外收益。所以汇率波动可能带来损失，也可能带来收益，结果具有两面性。

（二）汇率风险对我国国际工程承包企业的影响

汇率风险对国际工程承包企业的影响是多方面的、持续性的。涉及国际工程招标投标、施工、质保金退还等多个阶段。对国际工程企业投标报价、工程利润、施工成本及融资成本等多方面产生了不可忽视的影响。

---

① 张心林:《国际工程承包项目外汇风险管理——汇率风险产生环节及应对措施》，载《国际商务财会》2011年第8期。

1. 汇率风险对投标报价的影响

无论是国内市场还是国际市场，由于工程招投标通常采用低价中标原则，因此，一个项目是否能够中标的关键因素之一在于工程企业的投标报价。通常情况下，工程企业在投标前期就要对项目的背景、资金来源、盈利能力等进行可行性研究。考虑到国际工程必然会受到项目所在国与本国汇率波动的影响，投标企业为了盈利，不得不相应提高报价以弥补汇率波动可能给企业带来的经济损失，这就使得我国企业在国际工程的竞争中处于价格劣势，从而降低中标的概率。

2. 汇率风险对项目收入的影响

由于国际工程大都用美元或当地货币作为付款货币，对于以美元或当地货币作为计价货币的企业来说，随着人民币汇率的攀升，其所持有的货币资金、应收账款等资产的实际价值将严重缩水。而基于我国企业会计准则，海外项目资金流回笼到国内时，必须以人民币作为记账本位币计算利润，从而又产生大量的汇兑损失，进一步降低国际工程企业的纯收益。严重的情况下，汇率的一次反向波动就可能把工程企业全年利润抵消掉。

3. 汇率风险对施工成本的影响

工程企业的施工成本主要包括采购成本和分包成本，采购成本具体又可分为人工成本、材料成本和机械设备成本。

国际工程所需的人工成本会提高。国际工程所需的项目技术人员、管理人员及工人的工资都以美元或当地货币进行发放，在当前人民币持续升值的情况下，国际工程承包企业如要保证其境外工作人员工资水平以人民币计量时保持不变，原则上必须支付更多的美元或当地货币。

材料采购、机械设备及分包成本也会增加。由于国际工程承包企业承接国际工程后，往往需要跨国采购大量的施工材料及机械设备，同时会将部分专业工程分包给一些国内的分包商，这就涉及材料、设备采购成本以及分包的成本。当国际工程企业收取的货币与对外支付的货币不一致时，那么在支付时就不可避免的产生汇兑的损益。

4. 汇率风险对融资成本的影响

国际工程往往资金规模比较大，且因国际工程周期长，工程回款滞后，国际工程承包企业大都需要从国内申请贷款，归还贷款的资金通常是项目的收入，由于货币币种的不一致就会导致汇率的风险。贷款金额越大，时间越长，遭受汇率风险的可能性就越大。以人民币为例，国际工程企业从国内申请贷款后，未来这部分贷款需要用项目收入折合成人民币后还款，国际工程获得的项目收入一般是美元或当地货币，在人民币汇率升高的前提下，国际工程企业获得的项目收益兑换成人民币时会缩水，无形中增加了企业的融资成本。

（三）我国国际工程承包企业汇率风险的应对策略

通过以上的分析我们可以看出，汇率风险对国际工程承包企业产生的影响是不可忽视的。随着我国企业境外承包工程的规模越来越大，对工程承包企业管控汇率风险的能力要求也越来越高，如何科学有效的管控汇率风险已成为走向海外的企业首先要解决的问题。

1. 政府层面

（1）加快与"一带一路"国家实现双边货币互换或双边结算

据统计，截至 2017 年年末，中国人民银行先后与 36 个国家和地区的境外央行或货币当局签署了双边本币互换协议，其中包括 21 个"一带一路"沿线国家，总授信额度超过了 3.3 万亿元人民币。截至 2017 年末，中国人民银行共与 8 个国家签署了对外贸易本币结算协议，与 4 个国家签署对外贸易和投资本币结算协议，其中"一带一路"沿线国家有 8 个。[1]

货币互换，通常是指市场中持有不同币种的两个交易主体按事先约定在期初交换等值货币，在期末再换回各自本金并相互支付相应利息的市场交易行为。以此约定为基础签订的协定称为双边货币互换协议。协议旨在保持双方贸易正常发展，避免周边金融不稳定带来的不利影响[2]。双边本币互换协议的核心，就是中国在与已签订协议的国家进行贸易结算时可以使用人民币或对方国家货币，不必再使用美元作为交易的中介货币。从宏观层面，中国央行通过互换可以将得到的对方货币注入本国金融体系，使得本国商业机构可以借到对方货币，用于支付从对方进口的商品，并且在双边贸易中出口企业可收到本币计值的货款，可以有效规避汇率风险、降低汇兑费用。双边本币互换协议的签署，不仅维护了金融稳定，也为今后人民币跨境贸易结算奠定了资金基础。双边本币互换这种方式能够极大地激励对外贸易增长。双边贸易结算改用本国货币符合经济利益，这在贸易结算中降低对外部因素的依赖具有相当的意义。

（2）为境外投资企业营造良好的融资环境

深化与"一带一路"沿线国家的金融合作，促进跨境金融资源优化配置，是实现与"一带一路"沿线各国共赢发展的前提和保障。

截至 2017 年末，共有 11 家中资银行在 26 个"一带一路"沿线国家设立了 63 家一级机构。截至 2017 年末，中国国家开发银行在"一带一路"沿线国家累计发放贷款超过 1800 亿美元，余款超过 1100 亿美元，累计支持项目超过 600 个。中国进出口银行支持"一带一路"建设项下执行中项目超过 1200 个，分布于 50 多个国家，贷款余额超过 6700 亿元。在"一带一路"的推动下，以中国为主的国家和中资企业发起成立了 6 家为"一带一路"沿线国家提供投融资支持的多边开发性金融机构，其中丝路基金已签约 17 个项目，涉及总投资额 800 亿美元；亚洲基础设施投资银行成员数增至 84 个，其中 42 个为"一带一路"沿线国家，批准 20 多个投资项目，贷款总额 42 亿美元，撬动了 200 多亿美元的公共和私营部门资金[3]。但不容忽视的是，我国与"一带一路"沿线各国金额合作仍不够深入，尚有较大的拓展空间。下一阶段，中资银行应借助现有的多边合作框架和交流平台，扩展与沿线国家多层次的金融合作，完善综合性金融服务体系，有针对性地为中国企业与

---

① 许朝阳，常晔，弓晶，王文婷：《我国与"一带一路"沿线国家金融合作现状、挑战及政策建议》，载《西部金融》2018 年第 3 期。

② 杨虹：《对人民币国际化的思考——基于美元、日元、欧元国际化的比较》，载《南京审计学院学报》2010 年第 3 期。

③ 许朝阳，常晔，弓晶，王文婷：《我国与"一带一路"沿线国家金融合作现状、挑战及政策建议》，载《西部金融》2018 年第 3 期。

"一带一路"沿线各国的合作提供多层次、多样化的金融产品和服务。

2. 企业层面

（1）提升自身的汇率风险管控意识

随着我国企业与沿线国家合作范围越来越广，规模越来越大，我国企业汇率风险管控意识落后的矛盾也越来越突出。在新形势下，企业应加强对汇率风险的管控意识，提高对汇率风险的认知，将汇率风险作为国际经营的重要问题对待①。建立系统的汇率风险防范制度，科学有效的规避汇率风险或减低汇率风险的影响。

（2）投标前应对汇率风险进行详细的分析和研究

国际工程承包企业最好应设立专门机构分析汇率形势，分析可能影响汇率变动的因素，全面了解项目所在国的经济、政治、货币及外汇政策。必要的情况下，应委托专门的金融服务机构对项目所在国的经济情况以及本国与该国的汇率变化和趋势进行详细的分析研究，预测汇率变化趋势给工程施工带来的利益或损失，这样企业在工程投标和施工过程中就能在一定程度上占据主动，将那种风险大、收益小的项目工程尽可能舍弃，去承揽一些项目利润足以抵御风险的国际工程。

（3）加强合同保值管理

所谓加强合同保值管理，是指在国际工程合同谈判过程中，在承包商和业主签订合同时，在合同中加入对承包方有利的条款，来有效降低承包方的风险。例如，与业主约定采用固定汇率计价，当然，这种可能性在现实中是微乎其微的。如果谈判不成功，国家工程承包企业也可以考虑在项目合同中加入针对汇率变化的保护性条款，约定当汇率变化超过一定范围，承包方可得到相应比例的价格补偿。承包方也可以在项目合同谈判时选择多种货币组合支付的方式，使不同货币之间的涨跌相互抵消从而降低汇率风险。

（4）加强企业内部管理，合理安排收支计划

汇率风险对国际工程最主要的影响之一在于汇率波动对企业施工成本的影响，因而国际工程承包企业应加强企业内部管理，特别是在劳务报酬、物资采购及专业分包等方面，合理的安排收支计划，从而降低汇率风险的影响。物资采购应尽可能选择与项目合同相同的币种，在与分包商签订合同的时候，计量及支付币种尽可能与项目合同一致，将风险降到最低。此外，许多国际工程承包企业都有多个国际在建工程，在同一时间有多个工程分别进行采购、施工和工程款收付。这种情况下，企业应当从宏观上对企业的现金流进行统筹管理，互通资金有无，避免每次支付都要从市场中兑换，这样能够大大提高企业自身防范汇率风险的能力。

（5）充分利用金融工具，管控国际工程汇率风险

国际工程承包企业应该充分利用相应的金融工具来规避汇率变动带来的风险，这是企业分散风险的一个重要的途径。目前市场上的金融工具比较多，其中最常见是通过远期结售汇操作锁定汇率风险，远期结售汇业务是确定汇价在前而实际外汇收支发生在后的结售汇业务②，是指企业与银行协商签订远期结售汇合同，约定将来办理结汇或售汇的人民币兑外汇币种、金额、汇率以及交割期限。在交割日当天，企业可按照远期售汇合同所确定的

---

① 易文雄：《国际工程承包企业汇率风险及其管控策略》，载《财经界（学术版）》2016年第17期。

② 沈鑫刚，肖哲：《如何运用金融工具规避外汇风险》，载《经济视角（中旬刊）》2011年第9期。

币种、金额、汇率向银行办理结汇或售汇。这样可以有效降低企业汇率波动带来的风险。

随着"一带一路"倡议的不断推进，相信不久的将来，中国与沿线国家的合作将会越来越多，然而，面对多方货币汇率波动带来的汇率风险，国家工程承包企业要不断提高管控汇率风险的意识和能力，建立合理的汇率风险防范制度，才能有效规避汇率风险给企业造成的经济损失，追求企业利润最大化。

三、融资风险

（一）融资风险概述

国家发展改革委、外交部、商务部联合发布了《推动共建丝绸之路经济带和 21 世纪海上丝绸之路的愿景与行动》一文提出"一带一路"沿线各国合作重点在五个方面政策沟通、设施联通、贸易畅通、资金融通、民心相通。设施联通即基础设施互联互通是"一带一路"建设的优选领域，基础设施互联互通重点在交通基础设施、能源基础设施、跨境光缆等通信干线网络设施联通。基础设施领域投入大、回报周期长，属于资金需求密集型领域，企业参与投资建设需要巨额资金。2017 年，我国对外承包工程项目新签合同额 5000 万美元的项目 782 个 [1]。2017 年，企业新签合同额 10 亿美元以上的项目共 41 个，较上年增加 8 个，其中与中国建交签约的马来西亚东部海岸铁路项目和中国建筑签约的印尼美加达卫星新城项目，合同额均超过 100 亿美元 [2]。由于跨国工程一般都耗资巨大，承包商又往往需要垫资承建，如此巨量资金需求仅仅依赖企业自有资金根本无法满足，因此承包商进行融资也就在所难免。我国企业要抓住国家提出"一带一路"倡议的机遇，在"一带一路"沿线国家基础设施领域分一杯羹，对外融资解决资金需求是不可或缺的前提。

1. 融资风险概念

融资简易来说是企业筹集资金的过程和行为。我国企业为"一带一路"沿线国家建设工程项目筹集资金过程中，应当充分认识到融资不仅能给企业带来巨大收益，同时也伴随着风险，若不能对风险进行预判、识别，进而采取措施进行防范，企业可能会丧失预期收益，进而面临被索赔，出现财务危机，甚至陷入破产境地。我们所说的融资风险是因融资活动而给企业带来不利影响可能性，按资金来源可分为债务性融资和权益性融资。债务性融资表现为负债，企业必须按期还本付息，融资渠道主要是国际上世界银行、亚投行，国内政策性银行等金融机构。权益性融资是用企业的所有者权益向投资者换取资金，投资者分享企业的经营成果，对于上市公司，其融资渠道可以是股票市场，对于非上市公司，其融资渠道可以是风险公司、保险公司及个人投资者。

融资风险的主要特点包括以下内容。

（1）资金需求量巨大。如上所述，动辄千万美元、百亿美元的项目，这种资金体量，

---

① 商务部：《2017 年度中国对外投资合作数据抢先看》，http：//www.mofcom.gov.cn/article/i/jyjl/m/201801/20180102701507.shtml，2019 年 10 月 20 日最后访问。

② 中国对外承包工程商会：《2017 年对外承包工程行业回顾及展望》，http：//www.chinca.org/CICA/info/18070914310111，2019 年 10 月 20 日最后访问。

称之为巨无霸并非言过其实。

（2）参与融资的资金方众多。当下世界经济形势处于国际直接投资低迷，全球债务水平仍在上升，金融市场动荡风险加大，作为涵盖了中亚、东南亚、南亚、西亚乃至欧洲、非洲部分区域，涉及亚太和欧洲经济圈两大经济圈的"一带一路"，自被提出以来，便受到各方关注。手握大把流动性资金的资金方需要找到好的项目进行投资，"一带一路"政策实行带来的各类项目，在这种背景下，自然会有很大的吸引力，并能够调动资金方的积极性。

（3）融资模式多元化。"一带一路"融资具有高度的多样性和复杂性，我国企业可以通过平台建设、机制设计和融资工具创新，强化风险管理，充分调动全球金融资源，建设多元化融资体系。

（4）融资体系国际化。"一带一路"政策涉及沿线几十个国家和地区，其中的贸易额巨大，其中涉及投融资数额也是巨大的。如此庞大的资金流动，仅靠我国一国之力肯定无法完成，必须建立有效的投资体制，促进其他国家积极投资，使"一带一路"融资体系成为国际化融资体系。

2. 融资渠道

（1）世界银行

世界银行由世界银行集团的两个机构国际复兴开发银行（IBRD）和国际开发协会（IDA）组成。国际复兴开发银行（IBRD）向中等收入国家政府和信誉良好的低收入国家政府提供贷款，国际开发协会（IDA）向最贫困国家的政府提供无息贷款（也称信贷）和赠款。2017财年世界银行为南亚地区批准了51个项目，共计61亿美元，包括IBRD贷款22亿美元和IDA资金承诺38亿美元，为中亚地区批准了65个项目，共计71亿美元，其中IBRD贷款44亿美元，IDA承诺资金27亿美元，中亚地区经济较为强韧，但整个地区的生产率增长都有放缓迹象。导致这种放缓的原因之一是基础设施缺口，该地区每年需要的基础设施投资为870亿美元，而实际投资只有350亿美元。国际复兴开发银行主要提供贷款，贷款期限最长20年，国际开发协会提供无息贷款和赠款。

（2）亚投行

我国倡议设立的亚投行全称亚洲基础设施投资银行（Asian Infrastructure Investment Bank，AIIB），是政府间性质的亚洲区域多边开发机构。亚投行重点支持基础设施建设，成立宗旨在促进亚洲区域的建设互联互通化和经济一体化的进程，截至2017年12月，亚投行已开展24个投资项目，项目贷款总额为42亿美元，主要涉及能源、交通、城市基础设施等领域。这些项目都位于亚洲，包括菲律宾、印度、巴基斯坦、孟加拉国、缅甸、印尼等国。亚投行的贷款利率是在伦敦同业拆借利率基础上，根据周期长短增加0.8～1.4个百分点。贷款期限从8～20年不等。

（3）专项基金

丝路基金是由中国外汇储备、中国投资有限责任公司、中国进出口银行、国家开发银行共同出资设立单边金融机构，其设立目的为"一带一路"沿线国家的基础设施、资源开发、产业和金融合作等与互联互通有关项目提供投融资支持。丝路基金将为连接亚洲市场的基础设施建设融资，为邻国提供资金支持，是"一带一路"融资的重要渠道。丝路基金以中长股权投资为主，通过增加企业资本金发挥杠杆效用、增信作用和示范效应，带动更多资金投入项目里。目前丝路基金已在"一带一路"沿线跟踪并储备项目100多个，范围覆盖俄蒙中亚、孟印缅、东南亚、南亚、西亚北非、中东欧等重点区域和国家。丝路基金首单投资即投向位于中巴经济走廊的清洁能源项目——支持三峡集团投资建设卡洛特水电站项目。丝路基金对项目进行中长期股权投资以外，还在进行与他国双边协商共同建立专项合作基金，中哈产能合作专项基金就是此类专项基金代表；其次，与其他国际多边机构合作，投资于其发起设立的联合设立基金，目前丝路基金已是国际金融公司（IFC）亚洲新兴市场基金的有限合伙人。再有，参与投资成熟的商业基金，总而言之，以专业的投资能力支持"一带一路"建设。

（4）债券市场

债券市场是债券发行、交易的场所，包括债券发行市场（一级市场）和债券交易市场（二级市场）组成，债券市场是资本市场的重要组成部分。我国债券市场经历从无到有，从市场建立之初到2018年一季度仅企业债券净融资达到5371亿元，融资规模在扩大；从早期仅有国债、企业债、金融债到相继推出短期融资券、资产支持证券、可转债等新的债券品种，债券品种在不断丰富。债券市场的发展体现其融资功能在增强，为实体经济的发展提供动力。资金需求方通过债券市场融资属于直接融资，其利率固定，对于信誉较高的政府债券、大金融机构、大企业，其利率水平比一般债券品种更低，可以降低资金需求方融资成本。

（5）股票市场

股票市场是股票发行和交易的场所，包括发行市场和流通市场两部分，与债券市场相同，其功能是为资金需求方提供直接融资，资金需求方通过发行新股、配股、定向增发形式向股票市场筹集资金。不同于债券市场，不用还本付息，资金需求方以企业所有者权益换取资金，增加企业资本金，增强企业抗风险能力。

（二）供应链金融

1. 供应链金融概述

供应链融资是一种新型的融资方式，在法律上虽然尚未有明确定义，但已有不少企业采用。供应链融资通常是指企业在经营过程中，针对已发生的贸易，通过第三方机构提供融资方案，使得上游企业（以下又称"供应商"）能如期收到账款，同时下游企业（以下又称"采购商"）能延缓资金支付的融资方式。采用供应链融资付款，可以在不影响供应商及时收款、不增加其成本负担的前提下，为采购商拓宽融资渠道、优化财务结构、降低融资成本。

常见的供应链融资方式是商业汇票，商业汇票又分为银行承兑汇票与商业承兑汇票。银行承兑汇票和商业承兑汇票合称商业汇票，是指银行以外的其他主体出具的、委托付款人在见票时或者在指定日期无条件支付确定的金额给收款人或者持票人的票据。由企业出票、银行承兑的汇票为银行承兑汇票；由企业出票，企业承兑的汇票为商业承兑汇票。由于承兑人不得因其与出票人的资金关系等作为拒绝向收款人或持票人付款的理由，因此相对于商业承兑汇票，银行承兑汇票加入了银行的独立付款承诺，其安全性、接受度更高。除此之外，两者的相关操作和风险防控没有区别。其中纸质商业汇票的最长付款期限为出票或承兑后6个月；电子商业汇票的最长付款期限为在出票后1年。在汇票到期日前，持票人可将商业汇票贴现给银行，提前取得资金；但进行贴现时，需向银行贴付一定的利息。持票人可以通过背书方式将票据权利转让给第三方，因此商业汇票可实现资金的流转结算功能。

2. 一般操作流程

在商业汇票中，出票人的付款责任在汇票到期时才实际发生，相比于现金支付，出票人可获得6个月或1年的融资周转期；持票人拿到汇票后可通过背书或贴现等方式实现债权，从而实现融资的效果。商业汇票在供应链融资中的一般操作流程如下。

（1）由采购商（或供应商）向银行申请授信，可以信用、保证金或抵押等方式进行。

（2）以采购商作为出票人、以供应商为收款人开具商业汇票，如开具的为银行承兑汇票，需向银行提出申请，银行会对申请人是否按要求存入保证金或满足其他授信条件进行审查，审查通过后方进行承兑。

（3）供应商取得汇票后，在汇票到期后要求承兑人付款，或在汇票到期前，将汇票背书转给第三方或向银行申请贴现，提前取得资金，而由此产生的贴现利息费用可协商由哪一方承担。

（4）票据到期后，采购商向银行支付票据金额。

在实践中，业主对于总包方的支付一般会选择商业承兑汇票，即由项目公司直接向总包方开具商业承兑汇票，此时项目公司同时为汇票的出票人和承兑人，总包方为收款人。总包方取得汇票后，可向银行申请贴现或背书转给第三方而获得资金，汇票到期后项目公司向银行偿还汇票款项；而在总包方与其材料供应商等主体之间的支付中，一般选择银行承兑汇票，即由总包方向银行提交开票申请（一般需要存入保证金），银行审查通过后，同意承兑由总包方向材料供应商开具的商业汇票；此时总包方为出票人，银行为承兑人，材料供应商为收款人。供应商取得汇票后，可向银行申请贴现或背书转让给第三方而获得资金，汇票到期后总包方向银行偿还汇票款项。

3. 风险防控注意事项

（1）交易关系是否真实

商业汇票操作时，出票人和持票人之间需具有真实的交易关系，需具备真实的交易合同（如采购合同、施工合同、订单等）、对应支付款项的发票等资料，且出票人和持票人均在银行开立账户。

（2）委托付款关系是否真实

出票人必须与付款人具有真实的委托付款关系，并且具有支付汇票金额的可靠资金来源；不得签发无对价的汇票用以骗取银行或者其他票据当事人的资金。

（3）形式是否合法

商业汇票具有严格的形式要求，必须使用人民银行统一规定印制的文本，所记载的金额、付款日期、付款地、出票地等事项，必须清楚明确，如出现票据金额大小写不一致、印章不清、背书不连续等情况，银行将不予受理；未记载付款日期的汇票，会被视为见票即付，不能达到融资的预期效果。

（4）票据权利

票据权利包括付款请求权和追索权，前者为要求付款人或承兑人支付票据金额的权利；后者指票据被拒绝付款或承兑时，持有人向背书人、保证人、出票人等追索票款；其他付款义务人被行使追索权后，可再向其前手追索。持票人要取得票据权利，除因税收、继承、赠与可无偿取得票据外，必须给付对价，且不存以欺诈、偷盗或者胁迫等手段或因重大过失取得票据的情形。出票人、承兑人不得以自己与出票人或者与持票人的前手之间的抗辩事由，对抗持票人，但与自己有直接债权债务关系的持票人可以进行抗辩。出票人签发汇票后，即承担保证该汇票承兑和付款的责任，出票人在汇票得不到承兑或者付款时，应当向持票人清偿票据金额、利息等费用。

（5）票据时效

票据权利有严格的时效规定，若不在下列期限内行使会消灭：①对出票人和承兑人的权利，自票据到期日起二年；②前手的追索权，自被拒绝承兑或者被拒绝付款之日起六个月；③对前手的再追索权，自清偿日或者被提起诉讼之日起三个月。持票人要在汇票到期日前提示承兑（见票后定期付款的汇票，自出票日起一个月内向提示承兑），否则持票人丧失对其前手的追索权。持票人应自汇票到期日起十日内向承兑人提示付款，但持票人未按照前款规定期限提示付款的，在作出说明后，承兑人或者付款人仍应当继续对持票人承担付款责任。

（三）资产证券化

1. 资产证券化概述

资产证券化，是指以基础资产未来所产生的现金流为偿付支持，通过结构化设计进行信用增级，在此基础上发行资产支持证券的过程。资产证券化起初来源于美国，20 世纪 70 年代，美国经济出现了所谓的"滞涨"问题，在此背景下，美联储实施货币紧缩予以应对，导致市场利率持续升高。银行存款利率无法及时调整，致使存款者的机会成本不断增加，存款者纷纷提取存款，转而投入资本市场。1970 年之后，美国经济出现了严重的滞涨问题，美联储采取金融紧缩政策，市场流通货币减少，银行存款者纷纷取出存款，进入资本市场。这种由于监管目标和货币政策目标冲突导致的资金分流就是"金融脱媒"。"金融脱媒"的出现降低了银行业的竞争力，在"金融脱媒"的影响下，银行机构的大量现金被提取，导致储蓄信贷危机。为了解决这个问题，美国创造性地提出了抵押贷款支持证券，简称 MBS。通过将这些证券发放给投资者，可以增强信贷资产的流动性，资产证券化创立初期是为了释放信贷资产的流通性，政府扮演了主导角色，这种模式带来了经济体系高速稳定发展。

随着市场的发展，资产证券化形成了一定的运作模式以及运作机制，资产证券化的运作机制是将非流动性资产打包出售给 SPV 等机构，将这些机构重组合并发行资产证券，增强金融系统的流动性同时转移风险。在美国，资产证券化系统包含资产支持证券（ABS）和抵押贷款支持证券（MBS）两大部分，其中资产支持证券（ABS），也即基础资产证券化产品（SA）和担保债务凭证（CDO），又可进一步拆分为担保贷款凭证（CLO）与担保债券凭证（CBO）；抵押贷款支持证券（MBS）包含住房贷款支持证券（RMBS）和商用贷款支持证券（CMBS）。

2. 资产证券化特点

自 20 世纪 80 年代以来，随着资产证券化的迅速发展，美国金融体系发生重大转变，传统的银行主导型变为目前市场的主导型，各类直接和间接融资中介不断涌现，直接融资和间接融资的界限越来越模糊。资产证券化整合两种融资方式的关系图，金融结构逐渐从"银行主导型"向"市场主导型"的演变态势。资产证券化的多元化参与主体有赖于良好的运行机制来实现利益的平衡。美国资产证券化运行机制的特点主要表现在以下几个方面。

（1）基础资产选择多元化

美国的基础资产选择多元化，美国的基础资产首先是住房抵押贷款。次贷危机后，美国不断下调住房抵押贷款利率。同时，不断扩充非住房抵押贷款。如汽车贷款已经成为被广泛运用于证券化的一类资产。此外还有信用卡应收款、住房权益类贷款等。美国的资产证券化的产品设计在不断创新，种类愈加复杂。

（2）风险隔离机制

资产证券化产品可以将信用风险分离出来，其风险的大小通过价格反映出来。资产证券化的核心环节是破产隔离，主要为了降低交易成本，为此在资产证券化过程中，坚持资产转移真实出售原则。只要资产被转让并远离转让人或其债权人就认定为真实出售。

（3）信用评价机制

在证券化中，信息不对称十分严重，建立信用评级机制是控制风险的关键环节。在美国，风险评估通常由专业的信用评级机构来完成，以决定发行人是否有能力偿付投资人的本金及收益。评级机构在证券发行前对证券的风险特性进行科学评估，当证券发行完成后，对资产的质量、资产现金流进行事后的跟踪评价。

（4）信用风险控制机制

资产证券化市场风险的分担也依赖信用风险的管理和政府的担保。美国成立一系列的政府部门来支持资产证券化运行，如联邦全国抵押协会、联邦住房管理委员会。政府机构的设立是实现风险转移的重要环节。受政府担保的企业具有很高的信用等级，容易受投资者信赖。担保企业可以将大量的住房贷款进行收购，然后进行包装，使其成为证券化产品售给投资者，帮助银行等机构远离贷款风险，实现风险转移。美国不断推动信用风险管理工具 Credit Default Swap 的市场发展，规定没有风险资产不需要持有 CDS，并且对基于基础资产的 CDS 杠杆进行限制。

3. 我国资产证券化的不足

在 2005 年以前，我国资产证券化的规定较为零散，没有专门立法。2005 年，我国正式开展资产证券化的试点工作。开展范围相当有限，产品的规模较小。从发展历程来看，我国对资产证券抱着谨慎推行的态度，有计划地、稳定地开展资产证券化业务。我国的资产证券化产品只在特定的市场发行，十分慎重。在信贷资产证券化的模式方面，我国先后尝试了美国表外业务模式、澳大利亚的准表外模式、德国表内业务模式。表外模式重点在于改善银行的监管指标。表内模式主要目的是解决银行的流动性问题。从实践来看，我国倾向于采取美国的表外模式。我国资产证券化正向精细化发展，相关制度不断完善。从最初没有资产证券化的立法，到出台资产证券化试点办法以及会计、税收等方面的监管办法，表现出决策层对制度的重视。总体来说，我国在资产证券化的探索中取得了一定的经验和成绩，但仍有许多需要解决的现实问题，如发行种类有限，配套立法尚不完善，投资主体受限，这些都制约了我国资产证券化市场的快速发展。下面分几个方面阐述我国资产证券化市场存在的问题。

（1）基础资产的范围和规模较小

相比于资产证券化发展成熟的美国，我国的资产证券化基础资产的范围和规模都不够。为了实现资源的有效配置，国家支持中小企业信贷、涉农贷款以及基础设施贷款等信贷领域优先实现资产证券化，在实际推行中仍有很大的提升空间。我国需要扩大基础资产的选择范围和规模，对于重点领域的信贷资产证券化给予更多的支持。其次，我国的资产证券化行业在基础资产质量控制方面存在问题：无论是企业资产证券化还是信贷资产证券化，对基础资产的入池缺乏质量控制标准，资产证券化的风险无法控制，因此目前要规避高风险、低信用的资产证券化。

（2）信用评级制度落后

我国目前的信用评级制度相对落后，整个体系非常不完善，评定的方法也过于单一化，加强信用评级体系的建设对于发展资产证券化市场的重要性是不言而喻的，建议借鉴美国的信用评级中介机构制度。

（3）参与主体过少

我国目前资产证券化市场的参与主体过少，资产证券发行主要集中在银行系统，证券、银行、保险等机构是资产证券化产品的主要投资者。我国的信贷资产证券化亟待扩大投资者范围。如果只是在银行体系发行的资产证券化产品，限制了市场规模，同时也限制了资产的流通性。

（4）信息透明度较差

我国的资产证券化信息透明度较差，披露的信息没有统一规范，导致信息完全不对称，增加了投资者的畏惧心理。总体来说，我国当前资产证券化交易信息明显披露不足，为此投资者很难对资产证券化进行评估，所以要进一步促使资产证券化信息透明，以引导投资者对资产证券进行投资。

（5）监管制度不完善

资产证券化监管存在问题。首先，缺乏统一的监管规范，没有完整的监管体系，很多监管领域缺乏相应规则调整。监管主体缺位，没有形成各监管主体的协调机制，监管效率大打折扣。其次，由于体制的惯性，资产证券化在一定程度上存在监管过度的问题，审批程序繁杂，审批周期太长，阻碍了资产证券化的健康发展。最后，资产证券化的监管内容、措施和方法需要改进。被监管者对外部监管非常排斥，无法有效合作，为此，加强被监管者的内控制度已经成为一个重要的议题。

4. 解决对策

美国是全球资产证券化规模最大、结构最复杂的国家。储贷协会危机推进了资产证券化的发展；金融自由化压缩了商业银行的利润空间；MMMF 和回购市场的兴起显著增加了安全资产的需求；以及巴塞尔协议监管框架的推行进一步促进了证券化的快速发展。然而，美国次贷危机的爆发也生动地证明，重复证券化、风险过度转移、隐性担保、重复抵押与评级机构的利益冲突等问题也会显著增加金融系统的脆弱性，甚至导致金融危机的爆发。2013 年 8 月，李克强总理召开国务院常务会议，决定进一步扩大信贷资产证券化试点。目前，中国的资产证券化业务尚处于初级阶段，票面总额占债券市场票面总额的比重不到 1%。在利率市场化、金融脱媒、企业部门和地方政府融资平台杠杆率高等因素影响下，金融机构在未来几年内将会有很大的动力来推进资产证券化业务，这意味着资产证券化将在中国迎来快速发展的新时代。其一，资产证券化有利于盘活存量，扩大商业银行的信贷供给能力，帮助商业银行处理不良资产；其二，资产证券化可以拓宽商业银行的融资渠道和盈利渠道，解决金融"脱媒"造成资金来源短缺和银行业竞争加剧造成银行垄断利润下降等问题；其三，资产证券化能够进一步促进中国债券市场的发展；其四，资产证券化有利于促进我国影子银行体系中的"非标准化债权"向"标准化债权"转变。

改变我国"一带一路"背景下资产证券化的困境可以从以下几方面着手。

（1）扩展基础投资的范围

美国的基础资产范围很广，只要能产生预期收益的资产都可以作为美国资产证券化的对象。因此，我国的相关政策应当鼓励金融机构选择中小企业贷款、战略性新兴产业贷款、涉农贷款、汽车贷款等多种类基础资产，丰富我国的资产证券化市场。但是在具体产品设计方面也应充分考虑中国国情，创造出更加适合中国经济和金融发展的证券化产品。

（2）建立完善的资产证券化运行体制

基础资产的种类应更加多元化，同时要注意资产的信用等级，进行严格的等级评定，同时要严格控制资产的规模，设计风险隔离制度，保证金融系统和投资者的利益，有效地实现风险规避。但也要限制重复证券化，防止资产证券化链条变得过长，美国的经验告诉我们无限制的重复证券化会加剧信息不对称，降低资金配置效率，并最终偏离证券化的初衷。此外也要限制资产重复抵押，限制金融机构的杠杆率，特别是在经济繁荣时期，将金融机构杠杆率控制在合理的范围，避免经济下行期间，金融机构大幅去杠杆化造成的不利影响。

（3）强化关于资产证券化的立法

立法应对资产证券化的基础资产、风险隔离机制、定价机制、信息披露机制及交易制度等方面进行详细规定，以形成对市场参与者的有效约束。其中，信息披露制度的完善是规范资产证券化运行的关键。参与资产证券化市场的各个主体都必须对信息进行公开透明披露，确保信息的统一性，为资产证券化市场的交易奠定良好基础。同时也要提高国内信用评级机构的业务能力和业务素质，通过创新解决评级机构的利益冲突问题。

（4）完善监管制度

证券化将信贷市场、资本市场和货币市场联系起来，改变了商业银行的传统经营模式，传统的以分业经营为基础的监管模式可能存在效率低下和监管不到位等问题，因此，构建一个协调一致的监管体系对中国金融市场的健康发展至关重要。由于我国尚未形成系统的监管框架，对于金融系统的监管制度必须具有灵活性和实时性，在资产证券化初期，要赋予被监管主体一定的缓冲空间，随着规模的不断扩大，监管力度逐渐增大，监管标准也逐渐提高，要严格防止监管套利行为，对存在的监管安全漏洞及时进行修复。监管当局也应当规定合适的最低风险自留比例，体现"利益共享、风险共担"原则，控制发起人的道德风险。此外还要提高信息披露程度，加强对投资者的风险教育，培育良好的金融市场环境。

（5）加强资产证券化市场的培育

目前，我国的银行间信贷资产转让市场未建立。已有的资产证券化存在投资者互持问题，投资群体也有限，并未真正实现社会融资。为此，需要鼓励市场主体参与，优化市场机构，尽可能扩大投资者范围，使证券公司、保险公司以及非金融机构等主体投资资产证券化业务。

（四）融资租赁

1. 融资租赁概述

融资租赁是指实质上转移与资产所有权有关的全部或绝大部分风险和报酬的租赁。设备所有权与使用权分属于不同的主体，租赁期间设备所有权归出租人，使用权归承租人，合约期满后，承租人可享有留购、续租、退租或另订租约等多种选择。通过融资租赁，企业以较少的资金投入就能获得设备使用权，彰显了其集融资与融物于一体，跨区域跨时期配置资源的高度灵活性和实用性，对于改善企业经营环境，拉动企业投资，带动产业升级有着先天优势。在"一带一路"背景下跨境融资租赁正迅速发展为在世界范围内具有普遍和重要实践应用价值的新型金融工具。

我国的融资租赁业同样起步于国际合作，属于外部输入型产业。第一家融资租赁企业中国东方租赁成立于改革开放初期的1981年，系中日合资企业。由于当时资本极度匮乏，融资租赁很快成为从国外引进先进设备与技术的一种特殊阶段和有效工具，兼具融资和贸易功能。从当前发展态势看，我国融资租赁产业已由早期兼具贸易和融资的输入性产业发展成为多元化发展的双向开放性产业，不仅从国外引进设备，也为全球客户提供融资服务；不仅在国内外积极与外资巨头合作，共同开展业务，也积极赴海外上市，尝试多渠道引进国外低成本资金，伺机进行大规模海外并购等活动。2015年9月，国务院办公厅分别针对非银行系租赁企业和银行系租赁企业相继出台《关于加快融资租赁业发展的指导意见》（国办发〔2015〕68号）和《关于促进金融租赁业健康发展的指导意见》（国办发〔2015〕69号）两个指导意见，明确要求积极推动产业发展转型升级，大力开拓海外市场，发展跨境租赁。

我国企业跨境融资的方式主要有内保外贷、外保内贷等。跨境租赁分为出口租赁和进口租赁，出口租赁是出租人在境内，承租人在境外；进口租赁则指出租人在境外，承租人在境内。跨境融资租赁的基本模式是以企业固定资产租赁的形式通过融资租赁公司融入境外金融机构的低成本资金，然后定期返还租金的业务模式。主要分为两种模式："内保外贷＋售后回租"或"内保外贷＋直接租赁"。在售后回租模式下，境内承租人可以先将设备卖给融资租赁公司，以获取资金进行经营活动，然后再向融资租赁公司申请租赁设备，每月付一定租金即可；直接租赁通常涉及境内承租人、境内担保人、外资融资租赁公司、境外金融机构等四方，承租人根据自身需要选择设备，并以担保人及融资租赁标的物向外资融资租赁公司提供担保，境外金融机构再根据审核情况决定是否向融资租赁公司提供信贷。

2. 融资租赁的优势

（1）"一带一路"建设提供的市场机遇及空间广阔

"一带一路"建设在沿线各国催生了一轮大规模港口、机场、铁路、核电、电信等基础设施建设新浪潮，为我国融资租赁产业加快国际化布局特别是参与大型基础建设项目提供了广阔的市场机遇，为我国加强与周边国家的产能合作提供了广阔空间，有利于促进中国租赁、中国制造与中国服务"走出去"形成协同效应。通过加强与发达国家高水平融资租赁企业或行业巨头的密切合作，有利于促进我国租赁企业向业务高端化方向发展，提升国际竞争能力。

（2）跨境融资租赁利于吸引境外低成本资金，拓宽企业融资渠道

通过加强与沿线融资租赁产业发达的国家融资合作，有利于拓宽境外低成本资金利用渠道，缓解资本压力。吸引成本相对低的境外资金。政府可以根据境内外资金借贷利差，通过融资租赁模式引导境外低成本资金进入国内支持实体经济的发展，以解决当前中国经济面临的资金流动性紧张的困境，同时又可以在一定程度上规避"热钱"对中国经济的干扰波动。在生产发展需要时，传统的企业融资模式是筹集资金直接购买所需设备，对于价格高昂或非基础生产设备，直接购买会给企业带来资金压力或债务融资压力。通过融资租赁的方式，企业作为承租人只需每月向融资租赁公司或担保公司交纳一定租金即可，而且融资租赁能使设备折旧加快，合法降低企业的所得税支出，又可以减轻企业的资金压力，调节其财务指标，优化财务结构，使企业健康运转。另外，通过融资租赁，银行可以只承接一部分贷款，把剩下的部分转移给保险公司、信托公司等金融机构，资金来源的分散可以转移和分散风险，优化银行业的资产负债表，降低金融行业的系统性风险，同时也扩宽了企业的融资渠道。

（3）跨境融资租赁模式推进国内产业升级转型

促进国内过剩设备"流出去"，进而带动过剩产业转移出去。"一带一路"倡议和亚洲基础设施投资银行（亚投行）正好给我国过剩产能转移提供了良好的支撑，国内企业可以和那些急需发展建筑业和制造业，实现经济"造血功能"的沿线国家合作，通过跨境融资租赁模式将我国过剩设备"流出去"，还可以通过对外承包基础设施建设工程，将过剩产业转移至其他地区，在促进自身产业结构调整的同时，为沿线国家的社会经济发展提供活力和支持。融资租赁促进了经济转型以及产业结构升级，并在加速淘汰落后产能，加快提升我国高端制造业水平，在国家推进生态文明建设的过程中，帮助解决在淘汰落后产能、更新技术装备等方面的资金投融资问题。

（4）跨境融资租赁发展推动人民币国际化

近年来，亚洲区域经济一体化以前所未有的速度向前推进着，为人民币国际化带来了新的契机，亚投行的成立进一步奠定了人民币在亚洲区域货币中的主导地位。跨境融资租赁主要服务于交通、能源、电信和城市发展这些需要大额资金、材料和设备的项目。依托于"一带一路"框架，借助于亚投行成立的东风，我国企业和"一带一路"沿线国家展开互联互通合作中，可以主导人民币作为计价和结算货币，在跨境融资租赁业务中使用人民币进行支付与清算，有利于扩大人民币跨境结算和货币互换的规模，增强人民币的区域影响力，推动人民币国际化。

3. 融资租赁的风险

（1）业务模式单一，国际化发展能力不足

业务模式单一，多以类似信贷型的售后回租业务为主，具备现代租赁本质属性和服务功能的直接租赁、转租赁、杠杆租赁、委托租赁、转租赁等业务比例偏低、发展不成熟，发展领域高度集中于飞机、船舶、工程机械等大客户和少数行业，中小微企业、涉农行业等融资需求紧迫的领域供给不足，导致企业主营业务雷同、专业化精准服务能力不足，低水平同质化竞争不断加剧。且除少数实力较强的大型金融租赁企业外，大多数企业与全球租赁市场脱节，很少涉及跨境租赁业务，国际化发展能力不足。产业价值链发展不成熟不

完善，租赁资产流动性不足，企业普遍缺乏风险管理能力和有效对冲机制。

（2）融资渠道单一，企业境外融资成本较高

我国租赁企业的资金来源主要是银行短期资本，来源单一、高成本和期限错配是制约我国融资租赁产业在高起点新阶段加快发展的重要桎梏。我国融资租赁企业的资金绝大部分来源于银行短期贷款，尽管融资租赁企业也较重视金融债、点心债等渠道，但受融资条件、跨境使用、融资成本等限制，所能提供的资金量非常有限，融资租赁项目大多是中长期业务，银行短期贷款与租赁业务期限不匹配，将给企业留下了流动性风险隐患、为降低流动性风险，部分企业开始尝试租赁资产证券化、发行信托产品、引入保险资金、通过自贸区融入境外资金。通过 P2P 平台出售租赁收益权等渠道，但由于受市场认可度、融资成本等因素限制，这些融资方式还未被租赁企业大规模运用，短期内难以改变融资租赁企业对银行资金的依赖。

（3）政策文化差异大，法律监管不健全

跨境融资租赁涉及区域之间的协调合作，不同国家的政治、经济、文化和法律等方面一般存在很大差异，市场开放程度不同，行业标准、法律监管口径也难统一，导致很难形成规模有序的跨区域合作。一些国家关于融资租赁的相关法律很不健全，甚至个别国家没有融资租赁的概念，将融资租赁简单等同于一般租赁对待。现比较中国和哈萨克斯坦两国：中国法律没有明确规定承租人是否可以转租租赁物，但在合同中一般都限制承租人转租，而哈萨克斯坦法律规定只要出租人同意，承租人可以转租；在中国，商务部和银监会都拥有融资租赁行政许可，而哈萨克斯坦只允许银行业经营融资租赁；中国法律规定承租人不管在什么状态下，都必须严格按规定日期支付租金，而哈萨克斯坦法律规定，在特殊情况下承租人可以要求降低租赁额度和租赁费。

另一方面，在法律法规方面，我国还没有出台专门的融资租赁行业法律，相关适用条款分散在其他法律法规中。随着行业迅速发展，有关法律法规细节的适用性不足问题凸显，法律纠纷不断，影响行业健康发展。租赁物登记方面，商务部开发上线了融资租赁登记公示查询系统，可进行融资租赁物登记查询，飞机、船舶等动产登记，由于监管部门不同，信息缺乏整合，存在重复登记、查询不便等现象，这些都给行业带来了较大风险。行业标准方面，与融资租赁业相关的行业标准不完善，企业对融资租赁的某些专业属性，如租赁物技术参数、残值处理、会计核算等指标的把握存在偏差，相关内容也缺乏依据与保护，制约了融资租赁业的发展。

（4）信息不对称带来的信用风险高

信用风险主要出现在承租人、担保方和供货商之间。由于不同承租人的经济实力、道德水平等方面的差异，还有参与方之间的信息不对称，当融资租赁活动的各方当事人不能按时履行各自所承担的对他方的责任时，就会产生违约风险。根据融资租赁业的调查报告显示，信用风险是交易过程中面临的最主要风险，何况跨境融资租赁涉及地域间距更大，交易方的信息不对称问题更严重，出现信用违约的风险也会更大。

（5）利率风险和汇率风险

跨境融资租赁涉及的是不同国家之间的交易，由于交易双方国家的货币不同，在浮动汇率制下，进行国际交易时有造成各方经济损失的可能性。另外，融资租赁的合同期往往比较长，在合同期间，一国政策可能发生变化，导致该国利率发生较大变动，当两国利率

和汇率非对称变化或者向相反方向变化时，项目投资人的收益率会产生不确定性，甚至出现亏损。

4. 跨境融资租赁风险防范建议

（1）加强对融资租赁产业发展规划的顶层设计和具体问题研究

两个《指导意见》分别对非银行系和银行系租赁企业作出部署，充分表明了对两种业务形态的肯定态度，但也说明业界抱怨已久的多头监管和市场分割问题在短期内无望解决。鉴于此，在"一带一路"建设领导小组框架下，对融资租赁产业未来发展进行顶层设计是可行方案。具体来看，可研究设立"'一带一路'与融资租赁产业发展委员会"作为常规机制，负责研究和落实《指导意见》关于"发展跨境租赁，服务于'一带一路'"的实施细则和具体措施。此外，还可以在"一带一路"框架下，探索解决制约产业发展的一些具体问题。建议优先考虑在"一带一路"倡议框架下，在广泛深入研究各国融资租赁产业的立法模式和具体经验的基础上，结合我国产业发展实际，对于问题较为集中的瓶颈环节如物权归属不明晰、多头监管和规则不统一等，至少可以以国务院管理条例或暂行条例的方式进行规范，使得产业发展有法可依、有据可循。

（2）升级业务模式，培养人才队伍

专业人才短缺是制约产业发展的重要桎梏，可考虑与融资租赁产业优势突出、经验丰富的沿线国家高校、研究机构、协会、知名企业等合作开展人才培养、培训、交流等活动，物色引进国外相关领域的专业人才。与融资租赁行业的高速增长态势相比，行业发展所需的专业技术人才、管理人才数量明显不足。融资租赁行业涉及面宽、覆盖域广、交叉性强，要求从业人员具备金融、财务、法律等多方面的知识储备，才能更好地为企业服务。人才的短缺导致部分企业不能有效开展业务，制约了行业的发展。

（3）借鉴国外成功经验，提升我国融资租赁产业治理水平

从全球视野看，我国融资难、融资贵较为集中在中小微企业、涉农领域、环保部门、高端设备采购等方面，国际上大都有现成发展经验和成熟模式可以借用。例如，美国的农业金融服务模式有不少可圈可点之处；德国在高端装备管理和金融服务方面经验丰富；英国的小微企业和家庭消费金融租赁业务增长较快；爱尔兰在国际飞机租赁市场占有突出优势；日本在工业设备、医疗设备、计算机硬件，韩国在机动车辆，新加坡在船舶租赁等领域有丰富经验。特别是我国港台地区，经济制度与国际接轨早，中小企业集中，由于先行经历了产业转移和转型升级过程，其融资租赁产业又经历了本土化过程，在解决中小微企业融资困境方面的发展经验具有重要参照价值。除了产业模式和优势领域各具特色，各国在具体监管和治理模式方面也有不同。如美国、英国、德国、日本等国内法律体系比较完善，主要通过既有商法、民法的相关规定引导和规范融资租赁产业发展；而法国、韩国和新加坡则通过单独立法来推动融资租赁产业发展。

（4）跨国融资租赁平台的构建

在跨境融资租赁活动中，由于交易参与方对彼此国家的政策、文化背景、经济形势、法律监管等方面很难具备全面的认知，极有可能在交易中产生矛盾，甚至出现合同纠纷。政府应当携手共建一个公正权威的跨国融资租赁平台。此平台由两国政府倡导，既可以由双方国家的权威融资租赁平台携手开发建立，亦可由双方的监管机构或金融机构协商成立，用以协调兼顾两国之间的政策、文化、经济、法律监管等方面的差异，及时更新交易

信息，保证融资租赁交易活动正常进行。

（5）建立并完善融资租赁行业制度，健全租赁行业监管体系

对于租赁行业监管制度的健全，主要从三个方面着手：一是明确银监会作为中国金融租赁机构的监管主体，并逐步将商务部所管辖的其他类租赁公司也纳入银监会的监管范围内。二是实行多手段监管并不断创新监管模式，包括监管主体对租赁机构的监管、社会公众对租赁机构的监督与评价以及租赁行业和租赁机构的自律监管。三是在租赁市场准入标准、特定业务管理、风险管控、内控制度建设以及市场退出标准等方面实现统一。上述建议应纳入法律框架中，借助法律的强制性和威慑力，保证行业监管落实到实处并充分发挥其监督约束作用。

（6）加强审查与信用监管

在信用风险方面，不仅要考虑承租人、担保方和供货商等企业微观层面的资信问题，还应综合衡量一国风险，进行国家风险评级。可以参考商业环境风险信息机构（BERI）发布的BERI指数，由于BERI指数目前只提供48个国家的数据，大多数丝路沿线国家没有包含在内，政府可以编纂国家风险评级方法并发布风险评级指数，让投资方能够衡量一国的政治环境、经济形势是否适合长期投资。企业微观层面的资信问题，可以携手双方国内权威的企业信息公示系统或征信中心，租赁平台在承租方申请租赁的过程中充分审查其公司主营业务、资产负债率、经营现金流等财务指标，排除不合格的承租人，在交易过程中应对承租人进行持续观察，根据经济环境的变化和企业经营的好坏判断其偿债能力，以规避信用风险问题。

（7）利率和汇率风险管理

参与跨境融资租赁交易的企业和融资租赁公司，在借入境外资金时应多采用浮动利率加收点，即在借贷利率的基础上再加上一定点数以规避风险，这样虽然会承担在租赁期间利率上涨的损失，但是可以获得利率下降的好处，降低利率变动对公司经营的影响。当两国的利率有可能发生变动时，企业和融资租赁公司还可以采用利率掉期、远期利率协议、利率互换等金融衍生工具，同时锁定远期汇率、对冲利率和汇率的风险。

（五）保理融资

1. 保理概述

（1）保理的定义

保理业务起源于国际贸易发展需要，最早产生于14世纪英国的毛纺织业，是一种集销售账务管理，信用风险担保，应收账款收取和贸易资金融通中提供两项或是两项以上的出口代理交易模式。国际上对保理的定义存在多种解释，其中以美国的被普遍接受且较为严格，其定义为：保理业务是指承做保理的一方同以赊销方式出售商品或提供服务的一方达成一个带有连续性的协议，由承做保理的一方对因出售商品和提供服务而产生的应收账款提供集销售账务管理，信用风险担保，应收账款收取和贸易资金融通中两项或是两项以上的出口代理交易模式。

在我国保理属于金融创新业务，且因为国内服务各地区对于保理的服务内容侧重点不同，对保理的名称也有不同的说法。在中国香港，"保理"被译为"销售保管服务"，中国台湾则被译为"应收账款管理服务""应收账款承购业务"和"账务代理"，中国大陆引进

保理业务较晚，"保理"曾被称为"客账受让""代理融通"等。目前，我国保理业务发展的规模较小，其可发展的潜力尚未得到充分开发。

（2）保理的分类

1）追索保理：指保理商向卖方提供保理融资、负责销售账款管理以及以保理商名义催收账款，但不向卖方提供坏账担保服务。在这种保理方式下，保理商有权就未收妥的应收账款对卖方享有绝对的追索权而不管是什么原因所致，包括买方破产的原因。

2）到期保理：指卖方只需要保理商提供全面的商账管理并收妥货款，并为应收账款的坏账提供担保，但不需要保理商提供融资服务。

3）发票贴现：亦称隐蔽保理或暗保理，即保理商只向卖方提供融资而不提供商账管理及坏账担保，保理商也不直接向买方催收账款，买方还是向卖方付款，保理商对向卖方承购的应收账款具有完全的追索权。

4）完全保理：这是一种典型意义上的保理服务形式，包括了保理业务最基本的 4 项功能：保理融资、商账管理、催收账款及坏账担保。具体说，即保理商在债权让与之时付款给卖方并以自己的名义向买方收款，同时管理繁杂的销售分户账目。保理商承购的这份债权是无追索权的，卖方不论在何种形式下，均会得到百分之百的坏账担保。

2. 保理的优点

保理组织具有承担信贷风险，资信调查、托收和会计处理，凭票证立即付款等特点，这些特点使保理商在发展过程中不断壮大，被广泛使用。

（1）保理组织承担信贷风险

出口商将单据卖断给保理组织，这就是说如果海外进口商拒付或不按期付款等，保理组织不能向出口商行使追索权，全部风险由保理组织承担。这是保理业务的最重要的特点。

（2）保理组织负责资信调查、托收和会计处理

出卖应收债权的出口商，多为中小企业，对国际市场了解不深。保理组织不仅代理他们对进口商进行资信调查，并且承担托收货款的任务，有时他们还要求出口商交出与进口商进行交易磋商的记录，以了解进口商负债状况及偿还能力。一些具有季节性业务的出口企业，每年出口时间相对集中，他们为减少人员开支，还委托保理组织代其办理会计处理手续等。所以，保理业务是一种广泛的、综合的服务，不同于议付业务，也不同于贴现业务。这是保理业务的另一个特点。

（3）可预支货款率高

预支货款典型的保理业务是出口商在出卖单据后，都立即收到现款，一般为发票金额的 80%，其余 20% 在进口商付款后再予支付。

3. 保理的风险

以上有利之处保理在给付出口商安全与便利、促进保理商快速发展的同时，也给保理商带来了一些风险。

（1）债权的合法性风险

保理以应收账款转让为核心，应收账款的合法性便成为保理商的风险之一。保理商通过购买出口商合法有效的应收款项，这是合法让与债权的基础，也是保理商能够依法实现债权的前提。转让的债权本身不合法将直接导致保理商不能依法实现债权而受到损失。

（2）债权的有效性风险

应收账款转让的有效性也是其风险之一，保理协议中若对对价约定不明确，会影响到应收账款的转让的有效性。现在大多数国家对转让债权的生效条件都未通知到达主义，即债权转让因通知到达进口方而生效。若出口方并未及时有效的将应收账款转让的通知送达进口方，就会对出口保理商受让债权的实现产生影响。

（3）信用风险

保理商所要面对的信用问题也是需重视的风险之一。出口商的信用风险管理和资信情况是否良好会给保理商带来信用风险。在实践中，出口商存在伪造虚假的基础交易合同、提供没有贸易背景的发票等欺诈行为。进口商的信用风险来自于还款能力，债务人若因商事合同争议以外的原因在账款的到期之日起90日之内不能付款，进口保理商就要承担担保付款的责任，在进口保理商不承担担保付款责任的情况下，出口保理商就要承担这项责任。

4. 保理的风险防范

（1）以合法性和有效性为重点，全面防范应收账款风险

针对保理的合法性风险的防范，保理商首先应对应收账款进行细致的调查，通过事前全面调查与审核工作，确保保理业务的应收账款符合法律和保理业务的各项要求。其次，出口保理商可通过签署出口保理协议，加入出口商保证与承诺转让的应收账款债权是真实且合法产生的条款。针对保理的有效性风险的防范，针对转让对价约定不明带来的风险，出口保理商在融资型保理中要明确约定受让应收债权的对价，做到用语规范，避免产生歧义，出口保理商必须通过一定的法律程序办理转让手续来成为这一权利财产的所有人。

（2）深入进行资信调研，切实防范信用风险

在出口商向保理商提出叙做保理业务的申请时，出口保理商就应对出口商进行各项资信调查工作之外，还要调查可以说明出口商的经营能力和财务状况的其他直接或者间接的控制关系或欺诈的可能。

四、利率波动风险

（一）利率风险概述

利率是指一定时期内利息额与借贷资金额（即本金）的比率，利率是决定企业资金成本高低的主要因素，同时也是企业筹资、投资的决定性因素之一，在企业对外筹资、投资时必须注意和研究利率现状及其变动趋势。在现代经济中，利率作为资金使用的价格，不仅受到经济社会中许多因素的制约，而且利率的变动也会反过来对整个经济社会产生重大的影响。利率通常由各国的中央银行来管理和控制，如在美国是由联邦储备委员会进行管理。至今，所有国家都把利率作为宏观经济调控的重要工具之一。当经济过热、通货膨胀上升时，便提高利率、收紧信贷；当过热的经济和通货膨胀得到控制时，便会把利率适当地调低。利率是经济学中一个重要的金融变量，几乎所有的金融现象、金融资产均会与利率有着或多或少的联系。

当前，世界各国频繁运用利率杠杆实施宏观调控，利率政策已成为各国中央银行调控

货币供求、进而调控经济的主要手段，利率政策在各国中央银行货币政策中的地位越来越重要。利率是调节货币政策的重要工具，亦是用以控制投资、通货膨胀及失业率的重要工具，继而影响经济增长。合理的利率，对发挥社会信用和利率的经济杠杆作用等有着非常重要的意义，在经济萧条时期，降低利息率，扩大货币供应，刺激经济发展，在经济膨胀时期，提高利息率，减少货币供应，抑制经济的恶性发展。

利率风险属于经济风险的一种，对外投资中的经济风险主要是指东道国经济形势变化或经济政策调整导致对外投资收益降低的可能性。"一带一路"沿线多数国家经济基础较为薄弱，市场经济制度不健全，经济结构单一，经济稳定性较差，金融系统较为脆弱，国内金融市场不发达，容易受到世界经济低迷和国际金融市场波动的影响。"一带一路"对外直接投资中面临的市场风险等较为突出。市场风险主要表现在汇率风险和利率风险。汇率和利率两者之间存在着相互影响关系。利率政策通过影响项目对汇率产生影响，通常而言，当利率上升时，信用紧缩，贷款减少，投资和消费减少，物价下降，在一定程度上抑制进口、促进出口，减少外汇需求，增加外汇供给，促使外汇汇率下降，本币汇率上升。当利率下降时，信用扩张，货币供应量增加，刺激投资和消费，促使物价上涨，不利于出口，有利于进口，减少外汇供给，促使外汇汇率上升，本币汇率下降。汇率变动对利率的影响也是间接地发生作用，即通过影响国内物价水平、影响短期资本流动而间接地对利率产生影响。

影响利率的因素包括：①宏观经济环境。当宏观经济发展处于增长阶段时，投资的机会增多，对可贷资金的需求增大，利率通常会随之上升；反之，当宏观经济发展低迷，社会处于萧条时期时，投资意愿和机会减少，自然对于可贷资金的需求量减少，市场利率一般会降低或较低。②各国央行的政策。一般来说，当央行扩大货币供给量时，可贷资金供给总量将增加，供大于求，自然利率会随之下降；反之，当央行实行紧缩式的货币政策，减少货币供给，可贷资金供不应求，利率会随之上升。对股票和债券市场而言，如果证券市场处于上升时期，市场利率将会上升，反之利率相对而言也会降低。③国际经济形势。一国经济参数的变动，特别是汇率、利率的变动也会影响到其他国家利率的波动。

我国在"一带一路"沿线的投资项目，绝大多数是投资金额大、周期长、风险高的能源、基础设施和产业合作类项目，必须高度重视和防范利率波动风险。利率风险是指各种不确定性因素的变化所导致的利率变化，直接或间接地引起资产获得收益或遭受损失的可能性。"一带一路"对外投资所涉及的交易金额数目庞大，一方面中国企业在对外投资过程中的融资成本会随着利率的波动而波动，另一方面中国企业在对外投资过程中所形成的资产或收益也会随着利率的波动而波动，随着利率的波动，中国企业可能就需要支付更多的资金来弥补利率波动必定带来的融资成本增加和资产收益减少的损失，增加企业的成本负担，也会给企业带来很大风险。

（二）利率风险分类

国际投资中的利率风险包括以下内容。

1. 国际信贷利率风险

国际信贷（International Credit）是一国的银行、其他金融机构、政府、公司企业以及国际金融机构，在国际金融市场上，向另一国的银行、其他金融机构、政府、公司企业以及国际机构提供的贷款。国际信贷种类较多，按照贷款的利率分类，可以分为无息贷款、低息贷款、中息贷款和高息贷款；按照贷款的来源和性质分类，可以分为政府贷款、国际金融组织贷款、国际银行贷款、私人银行贷款、联合（混合）贷款等。其中政府贷款也称外国政府贷款或双边政府贷款，是指一国政府利用财政资金向另一国政府提供的贷款，政府贷款是具有双方援助性质的优惠性贷款，以两国良好的政治关系为前提，偿还期限一般在 20 ~ 30 年之间，最长可达 50 年，有 5 ~ 10 年的宽限期，贷款利率一般为 2% ~ 3%，甚至是无息贷款。国际金融组织在国际信贷活动中，也发挥着日益重要的作用，国际金融组织是指许多国家共同兴办的，为了达到某项共同目的在国际上进行金融活动的机构，按照参与国家的多寡，业务范围的大小，可以区分为全球性的国际金融组织和地区性的国际金融组织。全球性国际金融组织主要有国际货币基金组织、世界银行和国际清算银行等，亚洲开发银行和非洲开发银行等则属于区域性国际金融组织。世界银行即国际复兴开发银行，成立于 1945 年 12 月 27 日，1947 年 11 月成为联合国的专门机构，它主要是向发展中国家提供中长期贷款，利率低于市场利率。世界银行的宗旨概括起来就是担保或供给会员国长期贷款，以促进会员国资源的开发和国民经济的发展，促进国际贸易长期均衡及国际收支平衡。而由中国倡导设立的亚洲基础设施投资银行（简称"亚投行"）是一个政府间性质的亚洲区域多边开发机构和多边金融机构，其成立宗旨是为了促进亚洲区域的建设互联互通化和经济一体化的进程，其重要使命之一就是逐步地通过使用亚洲地区区域内的货币，来消除因货币错配带来的汇率风险、利率风险和其他金融风险，从而消除国际新兴地区金融体系的脆弱性。

利用国际信贷间接投资，具有下列作用和优点：①在国际间信贷业务中，可以利用世界货币资金市场丰富的资金来源和灵活方便的特点，筹措资金来进行对外投资建设。②在国际信贷中，各国政府间和国际金融组织的贷款，利率通常比较优惠，贷款期限也比较长，而且具有一定的援助的性质，可以降低对外投资中的融资成本。③借款企业可以通过国际银行、各国政府、国际金融机构或非金融机构等多种途径和方式，不受约束地多方面筹措对外投资所需资金。④对借款国而言，其可以利用国际信贷引进先进技术和设备，提高本国产品的质量，加强出口商品的竞争力，进一步促进出口贸易的发展。⑤对发达国家而言，其可以利用向发展中国家借贷的机会，实现商品和资本的输出，调整国内的生产和就业等经济问题。但是，因国际信贷需要支付利息，所以受债权国财政与货币政策变化的制约和国际金融市场动荡的影响，而且利率风险大，国际信贷会给借款国加重财政负担，给借款企业加重利息负担。

2. 国际债券投资利率风险

国际债券投资是指投资者在国际债券市场上购买外国企业或政府发行的债券，并按期获取债息收入和到期收回本金而进行的投资活动。国际债券有两种基本类别，即外国债券和欧洲债券，前者是指一国发行者在另外一个国家的债券市场发行的债券，一般以市场所在国的货币为计值货币，由该国国内证券商承销发行，投资者大多是该国的居民，有关发行的程序和申请手续等都要依据市场所在国对证券发行的有关规定办理。欧洲债券最初是指以美元为计值货币，在欧洲发行的美元债券。国际债券投资有很多优点：从投资者的角度来看，它具有较大的流动性，收益有可能超过本国证券收益或银行存款利息，同时，它在国际范围内进行投资组合，有利于分散投资风险；对于债券发行者来说，发行国际债券可以获得大量的国际资金来发展本国的生产和服务行业。国际债券投资收益受利率波动风险影响。如国际债券不在二级市场转让，则利率上升会给固定利率债券带来损失，利率下降会给浮动利率债券带来损失；如在二级市场转让债券，则不仅涉及债息，还涉及债券价格水平（卖价）：如购买的是固定利率债券，则从购买日到转让日，利率不断上涨会给投资者带来两部分经济损失：①相对少收债息损失；②该债券价格因利率上升而下跌而造成的资本损失。如购买的是浮动利率债券，在国际利率不断下降时，则净损失为债券价格上涨使得投资者获得一笔收益（转让价格—投资成本）减去相对少收债息的损失。

3. 项目融资中的利率风险

在运用 PPP/BOT 模式进行项目融资过程中，由于利率变动会直接或间接地造成项目价值降低或收益受到损失。利率问题还可能会直接或间接地导致项目融资的成败或者影响项目融资甚至整个项目的运作实施方式。

（三）利率风险管理措施

利率是资金的时间价值，是资本这一特殊生产要素的价格。利率的高低对于宏观经济与微观经济都具有重要作用和影响，利率的变化对金融参与者来说是一种风险。20 世纪 70 年代以来，随着国际金融市场利率波动的急剧扩大，产生了对更好的利率风险管理工具、技术和战略的需求，这种需求与金融理论的迅速发展，导致了许多金融衍生工具的出现，包括新型金融期货合约（New Financial Futures）、金融期权合约（Options Contracts）、利率互换（Interest-rate Swaps）、上限期权（Caps）、下限期权（Floor）、双限期权（Collars）、互换期权（Swaptions）等。利率风险管理，即通过运用这些工具来锁定未来的贷款利率或借款利率，以避免因利率变化带来的投资失败或还本付息危机。

对于"一带一路"倡议，国际社会口头响应者多，但积极采取实际行动，特别是拿出自身资源投入来呼应的国家较少，从而使"一带一路"建设在很大程度上处于中国独立推进的态势。"一带一路"计划需要巨额资金。单单依靠中国筹资远远不够。在"一带一路"融资过程中，银行的角色至关重要。而随着银行利差收窄，利率市场化的提速以及金融脱媒，直接融资比重加大，银行信贷投向的快速增长已不现实。在"一带一路"国际工程项目投融资和工程建设施工过程中，我国企业可以通过以下方式来管理利率风险，防范和化解利率波动风险。

1. 做好利率变化趋势预测，合理选择固定利率或浮动利率

按照货币借贷关系持续期间内利率水平是否变动来划分，利率可分为固定利率与浮动利率。固定利率是指在借贷期内不作调整的利率，也就是在贷款合同签订时即设定好固定的利率，不论贷款期内市场利率如何变动，借款人都按照固定的利率支付利息。浮动利率，是指在借贷期内可定期调整的利率，根据借贷双方的协定，在贷款期内根据市场利率进行调整。固定利率在核算上简单方便，便于投融资双方制订资金计划，但对于长期借贷双方而言，风险较大，融资方面临利率下降的风险，因在借贷关系确定后，如遇利率下降，对采用固定利率的融资方来说，就意味着融资成本偏高了，融资方将遭受利息损失。投资方面临利率上升的风险，因在借贷关系确定后，如遇利率上升，对采用固定利率的投资方来说，就意味着资金被占压在低收益的资产上了，投资方将遭受利息损失。浮动利率为投融资双方提供了管理利率风险的可能，在核算上更精细，但也更复杂。对融资方和投资方而言，采用浮动利率也会产生风险，如采取浮动利率融资时，当国际市场上利率上升，融资企业将需要支付更多利息而遭受利息损失。

在柬埔寨甘再水电站 BOT 项目中，该项目是柬埔寨政府工业矿产与能源部（MIME）以国际竞标和 BOT 方式开发实施的水电站项目，中国水电建设集团国际工程有限公司经过投标、评标和合同谈判，于 2006 年 2 月 23 日与柬埔寨工业矿产与能源部及柬埔寨国家电力公司（EDC）正式签约。项目实施进展顺利，并于 2011 年年末进入正式商业运营。在该项目实施过程中，由于 BOT 项目时间长，且有建设和运营期，因此相应的风险就多，该项目的投标团队对该项目进行了充分的风险识别和评估，并制定了初步的风险管理计划。其中关于利率风险，在投标时，中长期（8.5 年以上）美元贷款利率为 5.3% 左右，人民币贷款利率为 3.51% 左右；制订风险管理计划时，美元贷款利率为 5.3%，人民币贷款利率为 3.78%，并且呈上升趋势，存在一定的利率上涨风险。因此，在签订该项目的贷款合同时采用了固定利率进行融资，尽快申请贷款，锁定利率。

"一带一路"国际工程的投资和建设者，应当充分利用现有成熟的金融工具，防范和化解利率波动风险，如可通过固定利率的贷款担保和政府的利率保证等方式来抵御利率波动风险，采取多种货币组合的方式进行项目开支或收益的结算，防止利率变动对项目投资和收益的冲击，并运用封顶、利率区间、保底等套期保值技术减少利率变化对项目投资和收益的不利影响。

2. 确定合理的利率风险比率

利率风险比率为利率敏感性资产与利率敏感性负债的比率，其公式为：利率风险比率＝利率敏感性资产／利率敏感性负债。其中利率敏感性资产是指市场利率变化时利息收入也相应变化的资产，如可变利率贷款；利率敏感性负债是指市场利率变化时利息支出也相应变化的负债。当利率风险比率 >1 时，表明利率敏感性资产大于利率敏感性负债，预期利率上升，利息收入将大于利息支出，收益增加；反之，预期利率下降，则利差减少，利率风险加大。当利率风险比率 <1 时，预期利率上升，利息收入小于利息支出，收益减少；预期利率下降，则获得收益。当利率风险比率 =1，表明利率敏感性资产等于利率敏感性负债，利率风险为零。

3. 证券投资多样化

证券投资多样化是指分散投资于不同行业、不同地区、不同期限的各类证券，包括国库券、公司债券、优先股票、普通股票等有价证券，并且确定投资各类证券的数量，以结成最优化的有价证券投资组合。如在进行投资行业分散化时，可投资于利润水平负相关的行业，当某一行业证券的价格或利率下跌时，另一行业证券的价格或利率上升，或者相反，证券组合中各种证券上涨与下跌相互抵消，降低了证券组合的风险。

4. 利用二级市场交易手段

二级市场是指在证券发行后各种证券在不同的投资者之间买卖流通所形成的市场，又称流通市场或次级市场。以债券投资为例，对采用固定利率的债券投资，在预测到剩余时间内国际利率看涨时，则现在可在二级市场上卖出所持有的这种债券。对采用浮动利率的债券投资，在剩余时间内国际利率看跌时，则以后可以在二级市场卖出所持有的这种债券。

5. 利用金融创新工具

国际资本市场上的多种金融衍生工具可以用来防范和管理利率波动风险。目前国际金融市场广泛使用的金融工具大体可划分为三种类型：①为套期保值、减少或转移利率或汇率波动风险而创新的金融工具，如浮动利率债券、浮动利率贷款、利率上下限保险、远期利率协议、金融期货、期权与期权合约交易、股票价格指数交易、利率调换等。②为增加金融资产的流动性、降低融资成本而创新的金融工具，如贷款股权对换交易、股权贷款等。③为扩大投资者进行产业投资的机会而创新的金融工具，如可转换为股票的贷款、可转换为股票的债券等。以下仅简单介绍几种可以防范和管理利率波动风险的金融衍生工具。

（1）利率期货

利率期货交易是指交易双方在交易所内通过公开竞价，买入或卖出在未来某一特定日期按照成交价格的标准数量的特定金融商品（如存款、定额存单、国库券等），并订立合约的一种交易方式。利率期货价格与实际利率呈反方向变动，即利率越高，利率期货价格越低，利率越低，利率期货价格越高。和绝大多数金融期货交易一样，利率期货价格一般领先于利率现货市场价格的变动，并有助于提高债券现货市场价格的信息含量，并通过套利交易，促进价格合理波动。利用利率期货进行套期保值，基本做法是：预测利率下降，期货价格上升时，应先贱买后贵卖。预测利率上升，期货价格下降时，应先贵卖，后贱买。投资者可以利用利率期货来达到如下保值目的：①固定未来的贷款利率：利率期货合约可以用来固定从经营中所获得的现金流量的投资利率或预期债券利息收入的再投资利率。②固定未来的借款利率：债券期货合约可以用来锁定某一浮动借款合同的变动利息支付部分。

（2）利率互换

亦称为利率掉期。利率互换是指交易双方在一笔名义本金数额的基础上相互交换具有不同性质的利率支付，即同种通货不同利率的利息交换，通过这种互换行为，交易一方可将某种固定利率资产或负债换成浮动利率资产或负债，另一方则取得相反结果。利率互换的原因为比较收益的存在。利率互换的目的是减少融资成本，如一方可以得到优惠的固定利率贷款，但希望以浮动利率筹集资金，而另一方可以得到浮动利率贷款，但却希望固定利率筹集资金，通过互换交易，双方均可获得自己希望的融资形式和自己需要的利息支付方式（固定或浮动）。

（3）远期利率协议（Forward Rate Agreement，简称 FRA）

远期利率协议是防止国际金融市场上利率变动风险的一种保值方法。该协议是一种远期合约，买卖双方（客户与银行或两个银行同业之间）商定将来一定时间点（指利息起算日）开始的一定期限的协议利率，并规定以何种利率为参照利率，在将来利息起算日，按规定的协议利率、期限和本金额，由当事人一方向另一方支付协议利率与参照利率利息差的贴现额。借款者估计利率会上升，通过签订远期利率协议，防范利率上升的风险。贷款者估计利率会下降，通过签订远期利率协议，防范利率下降的风险。远期利率协议的功能是管理利率风险或进行利率投机，通过固定将来实际交付的利率而避免利率变动的风险。

6. 运用保险来防范利率风险

针对"一带一路"的大项目，保险公司帮助提前做一些利率风险、汇率风险等市场安排和保险安排，可以帮助防范和转移这些项目中的利率风险，有助于这些项目进展得更顺利。

7. 拓展多种融资渠道和方式

在"一带一路"对外基础设施资金融资方式上，我国企业应该拓展多种渠道和形式，可以采取官方援助、民间投资、金融机构融资甚至金融市场融资等多种形式。亚洲基础设施投资银行（亚投行）受到各方关注，它可以为亚洲关键基础设施建设、基础设施的互联互通提供项目资金支持；丝路基金是针对"一带一路"建设的另一重要金融支持，其成立模式类似于国家主权基金，基础设施建设是丝路基金重点支持领域之一；由金砖国家共同宣布成立的金砖银行也可以为"一带一路"沿线国家提供更多的财力支持。通过拓展多种融资渠道和方式，尤其是更多地采取优惠利率或较低利率的融资方式，可以在一定程度上防范和化解我国企业在"一带一路"国际工程投融资过程中的利率风险。

五、物价风险

物价风险主要包括项目东道国通货膨胀带来的风险以及物资的稀缺性、可获得性带来的风险。

（一）通货膨胀风险

1. 定义

众所周知，目前理论界对于通货膨胀的定义趋于统一，即：在信用货币制度下，流通中的货币数量超过经济实际需要，而引起的货币贬值和物价水平全面而持续的上涨。换用更为通俗直白的语言来说，就是在一段给定的时间内，给定经济体中的物价水平普遍持续增长，从而造成货币购买力的持续下降。

这里，请读者朋友注意的是，同为"货币价值的下降"，但通货膨胀与货币贬值是有区别的，整体通货膨胀为特定经济体内之货币价值的下降，而货币贬值为货币在经济体之间相对价值的降低。前者影响此货币在该货币使用国国内使用的价值，而后者影响此货币在国际市场上的价值。

2. 原因

就通货膨胀产生的原因而言，凯恩斯主义经济学认为，产生的原因为经济体中总供给与总需求的变化导致物价水平的移动。而在货币主义经济学中，将通货膨胀产生的原因归结为：当市场上货币发行量超过流通中所需要的金属货币量，就会出现纸币贬值，物价上涨，导致购买力下降。

事实上，就经济整体运行实质而言，出现通货膨胀与以下原因也有关联。

（1）需求拉动

需求拉动的通货膨胀是指：总需求过度增长所引起的通货膨胀，即"太多的货币追逐太少的货物"。按照凯恩斯的解释，如果总需求上升到大于总供给的地步，过度的需求是能引起物价水平的普遍上升。

所以，任何导致总需求增加的因素都可以造成需求拉动的通货膨胀。

（2）成本推进

成本或供给方面的原因形成的通货膨胀，是由厂商生产成本增加而引起的一般价格总水平的上涨。造成成本向上移动的原因大致有：工资过度上涨、利润过度增加、进口商品价格上涨等。

（3）结构失调

由于一国的部门结构、产业结构等国民经济结构失调而引发通货膨胀。

（4）供给不足

在社会总需求不变的情况下，社会总供给相对不足而引起通货膨胀。

（5）预期不当

在持续通货膨胀情况下，由于人们对通货膨胀预期不当（对未来通货膨胀的走势过于悲观）而引起更严重的通货膨胀。[1]

（6）体制因素

由于体制不完善而引起的通货膨胀。

（7）混合作用

实践中，造成通货膨胀的原因有时并非单一的。因各种原因同时导致的价格水平上涨，就是供求混合推进的通货膨胀。

假设通货膨胀是由需求拉动开始的，即过度的需求增加导致价格总水平上涨，价格总水平的上涨又成为工资上涨的理由，工资上涨又形成成本推进的通货膨胀。

3. 表现形式

一般来说，通货膨胀最直接、必然的结果就是物价上涨，但不是所有的物价上涨都是因为通货膨胀，导致物价上涨的因素很多，主要有：

（1）纸币的发行量应当以流通所需量为限度，纸币发行过多时，将引起纸币贬值，物价就会随之上涨。

（2）商品价格与商品价值成正比，商品价值增加，商品的价格也将上涨。

（3）供求关系影响价格，商品供不应求时，价格必然上涨。

（4）政策性调整，理顺价格关系会引起上涨。

（5）商品流通不畅，市场管理不善，也会引起商品价格的上涨。

只有因纸币发行过多而引起的物价上涨，才是通货膨胀。[2]

（二）"一带一路"国际工程中的通货膨胀风险防范

从前述内容可以看出，通货膨胀最直接的表现就是物价的上涨。而"一带一路"的国际工程则可能会面临国内通胀及工程所在国通胀的双重风险。但无论是国内通货膨胀还是工程所在国的通货膨胀，必然导致材料、人工等成本增加，同时也可能导致违约风险升高。因此，对于国际工程中的通货膨胀风险，应采取相应的防范手段。

1. 关注市场价格变化

工程成本的走势可以通过市场变化来预测。为避免资金短缺造成材料供应不足，造价管理者要及时了解市场的具体情况，才不至于使成本大幅度增加，严重者更是会导致工程进度缓慢，延误工期。在材料价格变化时，工程相关单位可以根据签订的合同、双方协商

---

① 高鸿业：《西方经济学（宏观部分）》，中国人民大学出版社，2010年第5版，第510页。

② ［美］N·格里高利·曼昆：《宏观经济学》，卢远瞩译，中国人民大学出版社2011年版，第3页。

意见、主管部门指导性意见等进行适当调整，进而使结算总费用得到调整，这样有利于工程造价的合理控制。

一般情况下，水泥、钢材等主要建筑材料因受货膨胀而价格持续上涨，是企业和投标人可以预测到的。跨国工程建设涉及建筑材料种类多，宜采取的对策是调整材料价格差，不同年份的材料价格差异较大，其中水泥、钢材作为工程建设的主要材料，其价格波动对造价产生的影响可作为调整价格的依据。

2. 合理预测价格涨跌趋势

跨国建设工程项目投资大，周期长，建筑材料消耗多，工程总造价受建设周期内材料价格影响较大，进而影响跨国建设工程的正常进行。因此为了提高跨国工程造价管理水平，在施工期间对材料价格上涨进行有效预测是很重要的环节。在发生通货膨胀时，及时采取措施进行处理解决，最大程度的降低材料价格上涨造成的损失。除通货膨胀以外，材料价格还受供需平衡、经济政策、宏观调控等多种因素的影响，由于跨国工程类型多，涉及的建设材料类型相对也就较多，因此可以考虑只将主要材料的价格波动作为预测对象，初步预测出工程造价的涨幅。

在跨国工程建设中，工程造价一般包括人工费、材料费、施工机械使用费以及施工过程中耗用的构成工程实体的原材料、辅助材料、零件、构件、成品、半成品的用量和周转材料的摊销量，预算价格计算的费用按工程所在地的材料的原价、采购、保管费、运杂费、场外运输损耗等费用组成。通过提前预测分析，对工程造价进行分析了解，从中总结出几种主要材料在工程建设中所占的的比重，同时也就能反映出一旦某种材料价格发生变动，那么对工程总造价将产生何种程度的影响。例如，通过对某工程的提前预测分析发现，在整个工程造价中，占绝对性比例的材料是钢筋，它的价格上涨会直接导致工程整体造价上浮。即使现阶段对钢筋的大规模采购与使用还不太明显，但是一旦工程动工，钢筋使用量剧增时，将会造成原先的预算大幅提升，影响施工进度的情况。那么在提前预测到该结果的情况下，对于该单项材料价格上涨的情况，可以采取相应的应对措施。

一般情况下，一国的经济发展都处于平稳发展状态，企业和工程的负责人都不会预料到物价上涨现象，但是一旦发生通货膨胀，其影响将远远超出承包商和材料供应商所能承受的风险范围。因此，对材料价格波动影响工程造价的因素进行定量分析，及时了解国家宏观经济政策，掌握主要材料的价格变化趋势，预测市场变化时工程成本的浮动，做到造价管理心中有数，防止材料涨价导致工程费用大幅增加，或者措施不足和资金短缺导致材料供应延误工程进度。项目业主和施工单位要全方位考虑各种材料价格、来源、产地、运输成本及后期可能存在的上涨因素，更进一步科学合理地编制工程造价。

3. 根据法律及行业规范进行价格调整

（1）国内法律及行业规范

我国的工程价格调整规范主要以 2007 年国家发展改革委、财政部、建设部、铁道部、交通部等九部委第 56 号令发布的《〈标准施工招标资格预审文件〉和〈标准施工招标文件〉试行规定》为主。其中第 16.1 条规定了因人工、材料和设备等价格波动影响合同价格时的价格调整方法。

此后，各部委就因人工、材料和设备等价格波动影响合同价格的情况，制定了行业招标文件范本，允许在此情况下对合同价格进行调整，以规范工程价格的调整方法。具体招标文件范本有，2009年水利部于发布的《水利水电工程标准施工招标文件（2009年版）》，2009年5月交通部于发布的《公路工程标准施工招标文件》(2009年版)，2010年住房城乡建设部于发布的《房屋建筑和市政工程标准施工招标文件》，原铁道部以铁建设〔2007〕107号文发布的《关于发布铁路建设项目施工招标文件示范文本的通知》，以及其后陆续发布的《铁路建设项目单价承包标准施工招标文件补充文本》《铁路建设项目总价承包标准施工招标文件补充文本》和《铁路建设项目工程总承包标准施工招标文件补充文本》。在实际执行《〈标准施工招标资格预审文件〉和〈标准施工招标文件〉试行规定》中的调价管理规定的同时，这些文件范本，还结合行业特点进行了相关补充。

（2）国际常用合同规范

国际工程咨询和承包在国际上已有上百年的历史，通过不断的经验积累和总结，已经有了一批比较完善的合同范本，其中涉及因物价波动调整工程价格相关规定的合同文本包括国际咨询工程师联合会编制的FIDIC合同条款、英国土木工程师学会编制的土木工程施工合同条件（NEC）。

1）FIDIC合同条件：FIDIC合同条件被普遍认为是比较公平、全面、规范的合同范本，被世界70多个国家广泛应用。FIDIC施工合同条款第13.8条规定了价格调整方法和调价计算公式。调整的范围涉及投标函附录中所列明的各个项目，一般包括人工、材料、施工设备及其他。同时调价公式中也包含了固定部分，该部分为不调价部分，此点需要注意。

2）工程施工合同条件（NEC）：英国土木工程师协会出版的《工程施工合同条件》（NEC）（第七版）已在一些国家，特别是英联邦国家中的多类工程中被应用。NEC合同条件设有价格波动因子的计算机制，适用于中期付款的有效值，以获得波动调整。NEC合同条件中规定了调价公式，并指出应在合同资料中明确4～5个可调项及其百分比，根据可调项计算出来的实际成本作为调价基数。

（3）价格调整方法

国际通用的价格调整方法大致分为3类：一是根据人工或材料价格指数调整；二是根据实际的人工或材料成本调整；三是根据约定价格调整。

1）价格指数调整法：又称调价公式法，即根据在合同中列明的标准或指数的变化进行调整。使用该调整方法的前提是，需要取得合适且完备的价格指数，这通常需要提前在合同中约定发布价格指数的机构名称和资料来源，并以此作为调价基础。

2）实际价格调整法：又称基本价格调整法、文件证据法。即根据承包商在履约期间实际的人工或材料成本调整。实际成本的依据通常需要承包商提供采购各种材料的原始发票，并经合同管理咨询工程师对基本价格进行审核、比较后予以调价。

3）约定价格调整法：即根据颁布或约定的价格水平调整。但本质上，约定价格调整法还是价格指数调整法或实际价格调整法。

4. 加强项目合同管理

在强化前期项目调研工作的前提下，项目合同有效管理的作用也不容小觑。在签订建设工程项目合同时，就材料价格变化因素所造成的一系列的施工影响风险，是否承担、由谁承担、如何承担等问题，可以明确在合同中进行约定。当材料市场价格变化时，工程项目相关单位根据合同的约定、主管部门得指导性意见等进行相应材料单价调整，进而调整项目清单及结算总费用。另外，审查部门也可对项目清单和总费用调整进行对比控制，这样更有利于合理控制工程造价。

5. 采取适当采购方式

一般情况下，工程项目是由承包商负责采购建筑材料，当材料市场价格因通货膨胀发生重大变化时，未免工程进度、质量等受通货膨胀的影响，业主单位应及时采取措施，结合合同条款及法律规定，研究确定最有利于实际的材料采购办法。在采购方式的选择上，可以选择联合采购或询价采购，便于采购质量符合且价格合理的工程材料，满足工程施工供应需求。业主垫付采购费用，不仅施工单位资金周转能力得以维持，同时也和材料供应商建立了信用互信的长期合作。

6. 价差预备费

在国际建设工程项目中增强"价差预备费"的运用，考虑概算编制中的价差预备费。编制和核定跨国建设工程项目初步设计概算时，综合考虑工程所在国通货膨胀的情况，增加价差预备费。

（三）材料涨价风险

在"一带一路"国际工程中，建筑材料费用占工程造价的比例一般在 50% 左右，而建筑市场的材料价格受材料所在国政治、经济、通货膨胀及国际环境等因素的影响，特别是近年来国际贸易摩擦频繁，价格上涨较为常见，有时甚至出现暴涨情形。"一带一路"国际工程中采用的合同文本通常是 FIDIC 条款，在 FIDIC 条款中，合同价格一般为固定总价，因此，材料价格的上涨对国际工程总承包商来讲就是巨大的风险，这将会影响到整个项目的经济效益及项目盈亏。因此，国际工程承包商应在投标报价阶段尽可能提高对材料价格的调研和预判，准确报价；在合同谈判中争取到合理的材料价格调整机制条款；在合同履行过程中加强材料价差的索赔及在材料采购时科学决策合理确定采购计划、采购时间节点等措施减少材料涨价带来的风险，从而争取更多的经济效益。

1. 加强对建筑材料市场价格信息收集，提高材料价格预判的准确度，准确投标报价，减少投标价格与市场价格背离的幅度

为避免投标报价中材料价格的准确度，国际工程总承包商应加强对建筑材料市场价格信息的收集，关注国际政治、经济形势以及项目所在国的政治形势和经济形势，对重要的建筑材料如钢材、水泥、石料、混凝土等价格走势进行分析，提高材料价格预判的精确度，确保在投标报价阶段根据现有价格合理估算合同履行过程中的材料价格，从而准确确定投标的材料价格，减少投标价格与将来合同履行时材料市场价格的背离幅度。

2. 在合同条款中争取约定合理的材料价格调整条款

国际工程一般采用固定总价合同，工程量及材料价格等风险均由承包商承担。为此，FIDIC 系列合同条件对因成本改变影响到工程价款的如何调整均有相应的规定，如 FIDIC 设计采购施工（EPC）工程合同条件通用条件第 13.8 款规定"当合同价格要根据劳动力、货物以及工程的其他投入的成本的升降进行调整时，应按照专用条件的规定进行计算。"因此，国际工程总承包商应主张在合同条款中争取约定到合理的材料价格调整条款。

国际工程合同中对材料价格变化引起的价格调整一般有以下两种方式：一是由业主和承包商共同承担由于材料价格变化引起的费用风险，称之为风险百分比法，即业主和承包商在招标时约定一个百分比，材料单价变化在这个百分比范围内的风险由承包商承担，超

过这个百分比的上涨风险在合同中约定调价方法[①]。如约定材料涨幅在 ±5% 内则风险由承包商承担，价格不予调整；材料涨幅超过 ±5%，则予以调整及如何调整。另外一种方式是价格调整公式，这也是国际工程承包中常见的一种价格调整方法。FIDIC 生产设备和设计—施工合同条件通用条件第 13.8 款规定"在本款中，'调整数据表'系指投标书附录中填好的调整数据表。如果没有此类调整数据表，本款应不适用。如本款适用，可付给承包商的款项应根据工程所用的劳动力、货物和其他投入的成本的涨落，按本款规定的公式确定增减额进行调整。在本条或他条规定对成本的任何涨落不能完全补偿的情况下，中标合同金额应被视为已包括其他成本涨落的应急费用。按照适当资料表估价，并在付款证书中确认的，付给承包商的其他应付款要做的调整，应按合同价格应付每种货币的公式确定。对于根据成本或现行价格进行估价的工作，不予调整。所用公式应采用以下一般形式：$Pn=a+b×Ln/Lo+c×En/Eo+d×Mn/Mo+\cdots$"FIDIC 设计采购施工（EPC）工程合同条件专用条件第 13.8 款规定"如果考虑要承包商承担因通货膨胀的成本上升的风险是不合理的，可能需要这些调整的规定。"菲迪克（FIDIC）在《生产设备和设计 - 施工合同条件》中提出的按成本指数规定的措辞，可认为是适宜的。但在权重 / 系数（"a""b""c"……其总和不应超过 1）的计算中，及对成本指数的选择和核实中应特别予以注意，吸取专家的建议可能是适宜的。基于上述合同条件，承包商首先要争取到上述条款的适用，其次在适用上述条款时对成本指数的选择和核实中应特别注意，由于权重系数的调整是在原定招标文件所允许的范围之内，不会影响业主对承包商的投标评分。承包商应注意权重系数的选择，对未来可能产生价格上涨的材料种类，价格上涨越小的材料，其权重系数应选较小值，反之，价格上涨越高的材料，其权重系数应选较大会值。另外，承包商应根据价格调整公式所涉及的要素正确选择确定工程所支付的货币币种，价格指数的来源、日期及具体数值等。在选择价格指数时，国内承包商应当填写材料采购地的基准价格指数，而非采购地以外的第三地的材料价格指数，否则，将会导致无法适用价格调整公式将上涨的费用主张调整回来。

3. 中标后要重测工程造价，详细分析，并与当地材料供应商、分包商等加强合作，适当转移部分风险

工程承包商在中标后，要进一步对投标报价进行分析，并结合材料市场价格行情，重测工程造价，在此基础上，保持与当地材料供应商及分包商的合作，通过合作、合同等将部分材料上涨风险转移至相应的材料供应商及分包商。

4. 科学决策，合理确定相关建筑材料的采购时机、采购地及采购数量

工程承包商要加强对材料价格趋势的研判，根据工程施工进展及资金条件，科学决策，合理确定相关建筑材料的采购时机、采购地、采购数量等。如果承包商根据价格研判，确定的采购时机合适、数量符合施工需要，也不占用大量资金的话，将会大大节约当期的材料成本，反之则将会加大成本，影响工程利润。另外，所需的材料是选择在工程所在地采购，还是在第三国采购，抑或是在中国采购，选择何种采购地交货，是采购地交货还是工程所在地交货等也均会影响建筑材料的采购成本、影响资金的占用、影响工程的利润等，这些也应当是承包商在材料采购决策确定采购计划时需要认真考虑的因素。

---

① 吕文学、刘学姣、游庆磊：《国际工程中建筑材料价格的风险管理》，载《国家经济合作》2009 年第 8 期。

5. 加强材料价格索赔

FIDIC 施工合同条件通用条件第 13.3 款规定"为指示或批准一项变更，业主应按照第 3.5 款【确定】的要求，商定或确定对合同价格和付款计划表的调整。这些调整应包括合理的利润，如果适用，并应考虑承包商根据第 13.2 款【价值工程】提交的建议。"依该款规定可见，工程变更特别是施工方案或施工技术改变因素引起的设计变更，将有可能会影响到相关材料品牌的变化、材料规格、型号的变化等，从而可能导致工程成本发生较大数额的增加。但工程变更赋予承包商获得费用补偿的权利，因此工程承包商应及时提出合同价格调整的意见或索赔，请求业主予以确认。

FIDIC 施工合同条件通用条件第 13.8 款在明确规定调价公式的同时，也明确规定了工程变更较大导致调价权重不合适时也可以对权重系数进行调整，这同样为承包商提供了索赔机会。因此，承包商应认真研究合同条款，对合同条款中的索赔条款进行梳理，在合同履行过程中对照合同履行情形抓住每一次索赔机会，加强对材料价差的索赔。

综上，在"一带一路"国际工程承包中，由于建筑材料价格受到项目所在国政治、经济、货币及国际形势等诸多因素的影响，材料上涨必将对承包商的经济效益产生较大的影响，如各方管理措施得当，可能不会产生风险，带来效益，反之处理不当则可能导致项目产生亏损。

六、税务风险

海外投资的税务风险主要包括面临双重征税的风险、应对项目东道国当地税收监管与政策制定的风险，解决该等风险的主要途径是进行跨境税务筹划。

（一）税务风险之厘定

税务风险（Tax Risk），是指由于东道国国内税收法律变动风险、国际重复征税风险、特别纳税调整风险及因违反相关的纳税义务而带来的补税、罚款、加收滞纳金、刑罚处罚等风险。

（二）"一带一路"企业海外投资税务风险主要来源

1. 税收法律变动风险

税收收入是财政收入的主要来源，东道国政府可能为增加财政收入或者实现某些经济管理目的而制订或修改税收相关法律，增加税种、扩大征税范围、提高税率、降低或取消税收优惠等，这些法律变动将加重海外投资企业的税务负担，影响其经营收益。

2. 国际重复征税的风险

重复征税是指同一跨国纳税人的同一征税对象被两个或两个以上国家或地区重复征税的情形。

国际重复征税由不同国家税收管辖权的重叠引起的。国家税收管辖权按照属地原则和（或）属人原则确定。属地原则以纳税人的收入来源地或经济活动所在地确定税收管辖权的范围。属人原则以纳税人的国籍和住所确定税收管辖权的范围。

由于不同国家确定税收管辖权所采取的原则不完全相同，国际上税收管辖权有地域管辖权、居民管辖权及公民管辖权三种类别。地域管辖权按照属地原则确定。地域管辖权体现了有关国家维护本国经济利益的合理性，符合国际经济交往的要求和国际惯例，为绝大多数国家所接受；居民管辖权按照属人原则确定。国家对属于本国的居民取得的来自世界范围内的全部所得行使税收管辖权；公民管辖权按照属人原则确定。国家对属于本国的公民来源于世界范围内的全部所得行使征税权。

由于大多数国家都同时行使两种税收管辖权，国际上重复征税风险是普遍存在的。虽然我国大多数"一带一路"已签订了税收协定以避免国际重复征税，但国际重复征税风险很难完全避免。此外，我国政策规定，对未依据税收协定而多缴的境外所得税不能进行税收抵免。

3. 特别纳税调整风险

特别纳税调整是税务机关对纳税人的特定纳税事项予以调整，以阻止纳税人避税目的的实现。特别纳税调整特定纳税事项包括转让定价、成本分摊协议、受控外国企业、资本弱化等。以其中较为常见的转让定价为例，是指存在关联关系的跨国纳税人之间的关联交易的定价应遵循独立交易原则，如果一国税务机关认为纳税人违背该原则而减少该国税收权益，可能进行转让定价调查调整，被调查调整企业将面临较高的补税风险，可能还要面临高额罚款的风险。

第三节　经济风险的管控

一、存在的问题

国际工程的经济风险是客观存在的，风险管理应贯穿于项目的各个阶段，风险越大的项目管理难度越大。然而，目前我国企业在海外工程承接、建设方面，对经济风险的预判、准备不足，由于对外部经济环境没能做好研判工作导致经济风险被不适当地放大。在进入项目实施阶段后，又因为没能配备专业的风险分析解决团队，而导致风险规避、风险分散的工作不能有效进行，使得发生经济风险后的不利后果不能被有效控制。

二、应对策略

建筑企业应不断总结国际工程项目管理经验，提高国际工程的项目管理能力。建筑企业在承接国际工程项目前，应组建由项目管理人员、相关领域专家等人员组成的风险分析小组，尽可能对世界经济环境、项目所在国的经济环境及相关行业经济环境进行研究和分析，风险分析小组在对国际工程承包经济风险分析的基础上，要结合项目实际情况，采取风险规避、风险减轻、风险分散、风险转移和风险自留等多种手段，制定经济风险应对策略，以减少损失。主要风险应对措施简述如下。

1. 风险规避

对于风险小组评估后认为风险很大的项目，采取主动放弃或终止该项目的策略，以避免项目风险损失的发生。这是一种最彻底的风险处置方式。风险规避应选择在项目的决策阶段实施，一旦项目进入实施阶段，将会造成不可估量的损失。例如，对政府有沉重的负债、可能存在破产的项目，尽可能地实施风险规避。

2. 风险减轻

风险减轻是指在风险损失发生之前，采取减少损失机会和降低损失严重性的措施。这是一种积极的风险处理措施，在实施减轻策略时，应尽可能将项目每一具体风险减轻至可接受的水平，从而减轻项目总体风险水平。[1]

3. 风险分散

风险分散是指通过增加风险承受单位来减轻风险压力，以达到共同分担风险的目的。采用风险分散的缺点是有时候不得不将利润分散。

4. 风险转移

风险转移是指通过合同或非合同的方式将风险转嫁给他人承担的一种风险处理方式。转移风险主要有四种方式：出售、发包、开脱责任合同、保险与担保。

5. 风险自留

风险自留是指企业以自身的财力来负担未来可能产生的风险损失，风险自留包括两方面的内容，一是承担风险，二是自保风险。[2]

第四节　典型案例分析

一、案例介绍

（一）波兰 A2 高速公路工程总承包项目 [3]

2009 年 9 月，中国海外工程有限公司（以下简称中海外）牵头，联合中铁隧道集团有限公司、上海建工集团及波兰 DECOMA 设计公司组成联合体，中标波兰 A2 高速公路 A、C 两个标段的 EPC 工程总承包，中标价为 13 亿波兰兹罗提（约合 4.72 亿美元 /30.49 亿人民币）。波兰 A2 高速公路是波兰和中西欧之间的重要交通要道，全长约 91km，为波兰最高等级公路。为了争取欧洲杯的主办权，波兰国家道路与高速公路管理局（National Roads and Motorways）决定对 A2 高速公路进行现代化改造。波兰 A2 高速公路共分为 5 个标段，中海外联合体中标的 A 标段和 C 标段是最长的两个标段，其中 A 标段全长 29.24km，C 标段全长 20.03km，工期（含设计期）从 2009 年 10 月 5 日至 2012 年 5 月 30 日。该项目的资金来源是欧盟资金。这是中国建筑企业在欧盟地区承建的第一个基础设施项目，被国内媒体称为"中国中铁系统在欧盟国家唯一的大型基础设施项目"。

① 肖利民：《国际工程承包项目风险预警研究》，华南理工大学出版社 2006 年 12 月版。

② 赵君华：《EPC 工程总承包项目的风险因素与风险管理》，载《大陆桥视野》2012 年 8 期。

③ 倪伟峰：《中铁进军欧洲折戟波兰：怎样搞砸海外项目》，载《新世纪》周刊 2011 年 7 月 25 日。

2009 年 10 月，项目部进驻波兰现场时，全球金融危机还没有完全结束，波兰国内经济也不景气，波兰 A2 高速公路其他三个标段的施工也刚刚开始。因此，波兰当地修筑道路的原材料供应比较充足，价格也处于低位水平。波兰驻华大使馆曾经建议中海外和原材料供应商、分包商尽早签订合同，将利益捆绑在一起。由于波兰是个新的建筑市场，建筑原材料价格变化很快，签订合同后，才能将利益绑定。但是，由于项目部不熟悉波兰建筑市场的情况，加上项目前期资金紧张，项目部没有及时采纳波兰驻华大使馆的建议。2010 年 4 月，欧洲足协公布了 2012 年欧洲杯将由波兰与乌克兰合办，由此带来了波兰建筑业的热潮，同时波兰经济也逐渐在复苏中。项目开工后不到一年时间，波兰 A2 高速公路工程所需沙子、钢材的价格上涨了约 2 倍，挖掘设备的租赁价格上涨了 5 倍，涉及的其他原材料价格也均有大幅度上涨。

2011 年 5 月，中海外联合体向波兰国家道路与高速公路管理局提出变更索赔，请求业主对中标价格进行调整，主要理由是"业主招标文件中项目功能说明书很多信息不准确""砂子、钢材、沥青等原材料价格大幅度上涨"等原因。但是，波兰业主方根据双方签订的合同条款及波兰《公共采购法》等相关法律规定拒绝了中海外联合体变更索赔的请求，波兰业主方认为，中海外联合体在投标及签订合同过程中均没有对上述问题提出异议，视为中海外联合体在投标时充分考虑了施工过程中成本上升的风险，并把上述风险包括在其竞标价格中。更为重要的是，波兰《公共采购法》为了避免不正当竞争，禁止承包商在中标后对合同金额进行"重大修改"，波兰《公共采购法》是依据欧盟相关法律制定的，中海外联合体投标时并不熟悉波兰《公共采购法》等规范建筑市场的法律文件，波兰国家道路与高速公路管理局在发给各个投标企业的招标文件中，就已经说明了变更索赔的困难，但并没有引起中海外联合体的重视。

2011 年 6 月初，中海外最终决定放弃 A2 高速公路项目，根据中海外的测算，如果坚持完成 A、C 两标段，共需要投入资金 7.86 亿美元，整个项目预计亏损 3.94 亿美元（约合 25.45 亿元人民币）。项目停止后，波兰业主给中海外联合体开出了 7.41 亿兹罗提（约合 2.71 亿美元 /17.51 亿元人民币）的赔偿要求和罚单，外加三年内禁止其在波兰市场参与投标，而波兰 DECOMA 设计公司也可能在业主方的强硬追索下破产。

（二）老挝万象 2 号路工程总承包项目

1998 年 3 月 3 日，广东省水利水电第三工程局通过国际招投标成功签约老挝万象 2 号路工程的承包权，1998 年 4 月 28 日，项目举行开工仪式，老挝政府要求 2 号路工程于 2003 年 12 月竣工验收。2 号路工程项目位于老挝的首都万象市，起点为老挝国家主席府，终点止于通向南部 13 号公路的端农，沿途经过总理府、老挝人民革命党中央所在地和政府各主要部委大院。全长 12.85 公里，路宽约 20m，除主席府至凯旋门路段为双向 6 车道的钢筋混凝土路面外，其他路段属高等级沥青混凝土路面。道路两侧铺设有直径 0.8 ～ 1.5m 的排水管道和人行道地砖，安装有 550 盏路灯和 210 盏景观灯及 11 处交通灯及各种路标。[①]

---

① 中国驻老挝人民民主共和国大使馆经济商务参赞处：《广东省水利水电第三工程局承建老挝万象市 2 号路工程项目正式交接》，http : //la.mofcom.gov.cn/aarticle/jmxw/200403/20040300200879.html，2019 年 10 月 27 日最后访问。

老挝万象 2 号路工程总承包的有利因素是老挝政局稳定、社会安定，中老两国间的良好关系也为 2 号路工程的顺利实施提供了较好的宏观背景，但由于 2 号路工程在施工期间，遭受到了亚洲金融风暴，老挝及其邻国在亚洲金融风暴期间货币贬值情况非常严重，通货膨胀率在两位数以上，给项目建设带来了很多不利影响。2 号路项目工程款的支付以美元为主，还包括部分老挝货币基普和邻国泰国货币铢，其中老挝货币可用于当地劳动力雇佣和水电等费用的支付，泰国货币可用于工程相关原材料的采购。从理论上讲，以美元收入获得投资返还，以取得的当地货币收入支付当地支出，是很科学的。但是，如果当地货币不稳定，一旦发生大的贬值，业主很快就面临支付危机。在亚洲金融风暴的冲击下，老挝货币贬值严重，政府财政资金十分紧张，经常拖欠工程款，项目一度中断；另一方面，由于在支付方式上，老挝政府并非直接以货币支付，而是以当地丰富的木材折价给广东水电三局和香港合作方组建的股份公司，再由香港合作方以木材为原料生产夹板出口到其他国家才最终取得货款，受金融风暴冲击，夹板的正常销售也受到严重影响，资金无法及时回收，在这两方面因素作用下，2 号路工程在整个金融风暴期间，无法支付员工的工资，只能通过思想沟通与员工达成协议，等项目经营好转后再补发工资。好在金融风暴过后，市场状况逐步好转，项目得以继续，才将拖欠长达两年的工资及利息支付给员工。[①]

2003 年 7 月，广东省水利水电第三工程局克服重重困难，终于完成了 2 号路所有工程的施工，全线建成通车，并于 2003 年 12 月 31 日通过了老挝交通运输邮电建设部的验收。鉴于广东省水利水电第三工程局在万象市 2 号路工程建设中的突出贡献，2004 年 3 月 17 日，老挝国家主席坎代·西潘敦签署第 16 号主席令，授予广东省水利水电第三工程局老挝国家一级劳动奖章。2004 年 3 月 23 日，老挝人民报头版对该工程进行了报道，高度赞扬了广东省水利水电第三工程局对万象市 2 号路工程所做出的杰出贡献。[②]

二、案例启示

随着"一带一路"建设的实施，国际工程承包保持着快速增长的发展势头，中国企业作为承包商走出去开疆拓土、成绩斐然。美国《工程新闻纪录》（ENR）全球最大 250 家国际承包商榜单显示，2017 年共有 65 家中国内地企业上榜，上榜企业数量与去年持平，居各国首位。[③] 中国承包商在对外工程承包工程项目中必须面对巨大的资金风险。资金风险是指企业资金在循环过程中，由于各种难以预料或无法控制的因素作用，使企业资金的实际收益与预计收益发生背离[④]。对国际工程承包商而言，资金的重要性可类比血液对于人体的不可或缺性，国际工程项目的启动和持续建设必须以足够的资金作为保障。

国际工程项目资金来源有很大一部分是公共投资、财政资金，因此项目所在国出现宏观经济问题如债务危机等，也会给项目带来巨大的风险。国际工程通常需要巨额资金，如

---

① 肖利民：《国际工程承包项目风险预警研究》，华南理工大学出版社 2006 年 12 月版。

② 中国驻老挝人民民主共和国大使馆经济商务参赞处：《广东省水利水电第三工程局承建老挝万象市 2 号路工程项目正式交接》，http：//la.mofcom.gov.cn/aarticle/jmxw/200403/20040300200879.html，2019 年 10 月 27 日最后访问。

③ http：//www.sohu.com/a/166736587_618597，访问时间 2018 年 8 月 25 日。

④ 孙鑫磊：《企业管理中的资本风险管理研究》，载《中国商贸》2010 年第 20 期。

果项目遇到经济风险，资金不能及时到位，则会给承包商带来较大的经济风险。因此建筑企业在投标前，需对项目所在国的宏观经济情况有一定的了解，所在国负债过重等经济风险将会给工程款的回收带来困难，严重的会遭到拒付。虽然按照经济发展规律，有一定的负债、通货膨胀、汇率波动等情况是正常的，但如果上述风险难以控制，一旦出现经济危机，项目资金链将会出现严重问题，同时给承包商带来巨大的风险。

第五章

法律风险

第一节 法律风险概述

一、法律风险定义

（一）法律风险的内容

在理论和实务界，对法律风险存在多种定义和看法。从民事责任角度来看，法律风险是指因当事人未能履行合同中的约定，而导致合同相关方发生损失并通过法律手段对其进行索赔的风险；从合法合规经营的角度来看，法律风险大致可以等同于违法风险，即由于违反相关的法律规定而导致预期利益无法实现或受到处罚的风险；从整体来看，法律风险也可解释为当事人因为某种具体法律行为所应当承担的各类法律责任。本章所述的法律风险是指，因欠缺对项目所在国相关法律法规和政策规定的了解或重视，或者因为法律变更而违反相关规定，从而给企业带来的风险。而对于合同民事责任相关的法律风险，本书主要在第七至十章进行论述。

（二）法律风险的特点

相比政治风险的不可控制性和不可预测性，法律风险因法律法规固有的公开性和稳定性，往往是可以提前预知进而事先预防的。但由于国际工程往往涉及众多参与方和国家地区，其法律风险呈现出复杂性的特点。我国企业如果想在"一带一路"的高速公路上顺风前行，简单直白地将中国模式"卸货"于境外是不会成功的。[①] 本章将详细分析国际工程项目建设中面临的法律风险及其应有的防范，以实例助力我国企业顺利踏上并且走稳"一带一路"征程。

二、法律风险产生的原因

国际工程大多投资周期长、资金量大、运行维护不易，其所涉地区政治环境也比较复杂，沿线国家的对外开放程度、法治状况和市场化水平差异较大，在投资过程中面临诸多法律风险。

（一）沿线国家隶属法系不同

"一带一路"沿线 60 多个国家，其法系大体是大陆法系和英美法系两大类，另外还有一些国家属于伊斯兰法系。不同法系国家在法理基础、法律术语、法律表现形式、审判模式、法律适用等方面天差地别，可以说即使是同一个纠纷，如果在法系不同的国家进行处

---

① 朱树英：《"一带一路"下的法律风险防控》，载施工企业管理 2017 年第 3 期。

理，那么处理的方式和结果也会有所差异，这样一来法律的适用性就会被削弱。同时，由于所处不同法系国家，当事企业的法律信息极其不对称，这也会给投资者带来诸多无法预测的风险。

（二）沿线国家法治状况和国民道德水平的不同

在国家法治层面，"一带一路"沿线国家的法治水平参差不齐，个别国家的行政和监管制度存在较多的"暗箱操作"，对外国企业在执法力度上过于严苛。更有甚者，囿于已经形成的一定区域的政治集团亦或利益集团，还会故意针对外国企业进行所谓的"合法管制"。同时，沿线国家在基建、贸投等领域与国内的相关规定亦有诸多不同，许多国家有关投资贸易的立法仍方兴未艾，与投资相关的法律时常更替，存在不同层级的立法主体，这就使交易规则往往难以把控，提升了贸易难度。

在国民道德水平层面，沿线国家的国民道德水平和守法意识良莠不齐，商业道德风险案例屡见不鲜。以上这些因素的存在，必然会对我国建筑企业在外国投资项目的活动和收益产生不利影响与潜在风险。[①]

（三）企业海外经营经验不足

现阶段，我国一些企业掌握的海外经营经验仍比较有限，常常会发生忽视东道国的法律环境，而将关注度集中于海外项目的争取和获得上的情况，对于相关信息没有进行充分的实际研究，对项目本身实操和实行思虑不周的情况也时有发生。但实际上，东道国给予的允诺并不能完全保障工程项目的顺利实施，我国企业应该对相关项目进行严格的法律风险评估，而不应当将项目收益的保障寄托在与东道国业主间的良好关系上。以沙特阿拉伯麦加轻轨项目为例，尽管该项目在政府高层得到了高度重视，项目建成后的评价和实施效果也很好，但因未能对当地现场和法律环境进行详细评估等原因，最终亏损高达 40 亿元人民币。因此，我国企业应当将相关的法律风险因素进行充分的考虑与分析，在进行详细的法律风险评估之后，对法律风险的发生进行统一有效的控制，并且也应做好事后应急解决的配套措施，这样才能对项目发展过程中的法律风险予以有效控制。

（四）企业内部法律意识和合规制度不完善

此外，项目运营过程中出现的诸多问题多数是由于企业在投资经营过程中的行为不符合当地的相关法律法规及国家政策造成的，企业的经营管理行为不符合当地的法律规定，究其原因在于企业的法律意识淡薄，在法律风险规制方面的相关制度不够完善。一方面，企业内部的高层管理人员法律意识缺乏，企业内部的法务部门未能发挥应有的作用，在重大决策之时，企业不能积极听取法务工作人员的相关建议，从而企业在操作过程中很容易陷入被动地位；另一方面，企业的管理人员，为了降低经营成本，忽略企业相关法律制度的构建，在法务部门的设置方面也较为随意，对评估东道国投资行为的法律风险心存侥幸，企业内部也没有形成完善的法律风险评估机制。例如在波兰 A2 高速公路项目中，在法务部门已经就合同相关风险予以提示的情况下，由于内部管理缺陷，企业依然签订了有

---

① 孙冰玉：《浅谈海外工业园建设的风险因素》，载《中国工程咨询》2017 年第 3 期。

着大量不利条款的总价锁死合同，最终导致项目难以继续实施。可以说，内部高层管理人员法律意识的缺乏和不够完善的法律风险评估机制，导致企业法律制度建设基础差，一旦在东道国遇到法律风险便难以应付，最终企业承担的法律责任远远大于法律合规制度建设所需要的成本。[①]

三、法律风险种类

法律风险在学理上有诸多分类，譬如有的学者将法律风险分为：(1)投资限制风险；(2)劳动用工风险；(3)财政税收风险；(4)环境保护风险；(5)商业贿赂风险；(6)其他风险六种类型[②]。

而在本文中，我们将采用通说的法律风险分类来进行说明，即法律风险的种类主要包括：(1)投资限制风险；(2)劳动用工风险；(3)行政许可风险；(4)环境保护风险；(5)贿赂与欺诈风险。本章依次对不同风险的特点、表现形式以及应对策略等方面做了详细介绍和分析，以为我国企业在沿线工程建设和日常经营的合规和风险管控提供参考。

第二节　投资限制风险

一、投资限制的种类和现状

投资是一种经济行为，旨在获取可预见期限内的收益或资金增值，表现为一定的资金投入或可折换为资金的物的投入。根据前期的投入进行分类，实物、资本和证券是较为常见的投资方式。实物投资一般为直接投资，即为投入货币进行生产经营并产生收益。资本和证券投资的起点一般也是货币，其通过获得债权或者股权间接进行投资。

企业的投资活动按照投资的对象可以分为对内扩大再生产和对外扩张，按照投资的地域可以分为在境内投资和境外投资。任何一个国家在现今全球经济一体化的浪潮中，都面临着"走出去、请进来"这样的双向流动，而对于企业来说，也都面临国内竞争加剧的现状。随着近几年房产"居住本位"的不断强调和房地产市场的日益理性，我国房地产投资的疯狂时代已经接近尾声，投资渠道从单一化正在向多元化迈进，海外投资成为许多投资者的新选项。除此之外，随着我国原材料成本上升、人口老龄化、人均收入增加等，很多行业也在考虑通过在海外投资建厂的方式降低成本，分散风险。加之我国高铁、电站等项目先进技术经验的海外转移，也带来了大量的投资项目。在上述背景下，目前我国企业走出去海外投资和工程建设都处于比较活跃的状态。

投资限制和投资是相对应的概念，有什么样的投资，就有什么样的投资限制，就投资地域来讲，投资限制分为国内投资限制和国际投资限制。

---

① 郭彤荔、伊日和：《建立境外投资风险防控机制的思考》，载《中国国土资源经济》2013年第9期。

② 李峰：《"一带一路"沿线国家的投资风险与应对策略》，载《中国流通经济》2016年第2期。

（一）我国对境外投资的限制

目前我国对境外投资的立法主要有很多，涉及诸多行政主管部门。如国家发展和改革委员会《企业境外投资管理办法》（第 11 号令）（2017）、商务部《境外投资管理办法》（2014）、国有资产监督管理委员会《中央企业境外投资监督管理办法》（2017）、国家外汇管理局《境内机构境外直接投资外汇管理规定》（2009）、《关于境内居民通过特殊目的公司境外投融资及返程投资外汇管理有关问题的通知》（2014）、发改委、商务部、人民银行、外交部《关于进一步引导和规范境外投资方向的指导意见》（2017）等。境外投资对我国经济和社会的发展具有重要的意义。走出国门参与到国际经济圈内，通过资本、技术、人员的输出，有利于促进资本的增值，带动商品出口、优化产业结构、技术革新改造，扩大我们国家的国际影响和在国际舞台的话语权。但是，不当的境外投资，可能导致资本损失，影响国内投资和就业机会，影响国际收支平衡，所以，对待境外的投资一定要采取审慎原则，不能盲目跟风。

我国提出"一带一路"倡议后，对外投资基建项目以及承包工程是我国境外投资的重头戏。为此，国务院也通过《对外承包工程管理条例》等从立法的层面对境外承包工程进行了规范。"一带一路"倡议带来机遇的同时，也带来了挑战，现今工程规模激增、承包模式变化、国际市场竞争日益激烈，中国企业境外工程频频出现亏损，应该引起我们的深思和警觉。

（二）"一带一路"沿线各国对投资的限制

"一带一路"沿线所含国家包括远东、中亚、东南亚、南亚、西亚、中东、北非等地区，由于历史发展、民族沿革、各国经济实力、军事实力等因素，各个国家在"一带一路"中发挥的作用和重要性不同，对外资包含中资企业进入其国家采取的态度和方法也有不同，但是，保护其自身企业和国家利益的出发点是一致的，为本国企业和人民造福的愿望是一致的，都想通过"一带一路"的倡议发展本国经济，提升国家实力。在这个大的前提下，如何求同存异，寻求共赢，是对人们智慧的考验。

各国的投资限制主要体现在各国根据自身特点颁布的各种涉及投资的外汇制度、外资准入制度、企业设立制度以及与工程相关的土地制度、特许经营权制度、劳务用工制度等。所以，所有涉外项目均要从这些方面认真衡量风险、评估利润，作出正确的判断，而不是盲目地跟着感觉走。

二、如何有效规避投资限制的风险

在投资过程中，一般应从以下几个方面进行考虑项目的投资限制风险。

（一）政策方面的投资限制风险

我国入世之后，出于国际承诺和自我完善的考量，国家展开了一系列政策法规大调整。对内对外的投资领域首当其冲，投资行为得到了一定程度的完善和梳理，诚然，也产生了一些限制，这些限制就是针对国内的投资限制。

"一带一路"之后，鉴于沿途国情的迥异，人民的民族风情、历史各异，发展的严重不平衡，处于保护本国民族企业的初衷，在"一带一路"项目走出国门时项目所在国在投资方面进行各种的限制并不是单纯的"限制"，其目的是为了维护其国家、企业利益，为了不使其"野蛮生长"进而脱离控制造成更大的损失和面临更加难堪的境地，一定程度的限制是未雨绸缪，很有必要的。和政策保持一定的距离，是避免政策风险的最佳路径。试看全球几多年间的投资经验，之所以欧美企业的投资较为容易成功，是因为其在投资的时候将市场本身放在第一考量的位置，而非政策优惠。"优惠"终将是过去式，市场本身才是真正的金矿。

诚然，投资是避免不了与当地政府进行有效沟通，政策虽然不如市场本身重要，但也应当被列为投资重要的考量因素。与政府的有效沟通，往往意味着更为快速的信息获取和更为准确的信息内容，这些都是非常重要的投资"商机"。但是也要留心，不要将鸡蛋都放在一个盘子里。

另外，利润较高的投资往往都集中在垄断领域，其长久和巨额的投资回报往往使投资者趋之若鹜。然而，垄断本身的天然风险和进入非市场竞争领域的层层障碍不是一般投资者可以承受的。首先，要想进入非竞争领域，需知道这些领域往往是未开发领域，插足者较少，可以继承的社会价值很少，从头开始往往意味着全过程风险的承担，非大魄力者不可为之。其次，不管是政治领域还是经济领域本身，获得非市场竞争地位都需要支出巨大的成本，这些成本能否在之后获得抵偿，其本身就蕴含着巨大的风险。最后，这些非市场竞争领域一般在市政、影视、电信、金融等领域，无不关乎国计民生，容易受到社会变革亦或动荡的最先冲击，巨额投资很可能一朝散尽，风险巨大。

（二）人文环境的投资限制风险

市场分析是投资之前的重要步骤，经常为人所忽略的人文环境其实是市场分析的重要环节。人文环境主要包括四个方面，第一是融资环境，即人们对于融资的接纳和认识程度。第二是人员的文化素质，文化素质的影响是方方面面的，我们国家早就已经普及了基础教育，依然能够感受到文化素质所带来的影响，更何况其他没有普及基础教育的国家。第三是市场的消费习惯，消费习惯往往引导着资金流向，投资一定要符合资金流向的规律。第四是政府的开放程度，这一点往往关乎政府对投资的态度。人文环境往往是无法在短时间内出现较大转变的，人要适应环境，同理，企业要适应人文环境，不然就会产生本来不必要的成本支出。其实，新闻中经常出现的企业项目不被接受、并购之后企业文化无法融合乃至地方保护等都是人文环境的适应问题。

（三）高新技术和人才的投资限制风险

追求高新技术是企业潮流。高新技术是企业"永葆青春"的秘籍，但是，高新技术不但意味着"新"，还意味着"危"，其高风险不可忽视。"老方法"固然毛病多，但胜在稳定。"新方式"虽然效率高，但要千万注意其风险。用好了，是企业的核心竞争力，用不好，企业自己就把自己淘汰了。

一般而言，拥有成熟的技术是所有投资者投资的前提，问题是，技术能否保证成熟？一些投资者相信"钱可以买来技术"，技术市场的情况也确实如此，但买来技术未必好用。

技术和人才相同点比较多，可以一起进行分析。首先，两者都是企业正常运行所必备的。其次，两者的获取渠道都是畅通的，一般不存在过多障碍。但同时，对两者是否契合企业的评价都比较困难，缺乏统一的判断标准，这往往关乎投资的成败。

在逐利的年代，技术和人才都是企业极度渴望的，这种渴望和追求甚至成为企业的主要目的，占据了企业的较大精力，反而忽略了项目本身的作用。在企业进行市场竞争中，虽然技术和人才是两大法宝，但是这都是建立在技术可用且人才有用武之地的基础上的。企业要更加注意技术和人才方面的陷阱。避免技术和人才陷阱，投资者应注意：

（1）谨慎进入未知行业，优先考虑自身已经"摸爬滚打"多年领域的基础上适当创新。

（2）对待创新技术手段应当持有审慎的态度，循序渐进，切莫贪功冒进。

（3）既要依靠专家与顾问，又要不断验证，实践出真知。

（4）技术和人才投资应当保持在适当的比例，切忌过高和过低，应当匹配企业的规模和能力，应当优先考量目标市场的需求。

（5）投资人才时，其从业经验、业内口碑和历史业绩固然重要，其个人性格也要被着重考量，倘若其认可并接纳企业文化，无疑会产生双赢效果。

（四）求新求异的投资限制风险

传统产业的白热化竞争，商品市场的超光速发展，致使人们不断地挖掘创新未知领域：未知领域往往意味着财富。但是这样一来就会陷入千奇百怪的风险中，一如如火如荼的区块链，生物制药，新式环保等。投资中的求新求异成为所有企业面临的二律悖反难题：不求新求异就意味着慢性自杀，但求新求异则有可能是自寻死路。

新的经济形式就像一种新型赌博产品，可能会反馈给投资者极高的利润收益，但是高收益往往意味着高风险。一旦对赌博产品加大投资扩大生产，也有可能因为其自身的缺陷，所有投资化为泡影。同时，盲目投资部分求新求异产品，往往会扰乱企业既有的发现管理理念，甚至会陷入自我矛盾的理念冲突困境。因为求新求异产品一旦取得他人信任，极易促使其陷入深度崇拜，甚至是盲目崇拜的地步。

企业试图规避求新求异的投资陷阱，必然需要抓住以下几点：

（1）投资必然追求盈利，但是对于投资项目的考察，必然要注重其务实详尽的盈利计划，而不能被市场泡沫所迷惑。

（2）任何求新求异项目，不仅要考虑消费群体对于该项产品的接受程度和群体的消费习惯，而且也要探寻其中是否触及法律禁区。

（3）突然出现的新事物新项目，一般很难被警惕的消费者接受，因此投资方要做好前期资金大量投入甚至是失败的准备。

（4）任何新事物新项目都无法避免其诞生缺陷，投资方应当持续关注其发展，在盈利拐点强势入驻。

（五）规模经济的投资限制风险

因地制宜的适当规模才是符合市场规律的投资方式，而不是盲目扩大规模。但是，部分企业忽视物极必反规律，盲目追求规模最大化，一直往大型规模、更大型规模发展。目前企业的类型规模扩张、经营范围扩大、区域连锁经营甚至是企业并购，都是规模大型化的直接体现。所以，单纯的以规模最大化为出发点或者一直追求连锁投资的全国性分布，是投资者投资理念的致命趋向。

具体而言，规模经济的致命缺陷主要表现在两个方面：

（1）市场经济的显著特征之一就是市场需求多元化，对既有规模不断扩大的盲目追投，必然走上路径依赖的严重弊端。在市场多元转化时，大量规模投资难以转型，根本无法及时调整企业战略以适应新市场；

（2）资本大量投入无法保障对市场的有效控制。企业资源有限，盲目追求规模更大化、最大化，必然导致企业人财物难以维持，极易造成企业运营呆滞甚至是运营链全面崩塌，投资无法收回。

（六）短期利润的投资限制风险

利润是企业运营的根本目的，但是盲目追寻短期利润往往促使企业丧失赚取后期利润的可能。对于短期利润的追寻，促使企业后续发展资源薄弱，在各方面无法维持主业的有序发展。在风险社会时代，市场专业化竞争加快，每一条产业链上企业更新迭代此起彼伏，暂且不提短线产品本身不可避免的巨大风险，企业虽然可以短期内实现资金的大量回流，但是在主业市场份额的缩小、经营者精力的分散，甚至是企业竞争力的下降，都是此类投资不可避免的陷阱。

甚至盲目追求上市也是追求短期利润的陷阱之一，上市最大的陷阱就是企业战略方向的迷失。一方面，上市本身会促使企业资本极速扩张，企业短期利润瞬间实现；另一方面，上市融资往往致使企业无法实现后续战略目标。部分企业本末倒置，盲目追寻上市，忽视主业有序运营，试图在证券市场中实现利润巨大化，也在其中形成深不见底的利润陷阱。部分投资者即使清楚认识到项目并购自以及上市扩张里面存在的种种陷阱，只是短期高额利润回报驱使下，希望实现利润最大化后成功脱身。但是，在飞速变化的市场竞争下，部分投资者长期徘徊在违法边缘，有的甚至身陷囹圄。

（七）项目运作的投资限制风险

项目运作给现代企业带来无限的发展机会和不断扩张的可能，相比实业投资，其资本运营回转速度是几十倍甚至是百倍。可以说，成功的项目运作早已风靡全球。但是项目运作从来都是资本家的游戏，其中的运作陷阱埋葬了诸多盲目追求者。而项目运作中最大的弊端就在于运作资金链的断裂，有效利用上市获得的巨额资金以保障资金链，这是项目运作的主要方式。

（八）品牌延伸的投资限制风险

一个良好品牌的培育实属不易，企业在拥有一个知名品牌后，必然想发挥既有品牌效益，发展关联产品，实现利润最大化。实际上，品牌延伸已经是著名企业成功扩张的既有经验，甚至是不少西方企业发展的核心战略。一份对于美国市场快速流通商品的研究报告显示，年销售额在1500万美元以上的成功品牌中三分之二都依托于旗下延伸产品的畅销。

但是，品牌延伸力度掌握不好，甚至会严重影响既有品牌的发展。部分企业盲目扩展品牌延伸产品范围，力求品牌延伸至所有行业，忽视了本身品牌产品的经营，品牌产品链直接断裂。这种品牌延伸策略已然面临深渊：既有品牌已然稀释，消费者难以抉择，直接抛弃原有产品，也就抹去了两者间的衔接点。也就是说，营销的真正精髓就是把握与消费者的连接点，在消费者心目中建立起品牌形象，而破坏连接点的办法就是将品牌衍生品全部打上这一标志。

这一陷阱集中体现在：损害原有品牌；抹去连接点；淡化品牌形象；诱发消费冲突。具体而言，品牌延伸必然遵循以下准则：

（1）知名品牌与其延伸品牌定位清晰。延伸品牌必然是为巩固知名品牌服务，加深知名品牌在消费者心目中的地位。

（2）知名名牌与延伸品牌所面对市场相似，群体定位准确。

（3）知名品牌与延伸品牌售后服务系统一致。

（4）品牌延伸战略稳健为主，不能陷入盲目扩张的误区。部分热衷品牌延伸的企业在意于新消费者群体，往往忽略了老消费者的消费体验。而企业维护一个既有消费者的费用只是吸引一个新消费者费用的四分之一，所以，企业在考虑品牌延伸的同时，应当注重自身发展策略的偏重。

（九）并购的投资限制风险

声势浩大的并购理念不断冲击着民间投资者，低成本极速扩张的巨大诱惑促使企业家前赴后继。愈演愈烈的国有企业产权改革给民营企业带来了众多的发展机会，并购是企业迅速发展的最快路径。而盛宴之后是无边的深渊，几年以后，在经历了一系列震荡并购后，此类扩张已然销声匿迹，民营市场又以上市之名吸引外资拉开外资并购新篇章。此时，现有国家产权改革政策的完善促使并购利益下降，更多的则是在并购震荡中已然亏损的诸多企业默默发展。实际而言，真正的扩张不是成本兼并扩大了多少，而是兼并后的资金回流率以及资金回流周期。不少形式上的零兼并也面临着巨额成本，企业凭借着自身品牌、信誉等实现并购扩张，资产得到极速扩张，但是也有可能促使企业一步步迈入深渊。部分企业并购初衷在于实现资本运作，只是对被并购企业原有资产的再包装以通过审计进行转手甚至是抵押自身贷款。而伴随着国家相关政策的不断完善，监管系统的不断构建，此类运作生存空间必然不断缩小。而其风险依旧存在，往往会促使企业资金流极速衰退，甚至发生资金链断裂，直接陷入生死存亡之境。

综合分析历史案例不难看出。并购风险主要有三类：第一类是债务风险，即被并购方巨额的隐形债务；第二类是主管部门朝令夕改；第三类是并购公司文化冲突风险。并购方往往处于优势地位，有着其自身独有的企业文化，在并购过程中，一旦被并购方企业文化根本不能融入，甚至造成巨大的文化冲突，极大影响并购方企业的正常运营。三株屡次在并购过程中面对此类风险，其特有的军事化管理无法被并购方接受，直接引起被并购方全面崩盘，导致并购失败。

面对并购问题，我们应当直面其风险，落实以下几点：

（1）在产权保护不断强化的市场经济下，企业并购必然紧密遵循法律程序，注重产权体系保护，在相关主管部门支持下，稳步推进并购程序进行，尤其注意并购后双方经营模式；

（2）并购必然涉及巨大的会计业务，注重聘请权威会计事务所进行专业的财务审计，在保障产权交易中明确双方的债务分配；

（3）并购双方应注重企业文化的相互融合，求同存异；

（4）并购事物烦琐，应当与适当的中介机构合作，以保障并购的顺利进行。其中，中介机构的合适标准必然是：专业化，体系化，规模化。

第三节　劳动用工风险

一、劳动用工风险概述

（一）劳动用工及劳动用工风险的基本含义

劳动用工风险是企业进行风险管控的重要节点，属于法律和人力资源的交叉研究领域，也是几乎所有的用人单位无法回避的主要风险点。而所谓劳动用工是指单位与劳动者基于劳动合同（或其他协议），劳动者在单位管理下提供有偿劳动。从劳动用工性质来讲，可以将其分为两大类：一类是通过直接的劳动合同产生的劳动关系，这种关系存在于双方主体之间；另外一种是通过特定的劳动协议而产生，牵扯到用工关系和劳动关系的交叉，现在比较常见的为劳务派遣协议等。当然，这里的劳动用工关系也是劳动法律法规所调整的范畴，要和合同法法规及体制下的劳务用工区分开来。

（二）劳动用工风险的成因

关于劳动用工风险的成因，从内部来说，有学者认为，主要是因为用人单位和员工的信息不对称导致的岗位错位风险、能力不足导致的实际操作和管理风险以及人员流动导致的泄密风险等。有的学者则认为，劳动用工风险的根本原因在于利益站位不同，企业和员工之间始终分站在利益链条的正对面，这才是风险之源。当然，有的学者根据具体风险的不同将主要风险按照风险发生的概率进行了排列，选出了排名前三的为：①无固定期限而产生的用工成本风险；②新员工入职、培训、辞职等一系列风险；③劳动合同本身所存在的风险，并提醒企业着重注意。有的人则更加看重企业本身规章制度的完善，虽然内部的规章制度远远不能抵抗法律法规的直接规定，但是规章制度本身也是企业和员工的事先约定，是企业管理权限范围之内的，不直接违法的话也具有较高的参考价值。有的企业管理型学者则认为，要从企业的全过程管理入手，从招聘、培训、管理和离职等环节全面把控风险的产生。[①]

风险和利益是相伴相生的，一个企业的运营，离不开和社会上的利益主体打交道，大到国家、政府，小到单位和个人。利益在哪个环节产生，风险就在哪个环节伴随。劳动用工风险也是如此，不管是企业的日常运营还是停产歇业，在大机器时代没有全面来临之前，都需要具体的员工进行实际操作，因而，劳动用工风险几乎不可避免。劳动用工风险的成因，可以从如下几个方面分析。

---

① 吴茂伟、周晓娟：《劳动合同法视角下的劳动用工风险防范》，载《法制与社会》2015年第11期。

1. 劳动用工环境不断变化给劳动用工带来的风险

用工环境的变化，最主要表现便是各国政策、法律法规的更替。企业稍微一不留心，对实时法律法规不理解或者理解偏颇，就会被直接置于法律法规的对立面，导致自身处于不利位置。

2. 员工道德风险

企业是一个社会组织，是人的集合体。人作为最基本的元素，由人带来的风险自然是企业的首要风险。一般情况下，企业与员工之间是双向选择的关系，那么，选择不同的员工，意味着企业承担不同的人员道德风险。

3. 管理风险

对于我国企业基于不同的管理理念，及受历史文化和风俗习惯的影响，企业会存在劳动者管理风险，在海外项目中尤其突出；另外，作为企业管理，对于企业管理制度的落实或贯彻承担亦会是产生劳动用工风险的内在因素。对于企业的组织管理只有先进的管理制度才是企业管理的关键。

4. 其他因素导致的劳动用工风险

诸如意外、不可抗力或者外部侵害等。

（三）劳动用工风险点分析

对于劳动用工风险点的识别，其实就是在找寻一个个陷阱，只有避开陷阱，企业的路途才会顺畅。对此，第一，应熟悉关于劳动用工方面的法律法规以及相关案例，不同国家对于劳动法律框架的规定会大不相同，因此，应当兼顾各个国家对劳动相关法律法规的框架性认识。第二，要注意对劳动风险节点的识别和排查，区分好高低风险点。对待高风险，应当做专门的对策研究，尽力避免风险事件的发生。对待低风险，也要防止阴沟翻船，以审慎的态度对待。毕竟，现在企业的管理过程就是一个个风险点的规避过程。另外，公司应当时常换位思考，尽量使公司利益和员工利益靠近，至少不是那么对立，在合法的红线内尽力的保障员工基本的生活、福利等权益。对于具体的劳动用工程序，介绍以下几个方面的风险。

1. 招聘风险

我国《劳动合同法》规定了如实告知义务[①]，如实告知是一项主动义务，也就是说即便没有被提出告知要求，用人单位都需要主动告知，告知的具体内容都规定的较为清楚。实践中，往往有用人单位由于没有进行告知，或者没有较好的保存告知的过程和方式。此时，一旦被员工起诉称未履行如实告知义务，往往面临较高的败诉风险合同订立风险。

作为记载劳动者和用人单位权利义务的载体，劳动合同是建立和保障劳动关系最为重要的权利书。在合同订立伊始，一般伴随着订立的不及时、续签、试用期、保密等一系列的风险。有一些用人单位以为，只要不和劳动者签订劳动合同，自己就永远不会成为被告，不会被劳动关系所羁绊，而且享有随时解除劳动用工的权利。其实不然，我国劳动法针对劳动用工的认定对于劳动者来说，证据要求并不高，一些工作证、门禁卡、工资单、

---

① 《劳动合同法》第8条：用人单位招用劳动者时应当如实告知劳动者工作内容、工作条件、工作地点、职业危害、安全生产状况、劳动报酬以及劳动者要求了解的其他情况。

工装等都可以被用来证明存在劳动关系，一旦劳动关系被确认，用人单位不仅要承担一定期限内的双倍工资的惩戒，超过一定的期限还会被默认为直接和劳动者签订了无固定期限劳动合同。不管是哪一种结果，对于用人单位来说都是非常不利的。

2. 劳动者待遇风险

待遇并不简简单单是工资的发放，还有加班、社保、工伤和病假等内容，待遇都是直接关乎劳动者利益的内容，是劳动者最为关心的部分，一定要万分谨慎的对待。待遇中，保险和工伤事项的风险最高。前些年，很多企业都不愿意为劳动者缴纳社会保险，一旦由于此原因陷入用工纠纷，或者劳动者发生工伤事故，用人单位往往面临更大的损失，毕竟，工伤制度的日趋完善，已经覆盖了劳动者更多的时间和空间，用人单位一定要慎重对待。

3. 劳动者管理风险

对于劳动者的管理，贯穿于企业运行的全部过程，是企业运作的核心。这其中，不但包括日常管理，还包括入职规范、平时考勤、奖励与惩处、辞退等。其中，辞退蕴含的风险是比较高的，因为我国劳动法律法规严格限制了用人单位的辞退权，可以这么认为，我国目前的用人单位几乎没有任意辞退的权利，在仅有几项的法律事由发生时才有，所以许多用人单位，尤其是人员流动性较强的岗位，用人单位寄期待于试用期的"任意"辞退，殊不知，试用期也不能说辞就辞，同样存在较为严格的条件限制。

二、"一带一路"沿线国家存在的劳动用工问题及现状

"一带一路"倡议已经提出整整五周年时间，近两年，我国企业投资建厂才刚刚开始遍地开花，这是由于我们对"一带一路"的研究已经取得了阶段性的成果并开始应用于实践。关于投资风险与收益的研究也开始显现作用。目前，诸多风险中个别重要的风险因子被多次强调，仍然有很强的研究必要。我们可以大体根据地理位置划分七个部分进行具体分析。

（一）"一带一路"沿线国家劳动用工现状

1. 中东欧地区

中东欧地区较为发达，其优势主要体现在劳动力素质，劣势在于用工成本方面。由于其劳动力的素质较高，刚好契合我国对第二、第三产业的需求，但是质量高，人数却比较少，现在的情况是有多少劳动力提供我们就需要多少，而且远远不够，资源在量上的缺口比较大。还有，发达地区的人工成本极其高昂，人们对薪资奖励的欲望普遍较高，这进一步限制了其人力资源的运用。

2. 东亚、东南亚与南亚地区

和中东欧地区正好相反，东亚、东南亚和南亚地区的劳动力在"量"上非常充足，而且其劳动积极性较高，劳动参与率也非常之高，总体上可以为"一带一路"倡议提供充足的劳动力资源。另外，由于其人工成本远远低于世界平均水平，员工极度渴望薪资激励，可以做到"人尽其用"。

在劳动力市场总量方面，较高的劳动力参与率、均衡的市场和较高的劳动生产率为经营合作提供了一定的优势，而且其目前的工资成本虽然在逐步增加，但是总体上仍然有低

成本优势，薪资激励的效果会比较明显。但是该地区总体产业结构层次偏低，我国第二产业转移的目的不能轻易得到实现。人口总体的受教育程度还有很大的进步空间，高素质人才缺口较大，这就导致生产率提高有一定的阻碍，对长期的经济发展会产生影响。

3. 中亚地区

中亚地区由于经济水平的问题，导致其没有均衡的劳动力市场，而且其人口产业结构偏低，和我国所需并不匹配。但是胜在劳动力成本较低，劳动生产率水平能够得到保障，且人均产出较高，劳动力的素质也有一定的保证，总体来说，能够满足"一带一路"高人力资本的需求。

4. 西亚北非地区

西亚北非地区和我国情况极其相似，人口产业结构也和我国几乎一样，但是在劳动力积极性、劳动力成本和生产效率等方面的差距比较大，其劳动力市场均衡水平较低，总体上劣势比较明显。

（二）"一带一路"沿线国家劳动用工问题

目前，我国的劳动保障和与之匹配的监管仍然有很大的进步空间，国有企业很容易以这种"正常现象"来对待海外用工，进而产生用工矛盾，不断引起"不愉快"的劳资关系，严重的将导致投资失败。

1. 没有充分了解当地用工制度

受到历史文化和风俗习惯的影响，不同国家的劳动法律制度存在较大差异，雇佣、解聘、休息休假、劳动保护各个方面千差万别。对当地用工制度认识的缺乏是造成用工风险首当其冲的因素。一般，各国用工制度涉及就业、福利、劳动保障以及地方用工保护等方面。

2. 管理理念存在差异

我国的企业，尤其是国有企业，长期行政性的影响使得其员工本身具有一定的服从性格，企业的管理手段也比较简单，对员工个体需求的回应往往做不到及时，对差异化的包容度往往也不够。但是，在其他国家，由于受到诸多因素的影响，我国企业的管理者和当地用工之间往往存在着完全不同的理念和思路。如果沟通渠道也不畅通，很可能会引发劳资冲突。

3. 忽视了当地工会的强大作用

在我国，工会的作用更像调节组织，往往起到黏合和纽带的功能，在人文关怀和文体活动方面做的工作比较多，还兼备了一些职工福利的给予。所以，国内的工会极少会直接站在管理者的对立面，相应的冲突也比较少。但是，其他国家，尤其是西方国家，其工会直接受到立法保护，作用和能量非常之大。动不动就要开展工会谈判，提要求，摆条件。法律从程序到内容上都予以全部肯定和支持。所以，在海外运作的企业，一定要时常与工会沟通，保持良好的关系，认真负责的对待工会的意见，切不可马虎应对。

三、如何规避海外劳动用工风险

随着"一带一路"不断向深入推进，在得到沿线各国积极响应的同时，与之相关的劳动用工纠纷也愈加频繁，规避海外劳动用工风险很有必要。

（一）知己知彼，百战不殆

在企业决定开启一个海外项目之际，对该项目的收益和技术资料的论证调研非常有必要。除了这些，由于即将深入我国法律和行政边界之外的地方，企业还应当尽力考察当地的用工规范、民俗民风、管理思路等作为尽职调查中重要的组成部分。另外，国有企业在走出去的时候，也不能只是单纯的考虑投资和回报，要更加注重投资的效率和难度。比如，在法国投资电站项目，就要考虑当地超高的社会福利成本，因为这不但意味着劳工用工时间的大大减少，还意味着整体管理模式的转变。一旦考虑欠妥，在发生劳资纠纷时，矛盾往往会被扩大。另外，一定要注意在投资协议中明确双方的权利义务关系，力求避免资金到位后被当地雇员"秋后算账"。

（二）相互尊重，文化融合

对于中国人来说，由于我国传统文化较为包容，一般还是可以做到不同文化之间的互相尊重的。然而，我国也已经形成较为牢固的管理理念。这些管理理念中有很多并不符合国际通例，也不一定能够契合投资国的人文环境。在这种情况之下，我们要虚心接收当地的管理理念和文化，尤其是遵守当地的法律法规，做到"入乡随俗"。当中国在阿拉伯国家投资时，一定要尊重当地的宗教需求和工作安排。例如，我国在埃及投资核电站项目，要注意当地关于斋月不工作的习俗，否则会遭到当地员工极大的排斥，另外，当派遣员工到某地公干的时候，也应当照顾该员工的宗教信仰是否被公干所在地教派所接受，否则，一旦强行安排任务，会被当地人认为对人的极大侮辱，导致矛盾的产生。一般情况下，一定要多倾听当地"百事通"的意见，多一点理解和耐心，就会收获多一点尊重。

（三）培养人才，增加信任

任何一项海外投资，我们都不可能"举家搬迁"去运行，这样既不实际也不合理，所以，劳动用工本地化是需要的。所以，中国企业中充当管理桥梁和技术桥梁的人才不可或缺，这是建立中方与外方人员之间基本信任的基础。一般情况下，当地人往往比中方人数更多，管理不易，一步步积累信任。所以，两国员工，尤其是高管之间一定要注意间隙的产生，积极合作，保障企业轻装、健康发展。

（四）互惠合作，履行责任

我国企业进行海外投资，在获得收益的同时，也要勇于承担企业的社会责任。一如在国内时，企业在承担社会责任方面发挥了重要作用，在国外要同样如此。近年来，我国企业在获得更多发展空间的同时，并没有甩开当地的"包袱"，而是主动带动投资国家的人民进行就业，摆脱贫困。帮助产业基础不牢固的国家完善产业体系，真正促进了东道国经济的长足发展和繁荣，实现了"共同繁荣"的承诺。其实，投资的作用并不是投入和产出的简单过程，资本被固定在某一处，将会产生持久的作用，不管是在就业方面，亦或是其他领域，投入资金正是引进了"活水"，不但能够带动其他投资，更能带动消费，完善市场。我国在"巴铁"建设的核电站项目就是如此，因为该项目极大地促进了当地的就业和经济发展。另外，企业勇于承担社会责任能够帮助企业树立良好的形象，对于企业在当地的口碑非常有帮助。

第四节　行政许可风险

一、"一带一路"国家行政许可概述

行政许可，是指行政机关根据公民、法人或者其他组织的申请，经依法审查准予其从事特定活动的行为。行政许可具有以下特征：行政许可是依申请的具体行政行为；行政许可是一种授益性行政行为；行政许可存在的前提是法律的一般禁止；行政许可一般为要式行政行为；行政许可一般为外部行政行为。设定行政许可，应当遵循经济和社会发展规律，有利于发挥公民、法人或者其他组织的积极性、主动性，维护公共利益和社会秩序，促进经济社会和生态环境协调发展。

由行政许可的定义可知，行政许可是行政机关的行政行为。落到"一带一路"的场景之中，"一带一路"各个国家，根据其国家的现实情形制定不同的行政许可的法律法规，并由当地的行政机关予以实现。故此，不同国家的行政许可风险内容千姿百态，不一而足，但是笔者认为仍可主要归纳为市场准入、土地使用、进出口管制和劳工的行政许可四类。

二、市场准入的行政许可风险

市场准入源于关贸总协定（GATT）乌拉圭回合之后达成的《服务贸易总协定》（GATS）。市场准入的含义在适用过程中也是不断变化的，因为市场准入的范围和程度要经过缔约方政府的允许，受到缔约方的控制，因而在国内法使用这个词的时候往往是与"管制与开放"概念联系在一起的。

市场准入一般是指政府（或国家）为了维持经济秩序，根据本国经济状况制定的允许市场主体、货物、服务、资本等要素进入某个国家、地区或领域市场的法律规范。它是国家对市场基本、初始的干预，是政府管理市场、干预经济的制度安排。

市场准入是政府对经济实施管理的重要组成部分。市场准入管理制度，主要是由国家行政管理机关依照法律政策，对申请人是否具备市场主体资格并有能力从事经营活动进行审查核准，对符合条件的申请人及其经营事项和范围给予批准和许可的一系列具体制度。市场准入制度所规范的对象主要是从事经营性活动的企业。

市场准入的目的是根据市场的需要控制进入市场主体的数量、资质和品位，既要保证市场的充分竞争，即成为一个理想的可竞争市场，又要控制竞争秩序，以避免其滑向恶性竞争的深渊。市场准入制度的执行必须依靠行政机关，行政机关行使其行政职能，作出行政行为，实现对市场的监控，而行政机关实行市场准入制度所依靠的主要手段就是行政许可。

以越南为例，根据入世承诺，越南已逐步开放包括农林渔业、工业和建筑业、服务业在内的国民经济大部分产业，同时也对禁止和限制投资的领域作出明确规定。

禁止投资的项目包括：危害国防、国家安全和公共利益的项目；危害历史文化遗迹、道德和风俗的项目；危害人体健康、破坏资源和环境的项目；处理从国外输入越南的有毒废弃物、生产有毒化学品或使用国际禁用有毒物品的项目。限制投资的项目包括：对国防、国家安全和社会秩序产生影响的项目；文化、报刊和出版项目；娱乐项目；自然资源考察、勘探和开采项目；教育培训项目等。

越南 2014 年 11 月颁布新的《投资法》，并于 2015 年 7 月实施，同时废止 1996 年《外国投资法》和 2006 年《投资法》。新《投资法》简化了投资手续，首次采用负面清单原则，对以下行业予以有条件准入：律师行业、公证行业、金融、银行、建筑、古董、遗物、作者版权领域的司法鉴定、拍卖、保险、彩票、成品油、爆炸物、大米出口、矿产业务、通信、水产捕捞、转基因、外汇等 267 个行业。2016 年 11 月 22 日越南国会正式通过《关于〈投资法〉附条件投资经营行业 4 号目录的修订草案》，取消 20 种行业的投资经营限制条件，涉及债券交易服务、房地产交易所经营、房地产评估及中介、金条制造、煤炭交易、商业评估服务、汽车保修维护服务等近年来外商投资热门行业，其中对录音、摄像设备和汽车生产、装配及进口业务延至 2017 年 7 月 1 日生效。

外国投资商在经济组织里持有的注册资金比例不受限制，但以下场合除外：一是外国投资商在上市公司、证券经营机构和证券投资基金中的持有的资金比例按证券方面的法律规定实施。二是外国投资商在以股份化或其他形式改变所有权的国有企业中持有的资金比例按国有企业股份化和改变方面的法律规定实施。三是外国投资商持有资金比例不属于规定的范围，则按有关法律和越南作为成员的国际条约的其他规定实施。

越南政府已将几乎所有外资项目审批权下放至省市级部门，计划投资部仅维持对跨省"建设—运营—转让"（BOT）项目、石油天然气、金融机构、保险等特殊行业的审批。一般投资类项目并不涉及安全审查。

三、土地使用的行政许可风险

无论是投资设立工厂或办公使用土地，还是在目的国进行房地产开发或工程承包，中国企业都不可避免的需要使用目的国的土地。"一带一路"沿线国家的国情各有特色，土地相关法律规定和政策也不尽相同。充分了解各国的法律规定和国策国情对于迈出国门的企业来说是非常必要的。

（一）允许外国投资者拥有土地所有权的国家

典型国家如尼泊尔、俄罗斯、捷克、匈牙利、沙特阿拉伯。具体各国的规定如下。

1. 尼泊尔

按照尼泊尔外资法规，外国投资者在尼泊尔投资，可以通过以下两种途径获得土地。

（1）在工业区投资获得土地。在工业区管理有限公司管理的 11 个工业区内，政府管理部门以合理价格提供开发的土地和厂房等设施，投资者可向该公司申请在工业区投资。

（2）在工业区外获得土地和厂房。

1）投资者可自行在工业区外找地盖厂房，但限定于可以建立特殊企业的地区。

2）外国自然人不得拥有土地，不得以个人名义建设厂房，须在公司注册办公室注册后，购买土地和以公司名义建设开发。

3）可通过当地房地产商买卖土地，当地的合伙人、协会也可以提供帮助。得到土地后，须到当地土地税务局办公室注册。

2. 俄罗斯

《俄罗斯联邦外国投资法》规定。

（1）外国投资者应按照俄罗斯联邦和俄罗斯联邦主体的法律享有获得土地、其他自然资源、建筑物、设施和其他不动产的权利。

（2）如俄罗斯联邦法律未作其他规定，有外国投资的商业组织可以在招标（拍卖、竞买）中获得租赁土地的权利。

俄罗斯法律规定，除特殊情况外，外资均享受国民待遇。根据俄罗斯《土地法》，边境地区及特定地区不允许外国人和外资企业获得土地所有权，禁止外国公民和公司以及外资股份超过50%的俄罗斯公司拥有俄罗斯农业用地。而根据俄现行相关法律法规，外国人和外资企业在俄注册为法人后，通过竞拍方式可获得土地所有权和使用权。租赁农用土地的上限不能超过49年。

3. 捷克

根据捷克法律，国家、地方政府和其他机构，公司和个人均可拥有土地。外国企业和居民也可获得捷克土地所有权。土地所有者有义务根据土地用途使用土地和依法进行管理。土地所有者须办理土地登记手续，如在建筑用地上修建建筑物，须办理建筑审批手续。

4. 匈牙利

匈牙利实行土地私有制。匈牙利《土地法》对土地的所有权和使用权、土地利用和买卖、土地和土地占有的优先购买权以及土地保护等方面作了全面统一的规定。《农用地保护法》就农业用地的保护作了具体规定。

《耕地法》对耕地的所有权、利用、土壤养护等作了具体规定。《不动产登记法》对土地登记、调查、开发和保护作了规定。《国家土地基金法》利用国家土地基金促进土地集中和合理使用作了规定。根据匈牙利法律，土地的买卖必须签订书面合同，并到相关土地管理部门进行所有权变更。

匈牙利2014年放开对农业用地的禁令，除匈牙利人外，其他国家的人可以购买匈牙利农业用地，但必须符合几个条件，如：必须在匈牙利从事农业种植三年以上经历；购买的土地必须自己耕种，不得转租他人；购买人名义下购买的土地不得超过1200公顷；购买土地合同必须公示，邻居、政府有优先否决权等。

匈牙利土地都属于永久产权。外资企业或外国人可以以个人名义或在匈牙利注册公司购买土地，但耕地和保护用地除外。不允许外国企业或个人购买匈牙利耕地和自然保护区。外国人或公司购买土地必须首先获得匈牙利政府的许可证，约需要2个月时间。同时提交由在匈牙利注册的律师或公证人签署的文件。公证费可以商谈，但一般为交易价格的1%～2%。购地合同必须在签订后的30天内提交给相关土地注册部门，最终获得所有权注册大概需要6个月时间。

外国人购买除农用土地或受保护土地以外的其他地产时必须获得许可，但如果是在匈牙利注册的公司（包括外商独资企业）购买地产，则无需申请许可。外国人租赁房地产无需申请许可或批准，也不需要书面租赁合同；但为避免纠纷，尽量签署书面合同。租赁合同期限通常是中长期。

5. 沙特阿拉伯

沙特允许土地个人私有，私人所有土地可以自由买卖，并可在征得政府同意后进行房地产开发，国家对国有土地进行统一规划和管理，国家有权在公共利益需要时征用私人土地，并视情给予相应补偿。

在沙特投资的外国投资者，可以凭借其投资许可证规定的自然人或法人身份，在投资许可期限内，申请购买其从事投资经营活动所需的必要自用房产，该必要自用房产仅限于投资人和外资企业工人居住，使用年限无明确规定。

实施投资用的商业地产，可以通过租赁获得。如果外资企业被许可的经营范围包括房地产开发投资，则该企业用以买卖土地、修建房屋等房地产开发项目的投资金额要求为每个项目不得少于3000万沙特里亚尔，房地产投资项目必须要在取得土地所有权5年内完成。

（二）外国投资者有条件拥有土地所有权的国家

典型国家如泰国、孟加拉国、马来西亚、土耳其。

1. 泰国

1954年《土地法》对外国人拥有土地做出规定："外国人可根据双边条约关于允许拥有房地产权的规定，并在本土地法管辖下拥有土地。"根据该法，外国人及外籍法人根据内务部法规，经内务部部长批准可拥有土地，以作为居住和从事商业、工业、农业、坟场、慈善、宗教等活动需要之用。并针对不同用途对外国人最多可持有的土地面积作了规定。

为了适应经济与社会发展的需要，内务部于1999年5月19日又颁布了《土地法》修订案（《Land Code Amendment Act No.8》），对土地法有关外国人及外籍法人产业问题作了修改，允许外国人及外籍法人在符合某种规定的条件下可以拥有土地产业。其规定主要内容包括："凡需在泰持有土地的外国人，必须按内务部规定从国外携入不少于4000万泰铢，并经内务部长批准，可以拥有不超过1莱（泰国面积单位，1莱=1600平方米）的土地，作为其居住用地。""上述外国人还必须满足以下条件：①其在泰国投资必须是有益于泰国本国经济社会发展或满足泰国投资促进委员会（BOI）规定可予以投资促进的项目；②投资持续时间不少于3年；③持有的土地应在曼谷市区、芭提雅或其他《城市规划法》规定的居住用地范围内。"

对于在泰投资可观并使泰国经济受益的外国企业，其在泰国经营期间若适用《泰国投资促进法》第27条、《泰国工业园管理局法》第44条或《泰国石油法》第65条规定，在持有泰国土地方面可享受一定特权和豁免。

（1）《泰国投资促进法》第27条：在获得董事会批准的情况下，投资人可拥有超出其他法律规定范围的土地用于进行投资活动；在投资人是外籍人的情况，若其在泰投资活动停止或将土地转让给他人，土地局有权收回土地。

（2）《泰国工业园管理局法》第44条：在获得董事会批准的情况下，工业经营者可在工业园区内拥有超出其他法律规定范围的土地用于工业活动。在投资人是外籍人的情况，若其在泰国商业活动停止或转让给他人，须将所有用土地退还给泰国工业园管理局或转让给其企业受让者。

（3）《泰国石油法》第 65 条：委员会有权批准特许权获得者拥有超出其他法律规定范围的土地用于石油经营。因此，目前按照泰国法律规定，只允许外国人在符合上述条件情况下拥有用于居住的土地，或满足条件的外国企业有限制的拥有用于企业经营之用的土地。外国企业不得自由开展对泰国土地的投资业务。此外，即便泰国人占多数（按股权人和股权计算）的合资企业，泰国政府也出台了有关条例防范以此为名义从事土地经营的行为。

2. 孟加拉国

孟加拉国允许外国投资者以合法注册的公司形式拥有土地，但不允许外国人以私人身份买卖孟加拉国土地，但在孟加拉国投资合法注册的公司可以购买土地。除非经过特殊批准外，原则上国有土地交易仅限于使用权的买卖，其最高使用年限（租期）为 99 年；规定注册的林地等不得出售。

3. 马来西亚

2010 年 1 月 1 日生效的《产业购置准则》（Guideline on the Acquisition of Properties）是马来西亚对外资最主要的产业规定，明确了各机构在外资购置产业申请事宜的审批权限。

需要审批的产业购置包括：①直接购置价值超过 2000 万马币的非住宅产业，降低当地土著企业或政府机构的股份比例；②通过并购控股方式，间接购置土著企业或政府机构的价值超过 2000 万马币的非住宅产业。这两种购置申请，均有强制的 30% 土著股权限制，且外资企业缴纳的资本不得低于 25 万马币。

无需批准，但要报相关部门审核的产业购置包括：①购置价值超过 100 万马币的商业房屋；②价值超过 100 万马币或购置面积为 5 英亩以上的农业用地，用于农业投资、高新技术的商业投资、农业旅游项目开发或开展出口型农产品加工；③购置价值超过 100 万马币的工业用地；④购置价值超过 100 万马币住宅。但是，各州按情况制定最低限购价，如槟城和雪兰莪均限制外国只能购置 200 万马币以上的住宅。

禁止外资购置的产业有：①价值 100 万马币以下的产业；②州政府划分的中/低成本住宅；③"马来人保留地"上的产业；④州政府分给土著企业开发项目的产业。

4. 土耳其

1934 年土耳其在财产法（编号 2644）中首次对外国人在土耳其购买物业进行了规定。2003 年，土耳其政府对该法进行了修订，提出了作为该法执行前提的"双边优惠"，即如果一国允许土耳其公民购买该国的土地，该国公民也将被允许在土耳其购买土地。但是 2005 年 4 月，土耳其宪法法院宣布 2003 年的修订无效，并暂停外资购买土方房地产，直到 2006 年 1 月新修订的法律生效（编号 5444）。新修订的法律规定如下。

（1）每名外国公民在土耳其购买的土地不得超过 2.5 公顷，如果有土耳其内阁授权，该限制可增加至 30 公顷。

（2）每个城市向外国人/公司出售的土地不能超过该城市土地面积的 10%。

（3）向外国人出售的土地应该在指定区域内，外国人不能在村庄购买土地，不允许在军事敏感区购买土地。该法律仍然在"双边互惠"下执行，土地管理总局每年会修订并公布符合条件的国家名单，中国属于需经内阁批准才能在土耳其购买土地的企业来源国家。

2012 年 5 月，土耳其大国民议会通过议案，取消双边互惠购买土地要求，放宽购买土地数量限制，允许外国个人和私营企业购买土地 30 公顷。

此前，土耳其对 89 个国家公民购买土耳其土地有双边互惠要求，即对方必须给予土耳其公民购买土地权利，土方才允许该国公民购买土耳其土地。本次取消双边互惠要求的国家包括俄罗斯、海湾和中亚国家。议案还将过去仅允许购买 2.5 公顷的数量限制放宽至 30 公顷。议案要求购买前必须提供建设规划，购买后两年提交项目建议书。议案还规定，仅允许外国个人和私营企业购买土地，外国公共机构、国有企业、国家机构尚不允许，外国人聚集的城市最多只能出售 10%。该项议案尚待政府内阁讨论通过。

（三）不允许外国投资者拥有土地所有权的国家

典型国家有缅甸、印度尼西亚、斯里兰卡、哈萨克斯坦、阿塞拜疆、马尔代夫、越南、老挝、阿联酋。

1. 缅甸

根据 1987 年《限制不动产转让法》，缅甸禁止外国人及外资企业获得土地的所有权或者长期租赁土地（时长超过 1 年），但获得缅甸投资委员会许可的外国人或者外资企业可以长期租赁土地（最长不超过 70 年）。

2. 印度尼西亚

印尼实行土地私有，外国人或外国公司在印尼都不能拥有土地，但外商直接投资企业可以拥有以下 3 种受限制的权利：建筑权，允许在土地上建筑并拥有该建筑物 30 年，并可再延期 20 年；使用权，允许为特定目的使用土地 25 年，可以再延期 20 年；开发权，允许为多种目的开发土地，如农业、渔业和畜牧业等，使用期 35 年，可再延长 25 年。

3. 斯里兰卡

根据斯里兰卡现行法律，外国公司和个人均禁止购买土地，仅可通过租借形式开展投资活动，最长租期为 99 年但需缴纳 100% 印花税。如通过在斯里兰卡设立合资公司购买土地，其外资控股不得超过 50%，但投资购买 3 层（不含）以上公寓住房，外国投资者可享受国民待遇（持有所属公寓的永久产权）。

4. 柬埔寨

不允许外商控股、外商独资企业或外国人拥有土地，严禁外籍自然人和法人拥有土地。《宪法》规定：全部自然人或法人均可单独或集体拥有所有权。仅限于柬埔寨籍自然人或法人有权拥有土地（第四十四条）。2001 年《土地法》还规定仅限于柬埔寨自然人或法人可拥有土地所有权，外籍人士伪造身份证件以在柬埔寨拥有土地的，应受到惩罚（第八条）。柬埔寨籍法人是指柬埔寨公民或公司持有 51% 或以上股份的公司。2010 年 12 月，柬埔寨内阁通过法律草案，允许外国人购买柬埔寨业主房屋一楼以上的房产。

根据柬埔寨《土地法》（2001 年）规定，禁止任何外国人（包括自然人和外商控制的法人）拥有土地，但合资企业可以拥有土地，其中外方合计持股比例最高不得超过 49%。

5. 哈萨克斯坦

根据最新版《哈萨克斯坦土地法典》，哈萨克斯坦土地分为国有和私有两部分，其使用权有三种方式：长期使用、临时使用（租赁）和私有。

其中国家单位可长期使用国有土地；外国的自然人和法人可以租用哈国土地（临时使

用），原属国有的农用地可依法转归哈国自然人或非国有法人私有。

国有土地可以有 4 种使用方式：一是销售或无偿转让给私人或法人；二是作为国有企业的实物出资；三是长期或短期使用；四是法律规定的其他用途。国有土地可以通过一定法律程序私有化，或无偿，或按政府规定的价格，或按市场估价转让给公民或法人，土地私有化的收入划入国家基金。外国人和外资企业可以在哈国租赁土地，但不得转让和买卖。

哈萨克斯坦本国公民可以私人拥有农业用地、工业用地、商业用地和住宅用地，可以进行买卖。

调节哈萨克斯坦土地法律关系的法律主要是《哈萨克斯坦土地法典》以及《哈萨克斯坦政府关于确定各行政区域（城市）内哈萨克斯坦公民、非国有法人和其从事商品性农业生产的连带责任人用于农业（农场）经营的农用私有土地和外国人、无国籍人士、外国法人用于商品性农业生产的临时使用土地的最高限额的规定》。

根据上述法律规定，从事农业经营的哈萨克斯坦公民、哈萨克斯坦非国有法人及其从事商品性农业生产的连带责任人可拥有私人土地，外国人、无国籍人士以及外国法人为在哈萨克斯坦从事商品性的农业生产可在有偿临时使用土地（租赁）权基础上使用土地。

外国人、无国籍人士及外国法人可在拥有土地临时使用权的基础上在哈萨克斯坦从事商品性农业生产。2016 年 6 月，哈萨克斯坦对《土地法》进行了修订，土地使用权分为长期使用权、临时使用权、有偿临时使用权（租赁）、无偿临时使用权。外国人和获得哈绿卡的人无权购买哈农用土地，只能进行租赁，农用土地租用年限由原来的 10 年延长至 25 年，具体规定如下：第 37 条第 5 款规定，在哈萨克斯坦，本国公民可拥有 10 ～ 49 年的有偿临时使用权用于农业（农场）经营，外国法人有偿临时使用权为 25 年；本国非国有法人可拥有 49 年内的有偿临时使用权用于商品性农业生产，外国法人有偿临时使用权不得超过 25 年。

6. 阿塞拜疆

根据阿塞拜疆《土地法》的规定，外国人、无国籍人士、外国法人、跨国公司或机构，以及外国政府在阿塞拜疆境内不能取得土地所有权，但可从阿国家、地方政府和土地所有者租用土地。

当所出租土地的性质为国有时，则出租者为政府相应的执行机构；当所出租的土地归地方政府所有时，则出租者为当地政府；当所出租的土地为私人所有时，则出租者为该土地的所有者。租用期限、条件与租用费用由双方当事人自行协商，写入租用合同，并按《土地法》所规定程序完成合同的签署。

法人和自然人的土地个人所有权是基于土地私有化、买卖、继承、赠与、国家和地方政府土地置换以及与土地相关的其他交易。通过继承、赠与和抵押方式，土地个人所有权被过渡到外国法人和自然人时，根据阿塞拜疆法律，将在一年之内收归国有。在未能收归国有的情况下，根据立法，按《土地法》所规定程序，外国法人和自然人的土地个人所有权将被政府相关执行机构强制性收购。根据有关规定（合同），阿塞拜疆将土地的使用权划分为固定使用权和临时使用权。固定使用权不规定使用年限。临时使用权分为：长期（15 ～ 99 年）和短期（15 年以内）。在临时使用期限内，可向土地提供机构申请延长土地的使用年限。

拥有或租用土地的自然人或企业均须缴纳土地税，土地税按年征收。

7. 塞尔维亚

塞尔维亚涉及土地和不动产的法律有《塞尔维亚土地法》《城建规划与建设法》。

（1）《塞尔维亚土地法》规定塞尔维亚土地分为建设土地和农用土地两种。其中，建设土地又分国有产权土地和私有产权土地。农用土地又分可耕土地和未开垦土地（包括国有产权土地和私有产权土地）。投资获取土地有三种方式：第一，租赁使用建设土地，国有产权土地租赁使用期限最长可达99年。第二，获得土地使用权。购买建筑物产权的同时，也获得建筑物所占土地的使用权，土地的使用期限与建筑物同存。第三，农用土地转为建设用地。在获取私有产权土地条件下，可依法申请将农用土地转为建设用地，并遵照城建规划有权申办建筑许可。

（2）目前塞尔维亚尚未制订《不动产法》。有关不动产及建设问题的法规，主要是《城建规划与建设法》。其内容包括：①不动产可依法自由转让，买卖双方通过签订合同并对不动产进行注册登记实现转让；②建设房屋等不动产简化了审批手续，取消了城建许可和建筑许可，投资建设方只需申办建设批文。

外资租用建筑用地期限最长可达99年。塞尔维亚现行法律规定未经开发的土地不得有偿转让。

8. 马尔代夫

马尔代夫为伊斯兰国家，外国企业或个人无权取得土地的所有权，但可通过租赁取得土地使用权进行开发。以居住为目的租赁土地最长年限为15年，可以续租；以商业开发为目的租赁土地最长年限为10年，可以续租。

外国企业如需租赁马尔代夫土地，首先应与土地所有权人就土地位置、大小、租赁目的、租金、年限等达成协议，并提供至少两位独立担保人，然后在土地授予机构（通常为住房与基础设施部）注册，方可取得土地使用权。

马尔代夫宪法此前规定不允许外国人在该国购地，但土地对外租赁期可达99年。该修正案规定，外国人可通过投资超过10亿美元的购地项目永久拥有该国土地，但其中70%须是新生土地。目前，修正案还需总统批准。

9. 土库曼斯坦

在外国法人和自然人租赁使用土地方面，新修订的《土地法》规定：外国企业需在签订土地租赁合同且获得内阁批准的条件下，租赁非农耕用地的土地使用权，租赁期限最长为40年，而且所租赁的土地仅限于以下使用目的：工程建设和其他非农业建设项目、临时工程设施。用于搭建营业点等临时设施的土地租赁期限不得超过5年。在实践中，地方政府土地管理部门提供的土地租赁合同通常不允许外国企业做任何修改，而且合同有效期通常为1年，之后每年续签。

10. 越南

越南现行土地法规定，土地所有权属于国家，不承认私人拥有土地所有权，但集体和个人可对国有的土地享有使用权。国家统一管理土地，制定土地使用规章制度，规定土地使用者的权利和义务。土地使用期限分为长期稳定使用和有期限使用两种情况。对于有期限使用的土地，其使用期限分为5年、20年、50年、70年、90年不等。

按照越南2013年《土地法》的相关规定，外国投资者不能在越南购买土地，可租赁土地并获得土地使用权，使用期限一般为 50 年，特殊情况可申请延期，但最长不超过 70 年。

11. 老挝

老挝《土地法》对本国人与外国人在土地使用形式上作了区分。本国个人、家庭及组织享有土地使用权和土地租赁权。而外国人、无国籍人仅仅享有土地租赁权。两者区别在于：土地租赁是从土地使用权中分离出来的一项独立财产权利。老挝《土地法》没有对土地使用权的期限作出规定；获得土地使用权，一般需要支付地租，但也可无偿。土地租赁为有偿形式。

租金是必要条件；土地使用权具有流通性，可让与作为抵押权的标的，设定权利抵押权。而土地租赁权一般不得让与，转租也受到限制或禁止。外国人以及其他组织没有土地的使用权，只享有土地租赁权。外国人如果需要从老挝公民手中租赁已开发的土地，则应由土地所在地的省、市或特区政府向财政部建议审批。至于外国人及上述个人的组织，是由土地所在地的省、市或特区政府向财政部建议决定。根据外国人投资的项目、产业、规模、特性，其租期最高不得超过 50 年，但可按政府的决定视情况续租。

12. 阿联酋

在阿联酋，土地及自然资源属于统治各酋长国的酋长家族。联邦没有关于土地所有权的统一法规，相关事宜由各酋长国负责管理。

阿布扎比酋长国于 2005 年颁布了一部关于土地所有权的法律，规定政府在法律颁布前后授予公民的地产属于公民自由财产。公民可对地产所有权进行登记，并依法使用、利用及处置。该法还允许海合会成员国公民在阿布扎比投资区域内拥有地产，并对投资区以外的商业房地产租赁合同条款作了明确规定。根据此项法律，外国人也可在阿布扎比的投资区租赁房地产，但租期有限。其他酋长国对土地及地产所有权也各有相应规定。

阿布扎比酋长国只允许阿联酋公民和他们全资拥有的法人享有不动产的完全产权。海湾合作委员会（GCC）国家公民及其全资公司可以在指定的投资区内拥有地产。非阿联酋和海合会国家公民可以在投资区内拥有房产（不包括房产所在的土地），也可获得最多 99 年的房地产租约和最多 50 年的土地租约。

四、进出口管制的行政许可风险

对外贸易管制是国家为了特定的经济和政治目的，通过制订国内立法和缔结国际条约的方式，限制外国商品进口，并在一定程度上限制本国产品出口的行为。通常表现为国家对外贸易管理机关与进出口商人之间的一种纵向管理关系。国家对外国商品实施进口限制多处于保护本国生产和国内生产厂家的利益，改善本国的国际收支状况等经济目的，而对本国产品实施出口管制则多处于外交政策和国家安全等方面的目的。一国有关对外贸易管制的国内立法主要是具有公法性质的法规，如海关税法、外汇管理法、进出口许可法等。对外贸易管制的主要内容是对外国商品的进口管制和对本国产品的出口管制。进口管制的主要措施包括关税和其他非关税措施以及针对外国商品倾销所实施的反倾销措施。出口管制的主要措施包括出口许可证制度及多边出口管制等。

"一带一路"国家因国情不同，其管制的内容也并不相同，若要扩展"一带一路"国家的业务，熟悉其进出口管制的行政许可可谓必不可少。

下面我们以哈萨克斯坦为例，简述进出口管制的行政许可的大致构成体系。

2005 年起，哈国逐步建立标准化认证体系，颁布了一系列相关法律《关于确认标准认证一致性法律》《哈萨克斯坦强制性商品合格确认的法律》等。发行上述法规，主要是划分哈国政府和其国内主管部门的职责，明确商品安全由哈国政府负责，商品的质量由相关主管部门负责。

另外，哈国管理通关的法律主要是 1995 年通过的《哈萨克斯坦共和国海关事务法》。后在 2010 年对《哈萨克斯坦海关事务法》部分条款进行了修订和补充。该法规定了哈国海关事务管理细则，包括货物和运输工具通过哈萨克斯坦共和国关界、征收海关关税和其他费用和实施海关政策的其他手段以及哈海关活动的组织。

此外，2001 年，哈国还颁布了《哈萨克斯坦共和国反倾销法》《哈萨克斯坦共和国补贴与反补贴法》和《哈萨克斯坦共和国保障措施法》，并将贸易救济制度纳入其国内法律体系。《哈萨克斯坦共和国进口商品增值税征收办法》《哈萨克斯坦针对进口商品采取保护国内市场措施法》这些法律法规直接或间接影响着海关管理。

五、劳工的行政许可风险

劳动力市场的效率和灵活性对于实现人才的优化配置并为他们在工作中提供最佳激励机制非常重要。只有当一国的劳动力市场具有一定程度的灵活性时，才能实现劳动力的低成本流动、薪酬区间合理而富有弹性。世界经济论坛发布的《2015—2016 全球竞争力报告》显示，"一带一路"沿线地区，劳工制度不是太严、对投资等商业活动影响不大的 10 个国家为：柬埔寨、阿尔巴尼亚、孟加拉国、亚美尼亚、格鲁吉亚、缅甸、泰国、匈牙利、越南、印尼，劳工制度较严、对投资等商业活动影响相对较大的 10 个国家为：立陶宛、波兰、斯洛维尼亚、巴林、科威特、日本、阿联酋、沙特、阿曼、新加坡、金融政策环境、税收制度环境、市场经济发育程度。中国的用工制度对投资等商业活动的相对影响排名位于 20 名，也就是说 53 有数据的"一带一路"沿线国家中，有 19 个国家的用工制度相对中国较为宽松，33 个国家的用工制度相对中国较为严厉。

世界经济论坛发布的《2015—2016 全球竞争力报告》还显示，"一带一路"沿线地区，日本、乌克兰、印度、菲律宾、土耳其、斯洛维尼亚、孟加拉国、伊朗、摩尔多瓦、亚美尼亚 10 个国家的员工的职业道德较好，而蒙古、阿联酋、斯里兰卡、越南、老挝、卡特尔、马其顿、巴林、埃及、阿曼 10 个的员工的职业道德较差。中国员工的职业道德在 53 个国家中的排名位于 15 名，其余各国的员工职业道德对商业活动的相对影响。

为保证本国工人发展的权利，通常而言，"一带一路"国家会有针对性地保护本国公民的涉外劳动制度的法律规定，通常这些法律规定是以行政许可的方式落实的。下面以蒙古国为例简要介绍这一情况。

根据蒙古国《输出劳动力和引进外国劳动力、专家法》规定，在蒙古国雇用外国劳动力和专业技术人员需要向当地劳动部门提出申请，经政府主管部门审核后颁发劳务许可。一般劳务许可的有效期为 1 年，如需要延期，需由业主向有关部门提出申请。

企业雇用外国劳务必须按月交纳岗位费，岗位费标准是蒙古国政府规定的最低工资的

2 倍。从事矿产开发的企业，需根据《矿产法》43.2 条的规定为外籍劳务缴纳岗位费。外交机构、领事代表处和国际机构代表处雇用的外国员工，教育科技领域的外国专家、技术人员以及根据政府间相关协定工作的专家和工作人员不缴纳岗位费。交纳、减免岗位费由蒙古国政府决定。

第五节　环境保护风险

一、"一带一路"项目海外投资环保风险概述

由于"一带一路"沿线国家多为发展中国家，经济相对落后，生态环境原始且脆弱，保护环境能力不足，相对容易发生环境危机。根据商务部网站 2018 年上半年公布的最新数据，在"一带一路"沿线国家发生的境外投资中，国际工程领域的境外投资占较大比重，其中主要涉及电、水、路、机场等建设施。基础设施的建设往往需要对原有的自然环境予以较大的改变，因此极易对当地的自然环境造成巨大的影响或破坏。

随着全球"人类命运共同体"理念的确立，体现一个大国应有的责任和担当，党中央、国务院提出要在"一带一路"建设中突出生态文明理念，推动绿色发展，加强生态环境保护，共同建设绿色丝绸之路的决策。2017 年初，国家环境保护部等四部委《关于推进绿色"一带一路"建设的指导意见》，是政、企等参与"一带一路"建设规范指导。

显然，在当前我国的企业或各类经济体在进行海外投资或工程承包建设中，除了关注项目东道国的政治、经济因素和项目的经济、技术指标外，更要特别关注东道国的环境因素，否则将承受巨大的风险或经济损失。这方面我国的相关企业已有过惨痛的教训。

（一）缅甸密松电站项目停建事件

2009 年，中国电力投资集团与缅甸第一电力部合作，在伊洛瓦底江的上游修建 7 个梯级水电站，密松水电站即为其中最大的一个。中国电力投资集团一共投入了 70 多亿人民币，但是仅仅过了两年，缅甸政府就叫停了该项目，原因是潜在的自然生态环境不利影响以及当地人民的生计，即所谓的环境与社会风险。多方协调均无计可施，因为该项目的叫停，我国企业不但要承受巨额的投资和资源损失，还面临着诸多内外合同的违约，可谓损失巨大。

（二）中铁海外公司承建波兰 A2 高速公路项目巨亏事件

2009 年 9 月，中海外联合体中标波兰 A2 高速公路项目，该项目采取 EPC 总承包模式。至 2011 年 5 月因多种原因工程停工，此时合同工期已过半，但工程才完成 20%。之后中海外公司经综合分析若坚持按期完工，将导致近 4 亿美元亏损（约合 26 亿元人民币），便于 2011 年 6 月决定放弃该项目。其后，波兰方与中海外联合体之间产生一系列诉讼，虽然 2017 年 5 月双方和解，但其造成的巨大影响和损失却无法弥补。根据事后的全面总结和分析，导致巨亏的原因除当初按低价中标、合同管理不科学外，还有事前忽视了环保因

素。即在中铁公司的施工路段生存着当地特有的青蛙和蟾蜍等多种珍稀两栖动物。按照合同，在这些珍稀动物通过的区域，必须建设专门的通道，避免动物在高速公路上通过时被行驶的车辆碾死。

对此中铁公司在投标时未太在意，但施工后才发现根据合同，项目还必须增加多座桥梁，这意味着费用又将大大超支。另该公司对施工期间的环保问题也未予重视。在开工之前，当地的环保组织要求施工时保护当地的珍惜蛙类，这就需要对蛙类进行搬迁。但是时间非常紧迫，因为距离蛙类冬眠仅仅只有不到两周时间，搬起来更加麻烦。如果贸然动工，势必伤及珍稀动物，中铁公司将承担更严重的法律责任。无奈，只能所有员工停工，全力以赴搬运蛙类，这又造成了额外的损失。

二、国际工程中的环保风险

（一）环保风险类型

1. 环境规制风险

环境保护不仅仅是一个国家或政府的责任，环境保护也是维持或稳定项目建设地居民赖以生存的基础。因此，投资者或工程建设者必须重视并全力做好项目建设地的环境保护工作。如果项目建设地的环境保护未能妥善处理或遭到破坏，除引起当地政府的关注外，也必然会引发当地居民的对抗，甚至发生激烈冲突，进而迫使东道国政府采取环境规制措施。东道国政府出于环境管理或迫于民众压力，可能对项目投资不予行政许可证；甚至已经许可的项目，东道国政府也可能撤销许可。即使从东道国法律或国际协定分析，东道国的规制措施失当都将无法避免投资者要付出巨大代价或各种损失。如柬埔寨地方政府曾因环境问题收回了中国投资者的森林采伐权。

现实中，环境问题往往成为东道国政治和文化冲突的借口，成为中国海外直接投资的重大风险和障碍。例如，前面提到的密松水电站，它不单单是因环保问题被叫停，但实际上，中国对于该项目环评方面的要求已经达到世界上最严格标准，缅甸政府对中国电站项目建设破坏周边环境的指责并不具备充足的科学依据。从深层次看是一个集环境、政治和文化问题于一身的事件。再如，昂山素季领导缅甸委员会调查中缅合资铜矿—莱比塘铜矿的所谓环境和社会问题，也被怀疑是以环境保护为借口，实际却隐藏着政治目的。

2. 诉讼风险

如果项目建设地的环境被破坏，东道国的受害公众可能通过诉讼要求投资者或建设者承担民事责任。如果，对环境的破坏达到了东道国追究刑事责任的标准，投资者或建设者或其主要人员则可能被东道国追究刑事责任。

例如，尼日利亚的《有害废物（专门刑事条款）法》禁止在尼日利亚的空气、土地或水中倾倒或沉积有害废物；违反者可能导致终身监禁，以及没收土地或用来犯罪的任何物品等刑罚；如公司犯罪，对纵容、同意或疏忽责任的公司领导予以并罚；罪犯要对其犯罪行为的受害者承担民事责任。同时尼日利亚刑法典也惩罚任何形式的环境犯罪。

3. 缺乏国际投资争端救济手段

针对投资人在受到东道国的环境规制措施后，往往欲通过不受东道国内法律管辖的诉诸国际投资争端解决机构来获得救济。即国际投资协定中的投资者——国家争端解决条款也越来越被视为是保护投资者利益的最有力武器。但种种原因，近年来该机制却受到非议，甚至被视为国际投资法制不公正的典型代表。

由此投资人导致环境规制纠纷无法通过国际投资仲裁机制保护自己的合法权利和利益。此解决纠纷往往只得通过东道国的司法机构予以处理，因复杂的国际、国内政治环境和司法的公正性差别，中国海外投资者往往面临巨大的风险。

目前，中国与大多数国家并没有现存有效的双边投资条约，致使中国企业海外缺乏有效的国际投资争端救济手段。

4. 无法获得金融机构的支持

2017 年 9 月 5 日，中国绿色金融委员、环保部对外合作中心等七个机构联合发布了一份《中国对外投资环境风险管理倡议》，以鼓励和引导中国金融机构和企业在对外投资过程中避免产生环境争议。其仅有的十二条倡议准确地指向了中国海外投资最容易为人指摘的弱点。其中，第二条倡议就号召投资者充分了解中国、项目所在国以及国际通行的环境标准并尽可能采用其中的最高标准，深入开展项目环境尽职调查。虽然该倡议没有强制力，但金融机构会将其作为评估项目风险的依据。

5. 影响我国的国际形象和声誉

由于中国海外投资和国际工程项目大部分为污染密集的能源业和采矿业，而这些项目都不可避免会造成的一些环境问题。这就引起了西方社会的普遍关注。特别是随着中国实力的增强和"一带一路"倡议的提出，海外投资所造成的环境问题常常成为某些西方媒体和政客炒作的热点或鼓吹中国"威胁"论的"依据"，中国在海外的投资开发也被指责为"掠夺性发展"，另外所谓的"中国环境新殖民主义""中国环境威胁论""中国生态倾销论"等也甚嚣尘上。这些言论除了严重影响了我国的国际形象和声誉，更易诱导东道国政府或民众对中国海外投资者予以环境规制与提起诉讼风险。

（二）国际工程中环保风险的特点

1. 风险诱发因素多

（1）东道国的自然和经济条件，造成环境风险发生概率高

从自然条件上，"一带一路"沿线的中亚、中东等地区存在水资源短缺、干旱、荒漠化等一系列的生态环境问题，该地区森林覆盖率也低于世界平均水平。总体上来看，沿线国家多数分布在环境较为脆弱的地区。中国科学院的环境绩效评估结果显示，"一带一路"沿线国家除了日本以外，其他国家的经济发展较为落后，经济发展也多采取粗放的发展方式。虽然该地区拥有丰富的自然资源，但是该地区的能源消耗量巨大，频繁的人类活动对原本脆弱的生态环境无疑产生了巨大的压力。"一带一路"倡议重点的合作领域是基础设施建设和能源领域。基础设施和能源两大领域的发展对生态环境的影响较大，极易产生生态环境破坏的风险。"一带一路"沿线国家都有发展经济的内在需求和动力，发展初期以牺牲生态环境来换取经济发展已成必然。

（2）东道国的社会因素也易诱发环境风险

"一带一路"沿线国家众多，部分国家之间的民族矛盾、宗教矛盾问题突出，各个国家的经济状况也存在很大的差别。"一带一路"虽然取得了大部分国家的支持，但是也有

不少国家存在疑虑。因为，中国本身的经济发展方式就是牺牲环境为代价的发展方式，中国能否坚持绿色"一带一路"值得怀疑。中国的海外投资企业，由于不重视生态环境保护，在国际上产生了不良的影响，中国也被指责为"掠夺式发展"。多年来，西方国家借用环境保护和人权问题，对中国海外投资加以指责。"一带一路"沿线国家生态环境自身保护不足，加之西方媒体对中国在环境保护上的不足进行炒作，使生态环境问题敏感化，加重"一带一路"沿线国家的疑虑，以挑拨中国同沿线国家的关系。根据非官方的统计，中国企业在中亚投资每年高达 2 亿美元的环保罚款，占当地经营成本的两成。

（3）沿线国家政府和公民的环保意识在觉醒

随着全球可持续理念的深化，一些经济相对落后的国家，都已经开始通过法律加强环境规制和保护，并且当前发达国家和发展中国家的投资条约在环境保护方面的价值取向有趋同趋势，即强调投资者的环境保护义务和东道国的环境规制权；许多发展中国家相对贫穷落后的社区、民众和非政府组织（NGO）的环保意识、维权意识正在觉醒并提高，尤其是维护自身在环境和社会风险方面权益的诉求越来越高。如此的背景下，不重视环境保护的投资或工程施工将面临越来越多的风险。

2. 法律形式欠缺

国际上在规制环境方面缺少统一有强制力的方法，仅有一些软法性质的国际公约和倡议；我国与相关国家之间的贸易或投资协定也比较原则性，缺乏具体的关于包含环境适用或保护方面的条款。

3. 环境风险贯穿投资全程

（1）投资前的考察和准备阶段风险

因环评不达标或民众和环保组织的抵制导致项目无法落地，跨国企业遭受投资准入风险。一方面，东道国政府可能认为企业的环保技术、环保措施等达不到相关标准，拒绝外国投资进入；另一方面，即使政府认可跨国企业的环保能力，如果项目得不到民众和环保组织的支持，政府也不会轻易批准投资项目。

（2）投资运营阶段的风险

因跨国企业的自身缺陷或者东道国政治、经济、法律等国家风险要素的变化，激发环境规制风险，给跨国企业造成直接经济损失。

1）东道国环境法律体制宽松，促使跨国企业产生投机心理，主动淡化环保意识和责任，容易引发较为严重的环境危机，届时跨国企业将面临高额的赔偿款和更加严格的环境监管。

2）东道国与投资国之间的环境法律存在差异，跨国企业习惯于国内法，未能充分了解或适应东道国的环境法律，触犯相关法律规定，被当地政府追究法律责任。

3）东道国政府迫于民意和政治压力，改变之前的投资决策，给跨国企业附加更加严格的环保条件，或者直接暂停投资项目。

4）东道国环保法律变化扰乱正常经营。例如，中国某企业基于巴西丰富的铁矿和森林资源，在该国投资一座小型炼铁厂。但刚投产，巴西国会通过了一项保护森林资源的法律，严禁乱砍滥伐森林；炼铁厂失去能源，而巴西有无炼焦煤等替代能源，最终炼铁厂被迫报废。

5）东道国政府直接以环境规制手段迫使跨国企业让渡经济利益。例如，俄罗斯政府以荷兰皇家壳牌石油公司的投资活动破坏环境为由，强制收回其部分股份，其实质为东道国政府与跨国企业之间的经济利益之争。

4. 母公司可能承担责任

海外投资或国际工程承包往往是国内公司在东道国出资设立独资或与他人合资设立公司，开展经营。基于国际商法中"刺破公司面纱"理论，不管投资者对其设立公司或组织是否"实质性地拥有"，只要其对设立公司或组织能够"有效控制"，母公司很可能被追究承担所设立公司的民事责任。故此，因环境问题所致的东道国的受害者在起诉投资人或工程施工人时，也可能把作为股东的海外投资者起诉至母国，要求其承担因投资给东道国造成的环境损害。

三、应对环保风险的措施

（一）政府层面

1. 政府继续加强对海外投资企业履行环保责任的约束力

中国无论从立法还是司法方面，都要从内部加强对海外投资的规制，营造更加良好的海外投资环境。

2. 双边或多边谈判，争取签订包含环境条款的国际投资协定

我国应当主动引导"一带一路"建设中的环保合作，率先在双边或多边条约中设立相关环境保护条款。可以适当参考相关发达国家的经验，在双边投资协定范本中加入环境规则条款，细化"投资与环境"的义务。

（二）企业层面

参与海外投资、国际工程的企业，应重点采取以下措施来规避和防范环保风险：

（1）强化环保意识和理念，健全环境保护管理体制。企业应当将环境保护纳入企业发展战略和生产经营计划，建立相应的环境保护规章制度，强化企业的环境、健康和生产安全管理。

（2）坚持国际化经营理念，克服在国内法律环境下的经营习惯。企业应深入了解对东道国的环境法律和监管体系，全面收集拟投资地环境基础信息和环保法律规定，充分了解相关的争议解决机制（诉讼方式和国际仲裁等）。

（3）企业应与国家风险研究机构之间加强合作，提高对东道国国家风险的研判能力。谨慎选择境外合作伙伴或咨询机构，以便客观、全面了解东道国的政治、投资、法律、环保等基础信息。

（4）加强与东道国政府环境保护监管机构的联系与沟通，积极征求其对环境保护问题的意见和建议。企业应建立企业环境社会责任沟通方式和对话机制，主动加强与所在社区和相关社会团体的联系与沟通，并可以依照东道国法律法规要求，采取座谈会、听证会等方式，就本企业建设项目和经营活动的环境影响听取意见和建议。

（5）企业应当审慎考虑所在区域的生态功能定位，对于可能受到影响的具有保护价值的动、植物资源，企业可以在东道国政府及社区的配合下，优先采取就地、就近保护等措施，减少对当地生物多样性的不利影响。

（6）企业在收购境外企业前，对目标企业开展环境尽职调查，重点评估其在历史经营活动中形成的危险废物、土壤和地下水污染等情况，以及目标企业与此相关的环境债务。鼓励企业采取良好环境实践，降低潜在环境负债风险。

（7）企业应根据东道国的法律法规要求，对其开发建设和生产经营活动开展环境影响评价，并根据环境影响评价结果，采取合理措施降低可能产生的不利影响。

（8）企业应尊重东道国社区居民的宗教信仰、文化传统和民族风俗，保障劳工合法权益，为周边地区居民提供培训、就业和再就业机会，促进当地经济、环境和社区协调发展，在互利互惠基础上开展合作。

（9）企业应充分考虑其开发建设和生产经营活动对历史文化遗产、风景名胜、民风民俗等社会环境的影响，采取合理措施减少可能产生的不利影响。

（10）企业对可能存在的环境事故风险，应当根据环境事故和其他突发事件的性质、特点和可能造成的环境危害，制订环境事故和其他突发事件的应急预案，并建立向当地政府、环境保护监管机构、可能受到影响的社会公众以及中国企业总部报告、沟通的制度。

（三）海外投资、工程承包企业应关注的环保规定

1. 国际方面的规定

（1）《联合国人类环境会议斯德哥尔摩宣言》（1972）；

（2）《里约环境与发展宣言》（1992）；

（3）《世界自然资源保护大纲》（1980）；

（4）《21世纪议程》（1992）；

（5）《关于森林问题的原则声明》（1992）；

（6）《内罗毕宣言》（1982）。

2. 国内方面规定

（1）商务部《境外投资管理办法》（2014）；

（2）商务部、环境保护部《对外投资合作环境保护指南》（2013）；

（3）中国绿色金融委员、环保部对外合作中心等七个机构《中国对外投资环境风险管理倡议》（2017）；

（4）环保部《"一带一路"生态环境保护合作规划》（2017）；

（5）环境保护部、外交部、国家发展改革委、商务部《关于推进绿色"一带一路"建设的指导意见》（2017）。

第六节　反腐败与第三方处罚风险

"一带一路"倡议提出五年以来，迅速扩大了海外投资规模，增强了中国企业的全球竞争力。但是我们也要注意防控海外运营中的合规风险。反腐败问题既是"一带一路"背景下国际经济合作绕不开的重要议题，又是"一带一路"背景下国际化合规的重要内容。

2017 年 5 月，国家主席习近平在"一带一路"国际合作高分论坛上及时提出"要加强国际反腐合作，让'一带一路'成为廉洁之路"。同年 9 月 19 日至 20 日，中纪委、监察部与世界银行在北京工体举办加强国际合作共建廉洁之路研讨会，商讨政府如何打造廉洁营商环境、企业如何合规经营，"一带一路"参与方如何加强反腐败国际合作等问题。11 月 18 日，中国国际贸易促进委员会企业权益保护中心在北京主办"中国企业反贿赂国际合规行动研讨会"。会议重点介绍国际合规最新制度发展趋势，分享国际先进反贿赂管理经验，提升我国企业海外合规经营意识，共同推进反贿赂国际合规行动实施。随着我国经贸投资活动的快速推进，国际层面企业合规监管审查日趋严格，海外监管机构对我出海企业进行的腐败行为执法处罚力度增加，中国企业参与"一带一路"应更加关注海外运营中的贿赂风险防控。

一、反腐败风险概述

（一）商业贿赂的内容

商业贿赂（Commercial Bribe）不仅破坏社会主义市场经济正常竞争秩序，还腐蚀人心、滋长腐败，故而是各国反不正当竞争法律规制的重点对象。

《中华人民共和国反不正当竞争法》第八条规定"经营者不得采用此物或者其他手段进行贿赂以销售或者购买商品。在账外暗中给予对方单位或者个人回扣的，以行贿论处；对方单位或者个人在账外暗中收受回扣的，以受贿论处。"1996 年 11 月原国家工商行政管理局制定的《关于禁止商业贿赂行为的暂行规定》（现行有效，以下简称《暂行规定》）首次阐述了商业贿赂的含义，同时也是行政规章中第一次对商业贿赂进行了界定。《暂行规定》第 2 条第 2 款：商业贿赂是指"经营者为销售或者购买商品（包括营利性服务）而采用财物或者其他手段贿赂对方单位或者个人的行为。"这里的财物就是指有金钱价值的现金和物品，包括以商品和服务的交易名目给付的财物；而其他手段则是兜底之含义，用以涵盖现有的和将有的各种形形色色的贿赂手段。

商业贿赂即为腐败行为，各国经济交往越密切，商业贿赂的毒瘤越易生长。商业贿赂强调商业领域的贿赂行径，商业贿赂有其与国家工作人员贿赂不同的特定，其是在"经营在市场交易中，为争取交易机会，特别是为取得相对于竞争对手的市场优势，通过秘密给付财物或其他报偿等不正当手段收买客户的负责人、雇员、合伙人、代理人和政府有关部门工作人员等能够影响市场交易的有关人员的行为。"[1] 各国多将此列为犯罪行为，严加管控。美国、德国的相关法律都明确商业贿赂为犯罪。[2] 跨国商业贿赂则是强调商业贿赂的跨国属性，因其跨国性使得商业贿赂更为难以查处，更需国际合作。在经济合作与发展组织（ECD）框架内达成的《国际商务交易活动反对行贿外国公职人员公约》是国际反商业贿赂治理中十分重要的国际文件，对反跨国商业贿赂工作有着极深影响和指导意义。

---

[1] 杨紫烜、徐杰：《经济法学》，北京大学出版社 1998 年版，第 251 页。

[2] 清华大学廉政与治理研究中心：《商业反贿赂守则》，中国方正出版社 2005 年版，第 102 页。

（二）商业贿赂的特点

1. 商业贿赂主体的多元性

根据我国《反不正当竞争法》和《暂行规定》，商业贿赂的主体是市场交易中的经营者，而经营者外延十分之广，涵盖一切从事市场经营行为的人，包括自然人、法人和其他组织，不论其在交易中处于何种地位，不论其属于何种性质的经济组织形式。[①] 将单位纳入商业贿赂主体之中，符合民事主体的基本认识，既作为市场主体，可以享受经营带来的利益，也应承受其不当行为带来的责任。单位作为反映一定群体的共同意志，其独立于参与表决的个人，因此单位可以给予商业贿赂主体。然这并不因此否定单位商业贿赂行为中个人的法律责任。

2. 商业贿赂手段的多样性

商业贿赂手段的多样性是现实中为了实现贿赂目的所采取手段的纷繁复杂，手段的多样无非只是掩人耳目，企图逃避侦查。认定商业贿赂的成立本质上并不难，其所难之处是在于如果从繁杂的商业贿赂手段中看到行为人进行商业贿赂的真实目的。"巧立名目"抑或"粉饰太平"并不能抹去商业贿赂的违法犯罪行为属性。《反不正当竞争法》中对商业贿赂手段做了具体列举和一般概况的界定，意在涵盖一切商业贿赂手段，即直接提供财物和提供其他不正当利益，财物是一般人直接可以判断出来的存在金钱价值的物品，而其他不正当利益是间接地反映着金钱价值的物品和服务。前者是直接的金钱物品本身，后者是要以金钱物品换来的物品和服务。说得更通俗一点，前者是可以满足需要的物品，后者直接满足了人的需要，如性的需要对应了性贿赂。由于商业贿赂向着直接满足需要的方向发展，而直接满足需要比直接给付金钱更不易留下痕迹，给侦查带来了极大的挑战。

3. 商业贿赂行为的多重违法性

所谓多重违法性是指行为人的行为同时违反了不同的法律规定。商业贿赂行为是以有无商业贿赂行为的根据而成立，不在乎情节与所贿赂财物的多寡。商业贿赂行为引起危害性，被多部法律同时规制，如《会计法》《税法》《政府采购法》等法律法规。这些法律法规均明令禁止商业贿赂行为，仅在规制角度不同，其中最严厉的当属刑法规制。

4. 商业贿赂行为的隐蔽性

商业贿赂行为的隐蔽性源于该行为手段的多样性[②]，手段的多样使得商业贿赂行为更具有隐蔽性，隐藏于众多看似正常的商业社会交往行为之中，难以侦查。凡为违法行为皆为有朝向隐蔽方向发展趋势，此为逃避侦查之目的。而商业贿赂行为的行贿者与受贿者系"你情我愿"，加之手段的表面合法化，外人更难知晓。尤其是商业贿赂行为从直接基于财物到直接给予各种生活、生理需要的满足，使得商业贿赂行为缺乏了财物的客观记录，更加难以定性。如解决受贿人子女工作等满足受贿人直接需要的情形，是一种缺乏财务记录的无形利益。深刻认识商业贿赂的隐蔽性，时刻警惕商业贿赂行为，是做好反商业贿赂工作的必要要求。

---

① 孔祥俊：《反不正当竞争法的适用和例解》，法律出版社 2005 年版，第 339 页。

② 钟明钊：《竞争法》，法律出版社 2005 年版，第 148 页。

（三）"一带一路"海外项目反腐败风险现状

由中国公司法务研究院、荷兰威科集团以及方达律师事务所共同发布的《2016—2017中国合规及反商业贿赂调研报告》（以下简称《合规报告》）指出，企业遭受境内外执法的首要原因是反商业贿赂，其次是经济制裁以及广告。境外被执法的中国企业当中（包括国有企业、内资民企、中外合资企业以及外商独资企业），反腐败是企业遭受执法或处罚的首要原因，69%的被执法企业遭受反腐败执法。从行业上看，医疗健康、制造业、TMT、汽车、能源环保业的中国企业受境外反腐败法律管辖的比例均超过65%。

透过相关的批评性报道和全球行贿指数，可以发现我国企业在海外行贿的问题是比较严重的。比如2005年的华为在孟加拉涉嫌行贿[①]、2007年的中兴海外贿赂门事件、2009年的"中交建设海外行贿风波"[②]，以及2011年的华锐风电海外商业贿赂事件。尽管上述报道可能存在恶意攻击性，但是从另一方面我们可以看出中国海外商业贿赂问题的严重性。另外尽管中国在世界银行发布的因涉嫌欺诈和商业贿赂而被禁止承接世界银行资助项目的367家黑名单中只占了四家，但是负面影响是巨大的。根据2017年度"全球清廉指数"排名，在世界180个国家和地区中，中国排名第77位，也可以看出海外商业贿赂问题的严重性。

二、"一带一路"项目反腐败风险和防控体系构建

（一）"一带一路"项目反腐败风险主要来源

"一带一路"沿线国家的政治环境、商业环境、政策制度、宗教文化是反腐败风险的主要来源。辨识、预测环境因素中的"风险源"，是针对性构建我国企业海外投资运营腐败风险防控体系的重要前提。

1. 政治环境

考察2015—2017年世界银行治理指数、透明国际清廉指数和世界经济论坛"一带一路"非法支付和贿赂指标可以发现："一带一路"沿线65个国家的廉洁水平和得分存在很大的差异。在高腐败国家，政商关系普遍扭曲，中国企业海外投资往往主动或者被动卷入腐败案件，面临着较高的行贿、索贿的腐败风险。另外在多党制国家，由于政权频繁更替，中国企业为了获取政党的持续支持，往往会贿赂所在国家的官员、政党或政治职位候选人以达到他们的不合理的目的。

2. 商业环境

投资本身就是一种商业行为，商业环境会直接影响投资运营的腐败风险。2017年，世界银行关于营商环境的报告显示，在"一带一路"沿线，不同国家之间的商业环境差距较大。某些国家在税收情况、注册财产、治办证照、获取信贷、破产处理、中小投资者保护与合同保障等方面得分较低，而中国企业往往会通过行贿官员，绕过市场监管与相关法

---

① 何旭东、许敏:《华为真的在海外行贿了吗？》，载《IT时代周刊》，2005年第15期。
② 朱宇:《中交建设否认海外行贿》，在《中国证券报》2009年1月15日，第B03版。

律，降低"交易成本"，获取更多的交易机会与更好的经济效益。

3. 政策制度

治理腐败是当代政府治理的重要任务之一，反腐败制度与政策是否科学是影响腐败治理效果的重要因素。完善高效的反腐败制度对营造公正的法制环境，降低腐败风险而言已经迫在眉睫。在经验层面，各国反腐败制度与政策的实际效能无疑是因国而异的。例如"一带一路"某些沿线国家存在反腐"软政权"现象，反腐败机构效能低下，反腐法规得不到有效实施，"潜规则"普遍盛行。一开始对中国有投资意向的企业就会将这些情况纳入投资之前的考量，这无疑是为吸引投资减分的。

4. 宗教文化

在我国，囿于宗教人数等原因的限制，直接受到宗教影响的人并不多。但是，并不见得我国没有影响深远的宗教文化，例如儒家文化，其形式上虽然不是宗教模式，但是其对人潜意识的影响和行为思想的作用丝毫不亚于宗教。这些文化与宗教同样会对腐败的治理效果产生直接影响。廉洁价值和文化在对抗旷日弥久的传统文化和宗教意识形态时往往处于下风，这将会在无形中增加中国企业的腐败风险。例如在国际交流合作、海外市场开发等外交活动中，为影响对方决策或商业交易结果，以"超规格"进行招待，或者额外索要回扣等。

（二）"一带一路"项目反腐败风险形成原因

1."一带一路"沿线国家和地区多处于经济社会转型发展阶段

国家的发展方面，"一带一路"沿线国家和地区大体是转型中的发展中国家沿线国家。人均国民收入水平大部分集中在中等收入阶段，经济社会发展面临较大挑战，是发生腐败和贿赂问题的高危区。即使是其中的高收入国家，经济发展模式也比较单一，"资源诅咒"问题不同程度存在。从世界经济发展历史来看，在前述发展阶段，制度本身或是制度执行往往存在较大漏洞，导致腐败机会较多。根据透明国际17年公布的廉洁指数显示，"一带一路"沿线国家的排名大多较为靠后。一个国家的清廉程度，是制度完善、惩处有利、廉洁文化等多个因素的综合产物，并由此形成良性循环。反之，在一个腐败程度较高的国家，制度、惩处、文化等方面一般存在不足，且易形成恶性循环。据时任透明国际主席彼得·艾根所说，清廉指数不仅反映一个国家的腐败程度，而且还反映人们对腐败的看法。特别是发展中国家正陷入了一场贫困与腐败的恶性循环之中，有些国家甚至还没认识到腐败可能会阻碍本国经济发展。另估算全球因为腐败和贿赂造成的经济损失将高达32000亿美元。当某个国家的腐败程度较高，则参与腐败往往是成本较低的选择——有制度漏洞、惩处概率低、社会对腐败容忍度高。在贿赂能够降低成本、提高利润的情况下，贿赂很可能会成为企业的选择。因此，全球各国都意识到将反腐败纳入到法律调整范围的重要性，且逐步致力于向多边条约等符合国际大潮流的方向发展。

2. 国内反腐败形势较为严峻

国内严重的反腐败形势刺激了中国企业海外腐败事件的形成，根据"透明国际"所述，一个国家的反腐败环境会对跨国公司母国在东道国的情况产生影响。因为中国正处于由计划经济向市场经济过渡时期，各项制度不健全，"权力寻租"的思维依旧存在。令我国在反海外腐败的法律规制处于缺失状态，因此，我国企业在海外投资容易受到本国的惯性思维影响，极易选择简单的行贿方式来节约大量的时间成本，尽快、尽早开展经营业务以抢占市场获得垄断地位。

3. 跨国贿赂手段隐蔽，查证困难

跨国贿赂手段的隐蔽性使得监管部门对中国企业海外腐败问题难以调查取证，手段纷繁复杂，层出不穷，由简单的物质化贿赂过渡到物质化、非物质化贿赂相结合的形式，如帮助出国、提供性服务等。此外，大量中间机构、现代化银行服务的出现加剧了腐败问题的泛滥性。跨国公司常采取三种形式进行海外贿赂，一是依托"中间人"在东道国开展贿赂，比如找在中国香港、中国澳门，或更多的是选择英属维尔京群岛或百慕大等地注册的"离岸公司"，因为这些地方注册公司的成本低和注册程序简单且公司资料不易被人查到，加大了执法机关的调查难度；二是找寻比如律师事务所或公关公司具有专业性和丰富的经验的机构；三是找寻离任的政府官员，因为这类人拥有深厚的政界人脉圈，且运作过程低调神秘。因此，执法机关认定贿赂行为难度可想而知。

4. 东道国本土的市场和法律体系不健全

东道国本土的市场和法律体系的不健全为母国企业在海外商业提供了条件，"一带一路"沿线国家多数是发展中国家，其市场经济环境和秩序尚不成熟和规范，规范贿赂行为的法律法规缺失，国家反腐败的法律体系尚不健全，贿赂执法不强等各种不利条件为跨国公司选择实施贿赂行为创造了条件。

5. 中国企业内部缺乏对反海外腐败的规制

从外部看，由于监督信息不对称，海外企业决策者特别是在重要决策程序上，可能会利用信息的隐蔽性行为和优势违规决策投资合作，进而导致腐败风险。从内部看存在一些高发环节，比如投资决策，决策者往往采取规避国家制度和监管要求，违反企业内部决策程序，进而导致贿赂行为。另在投资中的信贷融资也存在较大的腐败风险。投资往往涉及融资信贷，获取信贷便利程度是世界银行衡量商业环境竞争力的重要维度。但在贷款利率高、周期短的国家，容易引发中国企业通过贿赂获取信贷的风险。或者受投资国欠佳的商业环境与自身不良商业习惯的影响，在投资合作方的选聘中，收受代理，或其他伙伴的贿赂，或在商业谈判、合同签署等决定性环节向对方行贿或收受对方贿赂。

6. 产权交易环节易产生腐败风险

产权交易是中国企业"走出去"的重要目的，也是贿赂等腐败风险的高发区。在尽职调查环节、招标投标"节点"、项目运营"节点"上的腐败风险上的腐败风险系数极高。主要因为廉洁度较低的政治环境可能加剧投标中贿赂腐败行为的风险。政治廉洁度较低的国家，打击贿赂行为不力，政商间不当利益交换较为普遍。企业甚至设立专业的"行贿部门"在投标中行贿政要。在此背景下，在国际业务投标中，中国企业为谋取竞争优势，实施贿赂行为的潜在风险较大且欠佳的商业环境也极易导致招标、采购中收受贿赂的腐败风险。一些国家商业交易透明度较低，这就为投标人获取项目向招标人行使贿赂创造了条件。企业为了维持与当地官员和商业伙伴的良好"关系"，保持项目顺利运行，在监督信息严重不对称的情况下，海外项目运营人员可能会违反国有资产监督管理制度、涉外人员守则和公司有关规定，收受贿赂，利用职权之便干预采购、施工、监理、竣工验收，为利益相关方谋取不当利益。

（三）"一带一路"项目反腐败风险法律规制

随着全球经济的快速发展，各国已认识到贿赂作为一种不正当竞争行为破坏经济发展的危害性。参与"一带一路"的中国企业不仅要遵守中国法，还要遵守东道国的反贿赂法律，有时还需要遵守美国《反海外腐败法》、世界银行的《反腐败指导方针》等规则。合规监管呈现多元和复杂化的特点。

1. 中国国内反腐败法律规制情况

我国在加入反腐败公约后，为了与之衔接，多次对法律法规进行修订。"刑八"的颁布，使对外行贿进入公众视野，拉开了中国反海外贿赂的序幕。

随着中国政府打击腐败的力度不断加强，现在相关贪污贿赂犯罪的罪名设置、构成要件、处罚措施等均发生很大变化，在刑法层面，基本上与国际接轨。2017 年 11 月 4 日，第十二届全国人民代表大会常务委员会第三十次会议修订。修订后的《反不正当竞争法》对商业贿赂行为做了进一步的法律界定，并进一步加大了惩处力度，必将进一步完善我国在行政层面的反腐监管。

2. 东道国反腐败法律法规

"一带一路"共涉及约 65 个沿线国家和地区，这些国家的法律分别属于大陆法系、普通法系、阿拉伯法系、伊斯兰法系，这四个不同的法律体系。尽管各国法律的内容不尽相同，但维护市场秩序、打击腐败是各国的共同目标。

（1）新加坡反腐败法律规制

新加坡自 1965 年脱离马来西亚联邦，一直大力发展经济，现已是发达的资本主义国家，是世界第四大金融中心、航运中心，在我国建设"一带一路"特别是"21 世纪海上丝绸之路"中发挥了重大作用，也成为中资企业国际化的重要平台。新加坡对贿赂内容界定范围较宽，主要反贿赂法规是《预防腐败法》，其对行贿和受贿均有所规定，在适用对象上也同时是针对行贿人和受贿人。《预防腐败法》第二条用"报酬"一词来定义贿赂，对贿赂内容规定十分详细。首先，在适用对象方面，《预防腐败法》禁止任何人，不论是单独行事人还是伙同他人，亦或是公司或个人只要是不道德的给予、允诺、收受任何报酬用于劝诱或酬谢任何人作出与交易相关的行为。公共机构的工作人员甚至服务人员作出或不作出与工作机构相关的事项。其次，在定罪量刑方面，《预防腐败法》对入罪数额并没有规定，但是对代理人就其委托人的事务或业务做出的或代理人参与的任何腐败行为规定了具体罪名。《预防腐败法》第 13 条规定，任何人违反《预防腐败法》规定接受任何报酬的，法院可处以等于报酬金额或报酬价值（如可估价）的罚款。再次，在适用效力方面，与英国《反贿赂法》不同的是，《预防腐败法》未规定例外或抗辩理由，且对疏通费并未规定任何豁免，但是委托人可以依据《预防腐败法》第 14 条规定，可向代理人或给予代理人报酬之人追回作为民事债务的报酬金额或价值。

另新加坡《刑法典》还规定了涉及"公务员"贿赂的若干具体罪名。《没收腐败、贩毒和其他严重犯罪所得法》，对被判犯贿赂罪之人发出法院令，没收其贿赂所得。

（2）国际组织方面对反腐败的法律规制

1）美洲国家组织制定的《美洲反腐败公约》

1997 年生效的《美洲反腐败公约》是《反海外腐败法》理念推广的第一次成功。美洲国家组织也因此成为反跨国腐败立法最早的国际组织。该公约由 35 个美洲国家组织成员中的 23 个成员签署，是国际上第一份多国联合反腐败的协议，其宗旨是推动美洲国家之间的反腐败合作，建立一套预防、侦查惩治乃至根除腐败的机制。其中公约第八条规定了缔约国公民及其常住地利用腐败交易将被受到惩罚。同时还规定了引渡违法者、没收违法财产以及证据搜集等国际合作内容，为全球治理跨国腐败提供了法律保障。

2）非洲联盟国家制定的《非洲联盟预防与打击腐败公约》

根据透明国剧研究可知，非洲国家是腐败活动的高发区。2003 年通过的《非洲联盟预防与打击腐败公约》正是为了遏制腐败的泛滥而制定的。该公约对公职人员的贿赂和私营部门的贿赂都做了规定。该公约表明了非洲联盟加强和完善各缔约国间的跨国通力合作取得预防、惩治腐败的良好效果。

3）欧洲委员会制定的《反腐败刑法公约》和《反腐败民法公约》

欧洲委员会在 1999 年通过了《反腐败刑法公约》和《反腐败民法公约》。其独特方式是通过设置多学科的方式来处理腐败问题。另欧洲委员会很重视反腐败问题，与其所倡导的法治、民主、人权以及社会与经济进步不符。

4）亚太地区国家制定的《亚太地区反腐败行动计划》

亚洲开发银行（ADB）是推进反腐败运动最早的机构之一，并相继推出了相关政策。2001 年亚洲开发银行（ADB）携手经合组织起草的《亚太地区反腐败行动计划》。到目前为止，已有 21 个国家加入此项行动计划。其内容包括加强反行贿受贿行动、促进业务行为的廉洁公正、支持、鼓励公众展开对于腐败问题的讨论。行动计划明确要求各国在反腐败方面做到保障立法和法律的执行，并对违反计划的人群加以惩治，并做好多边合作。

5）世界银行的《反腐败指导方针》

2006 年，世界银行颁布了相关文件[①]，加大了对欺诈、腐败等行为的制裁力度。根据《反腐败指导方针》，腐败行为是"直接或间接地提供、给予、接受或要求任何具有价值的财物（Anything of Value），来不正当地影响另一方的行为"。与美国《反海外腐败法》类似，世界银行对贿赂物的界定也比中国《刑法》更宽泛。支付难以用金钱计算数额的利益的行为，也属于世界银行打击的贿赂行为。除了打击、制裁直接实施贿赂行为的企业以外，世界银行还可以进行"株连"，惩处其关联企业，例如其母、子、兄弟公司等，不论关联企业是否直接参与被制裁的不当行为。例如 2011 年，浙江浙大网新集团有限公司（"浙大集团"）及其了公司浙江浙大网新科技有限公司（"浙大网新"，上交所上市公司）被世界银行连带制裁就是一个例子。其实"犯事儿"的是浙大网新机电工程有限公司，浙大网新的"儿子"、浙大集团的"孙子"。但浙大集团和浙大网新却因此被连带制裁，上了世界银行的黑名单。

连带制裁是国际金融反腐规则区别于中国法的一大特色。我国法律通常认为各关联企业为相互独立的法人实体，除非关联企业直接参与不当行为，否则不会对关联企业连带处罚。但在国际金融机构援助的项目中，各国企业往往是以新设海外项目公司的方式进行参与。为了从源头上遏制腐败，世界银行等国际金融组织会对项目公司背后的其他关联企业

---

① 世界银行:《关于预防和打击国际复兴开发银行贷款和国际开发协会信贷和赠款资助项目中的欺诈和腐败行为的指导方针》(2006)。

一并制裁。

除连带制裁外，世界银行等国际金融机构还有联合制裁的措施。2010年4月，世界银行集团、亚洲发展银行、非洲发展银行集团、欧洲复兴开发银行、美洲开发银行集团签署了《共同实施制裁决议的协议》，对腐败、欺诈等行为进行联合制裁。各缔约银行会共享被制裁企业的"黑名单"，因此被一家缔约银行制裁的企业会因同一违规行为被其他缔约银行联合制裁。

2016年12月，亚洲基础设施投资银行（下称"亚投行"）也公布了《关于被禁止行为的政策》，禁止腐败、欺诈等行为。虽然亚投行没有正式加入《共同实施制裁决议的协议》，但亚投行将单方面接受上述联合制裁黑名单。凡进入上述黑名单的企业，也将被亚投行制裁。据报道，已有59家中国企业被列入上述黑名单中，其中不乏一些大型央企的下属企业。这59家中国企业参与"一带一路"时，将不再有机会参与任何由世界银行、亚投行或其他参与联合制裁的国际金融机构资助的项目。

因此，中国企业，尤其是参与国际金融机构资助项目的中国企业，需要特别注意国际金融机构的连带制裁和联合制裁规则，切实管控海外分支机构违规给国内集团公司造成的影响。

（四）"一带一路"项目反腐败风险防控体系构建

针对我国企业海外投资运营腐败风险的环境因素与高发"节点"，应在借鉴发达国家海外反腐败经验的基础上，在政府与企业、宏观与微观两个层面构建腐败风险防控体系。

1. 树立全球治理理念，共同构建治理反腐败国际合作机制

"一带一路"倡议具有重大的国际意义，廉洁或者说控制腐败是一种公共产品，是各国政府义不容辞的责任。"一带一路"建设涉及多个国家，减少国际经济合作中的腐败问题，需要各国政府通力合作，不是哪一国政府能够单独解决的。与单纯的国内腐败问题相比，国际经济合作中的腐败往往形式更为隐蔽，常以支付咨询费、赞助出书、安排工作、出国考察研讨、送领导子女出国等各种方式掩盖贿赂本质。为躲避法律责任，通过第三方外包进行贿赂屡见不鲜。与此同时，治理国际经济合作中腐败问题，还面临信息沟通、法律衔接、跨国取证、人员引渡、资金返还等多种困难。为有效治理"一带一路"国际经济合作中的腐败问题，建立高效的国际合作机制势在必行。中国日益上升的综合国力和国际影响力，改革开放近四十年积累的国际合作经验以及打造"廉洁之路"的坚强决心，都将为构建治理腐败国际合作机制提供坚实基础。

2. 借鉴国外经验，提升治理国际经济合作中治理反腐败问题的能力

近年来，中国政府在国内严惩腐败，国际上追逃追赃，彰显了反腐败的坚定决心，树立了良好的国际形象。尽管如此在治理国际经济合作中腐败问题方面，中国仍有待加强力度。在中国的外国公司腐败案件中，八成为其母国司法机构发现，中国极少有类似案例。再如，对中国企业或人员海外腐败行为的制裁和惩处，从立法到执法再到司法都存在与当前形势需求不符的地方。中国是"一带一路"倡议的发起国，在"廉洁之路"建设过程中承担重要责任，理应在治理其中的腐败问题方面起到表率作用。对此，既要通过国际合作机制、加大对跨国公司在华腐败案件中中国相关责任主体的惩处力度，同时可以借鉴美国《反海外腐败法》的立法经验，整合、提升现有法律规定，形成专门针对海外腐败问题的单行法律。作为一个开放的巨大经济体，中国引进外资已连续 25 年位居发展中国家的首位，同时对外贸易投资日益频繁，对外投资流量连续两年位居世界第二，中国在国际经济秩序中影响日增。制定反对海外腐败的单行法律，将表明中国惩治海外腐败的坚定立场，树立良好的国际形象，同时也便于参与国际经济合作的各方主体明晓权利和义务，便于执法、司法部门更好地运用法律。

3. 重视行业自律，发挥行业组织的宣传引导和规范约束作用

国际经济合作的形成基础是各国经济的比较优势和产业结构，带有行业特征。发生在国际经济合作中的腐败行业特征，以跨国公司在华贿赂案为例，主要集中在药品、化妆品、医疗器械、电信设备等行业。在"一带一路"国际经济合作中，我们带出国门的主要是钢铁、有色、航空航天和船舶等 12 个重点行业。预防"一带一路"国际经济合作中的腐败问题要抓全面也要抓重点。抓重点可以重点关注上述 12 个行业，可以通过上述行业的自律组织结合行业特点，宣传反腐败知识，提高行业自律门槛，健全行业诚信体系。行业自律形象的提升，将帮助行业内企业降低国际经济合作中的交易成本。多个行业自律形象的整体提升和对行业内企业规范约束的强化，将提升中国企业在国际经济合作中的整体形象，从整体上降低交易成本，形成良性循环。

4. 强化合规经营意识，为企业国际经济合作可持续发展提增供保障

国际经济合作由政府"搭台"，"唱戏"的主体主要是企业。国际经济合作不同于国内经济营，参与"一带一路"国际经济合作不同于与发达国家的国际经济研合作。从维护中国国际形象、推进"一带一路"倡议及企业自身长远发展出发，企业必须坚持合规经营。面对"一带一路"沿线国家制度不完善、政治和社会不十分稳定、文化传统各异的实际情况，企业必须制定应地施策、行之有效的合规经营发展战略，为在东道国可持续发展提供保障。企业应投入更多资源用于提升产品和服务的竞争力，通过提供符合当地需求的优质产品和服务，提高自身在国际经济合作中的地位和主动权，尽力避免因产品、服务与竞争对手的同质性而陷入"红海竞争"。同时，应加强对参与国际经济合作员工的选聘、培训，员工素质决定企业战略的执行效果。

"一带一路"富含机遇也充满挑战。中国企业既要抓住机会大展拳脚，又要不畏艰难迎接挑战，防控海外运营中的合规风险。随着国际上打击贿赂的执法力度不断加强，以及我国贯彻落实习总书记在"一带一路"高峰论坛上提出的"加强国际合作，共建廉洁之路"，中国企业参与"一带一路"应更加关注海外运营中的贿赂风险防控。

5. 建立合规管理体系是海外合规经营的必由之路

（1）建立合规管理体系是推进企业法治的要求

2015 年 12 月，国资委《关于全面推进法治央企建设的意见》，明确要求央企依法合规参与"一带一路"建设经营，并要求各企业进一步完善企业内部规章制度体系。

2016 年 4 月，国资委确定中石油、中移动、东方电气、招商局、中国铁路共五家央企作为试点企业，探索开展合规管理体系建设。依法合规经营也成为央企在"十三五"期间的重要法治任务之一。

为了更好地指导企业建立、完善内部合规管理体系，国家质量监督检验检疫总局和国家标准化管理委员会于 2017 年 2 月发布了《合规管理体系指南》的征求意见稿。同年 7 月，深圳首先实施了国内首个反贿赂地方标准《反贿赂管理体系》，点燃了反贿赂管理体系在全国范围内的推广的星星之火。

（2）建立合规管理制度能帮助中国企业更好地应对海外反贿赂制裁

目前，已有不少中国企业被列入了世界银行的制裁"黑名单"，进而受到诸多国际金融机构的冷眼相对，不能再参与由这些国际金融机构资助的海外项目。依据世界银行等国际金融组织的相关政策，如果这些被制裁的企业采取诸如建立、健全内部合规管理制度等方面的补救和整改措施，就有可能被移出黑名单，或者可以有效地缩短制裁期限，甚至免于制裁。而且，企业建立内部合规管理制度后，即使仍然出现腐败、贿赂等违规行为，也能够依据内部合规管理制度，有效地区分企业责任与员工个人责任，最大程度上降低企业合规风险。

综上，不论是国内不断加强反腐力度的法律环境，还是妥善应对海外反贿赂制裁的现实需求，都对中国企业提出了制定合规管理体系、加强合规监管的迫切要求。中国企业在积极参与"一带一路"建设的同时，也应与熟悉国内、国际反贿赂司法实践的法律专家合作，制定符合国际标准并兼顾企业自身特点的合规管理制度。相信在合规管理体系的保障下，中国企业在"一带一路"上一定能够乘风破浪、扬帆远行。

三、第三方处罚风险与防范

"一带一路"倡议实施以来，中国与沿线国家的经贸往来日益频繁，中国企业投身参与了大量建设项目。其中有不少项目是世界银行等国际金融机构所投资或融资的，为了确保资金用于发展的用途，这些金融机构制定了相关政策标准以规范参与各方的行为，同时也规定了相应的制裁措施。因此，中国企业在承接海外业务时还面临着违反相关政策标准受此类第三方处罚或制裁的风险。

（一）常见第三方处罚

1. 处罚主体

除东道国和中国以外，能对中国企业海外项目进行监管的一般是为海外项目提供资金的国际金融机构，国际金融机构有自己的资金使用规则标准及制裁程序。国际金融机构是多个国家共同建立的跨国性金融机构，分为全球性金融机构和地区性金融机构，全球性金融机构是联合国下设机构，如世界银行、国际货币基金组织等，地区性金融机构是一定区域内多个国家共同建立的金融机构，如非洲开发银行、亚洲基础设施投资银行（以下简称"亚投行"）等。

世界银行是目前世界上最重要的多边开发银行组织，目前全球共有 189 个国家加入了世界银行。早在 1996 年，世界银行就引入了反腐败制裁机制，对相关企业实体包括个人进行合规、廉洁审查，在"借贷政策制定和借款条件设定、贷款使用监管、机构建设等方面，全面贯彻预防和打击腐败原则"。[①] 2010 年，世界银行与亚洲开发银行、非洲发展银行、欧洲复兴开发银行、美洲开发银行等 4 个国际及融机构共同签署了《共同实施制裁决议的协议》，对腐败、欺诈等行为联合进行取消资格的制裁。前述缔约银行还制定了《国际金

---

① 陈一峰：《世界银行反腐败制裁机制与全球治理》，载《国际法研究》2015 年第 6 期。

融机构制裁程序》，统一了制裁标准和程序。世界银行制裁体系趋于完善，并且在海外投资建设项目中有巨大的影响力。

亚投行自 2015 年创办以来，专注于亚洲各国基础设施建设投资，为"一带一路"沿线的基础设施建设提供了大量的资金支持。同样，为了确保资金使用高效、廉洁，亚投行与世界银行同样采取严格标准和严厉措施打击资助项目中的腐败及其他不当行为。在不当行为的界定、审查及制裁程序和方式等方面，亚投行采用了与世界银行近似的标准，并表示单方面接受世界银行等国际金融机构联合制裁的"黑名单"，并采取一定的制裁措施。据此，作为"一带一路"倡议实施中的重要金融业务机构，亚投行将成为主要的第三方处罚主体。

2. 处罚对象及依据

无论是世界银行还是亚投行，对参与由其资助项目的各方提出了合规性的要求，处罚对象包括参与银行投项目的企业、组织及个人。这里的"参与"应做最广义的理解，根据世界银行和亚投行的相关规定，具体包括：①银行资助合同投标人；②合同供应商；③承包商及其代理人；④分包商；⑤顾问及子顾问；⑥服务供应商；⑦特许经营者；⑧金融中介机构，及其他贷款收益的任何接受者及其代理人。[①]

（1）世界银行：欺诈和腐败行为

2006 年，世界银行颁布了《关于预防和打击国际复兴开发银行贷款和国际开发协会信贷和赠款资助项目中的欺诈和腐败行为的指南》（以下简称《反腐败指南》），该指南于2011 年进行修订。该指南作为世界银行进行反腐败、合规审查的基础性文件，其中明确规定"欺诈和腐败行为"主要是指以下 5 类行为：

1）腐败行为，是指直接或间接地提供、给予、接受或要求任何具有价值的财物（Anything of Value），来不正当地影响另一方的行为；如常见的支付回扣等方式。在腐败、贿赂行为的范围上，世界银行采取了最低标准，只要是提供、给予、接受或索要任何具有价值的财物（Anything of Value）均构成腐败行为，而不论该财物的价值大小、或是否可用金钱予以衡量。这一标准远高于我国相关法律规定的标准，根据最高人民检察院《关于办理商业贿赂刑事案件使用法律若干意见》规定，"商业贿赂中的财物，既包括金钱和实物，也包括可以用金钱计算数额的财产性利益"。在我国，必须是财产性利益且达到一定数额才构成贿赂。而在世界银行的标准下，如提供就业机会、性贿赂等难以用金钱衡量价值的行为均可能被认定为贿赂行为。

2）欺诈行为，是任何作为或不作为，包括虚假陈述、故意或恣意误导，或企图误导另一方，以获得经济利益、其他利益或者逃避义务；如在招投标过程中使用虚假资质以图中标。

3）串通行为，也称共谋，是指双方或多方合谋，为了实现不正当的目的，不当地影响第三方的行为；如利用职务上的便利以自己或他人的名义参与世界银行资助的项目。

4）胁迫行为，是指直接或间接地伤害，或威胁伤害任何一方的合法利益，以不正当地影响一方的行为。

5）妨碍（调查）行为，是指故意破坏、销毁、伪造、变造或隐瞒调查所需的证据材

---

① 参见亚投行《关于禁止行为的政策》第 2 条第 23 款。

料；或提供虚假材料意图阻碍调查；或通过不当手段使他人不得透露与调查相关的信息或配合世界银行调查。[①]

（2）亚投行：禁止行为

2016 年 8 月，亚投行制定了《关于禁止行为的政策》，作为审查制裁参与资助项目企业及个人的依据，该文件将腐败、欺诈等行为列为"禁止行为"，具体包括腐败、欺诈、串通、胁迫、妨害调查、滥用资源、挪用财产等 7 项不当行为。其中关于前 5 项规定，亚投行基本采用了与世界银行一致的标准，不再赘述。在下列行为的界定上，亚投行进行了特殊规定。

1）滥用资源，是指故意或过失不当使用银行资源的行为。

2）挪用财产，是指侵吞、挪用对方财产的行为。

3）关于妨害调查，亚投行在世界银行规定的基础上增加了一项，即"未按照银行调查要求提供信息、资料或记录"，不配合亚投行调查的消极行为也属于妨害调查行为，同样要受到制裁。[②]

3. 处罚形式

（1）处罚方式

根据世界银行公布 2012 年颁布的《国际金融机构制裁程序》的规定，对于被认定构成"欺诈和腐败行为"的机构，世界银行可以选择一种或多种处罚方式予以制裁，并且将处罚结果向公众公开。亚投行关于处罚的规定与世界银行等国际金融机构的规定基本一致，具体包括以下几种。

1）取消资格，即取消被制裁方在一定期限内获得或参与银行资助项目的资格。根据不同的情况，取消资格有不同的实施方式。

①可恢复资格，亦称附条件解除取消资格，即暂时（一般为最低制裁期 3 年）取消受被制裁企业参与项目的资格，如果被制裁企业能够遵守银行规定的条件，在制裁期限届满后即可解除制裁、恢复其资格。

②缓期取消资格，亦称附条件免于取消资格，是指被制裁企业在规定的期限内采取相应的措施或遵守其他条件，能满足这些条件时，则免于取消资格；如果在规定期限内，无法满足上述条件，将自动被取消资格。

③永久或无限期取消资格，对于世界银行或亚投行认为无法满足恢复条件的被制裁企业，采取永久或无限期取消资格的处罚。这是世界银行和亚投行对违规企业最严厉的一种处罚。

2）谴责或训诫，对于单独的、轻微的违规行为，可以通过书面形式加以训诫。

3）经济处罚，当违规金额可计算时采取的处罚措施，包括但不限于归还资金、支付

---

① 参见 World Bank, Guidelines on Preventing and Combating Fraud and Corruption in Projects Financed by IBRD Loans and IDA Credits and Grants, available at http://documents.shihang.org/curated/zh/551241468161367060/Guidelines-on-preventing-and-combating-fraud-and-corruption-in-projects-financed-by-IBRD-loans-and-IDA-credits-and-grants, last visited September 1st, 2018.

② 参见 Asian Infrastructure Investment Bank, Policy on Prohibited Practices, available at https://www.aiib.org/en/policies-strategies/operational-policies/prohibited-practices.html, last visited September 1st, 2018.

与调查费用及程序费用等额的罚款。

此外,《国际金融机构制裁程序》和《关于禁止行为的政策》还详细规定了各种加重或减轻情节。[①]

（2）处罚范围

1）联合制裁,即被签署了《共同实施制裁决议的协议》的任何一家银行裁定制裁的,被制裁企业将被其他缔约银行实施同样的制裁措施。进行审查制裁的银行将被制裁者信息进行公布,即列入"黑名单",其他各缔约银行共享该"黑名单",被制裁企业会在一段时间内被禁止参与任一缔约银行所资助的项目。根据《共同实施制裁决议的协议》,被任一缔约银行以存在欺诈、腐败等行为取消资格1年以上的企业,可能被其他缔约银行适用相同的处罚。

2）连带制裁,即不仅直接实施不当行为的企业受到除名制裁,世界银行等国际金融机构还可以对该企业的关联企业（包括但不限于该企业的母公司、子公司、兄弟公司等）进行相应制裁,而不论该关联企业有无参与实施了前述被制裁的不当行为。世界银行和亚投行均采用了连带责任制,这种连带责任的方式扩大了制裁范围和制裁力度,同样也为相关企业带来了一定的风险。

（3）关于和解

世界银行允许被调查对象在处罚决定做出前,与世界银行主动进行沟通,以便达成和解协议。在和解协议中,一般需要被调查者承诺通过改进而满足一定的条件或要求,以免于处罚或减轻处罚。在世界银行反腐败委员会发给被调查者的调查函中,通常会提出一个初步的处罚意见,被调查方以此为基础与世界银行进行和解谈判。

4. 后果影响

随着"一带一路"倡议的推行,中国企业特别是建设领域的企业不断拓展海外市场,在境外参加各类多边开发银行资助的项目日益增多。一旦受到世界银行、亚投行等国际金融组织的制裁,将产生一系列连锁反应。

（1）企业将无法参加做出处罚裁定银行的贷款资助的项目。根据相关制裁规则,一旦被相关国际金融组织认定在项目中存在欺诈行为,将被裁定取消至少1年的资格。最严重的后果是企业将会被直接剥夺参与相关投资和建设项目,对企业的海外发展战略带来直接的致命后果。

（2）企业可能将无法参加由其他国际金融组织贷款资助的项目。根据《共同实施制裁决议的协议》,制裁决定被缔约银行共同适用,其他国际金融公司和多边投资担保机构等也可以单方面接受上述协议,对被列入"黑名单"的企业或个人采取制裁措施。亚投行已经单方面接受该协议,也就是说亚投行可以直接对"黑名单"中的企业采取制裁措施,而无须另行告知。

（3）企业声誉受损,降低市场竞争力。对海外项目提供贷款的国际金融机构在全球或区域范围内往往有巨大的影响力和公信力,一旦被制裁,相关企业不仅要承受短期内的经济损失,还会对企业声誉和形象造成巨大的损害,使得企业在全球市场的竞争力受到影

---

① 参见 Worldbank, IFC Sanctions Procedures, available at https：//www.ifc.org/wps/wcm/connect/Topics_Ext_Content/IFC_External_Corporate_Site/AC_Home/Sanctionable_Practices/, last visited September 1st, 2018。

响。对于积极拓展海外业务的国内大型建设工程企业，这种全球范围内的影响所带来的后续损失往往是巨大的，且无法估量。

（4）加重处罚。世界银行在对违规企业进行处罚时，会考虑是否有"前科"，并将之作为一个加重处罚情节。企业如果曾受到其他缔约银行制裁，那么在受到新的制裁时，取消资格的期限幅度将大幅增加。

（二）第三方处罚的风险识别

基于世界银行、亚投行等国际金融机构进行合规审查的规则，结合工程类企业经营的特点，中国企业在积极投身"一带一路""走出去"建设的过程中，应着重注意防控以下几个方面的风险。

1. 合同风险

根据相关国际规则，欺诈、串通、胁迫等合同中的不当行为都可能被认定为应受制裁的不当行为。在投标合同或文件中可能包含贷款银行关于不当行为的条款。而关于欺诈、串通、胁迫等概念，不同国家的法律及国际规则有着不同的理解。

2. 投标中的风险

招投标环节是国际金融机构廉洁、合规审查的重点。相关企业及个人除了不得进行串标、围标等行为之外，还应当特别注意投标文件的真实性、准确性及完整性。如，将关联公司或者子公司业绩作为公司业绩进行申报投标，也可能招致国际金融机构的处罚。此外，如果在投标过程中聘用了当地代理，也应当对该事实进行完整披露，否则可能被认定为欺瞒。

3. 礼品招待风险

一是企业的礼品招待规范。中国传统文化尊崇"礼尚往来"，中国企业送礼招待之风也蔚为大观，但世界银行等国际金融机构对收受礼品、接受招待的条件包括接受的礼品范围、价值限额、人员限制等做了详细的规定。二是高风险部门及相关人员的风险。高级管理人员、"敏感职能部门"员工（例如与东道国政府官员打交道的员工）、采购部门等都属于腐败的高危人群。同时，在腐败风险高的地区发生腐败、欺诈等不当行为的比率也较高。

4. 现金收付风险

由于建设工程类企业的特点，现金收付在项目实施中难以避免。但是现金收付存在巨大的风险，尤其是大额现金的收付中，收付现金对现金流向难以控制，相关人员可能利用财务管理上的漏洞，通过虚开发票等手段贪污公款，或收取现金后不及时上交财务。现金收付方式给相关人员提供了贪污、挪用公款的机会，增加了企业的财务风险。

5. 代理人等第三方风险

中国企业在海外开展业务的过程中，常常需要聘请当地的顾问或代理以便于进行工作，但由于这些顾问或代理人具备语言及信息的便利条件，极易成为进行贿赂的中间人或谋取其他不正当利益。他们的行为也在世界银行等金融组织的监管范围之内，并且第三方的不当行为产生的风险由聘请或委托他的企业承担，由此产生的风险即代理人或第三人风险。

6. 关联公司风险

一般而言，进行海外投资建设项目的企业都是规模较大、体系复杂的公司，"与其他企业之间存在直接或间接控制关系或重大影响关系"。①关联企业虽然不是一种法律意义上的法律主体形态，但却是一种为实现一定经济目的而形成的市场主体。因此，世界银行、亚投行等金融组织对企业经济行为的监管延伸至关联企业，关联企业的不当行为也会导致第三方对自己的处罚，由此产生的风险即关联企业风险。因此，企业尤其是母公司除了开展日常合规性审查工作、改进本公司相关制度之外，还要对关联企业的合规工作开展情况进行监督，以有效控制关联企业风险。

（三）对第三方处罚的制度性救济

1. 合理抗辩，减小或免除处罚

以世界银行为例，世界银行总部反腐败委员会对已掌握的信息和资料进行评估，认为有证据证明可能存在"欺诈和腐败行为"时，将证据等材料移交给制裁与终止资格部门，该部门再次审查证据，认为证据确凿则应通知被调查人，被调查人不接受制裁的，可聘请律师进行抗辩，案件移交至制裁委员会进行审议，由制裁委员会做出终局裁定。可以看出，在制裁裁定正式作出之前，被调查人在规定的时间内可以进行抗辩。调查函中载明了涉案项目、涉嫌违规的行为及世界银行初步掌握的案件事实，一般还有世界银行建议的解决方式。因此，被调查企业可以在规定期限内搜集有利证据进行抗辩，只要抗辩理由被制裁委员会采纳，就可以减轻制裁甚至不予制裁。

2. 达成和解，降低处罚

如前所述，世界银行在正式做出处罚决定前会向被调查企业提供一个和解方案，而且允许被调查企业就这个和解方案与世界银行进行沟通和谈判，以便达成和解协议。世界银行往往要求被调查方在一定的时间内进行合规整改，被调查方可以就时限、标准等与世界银行进行谈判，一旦达成和解协议，就可以免于处罚。

3. 积极改进，避免制裁或解除制裁

在取消资格的制裁中，可恢复资格与缓期取消资格两种制裁措施都为被制裁企业提供了消除风险的机会。二者均要求被制裁企业在规定的时间内积极改进，直至满足世界银行提出的要求。对于被制裁企业而言，一旦达到世界银行的要求，可恢复资格的制裁只是让其暂时丧失参与贷款项目的资格；缓期取消资格的制裁则不对该企业发生效力。

4. 积极改进，恢复资格

已被裁定取消资格并不是绝对丧失资格，无论制裁时间长短，只要受到制裁的企业积极制定相应的措施来改进他们的行为，而且接受世界银行随时的监测，直到世界银行认为被制裁企业已经建立了内部合规管理制度，并且采取措施有效整顿或预防腐败等不当行为时，世界银行就可能将被制裁者从"黑名单"中移除，恢复其相应的资格。

由此可见，世界银行等国际金融机构的制裁目的并不是处罚，因此其重点不在于对企业进行直接经济处罚，而是通过取消资格、公开信息等间接减损企业的经济利益。如果要减少或避免受到这种损失，企业在面临调查时应该积极应对、合理抗辩、主动改进，以减小或化解制裁带来的巨大风险。

---

① 张峰、吕亚芳：《谈关联企业的法律概念与认定判断》，载《财会月刊（理论版）》2007年第7期。

第七节 典型案例分析

一、案例介绍

中柬两国传统友谊源远流长，老一代领导人缔造的友好关系历久弥新。中国提出"一带一路"倡议规划，柬埔寨正处在海上丝绸之路的重要节点上，在政治上柬埔寨已成为中国通向东盟的重要战略支点，交通上要通过泛亚高铁、东盟高速公路的逐步修建将实现互联互通，2016年7月国家开发银行对柬埔寨进行投资调研，8月商务部高虎城部长访柬，对柬埔寨97%的产品零关税开放市场。在《中国东盟全面经济合作框架》和升级版《议定书》以及"一带一路"框架内，中国同柬埔寨已进入全方位、多层次交往的新时期。在南海问题上柬埔寨也多次发声支持中国，在国际舞台上与中国密切配合。

中国对柬投资也由原来的相对单一的基础设施、能源、制造业方面转向农业、信息技术、人力资源发展、湄公流域合作等全面投资，在优先发展行业中，农业被排在第一位。在中国"一带一路"框架内，柬埔寨将是最大的受益国，将更加进一步推动柬埔寨的经济发展和社会进步。

（一）柬埔寨国情简介

柬埔寨王国是君主立宪制私有制国家，国王是国家元首，首相掌管国家行政权力。主要政党有人民党（执政党）、奉辛比克党、救国党。议会设126个议席。在过去的20年，中柬两国高层互访频繁，民间交往也日益增加，王室成员继续传承西哈努克亲王与中国结下的深厚友谊，北京成为西哈莫尼国王的"第二故乡"，两国进入全面睦邻友好新时代。

柬埔寨1999年加入东盟，2003年加入世贸组织，柬埔寨在东盟框架内参加与中国的东盟10+1贸易谈判，和中、日、韩与东盟10+3谈判，是东盟成员国与中国关系最为密切的国家。

柬埔寨是世界上不发达国家之一，人均GDP1000美元，服装制造业和旅游业是经济支柱产业。廉价的劳动力，灵活的税收和投资政策，以及发达国家给予柬埔寨在贸易方面的优惠待遇，使得制造业在柬埔寨蓬勃发展。"吴哥时期"丰富的文化遗产和非物质文化遗产是其最宝贵的也是全球独一无二旅游资源，每年吸引着全球约500万游客到访柬埔寨，此外，柬埔寨原生态的自然风貌，热带海岛资源也吸引着越来越多的生态游爱好者。制造业和旅游业给柬埔寨创造了大量的就业机会，不断地带动经济快速稳定地发展，在过去的10年，国家经济平均增长率达7%。

和平稳定的政治环境和快速发展的经济，宽松的投资政策，吸引着越来越多的外来投资，这些投资主要集中在基础设施、能源、农业、房地产、旅游业等领域，外来投资更进一步加快了柬埔寨经济、社会的全面发展。

（二）柬埔寨法律体系概况

由于历史原因，柬埔寨的法律体系仍十分不健全和不完善。事实上，柬埔寨现行法律包括了民盟时期、金边政权时期、1993年王国政府成立以来三个时期制定的法律法规。柬埔寨的法律体系缺乏系统性，缺乏必要的部门法，尤其缺乏经济、商贸等方面的法律，没有《公司法》；《合同法》是1988年金边政权时期制定的。

1. 多边、双边协定与协议

1997年以来，柬埔寨签订了许多有关经济合作、对外贸易、促进和保护投资以及知识产权保护的协定和谅解备忘录。其中大部分协定是与世界贸易组织成员国签订的，他们都给予柬埔寨最惠国待遇和国民待遇。柬埔寨已经把加入各种多边经济组织作为重中之重。

国际间条约和双边协定的签署在一定的意义上也能促成和完善一个更安全的投资环境。《多投资保证协定》（MIGA）在柬埔寨的批准就是为了避免诸如没收、征用和其他政府干预等政治危机的发生。

2. 知识产权保护的法律法规

政府从1995年以来已经草拟了有关知识产权法律，包括商标法、专利和设计保护法、版权及其他权利保护等。2001年10月通过关于保护专利、实用新型和工业设计的法律，2001年12月通过关于商标、商号和不公平竞争行为的法律。

柬埔寨于1996年10月与美国签订了与贸易相关的知识产权协定，于1997年3月与泰国签署了关于知识产权合作的谅解备忘录。柬埔寨已经批准"1995东盟知识产权合作协定框架"。

3. 纠纷解决

柬埔寨目前还没有有关国际仲裁和商业纠纷处理机制的法律。司法部和商务部在借鉴国际仲裁法律以及周边国家的实际经验的基础上正在联合制定一部商业仲裁法律。

（三）项目简介

柬埔寨促进稻谷生产和大米出口项目，是落实2013年4月习近平主席与柬埔寨王国首相洪森达成"加强双方农业合作"共识，由柬埔寨王国利用中国政府优惠贷款，建设包括总仓容100万吨的稻米仓储设施，并搭建柬埔寨国家稻米融资体系、稻米交易体系、稻米市场开发体系。

柬埔寨促进稻谷生产和大米出口项目，是中国"一带一路"建设的标志性项目。项目由柬埔寨王国财经部与中*建设有限责任公司（下称中*建设）、河南**国际经济技术合作有限公司（下称河南**国际）、河南**设计研究院（下称河南**设计院）合作实施。项目总投资3.75亿美元，项目建成后能够直接带动河南农机出口和对外承包工程2.8亿美元，将有力推动河南种植业、养殖业"走出去"和粮食仓储先进技术输出。

项目中的100万吨国家稻米公共仓储体系，总投资额约为21亿元人民币。包含在柬埔寨全国10多个省、市建设16个具有独立稻米仓储和加工功能的子项目。稻米公共仓储项目建设采用EPC工程总承包模式，中*建设为工程总承包商，河南**设计院负责设计规划，河南**国际负责设备采购供应。

稻米仓储体系建成后由柬埔寨绿色贸易公司与河南**国际、中*建设、河南**设计院共同设立项目公司，负责项目的运营，经柬埔寨政府授予特许经营权负责对稻米仓储经营管理，并偿还项目贷款。

河南 ** 国际是柬埔寨促进稻谷生产和大米出口项目的发起人，并主导和推动项目的进展。该公司主要从事国际经济合作项目承包、政府援助物资项目、自营进出口贸易、劳务人员输出等业务，包括承接国家商务部的对外援助招投标项目，运作世界银行、亚洲开发银行和中国政府对外国政府贷款项下的各类物资、工程项目，向境外提供劳务输出服务，一般进出口贸易和代理业务等。

上海市建纬（郑州）律师事务所接受河南 ** 国际的委托，为该项目的建设提供了全程的法律服务。

二、案例启示

（一）投资限制风险分析

在项目签署的 EPC 合同中就可以体现出在柬埔寨这个国家关于投资限制的风险分配。

首先，柬埔寨与我国关系良好，双方目前既没有历史遗漏问题，也不存在现实争端，双方的国家关系处于上升阶段，这为投资和项目的顺利进行奠定了良好的政治基础，是在所有不可抗力中政治风险中最重要的一种风险，是投资限制中首先要考虑的因素。

其次，柬埔寨是个佛教国家，全国 85% 的人口信仰小乘佛教。柬埔寨主要以大米为主食，稻谷是柬埔寨主要农作物，但是其稻谷生产和存储相对落后。通过本项目的建设，要建立起柬埔寨稻米融资体系、稻米交易体系、柬埔寨市场开发体系，为柬埔寨稻谷的生产、加工、存储、交易提供全方位、立体化的服务，提升柬埔寨稻谷和大米在国际市场的竞争力。这就是在投资限制中所体现的要研究市场，市场比政策更重要的原因。

还有，柬埔寨稻谷生产和大米出口项目投资建设的粮仓，是按照中国的粮仓加工、存储标准进行设计、施工建设的，对柬埔寨而言，我们不仅输出投资，还有先进的科学技术和管理。参与投资建设的项目发起人都是在建设工程领域和粮仓加工、存储行业有丰富经验的承包商和供货商，并且采用的技术都是市场认知度良好，通过市场检验的技术，所以，在整个柬埔寨项目中先进的科学技术和管理手段也是项目的一大亮点。

（二）劳动用工风险分析

对于柬埔寨促进稻谷生产和大米出口项目在运作过程中，会涉及各方面的法律风险，现对其存在的劳动用工风险分析如下。

柬埔寨最新的《劳工法》颁布于 1997 年，在 1992 年劳工法的基础上为了满足美国给予最惠国待遇和关税普惠制进行修订。所以，法律规定比较细致，对劳动者的保护也比较周到。但有部分条款高估了实际情况，增加了业主不必要的负担。另外，柬埔寨于 2002 年 1 月 18 日颁布了关于雇用外国人在柬埔寨王国就业的申请办法及相关规定。结合以上规定，对柬埔寨劳动用工风险表现在以下几个方面。

1. 应注重工会及非政府组织的作用

关于工会，根据柬埔寨《劳工法》规定，工人可在企业内设立工会，工人和工会可以组织罢工活动。因此，近年来，在柬埔寨发生数十起大规模罢工事件给有关企业带来了较严重的经济损失。据柬埔寨市政厅公布，2016 年柬埔寨共处理千余起示威及罢工活动，其中纺织服装厂劳资关系矛盾尤为突出。

另外，柬埔寨经商界建立的社会团体或组织较多，活动活跃，主要包括柬埔寨总商会、成衣协会、旅游协会、饭店餐厅协会、柬华理事总会、柬埔寨中国港澳侨商总会、柬埔寨台商协会等。

除上述组织以外，柬埔寨非政府组织十分活跃，目前在柬埔寨登记注册的非政府组织有四千余家，对柬埔寨经济社会发展中的各个方面都有较强的影响力。主要的非政府组织包括：柬埔寨争取和平与发展妇女协会、柬埔寨青年协会、柬埔寨红十字会等。非政府组织关注的主要问题有：工人工资待遇、人权、环境保护、征地拆迁等。

2. 应重视柬埔寨劳工法的相关规定内容

根据 1997 年颁布的柬埔寨《劳工法》，该法是完全参照西方发达国家劳动标准制定的，总体来看，要求较为严格，现实执行中更强调保护劳工权益。例如：《劳工法》为劳动者权益提供全面保护。该法主要原则性规定如下：①严格禁止强迫或强制劳动；②业主雇用或解雇工人时，应在雇用或解雇之日起 15 日内向劳动主管部门书面申报；③业主用工人数超过 8 个的，应制定企业内部规章制度；④允许就业的最低年龄为 15 岁，工作性质涉及危害健康、安全或道德的，最低就业年龄为 18 岁。

（1）柬埔寨关于不同员工形式的规定

劳工法把员工分为四种类型：普通员工、临时员工、兼职员工、试用期员工。普通员工所签署的劳动合同又分作固定期限（Fixed Duration Contracts，FDC）与无固定期限（Undetermined Duration Contracts，UDC）。有明确的起始期限且不超过 2 年的书面劳动合同是 FDC，其他情形属于 UDC。对于试用人员，一般雇员不得超过 3 个月，专业工人不得超过 2 个月，非专业工人不得超过 1 个月。柬埔寨劳动仲裁委员会认为，FDC 可以多次延期，但如果总期限超过 2 年，那么该合同属于 UDC。临时员工是指从事需要在短时间内完成的特定工作的人，或者从事临时性的、间歇性的或者季节性工作的人。但如果临时员工连续超过 2 个月每月工作 21 天，那么，这些员工将被认定为普通员工。临时员工与普通员工同工同酬，但企业可以根据临时员工的工作时间缩减待遇。企业可以不提供年休假、病假、节假日、奖金和其他福利给临时员工，但要相应提高每小时工资以补偿他们的损失。兼职员工是指每周工作时间少于 48 小时的人，企业可以兼职员工的工作时间按比例缩减待遇。企业可以设定试用期，但最长不超过 3 个月。

（2）柬埔寨关于劳工报酬的规定

根据《劳工法》对劳动者工资作出如下规定：劳动主管部门制定最低保障工资标准，劳工工资至少应与最低保障工资相同。工资应以硬币或纸币形式直接支付工人本人，工人同意以其他方式支付的除外。工人工资每月应至少支付 2 次，间隔最多不得超过 16 天，雇员工资每月至少支付 1 次。另外，工资须在工作日发放并提供工资单，如果工资发放日适逢节假日，则应提前发放。

柬埔寨实行低工资制，近几年来政府普通公务员、军警月薪为 50 ～ 60 美元。2015 年，纺织、服装和制鞋业的最低工资为 128 美元，试用期最低为 123 美元。2016 年，柬埔寨将制衣、制鞋业最低工资标准提高至月薪 153 美元。据世界银行相关报告显示，金边市薪资水平如下：高级经理 1000 ～ 1500 美元、中级经理 500 ～ 1000 美元、初级经理 300 ～ 450 美元、会计人员 300 ～ 450 美元、办公室职员 150 ～ 250 美元。柬埔寨政府对在私营企业或非官方组织的柬埔寨籍或外籍雇员征收"工资税"，但对工资以外的福利不征税。

（3）柬埔寨关于工作时间的规定

根据《劳工法》，工人工作时间（不论性别）每天不得超过 8 小时，或每周不得超过 48 小时，严禁安排同一劳工每周工作六天以上，每周至少休息 1 天，且通常是星期天。工作计划需进行轮班的，正常情况下企业仅可安排两班（早班和下午班），夜间工作须按照上述加班工资标准支付（"夜间"是指包含 22 点至凌晨 5 点，且至少连续 11 小时的一段时间）。

对于因特殊和紧急工作需工人加班的，加班费的计算：

礼拜一到礼拜六加班，1.5 倍工资 / 小时；

礼拜一到礼拜六夜间加班，支付 2 倍工资 / 小时；

周日、公休假日加班，支付 2 倍工资 / 小时。

（4）关于劳动争议解决

柬埔寨劳动争议一般通过协商、调解、仲裁、罢工、诉讼的方式解决。个别争议和集体争议要经过的解决步骤不同。个别争议一般是指企业和一个员工的争议，集体争议通常是指企业和一群员工的争议，如果争议对方是工会，那么一般认为是集体争议。

通常争议双方先通过协商解决争议，协商不成，再进入调解程序，调解由劳工部主持，在 15 天内完成。个别争议可自愿选择是否进入调解程序。在调解期间，员工一方不能罢工，企业一方也不能阻止员工工作。调解达成一致，双方必须执行。调解不成，劳工部会将争议提交仲裁委员会处理。仲裁期间，员工一方不能罢工，企业一方也不能阻止员工工作。双方在收到仲裁裁决后 8 天内如无异议，则必须执行仲裁裁决。

（5）关于文档保管

根据柬埔寨相关法律规定，所有与劳工法有关的企业文档，比如工资名册、开业登记等，必须至少保存 3 年。由于税法规定有关会计文档必须保存至少 10 年，所以，文档的保管越久越好。

（三）财政与税务风险分析

1. 财政风险

柬埔寨稻谷项目的建设资金全部来源于柬埔寨政府从中国进出口银行的贷款，银行为降低自身风险，一般会约定当借款人出现不利情形时贷款人有权中止借款的条件，一旦柬埔寨政府出现财政恶化情形，贷款银行可能会停止支付资金，而柬埔寨政府财政缺乏支付能力，导致项目资金中断，项目难以为继。

2. 税务风险

（1）税收法律变动风险

柬埔寨政府可能为增加财政收入或者实现某些经济管理目的而制订或修改税收相关法律，增加税种、扩大征税范围、提高税率、降低或取消税收优惠等，这些法律变动将加重柬埔寨项目参与企业的税务负担，影响其经营收益，严重得可能导致企业亏损，企业可能会停止履约，导致项目停滞。

（2）国际重复征税的风险

国际重复征税是指两个或两个以上国家或地区，各自基于其税收管辖权，对同一跨国纳税人的同一征税对象所进行的重复征税。

1）国际重复征税与税收管辖权密切相关。税收管辖权是国家主权在税收领域中的体现，是一个主权国家在征税方面的主权范围。国际上税收管辖权的确定原则有属地原则和属人原则。

①属地原则，即以纳税人的收入来源地或经济活动所在地为标准，确定国家行使税收管辖权范围的原则。

②属人原则，即以纳税人的国籍和住所为标准，确定国家行使税收管辖权范围的原则。

2）由于不同国家确定税收管辖权所采取的原则不完全相同，其确立的税收管辖权范围和内容也会有所不同，国际上税收管辖权大致有三类：地域管辖权、居民管辖权和公民管辖权。

①地域管辖权，是按照属地原则确定的税收管辖权，是指一个国家对发生与其领土范围内的一切应税活动和来源于或被认为是来源于其境内的全部所得的征税权利。地域管辖权体现了有关国家维护本国经济利益的合理性，符合国际经济交往的要求和国际惯例，为绝大多数国家所接受。

②居民管辖权，是按照属人原则确定的税收管辖权，是指一个国家对属于本国的居民取得的来自世界范围内的全部所得行使税收管辖权。不同国家对居民身份的确认方法不尽相同，有的按照居住期限确定，有的按照是否有永久性住所确定。

③公民管辖权，是按照属人原则确定的税收管辖权，是指一个国家依据纳税人的国籍行使税收管辖权，对属于本国的公民来源与世界范围内的全部所得行使征税权。

纳税人所得或者收益的国际化和所得税制的普遍化是产生国际重复征税的前提，各国行使税收管辖权的重叠是国际重复征税的根本原因。由于大多数国家都同时行使两种税收管辖权，国际重复征税风险具有普遍性。虽然我国已大多数"一带一路"签订了税收协定以避免国际重复征税，但国际重复征税风险很难完全避免。

此外，我国境外所得税收抵免政策规定，对未依据税收协定而多缴的境外所得税不得进行税收抵免。

3. 补税、罚款、加收滞纳金、刑罚处罚等风险

因不同国家的税收法律不同，项目参与企业可能因不熟悉而柬埔寨的税收法律，导致其纳税行为不符合相关国家税收法律的规定，应纳税而未纳税、少纳税，从而面临补税、罚款、加收滞纳金的风险，情况严重的可能面临刑罚处罚的风险。

（四）项目环保风险分析

1. 自然资源及环境保护法规概要

柬埔寨属热带季风气候，全年分两季，每年 5～10 月为雨季，11 月到次年 4 月为旱季。年均降雨量为 2000mm，其中 90% 集中在 5～10 月。柬埔寨森林覆盖率 61.4%，主要分布在东、北和西部山区。

柬埔寨的绝大多数国民信仰小乘佛教，因此佛教被奉为国教。宗教在柬埔寨人民的政治、社会和日常生活中占有十分重要的地位。

柬埔寨在1996年就制定了《环境保护法》，1999年又颁布了有关环境影响评价的法令。如今柬埔寨对环境问题更加重视。环境保护部是柬埔寨的环境保护部门，主要职责是通过防止、减少及控制污染，保护并提升环境质量和公共卫生水平；在王国政府决策前，评估项目对环境造成的影响；保障合理及有序的保护、开发、管理及使用柬埔寨王国自然资源；鼓励并为公众提供机会参与环境和自然资源保护；制止影响环境的行为。

2. 项目环保风险提示

柬埔寨促进稻谷生产和大米出口项目，除了搭建柬埔寨国家稻米融资体系、柬埔寨国家稻米交易体系、柬埔寨国家稻米市场开发体系外，就是在柬埔寨的多个省建设16座仓储设施。由于项目建设涉及土地征用、土木建设等大规模改变自然环境和生态等，因此必须十分的重视环境保护工作。结合柬埔寨的相关环境保护法律规定，就相关风险和防范措施予以提示。

（1）立项阶段风险提示

柬埔寨《环境保护法》规定：任何私人或公共项目均需要进行环境影响评估；在项目提交柬埔寨王国政府审定前，由环境保护部予以检查评估。同时，相关环境影响评价法令也规定项目在获得审批和动工之前，必须完成环境影响评估工作，并向环保部送交环评报告书。环评报告柬埔寨发展理事会（CDC）批准。

因此，拟建设的16个仓储设施项目，必须予以环境影响评估，否则该项目的建设将不被政府批准，即使项目能开工建设，也可能随时被政府叫停。

（2）建设和运营阶段

柬埔寨《环境保护法》规定，环境保护部与有关部门有权要求任何工厂、污染源、工业区或自然资源开发项目所在区域的所有人或负责人安装或使用监测设备，提供样品，编制档案，并提交记录及报告供审核；企业不得拒绝或阻止检查人员进入有关场所进行检查，否则将处以罚款，有关责任人还可能被处以监禁。

项目在工程建设前，应付项目现场土地、林木、河流等原始状态根据政府批复的项目环保报告予以保护并合法改变。并对建设区域开展环境监测和评估，掌握项目所在地及其周围区域的环境本底状况，并将环境监测和评估结果备案保存。

针对可能存在的环境事故风险，根据环境事故和其他突发事件的性质、特点和可能造成的环境危害，制订环境事故和其他突发事件的应急预案，并建立向当地政府、环境保护监管机构、可能受到影响的社会公众等报告、沟通的制度。

建设或运营期间应按照政府的要求安装环境监测设备等，并做好数据的采集和记录；采取必要措施，控制施工期间的废气、废水或固体废弃物的排放并符合相关标准。

采取相应措施，减少工程施工或生产经营对周边居民或机构、企业所造成的不利影响。

主动配合并接受工程所在地当地政府、环境保护监管机构的检查、监督；同时更应加强与工程所在地的环保管理机构、环保民间组织等联系，获取他们的支持和理解。避免他们向政府抗议或施压，影响工程建设或正常的生产运营。

项目经营期间，应尊重周边居民的宗教信仰、文化传统和民族风俗，保障劳工合法权益，为周边地区居民提供培训、就业和再就业机会，促进当地经济、环境和社区协调发展，在互利互惠基础上开展合作。

（五）反腐败风险分析

对于柬埔寨促进稻谷生产和大米出口项目在运作过程中，会涉及各方面的法律风险，现对其存在的反腐败风险分析如下。

1. 项目中存在的法律风险

（1）柬埔寨国内腐败贿赂现象严重。大到候选人运用金钱和礼品贿赂选民赢取柬埔寨的大选，小到柬埔寨机场安检人员向过往百姓私自收费。根据国际反腐协会 Trace International（追踪国际）近期发表的 Trace Matrix 全球经商环境廉洁度调查报告显示，柬埔寨柬埔寨则"凭借"89 分的平均分，与乌兹别克斯坦（92 分）、安哥拉（94 分）、也门（94 分）和阿尔及利亚（97 分）一同跻身成为全球腐败情形最严重的国家。

（2）柬埔寨生产经济手续十分烦琐。企业办理投资手续需要经政府部门审批，整个审批流程会耗费大量的时间和金钱。一般企业注册和审批需要耗费 85 天，行政手续复杂对于外商投资是十分棘手的问题。

（3）柬埔寨对于腐败等行为的统一法律规定在《反腐败法》。该部法律自 1994 年开始起草，2010 年 4 月经国会表决通过。内容规定了国家和政府官员必须向反腐败机构上报个人财产，若行贿或受贿等腐败行为一旦确定将受到法律的制裁。但对于反对商业贿赂没有专门法律。

2. 柬埔寨促进稻谷生产和大米出口项目法律意见

《柬埔寨促进稻谷生产和大米出口项目》是中国"一带一路"建设的标志，由柬埔寨王国利用中国政府优惠贷款，用于搭建柬埔寨国家稻米融资体系、稻米交易体系、稻米市场开发体系性项目。

（1）应增强对柬埔寨法律方面的风险意识。企业应先充分了解柬埔寨的外商投资法，除了利用对外商有利的条件，还要遵守投资法的法律法规，按照法律规范操作。

（2）注重行业自律，健全行业诚信体系。行业自律形象的提升，将帮助行业内企业降低国际经济合作中的交易成本。多个行业自律形象的整体提升和对行业内企业规范约束的强化，将提升中国企业在国际经济合作中的整体形象，从整体上降低交易成本，形成良性循环。

（3）制定合规管理体系，加强合规要求。企业应投入更多资源用于提升产品和服务的竞争力，通过提供符合当地需求的优质产品和服务，提高自身在国际经济合作中的地位和主动权。另外应加强对参与国际经济合作员工的选聘、培训，员工素质决定企业战略的执行效果。

随着国际上打击腐败的执法力度不断加强，以及我国贯彻落实习总书记在"一带一路"高峰论坛上提出的"加强国际合作，共建廉洁之路"，中国企业参与"一带一路"应更加关注海外运营中的贿赂风险防控。

（六）其他风险分析

1. 东道国法律风险

中方与柬方合作的促进稻谷生产和大米出口项目 EPC 工程总承包项目中，存在东道国法律风险。柬埔寨目前整个法律体系缺乏系统性，没有具体的法律分工，缺乏必要的部门法，关于经济、商业、贸易等方面的法律法规尤其欠缺。因此在基础设施、贸易投资等领域的法律法规、税收规定等方面的法律规范仍处于空白缺失状态，对于中国企业来说具有较大的法律风险，一旦出现争议难以找寻法律依据以及出现法律的适用问题。

2. 运输风险

柬埔寨处在海上丝绸之路的重要节点上，交通上要通过泛亚高铁、东盟高速公路的逐步修建将实现互联互通。陆上运输也将成为极为重要的运输渠道。"一带一路"倡议的施行使得运输具有时间长、距离远的特点，因此路途中很容易出现意外事故，引发风险隐患。诸如货代风险、不良承运人带来的风险、运单风险等法律风险。对于中方企业要针对运输合理控制风险，办理运输保险，及时转嫁风险损失，减轻自己的风险。

第六章

项目相关方风险

第一节　项目相关方风险概述

一、国际工程中的项目相关方

国际工程项目相关方是指参与国际工程项目建设的利益相关方,包括代理商、业主、联营方、分包商、咨询机构等。

(一)代理商

承包商与代理商之间的关系确定为合作伙伴,承包商按照代理协议向代理商支付费用,同时代理商也会按照代理协议向承包商提供境外业务咨询服务,协助承包商拓展境外业务,加强国际商务活动力度,协助解决项目投标以及合同执行过程中诸多烦琐但却十分重要的细节问题。

(二)业主

业主是指建设单位,有时也称业主,我国习惯称发包方或甲方。业主是工程项目的提出者、组织论证立项者、投资决策者、资金筹集者、项目实施的组织者,一般也是项目的产权所有者,并负责项目生产、经营和偿还贷款。业主可以是政府部门、社会法人、国有企业、股份公司、私人公司以及个人。业主的性质影响到项目实施的各个方面,许多国家制定了专门的规定以约束公共部门业主的行为,尤其是工程采购方面,相对而言,私营业主在决策时有更多的自由。英文中 Employer(业主)、Client(委托人)、Promoter(发起人)、开发房地产的发展商(Developer)在工程合同中均可理解为业主。业主代表(Owner's Representative)指由业主方正式授权的代表,代表业主行使在合同中明文规定的或隐含的权力和职责。业主代表无权修改合同,无权解除承包商的任何责任。

在传统的项目管理模式中,对工程项目的具体管理均由(监理)工程师负责。在某些项目管理模式中(如设计—采购—建造、交钥匙项目)不设工程师,业主代表要执行类似工程师的各项监督、检查和管理工作。总之,业主代表的具体权力和职责范围均应明确地在合同条件中规定。

(三)分包商

分包商是指那些直接与承包商签订合同,分担一部分承包商与业主签订合同中任务的公司。业主和工程师不直接管理分包商,他们对分包商的工作有要求时,一般通过承包商处理。国外有许多专业承包商和小型承包商,这些承包商可能在某些领域有特长,或在成本、质量、工期控制等方面有优势。在国外数量上占优势的是大批小承包商,如在英国,大多数小公司人数在15人以下,而占总数不足1%的大公司却承包了工程总量70%,宏观看来,大小并存和专业分工的局面有利于提高工程项目建设的效率。专业承包商和小承包商在大工程中一般都扮演着分包商的角色。指定分包商是业主在招标文件中或在开工后指定的分包商或供应商，指定分包商仍应与承包商签订分包合同。

（四）联营方

国际工程联营体主要有两类：①项目所在国承包商参与的在本地的联营体。从出资的比例来看，又可细分为下面几种类型：联营双方各占 50% 股权；外方占少数股权；外方占多数股权；双方各占相同比例的股权，其余的由独立第三方持有（但不能控股）。目前我国承包商参与联营的项目大多属于第三种，而且如果项目在我国，则我国承包商一般占少数股份；如果项目在国外，则我方一般占多数股份。②联营体在第三国合作经营。在第三国进行联营主要是为了发挥联营各方的优势，从事单独一方力所不及或对方不愿单独承担的经营活动。从项目所在国的角度看，该形式类似于外国企业在当地的独自承包。

（五）咨询机构

国际工程咨询活动贯穿于工程项目决策和实施过程，咨询机构提供的服务一般可以包括：项目前期阶段的咨询业务、项目准备阶段的咨询、项目实施阶段的咨询、项目运营阶段的咨询。其中项目决策咨询是核心，以可行性研究和评估为重点。

二、项目相关方风险种类

中国企业对外承包工程的过程中需要和代理商、业主、融资担保机构、联营方、分包商、咨询机构等项目相对方打交道。不同的项目相对方对项目有不同的期望和需求，他们关注的目标和重点常常相去甚远。不同相对方为满足自身利益，可能会对项目造成积极或消极的影响，从而产生风险。各个相对方环节是互相影响的，如果其中一个环节出现重大风险，则承包商也不可避免地会承担风险。因此，承包商特别是总承包商应当注意识别和防范项目主要相对方的风险，以保证项目的顺利进行。尽管这些相对方的风险大多已经蕴含在前文所述的法律风险中，但为了更好地体现不同相对方的利益需求以及典型的风险类型，本书特别设置了单独的相对方风险，以彰显其重要性。一般而言，根据相对方的类型不同，相对方风险主要包括：代理商风险、业主风险、联营方风险、分包商风险和咨询机构风险。

第二节　代理商风险

一、风险识别

在国际工程承包中，代理商就是承包商的项目中介人、联络员。他们在承包商与业主或发包商之间起到中介、联络和催化的作用。有的承包商在进入国外工程项目承包市场时，为了顺利取得项目，常常在当地寻找自己的代理人；在项目实施过程中也需要有熟悉当地情况的代理人帮助自己在有关方面进行必要的斡旋和协调；即使在一个熟悉的市场，如果能得到一个好的代理商的帮助，承包商在扩大市场方面，或使项目顺利实施方面都会收到事半功倍的效果。此外，代理商不仅会在获取项目信息上提供帮助，在项目实施过程中甚至产生纠纷时也会发挥较大作用。据报道，在全世界的国际工程承包项目中，大约有80%的项目是通过代理人或中介机构获得的。值得注意的是，有些国家为了保护本国的利益，它们的法律还会明确要求，任何外国公司必须指定当地代理人或与当地承包商合作，才能参与所在国的建设项目的投标和承包。

二、风险管控

一个理想的代理商应有如下特征：具有良好的信誉；有广泛的社会关系；熟悉工程项目的商务活动；熟悉工程项目的招投标工作；具有合法的社会地位；最好是一个信誉良好的公司而不是某个自然人。

（一）需在雇佣代理商之前进行充分的尽职调查

第一，要对项目所在地的法律法规进行一定调查，尤其是明确当地法律是否对雇用当地代理商有强制要求，以及对代理商的资质是否有任何要求。

第二，要对代理商的公司注册文件、行业历史、有无诉讼或处罚记录、是否参加一些行业协会等进行调查，以确定所选择的代理商是合法注册且信誉良好的。

（二）签订代理协议

承包商在选定代理商后，为了明确双方的责任、义务和报酬，必须签订一个双方都认可的、具有法律效力的代理协议。在签订代理协议时，有几点必须特别明确。

1. 谨慎签署独家代理协议和总代理协议

因承包商选择代理大多是为了寻找能帮助拿到新项目、有特殊背景和关系的被代理人，而这些人大多是受聘于政府的各级官员，他们本身不是自由人，随时可能因政府部门或企业的工作改革或工作调整而变换角色，所以寻找的代理不可能确保他与被代理人关系的持久性，因此，代理协议只能是按项目签署，而且还会在代理协议执行期间就出现被代理人身份被调整的情况。一旦签署了独家代理协议或总代理协议，那么承包商在撤出这些国家之前将永远受此代理的约束。无论承包商在代理协议所辖公司或区域通过何种关系拿到项目，与已签署代理协议的代理是否有关，此代理都将按原协议所签署的代理费用比例分一份羹。

2. 明确代理与被代理人的关系及被代理人在签署协议时的特殊身份和作用

对于聘用某些掌握特殊政府或项目资源的代理时，应当在代理协议中明确代理人与被代理人的关系以及被代理人的特殊身份和作用，必要时，还要将其作为代理协议成立存在的必要条件，一旦这种特殊身份和作用发生了变化，代理也无法再发挥他应有的作用。在代理协议中要对在这种特殊变动情况下的代理费有相应的限定条款，在被代理人身份和作用极特殊的情况下甚至应规定为中止代理协议的必要条件。

3. 对代理的工作范围要作明确的规定

代理的工作范围应当与推动项目进展所开展的实质性工作挂钩，特别是帮助承包商拿到项目后的服务工作，要如规定代理要负责项目进度款的催办，如果进度款不能按时收回期延期或费用克扣，代理费支付也要顺延。如果发生索赔，代理要负责协调。如果出现工期延期或费用克扣，代理费也被相应的顺延和扣减。

4. 对代理协议的期限必须进行严格规定

对于代理协议的期限不建议使用任何不确定的模糊语言。代理协议可以考虑合适的最短期限。同时考虑到被代理人的期限一般多以项目工期为参考，否则，可以考虑合适的最短期限。同时考虑到被代理人可能随时有职位变化，在签订代理协议时必须综合考虑代理协议期限与被代理人取位变化的关系。

5. 代理费用支付规定

有关代理费用支付的规定应当与业主对项目总体进度款支付方式和时间结合起来，不能选择按项目工期分期按比例支付的方式。因项目经常会有因各种原因延期的情况，如果根据项目原订合同工期按比例支付，到项目延期时，所剩代理费过少就失去了对代理的约束作用和继续发挥其协调项目延期等有关事宜应有的作用的主动性和积极性。

6. 切忌代理协议与项目变更联系在一起

要严格界定协议的代理范围，不随意扩展任何新增合同额的变更内容，以避免因被代理人调整变换后，代理还收取项目执行中不断产生的新变更的代理费用。即使某个变更非常需要代理从中协调才能获得，也不能轻易扩大项目代理协议的代理范围，可以视情况经双方协议签署补充协议。

7. 审核代理提供的支付代理费的账户的合法性

在签署代理协议时，应当仔细审核代理所提供银行账户的合法性，约定付款银行，并规定提供合法的完税发票。否则，代理及其被代理人经常会回避此敏感问题，他们会因代理协议无明确规定，为了逃税或害怕曝光而提供自制无注册发票或公司账户，将隐患全部转给第三人，他们自己从中获取非法暴利。

第三节　业主风险

一、风险识别

在国际工程承包中，业主风险主要体现在业主违约风险，特别是业主的支付违约上。以非洲某国家为例，国内某承包商在该国中标某水电项目，但中标后由于业主方筹资遇到困难，使该项目预付款无法到位，项目长期搁置无法开工，给承包商带来了损失。FIDIC合同条件第2.4款"业主的资金安排"规定，业主在接到承包商请求后应提供合理证据，表明其已经做出了资金安排，并将一直坚持实施这种安排，此安排能够使业主按照合同规定向承包商支付。这一条款强调业主有保证支付的义务，从而保护承包商的利益。但是在实际操作过程中，比如很多政府项目涉及的一些项目资金安排，业主往往不愿，亦不能完全按照该规定向承包商提供资金安排的合理证明，此时该条款往往被业主所删除。

此外，业主单方面提出终止合同的情况也屡有发生。比如，在投标过程中以及履约过程中的业主违约情况等。

二、风险管控

对于业主风险的应对，应当主要做好如下工作。

（一）承接项目之前对业主进行尽职调查

对于业主出资的项目，如业主是政府机构或公营公司，承包商应着重分析所在国的政策稳定性和经济发展水平，对业主的支付能力进行合理的评估；如业主是私营机构，对承包商来说，将意味着更大的收款风险，应更引起充分重视，对业主的经济状况、财务能力进行全面的分析和评估，以确定风险的程度及控制方法。在投标分析的过程中，如项目可能存在较大的工程变更，意味着项目后期的支付将大大超过成本预算，更应对业主的支付能力进行相应的分析，以避免将来可能出现的业主对超出合同预算部分推迟支付或减少支付从而对承包商造成风险。承包商还应对业主过去项目的实施情况进行一定的调查。当业主比较苛刻时，如履约保函加大比例，从一般惯例的 10% 加大到 15% ～ 20% 时，会增加承包商的成本。

（二）尽量获取相对公平的合同条件

尽管和业主相比，承包商的谈判地位很有限，但仍然应当尽可能地获取相对公平的合同条件。常见的控制业主支付风险的方法包括在合同的谈判过程中要求增加预付款的比例，在合同中争取更有利的有保障的支付方式，提高合同中延迟付款业主所支付的利息，完善或强化业主延迟支付后承包商所享有的放慢工程进度或终止合同的权利的相关条款。

在与国外业主谈判时，要注意根据业主背景的不同，选择不同的谈判策略。比如，军方背景业主的特点是相对务实，效率相对较高，执行上级命令坚决。因此面对军方背景的业主时，承包商尽可能掌握军方高层的目的与意图，找到切入点。政府背景业主的特点是效率相对低下，灵活性不足，资金较充足。因此面对政府背景的业主时，承包商尽可能从国家友好关系出发，利用驻外使领馆的良好关系，来推进谈判进程。政府背景的业主一般采用集体决策的方式，因此承包商必须注意审批的流程，并严格遵守，必要时也可以采用高层施压的方式以推进谈判。私营业主的特点是大股东或主要出资人拥有最终的决策权，其他人员一般只拥有建议权。因此，承包商尽可能利用私营业主的个人决策权争取相对好的合同条件，如较高的预付款额度、较低的保函额度甚至免开保函、增加付款节点等。

另外，考虑到中国承包企业可能面临的收款风险，中国出口信用保险公司也提供了诸如业主无力支付的相关保险，可供承包商进行风险转移时选用。

（三）项目实施过程中积极与业主沟通

在项目实施过程中，承包商应当学会与业主进行积极通畅的沟通，充分了解业主的动态。对于业主某些不合理的要求，承包商在遵守法律和合同的前提下学会说不，而不是一味地接受。要学会用法律和合同的武器保护自己，因为很多时候，业主对于有理有据的要求和建议通常还是会接受的。在国际工程中，受文化差异、语言差异、工作习惯差异等影响，经常会与业主友生沟通不畅的问题。例如，由于时差问题，双方共同工作的时间不统一，而一些国家非工作时间不工作，这样沟通就会占用大量时间。语言障碍对项目沟通的影响非常大，特别是在小语种国家，语言不通引起的沟通障碍往往会导致项目成本的大量增加和工期的延长。例如，某工程所在地为波兰，合同语言是波兰语，所有的技术文件都是波兰语，包括设计文件、图纸、向业主提交的计价文件及施工计划、分包商提交的计价文件、跟业主和分包商的正式信函往来等。中国承包商想要了解情况必须通过波兰人翻译，对外（业主和分包商）沟通也必须通过波兰人翻译，所以大部分的工作环节都多了两道翻译过程，导致工作效率很低。由于翻译对很多专业问题不了解，在翻译的过程中就会产生很多错误。与业主或工程师沟通不彻底，就难以了解业主和工程师的要求，有时其至理解错误导致复工，这也一定程度上影响了工作效率和时间。同时，由于沟通不畅，中国承包商在一些关键问题上只能了解大概，无法有效控制。

同时为了强化信息的重要性，还需通过辅助的方法强化沟通信息，以期信息及时可靠的传递和消化。例如，采取严格的固定时间和固定工作模式，以书面的形式发布、获取和强化信息。项目现场沟通所采用的图纸、技术说明、会议纪委、工程量确认验收单、往来函电、工作总结、项目月报等主要信息可以通过例会、专题会议、定期视察、成果提交等形式实现；止式沟通的信息均需收入项目收尾管理的存档流程。

第四节　联营方风险

一、风险识别

联营体承包工程是相对一家承包商独立承包工程而言的承包方式，即由一个国籍或不同国籍的两家或两家以上具有法人资格的承包商以协议方式组成联营体，以联营体名义共同参加某项工程的资格预审、投标签约并共同完成承包合同的一种承包方式。联营体可以分为法人型联营体和合同型联营体，法人型联营体实际上是·种合资公司，是具有独立法人资格的各方同意联合组成新的经济实体，共同承担民事责任，并注册登记为新的法人。合同型联营体也称为合作型联营体即具有独立法人资格的各方按照合同的约定进行经营其权利和义务由合同约定。他们具有共同的经济目的，为了获取投标的项目，在施工和经营等方面进行协作，而就相互间的职责、权利和义务关系达成协议所订立的合同是制约各方的主要手段。

在国际工程承包中，两个以上的中国企业或者中国企业和第三国企业或当地企业组成联营体承接工程项目的情况并不少见。组建联营体的原因很多，有时是因为当地市场准入的强制性规定，有时是希望优势互补、强强联合。但是，由于联营体管理层次增多，各成员间关系复杂，联营体的组建也存在的很大的法律风险。

二、风险管控

对于任何联营体，我国承包商从合作伙伴选择、投标、议标、签约到项目全过程都应当认真研究相关的风险，并采取有关措施管理好风险以减少损失。

（一）慎重选择合作对象并对其进行尽职调查

FIDIC 合同条件规定，以联营体形式承接项目，联营体各方需向业主承担连带责任。联营体一方当事人的违约，会导致其他当事人的责任，因此，合作伙伴的履约实力、诚信等资信情况非常重要，对合作伙伴资信情况的了解不清可能会带来巨大的履约风险，导致项目亏损甚至合同被终止。我国承包商与当地承包商组建联营体时，一定要考核当地承包商的资信情况，包括合作伙伴的经济实力、联营体工作范围、项目报价、技术水平、工程人员素质、拥有设备状况、垫资能力、以往项目经验、组织的管理能力等方面，慎重考虑是否组成联营体投标。

（二）重视联营体协议的起草和实施

联营体协议是保证联营体正常运转的基础，所以要尽可能地细化联营体协议，使其内容完整、定义准确，明确双方基本权利义务以及工作划分。联营体协议的审查重点包括以下几点：工作界面划分是否合理、工程款的划拨是否明确、各成员责任划分是否清晰、联营体内部协调机制是否有效、是否约定了联营体的解体时间和方式、是否落实诚实守信风险分担的条款、定期的沟通方式和渠道、联营体内部争议解决方法、联营体的应急预案和保证办法。这样才能使联营体协议真正具有约束力和可操作性，进而使联营体的日常工作处于有序、有据的状态下。

（三）合理向联营体各方转移风险

在分包和供应合同中，通常应要求分包商或供应商接受主合同中的各项合同条件，要求他们同样提供履约保函、预付款保函、维修保函、工程保险单以及扣留一定的保留金，使分包商和供应商分担一部分相应的风险，对于联营体也应如此。对于不讲诚信的联合体成员，我国承包商应学会在风险事件发生后，充分运用法律武器，维护自己的合法权益，要求联营体各成员提交"联营体合作保证"，通过增加违约成本约束控制联合体各成员的行为，降低诚信风险。

（四）要注意控制合作伙伴的数量

合作伙伴的数量不宜太多，建议联合经营的合作伙伴控制在 2 ～ 3 个，并可根据项目规模大小、复杂程度和工程类别而定。如果数量过于庞大，协调困难，可能对工程产生不利影响。

（五）注意建立各方的合作关系

通过合作一项工程，结交一方朋友，拓展一个市场，增加一分信誉，除了需要维持好内部各成员间的关系外，还要营造并维持好与当地政府机构、机关团体、社会组织的公共关系，建立良好的关系，得到当地社会的认可，为自身企业开拓市场打下基础。

第五节 分包商风险

合同具有相对性，合作的基础是信任，承包商本身具有对合同履行质量的保证，为了合同的稳定性、履行的质量，国际工程合同中一般会明确禁止承包商将整个工程分包出去，通常也不允许承包商私自分包部分工程，除非征得业主的许可或业主指定分包商。承包商为了工程的顺利实施，可以将部分工程分包出去，但是分包部分工程的任何行为均视为承包商自身的行为，分包商和承包商视为一个整体，承包商应对分包商的行为或违约承担全部责任，承包商对工程负全部责任，承包商和分包商内部责任划分与发包人无关。

一、分包商履行能力不足风险

分包商从总承包商处承接其承包的部分工程，是总承包合同内容相应部分的实际履行人。分包商与承包商之间签订分包合同，承包商就部分工程对分包商进行评估选择，但是在分包工程竞标时，分包商可能存在低价、虚假资料等恶意竞标的行为。最终导致承包商对于分包工程价格预计错误，分包商履行能力估计不当，影响总工程的质量、进度。承包商对分包商了解不充分，导致分包商合同履行不当的风险越高。

存在指定分包商时，承包商的分包风险更高。在国际工程合同中，时常会出现业主可以指定分包商，或者依据变更和调整条款指定分包商雇佣人员的约定。比如 2017 版 FIDIC 合同条件关于指定分包商的约定。但承包商可以提交具体证明资料向业主说明其反对理由，存在合理的理由，则承包商可以不雇用指定的分包商，合理理由包括但不限于：有理由相信分包商没有足够的能力、资源或资金实力；分包合同未规定指定分包商应保障承包商免于承担由分包商、其代理人、雇员的任何疏忽或对货物的错误操作的责任；分包合同未规定指定分包商对所分包工程（包括设计）应该向承包商承担的义务和责任以使承包商可以依照合同免除他的义务和责任，以及保障承包商免于按照合同或与合同有关的以及由于分包商未能履行这些义务或完成这些责任而导致的后果所具有的义务和责任。

二、分包商管理风险

国际工程通常是一项复杂的国际经济活动，涉及面广，包括建筑工程设计、施工、劳务、银行保函、货物运输等，所以通常一个国际工程存在多个分包商。分包商的履行能力存在差异，对于总承包合同的履行质量参差不齐，同时，承包商的项目管理困难增加，管理出错的可能性增加。

三、分包商的支付风险

承包商与业主、承包商与分包商的合同均约定有支付条款，但若承包商先将分包费用支付分包商，而业主支付出现问题，承包商将承担巨大资金占用损失；或者业主与分包商关系密切，业主直接将分包费用支付分包商，导致分包费用与承包商和分包商的结算不符等。特别是指定分包商时，分包商与业主关系密切，分包商直接跳过承包商的管理，承包商对工程监控失效。FIDIC 合同条件规定，分包合同约定支付内容，应由工程师证实后，加上其他费用，依据暂定金额的规定计入合同价格。但承包商应提供支付证据，承包商应提供其已按照支付证书支付给指定分包商的证据，但可以适当扣除保留金等。若承包商未提供证据证明，业主可以直接向指定分包商支付应支付的款项，并且也应扣除适当的保留金等，同时，承包商应赔偿业主该款项。

四、分包合同事项责任追偿风险

分包合同履行过程中，出现分包合同事项责任，承包商对业主承担责任后，可以向分包商追偿。分包需经过业主方同意的，承包商在征得业主方同意时，应当对分包事项进行如下约定。

（1）可以分包的事项。在允许的范围内，明确可以分包的事项。

（2）实际履行方履行过程中，承包商应当履行的监督。分包合同并不意味着承包商可以退出部分合同事项的实际履行，承包商仍需要对业主方负总责，故应当约定承包商对整个履行过程的履行质量监督。

（3）分包合同履行不当的责任承担。合同具有相对性，一般无法突破，若分包商履行不当，承包商可以要求分包商承担的违约责任；若业主履行不当，承包商可以要求业主承担的违约责任。但根据我国法律规定，若业主方没有足额支付工程款，那么实际履行方可以在业主方欠款范围内要求业主方向其承担责任。该条规定突破了合同相对性，在涉外合同中应当特别注意，特别是约定选择第三国即中国法律适用时。

针对此类风险，承包商可以从以下几个方面进行防范：①建立分包商管理档案；②制定严格的分包商选择制度；③慎用指定分包商；④建立完善的分包项目监管制度等。

第六节　第三方专业机构风险

国内在进行工程项目建设过程中，除项目业主外，工程承包商还需与项目的设计方、监理方、造价方等第三方专业机构进行合作、配合及协调。同样，在海外项目中，亦需要与类似的机构进行合作。由于与国内法律和机构设置的区别，海外项目中通常会由所在国的专业机构（如设计机构、项目咨询机构、质量监督机构等）对工程设计方案、工程建设过程中的质量、工程价款等进行第三方监管、评估。这些境外的专业机构或由政府指派、或由项目业主聘请的，其依据法律规定、合同及 / 或业主的授权与承包方进行协作。本章所指的风险主要为由于这些第三方机构的专业性、公正性以及沟通不畅、不及时等因素引发的风险。

一、第三方专业机构的类型

在项目建设过程中，承包方所接触的第三方专业机构分为两种类型，一种为业主聘请的、获得业主授权的第三方专业机构，另一种则为独立于各方、由政府指派或根据法律规定而参与项目的第三方专业机构。

（一）获得业主授权的第三方机构

在国际工程中，各方已经越来越多的签订标准化的合同，如采用国际咨询工程师联合会（FIDIC）合同条件或美国建筑师学会（AIA）系列合同条件，其中，FIDIC 合同条件是国际工程中采用较为广泛的合同。在该合同中，就有对"工程师（Engineer）""业主代表（Employer's Representative）""业主人员（Employer's Personnel）"的相关规定，此类主体即为业主聘请来管理合同及工程的第三方专业机构或专业人员。

经业主聘请而参与项目的第三方专业机构，由于各国法律的区别而分为多种类型。以我国国内工程项目中必备的第三方机构监理为例，FIDIC 条款中将测量师、结构师、建筑师等进行的工作内容统称为工程师，并在对应条款中对相关职权作了规定，包括对工程开、复、停工的指令权、工程变更与价款变更的批准权、施工进度的监控权、工程款签发的决定权等。

由于涉及"一带一路"倡议的国家数量较多，即使在签订合同时采用了上述 FIDIC 的标准合同，但各个国家对于施工过程中的第三方专业机构的名称、在项目中的作用、工作模式等规定各有不同，在实践中，一般会由项目业主聘请的第三方专业咨询机构或设计机构履行相关的职责，例如，仍以监理为例，由于我国监理制度的特殊性，监理单位仅负责施工阶段的监理，但是，与我国不同，在其他很多国家而是采用与上述 FIDIC 合同模式相同或类似的形式，即通常由项目业主聘请一家专业的咨询公司或设计公司，由该公司负责组建团队，团队中包含了项目的结构师、测量师、建筑师等专业人员，其所履行的不仅仅包括我国建设工程概念上的"监理"职责，而是实行全范围、全过程的工程建设咨询，包括从项目前期论证、立项、设计至施工、验收等工程阶段，且其在项目施工中的地位也远远高于我国监理，有时甚至施工方无法直接接触到项目业主，而只能与该专业第三方协作或通过该专业第三方与项目业主进行沟通。

（二）独立的第三方专业机构

独立的第三方专业机构一般由政府指派，并非由项目业主聘请，其独立于项目参与各方，履行质量、环保等强制性要求的职责。此类第三方专业机构履行职责所依据的基本为所在国当地的法律法规、相关规定。

以上两种类型的第三方专业机构，均与项目工程的建设息息相关。知悉第三方专业机构的地位与职能，了解承包方与第三方专业机构的合作过程，是中方企业顺利完成工程建设、避免纠纷的必要前提。

【案例】

肯尼亚位于非洲东部,是"一带一路"倡议在非洲的重要支点,中国企业在肯尼亚已经参与了大量工程项目的建设,包括著名的蒙内铁路、内马铁路、内罗毕顶峰塔等项目。此处以中国某企业在肯尼亚所承包建设的某工程项目为例,就中国企业在整个项目施工过程中与第三方专业机构的合作过程进行简要介绍。

中国某企业通过国际招标投标程序,成功中标承担肯尼亚大学综合楼项目的建设。中方企业与项目业主签订了建设工程施工合同,该合同的诸多内容参考了 FIDIC 合同条件的相关条款——合同条款各方约定工作语言为英语,适用法律为肯尼亚法律。在项目施工过程中,业主通过指派 Project Manager(项目经理)承担项目重要的职能。与我国国内所称的项目经理不同,该项目经理并非由施工方委派,而是由项目业主委派,该项目经理代表业主,负责与施工方之间合同履行的所有事务。在该项目中,业主方将建设施工的全过程委托给一家专业设计及咨询机构,从该机构的职能简介"we offer the full range of architectural consultancy services through site analysis, brief formulation, conceptual design, detail design, site supervision and project handover."可见,该机构拥有从建筑设计至项目移交的全过程服务能力。该机构团队中包含了建筑师、工程师、测量师等各类专业人员,且由于该机构同时为该项目的设计单位,因此,该机构对于项目非常熟悉,且团队人员具有各类资质及证书,对于项目建设的过程亦非常专业和了解。

此外,根据合同约定,业主将项目开工、复工、停工、工程阶段审批、设计变更、价款调整、工期延长或缩短、质量检查、付款等相关权利全部授予了该机构予以行使,各方同时约定了项目经理与承包方的每月定期会议等沟通方式,且任何的沟通都应以书面方式进行。

在项目实际建设过程中,业主并未直接和太多地与承包方进行沟通,大量的沟通均存在于该专业机构与承包方之间,该专业机构常驻于项目现场进行直接的监管,承包方与业主各类事务均通过往来邮件及往来信函进行沟通。

二、主要风险点

从上述实例可见,承包方在与第三方专业机构合作的过程中,存在如下几个风险点。

(一)语言沟通不畅风险

正如上文所述,在海外项目中,由于第三方专业机构代表业主履行了大量的职责,因此,与第三方专业机构的交流及沟通非常重要。鉴于涉及"一带一路"倡议的国家众多,在签订合同时,除可能约定将英语作为工作语言外,亦有可能将项目当地除英语以外的官方语言约定作为工作语言。从我国建筑行业现状而言,从事工程建设的外语人才普遍较为缺乏,因此,在语言沟通上,若与第三方专业机构无法准确、清晰地沟通,因沟通不畅而导致双方之间的误解或误会,将对项目的顺利完成产生重大的影响。

（二）对法律法规及相关规定、建设、施工标准、规范的理解分歧风险

在海外工程建设中，除由我国援建、适用我国质量标准及规范的项目外，其他项目的施工的规范、步骤及验收标准等均与我国可能存在差异。由于语言的差异，对于同一条款，在理解时亦可能会存在差异，若由于双方的理解不同，导致项目在进展时各方对验收节点及步骤产生差异，最终将会影响项目工程的工期等重要事项。

（三）第三方机构不公正或腐败问题风险

在国际项目工程建设过程中，由于施工承包方通常只能与第三方机构进行沟通联系，业主很少会亲自参与工程的各项环节，因此，若该第三方机构存在向施工方索贿等腐败问题，或因与施工方之间的偏见、沟通不畅的误会或误解等情形，而在质量验收或是签署付款申请等阶段故意为难承包方，将导致承包方的工期延误或无法按时收到工程款，不仅收到经济损失，甚至还可能因违约而面临业主的索赔。

三、应对策略

（一）了解对应国家工程施工流程及规定，签订合同时明确各方权责

我国企业在可能或已经获得项目后，应尽快熟悉对应国家当地的施工流程，充分了解施工过程中可能接触到除业主以外的其他相关机构以及各机构的作用、职能等。

对于经业主授权的第三方机构，在与项目业主签订合同时，应当在合同中将各方、包括经业主授权的各第三方的权责在条款中予以明确，或让业主出示授权书，明确授权范围，做到在项目开工前即对各个机构的职权心中有数，避免在施工过程中因职权不明而导致争议的发生。同时，在前期进行合同条款谈判时，建议约定对于经业主授权的第三方机构做出的各种决定或处罚，承包方具有能够投诉、申诉及索赔的权利和程序，以便最大化地维护自身利益。

对于独立的第三方机构，承包方则应熟悉了解当地相关的法律法规及行业相关规定，在与第三方机构发生争议时，能够及时地维权。

（二）准确理解合同条款、对应标准及规范，及时进行有效沟通

由于施工承包合同通常以英文或所在国当地官方语言签订，且约定的工作语言亦非中文，因此，对于同一合同条款，各方可能存在不同的理解情形。此外，正如上文所述，除由我国援建、适用我国标准及规范的项目外，一般项目适用的均为所在国当地的规定、标准及规范，因此，对于当地标准及规范的理解，各方亦可能存在争议。对此，我国承包方在合同签订后，应对合同条款及各规定、标准和规范的准确含义进行提前的理解和解读，在可能出现理解分歧的时候，应及时与业主和第三方专业机构沟通。此外，在出现任何须与第三方专业机构进行沟通的情况时，均应及时并尽可能的详细，避免造成无效或重复多次的沟通而耽误工期。

（三）遵守合同条款，严格履行合同

1. 遵守合同条款

在项目过程中，承包方应遵守合同条款，严格按照合同约定履行。在国际工程建设中，均较为重视契约精神，在法律制度较为健全的国家尤其如此，因此，严格履行合同，是避免各类纠纷发生的最好应对方法。

在承包施工合同中，一般均已约定项目建设各环节的时间节点，包括与第三方机构的沟通，亦有对应时点和时限的约定。以上述肯尼亚项目为例，双方在合同中约定，承包方应提前 14 日将下一阶段的工作计划提交给项目经理，在申请项目工期延长时，项目经理应在 21 天内做出决定等；因此，在履行合同时，应特别注意及遵守这些时间节点和期限，避免因时效问题而导致发生违约或产生索赔困难等情形。

2. 所有的沟通、交流以书面形式进行

仍以上述肯尼亚项目为例，各方在合同中已约定沟通的形式，即合同中各方交流应以书面方式进行，包括信函、邮件等，在合同履行过程中，若出现须与第三方专业机构沟通的情形，应以书面的方式进行，应避免国内"口头沟通在先、书面形式后补"的习惯，如此既可防止项目已履行而后续无证据或依据产生的纠纷，亦可为将来可能发生的索赔、投诉等留下证据。

3. 注意与国内行业惯例的差别

在国内项目工程施工过程中，可能存在一些行业惯例或与合同书面约定不同的行业习惯，特别是国内工程中的一些不良习惯，在进行国际工程时，应特别注意避免，以免业主向我方索赔甚至因此出现刑事责任事件。

（四）注意保护自身利益

由于海外项目中各个国家国情不同，导致各国的第三方专业机构的专业性、公正性存在差别，我国公司除约束自身行为、严格遵守合同约定外，对于第三方专业机构出现违反合同约定或腐败的情形，也应注意维护自身的合法权益。除注意留存书面函件、保留合同履行过程中的相应证据外，建议我国公司聘请索赔工程师及相关法律人员，当出现不公正等情形或问题时，及时与业主反映，并通过申诉、投诉、索赔等渠道，以及当地规定的其他方式，维护自身的权益。

第七节　典型案例分析

一、案例介绍

在某国内企业于卡塔尔首都多哈承接的一项市政工程中，工程前期业主给中方指定了一个面积约为 8 万平方米土地用作箱涵开挖的土方堆放地，但由于业主投资意向的改变，迫切需要这个地用作他用，所以业主要求中方在 70 天内将此地堆放的 125 万方土特运到

运距为 1.5 公里以外的地方进行堆放。鉴于此次工程具有施工工期紧、转移土方量大、施工现场条件复杂、业主安全要求严格等特点，再加上承包商没有足够的设备进行土方转运，最终决定分包给一家实力雄厚的巴基斯坦公司进行土方转运。

项目部在签订分包合同时，施工部把分包意向、工程概况、设备需求以及工期要求等情况提供给分包办，随后分包办在当地市场寻找具有相应资质和类似施工经验且能满足施工要求的分包队伍。在确定分包商后，施工部根据现场施工条件、施工方案向分包商明确所需的设备种类、数量、完好率以及分包管理人员、指挥人员、劳工的数量。分包办再根据这些要求与分包商制定分包合同，由于项目所处海外，所使用的称为 FIDIC 合同条件。

分包商的雇员大部分来自于尼泊尔、印度、巴基斯坦等劳工工资较低的地方，他们最大的特点就是他们仅仅会本国语言，英语最多也只能说出几个单词。而工程所在地又以阿拉伯语和英语为主，再加上中方劳工大部分只会中文，这就使"交流"成为工程分包中最为困难的事情。所以国际工程的分包首先要把"交流、沟通"摆在首位。工程分包中首先得让分包商明确自己的工作职能，让他们每位雇员清楚地知道自己的工作范围，这样才能把工程高效、流畅地进行下去，所以这就需要主承包商、分包商各自提供一些会共同语言（一般为英语）的工程师、工头进行联系。中方施工部在此次分包工程中提供了一位主管此次分包业务的工程师（会英语）负责方案交底、现场督导、问题协商等业务，分包商提供几位现场工程师（需要可以用英语和其他劳工用语进行沟通）进行方案分配、现场管理、设备协调等职能。最终，该工程得以顺利实施。

二、案例启示

一家好的分包商可以为承包商减轻不少工作负担。在遇到语言沟通方面的问题时，如果分包商不积极配合，势必会影响到项目的进度，进而影响工程的收益。在海外承包项目中，选择一家实力雄厚且责任心强的分包商是关键，如果双方能够廓清责任范围，遇事积极沟通协调，可以有效规避分包商风险。

对于分包商风险的应对，应当主要做好如下工作。

（一）对分包商的尽职调查

在投标阶段，承包商应对可能分包的部分做好充分的准备，识别双方接口可能出现的问题，明确自身工作范围。

（二）注重分包合同的完备性和合理性

首先，承包商要确保分包合同中的相关规定与总包合同一致，并明确分包商的工作范围和质量要求。

其次，承包商可以通过采用"背靠背"（Back to Back Contract）合同模式，从而将主合同中业主方可能带来的风险转嫁给分包商或供应商。承包商也可以通过在"背靠背"分包合同模式下采用有关"Pay When Paid"（得到付款时支付相应款项）或者"Pay If Paid"（只有已经得到付款时才必须支付相应款项）等支付限制条款，将业主延期支付的风险转移给分包商一部分来共同承担。对于国际工程项目来说，每个财政年度的后期结束时间和新的财政年度开始阶段，业主的资企往往处于比较紧张的状态，拖延付款的现象也就经常发生，这种情况下，"背靠背"条款可以让承包商暂时免予承担对分包商进行付款的压力，保证自身的现金流运转正常。

但是，承包商在选择背靠背分包合同模式以及付款限制条款时，还应该注意不同国别对该合同条款的法律认可程度。我国现行的《建设工程施工专业分包合同（示范文本）》（GF-2003—0213）第 19.5 款规定：分包合同价款与总包合同相应部分价款无任何连带关系。英国 1996 年通过的《住宅许可、建造和重建法》明令禁止"背靠背"条款，除非是在业主破产的前提下。美国和新西兰司法判例更倾向于保护分包商的权利，同样对"背靠背"合同模式采取严格执行的态度，而澳大利亚则直接禁止使用此类合同模式及有关条款。

最后，在承包商谈判地位较高的情况下，还可以要求分包商提供履约保函，以避免分包商违约的发生。

（三）有效管理分包商

除了签订一份有保障的分包合同之外，承包商还应在项目实施的过程中对分包商的行为进行管理和监控，及时发现潜在的违约行为。同时，在海外工程中，对于来自当地或第三国的分包商，承包商还应特别注意跨文化的沟通技巧，严格按照当地法律和合同规定处理日常的管理事项，切不可将国内的一套经验照搬至国外。

在分包商管理的过程中，还应当注意在关键问题上以书面的形式与分包商进行沟通，并建立健全文件档案管理体系，有效管理与分包商之间的文件。

第七章

投标和缔约风险

第一节　投标和缔约风险概述

一、国际工程招标投标

（一）招标投标的含义及特点

1. 招标投标的含义

招标投标即日常所说的"招投标"，是一种商品交易行为，是商品交易过程中的两个阶段和两个方面，通常用于货物、工程和服务的采购过程中。我国于 1999 年 8 月 30 日颁布了《中华人民共和国招标投标法》，正式确定了招标投标制度。在国际上，招标投标制度最早可以追溯到 18 世纪，起源于英国，英国政府和公用事业部门实行"公共采购"产生了公开招标的雏形。现在，招标投标已经成为一种国际惯例，是一种国际上普遍应用的、有组织的市场交易行为，是商品经济高度发展的结晶与产物，是应用技术、经济的方法和市场经济的竞争机制，并且有组织开展的一种择优成交的方式。

招标投标的通常做法是招标人通过事先公布的采购要求，邀请特定的投标人（邀请招标）或者面向不特定的投标人（公开招标）按照同等条件进行平等竞争，按照规定程序并组织技术、经济和法律等方面专家对众多的投标人进行综合评审，从中择优选定项目的中标人的行为过程。其实质是通过市场竞争，以较低的价格获得最优的货物、工程和服务。因此，招标投标不是一般的商品买卖行为，而是一种综合性的高级交易方式。招标投标的目的是使采购活动尽量节省开支，最大限度地满足采购目标。

最后，招标投标活动的本质是发承包双方缔结合同的过程。无论是大陆法系还是英美法系，当事人订立合同均采取要约承诺的方式，即一方就具体事项发出要约后，受要约方同意要约并做出承诺，合同即告成立。从法律角度来说，业主发出的招标文件其法律性质为要约邀请，而承包商响应招标所提交的投标文件为要约，业主通过评标最终选定实施工程的承包商，发出正式中标函进行承诺，双方即成立合同关系。在实践中，根据各国法律规定和行业惯例的不同，在业主发出中标函后，发承包双方可能还需签订正式的合同协议书乃至合同，整个工程承包合同才正式成立。在此过程中，双方还有可能就具体合同进行磋商谈判工作，对合同内容进行一些调整。但此类调整一般不能对招投标文件的实质性内容，如工程范围、建设工期、工程价款、工程质量等进行变更，因此双方的主要权利义务是通过招标投标的方式进行确定的，即招标投标本质上就是双方缔结合同，确立权利义务关系的过程。

2. 招标投标的特点

随着经济的发展，社会对招标投标提出了更高的要求，招标投标活动越发规范，国际上一些著名的行业学会，如国际咨询工程师联合会（Fédération Internationale Des Ingénieurs Conseils，法文缩写 FIDIC））、英国土木工程师学会（ICE）、美国建筑师学会

（AIA）等都编制了多种版本的合同条件，适用于不同类型、不同合同、不同承包方式的工程的招标投标活动，在世界上的许多国家和地区广泛应用。世界银行（WB）、亚洲开发银行（ADB）等国际金融组织在其贷款项目采购中推行招标方式，制定了相应的文件，并不断修改与完善。此外，联合国国际贸易法委员会（UNCITRAL）、世贸组织（WTO）等都对招标投标进行了类似的规定。

通过对上述招标投标的相关规定进行分析可以发现，招标投标具有以下特点。

（1）程序性。招标投标活动都有严格的程序，无论是招标人还是投标人，以及招标代理人及其他相关各方，都必须严格遵守招标投标程序。根据我国的《招标投标法》，招标投标包含了招标、投标、开标、评标和中标，每个程序都有时限、流程等要求，需要严格遵守。

（2）公平性。通常来说，国际工程的招标投标有三种方式，分别是公开招标（Open Bidding）、邀请招标（Invited Bidding）、议标（Negotiated Bidding），除了议标是业主直接选定一家或者几家承包单位进行谈判，从而确定承包范围、承包模式、计价方式、合同条款及合同价格外，其余两种方式（公开招标和邀请招标）都是承包商在获取业主的招标文件后，结合自身能力，从而参与投标报价，业主在收到各家投标报价后进行评选，最优者获胜。公开招标和邀请招标都是参与方公平竞争，具有公平性。

（3）竞争性。无论是公开招标、邀请招标，还是议标，除了单一来源采购之外，只要参与的承包商多于一家，那么招标投标就有竞争性。招标投标的根本特性就体现于此，承包商有序竞争，经过业主评选，优胜劣汰，从而达到优化资源配置，防止和减少腐败的现象发生，提高社会和经济效益。

（4）规范性。无论是国内还是国际上，相关法律法规都对招标投标的各个环节的工作条件、内容、范围、形式、参与主体资格、各方主体责任、行为、标准进行了严格的规定，各方主体都必须严格按照规定参与招标投标活动。

（5）保密性。无论是公开招标还是邀请招标，业主都不得向承包商泄露其标底、其他承包商的投标报价等内容，各个投标人之间也需要对其投标活动保密，不得串标或者围标。

（6）一次性。一般来说，承包商投标只有一次机会，当承包商递交投标文件之后，就不得对投标文件进行修改，并且业主与承包商之间不得就实质性内容进行谈判。

（二）招标投标流程

在当前的国际工程项目的招标投标实践中，已经逐渐形成了招标程序的流程惯例，其中比较有代表性的是下面的 FIDIC 推荐招标程序流程图：[①]

---

① 张水波、陈勇强：《国际工程合同管理》，中国建筑工业出版社，2011 年 8 月第 1 版，第 49-51 页。

资格预审阶段流程图

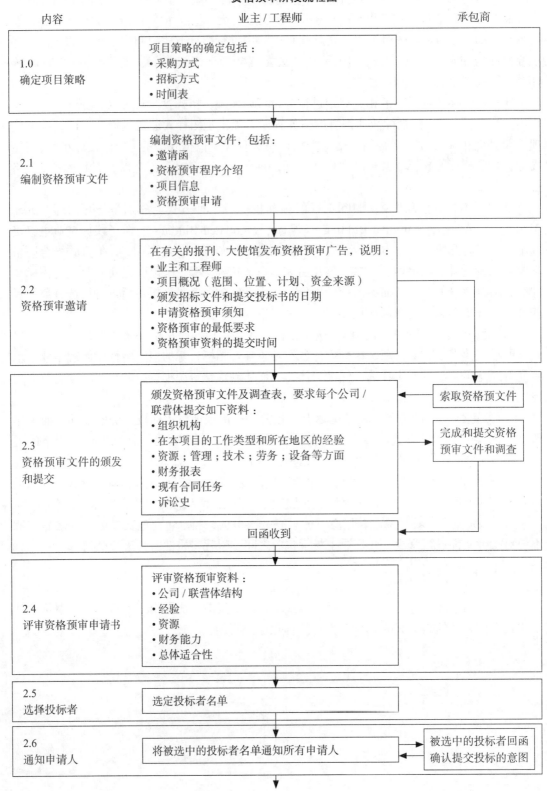

内容	业主 / 工程师	承包商
1.0 确定项目策略	项目策略的确定包括： • 采购方式 • 招标方式 • 时间表	
2.1 编制资格预审文件	编制资格预审文件，包括： • 邀请函 • 资格预审程序介绍 • 项目信息 • 资格预审申请	
2.2 资格预审邀请	在有关的报刊、大使馆发布资格预审广告，说明： • 业主和工程师 • 项目概况（范围、位置、计划、资金来源） • 颁发招标文件和提交投标书的日期 • 申请资格预审须知 • 资格预审的最低要求 • 资格预审资料的提交时间	
2.3 资格预审文件的颁发和提交	颁发资格预审文件及调查表，要求每个公司 / 联营体提交如下资料： • 组织机构 • 在本项目的工作类型和所在地区的经验 • 资源；管理；技术；劳务；设备等方面 • 财务报表 • 现有合同任务 • 诉讼史 回函收到	索取资格预文件 完成和提交资格预审文件和调查
2.4 评审资格预审申请书	评审资格预审资料： • 公司 / 联营体结构 • 经验 • 资源 • 财务能力 • 总体适合性	
2.5 选择投标者	选定投标者名单	
2.6 通知申请人	将被选中的投标者名单通知所有申请人	被选中的投标者回函确认提交投标的意图

正式邀请投标和递交投标阶段流程图

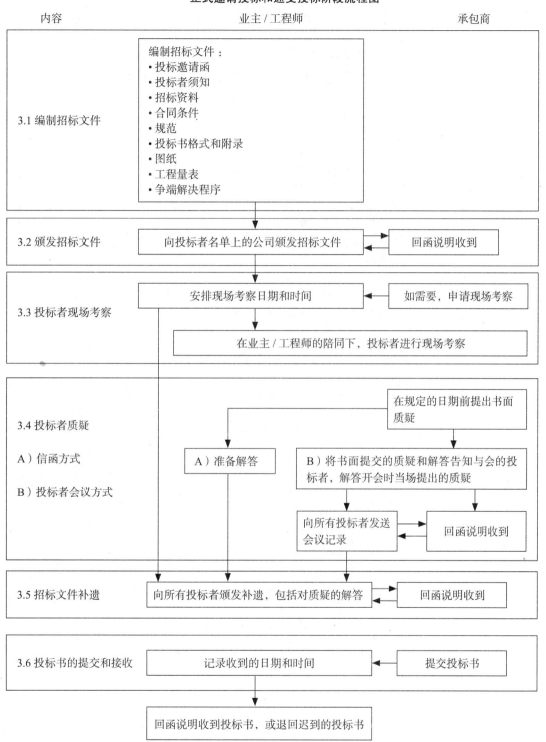

内容	业主／工程师	承包商
3.1 编制招标文件	编制招标文件： • 投标邀请函 • 投标者须知 • 招标资料 • 合同条件 • 规范 • 投标书格式和附录 • 图纸 • 工程量表 • 争端解决程序	
3.2 颁发招标文件	向投标者名单上的公司颁发招标文件	回函说明收到
3.3 投标者现场考察	安排现场考察日期和时间 在业主／工程师的陪同下，投标者进行现场考察	如需要，申请现场考察
3.4 投标者质疑 A）信函方式 B）投标者会议方式	A）准备解答 B）将书面提交的质疑和解答告知与会的投标者，解答开会时当场提出的质疑 向所有投标者发送会议记录	在规定的日期前提出书面质疑 回函说明收到
3.5 招标文件补遗	向所有投标者颁发补遗，包括对质疑的解答	回函说明收到
3.6 投标书的提交和接收	记录收到的日期和时间 回函说明收到投标书，或退回迟到的投标书	提交投标书

开标和评标阶段流程图

内容	业主／工程师	承包商
4.1 开标	采用公开或限制性方式开标 • 宣布并记录投标者名称以及标价，包括替代性投标的标价（如适用时） • 宣布并记录因其投标书迟到或未到而被取消投标资格的投标者名称（如果有的话）	如果愿意，参加公开或者限制性的开标
5.1 评审投标书	确定投标书的符合性与完整性 拒绝实质上不符合要求的投标	
5.2 包含有偏差的投标书	评价偏差，澄清内容，并按评价结果对投标书排队	提供澄清内容
5.3 对投标书的裁定 **5.4 废标**	根据评价标准来评估投标书提出需进一步澄清的各点（如有）； 完成评标，与提供资金的机构一起审查； 拒绝不符合要求的投标书，并通知有关投标者	提供澄清内容
6.0 授予合同	决定授予合同，如果必要，进行授予合同前谈判	如被要求，参加授予合同前谈判
6.1 签发中标函	签发中标函	回函收到中标函
6.2 履约保证	从承包商处获得履约保证	提供履约保证
6.3 编制合同协议书	编制合同文件／合同签字	合同签字
6.4 通知未中标的投标者	通知未中标的投标者，退回他们的投标保证（如提供）	未中标的投标者回函说明收到

二、投标和缔约阶段主要风险

（一）投标风险概述

1. 投标风险的来源

由于我国经济水平的逐步提高，海外商贸业务的规模扩展速度迅速，迅速开拓了大面积的国际工程项目市场，在以中国开发银行和进出口银行为代表的金融机构的支持下，我国跨国公司承包商有资本参与更多的海外工程项目，大大开发了海外工程项目的承包市场。伴随着的利润收益，海外市场的风险也明显增加，不仅是基本法律体系不同造成的法律风险，更是复杂的社会环境和部分无法预见的市场风险。

一些国内资深的工程企业选择进入国际工程承包市场，在这个过程中不仅要和其他国家的跨国公司进行低价竞争，还需要与本国公司之间进行相互压价、恶性竞争，如此一来即使得到工程利润也是少之又少，另一方面为了选择更适合的承包商，业主也在利用自己的优势地位压榨对方利润以求保障自身，故业主将招标文件和合同条款在合法合规的前提下制定地非常苛刻，这种行为造成中国公司不得不低价竞标，且中标后在履约过程中非常被动甚至造成巨额亏损毫无盈利。

然而，投标阶段仅仅是承包商开始海外市场项目投资的第一步，该阶段所经历的风险在之后的各个履约阶段会逐渐体现出来，对项目的过程和结果产生重要影响，一旦没有控制好投标阶段的风险，不仅会在经济上造成巨额亏损，更会带来名誉损失和其他不必要的麻烦。所以在投标阶段要特别重视风险管理，采取相应的行之有效的措施管理风险。

2. 投标风险的特点

风险与机遇并存，因此在投标过程中存在风险是十分正常的现象。人们对风险认识的角度不同造成对其理解的千差万别，但是在投标过程中，风险来源于预期结果和实际情况之间的差异，该差异意味着风险的大小，从另一个方面也告诉我们该如何尽可能的减少风险。投标过程中风险的特点主要包括。

（1）可预见性。能参与国际工程的国内承包商一般都是国内大型的、有经验的承包商，而投标中的风险大都可事先予以识别并制定一定的防范措施，投标风险具有一定的可预见性。

（2）多样性。在招标投标过程中，存在的风险是多种多样的，既有人为原因造成的风险，也有项目本身的风险，还有当地政治、经济、环境造成的风险，因此，投标风险具有多样性。

（3）客观性。投标中的风险是客观存在的，不以人的意志为转移，但是在这个过程中可以通过人为干预来降低风险事件发生的可能性，或减轻因风险产生的危害。

（4）相关性。各行各业中风险之间都是相互依存的关系，每个部分的风险会通过特定的方式组合在一起，形成一种前所未有的复合风险，在招标投标过程中关于风险的分析是前期的一项重要的项目。

（5）可控性，风险的发生是不可准确预测的，但是部分风险中是存在一定规律的，只要抓住其中的规律并充分利用统计的方法，就可以将风险发生的概率降到可接受、可控制的范围内。

（二）投标风险分类

在国际工程投标及缔约阶段，承包商面临着多种风险，从风险来源角度，可分为项目环境风险、项目自身风险和投标人内部风险。

1. 项目环境风险

在投标和缔约阶段，项目环境风险应是承包商最应关注的点。在"一带一路"沿线国家，各国的政治环境、社会环境、语言环境、自然环境都不相同且各具特色。因此，我国承包商在承接国际工程时，应对项目环境风险予以重视。一般来说，项目环境风险可以分为项目所在国的自然及人文环境、政治及经济环境、法律及技术环境、投标环境等，承包商应对各个环境风险予以重视并加以识别，逐一进行分析并制定相应的防范措施。

2. 项目自身风险

项目自身风险和项目环境风险来源比较相似，都是由于项目自身原因而引发的风险，项目环境风险来源于项目所在地的外在风险，如项目所在国的政治、经济风险，而项目自身风险来自于项目自身，是由项目内部引发的风险，一般来说，项目自身风险包含工程承包方式、风险分担风险、技术风险、标前谈判风险、项目干系人风险、语言风险等。项目自身风险由于来源于自身，与每个项目都息息相关，因此导致每个项目的项目自身风险因项目不同而不同，承包商在承接项目时，要重视项目自身风险，不能凭借自身经验而盲目承接项目或者对项目进行投标，要根据每一项目的特点，进行分析，从而进行投标报价。

3. 投标人内部风险

无论是项目环境风险和项目自身风险，其风险来源都是项目，但是投标人内部风险来源于承包商自身，与项目并不直接相关。一般来说，投标人内部风险包括项目识别不准确风险、合同审查不细致风险、招标文件理解风险、投标报价不科学风险、合作伙伴选择不谨慎风险。因此可以看出，投标人内部风险都是因为投标人（承包商）自身原因导致，并且是可以避免的，投标人（承包商）应重视该风险，形成一套完整的制度防范该风险，并结合每一项目的特点，对该风险进行防范。

三、"一带一路"国家投标风险现状

自 2013 年"一带一路"经济带的概念首次提出后，沿线国家间的资本流动逐渐成为区域合作最具活力的因素。我国对"一带一路"沿线国家直接投资规模快速增长，对于复杂的市场环境和难以预料的风险仍存在诸多挑战。鉴于此，熟悉海外工程适用的当地环境和国际惯例，提高在投标过程中对投标风险的认知和敏感程度，在此基础上不断总结经验、教训，在合同签署前，加强投标风险的审查，及早识别防控风险，做到防患于未然，就成为我国企业在"一带一路"国家承包工程的重中之重。

当前我国企业在"一带一路"沿线国家投资过程中面临的投标风险，因不同地区国家的法律法规及各国实际情况而有较大的差异，具体表现如下。

（一）在东北亚地区的投标风险

蒙古和俄罗斯为"一带一路"倡议途径东北亚地区的两个重要国家，也是中俄蒙经济走廊的成员国，蒙古的基本经济情况良好，未来发展前景广阔。作为世界大国的俄罗斯，其地位在世界更是不言而喻。中国企业在"一带一路"倡议的契机之下，在蒙古国和俄罗斯进行投资时需注意以下几点投标风险。

1. 社会文化风险

蒙古为议会民主制国家，目前实行多党轮流执政，民主党、人民党、民主人民革命党三党实力相当，在蒙古国内形成三足鼎立，轮流执政的状态。而蒙古政党更迭的现状将导致国内的投资政策的连续性和稳定性较差，极大地增加了政府的违约可能。除此之外，政党的频繁更替会加剧社会风险的发生，国内暴动及犯罪率的提升都会为中国企业带来潜在的投标风险。

俄罗斯为总统制的联邦国家，最大的党派为统一俄罗斯党。俄罗斯政府官本位思想较为严重，政府工作效率低下，缺乏服务意识。除此之外，俄罗斯国内的治安状况较差，犯罪集团活动猖獗，犯罪率较高，恐怖主义犯罪比重较高，使得中国企业在俄罗斯的投资中应将此类问题提前纳入预期的投标风险之中。

2. 法律适用风险

蒙古属于典型的大陆法系国家，该国家的法律内容较为健全，但是稳定性不足，而且部分法律规定具有较强的地方性特色。例如，关于承包商的投标资格问题，如果以蒙古当地公司的名义投标，需要依据《公司法》和《建筑法》等相关法律设立当地子公司，还应当注意有关工商登记、税收、资质、银行独立资信等方面的问题。关于国家投资及国际组织援助项目招标的形式，蒙古国多通过报纸、电视等渠道进行国际公开招标，对于部分中小型项目招标形式则比较自由，或采用灵活的议标形式，乃至以自主协商方式签约。若对该国投标的相关法律及实施细则不熟悉，很可能在投标阶段就问题频发。

俄罗斯是典型的大陆法系国家，其整体法律体系较为健全，但受苏联时期的立法影响，部分法律仍带有较强的计划经济特色。以工程承包为例，在俄罗斯平均每项工程的取得需要经过 19.8 道程序，耗时达到 238.4 天，且成本高达投资价值的 1.9%。而且法治环境也并不稳定。作为联邦制国家，意味着各个联邦都有自己部分独立的法律和政策，外国投资者很难熟悉这些体量巨大又变动频繁的法律政策。除此之外，俄罗斯投资法律整体管制严格，对外商在其境内投资存在一定限制。例如：禁止或限制国外银行拥有的某些种类的财产、对超过 5 万美元利息汇出需履行特别材料审核程序。因此，严格的限制之下又增加了投标风险。

（二）在西亚北非地区的投标风险

西亚北非地区被称为两洋三洲五海之地，是世界海陆空交通的重要连接地带，享有重要的地理战略位置。古代丝绸之路西亚就是从我国通往欧洲的重要贸易通道。西亚北非地区的石油资源特别丰富，石油储备量超过世界储量的一半，但是宗教冲突不断，直至今日，该地区的局势依旧对世界政治局势有着极其重要的意义。我国企业在该地区主要应注意如下几点投标风险：

1. 社会文化风险

当下，西亚北非部分国家仍旧处在政局不稳、政权更迭、派系斗争、与邻国的国界争端之中。例如，叙利亚自 2011 年初爆发的政府与反动派之间旷日持久的冲突，境内武装暴力冲突不断，安全形势持续恶化，政府军与反动派武装分子在多地持续激战。自叙利亚发生动荡之后，叙利亚的经济严重受阻甚至倒退，给中叙双方的经济贸易往来带来很大冲击，为了保证中国企业人员的人身财产安全，建议中国企业暂时不要去叙利亚进行投资及投标。又如土耳其，其是主要的东突组织总部所处地，近年来东突分子几乎每年都在我国使领馆门前进行游行示威，除此之外，土耳其本国还发生了多起针对军方和平民的自杀式恐怖袭击。加上土耳其近几年通货膨胀率持续升高，政府的财政赤字及信用问题严重，在政治风险与恐怖主义风险并存的情况下，建议赴该地区的中国企业一定要具备较为丰富的国际工程和跨国投资经验，在投标方面一定要考虑在应对安全风险和安保方面的投入，以及政府拖欠工程款的可能性。

2. 招标文件理解风险

西亚地区石油资源非常丰富，特别是阿联酋、沙特、伊朗等国的能源及矿产资源储量尤其丰富。因此，投标阶段，中国企业需要对业主提供的招标文件、论证报告、地勘报告以及技术文件进行分析和论证，同时全面审视项目的内部和外部条件，业主的资信和资金情况，论证项目是否切实可行。在卡塔尔，工程合同中的风险分配部分，通常取决于招标阶段各方之间的谈判。卡塔尔的《招标法》规定，在卡塔尔投标统一采用卡塔尔里亚报价，且在递交标书后，报价不允许变动，除此之外投标保函必须按照标书要求，和投标文件一起全额支付。因此，在投标阶段，仔细研究标书中有关同类项目经验的要求，与发包方保持较好的沟通，判断业主态度，争取在合同谈判之中能充分发挥专业经验，避免对我方的违约责任约定过重。在明确约定了报价基准或技术标准的情况下，按照当地国的标准执行，以免对设计和工程量的计算产生偏差。

（三）在东南亚地区的投标风险

东南亚地处亚洲与大洋洲的、太平洋与印度洋的"十字路口"，有十分重要地理位置。东南亚是中国"一带一路"建设的重点和优先方向，其建设的核心是解决互联互通问题。在东南亚地区主要显现的投标风险有以下几点。

1. 社会文化风险

东南亚的宗教国家居多，例如，印尼几乎全民信奉宗教，还设立了宗教法院，泰国则以佛教为国教，东帝汶绝大部分人信奉天主教等。随之伴随的便是宗教习俗问题，尤其是在本地劳工居多的情形下，在投标中关于工期的计算应考虑到当地的重大宗教庆典日期这方面问题。

此外，东南亚的部分国家与我国有领土争端问题，当地政府的信誉度及民众的排华心态也是投标需要进行风险把控的着重之处。例如，中菲两国在领土问题、人质问题等方面出现矛盾，形势较为紧张，加之菲律宾的国内局势并不稳定，因此，中国企业应谨慎投标。

2. 法律适用风险

东南亚地区受殖民统治，不成文法与成文法并存，例如，印尼的法律体系深受荷兰影响，不成文法和现代法并存。马来西亚和新加坡深受英国法影响，以普通法为基础法律渊源包括成文法和不成文法。东南亚国家在招投标法律法规方面各自都有规定，例如，泰国虽然未针对外国承包商作出过限制性规定，但泰国本土大型工程承包商往往占据相对优势地位。外资企业在泰国承揽工程项目，需要向相关政府部门申请相应资质。一般来说招标人也会在招标文件中提出具体的资质要求。但由于泰国没有统一的资质注册机构，在很多大型基础设施项目上，特别是外资项目的招标中，联合投标的外国承包商可主张其不被泰国资质等级所限制。近几年，大型的政府预算项目普遍要求外商企业驻泰国的使领馆出具资质函，内容包括企业资信、资质、业绩和股东列表等，再提交泰国外交部认证后才可能获得项目投标资格[1]。可见，在泰国承包工程的中国企业投标前需经过一些前置程序，相较于泰国本土企业具有一定劣势，中国企业的投标风险也大大提升。除此之外，在投标时还需要关注当地国家司法体系，以降低因该国法律体系差异而引起的投标风险。

3. 合作伙伴风险

中国企业对外投资一般都会选择当地的企业进行合作，然而在印尼，限制外资企业承包政府基础设施工程，外资企业只能参加造价在 1000 亿盾以上的基础设施部门的投标和采购服务价值在 200 亿盾以上的其他部门的投标。中标的外国公司与业主签约之前需要设立有限责任公司或代表处，除此之外还需取得公共工程部颁发的承包许可证。[2] 在印尼，从事承包工程业务或咨询业务的外国公司需与印尼公司进行合作。像印尼这样明确外国公司在其境内从事相关行业必须与印尼公司合作的情形下，中国企业在投标之前应慎重选择诚信、优质，信誉度良好的有专业特长可以优势互补的合作公司，并且提前约定好中标后各自的分工、利润分配，以及未中标各自应承担的费用。

（四）在南亚地区的投标风险

南亚地区是推进"一带一路"建设的重点区域，当地国家的参与度对"一带一路"发展建设意义非凡。"一带一路"建设在南亚有以下几种推进类型，第一是全方位推进型，如中巴经济走廊里燃煤电站、公路改扩建等项目；第二是重大项目推进型，如科伦坡港口城建设项目；第三是民营企业推进型，如小米、华为等企业在南亚国家迅速发展占据市场。因此，在南亚的建设中，中国企业在投资过程中更应当注意投标当中存在的风险，在南亚的建设当中发挥作用。

1. 社会文化风险

南亚是世界古文明发源地，也是印度教、佛教等宗教的发源地。目前，佛教主要流传于斯里兰卡和不丹；印度教主要盛行于印度和尼泊尔；信奉伊斯兰教的国家主要有孟加拉国、巴基斯坦和马尔代夫。宗教对南亚各国产生着深刻影响。印度约 80% 的人口信奉印度教；巴基斯坦则以伊斯兰教为国教，97% 以上的人口为穆斯林。因宗教问题引发的恐怖主义和国内政局动荡，使得工人们经常会放下手中的工作游行示威，造成企业停工。在每年重要的宗教节日，如伊斯兰教的开斋节，均要封斋一个月，在斋月期间，部分政府机关、单位只工作半天，可能也会对企业的正常经营造成一定的影响。此外，南亚各国基本

① 颖瑜：《投资移民泰国需注意法律政策》，http://yjbys.com/liuxue/chuguo/taiguo/205682.html，2019 年 10 月 20 日最后访问。

② 乔永璞：《中煤科工集团亚洲煤炭工程目标市场选择的研究》，北京交通大学 2011 年硕士学位论文。

上都是劳动力密集型国家，劳务输出较多，外国人很难有机会在当地就业，工作签证和商务签证的审批时间往往也较长，因此，中国企业要自带劳动力的，需提前关注该国相关的法律法规及政策，以免在中标后因为政策原因导致工人不能及时到岗，导致工期违约，给企业造成损失。

2. 自然条件风险

南亚的自然灾害发生极为频繁。其中，洪水灾害对南亚的居民生活和经济发展影响最突出。如，2015 年年底，因季风雨的影响，印度南部发生罕见的洪水灾害，致使 10 余万人颠沛流离，经济损失极其严重。在城市方面，全球自然灾害风险最大的 10 个城市中，仅南亚就有 3 个：达卡、加尔各答和德里。其余 7 个城市分别为：马尼拉、东京、雅加达、东莞、大阪、墨西哥城、圣保罗。可见，除了非洲，南亚毫无疑问地成为自然灾害频发的区域。尽管近年来南亚经济迅速发展，但其抵御自然灾害的能力仍然很弱[①]。因此，中国企业在南亚投标时应特别关注自然灾害风险，在编制投标文件时应当将可预见的自然灾害损失预估在内。

3. 招标要求和招标文件理解风险

南亚各国在招标投标方面都有各自的规定，有的国家有法律明确规定，有的则是依照惯例。例如，巴基斯坦《公共采购规则》中明确规定了招标前后及招标过程中标书的递交、开标、评标、中标、废标、重新开标、合同签订等，同时还对招标过程中的争议解决制度进行了规定。除此之外，巴基斯坦规定，外国企业在参与投标时，必须与本地企业组成投标联合体，一并提交联合投资协议。孟加拉国未明确禁止外国公司承包的工程领域，但其建设工程项目分为公开招标和议标的招标方式，招标公告分为本地招标和国际招标，外国企业只能参与国际招标[②]。在阿富汗投标时，国外的投标人应提供有关自身资质和一定期限前完成类似项目业绩的证明，并经经济部招标办公室审核同意。其对工程建设和工程验收遵循一般惯例，并无特殊规定。对投标人的各项要求，将在招标公告中加以列明。因此，应当重视招标文件的学习，尤其对存在巨大风险和不确定性的工程。在项目投标阶段，由专业的投标组对招标文件进行多轮审核，及时发现招标文件中可能存在的风险和潜在问题。在合同谈判阶段，利用己方的专业知识和谈判技巧，及时修改补充合同，以最大程度上保护自身利益。

（五）在中东欧地区的投标风险

东欧是"一带一路"倡议的实践者和先行者。目前，中国已与中东欧 13 个国家签署了推进"一带一路"合作的书面文件，中国和中东欧的投资和贸易额不断提升、相互投资不断扩大。特别是基础设施建设领域合作收获颇丰。中方企业承建的路桥、高速公路、铁路、电站、火电站、城市防洪项目均取得良好的进展。在中国与中东欧地区合作不断深入的情况下，中国企业仍应注意以下几点投标风险。

[①] 中国气象局：《南亚 14 亿人口面临严重自然灾害威胁》，http://www.cma.gov.cn/2011xwzx/2011xqxxw/2011xqxyw/201603/t20160326_307632.html，2019 年 10 月 27 日最后访问。

[②] 商务部国际贸易经济合作研究研究，商务部投资促进事务局，中国驻孟加拉国大使馆经济商务参赞处：《对外投资合作国别（地区）指南——孟加拉国（2016 年版）》，http://fec.Mofcom.gov.cn/article/gbdqzn/upload/mengjiala.pdf。

1. 社会文化风险

中东欧地区地处发达的欧洲国家和欠发达的亚洲国家之间，社会稳定性较差，国内政治动荡，有较大的地缘政治风险。例如，阿尔巴尼亚地处巴尔干半岛，是欧亚非三洲的交界之处，由于宗教矛盾和领土争端，地区矛盾错综复杂。由于巴尔干半岛地缘政治的重要性，多个大国频频干涉，使得该地区的矛盾不断扩大。又如乌克兰，地处苏联，地缘上毗邻俄罗斯，其国内的政治局势受俄罗斯的影响较大。

中东欧地区的腐败问题也十分严重，例如，阿尔巴尼亚是世界上最腐败的国家之一；斯洛伐克，全球腐败透明指数排名第 50 位。腐败问题在司法和医疗方面尤为严重。腐败问题将会使得中国企业在对外投标中面临着更大的困难。

2. 合作伙伴风险

阿尔巴尼亚法律规定，外国公司是否能够承包当地工程主要由业主自主决定。国内公司与国外公司共同参加投标的项目，本国投标者与外国投标者享有相同待遇。又如，根据塞尔维亚《公共采购法》的规定，由政府采购的基础设施、学校、医院等公共工程均需要通过招标投标的形式确定承包方。对中方企业来说，因为中塞政府联合签署了《基础设施领域经济技术合作框架协议》，所以中方企业参与塞尔维亚政府采购项目时，可以直接与塞方业主议标。综上，在可以直接与业主进行对话且投标所受限制较小的情形下，中国企业可自行选择当地经验比较丰富，专业性强，并且具有当地法律要求资质的公司合作。以避免因合作伙伴问题带来投标风险。

（六）在中亚地区的投标风险

"中亚五国"包括塔吉克斯坦、哈萨克斯坦、吉尔吉斯斯坦、土库曼斯坦、乌兹别克斯坦。中亚五国在苏联解体后，已形成一个具有同一性的政治文化区域，在文化上也有一定的相似性。中亚地区民族关系纷繁复杂，历史遗留问题突出。中亚作为"一带一路"倡议西行的第一步，中国企业在投标时面临的投标风险有如下几点。

1. 社会文化风险

中亚五国民族众多，其中，民族数目最多的有一百多个，较少的也有几十个。除五个主体民族外，俄罗斯族人在中亚占有较大的比例。且历史遗留问题较多。因历史遗留问题给中亚地区带来了许多棘手问题，民族矛盾问题突出，各民族冲突频发。中亚地区的哈萨克斯坦和乌兹别克斯坦的民族矛盾尤为严重，多次爆发民族冲突及抗议事件。中亚各国独立后，相继又产生了诸多新的民族问题。包括了俄罗斯人、主体民族和当地民族之间的矛盾问题，以及因水资源利用，土地资源分配而产生的经济问题，同一民族之间的族际矛盾和由于利益分配不均而产生的部族矛盾等。

与宗教和民族问题相伴的是恐怖主义问题，例如，在乌兹别克斯坦投标时需谨防当地的极端宗教势力。乌兹别克斯坦国内失业率居高不下，大量青年人口没有正当的工作，为恐怖主义提供了人力基础，因此在乌兹别克斯坦投标应尽量绕开恐怖主义高发地区。

中亚五国严格的签证和居留制度，也为中方投标派遣员工造成非常大的阻碍。例如，国内某大型工程承包企业在哈萨克斯坦承建项目时遇到最大的困难就是国内技术和施工人员不能入境。按照原人员进场计划，到 2014 年第二季度末，施工现场的中方员工应达到约 1300 人。但由于哈驻华使馆认证和签证问题，中方劳务人员进场进程相当缓慢，严重制约了该项目的建设进程，造成大量的工程施工区出现无法开工或开工不足的情况，整个项目施工效率极低，致使施工成本大大攀升，项目面临着重大履约风险[①]。因此，在中亚五国的投标也必须考虑到上述问题。

2. 法律适用风险

哈萨克斯坦的法律法规在投资、对外经贸、建筑工程等各个领域相对都比较健全，但由于其独立的时间不长，部分法律法规制定相对来说比较仓促，法律法规的调整相对来说比较频繁。哈萨克斯坦《建筑法》《关于在哈萨克斯坦境内从事建筑设计、城市建设工程和建筑工程的规定》中规定，只有具有外国工程项目承包执照的外国企业才能在哈萨克斯坦境内实施工程承包项目。投资者参与招标投标时，可以用总公司的资质来购买标书，中标后与哈萨克斯坦招标委员会签订相关合同，同时必须在哈萨克斯坦注册子公司或注册合资公司的方式来执行中标项目[②]。关于招标程序，需要对投标申请人进行法律和技术资格审核（3天时间）；根据招标文件进行投标；评委对标书进行评标（不超过7天）；关于评标程序，需要审查投标文件与标书的要求是否相符；评议标书报价和付款条件；交货期的规定；工程保证期的评审；技术服务中心的保证情况。评标委员会有权不发布任何有关评标事宜的信息，并有权以书面方式通知投标人关于更改和迟延开标、评标的日期。[③] 可见在哈萨克斯坦参与投标必须熟悉当地的法律法规，严格执行，降低投标风险。

又如，根据中国出口信用保险公司信息，土库曼斯坦对外国公司参与工程项目建设无统一的立法规定，也未建立工程投标许可证制度，外国企业承揽当地工程项目必须经过总统令批准。因此，了解当地的法律、行政法规是我国企业在中亚五国投标前必须完成的工作。

第二节　项目环境风险

一、项目环境风险概述

项目所在国的环境对于承包商承包企业的影响直接且深刻。由于能在国外承接项目的承包商一般都在国内有一定的技术基础及实力，在国内有较强的管理能力和经营能力，在其走出国门时往往倚仗与此。但是，相较于项目所在国国内的成熟承包商，其上述优势将大打折扣。因此，很多承包商都乐于以及倾向于在经济水平发展比较低、建设能力水平不高、对外资投资限制不严的国家进行投资建设。但如果承包商因此忽视了在国外投资时的

---

① 商务部国际贸易经济合作研究研究，商务部投资促进事务局，中国驻哈萨克斯坦人使馆经济商务参赞处：《对外投资合作国别（地区）指南——哈萨克斯坦（2016 年版）》，http：//zhs.Mofcom.gov.cn/article/gbdqzn/upload/hasakesitan.Pdf。

② 中国一带一路网《2017 对外投资合作国别（地区）指南——哈萨克斯坦》https：//www.yidaiyilu.gov.cn/wcm.files/upload/CMSydylgw/201712/201712290849033.pdf。

③ 同上。

项目环境风险，将可能遇到很多困难，造成自身损失。

在国际工程的投标和缔约阶段，承接一个项目首先需要考虑的即项目周边环境，包含项目所在国的自然及人文环境、政治及经济环境、法律及技术环境、投标环境等。若承包商在投标前未能仔细调查及审核上述环境，很可能导致在项目承接后，因为项目所处环境与国内不一样使得自身成本增加或者项目难以实施，从而造成承包商出现违约或亏损。

二、项目环境风险的类型

（一）自然及人文环境

"一带一路"沿线的 64 个国家，分布在不同的地区，每个国家的地质条件、水资源、矿产资源等自然条件及资源状况均不同，企业在不同国家进行项目投标时需要面临的挑战不同，恶劣天气、自然灾害等不可抗力事件发生的概率均应作为可能发生的成本在投标时予以考虑。不一样的自然环境孕育不一样的风土人情，文化、宗教信仰的差异可能带来社会治安、劳动用工方面的风险。例如前文所述的信奉伊斯兰教国家的斋月习俗，难免会对工程进度造成一定的影响，企业在投标时就应将这些因素考虑进去。因此，自然及人文环境的差异应纳入企业投标的考量范围之中。

（二）政治及经济环境

政治及经济环境的稳定对企业在海外进行项目投资有着重要的影响。国际大型工程项目是在合同的基础上实施的，而项目合同是以工程所在国的政治、经济等大环境为基础。若工程所在国在政治上具有反华倾向、国内局势动荡、排斥外国企业进驻、叛乱或种族、宗教冲突等情形，或者在经济上具有汇率变化频繁、物价波动较大、税收严苛、抵制外国产品进驻等情形，那么将会对合同的执行造成诸多难题，甚至会导致履约风险。因而，我国企业在海外进行项目投标时，要重视政治及经济环境，避免因此导致的不必要的风险。

（三）法律及技术环境

工程合同的有效实施除了依靠制度外，还依赖于各国的法律环境。一个法律体系健全、司法文明公平、执法严格公正的国家，其履约信用较高，营商环境一般较为良好，项目投标活动一般较公平公正。有的国家司法文明程度较差，贪腐现象较为普遍，必然影响项目投标结果的公正性，而一旦发生纠纷，较差的法律环境导致企业维权的难度较大，从而进一步加大企业的投资风险。

作为工程项目投资我们还应关注的一个风险点就是技术。"一带一路"涉及的国家众多，各个国家认可的技术质量标准不一样，比如欧盟国家，一般适用的是欧盟标准。而这些外国标准往往与国内标准是有差异的，因此在海外进行项目投资投标时要关注招标方对技术标准的要求，切忌不可习惯性按照国内标准进行设计和工程量的计算，避免因此导致投标报价漏项、不准确或者各项指标达不到响应业主质量要求，从而导致投标失败或承接项目后产生亏损乃至质量问题。

（四）投标环境

投标环境主要指投标代理及投标竞争对手两个方面。在国际项目投标中，企业一般会选择工程所在国资信良好的有一定实力的代理机构，来进行项目投标前期的沟通协调，以便及时获取招标信息从而尽早准备投标工作。同时，企业一般想要通过代理人来获取对手信息、业主评标倾向、业主心理价位等信息。因此，代理人的能力及品行对项目是否中标会产生重大的影响。但承包商在选取代理人时一定要进行充分的考证，提防代理人与业主暗中勾结或利用承包商中标心切的心理恶意压价，避免因此利益受损。

越是大型的国际工程项目，越会吸引来众多优秀的投标者参与，此时及时获取竞争对手的信息显得尤为重要。特别是在一些允许联合投标的项目中，潜在的竞争者可能在一瞬间就会成为良好的合作伙伴。同时，同一层次的竞争对手有利于投标环境的良性发展，一般不易出现恶意竞争的现象。因此，有实力的代理人和优质的竞争对手对投标环境起着至关重要的作用。

三、项目环境风险的防范

（一）对项目环境进行尽职调查

我国承包商一直在积极开拓海外市场，在"一带一路"倡议下更是加快了国际化步伐。在发展过程中，部分承包商难免求胜心切，急于拿到项目，过于依赖自身的人力成本低价优势，在没有做好项目环境调查的情况下，拿到项目在很大程度上就意味着亏损。因此在对海外工程建设项目投标前要做好充分的尽职调查。调查的内容至少应包括以下几个方面。

1. 自然及人文环境

在竞标之前应进行现场勘查，掌握项目所在地的气候和地理环境、人文环境等，以便在合同谈判时能充分考虑各种可能预见的困难，并将一些具体情况纳入不可抗力的范围之内。本书多次提到中海外在波兰高速公路项目中的失败，以期这样的教训能够引起今后承建海外工程的承包商的警惕。在这个项目中，中海外项目亏损的一个重要原因是在签订合同前没有实施细致全面的地形勘测，过于依赖业主提供的项目说明书。由于对当地地质条件缺乏了解，在实际建设过程中，原材料、人力的投入大大增加。根据合同约定，此后的投入难以被认定为工程变更，因此，所增加的成本也只能由承包商自行承担。

2. 法律及技术环境

研究当地的法律法规，对承包商来说相当重要，如果承包商的诉求违背了当地法律的禁止性规定，则这一诉求是不可能被支持的。

国际工程合同法律尽职调查是外部环境调查，主要目的是对国际工程进行跨国合作的可能性研究，比如跨国法律的工程承包准入机制、第三国法律选择适用、工程地子公司设立、外汇管理等的调查研究可以知道在该国是否可以进行国际工程合作及合作壁垒。若该尽职调查未实施或全面实施而签订合同，则会导致后续工程项目难以实施，从而造成违约或解除合同。该法律尽职调查风险主要包括违约风险、解约风险、外汇兑换风险、法律适用风险等。

广义的法律尽职调查是国际工程合作的整体外部环境调查，合同法律关系的内容即参与主体的权利义务约定应符合业主国家的法律、国际惯例等一系列外部环境规制，若选择适用第三国法律，也应当遵守。

3. 政治及经济环境

在对项目所在国的经济环境进行调查时，不仅应该调查投标当时的经济发展状况，还应考虑到在工程建设持续的一段较长的时间内，当地经济如何发展。例如，原材料的价格变动趋势，设备租赁价格和购买价格的变动趋势，人工成本将如何变动，这些都是在合同签订时就应该充分调查的内容。尤其是在总价锁死的合同下，成本的攀升将直接压缩承包商的利润，甚至造成承包商的亏损。在价格可以变更的合同下，承包商也要就这些变动与业主约定费用承担规则。

承包商还应对工程所在国的政治环境进行调查。如果项目所在国动乱频发、政局不稳定，承包商进入时应更加谨慎。在政局不稳的国家，项目工作人员的人身安全无法得到保障，承包商请求付款、请求追索的权利都很难实现。除了可以明显识别的显性政治风险外，承包商还应当充分注意是否存在隐性的政治风险，尤其是间接征收的风险。为了减轻国际社会的谴责，避免遭遇报复，一些国家在对他国投资人的财产国有化的时候，通常采取间接征收的方式，例如通过在环保方面提高要求，迫使外国投资者自行退出。承包商在合同签订前应充分调查隐性政治风险，并在合同的不可抗力条款中进行相关约定。

4. 投标环境

（1）代理人

在国际工程中，代理人承担着沟通桥梁的角色，对项目的成功中标有着至关重要的作用，所以一定要选取资信良好、实力强劲、合作愿景强和沟通顺畅的代理人。代理人可以从中斡旋、了解情况、提供信息，对投标策略提出建议。与代理人合作的同时也要留心观察对方是否能完成事先承诺，工作效率和工作能力，获取信息的准确性，以及是否与业主暗中勾结恶意压低报价或诱导二次报价，损害中国承包商利益。如果代理人的能力不足，行为不端，要及时更换代理人，保护自身利益，确保长期战略的实现。

（2）分包商

参加标前会议时可以直观了解竞争对手的情况，观察对方派出人员组成、人员规格、业务能力和技术水平，还要了解竞争对手在当地是否有业绩，口碑如何，是否在本地有在建项目、人力资源和施工机械资源、施工经验、进度控制以及代理人实力等情况，也可以通过代理商从侧面探查业主对各潜在承包商的倾向，以及重点考察和关注的细节和内容。

（二）重视海外项目投标的前期风险评估

安全性和营利性是一个国际工程成功的标志，因此工程项目的选择对于海外投标而言是极为关键的环节。在投标工作开始之前，承包商应对项目的具体情况进行充分的可行性调研，并以此为基础制定出合理的可行的投标策略和方案，以提高中标概率。

首先，承包商应了解项目所在地的政治环境，可以通过项目所在地是否有叛乱、政局是否稳定、是否有战争、是否有种族或宗教冲突、与我国及其邻国的关系如何等来判断，避免项目的实施受到政治因素的影响。

其次，承包商应关注项目所在地的经济环境，了解其经济发展及外汇储备状况、支付能力是否符合国际惯例、是否受金融风暴影响较大等。"一带一路"沿线有不少国家经济较我国落后，承包商在这些地区或国家投标时，应重视项目资金的来源，若项目资金来源于世界银行、亚洲银行贷款或我国的经济援助项目、国开行贷款项目等，那么该项目的营利性就有了一定的保障，但若项目的资金来源为该国自筹，那么就应引起投标企业的足够重视。

再次，承包商应重视项目所在地的人文环境，人文环境对项目的安全性和营利性都具有一定的影响。一方面，我们要了解当地的文化风俗，特别是有宗教信仰的国家，这些国家一般节假日较多，要核算因此而增加的劳工成本；另一方面，因为文化语言差异较大，易出现沟通不畅的状况，甚至会由此引发误解，导致发生冲突，从而影响工程的效率及安全，因此在进行项目可行性调研时，要将人文环境作为一个重要的风险考量指标。

最后，我们要掌握项目所在地的法律、技术环境，法律环境为项目合同的顺利实施提供基础，技术环境则为估算项目成本提供依据。一个法律体系健全的国家，其履约信用一般较高，发生纠纷后的救济途径较多。不同的国家拥有不同的法律环境和技术标准，参与海外项目投标时要对此进行充分的了解，切不可习惯性运用国内惯例和标准，使得预算成本过低，最终影响企业盈利。

第三节　项目自身风险

一、项目自身风险概述

相较于国内工程，国际工程一般具有投资金额更多、建设更为复杂等特点，因此，国内承包商在选择走出去的同时，需要防范国际工程自身带来的风险。一般来说，国际工程的自身风险包含工程承包方式、风险分担风险、技术风险、标前谈判风险、项目干系人风险、语言风险等。若承包商忽视项目自身存在的风险，盲目承接项目或者以自身国内经验承接项目，很可能在项目实施过程中发现项目难以按照原设想实施，从而不得不增加成本投入，吞噬项目利润甚至造成亏损。

二、项目自身风险的类型

（一）工程承包方式

自改革开放以来，国内工程企业逐步"走出去"承接国际工程，随着越来越多的企业走出国门，承接的工程越来越多，工程类型逐渐多样，承包方式也逐渐多样。国内工程企业刚走出时，承接的多为纯粹的劳务分包，为当地的总包商提供简单的劳务作业。随着经济、技术、企业能力以及国际建筑市场的变化，国内企业由最初的提供劳务，逐渐演变为向建设方提供施工、设计、采购、施工总承包、项目管理承包、工程总承包（EPC/DB）、建设—移交总承包（BT）、公私合作（即 PPP，含 BOT/BOOT/TOT/TBT/ROT 等）。国内企业参与项目管理越来越深入，相应的，承担的风险和完成后的收益也越来越大。截至目前，国内企业对外承接项目的主要承包方式为工程总承包、建设—移交总承包以及公私合作。

不同工程承包方式的工作内容、风险分配、计价方式、责任承担等都各不相同，其所适用的项目类型以及对承包商的能力也有所区别。例如承接工程总承包项目的承包商应具有较强的设计至少是设计管理能力，如果承包商传统上是以施工总承包业务为主，设计能力较差，则应该谨慎考虑投标。又如适用于 EPC 项目的 FIDIC 银皮书明确指出，其不适用于以下情形：①投标人没有足够时间或资料，以仔细研究和核查业主要求或进行设计、风险评估和估算；②建设内容涉及相当数量的地下工程，或投标人未能调查的区域内的工程；③业主要严密监督或控制承包商的工作，或要审核大部分施工图纸；④每次期中付款的款额要经职员或其他中间人确定。因此，如果招标的项目存在上述情形，而业主却要求采用 EPC 模式承包项目，则承包商将面临很大的风险，对是否投标需谨慎考虑。因此，国内企业在承接国际工程时，要结合承接工程的特点、当地的法律制度、当地的社会环境，以及自身能力合理地确定工程承包方式，降低自身风险。

（二）风险分担风险

在承接国际工程时，承包商最关注的也是最重要的即承包合同中风险分担问题，相关风险如何分担一直是承包商和业主之间斗争最激烈的地方，风险如何分担直接影响到国际工程的投标报价、项目实施。因此，承包商在承接项目时要注意风险分摊问题。关于合同中的风险分摊，FIDIC《施工合同条件》（Conditions of Contract for Construction）（下称"FIDIC 红皮书"）、《生产设备和设计—施工合同条件》（Conditions of Contract for Plant and Design-Build）（下称"FIDIC 黄皮书"）以及《设计采购施工（EPC）交钥匙合同条件》（Conditions of Contract for EPC/Turnkey Projects）（下称"FIDIC 银皮书"）（以下统称"FIDIC 合同条件"）对风险分担的规定各不相同，以下简要介绍几点 FIDIC 红皮书与 FIDIC 银皮书关于风险分担的不同之处。[①]

1. 不同的价格模式

FIDIC 红皮书使用的是传统的施工总承包，项目的设计由业主负责，因工程量变动引起的价格调整风险由业主负责，因此，红皮书第 14.1 款约定的合同价格模式为单价模式，合同总价通过单价乘以实际完成的工程量来确定。与此对应的银皮书即 EPC 合同模式中，业主为了获得更多的经济效益，往往会确定一个固定的投资金额和项目完成的时间，只要在固定的投资金额和项目时间内完成，业主就能实现自身的目的。因此，业主宁可支付较高的费用，也希望在合同中固定价格、固定工期，从而降低自身的风险。基于此，银皮书第 14.1 款约定的合同价格模式为固定总价模式，除了在少数几种情况下合同价格可以调整外，一般情况下总价包干不调整。

2. 设计责任不同

在第一点中说到，FIDIC 红皮书中的设计由业主负责，因此设计责任以及相关的风险

---

① 原亚强.《FIDIC 施工合同条件下建设项目业主方的索赔处理与反索赔研究》, 南开大学 2009 年硕士学位论文。

由业主承担，因设计原因导致的工期延误和费用增加承包商可以向业主索赔。但是在银皮书中，由于是 EPC 交钥匙工程，由承包商负责设计，并且承包商的设计还需要符合"业主要求"，大大加重了承包商承担的设计责任。

3. 工期索赔的约定不同

在 FIDIC 红皮书中，承包商可以申请工期延长的情形更多，在银皮书中删掉了"异常恶劣的气候条件"和"由于流行病或政府当局原因导致的无法预见的人员或物品的短缺"两种可以延长工期的情形。有过工程索赔经验的人员都知道，恶劣的气候条件是对工期影响最大的因素，也是工期索赔中的大项，这一情形的删除，增加了承包商的工期风险。

（三）技术风险

技术风险是指由于所投项目类型、目的、地区的差异性，各个项目技术风险点也不尽相同。技术风险点可主要归纳为以下内容。

（1）根据项目，分析现行技术方案是否能够满足施工过程中对安全性要求，对工程质量的要求，对工程进度的要求，是否能够达到施工标准的要求，是否有改进的需求。

（2）所配置的施工设备是否符合前期现场调查所需、能否抵抗施工现场恶劣的自然环境、能否满足施工进度要求，有无充分的替换设备。

（3）项目实施是否需要采用新工艺或新技术，新工艺或新技术在该项目所在地技术是否达标，若不达标是否有相应的备选方案以及备选方案是否经济等。

（4）施工人员、管理人员、后勤人员配置数量及比例能否满足项目管理及进度要求，若无法满足备选方案是否可以在规定的时间内进行补足。

在项目实行前各部门、各阶段人员必须全面详细研读招标文件要求及规定，各部门投标小组应尽量召开技术讨论会，将与会重点放在讨论设备、人员配置是否满足施工及进度要求等方案上，必要的情况下必须制定相应的备选方案以备不时之需。

（四）标前谈判风险

我国承包商容易受"中国式竞标"的影响，即先低价拿到项目，再通过变更将亏损找回来的惯常营销手法，普遍对国际工程项目内容和合同条款研究不深，因而标前的施工方案、资源配置、进度规划与实际偏差较大，导致合同履行过程中履约不当、工期延误等风险。

无论是国内市场还是国际市场，由于工程招标投标通常采用低价中标原则，因此，一个项目是否能够中标关键因素之一在于工程企业的投标报价。通常情况下，工程企业在投标前期就要对项目的背景、资金来源、盈利能力等进行可行性研究。考虑到国际工程必然会受到项目所在国与本国汇率波动的影响，投标企业为了盈利，不得不相应提高报价以弥补汇率波动可能给企业带来的经济损失，这就使得我国企业在国际工程的竞争中处于价格劣势，从而降低中标的概率。因此，标前和业主谈判即变得极为重要，在国际项目投标中，企业一般会选择工程所在国资信良好的有一定实力的代理机构，来进行项目投标前期的沟通协调，以便及时获取招标信息从而尽早准备投标工作。若企业不重视标前谈判，很容易陷入盲目投标、冲动投标等环境中，从而导致对自身不利。

（五）项目干系人风险

项目干系人是参与该项目工作的个体和组织，或由于项目的实施与项目的成功，其利益会直接或间接地受到正面或负面影响的个人和组织。项目管理工作组必须识别哪些个体和组织是项目的干系人，确定其需求和期望，然后设法满足和影响这些需求、期望以确保项目成功。每个项目的主要涉及人员有项目经理、顾客/客户、执行组织、发起者等。

项目干系人风险是指由于项目干系人对项目有不同的期望和需求，所关注的目标和重点也常常相去甚远。因此导致各方追求的利益不同乃至利益冲突，从而影响项目实施。例如，业主也许十分在意时间进度，设计师往往更注重技术一流，政府部门可能关心税收，附近社区的公众则希望尽量减少不利的环境影响等。弄清楚哪些是项目干系人，他们各自的需求和期望是什么，这一点对项目管理者来说非常重要。只有这样，才能在投标阶段对干系人的需求和期望进行管理并施加影响，调动其积极因素，化解其消极影响，以确保项目获得成功。

（六）语言风险

投标过程中所涉及的文书形式多样，包括但不限于合同、技术文件、报价清单等。语言表达方式千变万化，内容繁纷复杂，无论是汉语条件下，还是英语背景下，一词多义的情形异常普遍，正如古人云："失之毫厘，差之千里"，不用种类语言文书翻译的用词、措辞不准将使阅览者难以准确理解文书内容，甚至还可能导致纠纷的频发，因此，审查和翻译投标文书的人员均应深谙文书中用词、措辞以及语言表达精准性的重要。

1. 语言风险之源本

在对语言风险进行分析之前，应先对其本源的语言进行了解。在国际工程中，招标文件包括通过招标最终签署的合同文件以及技术文件多以本地语言编写，即使以本地语言和国际通用语言如英语双语编写，也往往会说明以本地语言为准。尤其在"一带一路"国家，其本地语言多数并非国际通用语言，有时甚至要经过一手甚至两手（先翻译为英文再翻译为中文）翻译，一方面导致投标过程中的沟通成本大幅上升，另一方面极易导致翻译不当引起的理解风险。因此，在聘请翻译人员时，应尽量选择既了解当地文化，又了解工程建设的人员和官方认可的翻译机构。

2. 语言风险的主要特征

语言风险的主要特征通常有以下十个方面：①常用词汇具有非惯常的含义；②古代英语和中世纪英语词汇的使用；③拉丁语单词和短语的常用性；④古法语及法律法语中的词汇常用性；⑤专门术语的使用；⑥行业通用语及俚语的使用；⑦官方法律文件用语；⑧刻意使用具有可变通含义的词汇和短语；⑨力求表述准；⑩冗长性、保守性和精确性。

3. 语言风险的典例

在下面这例信用证纠纷中，翻译风险方面的问题涉及案件处理结果的关键：在某起涉及中国受益人以及英国承运人的国际货物贸易交易中，信用证规定中国受益人提交的单据中应包含一份由船长签署的收据。在中国受益人已按信用证交付约定应提交全套单据后，开证行却以单证不符这一惯例为由拒绝支付信用证项下的款项，该银行陈述的单证不符点是因上述船长签署的收据与约定不符，具体不符原因为该收据并非由船长本人签署。中国受益人为此诉诸法院，要求开证行偿付信用证款项。

本案的争议焦点为开证行提出的不符点是否成立以及该不符点是否构成开证行拒付信用证款项的条件，案件争议焦点也系构成本案翻译风险的重要原因。本案件具体事实如下：系争船长收据文本为英文文件，受益人对应提供的收据中文译文文本显示：单据名称为船长收据，单据末打印的"船长"字样后有手写签名栏并已签字。受益人认为，其提交的船长收据符合信用证规定，开证行应审查该单据的表面形式，而不应审查签名人是否实际是船长；但开证行提出，英文文本单据末打印的"For the Master"后确系存在签名，但其含义系"代船长"，后面手写签名的人不论是谁，都是代船长签字，故该船长收据不是船长本人签署的。而受益人提交的中文译文却显示"For the Master"为"船长"，与英文文本单据末打印的"For the Master"词组的正确译文"代船长"，对此受益人认为，词组中的for作为介词并没有实际意义，只是表示供船长签名的位置。

事后，开证行就上述船长收据是否构成不符点向国际商会（International Chamber of Commerce，简称ICC）申请咨询，国际商会专家意见组在其答复中认为，代表自己签字的人在签署时不会写"代"（原文"For"）自己签字，或者说，"代"（原文"For"）某人签字的人并非某人自己。同样"代船长"（原文"For the Master"）签署的文件不是由船长（原文"By the Master"）签署的。所以，上述船长收据不是由船长本人签署的，其表面不符合信用证规定。可以看出，"For the Master"短语应如何翻译，是影响到案件处理结果的关键。

三、项目自身风险的防范

（一）对项目本身进行尽职调查

对项目自身进行尽职调查是内部环境调查，即对国际工程本身的调查研究，主要目的是对工程实施的可行性进行研究，包括工程建设目标、技术要求、永久设备质量、工程地质状况等的调查研究。该尽职调查研究结果与承包商建设能力研究比对，得出承包商是否胜任该国际工程建设的结论。该尽职调查风险包括国际工程建设目标不合理、工程设计不合理、技术要求过高、物资不能获得等风险。

国际工程是合同法律关系的客体，应当对项目概况及所有数据资料进行充分的了解，包括工程技术实施可能性、项目采购、人工成本等。比如在FIDIC合同中关于现场数据的规定，承包商签订合同应被认为已完全理解并接受合同价款的合宜性和充分性，以及该接受的合同价款是基于业主方提供的数据、解释、必要资料、检查、审核及其他相关资料。

（二）仔细研读招标文件

招标文件是由业主和代理机构编制的，是最能够反应业主真实诉求的书面材料。因此，在拿到招标文件后，企业应第一时间组织投标人员对招标文件进行研读，主要从以下两个方面入手。

一方面，要认真研究招标文件中的投标人资格要求及合同条款等商务标要求，了解合同的风险条款和一些明显的或隐含的对承包商不利的条款，对于这些条款必须在谈判的时候据理力争，为日后争取变更索赔打下基础。在研读招标文件的时候，一定要全面仔细，有时业主会在附件中做文章，投标方要倍加小心。在审查合同条款时，还应特别留意逾期违约金条款，有时会出现承包商逾期违约的罚款过高且没有上限或上限过高的情形，这无疑对承包商来说是一种巨大的风险，一旦发现这种情形，就需要承包商在谈判时将罚款上限调整至可控范围之内。

另一方面，要认真仔细研读招标文件中业主要求和技术标准等技术标要求，充分了解业主的意图和技术质量标准，提高项目成本预算的准确度，为日后合理报价打下基础。

（三）做好项目策划

以 EPC 项目合同为例，物价波动风险一般均由承包商承担，因此在投标时要考虑物价波动的风险。鉴于要参与竞标，报价时提高主材单价的幅度是有限的，而采购成本占整个项目成本最大比重，故单价里无法消化的物价波动风险，可以考虑从采购环节下功夫。选择采购供货商时，承包方一定要在前期把握好主动，搞清业主的指定供货商名单。若没有指定供货商，承包商一定要将自己熟悉的供货商放进短名单中；若有指定供货商，承包商应在第一时间进行询价，并在项目启动的第一时间与供货商联系签订协议，将价格锁定在当前阶段。对于那些没有明确报价的供应商，一定不要贸然放入短名单中。工程项目中经常会用到大型设备，这就牵扯到超限设备的运输问题，鉴于承包商对当地情况的不熟悉，运输后的恢复和处理工作可能因此给承包商带来不必要的风险，因此建议承包商在不了解情况的前提下，尽量将项目所在国的运输工作排除在承包商的工作范围之外。与此同时，还应重视工程量和所需投入的资源，包括人工、设备、材料等，切莫低估工程量和资源数量，以及通货膨胀或变更的影响，否则就可能会发生成本超支的情况。

（四）文件语言的约定适用

绝大部分英文版本合同都设定有 Applicable language（适用语言）或 language clause（语言条款）、部分中文版本合同中存在该类适用语言条款。根据国际工程签约实务惯例，如 2017 年版 FIDIC 合同条件第 1.4 款明确规定，双方应在合同数据表中约定合同主导语言，如没有约定则为编写合同的语言。如合同任何部分使用一种以上语言编写了不同版本，则应以主导语言编写的版本为准。除此之外，所有通信交流的语言应为合同数据表中所述语言。如其中没有规定，则通信交流语言应为合同主导语言。因此，通常情况下国际工程项目应当以草拟合同语言的本地语言或英语为适用语言。当语言风险过大或者无法规避的情况下，规避语言风险的根本措施即在合同等文件中约定以中文或至少英文作为合同等文件的适用语言，国内承包商也应当使其具有提出该等条件的前提。

第四节　投标人内部风险

一、投标人内部风险概述

在国际工程实施过程中，很多外部风险的形成以及由此导致的承包商损失都是因承包商内部风险引起的。因此，承包商作为国际过程的投标人，要重视自身内部风险，要学会识别、控制内部风险，以此防范风险，将风险扼杀于摇篮。一般来说，投标人内部风险是指因投标人自身内部引发的风险，是投标人自身的原因导致的风险，包含项目识别不准确风险、合同审查不细致风险、招标文件理解风险、投标报价不科学风险、合作伙伴选择不谨慎风险。

二、投标人内部风险的类型

（一）项目识别不准确风险

一是信息获取不及时。"一带一路"沿线国家众多，国别差异较大，目前，我国企业主要通过外国媒体、咨询代理机构、我国驻外大使馆的经济商务参赞处等渠道获取海外项目投标信息，由于信息获取渠道不稳定且分散，势必会对信息的及时性造成一定的影响。企业大多是通过一切民间渠道获取信息，但这些渠道取得的信息往往都不具有权威性，国内企业难以识别信息的真实性。

二是项目可行性调研不充分。正如前文所述，各个国家的自然、人文、法律、政治、经济、技术环境存在多样性，在不同国家进行建设工程项目投资应进行充分的可行性调研，针对不同的投资环境，制定不同的投标策略。目前，我国企业存在盲目自信的侥幸心理，对项目可行性调研不充分，导致投标失败乃至项目亏损的现象屡见不鲜。例如中国电力投资集团投资的缅甸密松水电站项目，项目前期的环评结果并不理想，专家建议或者"取消整个工程"，或者"至少分建两座小型水电站"，但由于环评结果当时未向两国民众进行公布，中缅方便抱着侥幸心理让该项目上马。后来，当环评报告被公之于众后，缅甸国内一片哗然，后迫于民众的压力，2011年缅方暂停了密松水电站项目。该项目暂停两年后，即2013年，中方也撤出了人员设备。该项目给中缅两方都造成巨大的损失。[①]

（二）合同审查不细致风险

建设工程项目的实施以合同为基础，一份权责清晰、合理且具有实操性的合同为项目的顺利实施提供基本保障。大型工程项目的招标文件中都附有合同，但不少企业对此并未进行仔细研读，因此为日后的权利的维护埋下隐患。例如2009年波兰A2高速公路项目，由中方公司与波方公司组成联合体进行投标，中标该项目A、C两个标段。该项目合同参考使用了FIDIC合同条款，因联合体未仔细审查合同，未发现该项目合同中删除了FIDIC标准合同中对承包商有利的条款，便草率签约，导致陷入业主设计的陷阱之中。草率签约的结果便是，对于联合体来说，要向业主赔偿2亿欧元，同时联合体内的公司都面临三年的在波兰的公开招标禁令；对于业主来说，这一项目的A、C标段因此处于烂尾状态。这一事件，最终造成了双输的局面。

---

① 上海市建纬律师事务所组织编写：《"一带一路"国家工程与投资法律制度及风险防范》，中国建筑工业出版社2018年版，第159页。

（三）招标文件理解风险

投标合同管理缺乏认识。投标合同作为投标报价的重要部分，做出准确合理的投标合同，可以降低投标的风险。对项目投标阶段对应的风险管理及研究不够深入。相关管理人员应在投标中对项目合同文件进行评审，往往因为风险意识不强，未在文件中发现存在的风险因素，或将一些高程度的风险当作程度低的轻微风险来处理，从而选择了不合理的管理措施，进而造成损失。如合同本身带来的合同价格、工期、结算方式、其他费用等风险因素。

（四）投标报价不科学

投标报价作为企业最终获利的直接因素，需要投标方综合考量目标市场及工程的实际情况，合理估算成本，科学分析风险，最终形成报价结果。目前，我国企业在外投标建设工程项目，缺乏对目标市场及工程的调研分析，多数习惯性采用"先以低价中标，后挟工程以自重"的策略进行投标报价。工程项目的建设往往耗时数月甚至数年，涉及大量原材料成本的变迁、汇率的变动以至地质条件、气候条件的变化，因此往往会出现各种变更，取得现场工程师的认可以及业主方同意后即可相应调整报价。[1] 但在法制建设较为完备的"一带一路"沿线国家，这种方式会遭到崇尚合同规则的业主的拒绝，甚至在有些情况下，工程所在国的国内法禁止这种变更。这就会导致承包商中标后因前期成本预估不足，变更签证难以落实，导致血本无归的局面。例如中海外公司以低价中标波兰 A2 高速公路 A、C 两个标段，该价格低于波兰政府一半的预算，项目进行到中期，中海外以项目说明书描述不清、地质情况等原因导致成本增加向波方提出增加工程款，并提出由于沙子、钢材、沥青等原材料价格大幅上涨，要求对中标价格进行相应调整 [2]，而增加的部分与中标价的总和与波方当初的预算价格十分接近。但欧盟法律规定公共工程不允许修改初始合同，中海外提价未果，最终造成双方皆输的局面。

（五）伙伴选择不谨慎

项目投标一般分为商务标和技术标，两者不可偏废。在技术标中，承包商往往要选择合作伙伴以实现利益的最大化。建设工程项目存在大量设计工作，这就需要寻找设计分包商，如果设计分包商能力不足，将会导致工程量预估不准确，从而引起不中标的风险或中标后成本与预估相差较大。而且，设计方案是否能够及时高质量地出具，决定着项目能否顺利进行。再比如，供应商的选择也关系到项目的顺利实施。企业在投标阶段，尤其是报价阶段，如果没有对未来的供应商进行有目的的筛选和沟通，一旦出现原材料价格波动或者紧缺的现象，就会增加承包商的成本，甚至影响项目工期，产生履约风险。

---

① 羊朝花：《海外工程项目的风险定量分析初探》，上海交通大学机械与动力工程学院 2011 年硕士学位论文。

② 朱树英：《应对新版合同重点在十二个问题》，载《建筑》2013 年第 13 期。

三、投标人内部风险的防范

（一）建立有效的投标风险应对机制

投标人内部风险主要是因为承包商自身原因导致，或因工作不细致、技术能力不足、准备工作做得不够等导致。因此，承包商应结合企业特点、承接项目性质、企业规模与能力等，在企业建立一套投标风险应对机制，以此防范投标人内部风险。投标风险应对机制至少应包含以下几点。

一是项目识别。承包商应建立项目识别的基本流程，要在掌握项目基本信息后再进行仔细研究，并在可行性调研出来之后进行分析，最终确定是否参与投标。需要尽量减少盲目投标和匆忙投标的情形，以此规避项目识别风险。

二是需要建立合同审查流程。承包商需要对合同进行审查，建议对合同审查分为三部分：一部分是项目人员的审查，由于项目人员参与了项目前期工作，对项目具体了解更深入、更具体，其在审查合同时更能发现合同风险和不合理之处；第二部分是公司领导层及各部门进行审查，审查要点是通过各部门各线条的审查，全面发现项目风险，以及是否符合公司相关要求；第三部分是专业人士审查，如律师审查。以此通过多种形式、不同人员对合同进行交叉审查，从而全面的识别合同存在的风险。

三是要对常见的招标文件进行研究，以此避免招标文件理解风险。在国际过程招标投标过程中，招标文件对于一个项目的影响重要而深远。因此，承包商需要对一些常见的招标文件进行研究，对其进行深入理解，从而摸索出一套切实可行的投标模式，并在企业内部进行宣贯。

四是投标报价应谨慎。投标报价作为投标过程中最为重要的一个环节，承包商应谨慎报价，以免因为自身原因造成投标报价过低造成自身亏损，或者投标标价过高无法中标。

五是选好合作伙伴。合作伙伴不仅包括协助投标的代理人，还包括共同投标的联合体成员，以及未来中标后共同履行合同的分包商和供应商。承包商应选择有实力且信用记录良好的合作伙伴，并就相关合作签订协议和意向书乃至形成长期战略合作关系，以增加中标概率，确保顺利实施相关工程。

（二）科学合理报价

投标报价占整个招标环节中的 40% ~ 70%，因此投标报价的准确性是对企业能否中标起着至关重要的作用。承包商在报价前一定要充分进行可行性调研分析，切莫抱着侥幸心理采用"先低价抢标，后挟工程以自重"的报价策略。目前主要的投标报价策略有以下四种。

1. 风险规避策略

风险规避，与人类自身的趋利避害属性是相对应的。任何一个项目，或多或少都会存在风险，而这一风险能否有应对方案解决，又能否通过管理手段规避，将会直接影响到企业的决策。当风险在企业的可控范围内，对于企业而言，这一部分风险大可忽略不计；一旦风险超过了企业风控手段的能力范围，或者控制这一风险的成本过高而直接影响到项目利润时，暂停或者直接选择放弃这一项目的招投标工作，可能会成为大多数企业的选择。尤其是对于局势较不稳定的国家来说，随时可能发生的政局变动风险，将会极大的影响招投标工作的活跃度，许多企业对于诸如中东地区的项目，都是望而却步。即便不少的项目有着广阔的前景和不菲的回报，但与根本无法控制的风险相比，这些项目都无异于空中楼阁一般。

2. 风险自留策略

如前文所述，风险是企业在项目中不希望遇到的。那为何在特定情形下，企业愿意将这些风险由自身承担呢？这对于企业的风险控制能力，要求是非常高的。企业愿意将风险自留，必是经过充分的考量。首先，企业需要有自己的风险评估团队，亦或是外聘专业权威的风险评估人员对目标项目进行全面细致的了解后，为企业作出风险评估报告。目前，大多数的企业已经开始意识到事前风险评估的重要性，但这仅是最为基础的部分。其次，企业识别风险的结果必须准确。不管是为风险低的项目预估出过多不可能存在的风险，还是为高风险项目给出低风险的建议，都将给企业造成不必要的损失。最后，对于各类风险的把控能力，将会是企业竞争中的关键。面临同样的风险，有的企业知难而退，有的企业迟疑观望，而有的企业敢于迎难而上，造成这一不同应对措施的根源，在于企业的风险接受能力。对于一些能够通过企业自身能力化解的风险，可以选择风险自留的策略。例如，在业主已经规定了支付币种和比例的情况下，应在投标报价时考虑恰当的汇率风险费用。

3. 风险缓解策略

所谓风险缓解，是指风险在企业可控范围内时，企业可通过技术和管理手段，降低风险发生概率或减弱风险后果。对于风险的管控是全程的，包括事先的风险预防、事中的风险减少以及事后的风险维护。做好风险预防往往是第一位的，在招投标过程中，企业需要通过做好事先评估，将可能会因某一风险而增加的成本计算在内，从而保证项目的正常运作。

4. 风险转移策略

即便风险是固定存在的，但对于某一风险而言，其承担者是多元的，并不是一切的风险都需由企业承担。一般而言，业主方、分包商以及第三方都可以作为企业转移风险的对象。在各类招投标资料中，将业务方应承担的风险类别明确，将工程施工之类的风险交由分包商各自承担。同时，通过第三方提供的担保，将风险转嫁，也是国际上通行的方法。因为越来越多的国际项目背后有政府和国际协议的支撑，通过第三方担保转移风险的方式将会愈发重要。

除此之外，保险也是用来转移风险的重要手段之一。具体项目中，不乏一些风险是难以规避的，在这种情形下，企业可以通过投保的方式来进行风险转移。但是，保险也具有一定的局限性，并非所有的风险都可通过保险控制。保险有着严苛的限制和承保条件，企业可能已经投保，但因风险发生的某些情形不符合赔偿规定，企业投保的目的也很难达成。

5. 风险利用策略

风险和机遇，实质上是一枚硬币的两面。更多的机遇在企业进入新兴行业时发挥着作用。因为新领域总是有着更多的不可预测性，所以明确企业的项目收益，有助于更好的企业，赋予这类行业发展的动力。企业需结合项目的实际情况和自身的风险偏好、接受度来综合考虑投标报价策略，利用给项目带来积极影响的风险，提升目标实现机会，以便在保证投标竞争性的同时，规避风险以实现利益最大化。

第五节　典型案例分析

一、案例介绍

（一）中铁建沙特麦加项目

1. 项目简介

沙特麦加轻轨项目是沙特政府为缓解穆斯林朝觐造成的交通压力而专门建造的，由时任国家主席胡锦涛和沙特国王亲自见证签署，是沙特国内 50 年来的第一个轻轨铁路项目，政治意义重大。麦加轻轨工程全长 18.25 公里，线路的两个端点为麦加禁寺和阿拉法特山，途经米纳、穆茨达里法。其中高架线路为 14.3 公里。全线设车站 9 座，车辆段、综合维修中心、控制中心各一座，房屋建筑面积约 15 万平方米。

2009 年 2 月 10 日，中铁建与沙特阿拉伯王国城乡事业部签署了《沙特麦加萨法至穆戈达莎轻轨合同》。轻轨全长 18.25 公里，工期 21 个月，造价 17.7 亿美元。采用 EPC+O&M 总承包模式（即设计、采购、施工加运营、维护总承包模式）。中铁建负责麦加轻轨从设计、采购、施工、系统安装调试及三年的运营和维护等全部工作。根据合同，中铁建要保证在 2010 年 11 月 13 日前完成开通运营，达到 35% 运能；2011 年 5 月前，完成所有调试，达到 100% 运能。合同签订后，由于各方面的原因，工程进展并不顺利，为了确保这一项目的顺利运转，中铁建举全系统之力，投入了大量的人力、物力，开展了一场"不计条件、不讲价钱、不谈客观"的大会战。11 月 13 日，轻轨如期通车，但在通车前最近一期的公告中，中铁建却突然宣告，项目亏损将达到 41 亿元。

2. 项目特点

（1）设计运量最大：设计动能为单向客流每小时 72000 人；

（2）室外温度最高：麦加地处北纬 21°26'，施工区域地处高温和特大风沙区，夏季地表的最高温度可达到摄氏 50 度左右；

（3）工期短：除去朝觐等因素外，工期仅 18 个月；

（4）自然条件恶劣：自然环境十分恶劣，除严重高温外，严重缺水，淡水比石油更加珍贵；

（5）文化制约因素：施工范围主要集中在穆斯林地区，制约因素多；

（6）设计标准高：土建工程执行美国标准，系统工程执行欧洲标准。

3. 项目亏损原因分析

该项目的巨额亏损主要有五个方面的原因，分别是低价拿标、工期测算失误、对项目所在国市场不熟悉、未仔细审核合同以及对 EPC 项目运作不熟、国际工程经验不足。五个原因都属于本章中投标和缔约阶段显示的风险，由于中铁建未能及时识别，导致项目实施后，只能承担巨额亏损，五个原因具体阐释如下。

（1）低价拿标。该项目采用的是"议标"方式，中铁建报价 22 亿美元。后经与业主议标，改为 17.7 亿美元。中东地区的工程项目一般都由欧美国家的咨询公司编制合同及规范。技术规范对设备、材料参数、施工工艺等有非常细致的要求。在合同规范中指定厂家、品牌非常常见，很多合同还指定分包。中铁建报价时没有慎重分析合同及规范，不依据项目合同及规范针对性地询价，却按国内广州轻轨的投标成本测算沙特项目，认为毛利率在 8% 至 10% 左右。而最后该项目实际的总费用约人民币 162.23 亿元。据了解，针对该项目，沙特当地最大的铁路建设集团报价为 27 亿美元（约人民币 184.12 亿元），比中铁建的实际总费用高出约 13.5%。中铁建报价过低是项目亏损最根本的原因。

（2）工期测算失误。项目施工范围集中在穆斯林地区，制约因素多。施工区域为高温和特大风沙区，夏季地表的最高温度可达到 70℃，施工地区严重缺水，自然条件十分恶劣。专家称，即使在国内，此类工程从设计到运营尚需两到三年时间。该项目合同期 22 个月，扣除斋月、朝觐和作息习惯的影响，实际工期仅为 16 个月。因此，项目从一开始就注定是个"赶工期"工程。另外，工期紧也使工程成本远远高于普通项目。

（3）对项目所在国市场不熟悉。中铁建做此项目是首次进入沙特市场，按照一般首次进入某一陌生市场时，应该谨慎。但是中铁建却在对当地市场不熟悉的情况下，未进行仔细的市场考察和市场询价，仅仅凭借自身经验盲目报价。再者，中铁建对于沙特当地的规范和技术要求都不熟悉。在沙特，主要是使用美国标准，但是中铁建在报价时未仔细研究，仍然按照自身经验进行了报价。最后是对沙特国家国情未进行深入了解，沙特是中东宗教气氛最浓的一个国家，各方面限制非常严，而中铁这个项目的工程所在地是伊斯兰的圣地麦加，限制就更严了。一个最明显的例子，这个地方甚至不允许非穆斯林进入，所以中铁建在实施这个项目的时候，搜遍整个集团寻找回族工作人员。

（4）未仔细审核合同及对 EPC 项目运作不熟。中铁建投标决策人员和项目管理人员对于 EPC 合同并不熟悉。在承包方面麦加轻轨项目采用 EPC+O&M 总承包模式。EPC 意味着中铁建拥有项目设计权、采购权、施工权，设备采购都应由中铁建进行调度。而据中铁建上述管理层介绍，在实际执行过程中，尤其是在工程分包过程中，设计是由国外公司负责的。并且项目的控制系统、控制设备均由西方公司提供，价格就比国内高出很多，中铁建对采购的价格没有把握准，造成设备采购的成本失控。

（5）国际工程经验不足。由于苛刻的合同条款，业主对建设标准和建设要求变更频繁，对设备和材料审批滞后，并指定了设计、系统和土建等关键环节的分包商 [业主要求500 万里亚尔（约合 900 万元人民币）以上的合同分包商需其批准]，导致中国铁建没有掌握项目控制的主动权，却要承担总包商的终极责任，责权严重不对等。中铁建第一批用于该项目的劳务指标在签约 5 个月后的 2009 年 7 月才办理完毕。为了展开大规模的突击会战，中方于 5 月 15 日申请办理 6000 个劳务指标，直到 7 月 4 日才办理完毕，第一批人员进场。项目实施过程中，连房间墙壁的颜色等都需要业主代表（城乡事务部副部长）亲自选择才能决定，导致大量本应通过正常流程决定的事情，需要经过若干次反复才能最后批复，审批进展滞后。由于业主要求 500 万里亚尔（约 900 万元人民币）以上的合同分包商需批准，导致关键环节的分包商均由业主指定。由于分包商众多，且多是业主指定的"名牌"公司，接口复杂，难以集中管控。

在项目存在大量变更的情况下，中铁建并未向业主索赔。按商业惯例，业主变更合同，承建方在没有拿到新增的工程进度款或变更索赔没有得到业主确认时，通常有权要求停工，且有权要求业主赔偿停工期间的损失。而中铁建不仅没有要求停工，却在变更索赔未获落实的情况下，增派人员，"不讲条件、不讲价钱、不讲客观"，集整个铁路系统之力进行会战。

中铁建沙特轻轨项目巨亏带来的影响可以分为以下四个方面：①中铁建股价暴跌。公告披露次日，中国铁建复牌后股价大幅下挫，A股跌幅5.24%，H股跌幅达13.71%，创下了中铁建上市以来的最大单日跌幅；②中铁建品牌信誉受到严重影响。在曝出沙特轻轨巨亏的消息后，中铁的经营和管理水平受到质疑，想要通过这一项目在中东地区获取更多订单的愿望受到了影响；③部分人员承担行政责任。具体承建单位中铁十八局总裁刘金林被解除总裁职务，退居为公司高级顾问。随着事件的进展，将有更多的人员要为这一亏损埋单；④风险管理问题开始受到重视。中铁建的巨亏，使得具有海外项目的企业，纷纷将风险识别、评估和应对提上了议事日程，很多工程承包商开始思考海外项目的风险管理问题。

（二）波兰A2高速项目

1. 项目简介

波兰A2高速公路连接波兰华沙和德国柏林，是为波兰2012年6月和乌克兰联合举办欧洲足球杯特别设计建造的，招标时要求必须在2012年5月31日前建成通车。中海外联合体（中海外联合体由中国海外工程有限责任公司、中铁隧道集团有限公司、上海建工集团和波兰贝科码有限公司组成）于2009年9月中标。波兰A2高速公路工程是EPC总承包项目，工期为2009年10月5日至2012年6月4日（含设计期）。这是我国公司在欧盟地区承建的第一个基础设施项目，对进一步开拓欧盟市场具有重大意义。中海外联合体于2009年9月中标A2高速公路中最长的A、C两个标段，总里程49公里，总报价13亿波兰兹罗提（约合30.49亿元人民币）。

中海外把波兰作为打入欧洲市场的第一站，因此迫切希望中标本工程。中海外在投标前对本工程的勘察设计、招标文件均没有非常细致地审查，凭借过往的经验认为中国公司有很多成本优势，因此13亿波兰兹罗提的价格应当能够完成工程。同时，意图通过低报价高索赔来获取工程收益。最终，中海外联合体的中标价格仅是波兰政府预算28亿兹罗提的46%。但是，中海外不及波兰政府预算一半的报价一度引来低价倾销的指责。针对此现象，中海外也曾做过回应，称：公司将"依靠特殊的管理方式压缩成本，并非亏本经营"。

2. 项目结果

项目实施后，中海外发现自己低估了困难。2011年5月，因未按时向波兰分包商支付价款，导致工程5月18日起停工。工程进展迟缓的背后是项目亏损逐渐浮现。2011年6月初，中海外总公司最终决定放弃该工程，背后的原因我们也不难知晓，如果他们公司坚持做完，可能导致公司亏损3.94亿美元（25.45亿元人民币）。波兰业主则给中海外开出了2.71亿美元（17.51亿元人民币）的赔偿要求和罚单。根据波兰法律，中海外建筑企业成员在未来 3 年内，都不能在波兰参与任何道路工程的建设，而贝科码公司也可能在业主的强硬追索下破产。

3. 项目亏损原因分析

（1）合同条款不利

中海外与波兰公路管理局签订的合同是以国际通用的菲迪克文本为基础，但其中许多维护承包商权利的条款都被删除或修改。如菲迪克条款中，如果因原材料价格上涨造成工程成本上升，承包商有权要求业主提高工程款项。但关于变更程序，中海外合同规定：所有导致合同金额变动或者完成工程时间需要延长的，必须签订书面的合同附件。

（2）经济环境变化

中海外投标时全球经济不景气，当地的施工项目也并不多，因此原材料供应并不紧张，价格尚处于低谷。但在履约过程中，随着全球经济向好，且欧洲杯相关工程陆续上马建设，因此当地的沙子、钢材、沥青等原材料价格大幅上涨。中海外向波兰公路管理局提出对中标价格进行调整，但公路管理局依据合同以及波兰《公共采购法》等相关法律规定明确拒绝了中海外的调价申请，为此中海外不得不垫付资金以满足施工需求。

（3）语言翻译不准确

履约过程中语言也成为一个大问题，双方签署的是波兰语合同，英文和中文版本只是简单摘要，而中海外只请人翻译了部分波兰语合同，而且由于合同涉及大量法律和工程术语，因此翻译的准确性不够。为了节约成本，中海外聘请的翻译能力和经验均显不足，导致双方工作人员沟通时有时需要先将词汇从波兰语翻成英语，再通过字典将英语转换成中文，翻译过程效率极低，导致双方沟通不畅。

（4）风险预估不准确

中海外对于工程的环保要求也没有充分的认识。招标文件明确 C 标段一共有 6 座桥梁设计需带有大型或中型动物的通道，而中海外对此没有引起足够的重视，在中海外的报价中对桥梁的动物通道成本没有做出预算。而环保成本在波兰筑路工程项目总投资中的占比一般是 10% 左右，距离中海外工地大约 300 公里的 A2 高速公路西段环保成本占 25%。同时，工程沿途一共生存七种珍稀两栖动物，包括一种雨蛙、两种蟾蜍、三种青蛙以及一种叫"普通欧螈"的动物。咨询公司要求中海外必须在入冬前将珍稀蛙类搬到安全地带，因为这些蛙马上就要冬眠，必须避免施工中对这些珍稀蛙类造成伤害。中海外为此停工两周，员工全力以赴用手搬运珍稀蛙类。

二、案例启示

1. 谨慎选择投资区域

国内企业在国外投资建设项目时，要慎选投资区域，降低政治风险。政治风险是海外投资的最大威胁。优先选择与我国双边关系良好，经贸联系紧密的国家，避开政局动荡，政策多变，有国有化倾向的国家，为项目建设和运营创造良好的外部环境。加强调研测算，降低决策风险。借助当地机构、合作伙伴等对项目进行精细的调研、分析和测算，对项目成本、影响项目实施的制约因素做充分的估计，如分析征地、环评的难度和费用，分析材料、设备采购的相关法律、税收政策，分析项目的运维、管理费用等，科学编制项目投资预算，估算项目收益，为决策提供依据。

2. 树立前期风险管理意识

风险管理作为一种先进的管理理念，在现代企业得到越来越广泛的应用，准确地识别、评估风险、有效地防范和应对风险，能够为企业带来巨大的收益。由于很多问题在投标和合同签订阶段已经定性，因此加强招投标阶段的管理，增加标前调查的投入，充分了解施工环境，对准确评估投标报价，确定合同谈判策略等方面具有重要的指导意义。而合同签订阶段的谈判和把关也相当重要。

从中海外承接波兰 A2 高速公路项目的过程中可以看出，中海外为了承接该项目，不惜一切代价，包含低价中标、合同条款不合理等，无视相关风险。由此导致在此后履约时，很难通过过程履约来弥补报价亏损。这也提示我国承包商要树立风险管理意识，不能为了进入某地市场而盲目承接项目。

3. 熟悉相关方文化

穆斯林文化与某些企业的工期文化、质量文化、安全文化同我们的铁军文化一样，是企业及国家生存发展，在日常的管理中处处体现的基本要素。熟悉业主单位的打法和文化，是我们在决策中明晰解决问题的策略，在管理上洞察解决问题思路的重要途径。

4. 加强合同签署和执行能力

合同签署前要认真研究东道国同类项目的规范和惯例，对方主体资格等尽到审慎义务。同时对合同文本版本、合同条款认真审查，了解双方的责任和权利，防止与正式签订前的约定不符，违背真实意思表示，从而导致合同条款对自身不利，造成自身的损失。特别是当合同条款变更或签署补充协议时，条款要准确、严密，避免错误和歧义。合同执行中，要注意利用合同、规范和惯例维护我方权利，同时要建立反索赔意识，避免业主恶意反索赔。在上述案例中，中海外为了承接该项目，未仔细审核合同内容，导致合同中删除了大量对自身有利的条款，最终造成了企业的损失。

5. 科学合理报价

在国内，国内企业承接项目普遍采用低价中标的方式承接，企图通过"低价中标、高价索赔"的方式弥补投标报价时的亏损，并以此扭亏为赢。但在国际工程中，过程履约更为严格，想要通过高价索赔弥补亏损或者盈利相较于国内困难很多，很多业主不会理会承包商的索赔请求，因此，国内承包商在承接国际工程时，报价一定要科学合理，不能盲目低价。

6. 强化对分包商的管理

作为工程项目的投资方和工程总承包方，核心问题是能否选择到报价合理，并能保证质量和工期的分包商。招标前对有投标意向的分包商进行资格预审，只邀请实力符合要求的分包商参加投标。资格预审主要审查承包商的组织机构、在当地从事同类项目的经验和履约信誉、拥有资源的情况（包括管理、技术劳动力、施工设备等）、财务报表、现有合同任务和涉及诉讼（含仲裁）的历史等。在中铁建沙特轻轨案中，作为承包商的中铁建不计成本如期完成项目。若其他的承包商承建该工程，则可能在业主变更要求时停工谈判，或在亏损达到一定数额时中止项目，撂挑子不干，从而造成工期拖延，使业主蒙受更大的损失。

7. 加强施工过程管理

合同签订后，业主团队应及时掌握项目进展和关键环节的施工安全和质量，介入对项目的全过程管理，还应积极与承包商沟通配合，创造有利于建设的内外部条件。业主应严格按照合同约定及时向承包商提供现场，审核承包商文件，按照付款计划支付工程款，尽可能减少因自身原因造成的费用增加和工期延长。一些国家节假日多，工作时间短，工人工作积极性差，又因工会组织强大，不能随意安排加班，出现工期延误是常事。因此，应严格监督工程进度计划的实施，认为实际进度落后于计划时应督促承包商赶工，尽力避免工期延误。

8. 强化管理团队

海外项目建设期的风险不可完全避免，只能靠高素质团队的创造性工作来规避和控制，并使风险发生时的损失降到最小。故要组建类似建设项目管理经验丰富，攻关、协调能力强的工作团队，以便处理好与项目所在地各级政府、相关机构、民众、合作伙伴以及承包方的关系，使建设工作顺利完成。

9. 注重语言翻译风险

国际工程中的招标文件以及合同多以本地语言或英语编写，并要求日常通信也以合同主导语言编写。这给中国承包商的合同签订、交底和日常管理增加了较重的负担，相关合同文件均需要翻译成英文或中文版本后才能使用，不仅增加了翻译费用，而且很可能因为翻译不准确或有歧义而给合同履行带来风险。在波兰 A2 高速项目中，由于双方签署的是波兰语合同，中海外聘请的翻译员翻译能力和相关工程经验也不足，导致双方对合同的理解出现问题，致使沟通不畅。在国际工程项目中，尤其是在本地语言和文化特色比较突出的"一带一路"沿线上的国家开展的工程项目，中国承包商对此类语言风险应予以充分重视。

第八章

合同管理和履约风险

第一节　国际工程合同概述

一、合同管理和履约风险概述

国际工程合同是指国际工程的参与主体之间为了实现特定目的而签订的、明确彼此权利义务关系的一系列合同和协议。国际工程合同具有如下一些特点。

（一）国际工程合同是参与主体参与合同订立的法律行为

合同关系必须是双方或多方当事人的法律行为。当事人之间具备"合意"，合同才能成立。在国际工程参与主体订立合同的过程中，国际工程合同为合同双方或多方规定了权利与义务。双方签订的合同要受到有关缔约方国家的法律或国际惯例的制约、保护与监督。合同一经签字，双方必须履行合同规定的条款，违约一方要承担由此而造成的损失。

（二）国际工程合同是一种非法律性惯例

国际工程咨询和承包合同在国际上经过近百年的发展历程和不断总结经验，已经形成了一批比较完善的合同范本，如 FIDIC 合同条件、ICE 合同条件、NEC 合同条件、AIA 合同条件、JCT 合同条件等。这些国际工程合同范本内容全面，多包括合同协议书、投标书、中标函、合同条件、技术规范、图纸、工程量表等多个文件。这些范本还在不断地修订和完善，可供我们学习和借鉴。

（三）国际工程合同管理是工程项目管理的核心

国际工程合同包括前期准备、招投标、谈判、修改、签订和实施等多个重要环节，对此合同有关任何一方都不能掉以轻心。但只有订立好一个完善的合同，才能保证项目的顺利实施。

综上所述，合同是将法律、惯例等运用在具体合作项目中的细化规定，合同内容贯穿始终。合同的制定和管理是做好国际工程承包项目的关键，工程承包项目管理包括进度管理、质量管理和成本管理，而这些管理均是以合同要求和规定为依据的。项目任何一方都应配备专门人员认真研究合同，做好合同管理工作，以满足国际工程项目管理的需要。

国际工程项目有不确定因素多、周期长、个体差异大等特点，国际工程合同通常主要依照合同范本起草，条款一般比较严谨，但由于工程周期长导致合同管理期限也较长，承包商要从整个寿命周期对合同进行动态管理，考虑项目实施各个阶段的特点，对项目风险进行充分的识别和分析。

国际工程合同管理分为几个阶段，包括：①合同签订前的事前管理，主要工作内容有：对己方的责任、义务、享受的权利及承担的风险进行识别和判断，通过谈判调整合同内容；②合同订立后的事中管理，主要工作内容有：在工程的开展过程中，履行合同约定，维护己方合法利益，对方发生违约时，依据合同进行索赔；③争端发生后的事后管理：在发生争端时，根据约定的争议解决方式妥善解决。

二、国际工程承包合同主要范本

由于国际工程项目的复杂性，用来规范项目交易的合同条件显得尤为重要，一份成熟完备、公平合理的合同条件是项目顺利实施并取得预期效果的有力保障。在实践中，国际工程项目的合同条件大多参照专业组织的合同范本来编制，此类范本集中体现了与工程建设相关的法律法规和行业习惯，反映了国际工程实践中的宝贵经验和良好惯例，有助于减少双方编制和谈判合同条件的工作负担，降低合同签订和履行过程中的合同和工程管理风险。

目前，国际上得到广泛承认和使用的工程总承包合同范本编制机构主要包括国际咨询工程师联合会（FIDIC）、英国土木工程师学会（ICE）、英国联合合同委员会（JCT）、英国咨询建筑师学会（ACA）、美国建筑师协会（AIA）、美国总承包商会（AGC）、美国设计—施工学会（DBIA）等。由于背景和应用范围不同，每个专业机构编写的合同文本差异较大。其中最为著名的是 FIDIC 编制的橘皮书、黄皮书、银皮书、金皮书等一系列工程总承包合同条件，不仅为世界银行推荐使用的合同文本，而且在全世界范围内得到了广泛使用。我国目前的工程总承包合同类示范文本，包括住房城乡建设部发布的《建设项目工程总承包合同示范文本（试行）》和发改委等九部委发布的《标准设计施工总承包招标文件》，也都是以 FIDIC 合同条件为重要的参考借鉴。

FIDIC 是国际咨询工程师联合会的法文缩写，国际咨询工程师联合会于 1913 年成立，距今已有超过 100 年的历史。FIDIC 起草的不同工程合同条件根据出版物的颜色不同，主要包括 FIDIC 红皮书、FIDIC 黄皮书、FIDIC 银皮书、《简明合同格式》(Short Form of Contract，绿皮书)、《设计 - 建造和运营项目合同条件》(Conditions of Contract for Design, Build and Operate Projects，金皮书)、《疏浚与吹填工程合同条件》(Form of Contract for Dedging and Reclamation Works，蓝绿皮书)、《地下工程合同条件》(Conditions of Contract for Underground Works，翠皮书) 等。2017 年 12 月，在伦敦举办的 FIDIC 用户国际会议上发布了 2017 版的 FIDIC 红皮书、FIDIC 黄皮书和 FIDIC 银皮书。

在 FIDIC 的上述工程合同条件中，FIDIC 银皮书承包商承担的工作范围更广、责任更大、风险控制的要求更高，因此，本章以银皮书为主线分析国际工程合同管理和履约风险，本章第二节到第七节将结合银皮书合同条件的具体内容对不同的风险类型进行详细阐述，同时，会重点关注 2017 版的合同条件较之 1999 版合同条件的区别和改进。

三、国际工程项目中合同范本的选择

尽管使用 FIDIC 等国际通用的工程合同范本在某种程度上已经成为国际工程领域的共识，但目前在国际层面并没有就使用统一的合同范本达成共识，并且很多国家的政府和行业机构都会在借鉴国际通用合同范本的基础上，依据本国法律和行业惯例制定符合本国国情的合同范本，甚至形成完全基于本地实践制定的合同范本。尤其在法律和文化体系与欧美国家差距较大，还未与国际实践完全接轨的"一带一路"沿线国家中较为突出。

以利比亚来说，在商务部《对外投资合作国别指南》中便已明确指出，其工程承包市场存在同国际承包工程通常做法不接轨；国家基建规划缺乏前瞻性和科学性，规划的实施也并无章法；合同不采用国际通行的国际咨询工程师联合会颁布的 FIDIC 条款；项目多数进行部分招标、议标，或者直接议标；合同文本一般采用阿拉伯文，或阿拉伯文和英文文本，而不采用中文文本等情况。

对于此类业主要求使用的工程合同并非国际通用的 FIDIC 等合同文本的情况，将给中国承包商在合同的理解使用带来了一定的不便，甚至引发合同管理、内容理解、文本翻译相关的一系列风险。因此，合同范本选择对于工程项目的顺利实施具有极大重要性，如果选用的文本约定不清晰、内容不明确，甚至在承包模式这样的基础问题上都会发生争议。这一风险也是我国承包商在投标和签订合同时需要格外注意的。

第二节　施工条件风险

在工程承发包活动中，施工现场、施工条件和基础资料的提供是业主除价款支付外最为主要的义务。其具体内容包括：提供施工场地、将施工用水、用电、通信等必须条件接入施工现场、保证向承包商提供可以进行正常施工的交通条件、处理施工现场周围地下管线和相邻建筑物、构筑物、名树名木的保护工作以及向承包商提供施工现场及毗邻区域内地下管线资料、气象水文资料、相邻建构筑物和地下工程有关的基础资料。

一、现场进入权

（一）FIDIC 银皮书对于现场进入权的规定

2017 版 FIDIC 银皮书第 2.1 款［现场进入权］规定了业主提供现场进入权的如下责任：

（1）现场进入权的内容："业主应在合同规定的时间内，给承包商进入和占用现场各部分的权利。此项进入和占用权可不为承包商独享。如果根据合同，要求业主（向承包商）提供任何基础、结构、生产设备或进入手段的占用权，业主应按业主要求中规定的时间和方式提供。"

（2）现场进入权提供的时间："如果在合同中没有规定上述时间，业主应自开工日期起给承包商进入和占用现场的权利。"

（3）承包商关于现场进入权的索赔："如果业主未能及时给承包商上述进入和占用的权利，使承包商遭受延误和／或遭致增加费用，则承包商应有权根据第 20.2 款［付款和／或工期延长索赔］获得工期延长和／或就该等成本加利润获得支付。"

（4）承包商进行索赔的除外情况："但是，如果出现业主的违约是由于承包商的任何错误或延误，包括在任何承包商文件中的错误或提交延误造成的情况，承包商应无权得到上述工期延长和／或成本加利润。"

（二）现场进入权相关风险防范

结合上述条款，主要有以下几个风险点值得注意。

（1）如果项目现场还有其他承包商，此项现场进入权还涉及工作界面的划分，主要包括：若为平行施工，已经获得此权利的承包商能够为我方承包商提供足够的工作面；若为前后工序施工，前序工作是否为后序工作提供了合同所约定的工作边界。

（2）FIDIC 合同条件中明确约定未按时获得现场进入权的，承包商有权索赔工期、成本和利润，但由于承包商延误提供承包商文件或提供的承包商文件有错误的，承包商无权索赔。此条提示承包商应按合同约定的时间提供承包商文件，避免未按时获得现场进入权但索赔不能的风险。

（3）上述条款除了强调承包商进入和占用现场的权利外，还特别规定"业主向承包商提供任何基础、结构、生产设备或进入手段的占用权"。简单来说，承包商应重点对业主在给予现场进入权之前所需完成的事项予以关注，也就是那些使承包商工程团队具备进场条件的基础。其中包括进场道路就绪、取得施工许可、场平就绪、安保就绪、水电气接入就绪等。国际工程的现场进入权一个值得注意的方面就是安保是否就绪，由于项目所在国的稳定形势不同，安保情况对施工条件的影响较大。

二、现场交通

（一）FIDIC 银皮书对于现场交通的规定

2017 版 FIDIC 银皮书下对于现场交通的规定主要集中在第 4.13 款［道路通行权与设施］和第 4.15 款［进场通路］，包括：

（1）承包商对进场通路的总体义务

"承包商应被认为在基准日期已对现场的进入道路的适宜性和可用性感到满意。承包商应采取一切必要措施，防止任何道路或桥梁因承包商的通行或承包商人员受到损坏。这些措施应包括正确使用适宜的车辆（应符合法定的荷载和宽度上限以及任何其他限制）和道路。"

（2）承包商对进场通路的具体责任

"除本条件另有规定外：

（a）承包商应（就双方而言）负责对进场道路任何损害的修复，以及因其使用进场道路所需要的任何维护；

（b）承包商应提供进场道路的所有必需的标志或方向指示，还应为其使用这些道路、标志和方向指示取得必要的有关当局的允许或许可；

（c）业主不应对由于任何进场道路的使用或其他原因引起的第三方索赔负责；

（d）业主不保证特定进场道路的适宜性和可用性；

（e）因进场道路对承包商的使用要求不适宜、不能用而发生的所有费用应由承包商负担。"

（3）承包商关于进场通路的索赔

"如果进场通路的不适宜、不能用是由于业主或第三方在基准日期之后对进场通路的改变而导致的，并且承包商因此遭受延误和（或）发生费用，则承包商有权根据第 20.2 款［付款和（或）工期延长索赔］获得工期延长和／或就该等费用获得支付。"

（4）承包商对现场道路和附加设施承担的责任

"承包商应为工程目的所需要的专用和（或）临时道路通行权（包括进入现场的道路）承担全部费用和开支。承包商还应自担风险和费用，取得为工程目的可能需要的现场以外的任何附加设施。"

（二）现场交通相关风险防范

上述条款对现场交通，包括进场通路和现场的专用和临时道路、附加设施等的适宜性、可用性的风险责任承担进行了约定，结合上述条款，主要有以下几个风险点值得注意。

（1）在基准日前视为承包商已认可进场通路的适宜性、可用性，因进场通路不能满足工程需要而发生的费用由承包商承担；

（2）承包商负责道路维护、提供道路标识和取得使用许可；

（3）承包商为其所需要的专用和临时道路包括进场道路的通行权承担全部费用和开支。

建议承包商应在承包工程前进行现场实地考察及踏勘，以确进场道路的适宜性、可用性，并在工程总造价和工期的计算上对此项充分考虑，同时应一并考虑其承担的专用或临时道路和场外附加风险的责任。

三、业主提供的数据

（一）FIDIC 银皮书对于业主提供数据的规定

2017 版 FIDIC 银皮书下对于业主提供数据的规定主要集中在第 2.5 款［现场数据和参照项］、第 4.10 款［现场数据的使用］和第 5.1 款［设计义务一般要求］，具体包括：

（1）业主提供现场数据和参照项的义务

"业主提供数据应在基准日期前，将其取得的现场地形，以及现场地下、水文条件、气象及环境方面的所有有关资料，提交给承包商。业主在基准日期后得到的所有此类资料，也应立即提交给承包商。原始测量控制基准点，基准线和基准标高（本条件中的"参照项"）应在业主要求中进行规定。除第 5.1 款［设计义务一般要求］提出的情况以外，业主对这些资料和／或参照项的准确性、充分性和完整性不承担责任。"

（2）承包商的核实和解释义务

"承包商应负责核实和解释所有由业主根据第 2.5 款［现场数据和参照项］提供的资料。""承包商应被视为，在基准日期前已仔细审查了业主要求（包括设计标准和计算，如果有）。"

（3）业主对其提供的数据和资料的准确性责任

"除下述条款所述外，业主不应对原包括在合同内的业主要求中的任何错误、不准确，或遗漏负责，并不应被认为，对任何数据或资料给出了任何准确性或完整性的表示。承包商从业主或其他方面收到任何数据或资料，不应解除承包商对工程实施承担的承包商职责。但是，业主对业主要求中的下列部分，以及由业主提供的下列数据和资料的正确性负责：

（a）在合同中规定的由业主负责的或不可变的部分、数据和资料；

（b）对工程或其任何部分的预期目的的说明；

（c）竣工工程的试验和性能的标准；

（d）除合同另有说明外，承包商不能核实的部分、数据和资料。"

（二）业主提供数据相关风险防范

结合上述条款，值得注意的是：

（1）在FIDIC银皮书项下，除了上述四方面内容，业主对现场数据的准确性、充分性和完成性不负责。承包商对现场数据承担核实责任，相对而言承包商需承担更多的责任；

（2）地下、水文、环境条件以及一些工程设计中的基础输入数据是承包商估算工程造价及工期的主要依据。

建议承包商对现场条件和参考数据充分核实，对承担的责任有充分的估计。

四、业主提供的材料和业主设备

（一）FIDIC银皮书对于业主提供材料设备的规定

2017版FIDIC银皮书第2.6款［业主供应的材料和业主设备］规定："如果业主供应的材料和/或业主设备被列入业主要求中供承包商在工程实施中使用，业主应按照业主要求中提出的细节、时间、安排、费率和价格，向承包商提供此类材料和/或设备。当任何承包商人员操作、驾驶、指挥，或占用或控制某项业主设备时，承包商应对该项业主设备负责。"

（二）业主提供材料设备相关风险防范

结合上述条款，承包商在目视检查后，应承担对业主提供材料及业主设备的照管责任。建议承包商对业主提供材料以及业主设备在签订的合同中以清单形式载明，并约定移交方式和时间。

五、临时性公用设施

（一）FIDIC银皮书对于临时性公用设施的规定

FIDIC银皮书第4.19款［临时性公用设施］规定："承包商应负责供应所有临时公用设施，包括电力、煤气、电信、水和承包商为工程实施所需要的任何其他服务。"

如果根据业主要求所述，业主应供应公用设施供承包商使用的，则还应适用如下规定："为了工程目的，承包商应有权使用现场的公用设施，其详细规定和价格见业主要求。承包商应自担风险和费用，提供承包商使用这些服务和计量耗用数量所必需的任何仪器。

用于计量耗用数量的仪器应当获得业主的同意。承包商应计量合同数据表所述的每个付款周期（如无即为每月）的耗用数量，且承包商为该等数量支付的金额（按业主要求中规定的价格）应包括在相关报表中。"

（二）临时性公用设施相关风险防范

结合上述条款，值得注意的是：

（1）承包商使用临时公共服务设施，包括电力、燃气、通信、水和工程实施所需的其他服务，需要按照业主要求中列明的价格和要求；

（2）该服务计量的仪表和仪器由承包商承担；

（3）承包商对这些服务的费用以及支付周期应在合同的数据中约定，并在相应的报表中体现。

建议承包商在合同中明确约定业主需要提供的现场条件以及提供方式，并争取以合理的价格获得此类公共服务设施，为工程施工争取便利条件。

第三节　现场管理风险

一、承包商人员管理

（一）FIDIC 银皮书对于承包商人员管理的规定

承包商人员管理分为两个层次，主要分为一般人员管理以及承包商代表与关键人员管理，其中一般人员有合同约定的情况出现时，工程师可以要求承包商清退该人员；承包商代表的任命则是业主所有支付的前提。2017版FIDIC银皮书第6条［员工］对员工的聘用、工资标准及劳动条件、工作时间、员工的健康和安全义务等进行了阐述，包括：

（1）承包商人员需要的资质和符合相应的行为规范

"承包商人员（包括关键人员，如有）应在他们各自行业或职业内，具有相应资质、技能、经验和能力。业主可要求承包商撤换（或促使撤换）受雇于现场或工程的、有下列行为的任何人员，包括承包商代表和关键人员（如有）：

（a）经常行为不当，或工作漫不经心；

（b）无能力履行义务或玩忽职守；

（c）不遵守合同的任何规定；

（d）坚持有损安全、健康或有损环境保护的行为；

（e）有合理证据证明发现曾从事过腐败、欺诈、串通或胁迫行为；

（f）违反第6.3款［人员招用］的规定，对业主人员进行招募的。"

（2）对承包商代表的要求

"承包商应任命承包商代表，并授予他／她代表承包商根据合同采取行动所需要的全部权力，但替换承包商代表的权力除外。承包商代表应在工程所适用的设计主专业工作方面具备资格、经验和能力，并能流利地使用第1.4款［法律和语言］规定的交流语言。"

（3）承包商代表的任命和撤换

"除非合同中已写明承包商代表的姓名，承包商应在开工日期前，将其拟任命为承包商代表的人员姓名和详细资料提交给业主，以取得同意。如果未获同意，或随后撤销了同意，或任命的人不能担任承包商代表，承包商应同样地提交另外适合的替代人员的姓名、详细资料，以取得该项任命。如果业主未能在收到该提交后的28天内，通过向承包商发出反对拟任命人员或替代人员的通知进行回复，则业主应被视为已做出业主同意。""未经业主事先同意，承包商不应撤销承包商代表的任命，或任命替代人员（除非承包商代表因死亡、疾病、残疾或辞职而无法履行职务，在此情况下其任命应被视为撤销且立即生效，并且替代人员的任命应被视为临时任命，直至业主对替换人员做出其同意，或其他替代人员根据本款被任命）。"

（4）承包商代表的驻场要求

"除非业主另行同意，承包商代表应将其全部时间用于指导承包商履行合同。在合同履行期间，承包商代表应在所有时候为承包商行事并代表承包商，包括根据第1.3款［通知和其他通讯交流］签发和接收所有通知和其他通讯交流，以及受理根据第3.4款［指示］规定的指示。""除非业主另行同意，工程在现场实施的全部时间内，承包商代表均应常驻在现场。如果承包商代表在工程实施期间要暂时离开现场，应事先征得业主的同意，临时任命合适的替代人员。"

（二）承包商人员管理相关风险防范

结合上述条款，值得注意的是：

（1）承包商有义务在开工日期前将承包商代表的姓名和详细资料提交工程师已获得其同意，未经工程师的事先同意，不得替换承包商代表；

（2）承包商代表被要求在工程实施的全部期间均常驻现场；

（3）承包商代表可以在一定的权力范围内转授权，但需要事先通知业主；

（4）承包商代表应该能够使用合同规定的语言交流。

建议承包商加强对其承包商代表的授权与管理，承包商代表的尽责程度以及对工程现场情况处理的及时程度会影响项目的整体实施。

二、承包商设备管理

（一）FIDIC 银皮书对于承包商设备管理的规定

2017版FIDIC银皮书第4.17款［承包商设备］对承包商设备管理进行了规定："承包商应负责所有承包商设备。承包商设备运到现场后，应视作准备为工程实施专用。未经业主同意，承包商不得将任何主要的承包商设备运离现场。但是，将货物或承包商人员运出现场的车辆不需要经业主同意。""除根据第4.16款［货物运输］发出的任何通知外，承包商还应向业主发出通知，告知任何主要的承包商设备已送达现场的日期。该通知应在送达日期后的7天内发出，应说明该承包商设备是属于承包商还是分包商或者其他人所有，以及如果是出租或租赁的，应说明出租或租赁的实体。"

（二）承包商设备管理相关风险防范

结合上述条款，值得注意的是：承包商设备运抵现场后视为本项目实施所专用的，未经业主代表同意不可将其运出现场。建议承包商安排其进场设备时考虑此方面因素。

三、现场安全管理

（一）FIDIC银皮书对于现场安全管理的规定

2017版FIDIC银皮书第4.8款［健康和安全义务］明确了承包商承担的7项健康与安全的义务，主要包括：遵守所有适用的健康和安全规则以及法律；遵守所有合同规定的适用的健康和安全义务；遵守根据第6.7款［人员健康和安全］任命的承包商健康安全管理人员发布的所有指示；照管有权在现场的以及其他将实施工程（如有）的地方的人员的健康和安全；保持现场、工程[以及正在实施工程的其他地点（如有）]没有不需要的障碍物，以避免对这些人员造成危险；提供围栏、照明、安全通道、保卫和看守；因实施工程为公众和邻近土地和财产的所有人、占有人使用和提供保护，提供可能需要的任何临时工程（包括道路、人行道、防护物和围栏等）。

FIDIC银皮书第4.21款［现场保安］对承包商在现场的安全管理进行了规定："承包商应负责现场的安全，并且：

（a）阻止未经授权的人员进入现场；

（b）授权人员应仅限于承包商人员和业主人员，以及由业主通知承包商，作为授权人员的任何其他人员（包括业主在现场的其他承包商）。"

（二）现场安全管理相关风险防范

结合上述条款，值得注意的是：为保证工程的顺利实施，FIDIC银皮书更重视现场管理的健康与安全部分，作为承包商除了应该遵守合同约定的内容外也应提前了解项目所在地法律和建筑规范、规程中有关于工程安全的相关规定。

四、与分包商等其他方的管理配合

（一）FIDIC银皮书对于分包商管理的规定

2017版FIDIC银皮书第4.4款［分包商］对承包商允许分包的范围以及对分包商的管理职责进行了规定：

"承包商应对任何所有分包商的工作、对所有分包商工作的管理和协调，以及任何分包商、分包商代理人或雇员的行为或违约，如同承包商自己的行为或违约一样地负责。

对合同数据表中有规定的，承包商应在以下事项发生的不少于28天前向业主发出通知：

（a）拟雇用的分包商，并附包括其相关经验的详细资料；

（b）分包商承担工作的拟定开工日期；

（c）分包商承担现场工作的拟定开工日期。"

（二）分包商管理相关风险防范

结合上述条款，值得注意的是：总承包商对分包人员有管理责任，由于分包商原因造成的工期延误及违约责任由总承包商承担，建议加强对分包人员的管理，制定切实有效的管理策略，并要求分包商提供履约担保。

第四节　工期延误风险

国际工程涉及面广，是一项复杂的国际贸易服务，且周期较长。承包商在履行国际工程合同中，依工期计划掌握整个工期进度会面临巨大风险。但并非所有落后于计划的工作都会发生工期延误，应当及时采取补救措施。一般所称的工期风险指工期延误风险，包括非承包商原因的工期延误风险和承包商原因的工期延误风险以及一些外部原因导致的工期延误。

一、工期延误的主要原因

（一）项目管理系统存在缺陷导致的工期延误

国际工程项目管理主要有工程进度管理、工程质量管理、工程成本管理，三者管理不当都会产生工期延误风险。国际工程项目管理应当系统化，建立项目管理系统，配备专业人员、办公条件等人力物力。根据 2017 版 FIDIC 银皮书第 4.20 款［进度报告］、第 8.3 款［进度计划］等条款的规定，承包商应履行编制进度计划和进行进度报告的义务，并在实际进度对于在相关竣工时间内完成工程或区段工程（如有）过于迟缓的情况下，负责修订进度计划及采取赶工措施。

（二）项目资金紧缺的工期延误风险

业主与承包商的承包合同费用分节点支付，而工程建设过程中，需要大量的资金支付采购、人工成本等，通常需要承包商流动资金充足。若承包商资金链出现断裂，不能及时获得融资，则会导致工期延误。根据 2017 版 FIDIC 银皮书第 16.1 款［由承包商暂停］，在业主未按照合同约定付款或提供资金安排证明的情况下，承包商可在不少于 21 天前通知业主，暂停工作（或放慢工作速度），除非业主已经对违约行为进行补救。

（三）当局造成的延误风险

2017 版 FIDIC 银皮书第 8.6 款［当局造成的延误］规定：

"如果

（a）承包商已努力遵守了工程所在国有关公共当局或私营的公用设施机构所制订的程序；

（b）这些当局或机构延误或打乱了承包商的工作；

（c）延误或中断是不可预见的。

则上述延误或中断应被视为根据第 8.5 款［竣工时间的延长］（b）项规定的延误的原因。"

（四）外部原因导致的工期延误及停工风险

外部原因导致的工期延误及停工主要包括例外事件即不可抗力。2017 版 FIDIC 银皮书第 18 条［例外事件］对于例外事件的定义、例外事件发生时的告知及将延误减至最小的义务进行了规定。其中第 18.4 款［例外事件的后果］规定，如果承包商为受影响方，且因已根据第 18.2 款［例外事件的通知］的规定发出通知的例外事件遭受延误和 / 或招致增加费用，则承包商应有权根据第 20.2 款［付款和 / 或工期延长索赔］的规定，提出：

（a）工期延长；

（b）如果是第 18.1 款［例外事件］中第（a）至（e）项所述的例外事件，且第（b）至（e）项所述例外事件发生在工程所在国，对任何此类费用给予支付。

（五）业主指令停工的风险

2017 版 FIDIC 银皮书第 8.9 款［业主暂停］规定：

"业主可以随时指示承包商暂停工程某一部分或全部的施工，且指示中应说明暂停的日期和原因。在暂停期间，承包商应保护、保管、并保证该部分或全部工程（视情况而定）不致产生任何变质、损失或损害。

如果承包商因执行业主根据第 8.9 款［业主暂停］的规定发出的指示，和 / 或因为根据第 8.13 款（复工）复工，而遭受延误和 / 或招致增加费用，则承包商有权根据第 20.2 款［付款和 / 或工期延长索赔］获得工期延长和 / 或就成本加利润获得支付。

如果暂停是承包商的责任导致的，则第 8.10 款［业主暂停的后果］、第 8.11 款［业主暂停后对生产设备和材料的付款］和第 8.12 款［拖长的暂停］不应适用。"

二、可进行工期顺延的情况

2017 版 FIDIC 银皮书第 8.5 款［竣工时间的延长］规定：

"如由于下列任何原因，致使达到按照第 10.1 款［工程和区段工程的接收］要求的竣工受到或将受到延误的程度，承包商有权按照第 20.2 款［付款和 / 或工期延长索赔］的规定获得工期延长：

1）变更（无须遵守第 20.2 款［付款和 / 或工期延长索赔］的变更除外）；

2）根据本条件某款，有权获得工期延长的原因；

3）由业主、业主人员或在现场的业主的其他承包商造成或引起的任何延误、妨碍和阻碍［或因传染病或政府行为导致的业主供应的材料（如果有）发生不可预见的短缺］。

如果一项延误是由业主负责的事项和承包商负责的事项同时导致的，则承包商有权获得的工期延长，应根据特别条款中规定的规则和程序进行评估（如未规定，应根据所有相关情况进行适当考虑以进行适当评估）。"

三、工期延误的后果

2017 版 FIDIC 银皮书第 8.8 款［误期损害赔偿费］规定：

"如果承包商未能遵守第 8.2 款［竣工时间］的要求，业主有权根据第 20.2 款［付款和（或）工期延长索赔］要求承包商为该违约行为支付误期损害赔偿费。误期损害赔偿费应按合同数据表中规定的每天应付金额，以工程或区段工程的竣工日期超过相应的竣工时间的天数计算。但按本条款计算的赔偿总额，不得超过合同数据表中规定的最高赔偿限额（如有）。"

"除在工程竣工前根据第 15.2 款［因承包商违约终止］终止的情况外，这些误期损害赔偿费应是承包商为未能遵守第 8.2 款［竣工时间］的要求而付的唯一损害赔偿费。这些误期损害赔偿费不应解除承包商完成工程的义务，或解除承包商可能承担的合同下或与合同有关的任何其他责任、义务或职责。"

"本条款不应限制承包商的任何欺骗、重大过失、有意违约或因轻率的不当行为而引起的承包商误期损害赔偿费责任。"

四、工期延误相关风险防范

结合上述条款，关于工期延误值得注意的包括如下几点：

（1）FIDIC 银皮书由于是工程总承包合同，承包商承担的工作包括施工、设计、设备采购，同时承包商承担了更多的责任。从另一个角度，除了合同和法律明确约定的，其余风险均由承包商承担。建议承包商对合同条款有充分的掌握，利用合同内规定，尤其对于可以进行工期顺延的情形，应在约定的索赔期限内，采取合适的方法获得救济。

（2）对于由当局造成的延误而获得的工期延长有比较严格的限制，即"延误或中断是不可预见的"，且承包商已经"努力遵守工程所在国有关公共当局或私营的公用设施机构所制订的程序"，非在此两项前提之下，即便是当局原因造成的工程延误也无法启动工期索赔。当局的延误只能索赔工期，无法索赔费用和利润。

（3）例外事件中业主承担的责任仅限于部分条款，除明确约定的，其余风险均由承包商承担。例外事件引起的索赔可以索赔工期和费用，但不可索赔利润。建议总承包方特别关注例外事件告知责任部分的内容，并采取相应的措施减少例外事件可能会造成的损失以及防止损失的进一步扩大，同时可以考虑采取合适的形式转移该风险。

（4）业主暂停的，承包商可以获得工期延长，并索赔成本加利润，但业主暂停期间，承包商需按照 8.9 款之规定保护、保管并保证该部分或全部工程（视情况而定）不致产生任何变质、损失或损害。如果承包商没有尽到上述义务，则存在无法获得工期延长及费用赔偿的可能。

（5）误期损害赔偿费应理解为承包商因工期延误对业主的唯一补偿，但误期损害不解除承包商应该完成工程的义务，承包商可重点关注专用条件中关于误期损害赔偿费用的确定，同时根据情况约定误期损害赔偿费的责任上限。

第五节 质量责任风险

一、设计责任风险

（一）FIDIC 银皮书对设计责任的规定

（1）符合预期目的责任：2017 版 FIDIC 银皮书第 4.1 款［承包商的一般义务］规定："承包商应按照合同实施工程。工程完成后，应能满足业主要求中所规定和描述的工程预期目的，如果未规定和描述目的，则应满足其通常目的。"

（2）承包商设计责任：2017 版 FIDIC 银皮书第 5.1 款［设计义务一般要求］规定：

"除非下列条款另外规定，承包商应进行工程的设计并对工程的设计和此等业主要求的准确性（包括设计标准和计算）负责。

设计应由满足下列要求的设计人员进行：

1）就其负责的设计专业为合格、有经验且有能力的工程师或其他专业人员；

2）符合业主要求中规定标准（如果有）；

3）根据适用法律有资质且有权设计工程。"

（3）购买和维持职业责任险的义务：2017 版 FIDIC 银皮书第 19.2.3 项［职业责任］规定：

"在承包商根据第 4.1 款［承包商的一般义务］负责部分永久工程的设计和 / 或合同下的其他设计，并且与第 17 款［工程的照管和保障］规定的保障相一致的情况下：

1）承包商应为履行承包商设计义务过程中因承包商的任何行为、错误或遗漏而产生的责任办理并维持职业责任保险，且保险金额不应低于合同数据表规定的金额（如没有规定，则为业主同意的金额）；

2）如果合同数据表中有规定，该职业责任保险还应保障因履行合同下的承包商设计义务过程中承包商的行为、错误或遗漏导致完工的工程（或区段工程、部分工程或主要生产设备）不符合第 4.1 款［承包商的一般义务］规定的预期目的而产生的责任。

承包商应在合同数据表规定的期间内维持保险有效。"

（二）设计责任相关风险防范

结合上述条款，值得注意的设计风险包括：

（1）在 FIDIC 黄皮书和银皮书下，承包商应就其所负责的设计工作向业主承担"符合预期目的（Fit for the Purpose, FFP）"责任。在此责任下，承包商的设计工作，除了要使用合理的技能与履行谨慎义务（Duty of Care）之外，其实施的工程还须满足业主对性能、美观、安全等方面的要求。如果承包商设计的工程没有"符合预期目的"，应承担严格的结果责任，即无论承包商是否履行了合理的技能与谨慎义务，都须承担后果和责任。

（2）FIDIC 银皮书条文对承包商审核设计所需的数据和资料的水平提出了较高的要求，

如果工程区域涉及的水文、地质情况较为复杂，地下工程较多或承包商未能有时间、有能力充分调查承包区域的相关资料，建议在专用条款中把不可预见的情况进行详细说明。

（3）职业责任险是 2017 版 FIDIC 银皮书新增的一项保险内容，其责任范围主要为因专业技术人员因职业上的疏忽或过失致使合同对方或其他人遭受人身伤害或财产损失，依法应承担赔偿责任的保险。职业责任险可作为总承包方转移设计风险的有效手段之一，建议将投保成本和理赔条件也视为投保该项保险时的考虑因素。

二、质量管理风险

（一）FIDIC 银皮书对质量管理的规定

（1）2017 版 FIDIC 银皮书第 4.1 款［承包商的一般义务］从概念上明确了工程质量的要求，即"承包商应按照合同实施工程。完成后，工程（或区段工程或主要生产设备）应能满足业主要求中所规定和描述的工程预期目的，如果未规定和描述目的，则应满足其通常目的。"除此之外，"承包商应提供业主要求中规定的生产设备（以及备用部件）和承包商文件，以及履行合同规定的承包商义务所需的所有临时性或永久性的承包商人员、货物、消耗品及其他物品和服务。"

（2）2017 版 FIDIC 银皮书关于质量管理和合规性的约定主要在 4.9 款［质量管理和合规性验证系统］中，且上述规定是 2017 版银皮书的新增内容。

1）关于质量管理（QM）系统：承包商应准备并实施质量管理系统，以证实符合合同要求。承包商应在开工日期后的 28 天内向业主提交为工程专门编制的质量管理系统。此后，每当质量管理系统更新或修订时，应立即向业主提交一份副本。承包商应定期对质量管理系统进行内部审计，至少每 6 个月进行一次。承包商应在审计结束后 7 天内，将每次内部审计结果的报告列明并提交给业主。每份报告应视情况包括为改进和 / 或纠正质量管理系统和 / 或其实施而提出的措施。

2）关于合规性验证（CV）系统：承包商应准备并实施合规性验证系统，以证实设计、材料、业主供应的材料（如有）、生产设备、工作和工艺均符合合同规定。

遵守质量管理体系和 / 或合规性验证系统不得免除承包商在合同下或与合同相关的任何职责、义务或责任。

（二）质量管理相关风险防范

结合上述条款，值得注意的是：2017 版 FIDIC 银皮书明确了承包商建立质量管理及合规性验证体系的责任，承包商有义务建立并贯彻质量管理及合规性验证体系的执行，同时有向业主汇报的义务。承包商上述两体系的建立不免除合同项下承包商的其他任务、义务和职责。

三、竣工试验和接收风险

（一）FIDIC 银皮书对竣工试验和接收的规定

（1）2017 版 FIDIC 银皮书约定竣工试验应根据第 7.4 款［由承包商试验］及第 9.1 款［竣工试验］进行，除另有说明外，竣工试验分三个阶段进行，主要有：启动前试验、启动试验和试运行。

（2）2017 版 FIDIC 银皮书第 9.1 款［竣工试验］中，值得关注的条款主要有：

"不晚于承包商拟开始竣工试验之日前 42 天，承包商应向业主提交详细的试验进度计划，显示此类试验拟开展的时间点和所需的资源。

业主可审查建议的试验进度计划，并可向承包商发出通知，说明在何等程度上其未符合合同。在收到该通知后的 14 天内，承包商应修改试验进度计划，以纠正不符合合同的部分。如果业主未能在收到试验进度计划（或修改后的试验进度计划）后 14 天内发出此通知，则业主应被视为已给出无异议通知。在业主给出（或视为被给出）无异议通知前，承包商不应开始竣工试验。"

竣工试验需要注意提交详细的试验进度计划时间，同时，承包商开展竣工试验需要以业主提供无异议通知为前提条件。

（3）2017 版 FIDIC 银皮书第 9.2 款［延误的试验］规定，承包商已根据第 9.1 款［承包商的义务］通知工程或区段工程（视情况而定）已准备好进行竣工试验，但该等试验因业主人员或业主应负责的原因被无故延误，则应适用第 10.3 款［对竣工试验的干扰］。

（4）2017 版 FIDIC 银皮书第 10 条［业主的接收］规定，除第 9.4 款［未能通过竣工试验］和第 10.2 款［部分工程的接收］中所述的情况外，业主应在下列情况下接收工程：

1）除接收证书中列明的少量扫尾工作和缺陷外，工程已经按合同规定完成，包括已通过竣工试验；

2）如适用，业主已就根据第 5.6 款［竣工文件］（a）项提交的竣工文件给出（或视为给出）无异议通知；

3）如适用，业主已就根据第 5.7 款［操作和维修手册］（a）项提交的工程暂行的操作和维修手册给出（或视为给出）无异议通知；

4）如适用，承包商已根据第 5.5 款［培训］所描述的进行了培训（如有）；

5）已按照本款颁发或被认为已颁发工程接收证书。

如果工程的任何部分根据第 10.2 款［部分工程的接收］被接收，则在上述 1）～ 4）项所描述的条件已被满足前，剩余的工程或区段工程不应被接收。

（二）竣工试验和接收相关风险防范

结合上述条款，值得注意的是：业主在竣工试验中承担的义务主要有参加竣工试验的准备，竣工试验由承包商实施。在竣工试验的过程中，工程照管的责任仍由承包商承担，对部分符合接受条件的，承包商有权要求业主部分接受。对于业主延误竣工试验的，如果达到 14 天以上，承包商被获准在合理的情况下进行竣工试验并可以获得工期、成本加利润的救济。

第六节　缺陷责任和保修风险

在国际工程承包合同中，为保证承包商应付费用的顺利完成，业主往往会在工程竣工前，对各项工程合同结算款以对应比例扣留相应款项，待一段时间即缺陷责任期工程质量符合要求后再返还给承包商。因此，缺陷责任期及相关问题的研究就显得尤为重要，鉴于缺陷责任期在国际工程合同结算中至关重要的地位和作用，我们需对此进行认真研习及探究。

（一）缺陷责任期的概念

缺陷责任期是工程交接之日起的一段时间，在该段时间内，承包商质量保证金被扣留，并按照合同约定承担重建及修复缺陷或其他不合格之处的义务。该期间自工程交接之日起或自工程和各项竣工证书签发之日起分别起算。在国际通行做法中，缺陷责任期一般为 1 年，当然也存在缺陷责任期延长的情形，一般为 2 年。国际工程缺陷形成一般是由于承包商的施工工艺、材料和设备等原因导致，故出现质量缺陷，承包商理应维修。该维修期间属履约期间，则维修期间保证应归类为履约保证，故履约保证期间也应延长到承包商完成了所有的缺陷修复的时候。缺陷责任期直接关系工程最终竣工验收，关系承包商的直接经济利益，是一项不可忽视的重要内容，需要细致地加以推敲。

（二）缺陷责任期的相关规定

缺陷责任期在 FIDIC 红皮书、黄皮书、银皮书、绿皮书中均有所涉及。其中红皮书中对这一块规定得较为详细，尤其以 1988 年第四版的 FIDIC 红皮书和 1999 版 FIDIC 新红皮书为最，但这两版合同又有所不同。本文拟从新旧版 FIDIC 红皮书和 FIDIC 绿皮书相关约定加以分析，以推动实践应用。

1. 1988 年第四版红皮书《FIDIC 合同》

1988 年第四版《FIDIC 合同》对于工程验收及缺陷责任期及相关规定，主要体现在通用条件部分第 48 条、第 49 条和第 60 条相关规定中。

第 48.5 款规定："如果由于由业主或工程师以及业主雇佣的其他承包商负责的原因，使承包商不能进行竣工检验，则应认为业主已在本该进行但因上述原因未曾进行竣工检验的日期接收了工程。工程师应随即签发移交证书。但如果工程基本上不符合合同要求，则不能认为工程已被接收。如根据本款工程已被接收，承包商仍应在缺陷责任期内进行竣工检验。工程师应要求各项检验在通知承包后 14 天内进行。承包商在缺陷责任期内为实施竣工检验所支出的额外费用，应增列于合同价格之中。"

第 49.5 款规定："本款中的规定适用于由承包商为修补缺陷及损害而进行的所有工程设备的更换或更新，就像在更换与更新完成之日这些更换与更新已被接受一样，工程缺陷责任期应延长一段时间，其时间长短应与工程因缺陷或损坏原因而不能付诸使用的时期相等。如果只是部分工程受到影响，则缺陷责任期应只对这部分进行延长。在上述两种情况下，缺陷责任期均不应超过从移交之日算起的两年时间。当发生第40条所述的工程设备方面的进展暂时中断时，本款所规定的承包商的义务则不适用于任何发生于竣工时间（中标函签发之日确定的）后三年以上时间发生的缺陷。尽管有第49.2款的规定："承包商对在移交证书中规定的日期之后所发生的关于疏浚工作的缺陷、收缩或其他不合格之处，都不负有承担修补的责任。"

第60条规定："投标书附件中规定的预付款额，应在承包商根据第101款向业主呈交已获认可的履约保证书和以经业主认可的条件对全部预付款价值进行担保的保函之后，由工程师开具证明支付给承包商。上述担保额应按照工程师根据本款颁发的临时证书中的指示，用承包商偿还的款项逐步冲销。该预付款不受保留金约束。预付款应采用在临时证书中扣除的方式给予偿还，这种扣除偿还从永久工程以及工程量表中（不包括保留金的扣款）所列任何其他项目的全部被证明的价值已超出中标函规定金额的百分之（填入数字）以后所颁发的下一个临时证书开始。每个临时证书开具的扣除金额应为该临时证书中予以证明的永久工程及工程量表中所列其他项目（不包括保留金的扣款）的总价值与前面提到的最后一个临时证书所定的价值差值的1/（填入分母），直到预付款全部偿清。但在整个工程的移交证书颁发之后，或者在发生第63.1款列举的任何事件，或是按第65、66或69条终止合同时，承包商应将全部未付债务的余额立即支付给业主。"

从以上条款可以看出，该版《FIDIC合同条件》显示工程竣工验收时要颁发两个证书，一个证书为工程《移交证书》，另一个证书就是《缺陷责任证书》。在工程基本完工交接阶段，承包商可以书面向项目工程师申请发放《移交证书》，在申请证书的同时附加缺陷责任期内按质按时完成所有未完零星工程的书面保证。

基本完工指工程通过竣工检验，达到交接条件从而交给业主占用或使用，其工程扫尾、清理、地面等阶段工作均不影响主体使用。承包商将工程移交给发包人后，工程即进入缺陷责任期，缺陷修复工作在缺陷责任期内进行，缺陷责任期的确定以双方国际工程承包合同为准。

工程《移交证书》和工程《缺陷责任证书》均有着其自身独特的作用和意义，应多加以重视。

（1）工程《移交证书》的作用表现为：

1）工程责任由承包商转移至业主；

2）证书中的竣工日即工程完工日；

3）工程各部分全部完工，承包商完成缺陷责任期应完成的收尾工作及业主使用中其他缺陷工作，在缺陷责任期满后的28天内，由项目工程师颁发《缺陷责任证书》，并送达副本。

（2）工程《缺陷责任证书》的作用表现为：

1）工程依约完工证明；

2）办理最终决算依据；

3）工程师权利削弱，承包商不用再进行任何形式的施工；

4）合同仍受其财务和管理方面条款的约束；

5）质量保证金退还。

因有些工程可分部移交，故可存在多个《移交证书》，但一个工程只有一个《缺陷责任证书》，《缺陷责任证书》的发放是对除财务和管理外合同之外其他事项的认可。

值得关注的是，此版《FIDIC合同条件》对工程全部竣工后的质量保修问题并没有相应条款规定。对于工程质量保修法律制度，须考虑项目所在国的法律，而各国对此均有不同的规定，亦无法在统一的合同文本中作出具体的条款规定。故对此版合同条件的此类问题，涉及具体的工程项目运作上，仍需根据项目所在国的法律进行调整。

2. 新版红皮书《FIDIC合同》

新版红皮书《FIDIC合同》将缺陷责任期定义为"缺陷通知期"，该版第11条对于缺陷责任作出了具体规定。该条款规定了完成扫尾工作和修补缺陷、修补缺陷费用、缺陷通知期延长、未能补救缺陷、清除有缺陷的部分工程、进一步检验、进入权、承包商检查、履约证书、未履行的义务、现场的清理11个部分，以下将对这11个分条款分别予以介绍和分析。

（1）完成扫尾工作和修补缺陷

具体规定为："为在相关缺陷通知期期满前或之后尽快使工作和承包商的文件以及每一区段符合合同要求的条件（合理的磨损除外），承包商应：

1）在工程师指定的一段合理时间内完成至接收证书注明的日期时尚未完成的任何工作；

2）按照业主（或业主授权的他人）指示，在工程或区段的缺陷通知期期满之日或之前（视情况而定）实施补救缺陷或损害所必需的所有工作。若出现任何此类缺陷或发生损坏的情况，业主（或业主授权他人）应立即通知承包商。"

该条款显示：新版《FIDIC合同》规定缺陷通知期起始日为接收证书上注明工程基本完工的日期，该文本允许业主接收不影响工程功能仅剩扫尾工作的项目。该条款在保障业主权利的基础上，又规范了业主的行为。条款不仅以合同形式约定承包商达到工程及合同目的，而且约束业主须及时通知，以防止损失进一步扩大。也就是说在工程结算时，如果因为业主未及时通知导致损失进一步扩大，则对扩大损失的责任承包商不予承担。

（2）修补缺陷的费用

具体规定为："如果所有第11.1款完成扫尾工作和修补缺陷（b）段中所述工作的必要性是由下列原因引起的，则所有此类工作应由承包商自担风险和费用进行：

1）任何承包商负责的设计；

2）永久设备、材料或工艺不符合合同要求；

3）承包商未履行其任何其他义务。

如果在一定程度上，上述工作的必要性是由任何其他原因引起的，业主（或业主授权的他人）应立即通知承包商，此时适用第13.3款变更程序。"

该条款显示：工程缺陷产生的原因多样，既有可能是承包商的原因，也有可能是不可抗力或业主工作人员导致，如果所有的工程缺陷不论原因均由承包商来承担，势必造成法律的不公。因此，本条款区分不同情况予以对待：对于承包商负责的原因造成的缺陷由承包商承担；对于其他原因造成的工程缺陷，应将维修工作视为变更来处理，由业主负责一切费用和风险。

（3）缺陷通知期的延长

具体规定为："如果且在一定程度上工程、区段或主要永久设备（视情况而定，并且在接收以后）由于缺陷或损害而不能按照预定的目的进行使用，则业主有权依据第2.5款业主的索赔要求延长工程或区段的缺陷通知期。但缺陷通知期的延长不得超过2年。如果永久设备和（或）材料的运送以及（或）安装根据第8.8款工程暂停或第16.1款承包商有权暂停工作也发生了暂停，则本款所规定的承包商的义务不适用于永久设备和（或）材料的缺陷通知期期满2年后发生的任何缺陷或损害的情况。"

该条款针对由于缺陷通知期导致工程无法按预期使用从而导致缺陷通知期的延长。如果缺陷是基于承包商负责的范围内发生，则业主有权延长缺陷通知期，因该合同文本遵循国际工程通行要求设定一年缺陷通知期，加上延长的2年通知期，也就是说缺陷通知期总共可为3年。3年的缺陷通知期，对于承包商工程资金结算及付款要求，会有着较大的影响。

（4）未能补救缺陷

具体规定为："如果承包商未能在某一合理时间内修补任何缺陷或损害，业主（或业主授权的他人）可确定一日期，规定在该日或该日之前修补缺陷或损害，并且应向承包商发出合理的通知。如果承包商到该日期尚未修补好缺陷或损害，并且依据第11.2款修补缺陷的费用，这些修补工作应由承包商自费进行，业主可（自行）：

1）以合理的方式由自己或他人进行此项工作，并由承包商承担费用，但承包商对此项工作不负责任，并且承包商应依据第2.5款业主的索赔，向业主支付其因修补缺陷或损害导致的合理费用；

2）要求工程师依据第3.5款决定，对合同价格的合理减少额作出商定或决定；

3）在该缺陷或损害致使业主基本上无法享用全部工程或部分工程所带来的全部利益时，对整个工程或不能按期投入使用的那部分主要工程终止合同。但不影响任何其他权利，依据合同或其他规定，业主还应有权收回为整个工程或该部分工程（视情况而定）所支付的全部费用以及融资费用、拆除工程、清理现场和将永久设备和材料退还给承包商所支付的费用。"

该条款主要是承包商不履行缺陷通知期修复义务的解决方法。在本条款中，如果承包商不履行缺陷通知期责任义务，业主须提前通知承包商，并给予其合理时间，且造成缺陷或损害的原因必须是由承包商负责的情形下，可选择多种处理方式，以解决工程缺陷之难题。结合上一条款和本条款，即使缺陷责任不是承包商合同范围内的义务，承包商也有义务修复发生的缺陷，但其可以按变更得到补偿。也就是说，国际工程结算的时候这部分款项应由业主支付给承包商。

（5）清除有缺陷的部分工程

具体规定为："若此类缺陷或损害不能在现场迅速修复时，在业主的同意下，承包商可将任何有缺陷或损害的永久设备移出现场进行修理。此类同意可要求承包商以该部分的重置费用增加履约保证的款额或提供其他适当的保证。"

该条款主要对于在国际工程现场无法修复或维修代价比较大，需要移出现场进行维修的永久设备。由于此类永久设备移出现场，业主很有可能无法控制承包商对于该设备的处置，在此情况下，业主方可以要求承包商追加担保或提供其他担保。

（6）进一步的检验

具体规定为："如果任何缺陷或损害的修补工作可能影响工程运行时，工程师可要求重新进行合同中列明的任何检验。该要求应在修补缺陷或损害后 28 天内通知承包商。此类检验应按照以前的检验适用的条件进行，但是依据第 11.2 款修补缺陷的费用，此类检验的风险和费用由责任方承担，并承担修补工作的费用。"

该条主要是对缺陷修复之后的检验条款。根据本条款，经工程师通知，承包商即有义务进行此类检验，如果承包商拖延检验，工程师可以依照本合同文本要求承包商按工程师重新指定的时间进行，否则工程师可以自行进行竣工检验，承包商应接受检验正确性，并承担相关费用。

（7）进入权

具体规定为："在履约证书颁发之前，承包商应有为遵守本款合理所需的进入工程的权力，但不符合业主限定的任何合理安全措施的情况除外。"

该条款显示：承包商在缺陷通知期内进行修复和检验，必须进入工程现场，业主基于安保要求，可对其进行相应限定。该条款极具合理性。

（8）承包商的检查

具体规定为："如果工程师要求的话，承包商应在其指导下调查产生任何缺陷的原因。除非此类缺陷已依据第 11.2 款修补缺陷的费用，由承包商支付费用进行了修补，否则调查费用及其合理的利润应由工程师依据第 3.5 款决定，作出商定或决定，并加入合同价格。"

该条款主要是针对承包商的调查，承包商基于对国际工程状况的了解，由其调查质量事故起因是最合适不过的。但其应在工程师指导下进行，以保证其过程的公正和客观。毕竟其涉及工程修复缺陷费用诸多方面。

（9）履约证书

具体规定为："只有在工程师向承包商颁发了履约证书，说明承包商已依据合同履行其义务规定的日期之后，承包商的义务的履行才被认为已完成。工程师应在最后一个缺陷通知期期满后 28 天内颁发履约证书，或在承包商已提供了全部承包商的文件并完成和检验了所有工程，包括修补了所有缺陷的日期之后尽快颁发。还应向业主提交一份履约证书的副本。只有履约证书才应被视为构成对工程的接受。"

该条款关键词为"履约证书"和"28 天"。履约证书的签发直接涉及承包商的利益，如保留金和履约保函的退还等，一旦发生拖延签发的情况，承包商的利益就会受损。而本合同条款并未针对这一缺陷予以设定，大概是考虑到各国的国情不同。因此，在涉及重大国际性工程项目，针对合同文本应尽量做到具体和完整，以避免工程师无故拖延签发履约证书，以确保承包商自身的合法权益。

（10）未履行的义务

具体规定为："在履约证书颁发之后，每一方仍应负责完成届时尚未履行的任何义务。就确定未履行的义务的性质和范围而言，合同应被认为仍然有效。"

该条款主要是主体工程之外的相关琐碎问题，包括承包商最终申请书和提交结清单，业主履行支付义务等，诸如此类相应事宜仍应依据本合同来完成。

（11）现场的清理

具体规定为："在接到履约证书以后，承包商应从现场运走任何剩余的承包商的设备、剩余材料、残物、垃圾或临时工程。若在业主接到履约证书副本后 28 天内上述物品还未被运走，则业主可对留下的任何物品予以出售或另作处理。业主应有权获得为此类出售或处理及整理现场所发生的或有关的费用的支付。此类出售的所有余额应归还承包商。若出售所得少于业主的费用支出，则承包商应向业主支付不足部分的款项。"

该条款主要针对缺陷通知期内的扫尾和修复工作。承包商应在收到履约证书后 28 天内做好现场清理，不得长期占用业主的场地，否则业主有权对其留存物进行处理。

3. FIDIC 绿皮书

绿皮书第 9 条规定了修复缺陷责任，规定了业主可以要求承包商在规定的期限内修复工程缺陷的权利以及检查隐蔽工程的权利，其条款包括修复缺陷、剥离和检查。

（1）修复缺陷

具体规定为："业主可以在协议书附录中规定的期限内，通知承包商修复缺陷或完成扫尾工作；若缺陷由承包商的设计、材料、工艺或不符合合同要求引起，则修复费用由承包商承担，其他原因引起的由业主承担；业主通知后，承包商没有在合理的时间内修复缺陷或完成扫尾工作，业主有权自行完成相关工作，费用由承包商承担。"该条款即为缺陷通知期。

（2）剥离和检验

具体规定为："业主可以下达指令，剥离隐蔽工程进行检查。但如果检查结果证明该部分工程符合合同规定，则此类剥离和检查应按照变更工作进行处理，承包商应得到相应支付。"

该条款主要提示为承包商需保证国际工程的质量，否则业主可以行使剥离隐蔽工程并进行检查的权利，修复费用则由承包商承担。

（三）缺陷责任期相关风险

结合上述条款，值得注意的是：业主接收并不意味着承包商义务的终结，承包商在签订合同时应与合同相对方确定合理的缺陷通知期限，并注意缺陷通知期限延长的条件，即"某项缺陷或损害达到使工程、分项工程或某项主要的生产设备不能按原定目的使用的程度。"同时，注意发生工程损害和缺陷时业主和承包商责任的划分。

第七节　资金和采购风险

一、资金风险

国际工程承包面临的环境日益复杂、竞争日益激烈，资金风险压力日益凸显。本节从资金风险为切入点，论述国际工程承包中承包商所面临的主要资金风险类型，并就其防范提出相应对策。项目预算、成本控制、工程款到位情况等因素都直接影响着国际工程的开发建设资金能否得到保障，决定着承包商能否获得利润并实现可持续发展。国际工程承包资金风险可以理解为由于超预算、垫资、业主拖延付款等因素，导致工程款无法正常收回，阻滞项目正常运转，造成国际工程承包商的资金实际收益与预计收益发生背离。

（一）资金风险的主要种类

1. 工程超预算风险

在国际工程承包中，项目预算不合理、项目成本控制不当等因素往往会造成合同履行中工程超预算。2002 年财政部关于印发《关于企业实行财务预算管理的指导意见》的通知，为促进企业建立、健全内部约束机制，规范企业财务管理行为，要求企业实行财务预算管理制度。2007 年国资委发布《中央企业财务预算管理暂行办法》，要求企业应当按照国家有关规定，组织做好财务预算工作，配备相应工作人员，明确职责权限，加强内部协调，完善编制程序和方法，强化执行监督，并积极推行全面预算管理。国际工程承包项目实行预算管理不仅是实现项目盈利的重要途径也是企业合规性的要求。但因国际承包工程的复杂性与特殊性、预算金额较大、对东道国市场缺乏全面了解、执行过程不确定等因素，项目预算的编制存在一定的难度，项目预算与实际合同履行出现较大偏差。

国际工程项目管理的核心是项目的成本管理。项目成本是指国际工程项目实施过程中支出费用的总和[①]。包括在项目实施过程中的人工费、材料费、机械设备费等直接成本及项目前期费用、固定资产折旧费、修理费、差旅费、项目管理费等间接成本。项目成本的可控不仅是项目盈利的重要条件，也是提高工程产品国际市场竞争力的有效途径。但在我国企业对外承包工程过程中项目管理水平较低；东道国多为第三世界国家、对中国标准的接受度和认可度不高，导致国际工程项目的技术规范、标准多样化；此外，国际工程项目建设周期持续时间长，政治风险、商业风险、法律风险等相互作用后对项目施工成本将产生复杂的影响，以上诸多因素使项目管理存在难度，对有效的成本控制形成挑战、造成工程超预算，给承包商带来巨大的资金压力。

2. 工程垫资风险

工程垫资是指在工程项目建设过程中，承包商利用自有资金（或融资）为发包人垫资进行工程项目建设，直至工程施工至约定条件或全部工程施工完毕后，再由发包人按照约定支付工程价款的施工承包方式。垫资施工是国际工程承包中较为普遍的现象，为了在激烈的国际工程承包竞争中获得项目，部分建筑企业不得不以工程垫资的方式承接工程项目。而承包商的工程垫资款往往通过融资渠道获得，存在融资成本风险，也存在因融资产生的汇率和外汇管制的风险。若逾期还贷，承包商还需要承担罚息、违约金等费用。若业主拖延支付工程款，将占用承包商流动资金，给贷款的偿还或是项目的推进造成严重的影响。更有甚者，项目烂尾，则业主转嫁至承包商的资金风险将由承包商全部承担，承包商还面临与第三方的债权债务纠纷。因此，虽然近年来政府鼓励工程承包企业参与境外投融资项目、政府出口信贷与对外经济援助贷款相结合，降低国际工程企业额融资成本和风险，但是，作为企业本身，必须要考虑自己的资金周转能力及综合实力，谨慎对待工程垫资项目。

3. 业主拖延支付工程款风险

中国出口信用保险公司资信评估中心与中国对外承包工程商会于2011 年共同完了《中国对外承包工程企业业务发展现状及趋势》课题，针对中国企业境外经营过程中遇到的各

---

① 王志.工程项目管理之成本控制.山西建筑.2011（7）。

类风险问题所做的问卷调查结果显示，企业境外经营时最关注的风险分别是业主拖欠工程款、汇率变动、战争与动乱、汇兑限制、东道国标准、原材料价格变化、政策变化等。其中关注度最高的就是业主拖欠工程款。

（二）资金风险的防范

对于上述资金风险，承包商需注意以下几点，以进行防范：

1. 承接项目前对业主的资金来源、信誉情况进行详尽的调查

国际工程承包最大的风险来源于信息不对称，随着我国施工企业法律意识的增强，在承接重大工程项目前一般都会对项目开展尽职调查。主要侧重于目标国法律体系、框架、承包工程的具体情况、业主的资信情况等，从资金风险防范角度，对业主的资金来源、信誉情况做尽职调查尤为关键，是判断其履约能力的重要依据。

国际工程承包的宗旨即承包商工作获得报酬，业主付款获得工程。无论是将来施工过程中的工程变更导致的超预算，还是工程垫资、工程预分期支付，资金的根本保障都是业主必须具备支付能力。在承包商承接国际工程项目之前，建议委托专业机构对项目进行全面的尽职调查，尤其关注业主的资信情况：资金来源以及到位情况、既往经营业绩、财务能力及社会信誉等，对业主的支付能力进行合理评估。

2. 健全项目预算体系、实现项目成本控制

项目预算涉及编制环节、执行环节及考核监督环节，合理的项目预算及项目实施过程中有效的成本控制，可以在一定程度上防范超预算的风险。在编制环节、配置专业人才资源、力求严谨、在充分调研的基础上全面考虑项目承包的各项因素及风险，在执行中建立行之有效的控制跟踪机制，考核监督中设置合理的奖惩机制，并确保制度的最终落实。

成本控制体现在整个工程项目过程中，包括设计阶段、投标阶段、施工阶段、运营维护阶段、竣工收尾阶段。工程造价人员应贯穿于整个项目过程中，工程设计应具备较高的质量，避免频繁的设计变更导致成本的提高。施工过程中以量价分离的方式控制人工成本、充分了解东道国市场、节约材料采购成本等。工程量变更也是导致项目超预算的关键因素，应在合同中明确工程量变更情形下工程款的支付，及时督促业主支付工程款。

3. 关注合同条款、争取相对公平的合同条件，实现权利救济

承包商在签订合同前应利用合同条件的相应条款约定如预付款等对承包商资金周转有利的付款条件同时注意对列入暂列金额工程范围进行明确约定，并按照合同条件的约定提供相应担保以确保上述资金的顺利取得。做好合同管理及履约管理，提交符合合同条件及业主要求的期中支付及竣工报表。

4. 加强与保险机构的合作、甄别项目、实现风险分担

在项目调研阶段，可考虑申请中国出口信用保险公司（以下简称：中信保）介入。中信保是由国家发改委、财政部、商务部、中国人民银行等共同管理的副部级中央政策性金融机构，由财政部及中央汇金公司出资成立的、中国唯一承办的出口信用保险业务的政策性保险公司。是我们国家层面对中国企业走出去的一个风险控制和风险分担的实施者。中信保对国家主权信用评级体系、企业评极系统，有助于承包商实现甄别项目。同时，能否承保及能够实现的保险方案也是项目风险评估的参考，如保费等条件、要求实际上是对项目支付风险量化后的成本。同时，中信保的特定合同保险产品可以对买方无力偿还、故意

拖欠工程款以及拒受工程等商业风险、买方所在国的政治风险引起的直接损失进行承保。向保险公司投保也是资金风险防范的有效途径。

二、采购风险

国际工程中，采购风险管理对整个项目的工期及成本控制具有重要影响，是项目实施过程中的一个核心环节，是实现工程设计意图、顺利实施项目、实现合同目标的基本保证。对于大多数国际工程项目，尤其是工业项目，采购占整个合同的费用比例通常是最高的，并且待购设备种类型号极多，品质和价格各异，因此采购过程的错误不仅会影响工程质量和进度，产生违约责任，甚至会导致承包商巨额损失。故采购既是整个工程进度的支撑，也是工程质量的重要保证。签订合同时几乎没有进行采购工作，在合同履行过程中，项目采购所面临的采购范围、数量、具体技术要求都存在一定程度的变数，承包商在实施过程中面临巨大的挑战和风险。主要风险因素包括采购货物制造标准差异风险、物资物价上涨风险、采购的货源风险、涉及采购工作的设计管理风险、供货商供货风险、外汇交易风险、物流运输风险等。采购风险在 FIDIC 银皮书项下体现不多。

（一）采购货物制造标准差异风险

国际工程的招标文件因国别、项目性质及咨询公司的设计理念不同，因而规定的设备及材料标准也会存在差异，如英国标准、德国标准、美国标准和日本标准等。首先，在投标时，如果设计人员经验不足、不熟悉各种标准，或者因为对招标文件理解产生偏差而直接根据经验采用常用标准甚至是国内标准进行设计，经常会导致在实施过程中因标准不一致而被工程师拒绝接受，这是导致设计变更的主要原因，最终引起采购成本的显著增加。其次，投标时间短，设计人员对招标文件及现场情况了解不充分，各专业人员之间缺乏有效的沟通，容易造成设计工程量的缺漏和不符合标准，最终导致项目实施过程中采购成本的增加。故在采购合同中对整个工程采用的技术标准和规范进行明确规定，包括重要设备的制造标准。比如，承包商从厂家采购设备，应当对厂家的制造能力进行考核，向厂家明确制造标准。

针对此类风险，承包商可以从以下几个方面进行防范：

（1）优化内部管理，多了解不同的国际标准，建立主要国标标准库和对应厂家数据库，以便在进行国际工程设计采购时有地放矢；不断提高承包商设计人员的技术水平，完善标准化设计工作，加强各专业之间的沟通，并提高语言水平。

（2）实施投标控制，增强风险意识，认真审查招标文件，发现问题及时与业主澄清，并聘请这方面的专家加强设计审核工作。

（3）争取合理要求，如果确实由于设计经验方面的原因造成报价偏低，可依据合同公平的原则，以重大误解为由向业主发出解释，争取得到一定的经济补偿，但经验方面的原因则不能作为项目索赔的依据。

（二）物资物价上涨风险

很多国际工程合同都是固定总价合同，物价上涨是不调价的。而设备材料的采购从项目投标、中标、合同签订到具体实施，需要经历比较长的时间，其价格受政治、经济等众多因素影响，因此投标时的价格与实际采购价格之间会存在较大的价差。此外，全球金融危机、国际市场需求变动、国际原油价格起伏以及国际货币市场汇率波动等，都会对设备材料的价格造成重大影响，这是承包商需要面对的一个不可避免的风险。

合同形成阶段，如果承包商投标时所做的询价工作不够充分，没有准确掌握主要设备材料的采购地区、采购渠道以及市场价格变化趋势等信息，在合同谈判时没有及时修订条款，对价格比较敏感的材料设备未获得宽松的合同要求，或者供货合同不具有较强的约束力，都会造成实际采购价格低于合同报价，进而产生亏损。针对此类风险，承包商可以从以下几个方面进行防范：

（1）了解工程所在国的经济形势，掌握国际市场各种物价浮动的趋势，在投标报价时对于某些受市场影响较大的设备材料价格考虑适合的价格上涨系数，确定合理的风险费用。

（2）在项目主合同签订阶段向业主争取合理的合同条款，尽量包含针对材料设备价格波动的调价条款，对于调价计算方式进行明确约定；如果合同中已包含了调价条款，承包商应在项目实施过程中积极准备和提供各阶段材料设备涨价的记录和证据，并严格按照合同要求计算采购变动费用，并及时与业主进行沟通和交涉。

（3）在实际采购过程中调整采购计划，根据市场价格变动趋势和工程计划进度选择合适的进货时间和批量；根据周转资金的有效利用和汇率、利率等情况采用合理的付款方式和付款币种等，尽可能减小价格变动对工程总成本和期望效益的影响。

（三）采购的货源风险

国际工程项目投标中存在着因采购货源导致的风险。该风险成因主要有以下三个方面：

第一，国际工程项目招标文件中一般都会附有供货商清单，承包商需要在此清单范围内进行供货商询价。清单内的供货商与业主都是长期合作的关系，但对于承包商来说则比较陌生，甚至根本找不到联系方式，更不易获得报价。在此情况下只能通过以往供货商或国内供货商进行询价，但在项目实际实施过程中，业主却要求必须使用指定供货商，常常导致采购价格与投标价格之间存在较大差异。故可以要求业主在供货商清单中提供供货商对公联系方式。

第二，在国际工程项目中，投标阶段由于技术标准、规范要求很不完善、不确定，许多国外供货商不提供报价，或者报价反馈时间较长，超过投标规定时间，导致询价效果差。

第三，大量的国际工程项目招标，使得好的供货商越来越集中，导致采购市场货源相对稀缺，"卖方市场"占主导作用，在这种情况下供货商对于承包商投标阶段的预询价往往会报价虚高，很可能会使投标价格过高而产生流标的风险。

针对此类风险，承包商可以从以下几个方面进行防范：

（1）在投标阶段寻求业主支持，努力获得指定供货商的联系方式以便获得准确的采购报价。在符合招标文件规定的情况下，投标报价时应在当地考虑多家货源，并报请业主同意潜在的供货商的选择，尽量不只报一家。如果可能，请求业主取消强制性要求，适当放宽供货商范围。

（2）对于业主指定的供货商，如果发现其在以往的项目合作中出现过重大事故，或有过供货不良记录，承包商应主动收集信息并及时向业主提出更换请求。

（3）对于只能从唯一供货商处采购的设备材料，承包商应尽早与相关设计人员进行沟通并优化设计，减少对该设备材料的依赖程度，以避免采购实施时受制于供货商。

（4）对于大宗材料或价格昂贵的设备，承包商应尽量采取招标方式选择供货商。必要时，签订有约束力的供货合同，即若承包商中标，承诺按报价购买，供货商承诺按报价供应，同时提升双方对违约金约定的金额。

（四）涉及采购工作的设计管理风险

国际工程项目主合同履行阶段，即本阶段从国际工程项目采购实施开始直至项目结束。主要工作是根据采购合同完善前期设计，编制详细计划，实施采买工作，包括催交、检验、运输以及获得相应支付等。设计工作的好坏，对采购的质量、成本以及进度起着决定性的作用，良好的采购设计管理则是顺利实施后续具体采购工作的前提，如果出现差错将会造成巨大的损失。通常设计风险来源于以下三个方面：

第一，承包商设计人员对合同文件的理解与业主的设计理念可能存在差异，这种差异会延长设计文件编制、业主审核和最终批准的时间，特别是如果该采购设计处于整个项目的关键路径上，会严重影响后续的采购乃至施工活动，对项目工期和成本造成大范围的变动。

第二，设计时采购的货物标准过高或者设计余量过大，都有可能导致实际采购价格远高于概算和预算价格，形成较大的风险。

第三，业主要求变化或者前期设计错误而造成的重大设计变更，同样会引起整个采购计划变更，并使采购成本发生大幅度增加。

针对此类风险，承包商可以从以下几个方面进行防范：

（1）在采购设计中，承包商应认真审查合同要求，正确理解业主意图，避免由于文件不合格造成的反复修改。另外，要积极与业主进行沟通，争取缩短业主审批设计文件的时间。

（2）优化采购设计组织，规范设计人员行为，不得随意提高设计标准和增加设计内容，加强设计审核工作，在设备材料采购招标评审过程中，由两步评标法（即借鉴国际工程项目业主的评标办法，先评技术标，再对技术标合格的厂家，进行商务标的评标；在技术合格、重要商务条件满足要求的前提下，根据最终评议核算价格高低确定中标人）代替以前的综合评审法，克服综合评审法中由于选择高标准厂家而造成采购价格过高的弊端。

（3）对于重大设计变更，应事先向业主提出澄清或者向业主声明，得到业主批复后再进行详细的设计工作，并及时保留与索赔相关的依据。

（五）供货商供货风险

国际工程项目设备材料规格品种繁多，供货商来源复杂数量众多，且供货周期普遍较长，在这个过程中出现供货风险的概率较高，且风险危害较大，会对采购环节，甚至整个项目的工期、成本及承包商信誉造成巨大影响。供货商供货风险主要包括供货不及时、供货质量缺陷、出厂检验未检出的瑕疵、不能及时提供备件、故意抬高备件供应价格、现场技术服务不全面、售后服务不及时、交货资料未满足业主要求等方面。

针对此类风险，承包商可以从以下几个方面进行防范：

（1）由业主指定供货商造成的采购延误以及成本增加等事件，针对可能发生的后果及时与业主进行沟通协调，争取得到妥善处理。

（2）对于从未合作过的供货商，承包商要加强对其资金、信誉和供货能力方面的调查、了解，以防上当受骗。

（3）与供货商签订完善的供货合同以制约其行为，如在支付、违约、质量检验和索赔争议等条款中详细列明双方的责任义务，并要求供货商提供质保金，同时在项目实施过程中承包商也要注意及时做好索赔准备工作。

（4）加强督办、驻厂监造、第三方检验以及运输管理等工作，杜绝不合格设备材料到达现场。

（5）对于在其他项目中出现过供货事故或者存在其他不良记录的供货商要将其加入黑名单，在以后的项目中不与其合作。

（六）外汇交易风险

外汇交易风险是指在国际工程项目中，业主支付的币种和承包商进口材料设备支付的币种不一致，当汇率变动时存在实际采购成本发生变化的可能性。如果业主支付的币种与承包商进口材料设备支付的币种相同，则不存在此项风险。

针对此类风险，承包商可以从以下几个方面进行防范：

（1）在可能的条件下，根据实际需要的外币种类和数量，要求业主以多种货币组合的方式进行支付，尽可能降低采购支付币种与业主支付币种的不一致。如果能够以业主支付的币种作为采购计价结算货币，则可完全消除该类外汇风险。

（2）通过变更采购地降低汇率变动影响，即如果项目所在国货币发生贬值，则承包商要尽可能从当地采购材料设备，反之应尽可能从项目所在国之外采购，以降低运输风险和成本。

（3）与业主商议，将汇率波动可能造成的额外损失通过合理的调整方式纳入主合同当中，减小双方的外汇交易风险。

（4）选择适合的外汇交易方式。如采用远期外汇交易、外币期权交易等。

（七）物流运输风险

物流运输是国际工程项目采购过程受外部环境影响最大的一个环节，也是极易产生风险的阶段。承包商需要选择不同的物流交货方式，以最经济的方式保证物资顺利到达现场，由于对工程所在国当地的法律法规、进出口流程、港口选择等调研不深入，或者选择的代理公司经验及实力不够，通常会遇到以下的问题：通关时间过长，造成设备材料滞港无法及时运抵施工现场，进而影响整个工程项目的进度；因运输方式、运输路线及运输周期等方面因素影响，时常会出现设备材料损坏的情况。

针对此类风险，承包商可以从以下几个方面进行防范：

（1）加强前期调研，充分了解当地相关法律法规及进出口操作流程，在项目正式启动前争取完成公司相关机构注册（如果项目所在国需要的话）。

（2）派遣有经验的业务人员考察、熟悉项目所在国的法律法规，同时雇佣富有经验和实力的专业代理公司，解决包括运输代理和清关代理等在内的物流运输事宜。

（3）熟悉各种物流模式的特点、优势和劣势，并在项目实施过程中与代理公司保持联系沟通，共同制定合理、高效的物流运输方案。

第八节　变更索赔风险

一、变更及变更程序

FIDIC 银皮书第 1.1.78 项将"变更"定义为"按照第 13 条［变更和调整］的规定，经指示作为变更的，对工程所做的任何更改。"因此，工程变更应以业主的指示为前提条件，并且应对工程本身造成了实质性改变。根据第 13.1 款［变更权］的规定，在颁发工程接收证书前的任何时间，业主均可根据第 13.3 款［变更程序］提出变更。

（一）工程变更的发起

尽管工程变更应由业主做出指示，但工程变更可以通过多种途径发起：

1. 由业主发起变更

根据 FIDIC 银皮书第 13.3 款［变更程序］，业主发起变更可以通过以下两种方式：

（1）业主指示变更：即业主通过直接向承包商发出变更指示的形式发起变更，变更指示中包括对所需变更的描述及变更所需的费用要求。在此情况下，承包商应执行变更，并应在收到业主指示后的 28 天内（或承包商建议并经业主同意的其他时间内）向业主代表提交变更相关的详细情节，如对已实施或将要实施变更工作的说明、实施变更的进度计划、合同价格调整的承包商建议书等。

（2）业主向承包商征求变更建议：即业主欲指示承包商进行某项变更，但是业主不能具体阐明如何变更，便向承包商发出通知，描述其拟进行的变更并请求承包商提出变更建议，通过此种方式发起变更。承包商应及时对通知作出反馈，或者提交一份建议书，或者说明其不能遵守变更的理由。对于承包商提交的建议书，业主在收到后应及时向承包商发出通知告知业主同意与否，如同意则业主随后应指示变更；如不同意，则业主应补偿承包商为提交建议书产生的费用。

2. 由承包商发起变更

FIDIC 银皮书第 13.2 款［价值工程］规定，在承包商认为若业主采纳其变更建议则可以加快竣工，降低业主的工程施工、维护或运行的费用，提高业主的竣工工程的效率或价值，或给业主带来其他利益时，承包商可随时向业主提交书面建议发起变更。此类建议由承包商自费编制，并应包括第 13.3.1 款［经指示的变更］所列内容。

业主在收到此类建议书后，在可行的情况下应就是否同意尽快向承包商发出通知进行回复。业主是否同意应由业主自行决定。在等待回复期间，承包商不应延误任何工作。如果业主同意该建议书，无论是否给出其他意见，业主应随后指示变更。

（二）工程变更的执行

FIDIC 银皮书第 13.1 款［变更权］规定，承包商应遵守第 13.3.1 款［经指示的变更］指示的每项变更，并应尽快且没有延误地执行变更。除非承包商即时向业主发出通知，说明（附详细支持依据）：

1）考虑到业主要求所述的工程的范围和性质，变更的工作是不可预见的。

2）承包商无法便利地取得变更所需要的货物。

3）变更将对承包商遵守第 4.8 款［健康和安全义务］和／或第 4.18 款［环境保护］的能力产生不利的影响。

4）变更将对性能保证明细表的完成产生不利的影响。

5）变更将对承包商完成工程并使其满足第 4.1 款［承包商的一般义务］规定的预期目的的义务产生不利的影响。

（三）工程变更的后果

根据 FIDIC 银皮书第 13.3 款［变更程序］的规定，在发生变更的情况下，承包商自然拥有延期和调价的权利："业主代表收到承包商提交文件（包括任何被要求提交的进一步明细）应作为第 3.5.3 款中达成协议的时限的开始日期。承包商应有权获得工期延长索赔和／或合同价格的调整，而无须遵守第 20.2 款［付款和／或工期延长索赔］的任何要求。"

针对变更对合同工期、合同价格以及支付进度表的影响，业主代表应根据 3.5 款［商定或确定］的内容确定。具体来说，对于合同价格和支付的调整应遵循下列原则：

（1）如果合同中没有费率价格明细表，调整应根据施工工作的成本加利润计算。

（2）如果合同中有费率价格明细表，则变更项目的费率或价格应按照费率价格明细表中规定的该项目的费率或价格，如果没有这一项目，适用类似工作的费率或价格。如果规定的费率或价格并不适用，则应适用新规定的费率或价格，该费率或价格应参照费率价格明细表中相关的费率或价格，在考虑所有相关情况后予以合理调整，不能参照费率价格明细表的则应参照施工的成本加利润。

（四）工程变更相关风险

结合上述条款，值得注意的是：

（1）变更是工程合同管理中的重点和难点，承包商相关人员应注重变更管理，主要包括：识别变更、执行变更并对变更进行跟踪记录。

（2）无论以何种方式提起的变更，都需要通过业主根据第 3.4 款［指示］的内容向承包商签发指示，对于一些未明确载明变更但包含变更内容指示需要及时与业主进行确认，以免因双方对变更内容有不同理解而产生纠纷。

（3）根据合同条件，业主签发变更指示后，承包商应当接受变更并实施指示，变更对工期和费用的调整依据第 3.5 款［商定或决定］，若无法达成一致意见，需要注意在合同约定的时间内发出不满意通知，将争议提交 DAAB。

（4）对于相应的变更内容没有价格费率表的部分，除了变更描述外，对费用情况也要进行记录，以便于结算时的变更估计。

作为有经验的国际工程承包商，应建立完善的工程档案管理制度，加强对工程档案的管理，特别应重视与工程变更相关的与业主间往来信函的管理。

二、索赔及索赔程序

（一）索赔的定义和分类

国际工程领域的索赔是指一方当事人根据合同所能获得的权利或救济向另一方当事人提出的主张，包括承包商索赔和业主索赔。根据 2017 版 FIDIC 系列合同条件的定义，工程索赔是指由合同一方向另一方就合同中任何条款下的，或者其他与合同或工程实施有关或由其引起的权利或救济所提起的请求或主张。

FIDIC 银皮书第 20.1 款［索赔］对可提出索赔的情形进行了规定，将索赔分为三类，具体情形包括：

（1）业主认为自己有权要求承包商追加付款（或降低合同价格），或延长缺陷通知期。

（2）承包商认为自己有权要求业主追加付款和／或延长工期。

（3）任何一方认为其有权对另一方享有其他权利或救济。其他权利或救济可以是任何种类（包括与任何证书、决定、指示、通知、业主意见或估价相关的），但不包括涉及上述（1）和／或（2）项中提及的任何权利。

2017 版 FIDIC 银皮书将承包商和业主的索赔纳入了统一的索赔管理程序。本文以下所探讨的索赔主要为上述（1）、（2）款项下的索赔事项。

（二）索赔的程序

1. 索赔通知

1999 版 FIDIC 银皮书第 2.5 款［业主的索赔］和第 20.1 款［承包商的索赔］分别规定了业主和承包商的索赔权利和义务，但这两个条款的规定是不对等的。承包商提出索赔的时限为察觉或应已察觉索赔事件后的 28 天内，如逾期未发出索赔通知则丧失索赔权利；而业主提出索赔只需在了解到索赔事件后"尽快"发出索赔通知，没有索赔时限以及逾期失权的约束。2017 版将承包商和业主提起索赔的程序机制合并规定在第 20 条［业主和承包商的索赔］中，就双方的索赔期限、程序和权利义务等进行了对等性的规定。

2017 版 FIDIC 银皮书第 20.2 款［付款和／或工期延长索赔］对提出索赔通知的时限作了明确规定："索赔方应向另一方发出通知，说明引起费用、损失、延误或延长缺陷通知期的事件或情况（即本条件下的"索赔通知"）。索赔应在合理可行的情况下尽快并最晚不超过索赔方察觉或应已察觉该事件或情况后 28 天内提出。如果索赔方未能在上述 28 天期限内发出索赔通知，则索赔方无权获得任何追加付款，合同价格不得降低（业主作为索赔方的情形），竣工时间（承包商作为索赔方的情形）或缺陷通知期（业主作为索赔方的情形）不得延长，另一方应免除与引起索赔的事件或情况有关的任何责任。"

如另一方认为索赔方未按期发出索赔通知的，应在收到索赔通知后 14 天内向索赔方发出通知并说明理由，索赔方如不同意该通知的，应在充分详细的索赔报告中包括不同意的细节或迟发通知的合理理由。同时，索赔方应保持索赔事件发生的同时或之后立即准备或产生的、用以证明任何索赔可能需要的同期纪录。在第 20.2.3 款中,"同期纪录"系指在引起索赔的事件或情形发生的同时或之后立即准备或产生的记录。

2. 提交充分详细的索赔报告

2017 版 FIDIC 银皮书在修订时作出统一规定,索赔方应在察觉或应已察觉索赔事件后的 84 天内或经另一方认可的其他时间内向另一方提交一份充分详细的索赔报告。"充分详细的索赔"是指提交的文件,包括:

(1)引起索赔的事件或情况的详细描述。

(2)关于索赔的合同和 / 或其他法律基础的声明。

(3)索赔方所依据的所有同期纪录。

(4)索赔追加付款数额(或在业主作为索赔方的情况下合同价格减少的数额)和 / 或索赔工期延长(在承包商的情况下)或索赔缺陷通知期(在业主的情况下)的详细证明资料。

如在上述时间内索赔方未提交该索赔报告中关于索赔的合同或其他法律依据的内容,则索赔通知应视为已失效,业主代表应在该期限届满后 14 天内向索赔方发出通知。

如果索赔事件具有连续影响,则提交首份中间的索赔报告后,索赔方应按月向业主递交进一步的中间的索赔报告,说明累计索赔的追加付款数额或工期 / 缺陷通知期的延长,并在索赔事件的影响结束后 28 天内递交最终的索赔报告。

(三)索赔的商定或确定

对于索赔问题的处理,20.2.5 条中规定,在收到第 20.2.4 款〔充分详尽的索赔〕项下的充分详尽的索赔或第 20.2.6 款〔有连续影响的索赔〕项下的中间或最终的充分详尽的索赔(视情形而定)之后,业主代表应根据第 3.5 款〔商定或确定〕进行商定或确定:

(1)索赔方享有的追加付款(如果有)〔或合同价格的减少(业主作为索赔方的情形)〕;

(2)索赔方根据合同享有的第 8.5 款〔竣工时间的延长〕项下的竣工时间(届满前后)的延长(如果有)(承包商作为索赔方的情形),或第 11.3 款〔缺陷通知期的延长〕项下的缺陷通知期(届满前)的延长(如果有)。

根据第 3.5 款〔商定或确定〕,业主代表首先应及时与双方进行协商,并鼓励双方进行讨论,努力在 42 天内达成商定。如果达成商定,业主代表应发出商定的通知,且该商定应由双方签署。若双方未能在限制时间内达成商定,则业主代表应在 42 天内根据合同规定对索赔作出公正的确定。如业主代表未在限制时间内发出商定或确定的通知,则应认为做出了拒绝该索赔的确定。

(四)索赔相关风险

结合上述条款,值得注意的是:承包商应正确理解和运用合同文本中关于索赔的概念;严格遵守索赔时效,在时效内及时提交索赔通知;及时提交索赔报告及支持索赔成立的详细资料,主要包括:业主发出有关指示、通知、备忘录、确认文件等,承包商在索赔事件发生后做好相关的同期纪录,并负责编制详尽的索赔报告,以确保索赔内容的实现。

第九节　典型案例分析

一、案例介绍

（一）非洲某 112km 道路升级项目 [①]

非洲某国 112km 道路升级项目，业主为该国国家公路局，出资方为非洲发展银行（ADF），由法国 BCEOM 公司担任咨询工程师，我国某对外工程承包公司以 1713 万美元的投标价格第一标中标。该项目旨在将该国两个城市之间的 112km 道路由砾石路面升级为行车道宽 6.5m，两侧路肩各 1.5m 的标准双车道沥青公路。项目采用 1987 年版的 FIDIC 合同条件作为通用合同条件，并在专用合同条件中对某些细节进行了适当修改和补充规定，项目合同管理相当规范。项目进展过程中发生过几类索赔，在工程实践中比较有代表性。

1. 放线数据错误

按照合同规定，工程师应在 6 月 15 日向承包商提供有关的放线数据，但是由于种种原因，工程师几次提供的数据均被承包商证实是错误的，直到 8 月 10 日才向承包商提供了被验证为正确的放线数据，据此承包商于 8 月 18 日发出了索赔通知，要求延长工期 3 个月。

工程师在收到索赔通知后，以承包商"施工设备不配套，实验设备也未到场，不具备主体工程开工条件"为由，试图对承包商的索赔要求予以否定。对此，承包商进行了反驳，提出：在有多个原因导致工期延误时，首先要分清哪个原因是最先发生的，即找出在初始延误作用期间，其他并发的延误不承担延误的责任。而业主提供的放线数据错误是造成前期工程无法按期开工的初始延误。

在多次谈判中，承包商根据合同第 6.4 款"如因工程师未曾或不能在一合理时间内发出承包商按第 6.3 款发出的通知书中已说明了的任何图纸或指示，而使承包商蒙受误期和（或）招致费用的增加时……给予承包商延长工期的权利"，以及第 17.1 款和第 44.1 款的相关规定据理力争，此项索赔最终给予了承包商 69 天的工期延长。

2. 设计变更和图纸的延误

按照合同谈判纪要，工程师应在 8 月 1 日前向承包商提供设计修改资料，但工程师并没有在规定时间内提交全部图纸。承包商于 8 月 18 日对此发出了索赔通知。由于此事件具有延续性，因此承包商在提交最终的索赔报告之前，每隔 28 天向工程师提交了同期纪录报告。

根据 FIDIC 合同条件第 6.4 款"图纸误期和误期的费用"的规定，"如因工程师未曾或

---

① 程建，张辉璞，胡明.FIDIC 合同下的国际工程索赔管理——非洲某公路项目索赔案例实证分析.国际经济合作，2007（9）。

不能在一合理时间内发出承包商按第6.3条发出的通知书中已说明了的任何图纸或指示，而使承包商蒙受误期和招致费用的增加时，工程师在与业主和承包商作必要的协商后，给予承包商延长工期的权利"。承包商依此规定，在最终递交的索赔报告中提出索赔81个工作日。最终，工程师就此项索赔给予了30天的工期延长。

3. 填方及第一层表处工程量增加

由于道路横断面的两次修改，造成借土填方的工程量比原工料测量单中的工程量增加了50%，第一层表处工程量增加了45%。

根据合同第52.2款"合同内所含任何项目的费率和价格不应考虑变动，除非该项目涉及的款额超过合同价格的2%，以及在该项目下实施的实际工程量超出或少于工程量表中规定之工程量的25%以上"的规定，该部分工程应调价。但实际情况是业主要求借土填方要在同样时间内完成增加的工程量，导致承包商不得不增加设备的投入。对此承包商提出了对赶工费用进行补偿的索赔报告，并得到了67万美元的费用赔偿。

4. 延迟付款利息

该项目中的延迟付款是因为从第25号的账单开始，项目的总结算额超出了合同额，导致后续批复的账单均未能在合同规定时间内到账，以及部分油料退税款因当地政府部门的原因导致付款拖后。专用合同条件第60.8款"付款的时间和利息"规定："……业主向承包商支付，其中外币部分应该在91天内付清，当地币部分应该在63天内付清。如果由于业主的原因而未能在上述的期限内付款，则从迟付之日起业主应按照投标函附录中规定的利息以月复利的形式向承包商支付全部未付款额的利息。"

据此，承包商递交了索赔报告，要求支付迟付款利息共计88万美元，业主起先只愿意接受45万美元。在此情况下，承包商根据专用合同条件的规定，向业主和工程师提供了每一个账单的批复时间和到账时间的书面证据，有力地证明了有关款项确实迟付，同时又提供了投标函附录规定的工程款迟付应采用的利率。由于证据确凿，经过承包商的多方努力，业主最终同意支付迟付款利息约79万美元。

（二）振华重工（集团）股份有限公司（以下简称"振华重工"）英国海上风电场项目 [①]

项目业主为一家英国海上风电场，聘请英国福陆有限公司（以下简称"福陆公司"）设计、采购和建造地基及基础设施，用以支持其在北海上安装的140台发电机。2008年振华重工与福陆公司就该项目签订了风力发电钢管桩产品的销售及安装协议，振华重工为福陆公司制造单桩及过渡件。

福陆公司与业主签订的合同要求进行无损检测，以确保焊缝质量。这包括两种类型的超声波检测："D扫描"（焊缝磨平）和"E扫描"（焊缝未磨平）。福陆公司与振华重工的合同中也有类似规定，但同时也规定，如果在打磨前已使用E扫描进行了试验，则不要求使用D扫描对打磨后焊缝进行试验。双方并未意识到D扫描在识别某些类型的裂纹

---

① https://www.dacbeachcroft.com/es/gb/articles/2017/february/fluor-ltd-v-shanghai-zhenhua-heavy-industries-ltd-interpretation-of-fitness-for-purpose-obligations/（查询时间2019.10.12）。https://www.casemine.com/judgement/uk/5b2898022c94e06b9e19ee23（查询时间2019.10.12）。

方面更为有效，因此，在上海测试合格的焊缝在荷兰的中转港交付后重新测试时才发现有部分横向裂缝。

在业主签署了不合格报告后，福陆公司在振华重工的协助下开展了广泛的重新测试工作并推迟了安装，福陆公司和振华重工都认为重新测试超出了其合同义务，就单桩的结构完整性而言是完全不必要的，尽管有裂缝，但单桩和过渡段在结构上并没有问题。

2010 年针对合同执行过程中出现的情况，经振华重工董事会审议相关事项后，振华重工与福陆公司签署相互免责信函，并在 2011 年结清了该项目尾款。之后，福陆公司就额外产生的测试和维修工作产生的费用向振华重工提出了索赔并要求兑付振华重工就该项目签发的见索即付的质量保函，振华重工拒绝了该索赔要求。福陆公司于 2014 年 3 月 20 日向保函开立银行兑付了前述金额为 23409750 欧元的保函。

2014 年 9 月，福陆公司以上述振华重工提供的钢管桩及过渡段不适合使用目的（not fit for purpose）为由在英国高院 TCC 法庭提起诉讼，要求振华重工赔偿额外测试修理费用、工期延误及其他相关损失，合计约 2.5 亿英镑（包含已兑付的 23409750 欧元的保函金额）。庭审主要争议焦点之一即为：该项目振华重工提供产品的使用目的是支持风力发电机正常使用 25 年还是在无须进一步检查或补救的情况下即可将其安装在指定位置。

法院最终认定，项目预期目的并非仅被认为是振华重工提供的钢管桩及连接件能满足 25 年的正常使用，同时，也应当合理满足买方在无须进一步检查或补救的情况下即可将其安装在指定位置的要求。2018 年 1 月 11 日法院作出定量判决，判决振华重工支付福陆 5893591 美金、15033681 英镑、7165740 欧元、7259 加元以及 485346 元人民币，但与判决金额有关的利息、增值税、法律费用及其他费用另计。

二、案例启示

上述案例给我们的启示是，工程项目的成功得益于规范的合同管理工作，在合同管理中，应注意以下几点：

1. 加强合同管理

对合同的严格管理是确保工程的顺利实施及在合同范围内主张合法权益的前提。加强合同管理包括研究分析合同条款的含义并注意收集与合同有关的一切记录，包括图纸、订货单、会谈纪要、来往信函、变更指令、工程照片等。

2. 加强成本及进度管理

承包商应注意控制和审核成本支出，通过比较预算成本和实际成本，为索赔提供依据。通过计划工期和实际进度比较，找出影响工期的各种因素，分清各方责任，及时提出索赔，例如，使用专业项目进度管理软件可以有效地提高进度管理的效率。

3. 重视索赔的时效性

在上述第一个案例中，承包商均在规定时间内提出了索赔意向，确保了索赔权。如在"放线数据错误"这个事件结束即 8 月 10 日之后，承包商于 8 月 18 日向工程师提出了书面索赔通知，严格遵守时效要求奠定了索赔成功的基础。

4. 结合合同条款，对索赔权进行充分论证

在上述"放线数据错误"的索赔事件中，工程师收到索赔要求后，立即提出工期延误是由于承包商不具备永久工程的开工条件，企图借此将工期延误的责任推给承包商。承包商依据国际惯例对其索赔权利进行了论证，认为不具备永久工程开工条件和业主提供的放线数据错误都是导致工期延误的原因，但是初始延误是业主屡次提供了错误的放线数据。承包商指出，试验设备没有到场可以通过在当地租赁的形式解决，而放线数据错误才是导致损失的最根本的原因。在这个事件中，承包商对其索赔权的有力论证保证了该项索赔的成功。

5. 充分理解预期目的等严格责任条款

项目的顺利实施是以对合同条款深刻理解和对项目预期目的精准掌控为前提的。业主与承包商签约时，大多希望用概括性的条款对承包商的义务进行描述，迫使承包商在交付产品不符合预期时承担相应的责任，该类条款被俗称为"盖帽条款"，在 FIDIC 银皮书中体现为预期目的适用性（fit for the purpose）条款。在上述第二个案例中可以看到，作为工程承包单位对招标文件和工程合同中业主的工程预期应与业主进行深入、充分的沟通，同时严格履行合同条款，以免遭受来自业主的预期目的适用性相关索赔。

第九章

计价和支付风险

第一节 计价和支付风险概述

一、国际工程合同的计价方式

（一）国际工程合同的价格类型 [①]

1. 单价合同

单价合同是指以工程量清单（Bill of Quantities）中的单价和实际结算工程量（图纸工程量或实际完成工程量）为依据进行计价的合同。在招标时，业主会自行或委托咨询方准备工程量清单，但其中的工程量仅作为投标报价和评标的依据，最终合同按照实际计量的工程量进行进度款支付和最终结算。在此模式下，由业主承担工程量清单中原估计工程量变化的风险，承包商承担相应单价变化的风险。

单价合同的典型例子为 FIDIC 红皮书。对于使用 FIDIC 红皮书的国际工程项目，由工程师完成计量和计价并签发支付证书，对于工程量清单中未包含单价的项目，由工程师按照"相同—相似—相关—成本加利润"原则商定或决定。

2. 总价合同

总价合同是指除合同另行约定的变更、调价和索赔等事项外，业主仅向承包商支付的合同协议书中的合同总价，而无论工程量如何变化。工程实施过程中，业主不再测量实际完成的工程量，而是按照支付计划表支付。而双方根据工程具体情况，可以在支付计划表中约定分期按约定金额或比例支付、按照里程碑支付或者按主要工程量清单支付。在此模式下，由承包商承担工程量和单价变化的风险，业主的计价风险较小。

总价合同的典型例子为 FIDIC 黄皮书和银皮书，但两者固定总价的风险范围不同。在 FIDIC 银皮书下，承包商可以进行调价和索赔的情形少于 FIDIC 黄皮书，也就是说即使发生价格风险范围内的事件导致承包商费用增加，业主仍将按照原合同价格进行支付，将更多的风险分摊给了承包商。

3. 成本加酬金合同

成本加酬金合同是指业主支付承包商实际花费成本加合理报酬。该支付模式业主风险较大，而承包商几乎不承担风险。由于采用此种计价方式合同价格难以控制，实践中使用较少，如果使用也多会限定最高价格。

（二）国际工程合同计价的主要内容

在当今国际工程发承包活动中，项目业主和承包商越来越倾向于选择标准化的合同条件。其中，国际咨询工程师联合会（FIDIC）编写的 FIDIC 系列合同条件是国际工程承包中公

[①] 陈勇强，吕文学，张水波，等 .FIDIC2017 版系列合同条件解析 . 北京：中国建筑工业出版社，2019：89-90。

认的标准合同范本，在不同国家和地区广泛使用。本文主要以国际上使用最为广泛的 1999 年版 FIDIC 红皮书中关于合同价款的支付和调整的规定为例，介绍国际工程承包中的合同计价。

1. 工程价款的计价

（1）价格的确定

工程量清单是承包合同中的重要组成部分，招标工程量清单是发包人与承包商在招投标过程中确定工程量以及相应造价的载体，中标合同金额是通过招投标所确定的价格，而工程量清单中的单价则作为中期付款、工程竣工结算以及变更索赔的主要依据。

（2）工程量的确定

在招标中，业主通常需提供工程量以统一评估承包商的报价水平，按国际惯例，工程量由业主提供，承包商不承担相应风险。在施工中，实际发生的工程量与清单工程量往往有一点偏差，但有经验的承包商在报价前会对整个项目的工程量进行全面了解和系统分析，并根据分析情况采取相应的报价方式和策略。如果预计发生的工程量与清单偏差很大，承包商往往会在一定的合理范围采取不平衡报价策略，以保障其项目进行中的合理现金流以及工程结算的整体效益。但在上述介绍的另一种国际通行计价模式即总价合同模式中，最后的结算金额并不取决于工程量。

（3）价格的调整

FIDIC 红皮书下的价格调整主要有两种情况，一是第 13.7 款［因法律改变的调整］所规定的法律改变调整，即如基准日期后工程所在国的法律有改变或对此类法律的司法或政府解释有改变，影响承包商履行合同义务的，合同价格应进行调整；二是第 13.8 款［因成本改变的调整］所规定的物价波动调整，即工程实施中的相关人工、材料、机械等费用的市场价格与招投标时发生变化时，应根据合同约定对上述项目的价格进行一定的调整。根据 FIDIC 红皮书的调价模式，发生物价波动情况下，工程量清单项目中的项目可以依据合同约定的权重指数及计算式、权威机构发布的物价指数来计算价格调整。

2. 工程变更的计价

工程变更通常包括：一是，因工程量清单漏项或工程不准确导致实际工程量相对工程量清单中的工程量发生变化；二是，因工程设计变更导致工程量增加或减少；三是，工程设计变更所导致的额外损失。通常来说，额外损失一般包括窝工费、返工费等，此类损失有时也可以通过工程索赔来向业主索取。承包商按照工程师的指示实施变更后，变更事项应由工程师进行测量和估价。

3. 工程索赔的计价

工程索赔通常指因非承包商的原因导致承包商工期或费用的损失，承包商要求业主就损失进行赔偿的主张。根据 FIDIC 合同条件，承包商除有权要求业主延长竣工时间外，还可以向业主提出费用索赔，要求业主追加付款。根据索赔情形和费用内容的不同，费用索赔又包括：

（1）仅针对成本（Cost）的索赔：指承包商在现场内外履行合同过程中所发生的所有合理开支，包括税金、管理费用及类似的支出，但不包括利润。

（2）针对成本加利润（Cost Plus Profit）的索赔：指前项的成本加上合同数据表中所列的适用的利润百分比（如未列出，则为 5%）。

对于有经验的承包商，索赔也是合同价款中的重要组成部分，承包商会在报价中就做好相应预判和准备，并在施工进行中、索赔的前提条件发生时依据合同约定的程序做好相应的准备工作，为索赔的有效进行做好铺垫。

二、国际工程合同价款的支付方式

国际工程合同价款的支付是指在工程实施过程中，业主依据工程承包合同中相关支付条款的约定和承包商已完成的工程量，按照约定的相关程序向承包商支付合同价款的一项商事活动，是通过银行进行的一种货币跨国结算业务。

（一）支付周期

1. 按月支付

这是一种以月为单位进行，将已完成的工程量以分部分项工程的形式，实行月中预交、月终结算、竣工后清算的结算办法。

2. 分段支付

这是指对于开工后在当年无法竣工的工程，按照工程形象进度划分不同的付款阶段，可以约定在每月预支工程款。

3. 竣工后一次性支付

一次结算一般用于规模较小的工程，可以约定每月预支工程款，竣工后一次性结算。

4. 目标结算方式

将整个工程内容划分为若干单位，每完成并验收一个单位，就支付该部分的工程款项。

（二）支付类型

按国际承包常用的支付方式，可以大概划分为四类：

1. 预付款（Advance Payment）

即用于动员和设计的无息贷款，一般为中标合同金额的 10%～20%。期中付款累计超过中标合同金额的 10% 时开始扣减，扣减数额为每期期中付款的 25%，直至全部还清。

2. 期中付款（Interim Payment）

包括工程进度款、设备材料款、变更调价款、暂定金额、索赔款、竣工付款等，均采用相似的支付流程。

3. 最终付款（Final Payment）

即缺陷通知期结束，颁发履约证书后对承包商的支付，支付后双方结清。

4. 保留金（Retention）

即用于担保承包商能够按约完成工程以及在缺陷通知期内履行修复义务，一般为中标合同金额的 5%，在期中付款中分多次扣留。

（三）支付方式

国际工程结算中采用的支付方式一般有汇款、托收、信用证和国际保理等方式。

1. 汇款

汇款是指付款人通过银行转账的方式对收款人支付费用。

2. 托收

托收方式是指付款人通过汇票的方式委托银行对海外收款人支付费用的方式。

3. 信用证

在国际贸易中，银行为进口商开具证明其有支付能力的凭证，就是信用证方式。

4. 国际保理

卖方根据与保理商之间签订的协议，与客户签订有关产品的销售合同，并由保理商为其承担有关信用风险和应收资金等问题，这就是国际保理。

第二节　计价方式风险

一、国际工程合同计价方式风险

一般而言，国际工程合同适用的计价方式为工程量清单计价。因此，国际工程合同价格并非是固定不变的，而是根据物价上涨的波动进行相应的调整，但必须在专用合同条款中对此另行作出明确无误的调价规定。因此价格调整的先决条件：一是招标文件和专用条款中作出的明文规定，指出该工程项目价格能够进行调价，且须提供相应的物价指数等参数，制订相应的调价公式等；二是施工总工期超过两年以上的长期工程项目。例如，世界银行贷款项目关于"价格调整"的定义为："如果预计合同期超过十八个月，应在合同中包括一个价格调整条款以根据国外和／或当地的通货膨胀对工程报酬进行适当调整……"，这是狭义上的合同价格调整概念。即使在招标文件或专用条款中没有类似的条款，承包商亦应明确提出此项诉求，这是承包商应享有的权利。

广义上讲，所有能引起最后结算价格变化并且要追加到合同价格里的款项都是合同价格调整应涉及的内容，例如各类材料费、人员工资、机械设备、运输费价格上涨等项因素。但从操作实践看，则不尽然。调价方式可分为整体调价和分项调价两种模式。整体调价式系整个工程仅采用一种调价公式对完成工程营业额进行整体调价，主要适用于工程程序单一、涉及的子项工程材料较少的项目，例如水文地质打井项目等；而分项调价式则指的是仅对工程中的子项工程（例如土石方、路面等）采用与各子项使用材料相匹配的调价公式进行调价，而与此关联度不大的附属工程（例如工地建设、宣传动员等）则不予调价。

二、国际工程计价方式风险的防范与应对

（一）调价金额的范围

在国际工程合同中，往往需要在明确合同调价的工作与材料范围的同时，明确调价金额的范围，主要包括：

（1）在本月当期完成的工程的金额。

（2）在本月获取的补偿、罚款、奖励等。

（3）在本月末获得的月账单中较之上月多出或减少的有关材料预付款和其他预付款项的金额。

（二）调价的限制条件

另外，国际工程合同中调价条款需要注意调价的限制条件：

（1）调价起始线通常会规定一个物价最低调整幅度作为调价的基线，达到此基线的物价上涨才可以进行调价，否则不得进行价格调整。一般设定为 ±3%～5%，即当物价变幅大于 ±3%～5% 基线时承包商才有权对超出部分进行调价，例如设调价基线为 5%，而当月物价上涨平均幅度经计算为 8%，则被允许调价幅度为 8%-5%=3%，即只得对本月的已完成工程金额的相应部分进行最多 3% 的价格调整。

（2）尽管有以上各款规定可以对随物价上涨或下降而进行调价的条件，但无论如何，调价总幅度较之于合同总额不得超过其原始金额 20% 的封顶线，一旦因某些特殊原因，致使累计调价的总金额超过合同原始金额的 20% 以上时，则原合同条款必须重新商洽，另行商签新的补充合同，原合同仍然有效。

（3）在合同执行期间，若调价的上调总金额或下降总金额超过或低于原始合同金额中相关各项工程的 ±50% 以上时，则业主有权撤销原合同。

（4）因承包商原因而延误工期后的时间段内，其所完成的工程量不得进行价格调整。

（5）合同外补充工程的有关价格不得进行调价。

（6）根据合同规定应支付给承包商的预付款、材料预付款或其他类型的预付款项不适用于调价的条款，只对有效的原始合同额减掉各种预付款和应付款之后的差额进行价格调整。

（7）价格调整参数的有效数位保持到小数点后四位，四舍五入。因此，承包商在投标时和中标签约后，须仔细阅读和理解此条款，做好相应的技术跟进与资料搜集整理工作。

（三）调价所需物价指数的获取

与国内工程相比，国际工程不存在造价定额、物价局测算监管的环节，因此，施工企业需要掌握物价指数的获取方式和渠道，以准确计算增加的价款，为己方争取更多的实际利益。国际工程中掌握物价数据的渠道如下。

1. 从官方渠道获取参数

每个国家中通常都有国家经济数据发布的主管部门，或出版正式统计月报或年鉴，或者出版国家公报，上面都刊有月度的各项经济参数，包括物价指数、消费指数、工资指数等。此类资料有的为免费提供，即可参阅或予以复印，有的则须付费购买杂志或印刷物，有的还须提前订阅。此外，还可以通过互联网查询相关部门的统计数据后直接下载，如中国国家统计局的网址为 www.stats.gov.cn，法国统计局的网址为 www.insee.fr，法国建筑材料指数杂志的网址为 www.lemoniteur.fr 等。在法语区，除了在当地收集有关资料外，对于外国公司来讲，如果碰到本国没有同类型参数得以参考的话，则可参照法国《Le Moniteur》杂志所提供的资料作为参考替代加以利用。

2. 以其他方式获取参数

倘若有的数据无法从官方渠道获取或者指数不全的话，则须另择途径，即可先由销售公司或生产厂家开具形式发票，注明商品名称、单价及交货地点等内容，然后签字和加盖公章，随后上报该国价格主管部门进行审核并予以确认，随后签字和加盖公章加以确认证明，那么承包商通过计算初始参数与当期参数的增减来确定相关参数的变化幅度，亦可达到获取物价变动指数的目的，这种做法在某些国家中也是得到官方认可的折中办法。

三、计价方式的灵活运用

国际工程项目的招投标一般采用业主提供项目工程量清单，承包商按工程量清单投标报价和低价中标模式。一般而言，不平衡报价是在平衡报价测算的基础上得来的，合理的不平衡报价策略可以有效提高工程结算效益。

（一）不平衡报价的方法

（1）对收款的项目进行提前结账（如开办费、基础工程、土方开挖、桩基等）可适当提高单价；也可降低晚结账的项目（如屋面防水工程、装饰工程等）的单价。

（2）对于今后工程量预计会增加的项目，可适当地提高单价，在最终结算时皆可多赚钱；将工程量可能减少的项目单价降低，工程结算时损失不大。

（3）一旦设计图纸有不明确的地方，在设计图纸修改后，工程量一般都会增加，因而可以提高单价；而工程内容解释不清楚的，可以适当地降低单价，等工程内容澄清后再要求提价。

（4）在对暂定项目进行分析的时候要细致具体。因为暂定项目要在开工后再由业主研究决定是否实施，以及由哪家承包商实施。一旦工程不分标，那么其中确定要做的工程单价可以高一些，不确定做的则应低些。要是工程分标，该暂定项目也可能由其他承包商施工时，那么就不宜报高价，避免抬高总报价。

（二）不平衡报价的策略运用

国际上通行的 1999 版 FIDIC 红皮书第 12.3 款［估价］关于对适用新费率或价格的规定对承包商来讲，可操作范围比较大，进行不平衡报价有相当大的空间。要善于寻找BOQ 清单中的漏洞，从中寻找机会，最终使履约金额大于签约金额。现就策略的具体运用浅谈如下：

（1）为了减少承包商自有资金的占用，需要尽早收回工程款，提高流动资金周转率。由于工程款项的结算一般都是按照工程施工的进度（FIDIC 红皮书第 14 条［合同价格和付款］）进行的，在投标报价时就可以把 BOQ 清单里先完成的工程量调大，产值多的项目单价调高，如临建设施、土石方开挖、基础处理、大体积基础砼浇筑等。对后期工程项目，如机电设备安装、道路面层、防护栏、交通标识牌、房屋装修、施工现场清理和零散附属工程等扫尾工程的价格可适当降低。采用这样的报价办法不仅能缓解承包商的资金压力，还能使承包商在工程发生争议时处于有利地位，在出现对方违约或不可控制因素（如FIDIC 红皮书第 11、15、16、19、20 条）的情况下，容易掌握主动权。

（2）通过对施工图纸的审核，如果发现工程设计有不明确、不合理的地方，估计修改后工程量要增加，可以提高报价。而工程内容说不清楚的，则可以降低一些单价。

（3）根据工程地质资料以及现场踏勘资料，结合招标文件的相关规定，估计施工过程可能会增加工程量时，承包商可提高报价。例如，BOQ 清单上列明减压井安装及回填分为全覆盖层、半基岩半覆盖层、全基岩三项报价，列明的量各占 1/3，但经现场踏勘和对地质资料的详细分析，发现全覆盖层的安装及回填工程量可能要占到 2/3 的比例，全基岩工程量仅占 1/10 的比例，在报价时可以采用不平衡报价策略对全覆盖层报高价，对全基岩报低价，这样就可提高实际收益。

（三）不平衡报价的风险控制

采用不平衡报价虽然可以带来额外的收益，但也要承担一定的风险。

1. 业主拒绝风险

各分项工程的单价调整幅度直接影响额外收益的多少，调整幅度越大，收益越高。但是承包商的"额外获利"对业主则是"额外损失"。业主一般不希望承包商采用不平衡报价，招标文件限制不平衡报价。如果调整幅度过大，业主评标中发现综合单价成倍地偏离了市场价格时，易引起业主的反感。一般业主会要求承包商对报价过高的分项工程进行单价分析，压低价格不合理的分项工程的单价，使承包商得不偿失，甚至判为废标，将承包商列入黑名单。因此，调整幅度一定要控制在合理的范围之内。

2. 工程量预测风险

设计总存在这样那样的问题，同时项目执行中经常发生设计变更，给承包商带来很大的风险。还有外部诸多因素影响工程量变化，如功能需求变更。承包商未全部发现潜在的设计错误，预计工程量将减少的工程分项调低报价，但因设计错误，导致工程分项工程量大幅增加。采用不平衡报价策略，一定要建立在对工程量表格仔细核对分析的基础上，为了准确预测工程量，承包商应在投标阶段，做好以下工作：深入现场，充分了解现场（地表和地下）条件；分析工程历史资料；加强设计文件评审；研究工程进度安排；掌握丰富的资料、准确的信息；注意经验的积累；准备好报价支持材料，以备业主询标。

采用不平衡报价策略不仅可以适当降低报价水平，提高竞标能力和中标机会，还能实现项目在实施过程中资金尽早回笼、提高资金使用效益，并及时把握工程变化趋势，争取有利索赔和提高工程结算效益。

不平衡报价作为国际工程项目招投标过程中一种特殊的报价技巧，需要在一定的条件下才能适用。需要建立在承包商对工程量仔细核对分析的基础上。重视工程量清单、评标与相关的合同条款，严格控制工程的变更及索赔，为承包商创造有利的结算条件。

第三节　进度款支付风险

一、国际工程价款支付信用的风险及防控策略

（一）信用风险概念

信用风险是指企业在国际工程营运过程中根据业主差异化的信用情况，采取差异化的

结算以及支付方式将会导致安全回收货款存在可变性，当交易对方未按合同要求及时交回款项，那么就有可能带来风险。这种风险可能给企业带来经济损失。

（二）信用风险类型及防控策略

1. 汇付风险

企业以电汇或信汇方式进行货款交易时存在的风险是汇付风险，汇付是业主向承包方交付结算款的结算方式，这种结算方式依赖商业信用，在使用汇付时，银行提供的不是信用而是一种服务，结算支付双方能否按合同交付主要在于双方的信用。企业国际工程结算过程中产生的全部风险由双方承担。如果一方不按合同履行自己的职责，那么对方则需要承担较大的风险。企业结合信用证方式一起使用进行结算，这种混合结算方式可大大降低风险。

2. 托收风险

托收结算是一种商业信用，承包方要面对业主方未履行合同带来的损失。防范托收风险，首先要加强对发包人的信用度调查，对客户进行资信评估；其次在托收结算时，要投保出口信用险的，以便转嫁风险，降低企业承受的结算风险；企业综合使用信用证方式和电汇方式进行托收结算，可将风险降到最低。

3. 信用证风险

信用证相关风险指的是开证行接受买方的委托，按期要求开具约定期限及金额的保证符合约定条件予以付款的证明。

信用证能最大限度地避免工程款支付风险。在一些国际工程项目中，采取信用证支付工程款的模式，承包商在供应货物达到相应付款条件时直接提交相应单据，银行审核单据无误即直接支付货款，避免中间风险。

对于承包商来说，信用证支付可以避免工程材料价格上涨的风险。例如，承包商在工程开始施工时，购买钢材并开具信用证作为付款方式。由于信用证开具时双方已经锁定了交易价格，即使后面材料价格发生上涨，对交易也没有任何影响，从而避免了材料涨价的风险。

另外，由于国际工程项目资金的前期投入往往很大，采用预付款仍然无法满足供应商对履约风险的担忧。而采取信用证的方式，供应商收到后只要按期交货，凭借单据就可以收到款项。如果供应商资金紧缺，甚至可以使用信用证进行贷款，保障生产所需资金，这很好地化解了合同履行发生迟延的风险。

承包商采用信用证付款还能缓解短期资金压力。这是由于信用证付款时，合同中往往可以约定收单后几个月后再支付款项。

信用证还有融资成本较低的特点。由于国际信用证主要通过美元结算，其贷款利率相对于人民币要低得多，对于紧缺的商品采用信用证方式付款，不仅提供了交货时的履约担保，银行直接代为付款；而且对于采购商来说，其只需在几个月之后与银行结算即可，除了信用证金额之外，仅需支付一定的融资费用给银行。时间的约定可以为 3～9 个月，这实际上提供了一种优良的融资方式，从总体上降低了资金成本。

国际工程结算中，采用信用证支付也存在以下风险：

（1）防范信用证诈骗和履约风险

信用证诈骗，一般是指供应商假借合同交易的形式，实际以骗取资金为目，通过伪造单据等资料骗取银行付款。履约风险是指供应商在合同签订后因主观或客观原因，无法达到合同供货条件，无法正常供货带来的风险。无论是哪种风险，均会严重影响承包商的施工安排和工程进度，同时也占用了信用证额度。为避免该风险，在合同签订前，应充分调查供货商履约的能力，或采取让对方提供履约担保的方式。

（2）明确信用证中的主要条款。采取信用证付款的合同一般会在形式发票中约定信用证的主要条款，记载了信用证开具的前提条件，往往在合同谈判中需要确定下来。

1）开证行的选择：如果授信较好，可以尽量选择服务品质优、全球知名度高的银行作为开证行，如果选择次一级的地域性银行，可能需要增加保兑才获得接受。其次，开证保证金与信用证金额的比例也会有所差别，常见的有10%，也有低至5%的，甚至免除保证金的。另外，手续费、通知费、修改费也会有高低不同，还有融资费用征收的点数，这都可以与银行进一步地进行商谈。

2）信用证费用承担的划分要明确。通用的模式是开证人承担开证行费用，受益人承担通知行费用。如果采用其他模式，例如供应商要求通知行费用由申请人承担，须慎重考虑。因为国外银行的收费标准可能存在较大差别，而且难以查询核实，造成支付上的障碍。

3）信用证货物及服务描述。信用证的开立直接依据合同，内容应当与合同保持一致。信用证是通过SWIFT电文发送的。银行只根据单证来办理货物交割和支付，并不看实际货物情况。单证正确，就付款。因此，信用证的内容填写应将货物名称、型号规格品质、交货地方、方式填写准确。

4）注意防范信用证"软条款"。所谓软条款，是指可能导致信用证丧失执行独立性和不可撤销性的条款。识别"软条款"可以牢记两个原则：①付款赎单前不允许提货；②信用证开立后，单证的办理不须依赖客户，可自行收集完成。违背上述两项原则的就是软条款，需要慎重把控。

（3）信用证修改风险防范。信用证开立后，受益方可能对部分条款提出进行修改。开证申请人可以征询开证行的意见，通过分析决定是否同意修改。如果信用证本身的表达存在不明确，可以采用修改申请书的方式，由开证行进行具体实施。根据上文提及的，修改中要注意防范软条款以免产生后续风险。

（4）信用证注销。信用证应在合同履行完毕或者终止履行时及时办理注销。注销方式有两种：一种是由接受行发报文通知开证行，开证行收到后通知开证申请人，经开证申请人确认后开证行办理注销；另一种是开证行发报文给接受行并说明终止理由，接受行通知终止。

这种方式的注销流程是供应商接到通知后进行确认，确认后由接受行发报文给开证行，开证行办理注销。企业从管理角度，可以设立信用证专用台账，由专人负责及时更新和记录，保障财务交易安全。

（5）信用证结算货币。工程结算中，国际上的信用证一般使用美元结算，有时供应商可能要求以其他某种货币结算。在开证行也有该货币结算业务的前提下，可以直接开具用货币结算的信用证。如开证行没有相应货币业务，双方可以通过约定货币兑换汇率的补充协议来解决这一问题。随着国家"一带一路"建设的推进，将有越来越多的国际工程走向中国企业，信用证将越来越多地应用于国际工程结算业务中。

（三）结算方式优缺点比较

漳州核电项目是我国自主研发的"华龙一号"技术融合后的首次应用，国产化率达到了85%，但仍有部分设备、零部件从国外进口。由于金额巨大，施工工期要求高，其国际贸易选用的结算方式对于项目建设具有重要意义。下面以漳州核电项目为例，通过比较国际贸易中常用的信用证、付汇、托收等结算方式以及其相应的结算风险、资金成本、财务安全等指标，来分析各自的优缺点。

1. 信用证、托收及汇付的风险比较分析

信用证、托收及汇付的风险比较分析　　　　　　　　表 9-1

	信用证（L/C）	汇付（T/T）	托收（collection）
操作手续	最复杂	最简单	三者中间
操作成本	大约合同金额 0.5%	大约合同金额的 0.1%（260 元封顶）	大约合同金额 0.2%
付汇风险	以银行信用为基础，买方风险最小	预付货款买方有风险；货到付款买方无风险	跟单托收买方存在一定风险；光票托收方式则风险较小

如表 9-1 所示，可见每种结算方式都有其利弊。在工程实践中，结算方式如何选择？其目无非的是既促进交易的进行，又尽量降低交易的风险。漳州核电站施工综合了不同的结算方式的优劣点，在多笔交易中采用了混合的结算方式，即同一项交易中同时采用两种结算方式。

2. 混合结算组合方式的比较

混合结算组合方式的比较　　　　　　　　表 9-2

混合结算组合	适用范围	正面效应	负面效应	风险规避方法
T/T 预付款与 L/C 余款相结合	主要用于买方提出特殊要求的产品，有采购时间限制的产品、特殊行业产品	卖方：收汇更安全可靠；可利用该部分预付款进行原材料的采购、生产或备货，加快了其自身资金的流动 买方：开证起点低，在银行授信充足的情况下通过授信开立，降低资金占用	买方：信用证付款只认单据，货物质量无法保证达到约定要求	卖方： 1）约定一定比例预付款，金额应大于运费 2）预付款支付的银行最好与开证行相同 买方： 1）调查供应商的履约能力和资信，确保有相应的履约能力 2）尽量降低预付款的比例 3）在预测可能存在风险的情况下，要求供应商提供履约担保 4）完善信用证条款 5）认真检查，慎重对待信用证记载的不符处 6）考虑汇率风险 7）规范合同条款

续表

混合结算组合	适用范围	正面效应	负面效应	风险规避方法
L/C付款与T/T余款相结合	主要用于大型成套设备出口，或金额较大、生产周期较长的工程建设项目	卖方：利用信用证进行融资 买方：此种混合结算方式减轻了买方的资金负担，也减轻其开证费用，增加了资金的周转率	卖方：尾款的回收时间较长，占用了卖方的资金，不利于资金的流动性	卖方： 1）约定合同尾款的支付条件； 2）收货时可以委托当地海关部门协助验收、监督验收或参与验收。 买方： 1）签订合同前调查供应商的履约能力和资信，确保有相应的履约能力，对其履约能力情况做深入调查； 2）完善信用证条款； 3）规范合同条款、考虑汇率风险

漳州核电项目就采用了混合结算方式：

（1）预付款 5%～10%（需要对方保函）T/T。

（2）初步设计文件、提交质保大纲（0%）T/T。

（3）材料款（需提交交易合同）30%T/T。

（4）交货 30%～40%L/C。

（5）PAC尾款 5%～10%T/T。

（6）FAC尾款 5%～10%T/T。

上述支付方式有两个主要特点：一是降低资金占用成本，二是有利于把握合同履行的进度，满足工程进度要求。

之前的核电站项目，大多数采用 10%～30% 的预付款。就付款成本来说，付款时间越早，采购方的财务成本就越高，供应商的财务成本越低。

国内其他核电站项目虽然在技术特征、建设方式上有所区别，但结算上基本与漳州相似，例如秦山核电站三期、福清核电站，主要采用以下方式：

（1）10%～30%T/T 预付，剩余 70%～90%L/C 货到付款。

（2）100%T/T 付款，根据合同支付节点进行支付。

（3）70%～90%L/C 付款，剩余 10%～30%T/T 付款。

可见，上述项目也采用了混合的计算模式，这样可以节省总费用的支出。

从结算方式看，漳州核电站综合了 L/C 和 T/T 的优劣点，其总承包方在结算方式的应用中，运用丰富的管理经验，根据不同的客户采取不同程度的履约调查，根据结算方式的不同，采取不同的风险控制措施，最终取得了良好的综合效果。

二、国际工程价款支付结算中汇率的风险及防控策略

国际工程项目在资金支付和结算方面与工程所在国的汇率密切相关。由于工程项目工期跨度长，汇率很可能发生较大波动，造成了国际工程结算中的汇率风险。建筑业国际承包项目一般施工年限较长，受其影响，工期内的汇率波动更加难以预测。对于建筑业国际承包项目，如何更好地规划项目各个阶段的财务工作，有效管理建筑业国际承包项目的汇

率风险，是每一个国际建筑企业必须面临的重要课题。

（一）汇率风险原因分析

1. 项目所在地国家本位币的影响

在国际承包合同中，通常以所在国本位币进行投标报价，并在合同中约定可转换外币比例和当地币支付比例，在施工过程中发生的各种材料设备、当地劳务费支出、日常管理费支出等，需用当地货币支付，而很多项目处在经济不发达的国家，往往政治动荡、经济体制不稳定，当地货币存在持续贬值或汇率波动大的风险，从而给施工企业成本带来很大影响，例如，某公司在阿尔及利亚承包一项工程，合同约定价格为当地货币，2000万第纳尔，按汇率1第纳尔=0.014美元，可以用28万美元进行支付，如果当地货币贬值，汇率为1第纳尔=0.012美元，原本28万美元的货物需要2333.33万第纳尔支付，造成333.33万第纳尔损失，折合4万美元。

2. 人民币升值的影响

另外，由于国际工程周期可能比较长，而工程款往往以进度支付，期间如果人民币兑换美元发生升值，同样金额的工程款，兑换成的人民币就减少了，导致企业遭受汇率损失。具体表现为以下几个方面。

（1）合同收入减少

假如合同订立时，约定外汇额度为1000万美元，人民币兑美元为1:6.6，外汇能兑换6600万元人民币；在结算时，人民币兑美元为1:6.1，外汇仅能兑换6100万元人民币，由于人民币美元汇率大幅增值，企业损失了500万元。

（2）采购成本增加

我国施工企业境外项目一般集中在不发达或发展中国家，当地设备机械资源落后，大多需要从国内进口，采购成本随着人民币升值而不断增加，例如一个合同标的为660万元人民币的设备采购合同，在合同签订时，美元人民币汇率为1:6.6，需支付100万美元；实际付款时，汇率变为1:6.2，需支付106.45万美元，多支出6.45万美元。

（3）人工成本增加

我国施工企业在境外施工，主要管理人员和专业技术工人，都是从国内招聘出国的，这些中国人员的工资都是以人民币的形式在国内发放的，而承包合同的外币部分一般以美元或欧元计价，如果人民币汇率持续走高，就意味着境外施工企业需要支付更多的美元，来维持中国人员的工资水平，导致人力成本增加。

（二）国际工程结算面临的汇率风险种类

1. 折算风险

财务折算风险指跨国企业在财务文件制作中（特别是财务汇报文件）一般使用所在国家的货币为单位，由于汇率的波动，导致企业在经营活动中使用该国货币进行转换出现差额，这就构成了财务折算风险。

2. 交易风险

交易风险也称结算风险，是指使用外币进行交易时，由于结算的时间一般滞后于合同签订的时间，两者之间存在时间间隔，导致结算时的汇率不同于合同签订时的汇率而产生的风险。

3. 经济风险

企业经营风险，汇率对企业经营风险的影响主要体现在对跨国企业运行成本的影响上。对于在国外施工、组织生产的国内跨国企业来说，汇率的风险可能会加重国内企业人工、原材料等成本的支出，造成企业经营风险。经济风险是跨国企业普遍面临的风险。

（三）汇率对投标期、施工准备期、施工期及质保期的影响

1. 投标报价阶段

投标期存在的汇率风险主要有：

（1）项目结算货币币种的选择：在国际工程招标惯例中，对于未来工程结算采用的货币，投标人可以选择一种可以自由兑换的货币或者当地货币，为了避免未来施工中汇率的风险，作为国内承包商，应谨慎利用选择的机会，选择预期对人民币汇率较稳定或者可能升值的货币。

（2）合同汇率的选择：通常状况下，建筑业国际承包项目在结账账单中所采用的币种与结算支付时所采用的币种不是同一币种，中资建筑承包企业一般采取将结算账单金额折算后作为实际支付币种金额的方式，这一过程通常是在账单进行批复之后、项目款结算支付之前进行的。这样建筑业承包项目将会面临两种选择：采取固定汇率，还是选择浮动汇率。合同汇率选择过程中，不同汇率会影响建筑承包工程项目实施期间的实际到账结算金额，并对项目的净利润产生影响。

（3）汇率风险对建筑业国际承包项目投标报价的影响还体现在降低企业核心竞争力方面：在投标报价时，若不考虑人民币升值对成本的影响，那么将来一旦汇率出现大的变化，企业有可能损失大量外汇；但如果投标时充分考虑汇率变动的风险，提高报价中的直接费用或不可预见费用，则总体价格竞争力就会下降，影响中标的可能性。

2. 施工准备阶段

（1）对于建筑业国际工程分包款支付和原材料采购的支付币种和比例的影响

汇率会对施工中分包商工程款的支付和原材料采购造成一定的影响，应对办法是采用相对人民币较稳定的国际通用货币进行支付。

（2）对建筑业国际承包项目的总体资金收支计划的影响

承包项目从准备结算到最后竣工会发生诸多大金额的资金收支工作，往往受不同地域的影响，大金额的资金常会出现多种类型的币种，不同类型的币种在不同时间内发生的收支将会面临汇率风险。因此，在项目施工阶段应当尽量减少不同币种之间的兑换。

3. 项目实施阶段

汇率对项目实施阶段的影响主要有两个方面，一方面是采用外币进行材料采购和分包商工程款支付，这一点与施工准备阶段是相同的。另一方面是汇率变化对施工组织计划的影响上。应谨防外汇的变化导致的施工中的采购、资金支付存在纠纷，进而影响整体施工组织计划，对项目工期产生影响。

4. 项目质保期阶段

工程竣工后的质保期一般是一个比较长的阶段，如果在此期间支付工程款的货币相对人民币的汇率发生较大变化，会给企业质保金的回收造成较大影响，这更加凸显了投标阶

段币种选择的重要性。

（四）建筑业国际承包工程汇率风险的防控措施

1. 投标报价阶段的风控策略

首先，在投标报价阶段对汇率风险的控制，要做好对某币种最大汇率风险承受能力的评估。

当建筑业国际承包工程的承包方在进行国际项目承包时要想知道项目所在国家币种汇率变动风险影响究竟有多大这就需要进行全面评估。我们可以按照下面的思路进行全面评估：在项目收支差异币种的汇率变动，最大可以容忍达到的项目预期利润。

以某企业的国际建筑承包项目为例，该建筑项目工程合同的总价款为美元 E，项目工程总价款中的预计成本为美元 B、人民币 C，对于该项目设定预计利润为人民币 D，合同签订时国际上美元对人民币汇率为 e，则 $E \times e-(B \times e+C)=D$。那么，在进行简单估算之后，该项目的最大可以承受美元对人民币汇率风险计算公式如下：

$$D=(E-B) \times e \tag{9-1}$$

在式（9-1）中，当计算的结果越大，则表明汇率风险对工程项目影响越小，效果就越理想；计算结果越小，则表明汇率风险对工程项目影响越大；同样，式（9-1）的计算结果将直接影响建筑企业对合同的评估。在这里需要指出的是，以上计算结果可以承受的比率如果为 5% 以下，则表明汇率对建筑工程项目影响的风险已经相当高了。建筑企业进行国际承包工程定量评估时，应当将评估最大汇率风险的承受能力放在第一位，然而此环节却往往是建筑企业所容易忽视的。需要指出的是，在进行这项工作的时候，需要在保证合同签订以前避免不必要的高风险，或者是在合同谈判中尽早地对合同相关内容进行合理安排，以便有效地规避汇率风险。

其次，投标报价阶段汇率风险的控制要选择好计价、付款货币。业主总是更愿意用当地货币计价与支付。但大部分国际工程实践中通常还是有多种币种的支付，这与业主的资金来源、贷款银行等有关。承包商要根据实际情况，在合同谈判时尽量采用对自己有利的币种。如选择与业主签订硬币币种合同。对于建筑业国际承包项目承包方来讲，在正式签订合同之前，对项目合同计价采取什么样的货币类型要进行深思熟虑，应尽量选择那些币值稳定，并且具有较强走势的币种。在进行充分调研的基础上，先与工程业主进行必要的协商，尽可能争取业主的同意。建筑业国际承包工程与业主签订硬币币种合同，需要高超的谈判技巧，因为在硬币币种合同签订的过程中会涉及双方的预期效果是否一致。如果双方在预期效果上呈现一致性，那么利益则正好相反，这点对于建筑国际项目承包企业具有深远的意义。企业一定要高度重视，需要事先耗费一定的精力。如果这个环节做得好，能够使建筑项目承包方在工程开始时就赢得主动，减少收入贬值带来的重大风险；对于币种无法选择的，且对合同币种未来发展趋势不能做出很好的预测的，就需要企业在投标报价时充分考虑汇率风险的因素，必要时可放弃项目。

在国际工程承包项目的投标报价阶段采用汇率波动小的货币或通过合同锁定汇率，是比较有效的方法。币种选择时应选择对企业有利的货币进行报价，尽量选择币值较弱的货币作为贷款货币，选择币值较强的货币作为计价货币。以本币计价和结算是最好的规避汇率风险的结算方式。此时汇率波动风险全部由业主一方承担，承包商的收入是固定且有保障的。但是风险分担的不平衡使这种方式很难为业主所接受，所以这种操作方式只限于中方比较强势的项目，或是特殊贷款条件（我国进出口银行的政府优惠贷款就规定必须以人民币结算）。对于无法以本币结算的项目，可以退而求其次，以人民币计价而采用美元结算，但是需要锁定汇率。这样人民币升值的损失由国内承包商承担，人民币贬值的损失由业主承担，相当于风险共担，使得双方都比较乐于接受。对于一些业主强势的项目，无法在币种上做出有利于承包商的安排，还可以在结算过程中采取其他措施来尽量控制汇率风险。

例如，某企业承接一个海外项目，项目签约时美元兑人民币的汇率是 1∶8.2。企业财务人员预测到未来人民币升值的必然性，于是在商务合同谈判时在报价上适当让利给业主，换取的条件是要求业主接受固定汇率的支付方式。企业经过测算锁定了 1∶7 的汇率，业主判断对自己有利便欣然答应。至工程竣工结算完成，人民币汇率早已升到 6.5 以上，但企业只承担了汇率由 8.2 变 7 的损失，且这部分损失也早已在报价阶段就计入成本之中。对于企业来说避免损失的金额远远大于合同上让利的部分，通过此种方法企业牢牢锁住了自己的利润。

再如，人民币跨境结算运用于海外总承包业务的实例。2011 年 11 月，中国水电顾问集团西北勘测设计研究院与拉美某国国家电力公司签署了一份水电站的 EPC 总承包合同，合同内容包括地质补勘、基本设计与施工详图设计、机电设备供货与安装、土建施工等。该项目由中国国家开发银行与该国财政部签署一揽子美元及人民币融资贷款，属于资源换贷款框架下的现汇项目。本项目在合同谈判过程中，充分利用人民币跨境结算政策，在合同中约定，全部工程永久机电设备部分使用人民币结算，并作为第一笔预付款一次性支付给承包商。同时，根据工程所在国的相关法律法规要求，所有的境外承包商必须在当地成立法人项目公司并作为 EPC 合同签约主体，从税收和风险控制角度出发，目前这一承包方式越来越多地被工程开发国所采用。根据合同规定，业主下达开工令后 28 天将支付第一笔预付款即合同额中全部的人民币部分。该笔资金由中国国家开发银行支付给该国财政部在开户行开立的 NRA 账户（境外机构在中国境内银行业金融机构开立的人民币银行结算账户），再支付给承包商在该国的项目公司开立的 NRA 账户，最后由 NRA 账户将资金支付至承包商的国内账户。考虑到该项目涉及人民币跨境结算业务，同时对于提高国际承包工程领域实力以及带动相关产业发展有着较为明显的促进作用，项目承建方予以高度重视，鉴于中国水电顾问集团西北勘测设计研究院所在城市当时尚未成为人民币跨境结算试点城市，收汇不当会导致无法进行设备退税，但不及时收汇会制约工程进展并可能损害承包商形象。由于贸易事项真实，且永久机电设备出口在合同签订一年后制造运输，在人民银行西安分行跨境办相关专家的指导和大力协调下，准确把握国家跨境人民币业务政策走向和发展趋势，各相关部门协助制定了切实可行的一揽子解决方案，确保项目该笔人民币的预付款的全额收汇并办理该项目项下的全部永久机电设备在陕西完成出口报关及出口退税工作。在人民银行跨境办全体专家的指导、积极协助及不厌其烦地反复沟通协调下，促成中国水电顾问集团西北勘测设计研究院完成了方案的编制、修改和完善工作，最终在 2012 年农历新年前圆满完成了该笔人民币跨境结算的收款工作。

受美元等国际主要结算货币汇率波动的影响，中国企业当前的汇兑成本约占企业经营总成本的 4%。如果将原本用美元结算的进出口业务改用人民币结算，意味着将节省 4% 的汇兑成本，对企业来说是最直接的实惠。但在人民币跨境结算推行的过程中也遇到不少阻力，主要是业主是否愿意接受，这取决于人民币与当地货币兑换的情况，包括业主当地的银行人民币的持有量，以及当地银行兑换人民币汇率的情况等。

因此，在总承包业务中实施人民币跨境结算的前提条件是业主能够支付人民币，一般来说，该类项目大多数为中国融资项目，因此在涉及此类项目时应加以关注，在和业主签合同时建议使用人民币为结算币种，避免汇率风险。同时还可关注对方国家是否是与我国签订了货币互换协议的国家。货币互换（又称货币掉期）是指两笔金额相同、期限相同、计算利率方法相同，但货币不同的债务资金之间的调换，初次互换的汇率以协定的即期汇率计算。截至 2012 年我国央行已与泰国、巴基斯坦、阿拉伯联合酋长国等 17 个国家或地区签署双边本币互换协议，总金额已达人民币 15362 亿元，在此类国家做直接投资、对外工程承包及机电设备成套项目时，也可同业主协商尽量使用人民币结算工程款项或销售收入。

本项目的另一点启示是，由于 EPC 工程永久机电设备的受益人为工程业主，全部在中国采购并采用人民币跨境结算，该部分收入完全不用在工程所在国进行会计核算和纳税，规避了当地的所得税及外汇离境税。

如果项目为中国融资项目，在总承包合同洽谈过程中也可通过提高项目预付款的收取比例，合理降低工程总报价，使竞标价格更具竞争力。预付款比例的提高，能给财务资金运作带来很大的空间，通过预付款项的资金运作带来了收益，提高了项目盈利水平。

开展人民币跨境结算的重大意义在于：第一，从宏观层面分析，国际贸易人民币结算首先有利于加强中国对外经济、贸易和投资往来，促进中国经济更好地融入世界经济。第二，有利于进一步完善人民币汇率形成机制。人民币在区域范围内用于国际结算之后，币值有了更大范围和更新角度的参照标准，这有利于人民币汇率形成机制的完善。第三，有利于促进国际货币体系多极化发展，百年一遇的金融危机暴露了国际货币体系的弱点，因此，促进人民币用于国际结算，提升人民币的国际地位，有利于逐步改变以美元为中心的国际货币体系，抑制其弊端和负面影响。第四，有利于促进中国金融业的发展与开放，有利于增强中国在国际市场上的金融资源配置能力。

人民币跨境结算的实质是人民币开始走向国际化。人民币跨境流通展示了人民币国际化的发展前景，即人民币有可能逐渐成长为区域性甚至国际性货币。中国企业和银行应该持续推进人民币跨境贸易结算，全面推进国际货币的双向流动，实现人民币完全可兑换，使人民币成为国际储备货币，彻底实现人民币国际化，从而切实推动国内外经贸企业更加蓬勃地实施"走出去"发展战略。

再次，投标报价阶段汇率风险的控制要注意制定采购计划与回购工程款的协调性，尽量在合同中使外汇采购事项与外汇收款保持同步，避免出现先兑换当地币采购，再将大量当地币结余兑换人民币汇回国内的情况。

最后，汇率风险的控制要注意在合同里约定对进度款结算有利的计算方式和扣款方式。

如果合同中规定，在工程结算中采用动态结算公式法进行项目结算时，要从如下几个方面进行风险分析：①深入研究合同条款，及时识别风险因素；②价格调值公式要测算，认真进行风险分析。分析价格调值公式的合理性，预测拟采用的劳工工资、原材料进口国的物价指数和汇率的变化趋势，确定上述因素的变化对承包商是否有利。对于不利于承包商的价格调值公式，应从如下几个方面进行防范：一是投标时，在标价的编制上要考虑汇率风险。大多数第一世界国家的货币对美元的汇率都是贬值的，因此，基础汇率／现行汇率一定小于 1，经调值后，实际工程结算款调减，在投标的标价上应增加一定比例的汇率风险系数；二是在合同谈判时要据理力争，争取修改调值公式。如果投标时既没有考虑加入一定比例的汇率风险系数，也没有合理选择原材料进口国的货币汇率，只有把握合同谈判的机会，争取业主修改价格调值公式或采用其他动态结算办法。总之，采用动态结算公式法进行价格调值，应分析价格调值公式中的汇率风险，预测物价指数的涨跌和汇率变化，规避或利用汇率风险，达到为项目增值的目的。

2. 工程实施阶段的汇率风控

（1）应收账款买断。应收账款买断是在满足一定条件的情况下，企业将未到期应收账款转让给商业银行等金融机构，这种转让是没有追索权的，获得的现金可以加强企业的资金周转。人民币升值带来的汇兑损失是所有从事国际工程承包的企业都要面对的问题，应收账款买断相当于提前收汇，这样可以提前结汇，在再次升值前获得本币款项，因此可以有效降低收汇风险。

风险的转移必然要付出成本，也就是买断成本，人民币升值趋势越明确，银行要求的买断成本也会相应提高。所以，此方法要求财务人员具备敏锐的市场把握能力、扎实的专业知识，在关键时刻能做出正确、果断的决定。应收账款买断的条件一般有以下三条：一是合同的签订金额必须大于 50 万美元，金额太小无法办理此业务；同时合同已经生效，货物已经包装发货。二是必须投出口信用保险；签订买断协议之前，保险合同已经生效。三是在与银行签约的时候，企业需要把购买的信用保险的赔款权转让给银行，这样银行才可以让自身的风险可控，才会有意愿给企业提供此项服务。

（2）远期结售汇。对于收汇比较稳定、有确切收款期间的应收工程结算款。企业为规避汇率变化带来的收入波动，从固定收入和控制成本角度来说，银行的远期结售汇业务是比较好的选择，可以锁定汇率，控制风险。远期结售汇业务是指承包商与银行签订关于远期结售汇的合同，合同中规定了未来结汇或售汇的货币币种、金额、汇率和期限，到合同规定的日期按照合同里规定的币种、金额、汇率办理的结售汇业务。标准的远期交易有不同的期限，分为 7 天、20 天、1 ～ 12 个月等，非标准远期交易的期限可以根据承包商的要求进行自由选择，期限由交易的起始日和到期日决定，交易的最长期限可以为 3 年。这项业务可以很好地为企业控制汇兑损失。

例如，2005 年我国汇率改革政策实施以来，人民币兑换美元汇率不断上升，但自 2014 年 2 月开始，人民币在持续数年升值后突然连续贬值。人民币的贬值提高了产品的进口价格，尤其是导致原材料、高级设备以及技术引进价格的提高。像漳州核电厂那样的进口设备很多为长周期产品，面对复杂多变的国际市场形式，在合同签订时，利用远期外汇买卖交易，在初期对汇率进行锁定或通过买入期权的方式规避或降低市场波动带来的风险。

（3）掉期交易。承包商如果在出口设备、货物的同时，还有进口物品的需要，则可以通过掉期交易来控制汇率风险。掉期交易是在买入或卖出即期外汇的同时，通过相反操作卖出或买入同一货币的远期外汇，以防止汇率风险的一种交易方式。掉期交易的操作涉及即期交易和远期交易的同时进行，也被称为复合的外汇买卖。货币的掉期又被称为货币的互换，主要用来控制中长期的汇率风险。由于国际市场上大型、特大型项目居多，承包商中标后还需经过数月甚至一年的商务谈判来敲定合同细则，为了控制长期的融资风险，承包商可以采用远期货币互换来锁定一年后的融资成本。远期货币互换可以很好地规避利率和汇率变动的风险，帮助企业进行有效的资产与负债组合管理，特别是在货币风险管理方面发挥着重要的作用。

（4）外汇对冲操作。对冲可以有多种方式展开：

其一，承包商可以开展进口业务，用自身出口所得外汇支付进口所需的费用，避免了结汇的过程，完美抵消了汇率风险。

其二，在工程中，可以对专业分包商使用当地货币进行结算，把汇率风险转移到分包商身上。但是一般贸易项下，现在国内还不允许使用外币结算。例如，某承包商与非洲某国签订了9000万美元的EPC承包合同，其中设计、施工合同、佣金合同、清关运输费、现场管理费等都以美元结算，共计7400万美元。此时美元汇率波动对承包商的影响就只剩余下的1600万美元。如果该项目对分包商还是采用人民币结算，那么人民币兑美元汇率每上涨0.1，项目利润将会减少900万人民币。分包采用美元结算后，同样的升值幅度，收益只减少160万人民币，极大地降低了汇率上升带来的损失。

其三，测算国内外设备材料差价，尽可能在当地采购，如确需签订境外采购合同则应慎重选择币种，尽量选择与工程合同相同的币种，这样无论汇率如何波动，供应商都会分担一部分汇率风险。

其四，在与分包商签订分包合同时，除了币种应与主合同一致以外，外汇比例也应与主合同保持一致，可有效降低汇率损失。

最后，在劳务管理方面也应对汇率风险进行筹划，在人民币持续升值、当地币相对贬值的情况下，尽可能实现属地化管理，多聘用当地劳务人员，对中国工人的工资也尽量不用人民币支付。

（5）外汇结构性存款。外汇结构性存款是指在普通外汇存款的基础上加入某类金融衍生工具（通常是各种期权），通过附加的金融衍生工具使存款人在承担一定风险的同时有可能获得较高收益的业务产品。存款人通过承担一定的不确定性可以获得比普通存款更高的利率，从而得到更多的利息。外汇结构性存款通常有以下特点：一是本金安全有保障，存款人所承担的风险只是获得利息的多少，本金不会受到任何影响。二是对市场判断准确时可获得大大高于一般性存款的收益率。通常来说，半年期美元存款产品的收益率大约是3%以上，相对的半年期的普通美元存款的收益率是2.375%，我国还要扣掉20%的利息税。三是期限、支取条款、付息方式等可以根据大额客户的要求灵活安排，但小额客户的灵活性较差，在存款期间客户不能提前支取本金。外汇结构性存款主要分为固定收益型、保本与收益率区间挂钩型、挂钩汇率区间型三种。承包商可以使用银行提供的外汇结构性存款业务对自有资金进行操作以实现保值增值。

（6）收汇风险控制的其他措施。除了一些金融工具和银行产品的使用，通过巧妙安排也能有效降低资金融通过程中的成本。

①在一些使用信用证结算的项目中，应该尽量让国际上具有高信用的大银行对信用证承兑。在国际工程承包中信用证是一种比较有保障的结算方式。然而鉴于大部分国际工程

承包项目处于贫困地区，集中于亚非拉地带。这些地区的银行普遍信用等级不高，即使用信用证也有被拒付的风险，因此为了防止工程最终无法完成收款，最好有信用等级高的银行来承兑信用证。

②适当调整出运产品的金额。对于企业出口成套设备并且是以信用证分批结算议付的，可以通过先期多结算后期少结算的方法来达到提前收汇的效果。例如，可以提高最初几批货物的发票金额，后期出运货物的发票价格相应降低，最终发票总金额保持不变，这样可以提早收汇进而提早结汇，降低人民币升值带来的汇兑损失。

③统一集中调度管理资金

目前国内很多企业国际运营规模巨大，同时在不同国家拥有多个境外项目，这样就可以在集团公司层面进行外汇资金的管理调度，一是将外汇资金集中调度使用，对未来有上升预期的币种，尽量留在未来使用，不要急于转汇；对近期汇率波动较大的币种，提前兑换成稳定的币种，或根据预算用量提前兑换成项目所在地的币种。二是集中调剂各内部企业存在的外汇盈余或缺口，提高外汇资金的使用效率，避免频繁转汇造成的外币损失。

④在融资管理方面降低汇率风险

一是积极与国内银行达成协议，取得与施工合同结算外汇相同币种的外汇贷款，特别是在人民币升值的预期中，尽量不要取得人民币贷款，在到期日直接用外币工程款归还贷款，可规避汇兑损失。二是努力扩展所在国融资渠道，在当地币贬值的情况下，直接融入当地货币的贷款，也可降低汇率风险。三是积极向银行申请办理保函业务，如办理预付保函可取得业主工程预付款，在时间上提前获取外汇资金，融资租赁保函可通过分期付款或延期付款来规避风险等。

以上汇率风险的防控举措在我国电力企业的海外投资项目运用上可见一斑，我国电力海外投资项目规避汇率风险的主要方法如表9-3所示。

电力海投工程规避汇率风险的主要方法　　　　　　　　　　　　　　表9-3

方法种类以及要达到的目的	具体描述
做好合同计价货币选择，优化货币组合	做好计价货币选择、提前收付或拖延收付、平衡法/组对法、多种货币组合、本币计价
在合同中增加保值条款，支付时按支付货币对保值货币的当期汇率进行调整	黄金保值条款、外汇保值、综合货币单位保值、物价指数保值、滑动价格保值
利用外汇与借贷投资业务控制汇率风险	即期合同、远期合同、掉期合同、借款法、投资法、借款—即期合同—投资（BSI）法、提早收付—即期合同—投资（LSI）法、利用单据买断（FORFAITING）业务
利用金融衍生工具防范汇率风险	利用外汇期货进行套期保值、利用外汇期权防范汇率风险
其他控制汇率风险的方法	调整合同价格、汇率风险、易贷贸易、争取买方信贷、以保函取代保证金

某年，中国某电力公司与某国政府指定的国家电力公司签订了整个项目的股东协议，双方经过友好协商，决定以9:1的比例在该国注册成立针对性的项目公司。1年之后的11月，这个项目公司就和国家开发银行签署了融资协议，获得了15年的1.2亿美元有限追索贷款，成功达到了实现融资关闭的结果，这一切都是在项目开工前进行办理的，也就是

说，规避了融资的关闭风险。

这个项目公司在和中国的母公司进行总承包合同的签订时，所使用的货币是美元而不是人民币，和整个项目的融资必须进行相互配合，这样就充分规避了在整个建设期间汇率变动给汇率造成的各种影响。在建设期间的融资汇率风险得到了极大控制。

在考虑运营期的还本付息风险的时候，项目公司和该国电力公司还签署了一项协议，约定 90% 的电费通过美元进行结算，这使得项目公司的收入和还本付息币种进行了匹配，汇率本身产生的变动影响降低到了最小数值。同时，剩余的 10% 用了该国的货币进行支付和结算，但是该国货币对美元的汇率采用了该国中央银行在结算日所公布的汇率执行，同时项目的电价基于通货膨胀和物价上升的考虑，每年上涨 1% 左右。这样最大限度地规避了风险。

该投资项目所在国与中国不同，并不进行外汇的管制，因此整个项目公司的 10% 电费的该国货币收入就可以直接在该国进行兑换，这就大大降低了外汇进行管制时所带来的可能损失的风险。然后在整个项目的建设期工程的支出和融资的币种都是美元，同时电费收入以及利息等的货币种类也都是美元，因此整个汇率变动的项目相对来说对收支整体干预有限，圆满实现了汇率的风险控制。

建筑业国际承包工程属于受汇率风险影响较为严重的领域。承包企业要高度重视汇率变化对工程项目的影响，分析汇率风险产生的主要原因，认清汇率风险影响承包项目的主要环节，切实采取多种有效措施减少汇率风险对项目利润的影响。

三、国际工程进度款支付方式风控策略

国际工程总包合同进度款的支付方式主要有以下几种：按月计量付款、里程碑付款、竣工后一次性付款或双方约定的其他方式。国际工程总包合同通常采用按月计量付款和里程碑付款或者按月计量结合里程碑控制点的付款方式。

（一）按月计量付款

即以实际完成的实物工程量、进度测量程序为计算依据，按月申请期中付款，是一种遵循公平原则的付款方式，付款与实际完成工作量相匹配。

按月计量付款是相对公平的付款方式，只要质量验收合格，承包商干多少，业主就支付多少。承包商想要尽快回款就要多出工程量，同时要注意及时报业主批准费用和进度分解权重表、EPC 进度测量程序、项目发票程序和形式发票格式。

（二）里程碑付款

里程碑付款方式是在进度计划的关键路径上设一定数量的里程碑，以完成里程碑为依据，作为合同分段计划目标和期中付款的时间控制点。承包商只有完成了所有与规定的单项里程碑活动相关的内容，并按要求准备齐全所有相关的支持文件，才能视为完成了某项活动的里程碑，承包商才可以通过项目合同规定的付款程序获得此项里程碑所分解的合同款项。

在里程碑付款方式下，承包商需特别注意进度计划关键路径上设定的单项里程碑点以

及每一个单项里程碑费用和进度权重。完整里程碑活动内容和完成时间的灵活性会导致一些内容多、时间长的里程碑活动难以在短时间内得到业主确认，合同款无法及时回收，导致承包商资金压力较大。因此，若采用里程碑付款方式，首先要明确每个里程碑的工作范围，谨防因为争议导致付款延迟。同时，承包商应设置尽可能多的里程碑，提高付款频率，并把权重尽可能多地分配在前期活动中。但有些持续时间较长的里程碑虽然也排在项目前期，可它从项目启动到项目结束前都会随时产生，如人员、设备动迁等，这样的里程碑通常要等项目基本结束才能确认完成，因此这样的里程碑要分配相对少一些的权重才能尽可能多地及早回款。

国际工程受汇率、所在国政治、社会因素影响大，施工进度以及后期支付风险高。为规避这些风险，在里程碑计划制定中，对项目的分解和比例确定要慎重，尽量将资金回收快、支付程序简单的项目比例放大。

考虑到 EPC 工程为固定总价承包，里程碑支付计划表中的任何漏项都可能导致无法结款，变更项目或者工程量增减都将影响对应比例的调整。因此，在最后一层项目划分时要有所考虑，每项的划分总体量值应相等，比例相同，在最后收尾工程量上要考虑设计变更或优化因素，工程量最好不要量化，只做概括说明。

对于承包商而言，里程碑支付方式不能按实际工程进度获得支付。因此在制定里程碑支付计划时，要充分结合自己的资金使用计划，在各级项目分解和比例确定时还要充分考虑各种风险的回避措施。只有对项目进行深入研究，掌握好支付规律，才能利用里程碑支付获得最大效益。

（三）按月计量结合里程碑付款

即以实际完成的实物工程量、进度测量程序为计算依据，并将当月的里程碑纳入计算体系，按月申请期中付款。例如，当月实物工程量计量后可以申请 ×× 万元的工程款，若出现当月里程碑未能按时完成的情况，则当月期中款只能按合同规定的折扣率申请。若折扣率为 10%，则当月的申请款项只能为 ×× 万元 ×（100%-10%），扣掉的 10% 需在该里程碑完成后另行开具发票申请。在这种付款方式里，起主要作用的是按月计量付款；里程碑付款是一种工期监控手段。

在按月计量结合里程碑付款的方式下，除上述两种方式的注意事项外，承包商还应根据合同的规定结合自身需求灵活处理月度工程量和里程碑工作量的关系。例如，若合同规定里程碑对当月付款总额影响不大，承包商可以把资源尽可能多地倾向容易获得承认的工程量；若里程碑对当月付款影响大，则可斟酌将资源倾向该里程碑。

第四节　工程款支付风险

作为国际工程承包项目，涉及世界各国经济往来，金额大、生命周期长，在此态势下，国际工程支付就显得尤为重要，正常回收资金成为承包商较为关注的焦点问题。国际工程的支付风险，包括工程计量风险、变更索赔风险、违约金风险、质量保证金风险，以及合同终止解除情况下的结算的风险。本节对上述风险及其应对防控措施做了如下分析。

一、工程计量风险及其防控策略

工程计量是支付项目工程款的依据，对于单价合同工程，工程计量具有内容多，范围广和过程复杂的特点。工程计量须满足质量合格和验收文件齐全的条件。工程计量的范围通常包括：

（1）工程量清单中的全部项目。

（2）合同文件中规定的税费和规费项目。

（3）工程变更项目。

以纳卡拉码头项目为实例，结合境外港口工程的合同特点，从预付款、间接费用、期中付款、计量证明文件、工程变更、最终结算等6个方面进行工程计量的风控，以实现项目预期管理目标。

（一）典型案例介绍

纳卡拉煤码头工程项目位于南部非洲莫桑比克北部经济特区纳卡拉市，是莫桑比克"纳卡拉走廊"经济发展项目的重要组成部分，是该"走廊"项目的终点和出海口。项目建成后，该码头能够停靠17.5万t级大型船舶，设计吞吐能力1800万t/a，是莫桑比克第一大深水港，将大幅提升莫桑比克物资出口的运输能力，对促进煤矿出口和带动莫桑比克北部区域社会经济发展具有积极意义。项目自2012年9月6日正式开工，2014年12月12日完成主体施工，2015年6月整体撤离施工现场，退还业主所有临时用地，2015年7月完成项目最终谈判，2015年承包商收到项目最终结算款，顺利实现项目施工和商务两方面闭合。

该项目合同类型为参照FIDIC红皮书再测量合同的固定单价施工总承包合同，采用工程量清单计价模式。资金来源为业主自筹，付款货币为美元，计量单价不含税费。合同规定的工程计量规则为南非标准《*SATCC—Standard Specifications for Road and Bridge Works*》。

（二）预付款计量风控策略

合同签署后，承包商应立即办理预付款保函和履约保函，尽早完成预付款计量支付。尽早开展预付款计量，便能够尽早与业主方计量工程师建立起工作联系和沟通渠道，理顺工程计量工作流程，暴露并解决工程计量过程中的潜在问题，为后续的期中工程计量工作打下良好基础。

本项目的工程预付款为15%中标合同额，分两笔支付，合同中规定：在承包商提交预付款保函和履约保函后30天内，业主向承包商支付12%中标合同额的第一笔工程预付款；在承包商完成人员和设备的全部调遣后30天内，业主向承包商支付3%中标合同额的第二笔工程预付款。此外，对于工程预付款的返还，合同也做了详细规定：业主在每月工程进度款中按照合同规定比例扣回预付款，在规定期限内扣回全部预付款。

（三）工程计量证明文件风控策略

收集和整理施工过程的证明文件，特别是工程量清单中计量项目的验收文件，是完成工程计量工作的基础和前提。工程计量工作通常会使用隐蔽验收单、现场指令、施工影像资料、施工验收记录、材料采购发票、缴税证明、物资清关资料、装箱单、提货单等证据性验收文件。对于国际大型工程项目，业主方计量工程师往往同时负责多个承包商的工程计量工作，较少去现场测量和核实工程进度，通常要求承包商提供双方工程师签字确认的验收文件，以证明计量的分项工程已经施工完成并且满足质量要求。因此，承包商应安排专人负责收集验收文件，建立台账存档，方便查阅，防止验收文件错报、漏报、丢失、延误、不完整或不合格，避免造成业主计量工程师拒绝计量或延迟计量，致使承包商应得的工程款不能及时支付的损失。

（四）期中工程款的工程计量风控策略

期中工程款计量亦称为进度工程款计量，承包商在期中付款周期末将工程计量申请报告提交给业主方计量工程师。工程计量申请报告必须遵照业主方计量工程师规定的格式要求，工程计量证明文件还必须一同交付。业主方计量工程师在审核并批复后向承包商提供相应的进度付款证书。本项目期中工程款的工程计量中，承包商需要向业主方提供工程量统计数据库、当期工程量计算报告和当期工程量清单计价汇总表。工程量统计数据库的主要功能是汇总承包商自项目开工至当期计量周期末的全部已完工程量，显示出计量的分项工程在过去各期的具体完成时间和工程量的详细计算公式和过程，能有效避免多算、漏算和重复计量等问题。当期工程量计算报告的主要功能是显示出当期所有子项目的工程计量数额，之前已完工但当期没有施工项目的计量数额为 0；当期工程量清单计价汇总表的主要功能是在输入当期已完工计量数据后，工程量乘以合同单价，计算出工程进度款总额和相应税费。

在期中工程款的工程计量中，建筑物的形态是半成品，无法准确计量，因此每次计量结果与客观事实出现偏差，是无法避免的。建立工程计量统计台账，按计量期次或计量分项列出详细数据，可有效保证工程计量的准确性。同时，应加强与业主方计量工程师沟通，耐心向业主澄清相关疑问，论证简明扼要，工程计量规则引用准确，展示证明资料和计算过程时做到准确、翔实。良好的沟通将显著缩短工程计量时间，加快项目收款，改善项目资金状况，获得业主方对承包商的资金支持。

按 FIDIC 合同通用条件第 14.5 款"拟用于工程的生产设备和材料"，拟用于工程的生产设备和材料必须全部用于工程并且施工完毕、验收合格才进行工程计量。但是工程材料在中国产地生产，项目则位于非洲南部，距离远、船次少，运输时间长，而且当地政府效率低、海关手续烦琐。从生产到运输到材料最终安装、验收完毕，整个过程下来，通常须半年以上。为了保证工程进度，承包商一般提前采购。但造成的结果是，承包商垫资时间长，影响整个项目的现金流。由于实践中的问题是 FIDIC 条款没有规定到的，承包商采取与业主积极沟通的方式，表明工程整体顺利施工的良好愿望与实际困难之间的问题，申请对合同相关条款进行修改，并对实际情况进行详细的调查和论证，并形成文件一起向业主汇报，要求对已经运至目的港的材料进行提前计量，并附相应采购发票、质保书、装运单等资料，最后获得业主的支持，提前进行 80% 的计量进行支付。

（五）工程变更的工程计量管理策略

规范、合理地进行工程变更，是科学地进行工程管理中的重要环节。本项目实施中先后提出并经业主确认的变更共 59 个。科学进行变更，果断地提出变更申请，一方面是为合理的计量、结算提供支持；另一方面也给业主树立严谨、专业的形象，为项目的顺利进行打好基础。

工程变更中的程序管理同样重要。项目实施工程中，聘请国外专业咨询公司提供项目全过程造价咨询服务。国外咨询公司现场工程师对涉及的工程变更及时提出、充分论证、科学整理资料，确保工程变更申请顺利进行。

在国际工程的施工变更中，还涉及沟通和谈判的问题。做好变更工作，一方面是变更本身的技术管理，另一方面是和各方单位的沟通。国际工程承包中，面临语言、文化差异等沟通障碍，可以聘请具有专业和通晓当地语言和文化的专业人员参与沟通和谈判工作，有助于变更的通过。

（六）项目最终结算的工程计量风控策略

工程完成施工并顺利移交给业主后，承包商即迅速组织结算工作，成立专门的工作组，成员应包括工程人员、法律商务人员、财务人员等方面，明确分工和任务时间，尽早完成项目结算在商务和技术两方面的工作。

项目结算将施工中已经确认的部分直接进入结算，这样能节省计算时间，避免重复计算。同时在与分包商结算中，严格按照合同"背靠背"的支付原则，认真核算人工费、材料费、间接费等费用，注重审查资料的真实性，剔除不合理的费用，最终顺利完成工程分包的结算工作。

纳卡拉码头采用的工程计量方法，既参考了中国建设工程工程量清单计价规范和FIDIC 红皮书的合同条款，同时参照了国际通用计量准则，顺利实现了结算工作，为类似的国际工程提供了很好的参考和借鉴。

二、工程变更索赔风险防控策略

在国际工程的承包中，如果善于利用合同条件进行施工索赔，其索赔款收入金额有可能大于投标报价书中的利润款额。因而施工索赔已成为承包商维护自己合同利益的关键性途径。

（一）事先运筹帷幄的意识

对于招投标工作并不十分规范，且未采用国际上通用的 FIDIC 条款的某国建筑市场来说，根深蒂固的传统观念决定了索赔工作的难度极大，唯一可行的办法是通过单价的变更实现实际上的索赔目的。单价变更要积极创造机会，制造变更索赔要事先运筹帷幄，否则，业主方了解了变更的意图后，则很难成功。当一个国际项目中标后，决策层应尽可能早地确定负责实施该项目的项目经理和搭配好其他班子成员。项目负责人拿到合同文件之后，要立即着手对合同文件进行研究，对合同清单价格进行全部细致的逐项分析和内部成本测算，针对分析和测算结果，进行事先运筹帷幄，即对实施对象的每一项进行精心谋划。精心谋划意识的强弱，是决定工程项目最终业绩的关键。这种理念要贯穿于整个项目的每一个关键环节的事前预谋上，需项目经理充分发挥经营智慧。

（二）形成变更索赔正当理由

项目内部成本价格分析为精心谋划变更索赔提供了关键线索。当拿到合同文件后，利用平时积累的经验数据和用实物单价分析法，对合同清单单价逐一进行测算，用中标价格与内部实际成本价格一一对照并列表，并把项目的中标价格大致分为 3 类情况，即可盈利价格、基本持平价格、亏损价格。把将要产生亏损的合同价格叫作项目的"问题价格"。问题价格会给项目业绩带来直接的威胁，也是造成资金流断链的主要原因之一。要把主要精力放在解决"问题价格"上，并且要事前精心谋划，以消除项目中的问题价格，使企业获得利益最大化。这种运筹帷幄是在技术的支持下，依据所在国法律和合同条款，通过技术论证、替代施工方案、价格谈判体现出来，把产生亏损的元素通过这种商务运作予以减少或转化或消除，使其成为盈利元素。

例如，中国水利水电集团公司中标某国际工程项目，该工程含增值税合同总价为 3256 万美元，主要工程量为：C350-C1 550mm 渠槽 336km，混凝土压力管道 23km，泵站 2 座，渡槽悬臂桥 3 座，调压井 7 座，小型建筑物 6300 个混凝土支墩预制件 5 万件，混凝土垫板 5 万件，道路网 60km，排水渠网 75km。混凝土总量 6.1 万 m^3，调节流量闸门和滑动闸门 800 多个，工期 26 个月。

这项工程是集团公司及水电十三局进入某国市场的第一个项目，由于当时对该国市场的税务、人力资源、机电设备和材料及工作效率等情况不够全面了解，加之该项目是 2002 年投标，由于业主资金方面等原因，直到 2004 年才下达开工令，实际开工到了 2004 年 7 月，期间，人工费和材料费发生了较大幅度的上涨，这两种情况的出现，致使该项目的实际合同单价水平呈现普遍较低水平，甚至出现很多合同单价低于直接成本价的情况。面对这种低报价的现实，为了中国水利水电建设集团公司良好的企业信誉，进而拓展非洲建筑市场，在保证质量、按期完工的基础上，寻求单价变更、索赔成为维护承包方利益的重要途径。

该工程项目在实施前，经过精心测算对比，项目经理列出了 11 个大项的"问题价格"，这些也是制造变更索赔的重点。项目经理就这些问题价格提出课题，并提出成本控制目标，在项目实施前组织各方面专业技术人员有针对性地进行方案研究。例如，该工程中的主要工程量为 336km 半圆形预应力渠槽，价格占合同总造价的 30%。由于购买价格很高，且生产量无法满足项目工期要求，因此，此项被列入问题价格类。针对这一情况，为了降低工程成本，项目团队作为一项重点问题价格来加以解决，在实施工程前提出了自行生产半圆形预应力渠槽的设想，但经过市场调查发现，半圆形预应力渠槽产品和生产线设备在中国都是空白，既无该产品也无生产该设备的厂家，只有意大利生产这种设备，并且设备价格非常昂贵，购买国外设备自行建厂生产渠槽成本非常高，而且设备供货周期长，不能满足工期要求，同时也无法达到降低工程成本的目的。针对这一重要问题，在项目实施前中国水利水电集团公司组织了各方面的技术人员经过调研和设计，向工程局提交了与国内机械设备厂家联合研制渠槽离心机成套生产线和渠槽产品的可研报告，得到工程局的批准和资金等方面的大力支持，经过半年与合作伙伴几十次的共同研究试验，克服了技术上的重重难题，终于研制成功样机生产线和完成半圆形预应力渠槽产品试验，为执行项目和获取效益提前奠定了有利基础。该项目自行建厂生产工程所需渠槽，仅此一项使工程成本降低 160 万美元，并获得集团公司科技二等奖。

又例如，经过对合同价格的细化计算对比，发现两个泵站设备子项的中标价格存在严重亏损，仅合同价格与实际购买价格差价就达到 97 万美元，是一项严重的"问题价格"，也被项目经理列入重点解决的问题之一，合同一旦签约是不能变动的，如果按照合同价格实施，我国企业将遭受近百万美元的损失。针对这一问题，项目经理超前一年就组织了有关技术人员对"泵站可否取消"进行论证、编写了技术论证书，并适时提交给业主和监理，进行技术讨论，经过共同多次论证，业主、监理同意了中方项目部的工程优化方案，与中方项目部最终达成取消 C 标泵站的共识。D 标泵站由于技术条件的原因，无法取消和回避，中方项目部就从转化风险上动脑筋。当项目经理获知业主方库存还有部分不同型号的泵站设备这一重要信息后，立即启动"精心谋划"运作机制，与业主进行友好协商和谈判，经过技术论证证明用现有库存设备替代原设计泵站设备可行性，通过多次的技术讨论和商谈，业主完全接受了中方项目部的设备替代方案。通过技术论证和商务谈判运作，中方项目部最终没有实施对泵站设备的采购，从而减亏近百万美元，达到了获取企业利益最大化的目的。这个实例也充分说明了超前预谋的重要性。

减亏的目的达到了，实现盈利才是企业的最终目的。因为泵站机电设备的变更，泵站土建工程随之相应变更，增加房建和配套工程的规格，以寻求单价变更的可能。根据合同规定：当各种性质的建筑物工程量的变化达到合同规定的 35% 时，承包商可以要求补偿由此带来的损失，关于泵站工程，中方项目部根据此条约定，提出了新的单价，此单价是原合同单价的 220%，由于技术、措施论证充分，价格分析翔实，并符合合同条款规定，最终得到业主的书面批复。

"问题价格"的确立，事前的精心谋划均为减亏和索赔成功提供了前提和保证。

（三）用工程技术力量创造设计变更的机会

该项目灌区改扩建工程是 20 世纪 80 年代设计，因恐怖袭击事件而终结。2002 年重新招标时，采用的还是原来的招标文件，工程设计也没有变化，实际情况是 20 世纪 80 年代的很多地方现在已经改变，原来的设计不能满足或适应新的情况，这为承包方制造变更索赔提供了有利的条件。

在混凝土压力管变更为 PVC 管和施工道路统料填筑的单价变更中，充分利用工程技术的说服力。随着物价上涨，到 2005 年混凝土压力管的购买价格在原中标价格基础上又上涨了近 50%，20km 的混凝土压力管将会造成中方项目部较大的亏损，为了降低成本，中方项目部通过水利计算书，提供流速、流量的计算依据，以直径 315mm 的 PVC 管代替直径 600mm 的混凝土压力管的施工方案得到批准，通过商务谈判 PVC 管的结算单价仍然采用原混凝土压力管的合同单价，实现了该项工程从亏损到盈利的转变。

施工道路的填筑，原设计是采用天然砾石，天然砾石的料源短缺，且运输距离长，单价较高。承包方提出了采用就地取材强风化岩替代砾石的变更方案，并从理论上计算两种填筑材料形成的效果，同时做出 200m 的试验段。经过雨季验证，对于缺水严重、地下水位较低的埃利赞地区，强风化岩统料的效果更好，从而说服了咨询工程师和业主，变更成功，取得较大效益。

（四）提出变更单价达到索赔目的

解决问题价格并不是一件容易做到的事，需要智慧和不懈努力。作为一个综合项目会存在诸多问题，不能幻想在很短的时间内把所有问题一下子全部解决，应当以"用强烈的预谋理念，在问题中前进，在前进中解决问题"作为项目运营策略。此项目列出的 11 项"问题价格"，是通过两年多的运作一项一项地解决的。

变更单价是建立在施工方案和工序措施变化的基础上，需要较高的合同谈判技巧。在准备变更的每项工程提交预算前，施工图纸和施工方案应当首先取得咨询工程师的同意，施工方案和施工图纸得到批准后，再提交相应的预算单价，该预算单价应该是在咨询工程师首肯的施工技术和措施的基础上，于是价格的变更就有了充分的理论依据。

为了达到中方项目部的经营目的，实现单价的变更索赔，在理论上，施工方案尽可能技巧性的复杂化，这样依据复杂施工方案做出的预算价格会比较高，为了获得业主批准，在变更单价的商务谈判时，应当多补充说明情况，充分利用合同中对中方项目部有利的条款，适时把握谈判节奏和技巧，坚持技术与价格有机相结合，一旦获得商务谈判的成功，施工时再优化施工措施，确保质量的前提下，获得最大的经济效益。

当有利机遇来临时，需要保持更加清醒的头脑，有的机遇需要我们立即抓住；有的不应当马上就去抓，还需要策略、智慧地把握最佳时机，有的甚至需要放长线钓大鱼，一步一步深入以达到承包方的目的，项目经理需要做出冷静和权衡性地分析，决策的每一个环节要周全考虑，并要把握得当，还要有备用方案。例如，该工程项目成功自我创造了 61号沟和 32 号沟整治工程价格谈判机遇，机遇来临时，业主和咨询经审核同意两项价格为47 万美元，经测算内部成本价约为 30 万美元左右，完成这两个项目，利润率已达 37%，这种利润率对施工企业来说已经具有很大的诱惑力了，但为了抓住这次自我制造的难得机遇，努力取得更大的经济效益。项目经理没有立即拍板抓下来，而是采取了加大商务经营力度和工程拆分单价论证相结合的策略，个别技术交流与公开会议论证相结合，上下互动，这一问题经历了近 4 个月时间，最终业主确认了中方的工程拆分施工方案和价格，并确定两项施工总价格为 110 万美元，仅此一项获得效益 80 万美元，利润率达到了 73%。

（五）在工程施工设计阶段减少问题价格的工程量，增加盈利价格的工程量

国际工程合同一旦确立，合同总价的改变是一个非常复杂且困难的事情，一般不太可能突破合同有限的允许范围总造价。中方采取的措施是，通过技术论证，在工程设计阶段，有意识地减少问题价格和持平价格的工程量，有目的地最大化增加盈利价格的工程量，控制调整合同总造价基本在合同最大允许调整范围内。例如，针对建筑物混凝土及钢筋合同价格较低的情况，中方在设计时，通过适当加大渠槽的坡度减少建筑物的数量，并在可行的范围内变更建筑物的配筋，减少建筑物混凝土量和钢筋的使用数量，大大降低了问题价格工程量的数量，减少了亏损因素。

变更后的道路填筑工程是盈利度较高的工程项目，中方在设计时增加了现场道路工程量，填筑工程量增加了 210%。这种一减一增的方式，为取得效益最大化奠定了有力的基

础。使企业利益获得了最大化，经财务初步核算项目不含税产值利润率达28%，一个原本要亏损的项目就这样取得了良好的业绩。

三、质量保证金风险

建设工程价款结算是推进国际工程顺利进行的经济保障，但其价款结算过程也存在着一些为各方所争议的问题，最为突出的就是工程款结算中质量保证金的问题，本文以下部分拟从质量保证金的实质、质量保证金的扣留和退还方面予以探讨。

（一）质量保证金的本质

质量保证金本质上是属于合同的特别保证方式，是发包人和承包商在建设工程承包合同中协商约定，从项目应付工程款中扣留，作为承包商在缺陷责任期内对建设工程出现的缺陷责任进行维修的资金担保。发包人预留质量保证金的行为系对于承包商在缺陷责任期内修复行为及资金的预防措施，亦是对其自身合法权益的保护。

在国际工程合同中，质量保证金的所有权应属于承包商所有，虽然施工单位依照所签订的合同提供质量保证金是履行合同义务，但其更是承包商对已移交的工程在缺陷责任期内对因自身的原因所导致的质量缺陷承担修复责任的一种保证。在缺陷责任期内出现了质量缺陷或使用损坏，也要厘清原因归结责任，分析导致缺陷的原因是否由承包商引起。当然发包人也有相应履行通知的义务。如果因业主不正确使用、自身管理等原因造成缺陷，或未经通知就直接自行或委托第三方进行维修，该缺陷责任就应由发包人承担，结算时无法以任何形式从质量保证金中扣除。

（二）质量保证金的扣留和退还

1. 质量保证金的扣留

业主和承包商在协商一致后，在专用合同条款中明确约定质量保证金采用的方式和扣留金额的比例。如果合同条款没有加以具体约定，国际上通行的做法是采用逐次扣留方式。国际惯例对于发包人累计扣留的质量保证金数额最多不超过合同结算价款的5%。同时，提供质量保证金保函等代替被发包人扣留作为质量保证金工程款的亦为国际上所认可。

2. 质量保证金的退还

（1）质量保证金的退还条件

质量保证金作为一种担保方式，在建筑工程合同中，当缺陷责任期届满而该建筑本身无任何工程质量问题时，发包人应将已扣留的质量保证金退还给承包商（缺陷责任期具体规定可参阅本节第一部分详细叙述）。缺陷责任期满后，承包商根据合同约定向发包人发出缺陷责任期届满通知，要求返还质量保证金。缺陷责任期内，如因承包商原因造成，则由承包商负责维修并承担检验、维修费用。如果承包商既不维修也不承担相应费用，发包人可依约扣除质量保证金，追究承包商违约责任。发包人期限内完成审核并将缺陷责任期终止证书和最终结清证书发放给承包商，若承包商持有异议则依合同约定的争议方式进行解决。

（2）质量保证金的提前退还

对于国际工程中存在多项单列工程组成的建设项目，如果其中某项单列工程先于全部工程验收合格，并且已交付使用，则该列工程的缺陷责任期应自其验收合格之日起算。该单列工程的质量保证金应在其自身缺陷责任期届满时退还，而无须等到全部工程缺陷责任期届满时一并退还。

（3）质量保证金的延长退还

发包人审核并向承包商发放缺陷责任期终止证书后，即应当依约及时退还质量保证金，否则应向承包商承担违约责任。但如果建设工程项目经竣工验收合格后，因承包商原因导致缺陷或损坏，致使工程（包括单位工程）或某项主要设备无法合理使用，达不到合同目的的，发包人有权在合同约定缺陷责任期届满前向承包商发出要求延长缺陷责任期的通知（缺陷通知期延长的具体规定在本节第一部分亦作详细说明），在此情形下，质量保证金的退还时间相应顺延。

（三）结语

国际工程结算对于保障投资方，对于资金的合理使用及推动国际工程项目的顺利进行，均起着关键性作用。国际工程施工合同质量保证金的扣减基数，通常又是以结算合同额为准。为此，工程质量保证金相关问题的研究，对于国际工程结算而言，至关重要。

第五节　典型案例分析

一、案例介绍

以某国 3G 电信建设工程合同为例，总结出在一些工程合同中常见的典型"陷阱"，便于加强合同审查，为结算增效创造有利条件。

（一）支付"陷阱"

1."陷阱 1"——低价却高风险

合　同　原　文：Level on any other than fix, the Contractor shall ensure and demonstrate keeping interoperability, which is a perquisite to the imposition of provisional level said，合同要求承包商保证设备的互联互通，即要求承包商无条件地保证 3G 网络的畅通性。

如果承包商同意该条款，将会承担巨大的资金风险（索赔金额上限为总合同金额的15%），并且违约还会对承包商的形象和信誉造成严重损害。因此，承包商提出附加限制性条款的要求，即在第三方条件满足的基础上，承包商保证实现设备的互联互通。经过积极谈判取得，双方达成了一致，承包商为自己保留了索赔权利。

风控策略：承包商在签订单价合同时，要充分把握和评估与价格对等的风险程度，明确责任矩阵中双方的权利义务，避免业主利用单价条款强迫承包商承担总包合同条件下的风险，造成巨大的损失。

2."陷阱 2"——小事却高成本

合同原文：The contractor is required to provide documentation and updates in English.

The contractor undertakes also to provide WCOM these same documents in French, as soon as they are a product, without any additional cost to WCOM, 合同要求承包商向业主免费提供英文版本和法文版本的文档资料及其更新。

目前的翻译价格（市场在非紧急状态下的平均水平）是 31 美元 / 千字。对于一个大型项目，文档资料预计将会超过 500 万字，那么仅翻译成本就需要 15.5 万美元，承包商应该将此项加入到工程项目的报价中。

风控策略：翻译成本是一笔可观的数额，假如承包商轻易承诺业主提出的合同条款，后期将会给承包商带来相当大的损失。经过协商谈判，业主同意承包商所提供的法文版本条款，并在 BOQ（工程量清单）上单独报价。这样，承包商节约了一笔本不需要支出的费用。对于一些看似非核心的条款，承包商在评审时也不能掉以轻心，尤其是涉及费用的问题，积少成多会变得甚为巨大，需要深入细致地加以研究，认真计算和调研，客观周密地发掘细节条款所包含的潜在争议，及早提出双方都能认可的解决途径。

（二）变更"陷阱"

1. "陷阱 1"——巧妙拒绝变更

合同原文：Only with the exception of force majeure, delays and/or delivery dates will be extended for a period determined by mutual agreement between the parties; this period should be not greater than the delay. No extra cost should be claimed in WCOM in these cases, 合同规定，承包商仅在发生不可抗力的情况下才可以获得工期的延长，并且无法得到费用的补偿。

合同中虽然没有提及应当由业主承当的责任以及由于业主行为、过失或者延误（如不按时交付施工场地等）以及其他任何非承包商原因造成的工期延误该如何处理，但是合同的默示条款却表达出应由承包商来承担，这显然有失公平。另外，业主明确规定不允许进行费用变更，也体现出业主规避自身责任的意图。

风控策略：经过协商，合同中加上了一些限定性条件，规定由于非承包商原因所导致的延误，承包商有权获得合理的工期延长和费用补偿，用以赶工或补偿损失，从而保证了承包商的合法权益。

修正后的条款：Any delay caused by WCOM such as late supplying site list after PO issued late supplying necessary conditions for site environment, etc. should be borne by WCOM. The duration also should be extended. More details can be referring in Annex… Responsibility Matrix. And any costs and expenses arising from this delay should also be borne by WCOM, 业主处于制定工程承包合同条件的主导地位，经常在发布招标文件时就规定大部分风险由承包商承担，甚至本应属于业主自身承担的风险，也通过一些强制性条款转移给承包商。针对这种情况，承包商要根据自身企业的特点及项目的特殊性，同时结合市场竞争环境、主招标惯例等因素，仔细权衡风险条款的利弊，灵活采取措施保障自身权利，避免因粗心接受而造成的严重后果。

2. "陷阱 2"——多退少不补

合同原文：If at the time of the order, the contractor prices have fallen, and are lower than those negotiated in the contract for this equipment are given, this latest prices apply, 合同规定在采购时，如果 PO（Purchase Order，采购单）的价格低于原合同中规定的价格，应当

采用最新的（即较低的）价格。

合同中并未提及因为成本上升等因素造成价格上升时，业主是否应当给承包商适当的补偿。这等于在明确拒绝承包商变更价款要求的同时，却允许业主自己变更价款，是明显的权责不对等。

风控策略：在合同谈判中，承包商提出了两种修改意见：

（1）附加条款"因成本上升等因素造成设备价格上升时，应适用最新的（即较高的）价格"。

（2）删除该条款。经过协商双方达成一致，将该条款删除。

对于变更类别的条款，业主常常会提出一些不合理的要求。如果仅允许业主调整价格而禁止承包商调整价格，承包商将处于极其危险的工程、建设环境中。承包商一定要注意识别这个问题，尽早发现，严肃且及时地向业主提出修正意见。

（三）工期索赔"陷阱"

1."陷阱1"——混淆工期获得罚款

合同原文：The supplier commits himself to install and bring the equipment into service for this contract within 90 days as from the date of notification，合同规定，承包商在接到 PO 后 90 天内完成相关设备的安装调测工作，并使该项设备进入商业化使用阶段。

在项目实施过程中，设备采购仅运输时间就需要 60 天（通常采用海运），另外完成清关时间也无法确定。承包商若按照业主的要求肯定无法按期交付，此时业主则可以根据该条款获得高额的工期延误罚款。

解决方案：承包商结合自身实际交付能力与业主要求，以及工程所在国通关的特定情况，承诺在设备抵岸并且清关后 60 天内完成所有的安装调试工作，并投入商业化使用。经双方谈判修正后的条款为：The supplier commits himself to install and bring the equipment into service for this contract within 60 days after equipments arrive at Country（M）and custom clearance finished.

风控策略：业主有时迫切希望工程尽快投入使用，对承包商的工期提出苛刻的要求，并设定了高额的工期延误罚款，这是极不合理的。在符合双方利益的原则下，承包商应当提出合理的修改意见，积极与业主沟通，并加大人力、物力、财力的投入量，尽力尽早完成工程，一般情况下，业主是可以和承包商达成统一意见的。

2."陷阱2"——上不封顶拖延检验

合同原文：Final acceptance is pronounced at least 6（six）months from the provisional acceptance and the lifting of all remaining minor reservations possible on the basis of provisional acceptance with the provisions of Annex…"Receiving procedure". 合同规定，"终验"最早需要在"初验"结束后 6 个月内进行，但最晚时间并未在合同中明确规定。

承包商如果接受该条款，在项目完工验收前很可能会面临业主以各种理由拖延终验的风险。而业主不进行终验，所有的维护成本和质量损坏都将由承包商承担。这样承包商既无法顺利收回项目进度款，也承受了无法估量的履约风险（如质量风险和成本风险）。

风控策略：经过与业主协商，条款中添加"围栏性条款"，规定即使最终日期不确定，也必须在工程项目完工后一年之内完成终验，使承包商可以有效地控制风险和成本。修改后的最终条款为：Final acceptance is pronounced at least 6（six）months but at most 12（twelve）months from the provisional acceptance and the lifting of all remaining minor reservations possible on the basis of provisional acceptance with the provisions of Annex… "Receiving procedure"。

经验总结：对于合同中任何模糊不清的地方，都应做出准确的解释或者修改，而诸如"至少""最少"之类的用词，只规定了下限并没有规定上限（例如某些禁止性的条款和罚款上不封顶的条款），很容易被遗漏。承包商在合同中必须仔细评审此类条款，避免在项目履约过程中承担过多的风险，从而影响结算效益。

二、案例启示

合同是贯穿整个工程项目管理的核心，关系项目建设的成败。作为承包商，要认真研究合同中的每一个条款，敏锐地发现其中存在的问题，在交流或谈判中及时、合理地提出解决意见，尽量达成一致性的解决方法，在按期、保质地完成项目的同时顺利完成结算工作，实现预期的经济效益和社会效益。

第十章

不可抗力风险

第一节　不可抗力风险概述

在"一带一路"倡议下，中国建筑企业"走出去"的步伐日益加快，逐步参与国际工程承包的各个领域。在国际工程市场，我国企业多作为承包商活跃在市场中，在"一带一路"沿线国家也是如此。我国企业在国外进行工程承包时，由于非本土作战，将面临来自法律、政治、经济等各方面的风险。比在国内进行工程承包时所面临的风险更多、更复杂，并且风险出现后由于没有国家兜底，很容易出现巨额亏损的情形。承包商面临巨额损失可归因于许多因素，其中不可抗力是一个重要因素，也是中资建筑企业在国际工程承包领域中面临的重要考验。

如何应对不可抗力风险，对我国承包商在国际工程承包的买方市场履行合同、赚取利润、提高国际竞争力等具有重大意义。本章将从承包商利益角度出发，探讨承包商在不可抗力发生前后应如何维护自身利益，为我国企业今后的对外承包工程活动提供参考。国际工程项目的投标、开发建设和管理涉及包括《合同法》在内的一系列法律问题。承包商应重视合同的订立，在合同中对不可抗力进行明确约定；同时，承包商应在建设前进行充分调查，购买相应的保险，以多种途径抵御不可抗力对项目所带来的威胁。

一、不可抗力的定义

一个项目的建设涉及规划、调查、设计、建造等诸多环节，项目周期之长，可能会超过许多自然灾害发生的回归周期。尽管随着科技的进步，许多自然灾害可以提前预测、提前防范，但自然灾害的程度、频率和周期仍难以预测。在这种情况下，就不得不考虑自然灾害对工程整体的影响。除了自然灾害之外，承包商往往还需应对其他种类的不可抗力。"一带一路"沿线的部分国家存在较高的政治风险甚至内乱，这使得中资建筑企业的经济和人员安全存在严重隐患。例如，2011年3月的利比亚内战致使许多中资企业被迫撤离，从而遭受巨额损失；2013年发生的南苏丹内乱和武装冲突波及中资企业在当地的工程项目；2014年的刚果（金）骚乱也影响了许多中资企业及其员工。

国际承包商在承接国际工程时，应高度重视工程合同的签订，以避免因合同约定不明确或没有约定而可能引发的风险。在承包商与业主订立合同时，对不可抗力予以具体、可操作的界定是十分重要的。这样当争议发生时，才能充分维护自身的利益。承包商对于如何界定"不可抗力"这一问题，发承包双方立场和利益往往是相左的。发包方从其自身利益出发，往往希望在工程合同中淡化不可抗力这一类承包商免责情形，增加承包商的追索困难，以减轻自身风险。而承包商则倾向于对不可抗力予以明确界定，以保护自身利益。

（一）国内法对于"不可抗力"的定义

从活动路径上说，有实力并且愿意参与国际工程市场的中方承包商，一般都已经在国内工程市场积累了相当丰富的经验，已经有足够的实力，如大型国企或者地方国企。因此，我国承包商中参与国外项目的人员，在进行具体工作时，难免在工作经验、法律意识等方面受到原有经验的影响。因此，有必要对关于不可抗力的国内法规定和建设工程领域的行业惯例进行必要的了解。

在国内法层面，关于不可抗力的规定较少，《民法总则》第180条和《合同法》第117条均将"不可抗力"定义为"不能预见、不能避免且不能克服的客观情况"。由于这一规定在语意上存在歧义，而且语言比较简练，实务中各方在进行不可抗力认定时，容易产生较大争议。关于"不能预见""不能避免"以及"不能克服"之间的关系，至少有以下几种解释：

（1）同时满足三者。

（2）无法预见且无法克服，无法避免且无法克服。

（3）无法预见，可以预见但无法避免，但最后都无法克服。

如果仅仅依据《民法总则》以及《合同法》的前述定义，实践中非常容易产生争议。由于国内法层面的缺失，在实践中，工程合同的当事人常根据相关部门规章和行业惯例对不可抗力予以界定。

关于建设工程领域"不可抗力"的界定散见于《建设工程工程量清单计价规范》第2.0.27条："不可抗力是指发承包双方在工程合同签订时不能预见的，对其发生的后果不能避免，并且不能克服的自然灾害和社会性突发事件"；《标准施工招标文件》第21.1.1条："不可抗力是指承包商和发包人在订立合同时不可预见，在工程施工过程中不可避免发生并不能克服的自然灾害和社会性突发事件，如地震、海啸、瘟疫、水灾、骚乱、暴动、战争和专用合同条款约定的其他情形"；以及《建设工程施工合同示范文本》（GF-2017-0201）第17.1条"不可抗力是指合同当事人在签订合同时不可预见，在合同履行过程中不可避免且不能克服的自然灾害和社会性突发事件，如地震、海啸、瘟疫、骚乱、戒严、暴动、战争和专用合同条款中约定的其他情形"。

可以看到，前述部门规章和行业惯例坚持的是"三个不能"并列的标准。如果需要同时满足这三个标准，那么可认定为不可抗力的情形则非常少，这对承包商而言非常不利。例如，在现代科技条件下，人们对于台风登陆已经有了一定的预测，应当说，承包商对于台风这一客观情况是可以预见的。但是，工程建设是一项露天作业，即使承包商对相关场地、设施做了防台风处理，由于客观条件的限制，可能仍然无法达到零损失的结果。此时，这种可预见，但不能避免和克服的情形，如果不被视为不可抗力，在台风经常降临的地区作业的承包商无疑将面临巨大的经济风险。

（二）FIDIC 合同条件对于"不可抗力"的定义

国际工程项目的业主通常要求以 FIDIC 合同范本为基础签订合同。因此，在国际工程承包中，不可抗力条款的拟定应充分参考 FIDIC 示范合同的相关约定。承包商在签订合同时，应充分注意将不可抗力的相关约定明确化，明确不可抗力的具体含义、认定主体、认定的时间范围等内容。

1999 年版 FIDIC 合同条件第 19.1 款"不可抗力的定义"规定，不可抗力（Force Majeure）系指某种特殊事件或情形：（a）一方无法控制的；（b）该方在签订合同前，不能对之进行合理防备的；（c）情形发生后，该方不能合理避免或克服的；以及（d）不能主要归因于另一方。

在满足（a）至（d）款所列条件的前提下，不可抗力包括但不限于下述特殊事件或情形：（i）战争、敌对行为（无论是否宣战）、入侵、外敌行为；（ii）叛乱、恐怖活动、革命、暴动、军事政变或夺取政权，或内战；（iii）由承包商人员以及承包商和分包商的其他雇员之外的人员造成的暴乱、骚乱、混乱、罢工或停工；（iv）军火，爆炸物，离子辐射或放射性污染，但承包商使用该等军火、爆炸物、辐射或放射性引起的除外；以及（v）自然灾害，例如地震、飓风、台风或火山活动。

根据 FIDIC 合同条件对于不可抗力的定义，某个情形要构成不可抗力，需要同时满足上述第 19.1 款下的（a）～（d）四个标准，缺一不可。而 FIDIC 合同条件中所列举的五类情形并非构成不可抗力的必要条件，符合其描述的情形如果不能满足前述的四个标准，则依然不能构成不可抗力；而即使某个情形不在合同条件所列举的五类情形之内，如果其满足前述的四个标准，则仍然构成不可抗力。特别需要注意的是，与我国法律规定要求不可抗力"不能预见"不同，FIDIC 合同条件中并不要求不可抗力情形不可预见，而只要求其达到特殊（Exceptional）的程度[①]，同时并非是由于一方的疏忽、故意行为造成，而确实是该方无法控制、无法防备、无法克服的，以避免一方滥用不可抗力的免责条款逃避责任。其规定更为清晰合理，符合国际工程的行业实践。

在最新发布的 2017 年版 FIDIC 合同条件中，对于不可抗力的相关规定又进行了进一步的修订和完善。首先，由于不可抗力事件对于生产生活的重大影响，各国法律体系多对不可抗力进行了定义和规定，而各国法律规定又各不相同，因此时常出现与 FIDIC 合同条件下的不可抗力（Force Majeure）定义和规定发生冲突的情况。实际上，在 1999 年版 FIDIC 合同条件所附的专用条件编写指南中，便明确指出业主应在招标前证实合同第 19.1 款关于不可抗力的措辞与管辖合同的法律不相矛盾。因此，在 2017 年版 FIDIC 合同条件中，便将原先关于不可抗力的描述统一修改为"特殊事件"（Exceptional Events），以避免与管辖法律对于不可抗力的规定发生冲突和混淆。除此之外，2017 年版 FIDIC 合同条件还增加了"海啸"以及"并非仅涉及承包商人员以及承包商和分包商的其他雇员的罢工或停工"作为特殊事件的情形，以回应国际工程中的最新变化。

（三）关于明确"不可抗力"定义的建议

如前所述，对比我国的相关规定，FIDIC 合同条件关于不可抗力的规定加大了列举范围，同时明确说明列举仅为列举，不可抗力不限于这些范围。该条规定弱化了不可抗力的预见要求，相较于我国规定更加客观。结合我国相关文件和 FIDIC 文件中不可抗力的定义，本文认为，承包商在界定工程合同中的"不可抗力"时，应重点关注以下几个方面：

1. 关于"不能预见"

受 FIDIC 合同条件的启发，应将"不能预见"的相关表述在合同中删除，因为这是一个相当主观的标准。在现在的情形下，坚持"不能预见"容易产生纠纷。在现代科技条件

---

① 国际咨询工程师联合会，中国工程咨询协会编译.菲迪克（FIDIC）合同指南.北京：机械工业出版社，2003：595。

下，台风、暴雨等情形是可以做出预警的，但是在具体的时间、强度、方位等方面，无法精准预测。那么这样的情形是否属于不可抗力？如果属于不可抗力，承包商不积极采取措施进行预防①，便会加大业主的损失。如果不属于不可抗力，承包商则无法就这种损失要求业主支付相关款项，这对承包商来说是不公平的。工程建造一般是户外工作，在自然条件比较恶劣的区域，如果还坚持"不能预见"的标准，合同当事人之间的争议会非常多，不利于合同的顺利履行。如果一定要在合同条款中保留关于"不能预见"的描述，那么应明确以下几个方面的内容：

（1）"不能预见"的主体。关于这个问题，《民法总则》《合同法》等均没有明确表述。国内承包商常常将《建设工程工程量清单计价规范》和《建设工程施工合同示范文本》等相关规定作为订立合同的参考。如前所述，我国相关规范将预见的主体规定为发承包双方承包商，而由于发包人和承包商对各种情况的预见能力不同，他们能共同预见的范围应当是两者能预见的各类客观情况的最小集合。在国际工程建设背景下，站在承包商角度，容易出现本地发包人可以预见、外地承包商难以预见的客观情形。虽然各类规则均不断强调客观情形，但是在客观标准前加上个体主观标准使得规则整体仍然不够明确。在法律规则中，主观标准削弱了规则的可适用性，且双方更容易就规则适用发生争议。对比《民法总则》关于"不可抗力"含义的规定，应当说《标准施工招标文件》和《建设工程施工合同示范文本》关于不可抗力的规定有了很大的进步，在融合主观标准与客观标准的同时进行了相关列举，使得规则更具可操作性。

（2）"不能预见"的时间。根据本章第一节所列的规定，"不能预见"均指合同订立时不能预见，在履约中无法避免、无法克服。不可抗力是无法避免的，可以发生在合同持续的各个阶段，尤其是在EPC合同中，勘察设计、采购、建设的各个阶段都要面临不可抗力的风险。在合同履行过程中出现当事人不能预见的客观情形也是常有之事，如果这样的情形不能被认定为不可抗力，承包商可能承担很大的风险。当然，每个具体的合同对于不可抗力的规定可以有差别，因为在订立国际工程合同时，只要不违背准据法的强制性规定，合同就是有效的，当事人可以充分表达自己的意思表示。

2.明确何种气候条件构成"不可抗力"

基于建设工程多为露天作业的客观情况，工程的实施受现场气候条件影响较大，由此产生的风险如何承担也是国际工程中承发包双方最为常见的争议之一。尽管各类不利气候条件在形式上都表现为对工程建造造成阻碍的自然条件，但在阻碍的程度方面存在明显差别。例如，一般的雨雪天气将会导致建设受阻，然而这种阻碍是短期的、会消失的，只要采取有效的防护措施，不会对已经建设完成的部分造成重大损害，也不会影响后续的施工。有经验的承包商在施工过程中，随时关注天气变化是他们在长期的实践中已经养成的习惯，他们具备应对和抵御不利气候条件及其风险的能力，让其承担该等风险较为公平。然而，当构成不可抗力的自然灾害发生时，承包商根本无法对抗自然的力量，即使采取了相应措施，也无法避免自然灾害带来的损失。自然灾害不仅会导致工期延误或工程无法进行，已经完成的工程部分受到损害、原材料灭失，甚至还会造成人员伤亡，而这些都是承包商无法控制、无法防备、无法克服的，将风险分配给承包商有失公平，也会导致发承包

---

① 这种预防与不可抗力发生后，合同当事人防止损失扩大的义务不同。

双方间更易产生纠纷。

在 FIDIC 合同条件下,对于可能阻碍工程建设的气候条件,根据阻碍程度不同所导致的后果有所区别。对于构成不可抗力的自然灾害,风险主要由业主承担,承包商不仅可以要求顺延工期,还可免于承担因此引起的工程、货物或承包商文件损害的修复责任,乃至要求解除合同,根据我国国内的合同范本还可以索赔相关费用。但对于不构成不可抗力的、程度更轻的气候条件,即"异常不利的气候条件(exceptionally adverse climate conditions)",承包商在 FIDIC 红皮书和 FIDIC 黄皮书下仅有权进行工期索赔,在 FIDIC 银皮书下该风险则由承包商自担。该"异常不利的气候条件"是指在现场发生的不利气候条件,该气候条件在考虑到业主根据合同提供的气候数据和 / 或工程所在国发布的现场地理位置的气候数据后,仍然在基准日期前不能被有经验的承包商合理预见。最后,对于既不属于"不可抗力"也不属于"异常不利的气候条件"的,程度更轻的一般不利气候条件,无论采取哪种工程交付模式,风险均由承包商自担,而不能向业主提出索赔。

上述风险分配原则较为合理和公平,但在实践中,也时常出现业主在合同中将强降水、强降雪、飓风等严重影响工程建设乃至构成不可抗力的不利气候条件规定为"异常不利的气候条件"乃至一般不利气候条件,要求承包商像承担"异常不利的气候条件"和一般不利自然条件的影响一样承担"不可抗力"带来的影响和风险。对于该等情形,承包商应高度警惕。特别是在国际工程中,各国气候条件各不相同,在内陆地区较为罕见的台风暴雨天气,在沿海地区则可能属于可合理预见的一般不利气候条件。而承包商作为外国企业对于本地气候条件的了解程度很可能不如业主,就特别需要注意在投标前仔细研究当地的气候条件,避免业主在合同条款中混淆"不可抗力""异常不利的气候条件"等定义,导致承包商陷入无法主张免责、无法索赔的境地。

二、构成不可抗力的自然和人为风险

根据上述分析,构成不可抗力的自然风险包括洪水、海啸、地震、滑坡等,人为风险包括战争、宣战、政乱、内乱、骚乱、罢工、游行、无序、恐怖袭击、政府强制征收等行为。这些行为定义为不可抗力都没有太大争议,但是承包商应注意的是,无论是国内合同文本还是 FIDIC 合同条件,都允许当事人约定不可抗力的情形。因此,承包商应尽量将不可抗力的情形约定清楚,如台风、暴雨是否属于不可抗力,政府因环境等因素要求停工是否属于不可抗力等。以免在工程实施过程中出现上述情况后,无明确依据而不能向业主索赔,导致自身损失。

(一)自然风险

自然风险指地震、海啸、雷击、暴雨、洪水、暴风、龙卷风、冰雹、台风、飓风、沙尘暴、暴雪、冰凌、突发性滑坡、崩塌、泥石流、地面突然下陷下沉及其他人力不可抗拒的破坏力强大的自然现象。

1. 地震

指地下岩石的构造活动或火山爆发产生的地面震动。由于地震的强度不同,其破坏力也存在很大的区别,一般保险针对的是破坏性地震,根据国家地震局的有关规定,震级在

4.75 级以上且烈度在 6 级以上的地震为破坏性地震。

2. 海啸

指由于地震或风暴而造成的海面巨大涨落现象，按成因分为地震海啸和风暴海啸两种。地震海啸是伴随地震而形成的，即海底地壳发生断裂，引起剧烈的震动，产生巨大的波浪。风暴海啸是强大低气压在通过时，海面异常升起的现象。

3. 雷击指由雷电造成的灾害

雷电为积雨云中、云间或云地之间产生的放电现象。雷击的破坏形式分直接雷击与感应雷击两种。

（1）直接雷击：由于雷电直接击中保险标的造成损失，属直接雷击责任。

（2）感应雷击：由于雷击产生的静电感应或电磁感应使屋内对地绝缘金属物体产生高电位放出火花引起的火灾，导致电器本身的损毁，或因雷电的高电压感应，致使电器部件的损毁，属于感应雷击责任。

4. 暴雨

指每小时降雨量达 16mm 以上，或连续 12h 降雨量达 30mm 以上，或连续 24h 降雨量达 50mm 以上的降雨。

5. 洪水

指山洪暴发、江河泛滥、潮水上岸及倒灌。但规律性的涨潮、自动灭火设施漏水以及在常年水位以下或地下渗水、水管爆裂不属于洪水责任。

6. 暴风

指风力达 8 级、风速在 17.2m/s 以上的自然风。

7. 龙卷风

指一种范围小而时间短的猛烈旋风，陆地上平均最大风速在 79 ～ 103m/s，极端最大风速在 100m/s 以上。

8. 冰雹

指从强烈对流的积雨云中降落到地面的冰块或冰球，直径大于 5mm，核心坚硬的固体降水。

9. 台风、飓风

台风指中心附近最大平均风力 12 级或以上，即风速在 32.6m/s 以上的热带气旋；飓风是一种与台风性质相同，但出现的位置区域不同的热带气旋，台风出现在西北太平洋海域，而飓风出现在印度洋、大西洋海域。

10. 沙尘暴

指强风将地面大量尘沙吹起，使空气混浊，水平能见度小于 1km 的天气现象。

11. 暴雪

指连续 12h 的降雪量大于或等于 10mm 的降雪现象。

12. 冰凌

指春季江河解冻期时冰块飘浮遇阻，堆积成坝，堵塞江道，造成水位急剧上升，以致江水溢出江道，漫延成灾。

陆上有些地区，如山谷风口或酷寒致使雨雪在物体上结成冰块，成下垂形状，越结越厚，重量增加，由于下垂的拉力致使物体毁坏，也属冰凌责任。

13. 突发性滑坡

斜坡上不稳的岩土体或人为堆积物在重力作用下突然整体向下滑动的现象。

14. 崩塌

石崖、土崖、岩石受自然风化、雨蚀造成崩溃崩塌，以及大量积雪在重力作用下从高处突然崩塌滚落。

15. 泥石流

由于雨水、冰雪融化等水源激发、含有大量泥沙石块的特殊洪流。

16. 地面突然下陷下沉

地壳因为自然变异，地层收缩而发生突然塌陷。对于因海潮、河流、大雨侵蚀或在建筑房屋前没有掌握地层情况，地下有孔穴、矿穴，以致地面突然塌陷，也属地面突然下陷下沉。但未按建筑施工要求导致建筑地基下沉、裂缝、倒塌等，不在此列。

（二）人为风险

1. 战争

战争是指超过一个的团体或组织，由于共同关心的权利或利益问题，在正常的非暴力手段不能够达成和解或平衡的状况下，而展开的具有一定规模的，初期以暴力活动为开端，以一方或几方的主动或被动丧失暴力能力为结束标志的活动，在这一活动中精神活动以及物质的消耗或生产共同存在。

2. 宣战

一国向另一国通知或宣告终止两国之间的和平状态，转入战争状态。它的作用旨在说明进行战争的理由，使对方和中立国获悉战争状态开始存在，战争法和中立法由此适用。宣战之后，宣战国和被宣战国之间就处于了战争状态。

3. 内乱

内乱是指项目所在国国内发生了叛乱或者项目所在国统治阶级内部发生了斗争。

4. 骚乱

骚乱是指项目所在国国内发生大规模的打砸抢等事件，引发社会无序，近年来，国际上发生过多次骚扰事件，如"8·6"英国骚乱、2011年埃及骚乱、石墙骚乱、利比亚骚乱、北爱尔兰骚乱、突尼斯骚乱事件、洛杉矶种族骚乱、昭通骚乱事件、吉尔吉斯斯坦骚乱、奇诺监狱骚乱、突尼斯骚乱、吉尔吉斯斯坦南部骚乱事件、希腊骚乱、2005年法国骚乱。[①]

5. 罢工

罢工是工人为了表示抗议而集体拒绝工作的行为。在以集体劳动为重的工作行业，如工厂、煤矿等，罢工往往能够迅速得到业主、政府和公众的注意，从而使得工人所提出的要求就更有可能获得保证。罢工很可能导致项目停工，无法继续生产。

6. 恐怖袭击

极端分子人为制造的针对但不仅限于平民及民用设施的不符合国际道义的攻击方式，例如著名的"9·11"事件。

---

① 百度百科，https://baike.baidu.com/item/%E9%AA%9A%E4%B9%B1。

7. 政府强制征收

政府强制征收是指政府出于某种目的，强行征用项目土地或者项目，从而导致项目被迫停工。

8. 火灾

火灾是指在时间或空间上失去控制的燃烧所造成的灾害。一般来说火灾需要有以下三个条件：一是有燃烧现象，即有热有光有火焰；二是偶然、意外发生的燃烧；三是燃烧失去控制并有蔓延扩大的趋势。

9. 爆炸

爆炸分物理性爆炸和化学性爆炸。

（1）物理性爆炸：由于液体变为蒸汽或气体膨胀，压力急剧增加并大大超过容器所能承受的极限压力，因而发生爆炸。如锅炉、空气压缩机、压缩气体钢瓶、液化气罐爆炸等。关于锅炉、压力容器爆炸的定义是：锅炉或压力容器在使用中或试压时发生破裂，使压力瞬时降到等于外界大气压力的事故，称为"爆炸事故"。

（2）化学性爆炸：物体在瞬息分解或燃烧时放出大量的热和气体，并以很大的压力向四周扩散的现象。如火药爆炸、可燃性粉尘纤维爆炸、可燃气体爆炸及各种化学物品的爆炸等。

第二节　风险识别与防控

一、不可抗力的确认和通知

不可抗力发生后，承包商并非自动获得相应权利，而是还需履行相应的确认和通知义务，以证明不可抗力的发生和相关损失的数额，这也是承包商免于继续履行合同义务以及向业主主张相关权利的前提条件。履行该等确认和通知义务既有利于业主在不可抗力事件发生后及时协助承包商采取应对措施，也有利于双方就下一步合同履行开展协商并进行相应处理，防止争议和损失的扩大。同时，及时收集和说明受损的详细状况，有利于承包商固定相关证据，在后续的协商、争议评审、仲裁或者诉讼中掌握主动权，依据证据积极主张，实现自身的诉求。

《合同法》第118条规定："当事人一方因不可抗力不能履行合同的，应当及时通知对方，以减轻可能给对方造成的损失，并应当在合理期限内提供证明。"根据《标准施工招标文件》第21.1款、第21.2款以及《建设工程施工合同示范文本》（GF-2017-0201）第17.1款、第17.2款的规定，不可抗力发生后，双方应及时认真统计所造成的损失，收集不可抗力造成损失的证据。双方对于是否属于不可抗力或其损失的意见不一致的，由监理人根据合同进行商定或确定。同时，合同一方当事人遇到不可抗力事件，使其履行合同义务受到阻碍时，应立即通知合同另一方当事人和监理人，书面说明不可抗力和受阻碍的详细情况，并提供必要的证明。不可抗力持续发生的，合同一方当事人应及时向合同另一方当事人和监理人提交中间报告，说明不可抗力和履行合同受阻的情况，并于不可抗力事件结束后 28 天内提交最终报告及有关资料。

根据 1999 年版 FIDIC 合同条件第 19.2 款 "不可抗力通知" 的规定，如果一方由于不可抗力不能或将不能履行合同下的其任何义务，则应向另一方发出通知告知构成不可抗力的情况，同时说明不能履行的义务。该通知应在该当事人已经或应意识到构成不可抗力的情况后 14 天内发出。发出通知后，该方应在该不可抗力阻碍其履行义务期内免于履行该义务，但不可抗力的规定不应施用于任一方根据合同向另一方支付的义务。第 19.3 款 "将延误减至最小的义务" 进一步规定，当一方不再受不可抗力影响时，该方也应向另一方当事人发出通知。因此，当不可抗力发生后，承包商应及时履行通知义务，向业主及时通知不可抗力的影响及后果，发出通知是其免于履行受不可抗力阻碍的合同义务的前提。同时，承包商还应积极地收集相关证明，包括当地政府机关和组织等权威机构出具的不可抗力证明，以及不可抗力的相关影响和损失证明。

二、不可抗力的后果和风险分配

承包商对 "不可抗力" 的定义字斟句酌，其目的是减轻不可抗力发生后自身责任和经济负担。承包商在不可抗力发生后的后果和风险分配约定应同样重视，一个没有约定风险分配的合同对解决争议是毫无用处的。例如，我国某公司投标取得南亚某港口扩建工程，但运送机械和材料的货轮因海上风暴不得不绕航，致使工程延误长达 2 个多月；鉴于合同未具体约定在不可抗力致使工期延误的情形下承包方能否免责，仲裁机构最终判定中方承担误期赔偿 245 万美元。[①] 该案充分表明明确约定风险分配的重要性。因此，承包商应该在合同中明确约定在出现不可抗力情形时，业主与承包商分担风险的范围和责任，争取签订合理的合同条款，这对于减轻和转移承包商的风险至关重要。[②]

（一）关于不能履行免责的一般规定

不可抗力发生后，最直接的后果就是阻碍合同当事人继续履行合同义务，导致工程建设暂缓或中断，工期发生拖延。对此承包商作为受影响方可以主张免责，从而不必承担违约等民事责任。关于不能履行免责的规定散见于《民法总则》第 180 条："因不可抗力不能履行民事义务的，不承担民事责任。法律另有规定的，依照其规定"；《合同法》第 117 条："因不可抗力不能履行合同的，根据不可抗力的影响，部分或者全部免除责任，但法律另有规定的除外。"；《建设工程施工合同示范文本》（GF-2017-0201）第 17.3.2 项（4）目："因不可抗力影响承包商履行合同约定的义务，已经引起或将引起工期延误的，应当顺延工期"；《标准施工招标文件》第 21.3.1 项（5）目："不能按期竣工的，应合理延长工期，承包商不需支付逾期竣工违约金。"FIDIC 合同条件第 19.2 款："发出通知后，该方应在该不可抗力阻碍其履行义务期内免于履行该义务。"第 19.4 款规定，如承包商已根据合同规定发出不可抗力通知，该不可抗力妨碍其履行合同规定的任何义务，使其遭受延误的，承包

---

① 王海侠，黄齐东.国际工程承包商应对 "不可抗力" 风险的策略与实务.河海大学学报（哲学社会科学版），2005（1）。

② 肖利民.国际工程承包项目风险预警研究.广州：华南理工大学出版社，2006。

商有权进行工期索赔。

从前述规则可知，当不可抗力发生时，承包商可以就进度延误等违约事项主张免责，相关法律和行业惯例支持这样的免责事由。但大多数情况下，受影响一方只能免于履行其受到不可抗力影响无法履行的那部分义务，而并不是一旦受到不可抗力影响即可免除履行全部合同义务。[①]承包商应充分了解自己可以主张免责的是哪一部分义务，不能单方面将自己的免责事项扩大。承包商仍应尽自己的努力积极履行其他部分的合同义务，避免因消极懈怠构成违约。

（二）不可抗力发生后的费用承担

不可抗力发生后，另一主要后果是双方当事人产生大量费用损失。关于不可抗力发生后费用承担问题的规定散见于《建设工程工程量清单计价规范》第 9.10.1 项、《标准施工招标文件》第 21.3.1 项以及《建设工程施工合同示范文本》第 17.3.2 项等规范性文件。根据上述文件，因不可抗力事件导致的人员伤亡、财产损失及其费用增加，发承包双方应按下列原则分别承担责任：

（1）合同工程即永久工程本身的损害、因工程损害导致第三方人员伤亡和财产损失以及运至施工场地用于施工的材料和待安装的工程设备的损害，应由发包人承担。

（2）发包人和承包商各自承担其人员伤亡和其他财产损失及其相关费用承包商。

（3）承包商的施工机械设备损坏及损失，应由承包商承担。

（4）承包商的停工损失由承包商承担，但停工期间承包商应发包人要求留在施工场地的必要的管理人员及保卫人员的费用应由发包人承担。

（5）工程所需清理、修复的费用，应由发包人承担。

（6）承包商不能按期竣工的，而发包人要求赶工的，承包商应采取赶工措施，赶工费用由发包人承担。

FIDIC 合同条件第 19.4 款也规定，如承包商已根据合同规定发出不可抗力通知，该不可抗力妨碍其履行合同规定的任何义务，导致其增加费用的，对于第 19.1 款下不可抗力定义中第（i）～（iv）项所述的事件或情况，且第（ii）～（vi）项所述事件或情况发生在工程所在国，承包商有权进行费用索赔。

此外，FIDIC 合同条件还列明不可抗力对分包商的影响。FIDIC 合同条件第 19.5 款规定，如依据关于工程的合同或协议，分包商有权按照本款所列条件的附加条件或相较本款所列条件更宽泛的条件免于承担不可抗力，该等附加或更宽泛的不可抗力事件或情形不免除承包商不履约的责任，且不授予承包商依据本款免责的权利。而我国相关法律对承包商分包工程项目作出了相当多的限制，因此，相关文件欠缺承包商与分包商之间的责任分配条款。但"一带一路"沿线部分国家的国内法对分包未进行严格限制，总承包商往往将部分工程分包给其他企业。采取这种做法的原因是多方面的，将部分工程分包给更熟悉当地状况的企业，可以降低总承包商的成本，也使工程建设更有保障。在有些情况下，合同甚至约定承包商需聘用一定人数的当地员工。因此，在签订国际工程合同时，承包商应充分考虑不可抗力发生时，其和分包人之间的责任分配问题，并对此进行约定；就不可抗力的

---

① 丘健雄，格利高里·琼斯，胡远航.利比亚危机下中国承包商的应对策略.国际经济合作，2011（5）。

外延而言，主承包合同约定的应当在可行的情况下尽量大于分包合同所约定的，以避免分包合同约定的不可抗力外延大于主承包合同所列外延时，分包人可以主张免责，而主承包商无法对业主主张免责。

（三）因不可抗力解除合同后的付款

由于国际工程建设项目的体量巨大，当不可抗力发生后，排除争议并继续履行合同对业主和承包商来说都是最好的方式。业主如果重新招标，在目前的状况下，其他承包商的竞标价格往往会高于原有承包商的价格，甚至几倍于合同底价。承包商如果半路退出，不仅不能赚取到预期的利润，还将影响企业在当地市场的声誉，不利于企业今后在该国市场的竞争。但是在一些极端情形下，当纠纷无法调和乃至因客观条件改变工程建设无法继续进行时，及时解除合同也是必要的。承包商应该在合同中约定合同解除后，业主应当支付的费用，这一条款是承包商顺利维护自身权益的有力保障。

《合同法》第94条规定："有下列情形之一的，当事人可以解除合同：（一）因不可抗力致使不能实现合同目的。"第96条规定，依照第九十四条主张解除合同的，应当通知对方。合同自通知到达对方时解除。《建设工程施工合同示范文本》（GF-2017-0201）第17.4款约定"因不可抗力导致合同无法履行连续超过84天或累计超过140天的，发包人和承包商均有权解除合同。"《标准施工招标文件》第21.3.4项规定"合同一方当事人因不可抗力不能履行合同的，应当及时通知对方解除合同。"FIDIC合同条件第19.6款规定，如果因已根据合同规定发出通知的不可抗力，使得全部进展中的工程实施受到阻碍已连续84天，或由于同一通知的不可抗力断续阻碍几个期间累计超过140天，任一方可以向他方发出终止合同的通知。在此情况下，终止应在该通知发出7天后生效。因此，在因不可抗力导致工程实施长期受到阻碍，合同无法继续履行的情况下，任何一方都可通过向对方发出通知的方式，要求解除合同。

对于因不可抗力解除合同后的付款问题，我国相关规定包括《标准施工招标文件》第21.3.4项、第22.2.4项、《建设工程施工合同示范文本》（GF-2017-0201）第17.4款、《建设工程工程量清单计价规范》（GB50500-2013）第12.0.2项等规范性文件。根据上述文件，因不可抗力解除合同的，发包人应支付如下款项：

（1）承包商合同解除日以前承包商已完成工作的价款。

（2）承包商为该工程施工订购并已付款的材料、工程设备和其他物品的金额。发包人付款后，该材料、工程设备和其他物品归发包人所有。

（3）承包商为完成工程所发生的，而发包人未支付的金额。

（4）承包商撤离施工场地以及遣散承包商人员的金额。

（5）由于解除合同应赔偿的承包商损失，包括发包人要求承包商退货或解除订货合同而产生的费用，或因不能退货或解除合同而产生的损失。

（6）按合同约定在合同解除日前应支付给承包商的其他金额。

承包商FIDIC合同条件对这一问题的规定体现在第19.6款："在合同解除后，工程师应确定已完成工作之价值，并出具包括下列内容的付款凭单：（a）已完成且合同中列明价格的任何工作的应付款额；（b）为工程订购的，且已交付给承包商或承包商有义务接受交付的永久设备和材料的费用：当业主为该等永久设备和材料付款后，该等永久设备和材料应成为业主之财产（业主亦为之承担风险），且承包商应将该等设备和材料交由业主处置；（c）承包商为完成工程而合理承担的任何其他费用或负债；（d）将临时工程和承包商的设备撤离场地并运回承包商本国基地（或运回其他目的地，但其费用较之运回本国基地不得更高）的费用；以及（e）21 在合同终止日，将完全为工程所雇的承包商职员和劳工遣返回国的费用"。

结合国内文件和 FIDIC 合同条件的有关规定，本文认为，承包商应与业主约定，因不可抗力解除合同后，业主应向承包商支付的款项至少应当包括：

（1）合同解除前，已完工部分所对应价款。

（2）承包商为工程购买材料、设备等物品所支出的价款。

（3）发包人退货或解除订单所造成的费用和损失。

（4）承包商在不可抗力发生后实施替代方案产生的费用。

（5）承包商退场及解雇人员所需费用。

（6）承包商因合同解除而遭受的其他损失。

（7）其他合理开支。

（四）适用不可抗力条款的限制

需要注意的是，上述不可抗力条款的适用还受到特定的限制，首先是承包商延迟履行期间发生不可抗力的，一般不得免除其责任。《合同法》第 117 条规定："当事人迟延履行后发生不可抗力的，不能免除责任"；《建设工程施工合同示范文本》（GF-2017-0201）第 17.3.2 项以及《标准施工招标文件》第 21.3.2 项规定："合同一方当事人延迟履行，在延迟履行期间发生不可抗力的，不免除其责任。"

除此之外，不可抗力发生后合同当事人还应尽合理努力，避免和减少损失的扩大。如 FIDIC 合同条件第 19.3 款规定，当不可抗力事件发生后，"每方都应始终尽所有合理的努力，以使不可抗力对履行合同造成的任何延误减至最小。"在我国相关示范文本中，也有类似规定，如《建设工程施工合同示范文本》（GF-2017-0201）第 17.3.2 项以及《标准施工招标文件》第 21.3.3 项规定："不可抗力发生后，合同当事人均应采取措施尽量避免和减少损失的扩大，任何一方当事人没有采取有效措施导致损失扩大的，应对扩大的损失承担责任。"

三、防控措施

（一）积极索赔

在不可抗力发生后，承包商应及时依据合同条款向业主主张权利，以期延长履约期限并获得合同项下其他救济。但在索赔这一事项上，我国承包商应明确，索赔的定位是在遭受损失时维护自身利益，而不是以此为手段进行敛财。因此，在进行项目投标时，承包商不应采取低价竞标的策略，避免索赔压力更大，在遭遇不可抗力的同时还要应对索赔带来的风险。

1. 索赔前承包商的义务

在实际进行索赔之前，承包商要履行相应的前置义务，包括统计义务、通知义务和避免损失扩大的义务。履行好这些义务，并积极收集相关证据，是成功索赔之基础。承包商尤其应积极履行避免损失扩大的义务，不管是从索赔的角度，还是从维护和业主良好关系的角度，这样做都是必要的。承包商不可因为不可抗力免责而任由损害发生，否则将不能就这部分扩大的损失主张免责或者索赔。而且承包商如不履行防止损失扩大的义务，也构成了违约，可能遭遇业主的反索赔。

2. 索赔的范围

一旦不可抗力事件发生，给承包商带来的损失是不可估量的，可能产生的损失将会包括固定资产：包括各项基础设施、机械设备、原材料；未收回的应收账款损失（包括各类工程垫付款；项目工作人员撤离及安置费用）；除此之外，承包商还可能面临着银行关于履约保函、预付款保函等各类银行担保的恶意索赔。

就索赔事项而言，FIDIC 合同条件将"不可抗力"划分为"自然灾害"和其他不可抗力，承包商只能就第 19.1 条第（i）～（iv）项规定的事项进行索赔。对于（v）项下的自然灾害造成的损失，承包商无法向业主索赔，其主要原因在于自然灾害一般属于建设工程一切险的范畴，当事人可以通过保险获得赔偿。承包方遭遇前述第（i）～（iv）项所列不可抗力之后，有权要求延长履约期限，并就费用增加部分提出索赔，而不可就利润进行索赔。

3. 索赔的注意事项

FIDIC 合同条件第 19.1 款中列举了一些属于不可抗力的情形，但满足该条第（a）～（d）项条件的，都可以被认定为不可抗力。在实践中，遇到不利的现场条件时，承包商也应当极力主张不可抗力索赔。

在国际工程中，不利的现场条件主要是指地下条件和障碍，如地质、地基、地下水、文物和化石。[①] 不利的现场条件在某些情况下完全可以被认定为不可抗力，但常常遭到承包商的忽视。在建设前对施工区域进行地质勘查是一项必要工作，勘查的作用在于投标前对可能发生的工程量变更做出预测，以便于在合同中约定工程变更申请、处理和索赔的程序。在设计时，考虑地形、地质限制，综合制定建设方案。但是在一些复杂的地形限制下，即使进行充分勘查，不利地形带来的危害也无法避免。这种不可抗力与承包商的义务联系很密切，从而使一些承包商忽视他们的索赔权。针对这样的情形，我国承包商要在合同中予以约定，并在不可抗力发生后积极索赔，事实上，也有成功索赔的例子。某承包商在引水洞施工时遇到连绵大雨，再加上施工工地的地下断层、裂隙等不利地质条件，隧洞工区地下水量骤增，最终被迫停工，业主便指令承包商紧急进口额外排水设备，该承包商此后以地下涌水实属无法预见为由向业主提出索赔，业主也同意补偿排水设备费和劳务费。[②]

"一带一路"沿线国家历史悠久，地下埋藏文物的可能性很大，在建设开始之前，人们无法预见它们将要进行作业的土地下是否会埋藏文物。在施工过程中，如果发现地下文物，当地政府出于保护文物的目的，将会叫停施工建设，导致工期延误乃至无法继续施工。如果承包商发现了地下文物的存在，为了及时完成工程隐瞒不报，将会受到所在国的

① 何铁军．国际工程承包合同承包商的索赔——以菲迪克（FIDIC）合同条件为视角．哈尔滨商业大学学报（社会科学版），2008（4）。

② 贺为民．FIDIC 施工合同条件下的承包商索赔问题分析．建筑施工，2004（2）。

法律惩罚。因此，尽管 FIDIC 合同条件第 4.24 款已约定发现化石文物的，承包商有权进行工期费用索赔，我国承包商在进入"一带一路"沿线国家进行工程建设时，有必要考虑将这样的情形进一步约定为不可抗力，以应对工程无法实施带来的合同解除等风险。

（二）不可抗力发生后及时止损并通知业主

在 FIDIC 合同文本中，都是由业主承担不可抗力导致的风险，由此导致在不可抗力发生后，很多承包商认为与自身无关，放任损失扩大，由此导致最终和业主发生争议。FIDIC 合同文本中虽然不可抗力的风险由业主承担，但是规定了承包商的通知和减损义务。在不可抗力事件发生后，承包商应及时向业主履行通知义务，并做好相关防护措施，尽力防止损失扩大。在做好上述事情后，才能更好地向业主索赔，更好地挽回自身损失。

（三）签订合同前做好准备工作

我国承包商一直在积极开拓海外市场，在"一带一路"倡议下更是加快了国际化的步伐。在发展过程中，部分承包商难免求胜心切，急于拿到项目，过于依赖自身的人力成本低价优势，在没有做好相关调查的情况下，拿到项目在很大程度上就意味着亏损。尤其面对不可抗力风险，轻则导致工程实施受阻，重则导致工程难以继续实施，给承包商带来重大的财务损失乃至人员伤亡。因此，在对海外工程建设项目投标前要做好充分的调查，对于工程所在国的自然条件、法律环境、经济环境和政治环境以及可能导致的不可抗力风险进行识别和评估，同时通过在合同中加入相应条款以及购买保险等方式，采取有针对性的风险控制。对于不可抗力风险较大又无法采取合理措施预防的项目，应谨慎承接。

（四）与驻外使领馆、经济商务参赞处维持密切联系

企业往往难以预见一国的政治风险和政治走势。因此，"走出去"企业除应通过新闻报道关注项目所在国的政治形势外，还应与所在国的驻外使领馆及经济商务参赞处（以下称"经商处"）保持联系。在争议发生时，承包商可以通过使领馆、经商处找到直接有效的对话对象，更快解决实际问题。

中国水利水电建设集团公司在一个国外市政项目建设工程中，与业主僵持不下，最终通过与业主的上级单位对话实现了自己的诉求。在该项目中，承包商主张的不可抗力是一场百年难遇的飓风，但业主坚持认为飓风只是非正常的天气条件。在遭遇飓风后，项目被迫全面停工，已经建设完成的部分遭到了毁灭性破坏，承包商在履行了通知等必要义务后，积极收集证据进行索赔，却遭到业主拒绝；承包商试图以合同目的落空为由解除合同，业主则考虑二期招标，鉴于二期招标的报价高于标底一倍以上，业主又有了重新谈判的意愿；为打破僵局，承包商和项目出资单位财政部对话，向财政部表明了合同目的落空的真正原因和继续合作的良好愿望，最终财政部对承包商提出的合理条件基本予以满足，并责成业主准备合同补充协议。[①] 前述案例中，承包商积极与业主的上级单位沟通，最终使项目起死回生。所以，对承包商来说，不可抗力不单是一种风险，有可能还是一种机遇。在遭遇不可抗力时，承包商应积极应对。

---

① 周天恩.不可抗力实例.国际经济合作，2008（7）。

（五）企业应制定不可抗力应对方案

国内承包商在承接国际工程前或者承接工程后，要对当地的政治环境、自然环境、人文环境进行考察以及尽职调查，评估不可抗力事件发生的概率以及频率。若不可抗力发生概率较高，那么企业应制定不可抗力应对方案，以免不可抗力发生后，因自身应对不力，造成损失扩大，应对方案至少应包含以下方面：

1. 明确各管理层、各部分的职责

企业应在不可抗力方案中，明确当不可抗力发生后，企业以及项目部各个管理层、各部门甚至各人员的职责，包括保障项目相关人员安全的职责、不可抗力发生前的预防职责、资料收集职责、事后索赔、复工等一系列事情的职责。只有责任到人，才能更好地预防和应对不可抗力事件，将自身损失降至最低。

2. 定期组织不可抗力事件的演练

若项目地处不可抗力事件频发地带，如项目所在地为台风多发地，那么项目上就应定期组织不可抗力事件的演练，提高人员面对不可抗力事件的应急反应能力，从而当不可抗力事件真正发生后，及时有效地做出合理反应，降低损失，保障安全。

3. 明确不可抗力事件发生后的处理流程

不可抗力应对方案中应明确当不可抗力发生后，各个部门、各个人的应对流程。一般来说，不可抗力事件发生后的应对流程为：企业立即启动事先准备好的预案，有条理、有步骤地疏散人员；若不可抗力为所在地区的战争、内战、内乱、暴乱、恐怖袭击、罢工等影响中方人员生命安全时，应向当地政府、业主、安全部门报告，并向当地中国驻外大使馆报告；在不可抗力事件进行过程中，应尽最大努力降低财产和人身损失；在不可抗力结束后，应收集资料，统计损失，向业主报告损失，依据合同条款向业主索赔。

（六）利用保险规避风险

与飞速发展的对外工程承包业务规模相比，中资企业境外项目投保比例仍然很低，投保额度严重不足。[①]实际上，中国出口信用保险公司已连续多年发布《国家风险分析报告》以及国家风险评级等，"走出去"企业可以依据分析报告和风险评级初步判断项目所在国的风险高低，进而在风险评估的基础上做出审慎的商业决策，同时可以借助境外投资保险增强自身抵御政治风险等不可抗力的能力。

在进行投保决策时，务必慎重选择保险机构，综合考虑其安全可靠性、服务质量及保险成本等，此外，承包商应仔细研究保险条款，在项目建设过程中与保险人保持沟通，发生风险事件后，应履行及时通知、减损义务，严格按照约定程序索赔。[②]

对于政治风险可以要求项目所在国进行主权担保，对于自然类的不可抗力风险，国内承包商可以购买建设工程一切险，建设工程一切险可以承保工程因自然灾害及意外事故导致的损失，如地震、海啸、雷电、飓风、台风、龙卷风、风暴、暴雨、洪水、水灾、冻灾、冰雹、地崩、山崩、雪崩、火山爆发、地面下陷下沉等。

① 陈得敢.FIDIC施工合同条件下不可抗力事件的风险防范.工程经济，2015（10）。

② 周月萍，周兰萍.如何应对不可抗力导致的国际工程承包合同纠纷？.施工企业管理，2011（5）。

第三节 典型案例分析

一、案例介绍

（一）某发电厂 EPC 建设工程 [①]

1. 项目概况

该 A 发电厂建设工程由 K 国某大型能源生产和输送总公司（甲方）发包，由 H 国某有限股份公司（乙方）承包。甲乙双方基于 FIDIC 合同条件签订总承包合同，合同约定，乙方负责总承包甲方的发电厂建设工程的全部的设计、设备供应、土建施工以及安装。

2. 争议原因

在施工过程中，由于项目所在国国内发生动乱，时局发生重大变故，上述合同在签订后还没有进入施行阶段就中断了，时间长达两年之久。动乱之后，甲方决定要继续实施上述工程项目。在此基础上，甲乙双方就实际情况的变动对之前签订的合同做了修改，合同的总合同报价也提升到 2.3 亿美元。但由于上文所述的原因，整个项目出现了无法预料的变动，即有较多不可抗力事件出现，在甲方决定工程继续实施的时候，实际上整个工程属于仓促上马的状况。这样就直接导致了整个项目的计划和施工准备严重不足，致使在工程项目的实施过程中出现了许多问题。诸如项目的设计资料以及图纸交付过迟、整体施工计划被打乱、施工次序被变更、工程量大幅度增加、材料供应拖延以及施工中出现大量技术、质量问题。上述问题导致整个项目的工期大幅度延长，承包商的成本也随之大幅度增加，但是甲方却不肯增加投入，这使得双方的矛盾越来越突出，并最终导致了激烈的合同争执。乙方向甲方提出了巨额索赔，双方处于长期争议之中。

（二）阳光地产加拿大写字楼项目 [②]

江苏阳光地产公司（乙方）在加拿大温哥华通过竞标获得加拿大豪尔斯集团（甲方）的一座写字楼的设计与施工权。双方在合同中约定：

（1）该工程的设计、施工由江苏阳光地产公司负责，承包商保证其工程质量。

（2）江苏阳光地产公司保证通过加拿大建筑质量工程质量认证。

（3）业主保证按期提供工程款，并负责机械设备、建筑材料的购买。

（4）工期两年，延长一日，罚金 10 万美元。

（5）因合同导致的一切争议，需通过诉讼方式向加拿大法院起诉，并适应加拿大实体法和程序法解决争端。

在施工期间，甲方负责提供的建筑材料与机械设备不能到位，使得工程无法开工。后

---

① 毕颖 . 工程项目中非可控因素导致的索赔问题研究 . 郑州大学 2011 年硕士学位论文。

② 同上。

来得知甲方购买的建筑材料与设备在海上遇到大风暴，延误了期限。当工程移交承包商时，此时工期已经延误了 95 天。乙方提出工期索赔但甲方不同意，认为这是不可抗力造成的，业主不用承担责任。最后认定工期延误了 60 天，对此业主要求扣延期罚金 600 万美元。承包商不同意，双方产生争议，提交加拿大法院审理。加拿大法院根据本国法判承包商败诉，需赔偿业主损失 600 万美元。

（三）中东战争对当地项目的影响 [①]

中东地方政治因素复杂，长期处于不稳定状态，恐怖袭击、战争、戒严等时常发生，由此导致在当地投资项目风险较大。如我国首次在黎巴嫩中标的项目是 2002 年由上海振华港机公司在黎巴嫩重大工程和成套设备进口招标中，以 2270 万元的价格中标贝鲁特港集装箱码头港机采购项目。但是在项目实施不久后，随着黎巴嫩国内战争的爆发，国内局势不稳定，导致项目必须停工，中资企业和人员全面撤离。根据《南方周末》报道："在黎巴嫩的项目，合同上都有'战争条款'，写明因为战事造成的损失，各方如何分担。"姜俊升对记者说，"现在这些'战争条款'可以派上用场了。"因此可以预见的是，中国企业因此遭受的损失比想象中要低。

二、案例启示

（一）合同中明确不可抗力的情形以及责任承担

无论是国内的施工合同示范文本还是 FIDIC 合同条件中，都允许当事人之间约定不可抗力的情形，因此，我国承包商在承接国际工程时，应根据工程所处的环境以及未来可能遇到的不可抗力事由，合理预估未来可能发生的不可抗力事件，对此作出明确的约定，并将不可抗力导致的后果分担约定清楚，最大限度地保障自身权益。

（二）承接工程前对当地进行尽职调查

安全性和营利性是一个国际工程成功的标志，因此工程项目的选择对于海外投标而言是极为关键的环节。在投标工作开始之前，我们必须要对项目的具体情况进行充分的可行性调研，并以此为基础制定出合理的可行的投标策略和方案，以提高中标概率。

一是，了解项目所在地的政治环境，可以通过项目所在地是否有叛乱、政局是否稳定、是否有战争、是否有种族或宗教冲突、与我国及其邻国的关系如何等来判断，避免项目的实施受到政治因素的影响。

二是，重视项目所在地自然风险，如沙尘暴、台风、海啸等自然灾害发生情况。

（三）出现不可抗力事件后积极索赔

在出现不可抗力事件后，承包商一是要采取积极的措施，尽力防止损失的扩大；二是

---

① 南方周末. 中东战火，与中国关联有几多. http://news.sina.com.cn/o/2006-08-10/15099713909s.shtml，2019 年10 月 27 日最后访问。

要收集相关资料证据，充分利用合同约定和相关法律规定，向业主积极索赔，以此降低自身的损失。

（四）善于利用保险规避风险

我国现行的建设工程一切险几乎可以涵盖所有不可抗力中的自然灾害，包括自然灾害和意外事故。自然灾害指地震、海啸、雷电、飓风、台风、龙卷风、风暴、暴雨、洪水、水灾、冻灾、冰雹、地崩、山崩、雪崩、火山爆发、地面下陷下沉及其他人力不可抗拒的破坏力强大的自然现象。意外事故：指不可预料的以及被保险人无法控制并造成物质损失或人身伤亡的突发性事件，包括火灾和爆炸。因此，若工程在易发生自然灾害的地方，承包商应该综合考量，购买符合工程的保险。

（五）充分关注在适用 EPC 承包模式时如何应对不可抗力

目前在国际总承包市场中，许多国际建筑工程业主青睐的 EPC 模式，由于其投资固定、工期短并且质量可靠等优势而备受欢迎。该模式涵盖整个工程，同时风险也比传统模式大很多。业务涉及的范围越广泛，在一般情况下，承包商受到不可抗力影响的可能性就越大。举例来说，如果在一种传统模式下，承包商仅实施建造工作，建造所用原材料由业主指定采购方供应。如果原材料由于海上风暴而未能按期运达，影响了工程进度，根据合同相对理论，有关不可抗力的争议发生在采购方与业主之间，承包方则处于这一争议风暴之外。而在 EPC 模式下，同样的情形下，承包方和业主之间仍存在不可抗力争议，因为此时针对原材料供应事项，承包商是业主的合同相对人。

第十一章

争议解决风险

第一节 争议解决方式风险

一、国际工程争议解决的主要方式

国际工程执行过程中，最主要且受到关注最多的争议是合同争议。争议解决的方式主要有协商、工程师/业主代表确定、争端解决替代方式（Alternative Disputes Resolution，ADR）、仲裁、诉讼等形式，分别论述如下。

（一）协商解决

协商解决一般是指争端问题由业主、工程师和承包商通过共同努力协商解决争议。即由各方根据项目合同文件的规定及有关法律条例，通过友好协商达成一致的解决办法。FIDIC合同条件，特别是2017年的新版合同条件尤为注重将对抗关系转为伙伴关系，并设置了第3.5款［商定或确定］、第3.6款［会议］、第8.4款［提前预警］、第21.3款［争端的避免］、第21.5款［友好解决］等多个条款要求双方在发生争议时先尝试多种方式以友好的态度和方式解决，避免对工程后续实施产生不利影响。

（二）争端解决替代方式

当合同各方无法通过协商解决争端取得一致意见时，为了争取继续以友好方式解决，可由双方协商邀请中间方介入，即争端解决替代方式（ADR）。典型的ADR包括DRB（Dispute Review Board）、DAB（争端裁决委员会）、DAAB（争端避免/裁决委员会）等。国际工程中常用的FIDIC、NEC、JCT、AIA等合同文本中均对争端解决替代机制做了约定，2017版FIDIC合同中即约定了DAAB方式。我国的世界银行贷款项目，如二滩水电站、小浪底水利枢纽工程和万家寨引水工程，都采用了DAB争议解决方式，并取得了良好的效果。[①]

根据FIDIC合同条件，双方就索赔产生争议，无法协商一致时，首先应由咨询工程师或业主代表进行确定。但承包商对此有所疑虑，咨询工程师或业主代表为业主所雇，很可能为保护业主利益而发表有失公允的意见。对此，FIDIC合同条件进一步设置了DAB/DAAB来解决争端，以此来回避咨询工程师或业主代表认定不公平的可能。除此之外，此类争议替代解决程序（ADR）更大的价值在于，相比仲裁和诉讼，更利于创造友好气氛，解决争端，工作过程和方式也更加快捷经济，有利于维护各方商业关系。

FIDIC合同条件将DAAB设为仲裁前置程序，对DAAB裁决发出不满意通知28天后可申请仲裁。这也是FIDIC合同条件的核心原则之一，被明确列入FIDIC最近发布的专

---

① 王海侠，黄齐东.国际工程承包商应对"不可抗力"风险的策略与实务.河海大学学报（哲学社会科学版），2005（1）。

用条件起草的五项黄金原则（2019 年第 1 版）。

（三）仲裁或诉讼

如果通过合同约定的争端解决机制无法解决双方争议的，则可能需要通过诉讼或仲裁来解决争议。在订立合同时，不仅要约定具体权利义务，还应约定争议解决方式。承包商应与业主约定争议解决方式，约定争议管辖法院及准据法，或者约定仲裁机构和仲裁规则，在走入仲裁程序和诉讼程序时，才能根据事先选定的规则充分维护自身利益。

诉讼和仲裁作为常见的两种争议解决方式，一直以来在社会经济活动中起着定纷止争的作用。尤其随着各国不断达成共识，让渡国家权力以签署具有法律约束力的相关国际条约，这使得调解、诉讼和仲裁在具有涉外因素的国际商事活动中也发挥着不可或缺的作用，推动国际商事合作的发展。

诉讼判决的域外承认与执行更多地依赖国家之间的双边或区域性司法协助，全球性的国际条约的影响相对较小，承认与执行的难度和不可预见性较大。相反，仲裁因其不同于诉讼的特点和《纽约公约》等全球性国际条约的签署产生，在国际商事活动中相对更为普遍。

但不可忽视的是，因这两种纠纷解决机制的不同特点及判决和仲裁裁决在他国的承认与执行力度的不同，国际商事活动中不同国籍的当事人在达成一致意见选择争议解决方式后面临的风险也不相同。就此，如何更好地结合具体商事活动及当事人情况判断争议解决方式的风险，在选择争议解决方式之时显得尤其重要。

二、国际条约对争议解决方式选择的影响

（一）诉讼

由于司法体制的差异，关于诉讼判决的承认与执行最早是在区域范围内达成共识，如美洲国家于 1979 年签订的《蒙特维多国家权利义务公约》，以及 1968 年欧洲部分国家就"民商事裁判管辖权及判决执行"在 1968 年与 1988 年分别达成的《布鲁塞尔公约》与《卢加诺公约》。

随着欧共体的解体，欧盟的成立，欧洲在加强各国国民商事司法合作上进一步达成了新的协定，如欧盟理事会于 2000 年 12 月 22 日通过了《关于民商事问题管辖及判决的承认和执行的条例》，并于 2009 年启动了重订工作，重订条例于 2015 年 1 月 10 日起在所有欧盟成员国适用。

但以上区域性公约都仅在有限的区域范围及有限的成员国之间适用，就全球性范围的诉讼判决的承认与执行，现行各国达成的国际条约还处于初步阶段，条约的适用与更新还有待推动 [1]。目前已生效的全球性条约主要为《选择法院协议公约》，为涉外协议当事人创设选择管辖法院机制。

---

[1] 2019 年 7 月 2 日完成谈判通过的《承认与执行外国民商事判决公约》，有待生效。

（二）仲裁

最早的仲裁类公约为 1927 年在《日内瓦协定》基础上签署的《日内瓦仲裁裁决执行公约》。为推动国际仲裁裁决在各主权国家/地区的承认和执行，以维护仲裁裁决的结果，在第二次世界大战之后，世界局势相对平稳，经济逐步复苏，各大国谋求经济发展的背景下，1958 年在联合国国际仲裁商业会议上，24 个国家签署了《承认和执行外国仲裁裁决的公约》（又称《纽约公约》），之后陆续有其他国家通过批准加入或继承等方式成为《纽约公约》的缔约国，最新加入的两个国家为佛得角共和国与苏丹共和国，至此全世界已有159 个国家是《纽约公约》的缔约国。

除全球性的公约外，欧洲和美洲也签署了区域性的仲裁类公约，分别是 1961 年 4 月21 日在日内瓦签订的《欧洲国际商事仲裁公约》（自 1964 年 1 月 7 日起生效）及 1975 年 1月 30 日在巴拿马签署的《美洲国家国际商事仲裁公约》（自 1976 年 6 月 16 日起生效）。

较之于上述适用于不同国家的国民之间的仲裁条约，还有一类发生在东道国与他国国民之间的仲裁也是属于国际仲裁的范畴，与此类仲裁相关的公约为世界银行于 1965 年主持制订的《解决国家与他国国民间投资争端公约》（又称《华盛顿公约》），主张以仲裁方式解决国家与他国国民之间的投资争端，使得那些没有双边投资保护协定的国家或国民，可通过协议将争议提交到国际投资争端解决中心（ICSID）解决。

上述仲裁类公约使得国际仲裁在缔约国范围内得到了其合法的国际法依据，其中作为影响力遍及世界绝大部分国家地区的《纽约公约》，更是从仲裁裁决承认与执行这一纠纷解决末端推动了整个国际仲裁的发展。

三、不同争议解决方式的风险分析

（一）诉讼

1. 审判人员对国际工程纠纷的处理是否专业存在不确定

相较于仲裁中可以由当事人自由选择精通国际工程的专家作为仲裁员，诉讼中审判人员则是由法院组成合议庭时直接确定的。因为国际工程争议涉及法律、工程技术、项目管理等多方面的问题，只有具备该领域较强专业能力的人员才能更好地审理纷繁复杂国际工程案件，作出合法、合理、合情的裁判结果。所以对于无法提前预知案件审理人员及其专业性的诉讼，国际工程纠纷的当事人可能会承受因此败诉或者获得不合理判决的风险。

2. 纠纷涉及多国当事人，诉讼地可能存在地方保护

国际工程合同中，如果选择法院管辖，通常都是工程所在地法院①。如工程纠纷当事人中一方是工程所在地的发包人或承包商，加之国际工程纠纷所涉标的额较大，那么在工程所在地法院进行诉讼，对于他国当事人而言，法院可能会基于地域保护，影响案件裁判的公正性。

---

① 因工程建成后固化为不动产，在一些国家国内法中对不动产相关纠纷提起的诉讼，由不动产所在地法院管辖。

3.语言障碍

与当事人可自由选择仲裁语言不同的是，诉讼审理过程中审判人员通常是使用该国官方语言进行审理，虽然会为有需要的当事人及外国律师配备语言翻译，但语言转换之间很大程度上存在理解上的偏离。

4.外国判决可能在他国不能得到承认与执行的风险

目前已生效的涉及外国民商事判决承认与执行的全球性国际条约，仅有《选择法院协议公约》。该公约第八条第一款规定了"排他选择法院协议指定的缔约国法院作出的判决，应当根据本章规定在其他缔约国得到承认与执行。承认或者执行仅可根据本公约规定的理由拒绝。"但截至2019年7月8日，《选择法院协议公约》的缔约国仅32个 [①]，且大都集中在欧洲国家及美国、澳洲、中国 [②]。从公约的适用面上来看，外国判决的承认与执行还是大都依赖于国家之间相关的承认与执行司法协助协定，但签订了民商事司法协助协定的国家间，对于承认与执行他国判决达成共识占比也很少。[③]

并且，《选择法院协议公约》缔约国之间也并非所有外国判决都能得到承认与执行。首先，《选择法院协议公约》有其适用范围：

（1）第一条第二款从"无涉外因素"角度反向对"国际性"有细致的描述，如果"当事人都居住在同一缔约国，并且当事人的关系以及与争议有关的其他因素都只与该国有关"，则无论"被选择法院处于何地"，都不具有"国际性"。

（2）第三条第（一）项则要求当事人必须在缔约国范围内选择法院。

（3）公约不予适用的排他性选择法院协议事项更为细致，除消费者保护、雇佣劳务、抚养、婚姻、继承，还包括破产、运输、海事、反不正当竞争、核损害、人身伤害、财产损害、不动产权、知识产权等。

该公约也规定了缔约国可拒绝承认与执行外国判决的情形，对于落入这些情形内的外国判决无法依据《选择法院协议公约》得到承认与执行。与《纽约公约》相似的是，上述情形中也有"与被请求国的公共政策明显相悖"，因"公共政策"的界定不明晰，此情形存在兜底的嫌疑。

（二）仲裁

1.约定的仲裁条款效力瑕疵

仲裁协议是仲裁得以进行的首要前提，纠纷当事人就争议事项达成一致提交仲裁机构或进行临时仲裁的协议赋予了仲裁机构或仲裁员对纠纷事项的管辖权。但如果仲裁协议存在以下情形，可能导致仲裁协议存在瑕疵：

（1）达成仲裁协议的当事人不具备相应民事行为能力。

[①] 参见：https://www.hcch.net/en/instruments/conventions/status-table/？cid=98（查询日期：2019年7月8日）。

[②] 中国于2017年签署了《选择法院协议公约》，但该公约尚未在中国生效。

[③] 截至2019年4月30日，中国已经与131个国家和30个国际组织签署了187份共建"一带一路"合作文件，其中与中国已签署民商事司法协助协定且该协定生效的国家仅32个。（"一带一路"合作文件签署国的数据来源：https://www.yidaiyilu.gov.cn/gbjg/gbgk/77073.htm，查询日期：2019年7月18日。其中，32国的数据来源：外交部官网—条约数据库—键入"司法协助"。http://treaty.mfa.gov.cn/Treaty/web/list.jsp？nPageIndex_=1&keywords=司法协助&chnltype_c=all，查询日期：2019年7月18日）。

（2）仲裁的争议事项并非真实存在的，而是虚假编造的，对于当事人虚构争议进行仲裁得到的裁决是无效的。

（3）纠纷当事人未对提交仲裁解决达成合意，如提交仲裁的行为仅是单方意志，则仲裁机构或仲裁员自始无争议管辖权。

（4）提交仲裁的争议事项须是不可仲裁的，按照仲裁准据法，仲裁协议约定的仲裁事项是不可仲裁的，则该仲裁协议会被认定为无效。

（5）仲裁协议未选择仲裁机构（仲裁员）及仲裁规则，部分国家国内法规定未明确选择仲裁机构和仲裁规则的仲裁协议无效。

（6）仲裁协议未选择仲裁适用的法律而根据仲裁地法律确认仲裁协议无效的。

2. 仲裁的范围有限

就仲裁的范围而言，《纽约公约》及大部分国家国内法均排除了部分事项，如对于涉及婚姻、抚养、继承、消费者保护、雇佣劳务等方面的争议，是不可仲裁事项。换言之，当事人并非可以通过仲裁解决所有纠纷，就算是达成一致将这类纠纷提交仲裁，因为与《纽约公约》冲突，仲裁机构／仲裁员也无法就此当然享有仲裁管辖权。

3. 仲裁费用或仲裁时间超过预期

对于机构仲裁，除支付仲裁员费用外，还需支付仲裁机构管理费用，两笔费用的费率相比诉讼费普遍都贵很多，再加上国际工程纠纷的标的额普遍较大，仲裁费用的支出也是当事人选择仲裁解决争议需考虑的风险成本。此外，对于仲裁时间，因仲裁程序不似诉讼程序需要历经几审，且仲裁期限也相对灵活，对于法律关系较为简单，争议点不复杂的案件，仲裁一般都能快速得到裁决。但国际工程业务中，当事人一般提起的工期索赔、质量索赔、造价索赔等有时需要辅之以鉴定才能解决专业问题，在此期间争议各方还会存在不断递交各种材料和证据的情况，这会在一定程度上导致仲裁时间的不断延长，造成争议当事人对仲裁时间无法把控。

4. 一裁终局且或裁或审

仲裁一裁终局且排斥诉讼的特点，虽在一定程度上让仲裁避免了因不断上诉而久审不决的情况，但对于部分仲裁中因法律适用错误或论证错误得到的非公平裁决，一裁终局的特点也只能让当事人接受此裁决结果。虽然仲裁员的专业水平值得当事人信赖，但对于此种风险的避免也非万无一失。

5. 仲裁裁决可能无法得到承认与执行

在仲裁裁决不能由当事人主动履行时，就需要通过承认和执行来保证其强制约束力。虽然纽约公约已经在 159 个国家和地区生效，但是一方面仍有部分国家和地区并未在其列，另一方面即使承认与执行所在国属于《纽约公约》的缔约国，也存在多种可能导致仲裁裁决不能得到承认和执行。详见本章第三节论述。

6. 东道国与外国投资者纠纷的 ICSID 仲裁前提"用尽当地救济"的不确定性

如果外国投资者与东道国政府协商一致将他们之间的纠纷提交到 ICSID，按照《华盛顿公约》，ICSID 享有仲裁管辖权还需该纠纷满足"用尽当地救济"这一前提。然而对于是否"用尽当地救济"，各国国内的规定均有不同，有的是在东道国寻求救济 6 个月无法解决即为用尽，有的则是需要走完东道国国内所有程序而不论期限，这就使得 ICSID 开始仲裁具有不确定性。

承包商可以利用 ICSID 国际投资争端解决中心和国际商事争端解决机制来解决投标风险事件。以哈萨克斯坦为例，为哈萨克斯坦境内审议裁决国际投资争端，哈萨克斯坦将专门设置国际投资争端解决中心——国际金融法庭，并在哈萨克斯坦最高法院建立专项小组，在国际法的基础上由外国法官审议有关案件。同时，还将成立由国际和国内专家组成的国际协商委员会①。哈萨克斯坦是《华盛顿公约》和《纽约公约》的签约国，因此符合条件的国际仲裁机构裁决可以在哈萨克斯坦得到承认和执行。除此之外，中哈两国签有《民事和刑事司法协助的条约》，这进一步提升了中国投资者在哈萨克斯坦投资的司法保障。

再比如，波兰已加入《纽约公约》，因此符合规定的外国仲裁裁决可以依据该公约在波兰得到承认和执行。但由于波兰非《华盛顿公约》缔约国，中国企业与波兰政府间的投资争端只能通过 ICSID 协助程序来解决。ICSID 审理过 3 个涉及波兰的投资纠纷，遗憾的是具体案由未对外公布。截至目前，中国投资者在波兰未出现与当地企业及政府间的投资纠纷。中波之间签有《互相鼓励和保护投资协定》，根据该协定的约定，中资企业在波兰投资的，波兰给予中资企业公平的待遇及保护，并且保证不低于给予任何第三国投资者。

承包商也可以采用诉讼的方式来解决纠纷，因一般约定管辖的法院都是项目所在国法院，即便管辖法院是项目所在国以外国家的法院，外国法院的裁判是否能在项目所在国被承认与执行也不一定，故这种方式一般风险较高且不易取得有利结果。以斯里兰卡为例，斯里兰卡的司法审判机关分为终审法院、上诉法院、高级法院和地区法院。斯里兰卡司法效率较低，商事案件一般要 2～3 年才能做出终审判决，案件存在一定量的超期和积压。而且，斯里兰卡存在干预司法、有法不依的现象。英格兰高等法院的判决在斯里兰卡具有强制力，除此之外，其他外国法院的判决在斯里兰卡均无强制执行力，其他外国法院判决涉及的案件必须要经过斯里兰卡法院重新审理，但外国法院的判决可以作为证据在审理中使用。

第二节　向外国政府索赔的风险

国际工程项目不仅涉及平等私人主体之间的合作，私人投资者直接参与东道国政府投资的国际工程项目的情况也非常常见。在该种情况下，若在合作中发生纠纷，私人投资者面对的维权对象将是具有公权力的东道国政府，目前，解决一国政府与他国国民之间的争议已成为国际工程领域广泛关注的重点。除了合同纠纷外，东道国政府的征收、国有化以及处罚等措施也会引发投资人（承包商）向政府索赔的情况。

为了满足"一带一路"背景下国际商事会议争议解决的需要，推动中国仲裁的进一步

---

① 中华人民共和国驻哈萨克斯坦共和国大使馆经济商务参赞处.哈萨克斯坦最高法院称将在阿斯塔纳建立国际仲裁中心.http://kz.mofcom.gov.cn/article/jmxw/201506/20150601003963.shtml，2019 年 10 月 27 日最后访问。

国际化，我国深圳国际仲裁院（深圳仲裁委员会）2016年版仲裁规则[①]将"一国政府与他国投资者之间的投资争议仲裁案件"列入受案范围，这是中国境内的仲裁机构首次将此类争议纳入仲裁的范围，具有里程碑的意义。

一、索赔原因

"一带一路"的沿线地区主要为发展中国家，"一带一路"范围内的国际工程项目主要包括交通、水电、通信等基础设施建设项目，其中大多数项目又属于政府组织建设项目或国际援建项目，具有强烈的政治色彩。在此背景下，国际工程项目投资者与东道国之间发生索赔，可能源于政治动荡、行政管理行为、政府违约行为等，具体分析如下。

（一）政治动荡

国际工程投资者所在国与东道国政治环境发生变化、东道国政局不稳定将给投资企业带来经济风险。"一带一路"沿线的国家大多数处于"国家转型期"，即国内新旧体制在升级转型的过程中，伴随着"民主改造"，这些国家的社会往往动荡不安，加上旧有体制的惯性，极可能导致政治失序，政局动荡。[②]又由于"一带一路"沿线国家国际工程项目大多带有政治色彩，当发生政治动荡时，这些工程项目将会首当其冲，成为政治的牺牲品。政治动荡导致的风险分为两类，一类是东道国本身政治环境不稳定而产生的风险，另一类是东道国与他国之间存在武装冲突而产生的风险。

例如，泰国因为其优越的地理位置成为我国"一带一路"重要的支点国家，但由于历史原因，泰国内部军事力量活跃，政治环境较为复杂。例如本书第三章第四节所述的泰国"仁爱屋"工程[③]，即是由于政治动荡导致的向政府索赔的典型案例，具体内容详见本书第三章第四节。

故在进行国际工程项目风险识别时，需要对政治动荡的东道国的项目谨慎做好风险测算，避免类似情况的发生。

（二）征收及国有化措施

征收指一国政府基于公权力的作用，依法定程序取得特定私有物品，并给予当事者相当补偿的行为。通常在双边或多边贸易协定中均会对东道国征收行为进行约定。如1998年中国—马来西亚 BIT[④] 第五条约定除非符合特定的条件，"缔约任何一方都不应对缔约另一方投资者的投资采取任何征收、国有化措施或其效果相当于征收或国有化的任何剥夺措施"，征收措施"必须伴有公平合理的补偿规定""补偿应按征收公布或为公众知道前

---

① 《深圳国际仲裁院仲裁规则》（2016年版）："第二条受案范围……（二）仲裁院受理一国政府与他国投资者之间的投资争议仲裁案件"。

② 黄雯．中国企业对"一带一路"沿线国直接投资的国家风险研究．北京：经济科学出版社，2017：82。

③ 商务部中国国际工程咨询协会．中国工程承包企业海外经营风险——基于风险案例的分析．http：//caiec. mofcom.gov.cn/article/jingmaotongji/201705/20170502567422.shtml，2019年7月9日最后访问。

④ 中华人民共和国政府和马来西亚政府关于相互鼓励和保护投资协定。

一刻投资的市场价值为基础计算"；2006 年中国—巴基斯坦 BIT[①] 第四十九条、2008 年中国—新西兰 BIT 第一百四十五条[②] 中也存在类似的约定。

尽管如此，近年来东道国政府的征收行为越来越少地表现为直接对财产的剥夺，而是以"间接征收"的形式出现，使得在索赔过程中对东道国政府的行为属于"征收"行为存在证明上的困难。间接征收是通过对投资者的预期、产权的适用产生影响，使投资者对财产的利益归于无效。[③] 此外，仲裁实践中还衍生出"蚕食性征收"（Creeping Expropriation）。所谓蚕食性征收，也称逐渐征收，属于间接征收的一类形态，其最初的含义系指东道国政府和外国投资者通过契约约定，投资者在一定的年限内，按一定比例分期将其所有权逐步转让给东道国政府或东道国国民，使得东道国乙方的持股比例达到 51% 以上，乃至全部转让。[④] 在间接征收的情形下，尽管投资财产仍归属于投资者，但政府干涉并严重影响了投资者对财产的使用权，或致使投资财产的价值贬损。[⑤] 在"间接征收"的情形下，东道国政府往往会设置相应的法规，使得"间接征收"符合法律规定，因此对于"间接征收"中的投资者保护在实践中很难做到有统一的标准。对此，Vigo top Limitedv Hungary[⑥] 一案中，ICSID 仲裁庭确立了以"三步走"的标准判断"征收是否存在"。[⑦]

（1）国家终止合同的行为是否是以主权能力行事。

（2）国家中止合同的行为是否具备充分的合同理由。

（3）国家是否以合法的方式行事。

根据以上三个条件的具体情形判断东道国是否存在征收行为。

（三）政府违约

此处的政府违约又称为合同违约风险，通常指政府部门或能够代表政府部门签订合同的机构违反与外国投资者签订协议的行为，[⑧] 此处的政府违约，通常不包含政府由于政治不稳定因素以及政府基于行政管理的权利而导致对契约的违反，但是在大多数情况下，政府违约行为产生的原因往往能够追溯到政治事件以及行政管理行为，他们之间可能会发生竞合。最直接的例子就是上面提到的泰国"仁爱屋"工程合同因为政权的更迭而被新政府直接否认的情形。另外，在西方石油公司与厄瓜多尔政府一案中，厄瓜多尔政府因西方石油公司未经过政府当局要求的审批程序而擅自转让合同权益最后被政府单方面宣布终止合同，该种看似"违约"的行为，在 ICSID 仲裁过程中被认定为是间接征收。

① 中华人民共和国政府和巴基斯坦伊斯兰共和国政府自由贸易协定。

② 中华人民共和国政府和新西兰政府自由贸易协定。

③ 蔡从燕，李尊然. 国际投资发生的间接征收问题. 北京：法律出版社，2015：36。

④ 石俭平. 国际投资条约中的征收条款研究. 上海：上海社会科学院出版社，2015：104。

⑤ 张建. 国际投资仲裁中东道国终止合同行为兼评 Vigotop 诉匈牙利仲裁案. 邢台学院学报，2017，32（1）。

⑥ ICSID Case No.ARB/11/22，Award。

⑦ 张建. 国际投资仲裁中东道国终止合同行为兼评 Vigotop 诉匈牙利仲裁案. 邢台学院学报，2017，32（1）。

⑧ 栗亮，陈华清. 跨境投资风险控制与政治风险保险. 北京：中国经济出版社，2018：12。

二、索赔方式和风险

（一）友好协商

协商是解决国际争议最基本的方法之一，也是国际工程争议解决途径中合作方优先选择的方式。相较于其他争端解决途径，友好协商的成本更低，同时更有利于维护争议双方的关系，利于投资活动的继续进行。但是当争议双方分歧很大已经无法调和时，协商往往难以解决。为了提高解决纠纷的效率，一些国家的 BIT 中对协商附上了期限，如 2006年中国—巴基斯坦 BIT[①] 第五十三条第一款约定"缔约方之间关于本章的解释或适用的任何争端应尽可能通过外交途径协商解决"，第二款约定"如争端在六个月内未能通过协商得到解决，应缔约任何一方的请求，应将争端提交专门仲裁庭"。2008 年中国—新西兰BIT[②] 第一百八十六条第一款约定"双方应当尽力通过磋商就所有事项达成双方满意的解决方案。各方应当就任何影响本协定的执行、解释或者适用的问题充分地与另一方磋商。任何分歧应当尽可能地通过双边磋商加以解决。"第三款约定"如一方提出磋商要求，另一方应当在接到要求之日起 10 日内做出书面答复"，涉及易腐货物，应自收到磋商要求之日起 15 日内达成解决方案，其他情形下应当于 30 日内达成解决方案。

（二）东道国当地救济

东道国当地救济是指将争议提交东道国的行政或司法机关根据东道国的法律解决投资争议，包括在东道国国内采用行政、司法、仲裁等多种方式寻求救济。根据属地优先和主权平等原则，东道国对本国境内发生的投资争议享有当然的管辖权，[③] 在此情况下，采用东道国当地救济的手段解决争议不受国家主权豁免的影响，但是对于国际工程投资者来说，采用东道国当地救济的方式存在着诸多担忧。由于东道国或其代表机构与负责解决纠纷的国内法院、行政部门之间可能存在着行政管理上的关系，东道国国内救济的高保护主义色彩不可避免，越是对行政、司法体制不成熟的国家而言，东道国法院或行政机构在解决纠纷的过程中就越容易欠缺中立性，国际工程投资者的合法权益也就越难以保障。正如本节第一部分中所述，"一带一路"背景下的国际工程项目东道国往往是处于"社会转型期"的国家和地区，政治环境的不稳定往往伴随着行政、司法体制的不健全，使得国际工程投资者难以通过东道国国内救济手段获得应有的赔偿。另一方面，经济不发达国家、地区司法行政资源及人才匮乏，可能会出现案件积压的现象，使得争议不能得到及时有效的解决。

尽管采用东道国国内救济的手段存在着诸多弊端，但从东道国的角度来说，其并不希望第三方对自己的主权行为进行过多的干涉，因此在国际工程中往往尽力排除任何国际及国外争议解决方式的适用，在法律或者双边条约中要求适用用尽当地救济原则（exhaustion of local remedies）。用尽当地救济原则是指外国投资者与东道国政府或企业、

---

① 中华人民共和国政府和巴基斯坦伊斯兰共和国政府自由贸易协定。

② 中华人民共和国政府和新西兰政府自由贸易协定。

③ 张梦媛.中国高铁境外投资争议解决机制研究.观察探索，2018（10）：86。

个人发生争议时，应将争议提交东道国的行政或司法机关按照东道国的法律予以解决，在未用尽东道国的法律对该争议仍然适用的所有救济手段之前，不得寻求国际程序解决，该外国人的本国政府也不得行使外交保护权，追究东道国的责任。[1] 在实践中，各国原则上并不否认当地救济原则的可适用性，但大多数国家也会认可当国内救济不存在或虽然存在但并无实效时，可以不予适用用尽当地救济原则。该原则的适用存在两种主要例外：

（1）东道国出现拒绝司法的情况或东道国的有权管辖机关作出最终决定又不存在任何上诉机会时，当地救济视为已经用尽。

（2）当地救济规则被东道国所放弃。[2]

随着经济全球化的发展，许多国家逐渐意识到适当地放弃用尽当地救济原则更有利于吸引外国投资，同时又不至于对东道国带来明显的伤害。于是，一些国家开始对用尽当地救济原则的适用程度进行调整，一些国家并不要求用尽当地救济作为提交国际层面解决的前提条件。如卢旺达对明确持有卢旺达和出口促进机构相关证明的外国投资者，允许其将争议提交国际仲裁而不要求用尽当地司法程序。一些国家、地区适用"有时限的用尽当地救济原则"，如《非洲投资示范法》第10条规定了国际仲裁的适用前提，包括"自发出书面通知该争议的存在之日起三十日内未能友好解决，争议当事方可以达成统一将争议提交这些规则下协商或调解解决：投资争议解决中心，国际商会，或者任何为当事方所统一的其他调解中心规则，或者当事方同意的其他任何规则""如果任一方当事人拒绝协商或调解程序，或者调解程序失败，或者应任一方当事人请求终端，则争议应当以仲裁方式解决"。

（三）要求己方政府为其利益进行外交保护

外交保护（Diplomatic protection）是指一国对于另一国的国家不法行为给属于本国的自然人或法人造成损害，通过外交行动或其他和平解决手段追究另一国的责任，以期使该国责任得到履行。外交保护是一项主权行为，国际工程投资者母国根据国家属人优越权（Personal supremacy），即"属人管辖权"得以实行。王铁崖先生所著《国际法》指出：外交保护是"一国对于其国民所实行的保护"。[3] 如果一国国民受另一国违反国际法行为的侵害而通过通常途径得不到解决，国家为其国民采用的外交行动，该国实际上主张自己的权利——保证国际法规则受到尊重的权利。

外交保护的行使方式大体上分为外交行动和司法行动。外交行动包括向不法行为国提出交涉或抗议，为解决争端要求进行调查或谈判等。司法行动包括诉诸国际法院等国际司法机构或其他国际仲裁机构。实行外交保护需要满足以下条件：

（1）在外交保护期间被保护人持续拥有保护国的国籍。

（2）被保护人受到侵害是由于东道国的国家不法行为所致。

（3）遵循"用尽当地救济原则"。

相较于投资者在争端解决中以私人的力量与东道国进行抗衡而言，外交保护以投资者母国与东道国进行抗衡，淡化了争端双方私主体与公权力主体之间的差异，具有一定的优

---

① 兰花.用尽当地救济原则与国际投资争议解决.河南省政法管理干部学院学报，2002，6（总75）：104。

② 余劲松.国际投资法.北京：法律出版社，1994：348-349。

③ 王铁崖.国际法.北京：法律出版社，2004。

势，但与此同时，也存在一些弊端。外交保护实际上已经将投资者与东道国之间的纠纷上升到国家与国家的层面，投资者在外交保护中不再是可以独立主张权利的主体，且容易引起政治的争议，这也使得外交保护启动门槛较高。当投资者权益受到东道国的侵害时，投资者母国依据投资者的请求，根据与东道国双边关系、国际政治环境等各种因素，决定是否采取外交保护手段，并自行决策采用何种外交手段、何种交涉理由以及寻求何种程度的救济。当外交保护程序启动，投资者只能被动地接受外交保护的后果，而没有选择的权利，即使投资者母国在这个过程中放弃或者妥协，投资者都必须接受。从这个角度来说，投资者寻求其本国外交保护的意愿也不高。

（四）国际仲裁

国际仲裁在解决一国国民与他国之间的争端方面具有一定的优势性。一方面，仲裁机构作为第三方进行裁判相对较为中立，投资者与东道国政府在争议解决中的主体地位差异最大限度地被淡化。相较于采用东道国当地救济的手段而言，可有效避免东道国国内法院及行政机关因为政治因素而导致的公正性缺失。另一方面，相较于外交保护手段，国际仲裁更具主动性，争议双方在合作开始时对仲裁的适用具有一定的自主选择权，在争议发生之时可以亲自参与到仲裁过程中，也可以尽可能少地受到外交保护中政治因素的影响。由于国际仲裁是基于国内法或国际条约进行，其裁决结果具有法律约束力，国家不履行裁决应当承担相应的国家责任。现行解决东道国政府与他国国民之间争议的国际仲裁主要有以下几种。

1.《解决国家与他国国民间投资争议公约》(《华盛顿公约》)

《解决国家与他国国民间投资争议公约》(Convention on the Settlement of Investment Disputes Between States and Nationals of Other States) 是 1965 年 3 月 18 日世界银行起草的关于解决投资者与东道国投资争议的程序性规则，又被称为《华盛顿公约》，此公约规定了调解和仲裁的程序规则，同时依据《华盛顿公约》设立了国际投资争端解决中心 (ICSID, International Centre for Settlement of Investment Disputes，以下或简称为"中心")，为各缔约国和其他缔约国的国民之间的投资争端提供调解和仲裁的便利。ICSID 是世界上第一个专门解决国际投资争议的仲裁机构，也是目前最重要的国际投资仲裁机构，全球投资仲裁争议解决中占有很重要的地位。截止至今，《华盛顿公约》已经有 154 个缔约国及 9 个成员国[①]，ICSID 仲裁成为了解决东道国和外国投资者投资纠纷的最主要的方式。我国在 1990 年 2 月 9 日签署《华盛顿公约》，1993 年 2 月 6 日该公约对我国正式生效。目前，我国在与缅甸、以色列、土耳其、也门、沙特阿拉伯、巴林、印度、乌兹别克斯坦、俄罗斯、立陶宛、拉脱维亚、塞尔维亚、罗马尼亚、马其顿等"一带一路"国家的 BIT 中均约定了缔约一方投资者与缔约另一方之间产生的争议可以以 ICSID 仲裁的方式解决。

作为解决他国国民和东道国政府之间争议的主要途径，ICSID 仲裁得益于《华盛顿公约》及《ICSID 仲裁规则》具有很大的优势性，主要表现为以下特点。

（1）对 ICSID 仲裁管辖的同意不可撤销。根据《华盛顿公约》第二十五条第一项，

[①] International Centre for Settlement of Investment Disputes，网址：https://icsid.worldbank.org/en/Pages/about/Database-of-Member-States.aspx，2019 年 7 月 8 日最后访问。

ICSID 的管辖适用于缔约国（或缔约国向中心指定的该国的任何组成部分或机构）和另一缔约国国民之间直接因投资而产生并经双方书面同意提交给中心的任何法律争端。当双方表示同意后，任何一方不得单方面撤销其同意，[①] 双方一经表示同意即意味着对管辖豁免的放弃，不得再以类似理由进行抗辩。

（2）公约的排他性管辖。《华盛顿公约》第二十六条规定，"除非另有规定，双方同意根据本公约交付仲裁，应视为同意排除任何其他救济方法而交付上述仲裁。缔约国可以要求已用尽该国行政或司法救济作为其同意根据本公约交付仲裁的条件。"该条款意味着选用 ICSID 仲裁即意味着对其他争议解决方式的放弃，避免了双重救济。

（3）ICSID 的仲裁程序不受仲裁地的程序法的影响。根据《华盛顿公约》第四十四条第一款，除双方另有约定外，ICSID 中心仲裁的程序应当依照《华盛顿公约》及《ICSID 仲裁规则》进行。第四十四条第二款："如发生任何本节或仲裁规则或双方同意的任何规则未做规定的程序问题，该问题应由仲裁庭决定。"在此基础上，可以最大限度地保持仲裁庭的独立性及自主性。

同时，ICSID 仲裁存在如下风险。

（1）ICSID 不排除"用尽当地救济原则"的适用。根据《华盛顿公约》第二十六条，适用 ICSID 仲裁并不构成对"用尽当地救济原则"的适用，缔约国可以要求已用尽该国行政或司法救济作为其同意根据《华盛顿公约》进行仲裁的条件。在此情况下，即使投资者母国与东道国均为《华盛顿公约》的缔约国，当东道国要求在提交 ICSID 仲裁之前应当用尽东道国当地的救济，在这种情况下，投资者仍面临着需要选择东道国国内救济手段的风险。

（2）提交 ICSID 并不意味着放弃执行管辖的豁免。即使一国提交 ICSID 仲裁意味着放弃管辖豁免，但并不意味着对执行管辖的豁免。因此，一项裁决即使是在签署了华盛顿公约的国家做出，也不保障可以实际获得赔偿。

（3）东道国宣告对条约终止适用的风险。在发生争议之时，东道国可能宣告对条约的终止适用。南美的厄瓜多尔先于 2007 年 11 月宣布排除 ICSID 仲裁对其本国内石油、天然气、矿产争议的管辖，随后又于 2009 年宣布全面终止《华盛顿公约》的适用（该废止于 2010 年 1 月生效）。

2. 联合国经济贸易委员会仲裁

联合国经济贸易委员会（UNCITRAL）仲裁规则下的仲裁监理管辖权的要求仅有一个，即在合同、条约或内国法中存在同意将争议提交 UNCITRAL 仲裁的仲裁条款。《UNCITRAL 仲裁规则》本身并不包含更多的管辖权障碍。由于作为临时仲裁的 UNCITRAL 仲裁庭缺乏一个预先存在的用于支持仲裁行政事务的常设机构，当仲裁审理程序因一些难以预料的情况而无法进行时，例如一方当事人拒绝任命仲裁员，或仲裁员受到异议，或仲裁庭本身消极待命等情况，缺乏常设机构辅助的临时仲裁庭，便无法介入某些特定程序问题或协助当事人，从而确保仲裁程序的顺利进行。

在仲裁程序上，UNCITRAL 仲裁规则与 ICSID 仲裁规则并没有太大的区别，两者之间的差异主要体现在裁决的执行层面。联合国国际贸易仲裁委员会规则下的仲裁裁决必须由当地法院按照《承认及执行外国仲裁裁决公约》来承认和执行。《华盛顿公约》第五十三

---

① 《关于解决各国和其他国家的国民之间的投资争端的公约》第二十五条第一项。

条到第五十五条规定缔约国必须将 ICSID 的仲裁裁决视为本国法院所做之判决一样执行，即使败诉方也没有机会在本国法院挑战该裁决。

第三节　执行风险

一、仲裁裁决被拒绝承认与执行的风险

（一）被申请法院无执行管辖权

国际商事仲裁裁决的承认和执行，是指一国法院允许某项涉外商事仲裁裁决所确认的当事人的权利和义务在该国境内发生法律效力，并在此基础上依该国法定程序予以强制执行。虽然《纽约公约》中并未将"无执行管辖权"作为拒绝和承认外国仲裁裁决的理由之一，但是部分国家国内立法或出于正当程序的要求，对外国裁决的承认与执行均提出了管辖权的要求。

如在美国，"作为国内程序性规则，美国法院有权依据本国的程序性规定拒绝确认外国仲裁裁决。对人管辖权、事项管辖权、不方便法院原则、国家豁免均是美国国内立法或判例所确定的程序规则，在美国申请确认外国仲裁裁决，原告必须证明法院具有对人管辖权、事项管辖权，而且受理案件的法院并非不方便法院。"[①]

而在我国，依据《民事诉讼法》第 283 条的规定，国外仲裁机构的裁决，需要中华人民共和国人民法院承认和执行的，应当由当事人直接向被执行人住所地或者其财产所在地的中级人民法院申请。也就是说，因被执行人住所地或者财产所在地在我国境内这一连接点，我国法院方才享有执行管辖权。反言之，如被执行人住所地不在我国境内，被执行人在我国境内也无可执行财产，则我国法院无法对外国裁决予以执行。

（二）被申请法院无执行依据

对外国仲裁裁决的承认与执行关乎一国司法主权，各国一般会在有关国家之间存在多边条约、双边条约或互惠关系的前提下，对外国仲裁裁决予以承认与执行。以我国为例，我国《民事诉讼法》第 283 条即规定，"国外仲裁机构的裁决，需要中华人民共和国人民法院承认和执行的，应当由当事人直接向被执行人住所地或者其财产所在地的中级人民法院申请，人民法院应当依照中华人民共和国缔结或者参加的国际条约，或者按照互惠原则办理。"据此，向我国法院申请执行外国仲裁裁决的，须依照我国缔结参加的国际条约，或按照互惠原则。鉴于各国对互惠原则的尺度把握不一，仲裁裁决依互惠原则获得承认与执行存在较大的不确定性，故若执行地所在国与有关国家之间并未就承认与执行外国仲裁裁决达成多边条约或双边条约，则被申请法院可能因无执行依据无法对外国仲裁裁决予以

---

① 李庆明.美国联邦法院确认外国仲裁裁决的管辖权问题——以涉及中国政府的两个案例为例.国际法研究，2015（3）：82。

承认与执行。

（三）《纽约公约》下仲裁裁决的执行风险

目前就外国仲裁裁决的承认与执行问题，最为重要的多边条约就是《纽约公约》，该公约现已在多达159个国家和地区生效。故下文将重点分析适用《纽约公约》下仲裁裁决的执行风险。

1. 不属于公约适用对象

《纽约公约》第一条对公约的适用范围做出了明确约定，"仲裁裁决，因自然人或法人间之争议而产生且在申请承认及执行地所在国以外之国家领土内作成者，其承认及执行适用本公约。本公约对于仲裁裁决经申请承认及执行地所在国认为非内国裁决者，亦适用之。"显然，该条规定的公约适用对象包含两类：一是"外国裁决"；一是"非内国裁决"。《纽约公约》中的"外国裁决"是指在被申请承认和执行地所在国境外作出的裁决，但是由于各国对仲裁裁决的国籍判断标准不同，并非统一采取"仲裁地"标准，如按照德国采取的"程序理论"，依据德国仲裁法作出的裁决才被认定为德国裁决，故如在德国境内作出裁决，但并非适用德国仲裁法，则裁决不能被认定为德国裁决。再如，在中国，鉴于《民事诉讼法》第269条明确了我国法律对仲裁裁决国籍的认定采用的是"仲裁机构所在地"标准，也就是说外国仲裁机构在我国境内作出的仲裁裁决不能被认定为中国裁决。故对于诸如德国、中国这类在确定仲裁裁决国籍时未采取"仲裁地标准"的国家，在该国家境内作出的仲裁裁决，并非《纽约公约》定义上的外国裁决，但是严格意义上又不属于该国裁决，其效力的确认与执行处于两难境地。是以《纽约公约》起草者将公约适用对象扩大为包含"非内国裁决"在内的国际商事仲裁裁决。

而对于"非内国裁决"的认定，各国则存在不同的标准。在《纽约公约》长期的实践中，可能被认定为《纽约公约》项下"非内国裁决"的包含以下三类：

（1）裁决按照另一国家仲裁法在执行地国家作出。

（2）裁决按照其本国仲裁法在执行地国家作出，但具有涉外（或国际）因素。

（3）不受任何国家仲裁法支配的"非国内化裁决"。[①]

由于各国在"非内国裁决"的认定标准上存在较大裁量权，客观上讲，仲裁裁决能否被认定为"非内国裁决"存在较大不确定性，因此存在仲裁裁决无法依据《纽约公约》得到承认与执行的风险。

2. 缔约国作出互惠保留和商事保留

《纽约公约》第一条表示缔约国在批准加入该公约时可选择声明对公约的适用于互惠保留和商事保留。

"商事保留"是指各缔约国可声明仅对依本国国内法属于商事争议的仲裁裁决予以承认与执行。但是各国国内立法中对"商事争议"的定义也各有不同。以越南为例，1997年版《越南商法》采取列举式方式明确该法规定的商业行为包括：买卖货物；代表贸易商；商业经济；授权经销商出售和购买商品；代理商出售和出售货物；商业处理；拍卖品招标；货物转运服务；商品评估服务；贸易促进；商业广告；货物展示；展览会。正

---

① 刘晓红.非内国仲裁裁决的理论与实证论析.法学杂志，2013（5）：79。

因为"建设合同"并不在上述商业行为之列，1995年《越南民法》对于建设合同是否属于"商事法律关系"也约定不明，故而在 *Tyco Services Singapore Pty Ltd v Leighton Contractors (VN) Ltd* 建设合同纠纷案中，当时的越南法院认定建设合同根据越南法律并不属于商事法律关系的范畴[①]。另由于该案中，Tyco公司并未按照越南建设部的管理规定取得建设许可等行为，这有违越南法律原则，该仲裁裁决被越南法院拒绝承认与执行。

对于"互惠保留"，各国也存在不同的理解，大致分为三种：

（1）适用公约仅限于承认与执行在另一缔约国领土内作出的裁决。

（2）对非缔约国领土内作出的裁决，只将公约适用于提供互惠待遇的那些国家。

（3）同时作出（1）和（2）两项保留声明[②]。

3. 不符合公约要求的形式要件

《纽约公约》第四条规定："一、申请承认及执行之一，为取得前条所称之承认及执行，应于申请时提具：（甲）原裁决之正本或其正式副本，（乙）第二条所称协定之原本或其正式副本。二、倘前述裁决或协定所用文字非为援引裁决地所在国之正式文字，申请承认及执行裁决之一应备具该文件的文字译本。译本应由公设或宣誓之翻译员或外交或领事人员认证。"

需要特别注意的是，由于各国官方语言可能存在差异，故按照《纽约公约》第四条第二款的规定，申请人在申请裁决承认与执行时，须提供经有关机构或人员认证的官方译本。在上海金纬机械制造有限公司（以下简称金纬公司）与瑞士瑞泰克公司（RETECH Aktiengesellschaft，以下简称瑞泰克公司）买卖合同纠纷一案，瑞士联邦兰茨堡（Lenzburg）法院先后三次以金纬公司所提交的仲裁裁决书翻译件不能满足《纽约公约》第四条第二点规定为由，驳回其承认和执行仲裁裁决的申请。

4. 属于公约规定的不予承认与执行情形

《纽约公约》第五条对不予承认与执行外国仲裁裁决的情形列举如下：

（1）裁决仅在受裁决援用的一方当事人向申请承认及执行地的主管机关提出证据证明有下列情形之一时，才可以根据该当事人的请求拒绝承认和执行：

1）第二条所提到的协议的当事人根据对其适用的法律处于某种无行为能力情形，或根据当事人约定的准据法协议无效，或未约定准据法时，依裁决地所在国法律协议无效；

2）作为裁决执行对象的当事人没有接获关于指派仲裁员或仲裁程序的适当通知，或由于其他情况而不能申辩案件；

3）裁决涉及仲裁协议所没有提到的，或者不包括仲裁协议规定之内的争议，或者裁决含有对仲裁协议范围以外事项的裁定；但如果仲裁协议范围以内的事项可以和仲裁协议范围以外的事项分开，则裁决中关于提交仲裁事项的部分决定可以承认及执行；

4）仲裁庭的组成或仲裁程序与当事人间协议不符，或当事人间没有协议时同仲裁地所在国法律不符者；

5）裁决对当事人尚无拘束力，或裁决已经由作出裁决的国家或据其法律作出裁决的国家的有权机关撤销或者停止执行。

---

① 杨家华.越南外国商事仲裁裁决的承认与执行制度浅析.广西政法管理干部学院学报，2018，33（1）：120-121.

② 张义兵.论我国对1958年《纽约公约》的互惠保留.中国政法大学2008年硕士学位论文：8.

（2）被请求承认和执行地所在国的主管机关如果查明有下列情形之一，也可以拒不承认和执行仲裁裁决：

1）依据该国法律，争议事项不能以仲裁解决；

2）承认或执行裁决违反该国公共政策。

需要说明的是，《纽约公约》第五条第一项所列明的拒绝承认和执行裁决的 5 种情形属于作为裁决执行对象的当事人提出且应对此举证的范畴，第二项所规定的可以拒绝承认和执行裁决的两种情况则属于被请求承认和执行裁决的国家的主管机关审查的范围。故如果是被申请人意图使仲裁裁决被拒绝承认和执行，须举证证明存在《纽约公约》第五条第一项所列明的情形。而从另一个角度看，申请人需要确保仲裁裁决不具有《纽约公约》第五条规定的"不予承认和执行"的情形。双方均须对《纽约公约》第五条规定的执行风险问题有事先了解。下面就上述《纽约公约》第五条规定的不予承认与执行情形分析如下。

（1）仲裁协议无效风险

《纽约公约》第五条第一项（甲）将"仲裁协议无效"列为不予承认和执行外国仲裁裁决的理由之一，对于仲裁协议效力认定的依据，该款也明确规定以当事人约定适用的准据法为准，未约定时则适用仲裁地法。

各国立法中关于仲裁协议效力认定的规则可能各有不同，但对于合法有效的仲裁协议应当具备的基本要素，各国观点大体一致，在本章第一节已有详尽分析，本节中不再赘述。需要特别说明的是，在中国存在着将不具备涉外因素的争议提交外国仲裁的情况，对于不具有涉外因素[①]的合同或者财产权益纠纷，但约定提请外国仲裁的仲裁效力问题，仍存在一定的争议[②]。

（2）有违仲裁的正当程序风险

《纽约公约》第五条第一项（乙）中规定了在程序上未给予当事人申辩权利的仲裁裁决可以被拒绝承认与执行。当事人对程序的参与权及陈述申辩等有关权利通常被认为是程序公正或者正当程序的要义。故剥夺当事人的申辩权则有违正当程序要求。但是该款中对于正当程序的认定标准却并未明确，故存在一定的不确定性。

目前，按照各国立法和司法实践，结合学者观点，对于该款规定的正当程序例外情形的判断依据，主要有以下三种：

---

① 对于涉外因素的认定，《最高人民法院关于适用的解释》第五百二十二条的规定，"有下列情形之一，人民法院可以认定为涉外民事案件：（一）当事人一方或者双方是外国人、无国籍人、外国企业或者组织的；（二）当事人一方或者双方的经常居所地在中华人民共和国领域外的；（三）标的物在中华人民共和国领域外的；（四）产生、变更或者消灭民事关系的法律事实发生在中华人民共和国领域外的；（五）可以认定为涉外民事案件的其他情形。"

② 在爱耳时代医疗科技（北京）股份有限公司与领先仿生医疗器械（上海）有限公司纠纷案中，由于案件当事人主体、交易标的物及双方涉及的法律关系无涉外因素，上海市第二中级人民法院及上海高院就认定双方当事人约定提请外国仲裁机构仲裁的条款无效。当然，也有判例灵活适用《最高人民法院关于适用的解释》第 522 条第（五）项规定认定仲裁约定有效，如在西门子国际贸易（上海）有限公司诉上海黄金置地有限公司申请承认和执行外国仲裁裁决一案，上海市第一中级人民法院裁决说明，申请人西门子公司与被申请人黄金置地公司均为在中国注册的公司法人，合同约定的交货地、作为合同标的物的设备目前所在地均在我国境内，该合同表面上看并不具有典型的涉外因素。但是，考虑到自贸试验区推进投资贸易便利的改革背景以及保税区的特殊海关监管措施，仍认定争议合同具有涉外因素。

1）依据仲裁地的国内法确定。如瑞士《瑞士国际私法》第 182 条第 3 款规定，对于在瑞士作出的仲裁，"仲裁庭应当对当事人平等对待，并确保当事人在抗辩过程中陈述申辩的权利"，该法第 190 条第 2 款则允许在"平等对待当事方或在抗辩过程中给予当事人陈述申辩权利的原则未予遵守"的情况下，不予承认或者撤销仲裁裁决。

2）依据执行地国内法确定。如德国，德国法院有主张，仲裁庭必须依照与本国法院相同的原则实质性地给予当事方公平的申诉机会，《纽约公约》项下的正当程序的要求应当依据执行地法律来加以考虑。

3）直接来自《纽约公约》第五条第（1）款第 2）项确定的国际通用标准。有学者提出，公约该款规定能够实际上确定一项国际准则，它不与任何国内法相关。持该观点的学者们认为，事实上，各国对于程序正义的理解也并不存在大的分歧，当事人对司法程序的参与权与陈述申辩的权利也基本为各国所认可。[①]

（3）超裁风险

《纽约公约》第五条第（1）款第 3）项中明确规定对于仲裁机构超裁部分可以不予承认与执行。该条所规定的"超裁"包含两种情形：一是仲裁裁决超出仲裁协议约定的范围；而是仲裁裁决事项超出当事人请求范围。

对"超裁"行为的认定涉及对仲裁机构管辖范围的认定，而法院通常倾向于尊重仲裁庭关于仲裁协议范围的裁定，如在 *Sonera V. Cukuro* 一案中，该案当事人先后向英属维尔京群岛、美国、荷兰等地申请执行仲裁裁决，荷兰与美国法院采用了"倾斜性审查"的标准，并未详细分析当事人关于仲裁庭管辖范围的主张，而是极大地依赖和尊重仲裁庭业已做出的决定。[②]

另有观点认为，在国际仲裁中，法院在承认外国裁决的过程中不应审查该裁决的实体内容几乎是一个神圣不可侵犯的原则，故对是否"超裁"进行判断时，不应当导致对仲裁裁决实体内容的重新检查。

（4）仲裁程序瑕疵风险

《纽约公约》第五条第（1）款第 4）项规定的是存在仲裁机构组成等仲裁程序瑕疵时，法院可以拒绝承认与执行仲裁裁决。需要特别说明的是，仲裁机关的组成或仲裁程序首先需要符合当事人双方的约定，只有在双方没有约定时，才依据仲裁规则或仲裁地所在国法律判断其合规性。在仲裁程序的决定上，公约实际上充分尊重"当事人合意"，并将其置于仲裁规则或仲裁地法律之上。

在来宝资源国际私人有限公司（Noble Resources International Pte Ltd）诉上海信泰国际贸易有限公司申请承认和执行外国仲裁裁决一案中，双方当事人之间有效的书面仲裁条款第 16.1 条明确规定：争议和索赔根据当时有效的新加坡仲裁中心仲裁规则提交新加坡仲裁，仲裁庭应由三名仲裁员组成，双方当事人并未在仲裁条款中排除"快速程序"的适用，故新加坡国际仲裁中心根据来宝公司的书面申请适用"快速程序"进行仲裁。新加坡

---

① 涂玲芳 . 国际商事仲裁裁决承认与执行中的正当程序——《纽约公约》第 5 条第 1 款 b 项评析 . 湖南师范大学 2014 年硕士学位论文：15-19。

② 刘璐 . 欧美法院对国际商事仲裁中"超裁"问题的认定标准及启示——以索尼拉案为例 . 法律适用，2018（12）：117-118。

国际仲裁中心 2013 年第五版仲裁规则第 5.2 条规定："当事人已依据本规则第 5.1 条向主簿申请快速程序时，主席考虑各方当事人观点后决定仲裁应当适用本条快速程序的，仲裁程序应当按照如下规定进行：……；b. 案件应当由独任仲裁员审理，但主席另有决定的除外；……"，新加坡国际仲裁中心据此决定采取独任仲裁员的组成方式。该案在我国申请承认与执行时，上海市第一中院认为，新加坡国际仲裁中心在仲裁条款约定仲裁庭由三名仲裁员组成且信泰明确反对独任仲裁的情况下，仍然依据其仲裁规则（2013 年第五版）第 5.2 条的规定决定采取独任仲裁员的组成方式，违反了涉案仲裁条款的约定，属于《纽约公约》第五条第（1）款第 4）项所规定的 "仲裁机关之组成或仲裁程序与各造间之协议不符" 的情形，故涉案仲裁裁决不应当被承认与执行。

（5）裁决效力风险

《纽约公约》第五条第（1）款第 5）项规定仲裁裁决被承认或执行的前提是裁决具有 "约束力"。在《纽约公约》之前，《日内瓦公约》中对于 "仲裁裁决" 的效力采取 "双重许可" 标准，规定仲裁裁决被承认与执行的前提是其在仲裁地必须是 "终局性" 的。

对于裁决是否具有 "约束力" 的认定，目前尚无统一的标准。一些法院认为，须将裁决实体部分的上诉与撤销程序区分开，在仲裁地的法院，如可以对仲裁院裁定的实体部分上诉，则裁决没有约束力[1]。但没有疑义的是，仲裁裁决是否具有约束力不以仲裁地的法律规定为依据进行判断，也就是说，即使仲裁地认定该裁决不具有约束力，也不影响其他法院认定该裁决具有约束力，这也是《纽约公约》与《日内瓦公约》的不同之处。

（6）有违公共政策的风险

对于《纽约公约》第五条第（2）款第 2）项所列 "公共政策" 的边界问题，各缔约国的判断标准不一。

以英国、新加坡为代表的部分国家，将公共政策区分为国际公共政策和国内公共政策，只有仲裁裁决涉及毒品、贪腐、恐怖主义活动等违背国际公共政策的情况下，法院才可以以违反公共政策为由拒绝承认与执行外国仲裁裁决，而如果裁决仅违反执行地国的公共政策，则法院一般不援引公共政策条款拒绝承认与执行外国仲裁裁决。1974 年的 *Parsons & Whittemore Overseas Co. INC. v. Societe Generale de L'Industrie du papier* 一案中，美国法院对公共政策进行了明确限定，只有最基本的道德与正义观范畴内的才能被称之为公共政策。德国法院对公共政策遵循严格的审慎原则，将三方面的事项归入公共政策的范畴，即侵犯基本的民事权利、违法根本的政治或经济生活秩序、违反德国的公平正义观念，并且只有 "极端情形" 才被认为是违反了公共政策。[2]

二、法院判决被拒绝执行的风险

不同于仲裁裁决，一国法院的判决代表着一国的司法主权，对国外判决的承认与执行是国家利益与个人利益博弈的过程。出于对国家司法权独立性的保护，各国在对外国法院判决的承认和执行上往往持较为审慎的态度。

---

① 加里·B.博恩.白麟，陈福勇，李汀洁等译.国际仲裁：法律与实践.北京：商务印书馆，2015：529-531.

② 梁蓉.国际商事仲裁裁决承认与执行中的公共政策.西南政法大学 2013 年硕士学位论文：15.

以中国为例，根据《中华人民共和国民事诉讼法》第二百八十一和第二百八十二条的规定，以及《最高人民法院关于适用〈中华人民共和国民事诉讼法〉的解释》第五百四十四条的规定，离婚判决之外的其他判决，外国法院判决在我国主要通过该国与中国缔结或参加的双边条约或国际条约的规定，或者按照互惠原则得到承认与执行。当其他国家或地区与我国不存在双边条约或国际条约或者互惠关系时，其他国家或地区的法院作出的判决在我国几乎不会有被承认和执行的可能性，所以此类情形下法院判决被拒绝承认和执行的风险没有探讨的意义。

下文就几种能够执行法院判决的常见情形进行分析，主要以两国存在双边司法协助条约、两国都为某一与法院判决有关的国际条约签署国、两国存在互惠关系情形下法院判决被拒绝执行的风险为分析对象。

（一）两国存在双边司法协助条约情形下法院判决被拒绝执行的风险

由于经济全球化的影响，各国之间的民商事贸易和交往越发频繁，为了加强各国之间的司法协助并打破法院判决在外国承认和执行的壁垒，很多国家都采用了签订双边司法协助条约的方式，例如瑞士与捷克和斯洛伐克、比利时、列支敦士登签订的双边条约[1]。但也有国家从未与其他国家签订双边司法协助条约，例如美国、日本等国家[2]。目前，中国已存在不少依照相关民事司法协助的条约对外国法院判决承认与执行的案例[3]。通常两国签订了双边司法协助条约，将在一定范围和程度上降低法院判决被拒绝执行的风险，但是如果原审判决存在某些方面的问题，尽管存在双边司法协助条约，依然存在被请求国拒绝承认和执行法院判决的情况。

以中国为例，目前与中国签订的双边司法协助条约共有30余个国家或地区，通过对这些双边司法协助条约进行分析，在判断是否承认与执行外国法院判决时主要考虑如下方面：原判决法院的管辖权、判决的效力、诉讼程序的正当性、被请求国的公共政策，平行诉讼问题等。拒绝承认与执行外国法院判决的情形主要有以下几种：可能损害被请求国主权、安全、公共秩序或重大利益；判决尚未生效或不能执行；判决由无管辖权的法院作出；在缺席裁决的情况下缺席的一方当事人未经合法传唤，或者无诉讼行为能力当事人未得到合法代理等程序不正当；存在平行诉讼。

除了双边司法协助条约中明确规定的拒绝承认和执行法院判决条款会带来法院判决被拒绝执行的风险，双边司法协助条约制度本身也存在此类风险。首先，目前世界范围内并没有严格意义上的法院判决执行公约，对于法院判决的承认与执行通常规定于双边司法协助条约中，双边司法协助条约的重点通常在于文书的送达和证据的调取方面，而法院的判决与执行的相关规定的重要性程度相对较低，可能存在不完善的地方，被请求国的法院也可能不会直接援引该条约用以解决判决承认和执行问题，损害有关条款的有效性，进而增

---

① 欧福永，王素娥.瑞士民事管辖权及判决的承认与执行制度初探.李双元.国际法与比较法论坛，2003：606。

② 王吉文.外国判决承认与执行的国际合作机制研究.北京：中国政法大学出版社，2014：106-107。

③ 例如广东省佛山市中级人民法院（2003）佛中法经初字第633号民事裁定，广东省广州市中级人民法院（2005）穗中法民三初字第146号民事裁定书，辽宁省抚顺市中级人民法院（2016）辽04协外认第6号民事裁定书，浙江省宁波市中级人民法院（2013）浙甬民确字第1号民事裁定书。

加了法院判决被拒绝承认和执行的风险。其次，即使条约相关规定已较为完善和明确，由于两个国家对条约享有同等解释权，法律制度、法律传统和语言文字的不同可能会在相关条款的适用时产生差异，与国际公约的解释不同，此时被请求国法院享有实际上的解释权，这可能会使判决承认与执行的程序超过预期的时间，阻碍判决的跨国执行，为当事人带来消极影响[①]。

2015年《最高人民法院关于人民法院为"一带一路"建设提供司法服务和保障的若干意见》（以下简称《若干意见》）中提出要推动缔结双边或者多边司法协助协定，促进沿线各国司法判决的相互承认与执行，这无疑是一个推动相关国家或地区之间法院判决的相互承认和执行的有力措施。

（二）两国都为某一国际条约签署国情形下法院判决被拒绝执行的风险

同双边司法协助条约相比，国际条约的影响范围更为广泛，对于促成判决在全球范围内的自由流动及执行的作用更大。多边判决公约主要分为两个体制，布鲁塞尔体制和海牙体制，下面将分别对这两种体制中的法院判决被拒绝执行的风险进行分析。

1. 布鲁塞尔体制

布鲁塞尔公约是目前唯一生效的多边判决公约，该公约是在欧共体成员国之间制定的关于民商事案件管辖权和判决执行的公约。布鲁塞尔体制采用严格的双重公约模式，该公约体系同时规定了缔约国之间严格的直接管辖权制度和判决执行制度。公约第三章规定了严格、详尽的判决承认与执行规则，当判决出现违反被请求国的公共政策、通知存在缺陷、被请求国法院也针对同一争议作出判决、非成员因相同诉因所做出的判决在先且满足被请求国的承认条件、判决中的国际私法规则与被请求国规则不一致的情况，判决将被拒绝承认与执行。上述法院判决被拒绝承认与执行的风险多与公共政策有关[②]，当事人在请求法院判决的跨国执行时需要重点关注一国的公共政策。

2. 海牙体制

海牙国际私法会议针对促成判决在全球范围内的自由流动也做出了诸多尝试与努力。1971年，海牙国际私法会议通过《关于承认和执行外国民商事判决公约》，但该公约至今只得到塞浦路斯、葡萄牙和荷兰三国批准，未达到法定生效条件。1997年，海牙国际私法会议在经过多年论证分析后，着手起草《民商事管辖权和外国判决执行公约（草案）》，但各方司法体制的冲突与经济利益的博弈导致该草案仍未成功出台；2005年，在总结前述经验的基础上，就各方已经达成共识的部分，海牙国际私法会议第二十次外交大会通过《选择法院协议公约》，公约于2015年10月1日生效。中国作为海牙国际私法会议成员国，全程参与了公约谈判并发挥了积极作用，2017年9月12日中国驻荷兰大使吴恳代表中国政府签署该公约，但是因尚未完成中国国内立法批准程序，故尚未对中国发生效力。2019年，海牙国际私法会议第二十二届外交大会中各国完成了对《承认与执行外国民商事判决公约》（以下简称《执行公约》）的谈判，中国于2019年7月2日对该《执行公约》的文本进行了签署确认，但此公约还尚未生效，且公约在主权国家的生效还需其国内法程序的批

---

① 王吉文. 外国判决承认与执行的国际合作机制研究. 北京：中国政法大学出版社，2014：106-107.

② 刘卫翔. 欧盟联盟国际私法. 北京：法律出版社，2001：297.

准或签署。但鉴于此公约是外国民商事判决承认与执行领域的最新动向，本文也对其进行简要分析。

（1）《选择法院协议公约》

《选择法院协议公约》第三章规定了缔约国对排他性选择法院协议指定的缔约国法院所做出的判决的承认和执行。根据该规定，除非该公约有特别规定，否则缔约国不能拒绝承认与执行由排他性选择法院协议指定的缔约国法院所作出的已经发生法律效力的判决，而且在这个过程中，缔约国不能对原审法院作出的判决进行合理性审查，受到原审法院确立其管辖权所基于的事实认定的约束。由此可见，《选择法院协议公约》在缔约国拒绝承认和执行排他性选择法院协议指定的缔约国法院所做出的判决规定了较为严苛的限制，这实际上减少了缔约国之间法院判决被拒绝承认和执行的风险。

根据《选择法院协议公约》的规定，依照原审国的相关法律规定和司法程序，判决还未到生效日期或者尚不能强制执行时，缔约国应当拒绝承认和执行该判决，而缔约国在以下情形可以拒绝承认与执行由排他性选择法院协议指定的缔约国法院所作出的判决：第一，该判决不具有终局性；第二，判决的移送存在问题；第三，排他性选择法院协议按照被选择法院国家的法律是无效的；第四，一方当事人在被请求国缺乏缔结协议的能力；第五，原审法院在审判的过程中程序存在瑕疵，包括答辩时间不充足、送达不规范、程序存在欺诈、程序不公正等；第六，该判决与被请求国或者另一国就相同当事人间的争议所做出的判决不一致，而与另一国不一致时还需在先判决满足在被请求国获得承认的必要条件；第七，判决确定的损害赔偿金在包括了惩罚性损害赔偿金之后超出一方当事人实际遭受的损失时，对于超出部分可以拒绝承认和执行。

（2）《执行公约》

《执行公约》第七条属于该公约重要的组成部分，其规定了可以拒绝承认和执行外国判决的情形，包括：第一，送达程序问题；第二，判决通过欺诈获得；第三，违反被请求国的公共政策；第四，根据约定或指定，判决作出国的法院对争议无管辖权；第五，被请求国就相同主体的争议存在冲突的判决；第六，其他成员国就相同主体的相同争议存在先行的判决。此外，该条还规定，就申请承认和执行的事项，如果被请求国正在审理，被请求国组庭在先且被请求国与争议具有紧密联系，则被请求国可以推迟或拒绝承认和执行。可以看出，《执行公约》中所约定的上述情形只是被请求国可以不予承认和执行，而不是应当不予承认和执行，只要被请求国愿意，即使存在上述情形，被请求国仍然可以对外国判决予以承认和执行。

而且，从《执行公约》中拒绝承认和执行的情形分析，被请求国可以选择拒绝承认和执行外国判决的范围实质上很窄，仅限于程序瑕疵、公共政策、管辖权等。尽管范围不大，但是每个国家对于上述情形的认识可能存在不一致的情形，尤其是在需要借助被申请国的国内法或判例进行解释时，例如各国对于何为欺诈的问题上的差异，相关缔约国在执行公约时极大可能无法统一，这样的不确定性从某一个角度讲也是变相增加了法院判决不被承认和执行的风险。

（三）两国存在互惠关系情形下法院判决被拒绝执行的风险

在尚未批准任何与法院判决承认与执行的国际条约的情形下，若不存在双边司法协助条约，通常情况下需要判断其他国家或地区与申请国是否存在互惠关系。

例如，2006 年 5 月 18 日，德国柏林高等法院作出承认中国江苏省无锡市中级人民法院（以下简称无锡中院）关于德国旭普林国际有限责任公司和无锡沃可通用工程橡胶有限公司工程合同纠纷民商事判决的判决。2012 年，武汉市中级人民法院在其审理的 "Sascha Rudolf Seehaus 申请承认德国法院裁定案" 中按 "互惠原则" 承认了德国 Montabaur 地方法院破产裁定的效力 ①。

目前，外国法院判决通过互惠关系得到中国承认和执行的案件并不多，主要原因为中国采用事实互惠作为承认与执行的审查标准。事实互惠要求对方国家应存在承认和执行本国判决的先例，是一种非常严格的审查标准。

《若干意见》率先提出了对于在沿线一些尚未与中国缔结司法协助条约的国家，根据国际司法合作交流意向、对方国家承诺将给予中国司法互惠等情况，可以考虑由中国法院先行给予对方国家当事人司法协助，积极促成、形成互惠关系，积极倡导并逐步扩大国际司法协助范围。这对于 "一带一路" 国家或地区的判决的承认与执行无疑是一个利好消息，将会降低法院判决承认与执行的风险。

其他国家采取的互惠方式中不仅有事实互惠。例如，1895 年的 Hilton v. Guyot 案是美国第一次承认和执行外国判决的案例，在此案中美国法院认为在充分考虑国际责任和便利，并适当考虑该国公民和其他受该国法律保护的人的权利之后，可以在互惠原则的基础上承认和执行外国的判决，且该互惠原则并不需要建立在请求国承认和执行该国判决的前提下 ②。随着承认和执行外国判决的相关法律的完善，美国现在已经建立起了以国际礼让和间接禁反言两大原则为主体的审查标准 ③。这样的体系下，若被申请国的程序法与美国对正义的基本概念相冲突，或者被申请国的法院判决不具有排他效力，与美国正在审理的国内诉讼的争议相一致，那么该被请求国的判决在很大程度上便不能被美国承认和执行。《承认外国金钱判决统一法》是美国关于承认外国法院判决的一部成文法，但是该法并未涉及承认外国法院判决后该外国判决的执行问题，目前美国已经形成了只要外国法院判决能够得到承认，那么该判决也能根据互惠原则得到执行。

互惠方式的多样性给法院判决的承认和执行带来更多可能性的同时，也增加了法院判决被拒绝承认和执行的风险。首先，互惠方式的多样性导致互惠关系的证明难度更大，尤其是如果国际社会将互惠原则的内涵解释为报复而非礼让的情况下。其次，互惠方式的多样性给了法官较为宽泛的自由裁量权，增加了法院判决被承认和执行的不确定性。最后，目前大多数国家都是在国内法中对互惠原则进行规定，立法标准不一，且内容较为抽象，在实践操作中存在较大变数，不利于当事人预测法院判决被拒绝承认和执行的风险。

① （2012）鄂武汉中民商外初字第 00016 号。

② Hilton v. Guyot, 16 S.Ct. 139, 2007 A.M.C. 2028, 40 L.Ed.159 U.S. 113（1895）。

③ 郝英男 . 论我国法院判决在外国的承认与执行 . 华东政法大学 2015 年硕士学位论文：26。

第四节　典型案例

一、案例介绍

（一）基本案情

2003年7月31日，蒙·艾多拉多有限责任公司（下称"艾多拉多公司"）与蒙古耀江有限责任公司（下称"蒙古耀江公司"）签订了《建筑施工合同》，浙江耀江建设集团股份有限公司（下称"浙江耀江公司"），后更名为浙江展诚建设集团股份有限公司（下称"展诚公司"），为该合同担保人，合同约定由蒙古耀江公司承建位于乌兰巴托市巴彦商勒区的住宅、服务为一体的建筑工程。合同签订后，因蒙古耀江公司未按约履行义务，引起纠纷且双方不能协商解决，艾多拉多公司依据《建筑施工合同》第十条约定，将本案提交蒙古国家仲裁法庭。由于蒙古耀江公司无法送达，故将担保人展诚公司作为被索赔方提起仲裁。

《建筑施工合同》第一条载明：委托方为艾多拉多公司；承包方为蒙古耀江公司。在合同落款担保方处盖有名为"浙江耀江建设集团股份有限公司"的公章。该合同有蒙文和中文两个版本，由艾多拉多公司提供的蒙文合同的中文翻译文本第十条载明："协商无效，应通过国内注册地法院和仲裁机关判决和仲裁"；中文版合同第十条载明："如果达不成协商，通过蒙古国有关法律部门或蒙古国工贸厅仲裁机构解决"。两个版本的合同均在第十一条第1项载明：本合同未尽事宜，依据蒙古国有关法律法规解决。

2007年8月1日，蒙古国家仲裁法庭作出73/23-06号仲裁裁决（以下简称"73/23-06裁决"）。"73/23-06裁决"对仲裁过程叙述如下：2006年10月6日，艾多拉多公司在蒙古国家工商会向蒙古国家仲裁法庭提交一份索赔请求，要求解除《建筑施工合同》，并要求蒙古耀江公司及浙江耀江公司赔偿相关损失。仲裁法庭于10月10日受理该案。当月17日，艾多拉多公司指定德·额尔登楚鲁先生为其仲裁员。后因无法找到被索赔人致仲裁程序无法继续进行。同年12月11日，艾多拉多公司再次提交索赔请求，将被索赔人更改为浙江耀江公司。仲裁法庭于2007年1月15日通过蒙古快递公司将4/4号函、索赔请求、所附凭证寄给浙江耀江公司，但因地址变更退回。2007年4月4日，艾多拉多公司致函仲裁法庭，说明浙江耀江公司已更名为展诚公司，要求仲裁法庭将索赔请求寄给展诚公司。当月19日，仲裁法庭将4/153号函及相关索赔文件通过快递邮寄给展诚公司（邮递编号为1677283941），被索赔人于2007年6月1日确认已收到相关索赔文件。同年7月3日，仲裁法庭主席通过03号决议指定特·孟和佳尔格勒先生为被索赔方即展诚公司仲裁人。当日，双方仲裁人指定毕·朝格尼姆先生为公断人。仲裁委员会宣布初次会议时间，并通过快递邮件（英语）将该时间通知了被索赔人。7月5日，仲裁委员会在只有索赔方参加的情况下举行会议，会议批准了争端解决程序，并宣布于7月31日举行听证会。7月16日以DHL快递邮件将决议程序及仲裁听证会日期邮寄给被索赔人（邮递编号为 1681469484）。2007 年 7 月 31 日，仲裁委员会在只有索赔方参加的情况下进行听证并作出仲裁决定。另外，2007 年 8 月 4 日仲裁法庭以 DHL 快递邮件将第 34 号仲裁书邮寄给被索赔人（邮递编号为 1682186612）。

"73/23-06 裁决"结论为：

（1）终止艾多拉多公司、蒙古耀江公司及展诚公司于 2003 年 7 月 31 日缔结的"建设工程合同"。

（2）浙江耀江公司（现为展诚公司）向艾多拉多公司支付 1751411.08 美元赔偿费。

（3）保留艾多拉多公司支付的 17408 美元仲裁印花税款。

（4）展诚公司向艾多拉多公司支付 17408 美元仲裁费。

（5）本裁决为最终裁决，将强制执行。

艾多拉多公司依据《纽约公约》，在我国民事诉讼法规定的期限内，向浙江省绍兴市中级人民法院（以下简称绍兴中院）申请承认 73/23-06 裁决。

（二）被申请人答辩

被申请人展诚公司进行了以下回复。

1. 裁决书错误认定展诚公司为适格主体，程序违法

（1）展诚公司对案涉《建筑施工合同》的真实性及其签订、履行状况一无所知，也从未为该合同提供过任何形式的担保。

（2）蒙古耀江公司在事实和法律上与展诚公司无任何关联，业已生效的浙江省诸暨市人民法院〔2006〕诸刑初字第 68 号刑事判决认定，蒙古耀江公司是丁解明个人投资和经营的公司，对该公司的设立，展诚公司既未授权，也未出资，事后也没有追认，更未实际参与经营，且未经国内有关部门审批。

（3）展诚公司在对蒙古耀江公司的设立及实际经营情况不知情的情况下，不可能在《建筑施工合同》等涉及蒙古耀江公司的任何合同上盖章并提供担保，故涉案《建筑施工合同》上展诚公司的印章明显系伪造。

（4）退一步讲，假设有行为人在展诚公司不知情的情况下，盗用展诚公司公章签订合同，根据《最高人民法院关于在审理经济纠纷案件中涉及经济犯罪嫌疑若干问题的规定》（法释〔1998〕7 号）第五条之规定，展诚公司依法不承担任何民事责任。

（5）假使案涉合同盖有展诚公司公章，因非展诚公司真实意思表示，本案属于无协议情形，依《纽约公约》规定应当裁定拒绝承认和不予执行。

2. 裁决书所涉《建筑施工合同》第十条有关仲裁条款的约定无效

（1）《建筑施工合同》第十条表述为："协商无效，应通过国内注册地法院和仲裁机关判决和仲裁"，裁决书对合同第十条表述为："如果双方未能达成协议，前述纠纷将由具有适当裁决权的蒙古法庭或蒙古国家仲裁委员会仲裁解决"。两种表述含糊不清，相互矛盾，裁决书直接将统称的仲裁机关认定为蒙古国家仲裁委员会缺乏合同依据。

（2）案涉仲裁机关的组成与《建筑施工合同》第十条的有关表述不相符合。

3. 裁决严重违反仲裁程序和《纽约公约》规定程序

与仲裁案件相关的文件（如仲裁申请书、开庭通知书、仲裁裁决书或决定）均应当有效送达给相关当事人，可截至绍兴中院送达有关执行案件的材料前，展诚公司未收到任何与该案有关的书面材料。仲裁裁决避开真正的合同当事人蒙古耀江公司，在其不到庭的情况下，仅凭艾多拉多公司的单方陈述及举证进行仲裁审理，违背了其自己将《建筑施工合同》认定为三方合同的初衷，导致所谓"三方"签订的合同只有两方进入仲裁程序、实际只有申请人一方到庭参加仲裁。故退一步讲，即使案涉合同系三方订立，在主债务人不到庭的情况下，仲裁程序也不合法。综上，对"73/23-06裁决"应拒绝承认和执行。

（三）法院观点

1. 绍兴中院观点

绍兴中院审查认为，申请人艾多拉多公司请求承认2007年8月1日蒙古国家仲裁法庭在蒙古国家工商会上的裁决，属于《中华人民共和国民事诉讼法》第二百六十七条规定情形，符合立案受理条件。由于蒙古国家仲裁法庭于2007年4月24日向展诚公司邮寄4/153号函及相关索赔文件、7月16日邮寄决议程序及仲裁听证会日期、8月4日邮寄仲裁书等邮寄情况与送达机构中外运—敦豪国际航空快件有限公司浙江分公司出具的情况说明能够相互印证，第一份邮件虽有签收人，但该签收人不能确认是否为展诚公司职工，该邮件是否实际送达无法确认，后两份邮件展诚公司并未收到；"73/23—06裁决"亦记载，仲裁法庭在只有索赔方参加的情况下分别于2007年7月5日举行了会议、7月31日举行了听证会，故现有证据，不能证明被申请人展诚公司收到了进行仲裁程序的适当通知，符合《纽约公约》第五条第1款（b）项规定的情形。至于展诚公司提出的主体、仲裁条款等实体问题，因不属于《纽约公约》第五条规定的审查内容之列，拟不作审查。依照《中华人民共和国民事诉讼法》第二百六十七条，《纽约公约》第五条第1款（b）项之规定，拟裁定不予承认"73/23-06裁决"在中国境内的效力。

2. 浙江省高院观点

（1）中国与蒙古国均已加入《纽约公约》，因此，对于申请承认蒙古国仲裁裁决事项应当适用该公约。根据《纽约公约》和最高人民法院的有关规定，申请人艾多拉多公司请求事项符合人民法院立案受理条件，绍兴中院对此案有管辖权。

（2）《纽约公约》第五条规定："1. 被请求承认或执行裁决的管辖当局只有在作为裁决执行对象的当事人提出有关下列情况的证明的时候，才可以根据该当事人的要求，拒绝承认和执行该裁决：……（b）作为裁决执行对象的当事人，没有被给予指定仲裁员或者进行仲裁程序的适当通知，或者由于其他情况而不能对案件提出意见……"而根据绍兴中院查实的邮件送达部门出具的证明，申请人艾多拉多公司委托送达的第一份邮件不能证明已送达展诚公司，对于后两份邮件材料，艾多拉多公司明确作放弃处理，则均视同没有送达过，故绍兴中院认为展诚公司未经适当通知，并无不当。本案符合《纽约公约》第五条第1款（b）项之规定。据此，对于蒙古国家仲裁法庭作出的"73/23-06裁决"不应予以承认。

（3）鉴于蒙古国家仲裁法庭未向展诚公司合法送达相关通知，展诚公司没有也不可能参加仲裁审理活动，应视同未经仲裁。展诚公司要求对视为未经仲裁的协议效力进行审查应予准许。根据最高人民法院《关于适用〈中华人民共和国仲裁法〉若干问题的解释》法释〔2006〕7号第十六条"对涉外仲裁协议的效力审查，适用当事人约定的法律；当事人没有约定适用的法律但约定仲裁地的，适用仲裁地法律；没有约定适用的法律也没有约定仲裁地或者仲裁地约定不明的，适用法院地法律"的规定，虽然《建筑施工合同》第十一条第1项载明："本合同未尽事宜，依据蒙古国有关法律法规解决"，但依据最高人民法院《第二次全国涉外商事海事审判工作会议纪要》法发〔2005〕26号第五十八条规定，当事人在合同中约定的适用于解决合同争议的准据法，不能用来确定涉外仲裁条款的效力，而合同第十条虽对仲裁事项作出了约定，但未明确约定仲裁地，故应适用法院地法即我国法律确定仲裁条款的效力。根据最高人民法院《关于适用〈中华人民共和国仲裁法〉若干问题的解释》法释〔2006〕7号第七条"当事人约定争议可以向仲裁机构申请仲裁也可以向人民法院起诉的，仲裁协议无效"的规定，应认定《建筑施工合同》第十条关于仲裁约定的内容无效。该仲裁条款对展诚公司也没有约束力。

（4）展诚公司认为其未参与《建筑施工合同》的签订与履行，要求确认《建筑施工合同》中浙江耀江公司的印章系伪造、其非仲裁事项的当事人，因该主张系案件实体事项，绍兴中院不予审查亦无不当。

综上，"73/23-06裁决"在程序上存在严重瑕疵，已构成《纽约公约》第五条第1款（b）项之规定情形，且裁决所依据的仲裁条款系无效条款，应拒绝承认该仲裁裁决。

3. 最高人民法院观点

本案为申请承认及执行外国仲裁裁决案件，由于涉案仲裁裁决系蒙古仲裁机构作出，而我国和蒙古均为《纽约公约》的成员国，根据《中华人民共和回民事诉讼法》第二百六十七条以及《纽约公约》第一条的规定，对涉案仲裁裁决承认及执行的审查，应适用《纽约公约》的相关规定。

（1）关于涉案仲裁条款的效力问题。根据《纽约公约》第五条第一款（甲）项的规定，只有当"协定依当事人作为协定准据法之法律系属无效，或未指明以何法律为准时，依裁决地所在国法律系属无效者"，才得以拒绝承认及执行。以我国法律认定仲裁条款无效从而拒绝承认涉案裁决，不符合上述规定。

（2）关于仲裁程序的通知的送达问题。根据请示报告查明的事实，编号为1677283941的快件并不涉及仲裁程序的通知，而包括"决议程序及仲裁听证会日期"的编号为1681469484的快件并未送达浙江展诚建设集团股份有限公司（以下简称展诚公司），导致展诚公司未能出庭陈述意见。故本案符合《纽约公约》第五条第一款（乙）项得以拒绝承认及执行的规定情形。

（3）关于当事人之间是否存在真实的仲裁协议的问题。如果展诚公司能够提供证据证明涉案合同文本上"浙江耀江建设集团股份有限公司"（展诚公司的前身）的印章不真实，则亦可以依据《纽约公约》第二条第二款的规定认定当事人之间不存在"书面协定"，人民法院得以拒绝承认及执行。

同意浙江省高院的处理意见。

二、案例启示

由于我国和蒙古均为《纽约公约》的成员国，根据《中华人民共和国民事诉讼法》第二百六十七条以及《纽约公约》第一条的规定，对上述案例中仲裁裁决的承认及执行的审查，应适用《纽约公约》的相关规定。

《纽约公约》第五条系针对不予承认与执行外国仲裁裁决的情形进行列举，其中第（1）

款第2)项"受裁决援用之一未接获关于指派仲裁员或仲裁程序之适当通知，或因他故，致未能申辩者；"从仲裁的正当程序角度否认了仲裁裁决。基本原理即当事人对正当仲裁的平等参与权，如果剥夺了当事人的正当程序权利，该仲裁裁决应拒绝承认与执行。

上述案例系外国当事人要求我国法院执行外国仲裁裁决，但亦给予我国企业在海外的投资重要启示。通常来说，国际商事仲裁中的多数裁决，当事人会自动履行，但不排除部分裁决仍需要通过相关国家的法院强制执行。

如果选择通过仲裁方式解决争议，《纽约公约》即成为最具广泛性的法律依据，而《纽约公约》的核心即为第五条，因此如果企业作为仲裁裁决执行的申请人，应尽可能避免第五条所载情况，而如果企业作为被申请人，则需对第五条规定的七种情况逐一核验，确认仲裁裁决是否具有不予承认与执行的情形。实践中，被申请人提出的抗辩理由最常见的是依据第五条第(1)款第2)项提出仲裁违反正当程序，上述案例即是典型表现。但需注意的一点是，第五条第(1)款第2)项提出的"适当通知"，《纽约公约》本身并未作出具体界定，并且我国《民事诉讼法》和《仲裁法》也未作出具体规定，这就导致实践中司法机关拥有较大的自由裁量权，总的原则是保证当事人参与到仲裁程序中、有机会进行抗辩，以维护自身权利。而如果是在"通知方式""通知内容"上存在个别瑕疵，基本不影响当事人参与仲裁审理的情况下，拒绝承认及执行的抗辩可能不会被接受。

第十二章

工程保险和担保

第一节　工程保险和担保概述

一、工程保险概述

（一）工程保险的概念和发展

1. 工程保险的基本概念

保险是指投保人根据合同约定，向保险人支付保险费，保险人对于合同约定的可能发生的事故发生所造成的财产损失承担赔偿保险金责任，或者当被保险人死亡、伤残、疾病或者达到合同约定的年龄、期限等条件时承担给付保险金责任的一种法律关系。[①]同时，保险也是一种运用社会共同力量，通过建立共同的基金对特定风险事故进行补偿的一种经济保障制度，对于确保经济运行的稳定性以及提高个体经济单位的抗风险能力具有重要意义。

工程保险是指针对建设工程在建造和使用的全寿命周期中可能出现的物质损失和人身伤亡，由投保人（包括建设单位、施工单位或工程风险的其他承担者）与保险人（保险公司）签订工程保险合同并向保险人支付保险费，由保险人按照工程保险合同约定提供保障的一类保险。工程保险是至今为止最普遍，也是最有效的建设工程风险管理手段之一。通过购买保险，参与工程建设的组织和个人将面临的风险转移给保险公司，意外事故一旦发生，投保人遭受的损失将得到保险公司的经济补偿，从而达到有效转移工程建设风险的目的。

工程保险是在火灾保险、意外伤害保险及责任保险的基础上逐步演变成的一种综合性保险，除了财产保险外，还囊括了部分人身保险和责任保险的内容。1924年，第一张安装工程保险的保单由大西洋保险公司和安联保险公司签发；1929年，第一张建筑工程保险的保单为英国Lambeth大桥工程签发。但严格上讲，这两份保单并不是真正意义上的工程保险，它只是在当时流行的火灾保险基础上针对建设工程的一些特点进行了部分的修改和调整，没有脱离火灾险的基本模式。1934年，德国首次出现了真正意义上的工程保险保单，这种保单已经根本性地脱离了传统的保险保单，结合建设工程本身的特点，有针对性地制定了保障方案，并逐渐形成了自己的体系[②]。随着现代工业和科学技术的发展，工程保险经过一个多世纪已取得了长足的进步，成为保险中最为重要的一员，其影响力和重要性不言而喻。

2. 我国工程保险的发展历程

工程保险是保险中较为年轻的一个险种，19世纪50年代首次出现于英国曼彻斯特。

---

① 《保险法》第2条。

② 陈津生. 建设工程保险实务与风险管理. 北京：中国建材工业出版社，2008。

而我国工程保险的发展时间也较短。根据《中国保险史》[①]的记载，我国保险业自1973年开始萌芽，并呈现自外而内的发展趋势，即先出现于涉外业务经营中，然后逐渐演变为涉外业务及与涉外相关的国内业务的保险，最后才达到国内业务全面开展保险的业态。我国工程保险的发展比之保险业的发展则更加滞后。1979年，中国人民保险公司拟定了"建造工程一切险"和"安装工程一切险"的条款及保单。同年8月，中国人民银行、国家计委、国家建委、财政部、外贸部和国家外汇管理总局颁发了《关于办理引进成套设备、补偿贸易等财产保险的联合通知》，规定国内基建单位应将引进的建设项目的保险费列入投资概算。

我国住房和城乡建设主管部门为推广工程保险付出了很多努力，1994年联合中国建设银行发布了《关于调整建筑安装工程费用项目组成的若干规定》，将工程保险费用正式纳入建安费的范围之内；此后出版了多版工程计量计价规范，均明确保险费用是建安费用不可分割的一部分；在住房城乡建设部推广使用的《建筑工程施工合同示范文本》中也对建筑安装工程一切险、人身意外伤害险和施工机具险设置了相应条款。但在我国有关工程保险的法律体系中，仅强制要求施工企业必须为员工购买工伤保险，以及对从事危险作业的施工人员购买意外伤害保险，对于其他险种并未作出强制性规定，是否购买采用的是自愿原则，因此工程保险的实际推进效果不佳。截至1995年底，我国工程保险的总保费收入仅约6900万元，仅占当年全国财险保费收入的不到0.3%。在2000年以前，即使在经济建设最为发达的上海，建筑工程险投保比例也不足30%。而在发达国家，这个数字几乎是100%。

我国工程保险的井喷时期是从2003年开始的。这主要是得益于我国改革开放的大形势以及城镇化进程的推进带来的工程行业的大发展。《中华人民共和国保险法》《中华人民共和国担保法》《中华人民共和国建筑法》《中华人民共和国合同法》《中华人民共和国招标投标法》《建设工程质量管理条例》等一系列的法律、法规、规章、规范性文件的颁布，不仅促进了建筑市场机制的发育，也为推行建设工程保险制度提供了重要的法律依据。虽然我国的建设工程保险在较短的时间内取得了长足的进步，并已基本建立了工程保险制度的框架，但与快速发展的建设事业仍然显得不相适应，与国外工程保险发展相比也存在一定的差距，工程保险制度建设仍有待加强。

（二）工程保险的要素

工程保险的要素是指构成工程保险关系的主要因素，也是理解工程保险的基础。构成工程保险最主要的五个要素包括人（保险人、投保人、被保险人）、费（保险费）、期（保险期间）、额（保险金额、保险金）、责（保险责任范围及相关概念），以下分别进行介绍。

1. 保险人

保险人也称"承保人"，是指与投保人订立工程保险合同，并按照合同约定承担赔偿或者给付保险金责任的保险公司。[②]依据我国现行法律，保险人只能是法人，而不能由个人公民担任。目前全球范围内主要的保险公司均可提供较为全面的各类工程保险，我国首

---

① 中国保险史编审委员会.中国保险史.北京：中国金融出版社，1998。

② 《保险法》第10条。

家提供建筑工程保险的保险公司为中国人民保险公司。

2. 投保人

投保人即保险合同的当事人，是指与保险人订立保险合同，并按照合同约定负有支付保险费义务的人。[①] 对于工程保险来说，投保主体并不局限于承包商，还可以是建设单位或其他工程风险的承担者。

3. 被保险人

被保险人是指以其财产、责任、人身或生命作为保险标的，受保险合同保障，在保险事故发生后，在合同约定的赔偿范围内，享有保险金请求权的人。[②] 需注意的是，工程保险合同中投保人与被保险人可分离，为他人受益所订立的工程保险合同，投保人与被保险人或受益人可为不同主体。如建设工程一切险投保人多为业主，但被保险人可以包括业主、总承包商、分包商、业主聘用的咨询工程师以及与工程有密切关系的其他单位或个人，如贷款银行或投资人等。

4. 保险费

保险费通常简称保费，是指工程保险合同双方当事人基于各自的风险识别、风险分析及量化，协商的保险人对承担风险责任的对价。

5. 保险期间

保险期间是保险人承担风险责任的存续期间，由双方当事人自行约定，保险人仅对保险期间内发生的保险事故承担赔偿责任。工程保险的保险期间一般不仅包括工程建造过程，还包括使用过程。

6. 保险金额

保险金额是指保险人承担赔偿或者给付保险金责任的最高限额。[③] 由于承保工程在工程期内因物价波动、计划不周可能会发生变动，投保时按照工程概预算总造价确定保险金额，完工后需按照实际工程决算总造价调整保险金额和保费。

7. 保险金

保险金是指保险标的因保险事故发生后，被保险人有权要求保险人就保险标的受损的范围支付的补偿金额，该补偿金额以保险金额为限。保险金的支付也称理赔或索赔。

8. 保险单

投保人提出保险要求，经保险人同意承保，保险合同成立。保险人应当及时向投保人签发保险单或者其他保险凭证[④]，此类保险单或凭证常简称"保单"。保单是保险合同成立的凭据，在法律上亦称合同书。

9. 保险条款

保险条款是指保险单中规定的各种条款，明确双方权利义务，有基本条款（或称普通条款）和扩展条款两种。其中基本条款的拟定需取得保监会的审批，扩展条款由双方自行协商，但不能违反法律法规及相关规定的限制。

---

① 《保险法》第 10 条。

② 《保险法》第 12 条。

③ 《保险法》第 18 条。

④ 《保险法》第 13 条。

10. 保险标的

保险合同承保的对象，即风险发生的客体。在工程保险中，通常是指工程、设备、工程人员的人身和财产以及其他相关损害事实的发生。

11. 保险利益

保险利益是指投保人或者被保险人对保险标的具有的法律上承认的利益。[①] 被保险人因保险事故而导致保险利益受损，则有权基于保险合同要求保险公司给付保险金以填平损失。

12. 保险责任范围

保险责任范围是指当保险单上载明的损害事实对保险标的造成损害时，保险人应承担的经济损失补偿或人身保险金给付的责任范围。工程保险的责任范围一般包括人为因素、自然灾害、意外事故造成的人身伤害、财产损失或其他经济赔偿责任。

（三）工程保险的主要特征

工程保险具有以下几种特征。

1. 工程保险承保风险的广泛性

工程保险除了承保物质财产损失风险，还可承保员工的意外伤害风险、第三者责任风险以及职业责任风险等其他风险。工程建设期间大多为露天建设甚至是地下、水底建设，突发各种风险的可能性较大，各种风险因素互相交织，难以准确识别量化并提前预防，故需要投保覆盖范围较为广泛的各类工程保险。

2. 工程保险的综合性

随着工程保险的发展，工程保险已经由传统的对工程建筑本身物的保险扩展为包括第三者责任险、人身险、职业责任险等各方各面，甚至还可包括员工外出、材料设备运输、工程保修及运营等工程所涉及的各类风险。

3. 承保期限的不确定性

一般财产类保险的保险期限是固定的，通常按年投保。但由于实际施工过程中工程建设情况往往难以准确估计，因此通常情况下，工程保险合同中难以明确准确固定的保险期限，需要结合实际工期进行调整。

4. 保险合同中的附加条款具有多样性

由于各种建设工程的实际情况不同，风险也各有不同，很难设计出一种适合所有项目的保险合同。建设工程保险在投保时，为适应不同的建设工程，可以在主险的基础上，附加各种附加条款或扩展条款，来承保与建设工程有关的各种财产风险、费用损失及人员伤亡风险，也可以将这些财产、风险及费用损失列明除外。这些附加条款或扩展条款是建设工程保险的重要组成部分，保险人及投保人可根据保险标的的实际情况灵活运用。

5. 被保险人的广泛性

建设单位、总承包商、分包商、设备供应商、勘察设计单位、工程监理、质量检测机构等，他们均可能对工程项目拥有保险利益，成为被保险人。

---

① 《保险法》第 12 条。

6. 保险金额的巨大性

建设工程往往投资巨大，风险一旦发生，通常损失巨大，因此保险金额也往往巨大。

7. 保险金额的不确定性

一般的财产保险，保险标的一般自保险合同订立之日便已确定。但工程保险的标的——建设工程本身的实际价值随着工程建设的进度是逐渐增加的，不同时间点具有不同的保险金额，到工程完工时，保险金额达到最大；而且绝大部分工程的建设都涉及工程变更，因此保险金额还需要根据工程变更而调整。

8. 保险费率的个别性

建设工程由于其单一性和特殊性，风险也具有极大的差异性，因此无法设定固定或统一的保险费率。在承保时，保险公司会对承保工程的风险进行评估，根据承保工程的现场条件、被保险人的管理水平和风险管理能力等厘定专门的保险费率，以适应建设工程的唯一性。

9. 信息的严重不对称性

由于建设市场的产品单件性、工地转战性、作业室外性、人员流动性等特性，保险公司的检查监督较难，对隐蔽工程质量等难以检验。同时，由于保险合同采用的是格式合同，大部分条款都由保险公司制定，投保人由于保险专业知识的缺乏对保险条款和保险公司的运营流程很可能不够了解。保险公司与投保人之间的这种信息不对称很容易引起道德风险和逆向选择，即可能导致被保险人有意促进风险事件的发生或扩大损失，而保险公司为了避免此类道德风险，减少自己的损失而可能提高保费等。

（四）工程保险的可保和不可保范围

由于工程的保险金额往往巨大，对于投保人和保险人而言，都存在某些风险是双方不可承受的内容，因此并非所有的工程风险均是可保的，存在可保风险和不可保风险的范围。由于建设工程具有唯一性，因此对于可保风险和不可保风险的范围，基于具体工程项目的不同需要保险合同双方当事人基于风险评估自行商定、拟定。

1. 从工程习惯来看，通常的可保范围包括：

（1）地震、海啸、雷电、飓风、台风、龙卷风、风暴、暴雨、洪水、水灾、冻灾、冰雹、地崩、雪崩、火山爆发、地面下陷下沉、滑坡等自然灾害。

（2）火灾、爆炸。

（3）飞机坠毁、飞机部件或飞行物体坠落。

（4）原材料缺陷或工艺不完善所引起的事故。

（5）工人、技术人员缺乏经验、疏忽、过失及恶意行为。

（6）盗窃。

2. 通常不可保风险范围包括：

（1）战争、类似战争行为、敌对行为、武装冲突、恐怖活动、叛乱、政变引起的任何损失、费用和责任。

（2）政府命令或任何公共当局的没收、征用、销毁或毁坏。

（3）罢工、暴动、民众骚乱引起的任何损失、费用和责任。

（4）核裂变、核聚变、核武器核材料核辐射及放射性污染引起的任何损失、费用和责任。

（5）大气、土地、水污染及其他各种污染引起的任何损失、费用和责任。

（6）工程部分停工或全部停工引起的任何损失、费用和责任。

上述所列的可保范围及不可保范围只是一般工程保险的惯例，具体的工程项目中的保险范围双方当事人可以具体商定，例如需要罢工、暴动、民众骚乱方面保障的，可特约加保，但要加收保费并出具保单。

二、工程担保概述

（一）工程担保的概念和发展

1. 工程担保的基本概念

工程担保制度是一种国际惯例，其目的在于维护建筑市场秩序，促使建设各方守信履约，实现公开、公平、公正的风险管理机制。世界上许多国家都把工程担保作为工程建设管理的有效措施，即利用经济手段，引入担保人作为第三方对工程建设进行管理和负责，通过"守信者得酬偿，失信者受惩罚"的原则，建立起优胜劣汰的市场机制，让实力强、信誉好、担保人愿意为其提供担保的企业多得工程，反之则少得工程甚至接不到工程。通过这种制约机制和经济杠杆，可以促使企业提高素质，规范行为，保证工程质量与安全。业主支付担保的推行，也会使业主随意拖欠工程款的行为得到有效遏制，从而保证工程建设资金及时到位，保证工程建设顺利进行，最终保证工程质量。

早在 2000 多年前，地中海地区一位名叫希罗多德的历史学家，就提出了在合同文本中加入保证条款的概念，这也是最早在正式文本中提出的保证概念。随着社会的发展和进步，以个人身份为其他人的责任、义务或债务而向权利人方担保的事例非常普遍。但这类个人担保有很大的弊端，往往会因为保证人的意外亡故，或保证人无力履行担保义务，或其他原因而使承诺落空，从而无法为权利人提供保障。因此，随着经济社会的发展，目前在国际工程中，工程担保一般是由银行、担保公司、保险公司等专业的金融机构出具提供的。

工程担保作为一个制度被正式确立的起源是美国。1894 年，美国第一家专业保证担保公司——美国保证担保有限公司在纽约州成立。同年美国国会通过了"赫德法案"，要求所有公共工程必须事先取得工程担保。1908 年，美国保证担保业联合会正式成立，它标志着保证担保业有了自己的行业协会，能相互进行业务交流，并开始统一收费标准。1909 年，托尔保费制定局成立，直到 1947 年该局一直为美国保证担保业联合会会员公司制定费率，后来该局并入美国保证业联合会。美国是全世界最早也是最大的保证担保市场，从 1894 年联邦公共工程采用保证担保，距今已经有 100 多年的历史。在全世界 35 亿美元的保证费收入中，美国占 60% 以上，可见美国工程担保应用之广泛。[①]

2. 我国工程担保的发展历程

我国工程保证担保的发展是从 20 世纪 80 年代开始的，中建系统的建筑工程公司在

---

① 谢亚伟. 工程项目风险管理与保险. 北京：清华大学出版社，2016。

承接一些海外项目或是世界银行贷款的项目时，才真正接触和面对了这一国际通用的惯例——工程担保。这个过程是坎坷的，但同时也为我国工程担保的发展获取了宝贵的经验。工程担保制度作为市场经济环境下维护合约双方信用的一种手段和方式，开始得到国家的高度重视和关注。

1991年，国务院决定开展"质量、品种、效益年"活动，第一次正式提出了要在国内建立与国际惯例接轨的工程担保制度。1994年1月1日，《深圳经济特区建设工程施工招标投标条例》第一次以正式规定的方式，明确了建设工程履约过程中应当提供相应的履约担保。1995年10月1日，《中华人民共和国担保法》的发布为工程担保提供了最根本的法律依据。1997年2月，多个国家部委联合举办的"贯彻《质量振兴纲要》高层研讨会"上，专题研究了建立工程质量保证体系。同年11月，原建设部组织中国建筑业风险管理考察团赴美国访问，考察团回国后编写提交了考察报告，并翻译了大量美国工程担保资料，认为"借鉴美国工程保证担保业保险，对于推动我国质量保证监督机制的建立，具有很大的意义。"1998年5月，建设部发出"关于一九九八年建设事业体制改革工作要点"的文件，明确提出"逐步建立健全工程索赔制度和担保制度"；"在有条件的城市，可以选择一些有条件的建设项目，进行工程、质量保证担保的试点"。

1999年2月24日，国务院办公厅颁布了《关于加强基础设施工程质量管理的通知》，明确要求凡是基础设施建设项目和国家投资的建设项目，都要按《通知》要求加强施工质量管理。通知首次明确规定，为加强基础设施工程质量管理必须实行合同管理制，要求"各类合同都要有明确的质量要求、履约担保和违约处罚条款"。之后，建设部《关于深化建设市场改革的若干意见》提出要将建立以工程保证担保为主要内容的工程风险管理制度作为我国今后改革政府监督管理建设活动方式、以经济手段强化工程质量管理的重要措施。同时指出，可以先实行投标保证担保、业主支付保证担保、承包商履约保证担保和质量保证担保等工程担保制度，并决定在北京、上海和深圳三个经济发达城市发行试点。

2000年1月1日，《招标投标法》正式施行。该法规中首次提出采用投标保证金和履约保证金的概念。随后，全国建设工作会议把实行工程保证担保制度作为"十五"期间的一项重点工作，要求该工作在"十五"期间要有重大的进展。2004年8月6日建设部发布《关于在房地产开发项目中推行工程建设合同担保的若干规定（试行）》要求各省市、自治区、单列市的建设行政主管部门在工程建设合同造价在1000万以上新建、改建、扩建的房地产开发项目都应推行投标担保、业主工程款支付担保、承包商履约担保和承包商支付担保。

2005年5月11日《工程担保合同示范文本（试行）》下发了《投标保函（试行）》《承包商履约保函（试行）》《业主支付保函（试行）》等10项工程担保合同示范文本，标志着我国第一套成型的工程担保标准建立。2006年12月7日，建设部发布《关于在建设工程项目中进一步推行工程担保制度的意见》，提出尽快建立工程担保信息调查分析系统，便于对保证人的数量、市场份额、担保代偿情况、担保余额和保函的查询、统计和管理工作，担保余额超出担保能力的专业担保机构限制其出具保函或要求其做出联保、再担保等安排。工程担保监管措施完善的地方，在工程担保可以提交银行保函、专业担保公司或保险公司保函的情况下，应由被保证人自主选择其担保方式，但其提交的担保必须符合有关规定。使用外资建设的项目，投资人对工程担保有专门要求的除外。各地建设行政主管部门可以根据本地区的实际情况，制定合理的担保费率的最低限额，避免出现恶性竞争影响担保行业的健康发展。

2014 年 7 月 1 日《住房和城乡建设部关于推进建筑业发展和改革的若干意见》提出进一步开放建筑市场。各地要严格执行国家相关法律法规，全面清理涉及工程建设企业的各类保证金、押金等，对于没有法律法规依据的一律取消，并积极推行银行保函和诚信担保。2016 年 6 月 23 日，《国务院办公厅关于清理规范工程建设领域保证金的通知》提出对建筑业企业在工程建设中需缴纳的保证金，除依法依规设立的投标保证金、履约保证金、工程质量保证金、农民工工资保证金外，其他保证金一律取消。

2017 年 2 月 12 日，《国务院办公厅关于促进建筑业持续健康发展的意见》提出加强承包履约管理，引导承包企业以银行保函或担保公司保函的形式，向建设单位提供履约担保。对采用常规通用技术标准的政府投资工程，在原则上实行最低价中标的同时，有效发挥履约担保的作用，防止恶意低价中标，确保工程投资不超预算。

2019 年 6 月 20 日，《住房和城乡建设部等部门关于加快推进房屋建筑和市政基础设施工程实行工程担保制度的指导意见》（建市〔2019〕68 号）提出加快推行投标担保、履约担保、工程质量保证担保和农民工工资支付担保。支持银行业金融机构、工程担保公司、保险机构作为工程担保保证人开展工程担保业务；推进分类实施工程担保制度：（一）推行工程保函替代保证金；（二）大力推行投标担保；（三）着力推行履约担保；（四）强化工程质量保证银行保函应用；（五）推进农民工工资支付担保应用。

（二）工程担保的主要形式

工程担保形式很多，各方当事人可以自由约定，下面仅就常见的工程担保形式简要介绍如下。

1. 现金担保

现金担保是指承包商通过现金质押的方式提供担保，一般采用直接支付和按进度扣留的方式提供。其中直接支付方式适用于投标担保，其他担保类型较少适用；按进度扣留的方式适用于质量担保和履约担保。

2. 保函担保

保函又称保证书，是指银行、保险公司、担保公司或个人应申请人的请求，向第三方开立的一种书面信用担保凭证。银行出具的保证通常称为保函，其他保证人出具的书面保证通常称为保证书或保函均可。保函主要涉及三方，即申请人（被担保人，在工程实践中多为承包商但也可以是业主）、担保人（即开立保函的银行或其他金融机构）以及受益人（与申请人相对的合同另一方）。保函担保从性质上来说分为从属保函和独立保函两种。

（1）从属保函

传统上的保函，尤其是各国国内交易所使用的保函多为从属性的。如我国《担保法》第五条规定，担保合同是主合同的从合同，主合同无效，担保合同无效。担保合同另有约定的，按照约定。国际商会（ICC）1978 年制定的《合同保函统一规则》（URCG）也将保函的法律性质定位为从属性保证。此类从属保函作为担保合同从属于主合同，其法律效力随基础合同存在和变化，并且只有当保函的申请人根据主合同应承担责任时，出具保函的担保人才承担保函项下的相应责任。

除此之外，根据保证的责任方式不同，从属保函又分为一般责任保证和连带责任保证。其中一般保证是指当事人在保函中约定，申请人不能履行债务时，才由担保人承担保证责任，即担保人享有先诉抗辩权，在主合同纠纷未经审判或者仲裁等程序证明申请人确实不能履行债务之前，担保人有权拒绝向保函受益人承担保证责任。而连带责任保证的担保人没有先诉抗辩权，只要保函申请人在期限届满时不履行债务，保函受益人即可以要求担保人承担保证责任，而无论申请人是否有实际上清偿债务的能力。

如上所述，当从属保函项下发生索赔时，担保人将根据主合同的条款以及实际履行情况来确定是否予以支付。而各方对于申请人是否应该并且有能力承担责任或清偿债务往往会发生争议，经常要经过仲裁或诉讼才能予以确定，这也就导致保函受益人根据从属保函进行索赔面临诸多障碍，其对于交易安全的保障力度受到一定的限制。

（2）独立保函

随着经济全球化的发展，为适应当代国际贸易和投资发展的需要，由银行和商业实践的发展逐步确立了独立保函制度，并成为国际担保的主流趋势。目前国际工程项目中通行的保函一般也为独立保函。在我国，由于《担保法》《物权法》等规定担保以从属性为普遍原则，导致在很长时间内对没有涉外因素的独立担保是否合法有效存在争议，但2016年11月18日最高人民法院发布了《关于审理独立保函纠纷案件若干问题的规定》（法释〔2016〕24号），该司法解释吸收了URDG等国际规则的内容，肯定了国际通行的独立保函制度，为中国更好地融入国际经济合作奠定了制度基础，也为独立保函在国内工程中的应用铺平了道路。

《关于审理独立保函纠纷案件若干问题的规定》第一条规定，独立保函"是指银行或非银行金融机构作为开立人，以书面形式向受益人出具的，同意在受益人请求付款并提交符合保函要求的单据时，向其支付特定款项或在保函最高金额内付款的承诺"；国际商会《见索即付担保统一规则》（Uniform Rules for Demand Guarantees，简称URDG）第2条将独立保函定义为："见索即付保证，不管其如何命名，是指由银行、保险公司或其他组织或个人以书面形式出具的，表示只要凭付款要求声明或符合担保文件规定就可以从他那里获得付款的保证、担保或其他付款承诺。"

由此可见，独立保函的基本特点在于保函与基础合同相对独立，基础合同效力或约定不直接影响保函的成立、生效及赔偿；独立保函见索即付，先赔偿后抗辩。只要保函受益人提出索赔，担保人均应支付赔偿款，保函申请人无权要求中止给付（除非保函受益人欺诈），只能在赔付后进行抗辩或追偿。独立保函的上述特点使得受益人的权益更有保障和更易于实现，可以避免保函申请人提出关于基础合同履行的各种抗辩理由来对抗索赔请求，避免违约人起诉花费大量的时间和金钱，从而有力地保障了保函受益人的权益。

3. 母公司担保或同业担保

母公司担保或同业担保是指由承包商的母公司或另外一家具有不低于承包商施工及财务能力的第三方企业为工程的履约过程提供担保。近年来，我国承包商的母公司对外担保发展较快，其主要原因包括：

（1）境外项目规模越来越大导致承包商资信相对不足，业主要求承包商母公司提供担保。

（2）国家外汇管理局《跨境担保外汇管理规定》放松了对于对外担保的监管，跨境担保由事前审批制改为事后登记制。

（3）很多国际项目均以项目融资的方式建设，融资方往往要求承包商母公司提供担保，以提高项目的可融资性。[①]

上述担保方式的优点在于：建设工程担保的根本目的在于工程的完成而不是赔偿金额的给付，其他担保方式仅能提供金钱上的补偿，但损失的赔偿并非工程建设的最终目的，且从工程实践而言，一旦需要动用工程担保，工程工期或是质量本身通常已发生较大的问题，仅提供金钱补偿并不能消除工程建设的障碍，往往导致工程损失的进一步扩大。而母公司担保或同业担保可以提供继续履约的保证方式，由母公司自身或其下属其他子公司或同业公司继续完成工程项目，此种方式可以最小化工程损失，最优化资源配置。该方式的缺点在于：工程担保本身是一种负财产评价，对于提供担保的母公司及同业公司而言会提高其担保负债，导致其自身融资能力及运营出现一定程度的问题，尤其是母公司担保，一旦担保数量过多，容易造成母公司整体资信下降，最终影响全部项目运营。

（三）保函的独立性与单据化规则

独立保函（见索即付保函）是目前国际工程中通行的担保形式，国际上关于独立保函最重要的规则是《见索即付保函统一规则》（URDG），该规则由国际商会（ICC）制定，最初的版本为1992年4月国际商会以458号出版物发布的URDG458，其后在2010年7月国际商会又以758号出版物发布了修订后的URDG758。

URDG并非强制性的规定，其适用有赖于当事人的选择。URDG758第1条a款即规定："见索即付保函统一规则适用于任何明确表明适用本规则的见索即付保函或反担保函。除非见索即付保函或反担保函对本规则的内容进行了修改或排除，本规则对见索即付保函或反担保函的所有当事人均具约束力。"[②] 根据我国最高人民法院发布的《关于审理独立保函纠纷案件若干问题的规定》第五条规定，独立保函载明适用URDG等独立保函交易示范规则，或开立人和受益人在一审法庭辩论终结前一致援引的，才认定交易示范规则的内容构成独立保函条款的组成部分，当事人不能以行业惯例等理由单方主张独立保函适用相关交易示范规则。

然而，由于URDG为国际商事主体特别是为银行所普遍接受，所以事实上大部分的银行保函都是见索即付保函，并且声明适用URDG规则，比如FIDIC合同条件在各类保函模板中均明确声明适用该规则。[③] 本节后续内容，都将围绕URDG758规则下的见索即付保函展开，这种见索即付保函最大的特点即是保函的独立性，以及基于其独立性之上的单据化。

关于保函的独立性，著名的丹宁法官有一段准确的描述："开具履约保函的银行必须按照保函条款承付。这丝毫无关于供应商与客户之间的关系、供应商是否履行了其合同义

---

① 宋玉祥，李欧文.国际工程承包前沿问题解析（上篇）.威科先行法律信息库.http://lawv3.wkinfo.com.cn/topic/61000000406/index.html，2019年10月27日最后访问。

② 本节引用UDRG758条款时，中文译文出处：周红军，蔡俊锋翻译.《国际商会见索即付保函统一规则（UDRG758）（2010年修订本）》，北京：中国民主法制出版社，2010。

③ 在独立担保领域，除了URDG之外，具有重要影响的国际规则还有《联合国独立担保和备用信用证公约》（United Nations Convention on Independent Guarantees and Stand-by Letter of Credit）和国际商会制定的《国际备用证惯例》（International Standby Practice，ISP 98），为行文简洁，在此不展开比较和论述。

务，或者供应商是否违约。银行必须根据保函付款，如果规定是见索即付的，则无须证明或条件。唯一的例外是银行察觉存在明显的欺诈。"[①]URDG758 也明确规定了保函独立性规则，其第 5 条 a 款规定："保函就其性质而言，独立于基础关系和申请，担保人完全不受这些关系的影响或约束。保函中为了指明所对应的基础关系而予以引述，并不改变保函的独立性。担保人在保函项下的付款义务，不受任何关系项下产生的请求或抗辩的影响，但担保人与受益人之间的关系除外。"

保函的独立性还体现在 URDG758 对保函生效和终止的规定中。其第 4 条 a 款规定："保函一旦脱离担保人的控制即为开立"；第 4 条 b 款规定："保函一旦开立即不可撤销，即使保函中并未声明其不可撤销"。第 25 条 b 款规定：在保函失效、保函项下已没有可付金额，或者受益人签署的解除保函责任的文件提交给担保人的情况下，保函均应终止。根据第 2 条的规定，保函的失效指失效日或失效事件，而无论是失效日还是失效事件，均依据保函本身的规定。也就是说，保函从开立到终止，其效力不依赖基础关系，也不受基础关系的影响。与见索即付保函的这种独立性相比较，从属性担保的效力则依附于主债权债务合同，主合同无效，则担保合同也无效。

基于独立性规则，见索即付保函还具有高度单据化的特点，即保函担保人是否付款取决于受益人是否能提供相符的单据。URDG758 在第 2 条即对"见索即付保函或保函"（Demand Guarantee or Guarantee）如此定义："无论其如何命名或描述，指根据提交的相符索赔进行付款的任何签署的承诺。""相符索赔"（Complying Demand）是指受益人满足"相符交单"（Complying Presentation）要求的索赔；而"相符交单"则指"所提交单据及其内容首先与该保函条款和条件相符，其次与该保函条款和条件一致的本规则有关内容相符，最后在保函及本规则均无相关规定的情况下，与见索即付保函国际标准实务相符"。一般而言，保函均会明确规定单据应符合的条件，在这种情况下，单据是否构成相符交单主要依据保函本身的规定。

保函的单据化，也意味着担保人在确定是否付款时并不考察保函背后的基础关系，正如 URDG758 第 6 条所言："担保人处理的是单据，而不是单据可能涉及的货物、服务或履约行为。"而"单据"（Document）是指"经签署或未经签署的纸质或电子形式的信息记录"，其具体要求可以在保函中设定，而 URDG758 对单据的标准要求仅包括索赔书（Demand）和支持声明（Supporting Statement）。索赔书是"保函项下受益人签署的要求付款的文件"，而根据第 15 条 a 款的规定，保函项下的索赔，应由保函所指明的其他单据所支持，并且在任何情况下均应辅之以一份受益人声明，表明申请人在哪些方面违反了基础关系项下的义务。该声明可以在索赔书中作出，也可以在一份单独签署的随附于该索赔书的单据中作出，或在一份单独签署的指明该索赔书的单据中作出。这种受益人声明即"支持声明"。根据上述规定，受益人仅需向担保人作出要求付款的表示，并指出申请人（即被担保人）违反了哪项基础关系中的义务即可，而无须提供任何申请人在基础交易违约的证据。此外，根据第 19 条 a 款的规定，担保人应仅基于交单本身确定其是否表面上构成相符交单，即担保人对于受益人的交单仅需进行形式审查。

不仅如此，为充分保证保函的单据化，URDG758 还规定了对保函中非单据条件的处

---

① Edward vs. Owen v. Barclays Bank International, 1978 : 166。

理。所谓的非单据条件，是指保函中要求的不能以单据形式表现的条件。第 7 条规定："除日期条件之外，保函中不应约定一项条件，却未规定表明满足该条件要求的单据。如果保函中未指明这样的单据，并且根据担保人自身记录或者保函中指明的指数也无法确定该条件是否满足，则担保人将视为该条件未予要求并不予置理，除非为了确定保函中指明提交的某个单据中可能出现的信息是否与保函中的信息不存在矛盾。"换言之，除了为判断单据是否与保函的规定相符以外，其他任何不以单据形式体现的要求在 URDG 规则下都是无效的。即使这种无效的非单据条件未满足，只要受益人能满足单据条件，担保人也将付款。

保函的独立性与单据化，便利了保函的运作，特别是通过限定担保人的审单义务，让担保人免于介入复杂多变的基础关系，从而提高了银行开展担保业务的积极性，使见索即付保函获得了广泛的应用，满足了商事活动的需要。可以说，独立于基础关系的单据化，是保函作为担保工具的生命力所在。

三、工程保险和担保与风险管理的关系

（一）风险转移和管理体系简介

风险可以降低但是不可能完全消除，特别是建设工程，涉及的风险因素众多、投资额巨大，一旦风险事件发生，损失是难以估计且难以承受的，因此要对风险进行科学有效的管理。风险管理包括对风险的量度、评估、应变及控制，即风险识别、风险评估、风险应对及风险监控。工程项目风险的应对策略包括风险回避、风险自留及风险转移，其中风险转移是工程风险管理不可或缺的重要手段。

风险转移是指当有些风险难以避免，自身又无法有效地承担时，将项目风险通过某些方式转移给第三方主体的行为。必须注意的是，风险转移是通过某种方式将某些风险的后果连同对风险应对的权力和责任转移给他人。转移本身并不能消除风险，只是将风险管理的责任和可能从该风险管理中所能获得的利益移交给了他人，项目管理者不再直接地面对被转移的风险。风险转移的方法有很多，主要包括非保险转移和保险转移两大类。

1. 非保险转移

非保险转移又称为合同转移，因为这种风险转移一般是通过签订合同的方式将项目风险转移给非保险人的对方当事人。项目风险最常见的非保险转移包括：

（1）建设单位通过合同将风险转移给总承包商

例如，在合同条款中约定，场地不可预见的现场条件由总包人自行负责；又如，采用固定价格合同将涨价风险转移给承包商等。

（2）承包商进行项目分包

承包商同样采用合同约定的方式，将一部分自身风险转嫁给分包商，采用的形式和内容多与建设单位转移的方式相同。

（3）第三方担保

合同当事人的一方要求另一方为其履约行为提供第三方担保。

担保方所承担的风险仅限于合同责任，即由于委托方不履行或不适当履行合同以及违

约所产生的责任。第三方担保的主要有建设单位付款担保、承包单位履约担保、预付款担保、分包商付款担保、工资支付担保等。

2. 保险转移

保险转移通常被直接称为工程保险。工程保险是指通过购买保险，建设单位或承包商（包括总包商及分包商）作为投保人将自身项目风险（包括第三方责任）转移给保险公司，从而使自己在风险实际发生时免遭风险损失。

（二）工程保险和担保与风险管理的关系

从风险转移和管理的基本体系可以看出，工程保险和担保均是风险管理中风险转移的手段之一。项目管理者通过风险识别，包括风险分析和风险量化，充分考究某些风险对项目可能造成的损害，并对自身对相关风险能力及转移风险的成本进行评估，最后认定某些风险可以通过购买工程保险或工程担保的方式来转移风险发生时的损害，从而作为风险损害的常用预防手段运用于工程风险管理中。

风险与保险、担保存在密切的关系，所研究和关心的对象都是风险，两者相辅相成，主要表现在以下几个方面。

1. 风险是保险与担保产生和存在的前提

风险存在就可能存在损失，由此才产生对损失补偿的需要，没有风险就不会产生损失，保险与担保也就没有存在的意义；风险是一种客观存在，尤其是在工程建设过程中，可谓处处存在风险，而风险的存在是各方愿意成立保险或担保关系的必要前提。

2. 风险的发展是保险与担保发展的依据

随着科学技术、经济文化和管理水平的不断进步和提高，人们对风险的应对能力不断强化，但随之也带来了新的风险，风险管理的发展就是不断克服旧风险并不断发现新风险的过程。风险的发展是保险与担保发展的动力与客观依据，新的保险险种与担保方式不断涌现，极大地推动了保险行业与担保行业的发展。

3. 保险与担保是应对风险的有效手段

工程保险和担保均属于风险转移的手段，而风险转移的基础是大数法则。工程保险是通过庞大的投保基数均摊工程风险，而投保人可以通过小额的固定支出换取巨额风险的经济保障；而工程担保，尤其是专业的工程担保公司，也是通过类似的方式，通过尽可能多地提供担保，收取担保费用平摊并平抑自身风险。

4. 保险与担保可取得的效益受风险管理水平的影响

保险与担保的效益影响因素很多，风险管理的技术与水平是其中影响最为重大的一种。风险识别是否全面、风险分析量化是否准确、风险应对方式的选择是否合理、保险及担保费率的谈判是否顺利，都直接影响保险与担保的效益。

由上述可见，工程风险与工程保险是紧密相连、互为因果的。工程风险是工程保险发展的内在原因和需求，而工程保险是工程风险的有效分散途径之一。工程风险与工程项目的投资、施工和使用是相伴而生的。大型工程项目，工期长则数年、十数年甚至数十年，工程可能涉及土建、安装、机电、给水排水、暖通等各个工程专业的接口衔接，因而工程施工过程中出现操作失误、工程缺陷、人员伤亡、设备材料损坏盗失、接口不能衔接等情况可以说是难以避免的。面对复杂的工程风险，业主和承包商渴望通过一定的途径将风险转嫁出去。建设工程保险和担保就是风险转移的重要而有效的途径之一。

四、我国工程保险和担保现状

我国的工程保险和担保业务刚刚起步，虽然前文已经提到，自 20 世纪 90 年代开始，国务院及建设主管部门就多次发文要求推进工程担保、保险制度，但直至目前，工程保险、担保市场品种单调，业务量低，发承包商保险、担保市场发育很不成熟。工程保险、担保制度的建立和推行，必须具有足够数量并符合资格条件的保险和担保人，才能形成具有竞争力的市场，但我国目前缺乏符合要求的保险和担保人。

目前国内的保险公司对工程风险管理方面的理论研究与实践操作还有待深化，险种稀少，形式单一，不能适应市场和工程建设的要求。保险公司普遍缺乏必要的工程建设知识及专业人员，难以提供工程风险管理的咨询与监督服务，也无法构建合理优秀的工程保险体系，更无法提供符合项目需要的保险方案，使客户的投保积极性受到挫伤，影响了工程保险的推广。而担保业务情况也不容乐观，国内的部分银行虽已开展了一些保函业务，但普及率不高，担保公司也未能形成竞争机制，承包商之间的同业担保还没有开展起来。

由于目前工程保险和担保相较于国际上来说确实还不够成熟，工程保险知识不够普及，相当多的业主、承包商等认为投保得不偿失，没有投保和获取担保的积极性。而且，由于我国的建筑市场还不规范，加上前期的计划经济的影响，以及我国的建筑业属于微利行业，企业资金积累十分有限。同时，受经济发展水平的制约，建设单位的资金也比较紧张。许多业主和承包商认为工程保险及担保带来的收益并不能抵偿所增加的工程成本。

因此，目前而言在我国建设工程市场中，工程保险和担保还属于较为边缘的内容，但随着市场经济的发展，工程项目建设的铺开，国家政策的不断引导，现代管理意识的不断增强，工程保险及担保必然会促使我国建设行业尽快同国际接轨，发展至应有的水平。

第二节 国际工程项目中的工程保险

一、国际工程保险概述

在第二次世界大战中，欧洲作为主战场受到了极大的破坏，战后重建带来了大规模的土木建设。而当时由于政局不稳，经济衰退，资金难以保证，各类建设工程主体都面临着难以承受的巨大风险。为转移此类风险，就需要保险提供必要的保障，在这样的背景下国际工程保险开始得以快速发展。

1950 年国际土木工程师和承包建筑工程师组织制定的承包土木建筑合同中，明确列有要求承包商购买保险的条款，标志着工程保险第一个国际标准的制定。1957 年，国际咨询工程师联合会（FIDIC）和欧洲建筑业者联盟（FIEC）以 ICE 条款为基础制定了以用于海外工程为目的的国际标准合同条款，即目前国际通行的《土木工程施工合同条件》第 1 版，后来从欧洲逐渐普及到亚洲、中南美洲和美洲等地，逐步修订为现今通行的 FIDIC

红皮书，该合同条件明确了承包商投保工程保险的义务，为工程保险的普及发挥了作用。

随着国际建筑市场的逐步发展，工程保险早已被公认为保障建筑工程质量和安全、维护建筑市场稳定最为有效的方法之一。工程保险在国际建筑业市场已是十分通行且必要的做法。美国建筑师学会（AIA）合同、英国工程师学会（ICE）合同、FIDIC合同条件等通用的标准工程合同都对工程保险有明确的规定。国际工程项目几乎100%都要求以提供工程保险作为必要的投标条件，西方发达国家的业主和承包商对各类工程也都会进行投保。

国际工程保险人协会（IMIA）的统计资料表明，2015—2017年，每年所有的IMIA成员保费收入分别为92.03亿美元、87.31亿美元和84.76亿美元，其中建筑工程质量缺陷保险（IDI）分别为3.06亿美元、2.65亿美元和2.22亿美元；电子设备保险（EEI）分别为11.24亿美元、10.63亿美元和10.31亿美元；机械保险（MB）、锅炉爆炸险（BE）和利润损失险（LOP）分别为40.03亿美元、37.85亿美元和37.36亿美元；建筑工程一切险（CAR）、安装工程一切险（EAR）和预期利润损失险（ALOP）分别为3.06亿美元、2.65亿美元和2.22亿美元。[①]

现代建筑工程日新月异，规模日趋增大，其设计和施工方法日益复杂，施工机械、建筑设备以及建筑本身的价值也日益昂贵。不论是工程投资人、工程所有人亦或是承包商，均有可能因各种风险而遭受巨大的经济损失，需要通过工程保险进行保障。随着现代工业和现代科学技术的迅速发展，无论发达国家还是发展中国家均在大兴土木工程、兴建新工厂、改造旧工厂。此外，由于社会经济不断发展，人们对各种能源、交通、电信等有了更加广泛的需求，使得许多高、精、尖科技工程在近二三十年来获得了迅速发展，从而带来了工程保险业的发展，出现了海洋石油开发保险、航天工程保险、核能工程保险等。这些都属于当代规模宏大、技术复杂、价格昂贵、风险集中的特种工程保险。同时，与之相对应的保险组织机构也在变化。欧洲、美国、日本这些保险业发达的国家和地区，其保险公司、再保公司、经纪人公司大都设有工程部，专门负责经营工程保险。原因是经营这类业务，均需具有工程技术或专业知识的工程师或科学家参与。目前，世界保险业发达的国家，其工程保险已迈入了专业化、制度化和现代化的阶段。

二、国际工程保险主要种类

目前，国际工程市场上常见的工程保险种类主要包括：建筑工程一切险、安装工程一切险、职业责任险、第三者责任险、意外伤害保险、安全生产责任保险、工程质量潜在缺陷保险等险种。下面将简要概述几类常见险种的应用。

（一）建筑工程一切险

1. 概念

建筑工程一切险，简称建工险，是集财产损失险与责任险合为一体的综合性的保险。建筑工程一切险承保在整个施工期间因自然灾害和意外事故造成的物质损失，以及被保险

---

① IMIA网站，http://www.imia.com/wp-content/uploads/imiamembers/activities/conference_invitation_papers/2018/presentations/Premuim-Loss-stats-IMIA-2017-DS-UG-revised-8-9-2018.pdf。

人依法应承担的第三者人身伤亡或财产损失的民事损害赔偿责任。国内的保险惯例中，常常附加第三者责任险；国际惯例中亦存在将第三者责任险作为独立险种投保的方式，例如2017版FIDIC合同条件中即采用此模式。

2. 被保险人与投保人

（1）被保险人

建筑工程一切险的保单下可以有多个被保险人，这也是工程保险区别于其他财产保险的主要特点之一。

建筑工程一切险的被保险人一般可包括以下几个方面。

1）业主：建设单位或工程所有人。

2）承包商：总承包商及分包商。

3）技术顾问：业主聘请的建筑师，设计师、工程师和其他专业顾问。

4）其他关系方：如贷款银行或其他债权人。

（2）投保人

1）全部承包方式，由承包方负责投保。

2）部分承包方式，在合同中规定由某一方投保。

3）分段承包方式，一般由业主投保。

4）施工单位只提供劳务的承包方式，一般也由业主投保。

3. 保险范围

建筑工程一切险的保险责任范围主要包括3个部分。

（1）物质损失

1）建筑工程，包括永久和临时性工程及物料，包括设计费、材料设备费、施工费（人工及施工设备费）、运杂费、税款及其他有关费用。

2）业主提供的物料及项目，是指未包括在工程合同价格之内的，由业主提供的物料及负责建筑的项目。该项保险金额应按这一部分标的的重置价值确定。

3）安装工程项目，是指承包工程合同中未包含的机器设备安装工程项目。该项目的保险金额为其重置价值；所占保额不应超过总保险金额的20%。超过20%的，按安装工程一切险费率计收保费；超过50%，则另外投保安装工程一切险。

4）施工用机械设备，是指施工用的推土机、钻机、脚手架、吊车等机器设备。此类物品一般为承包商所有，其价值不包括在工程合同价之内，因而作专项承保。

5）场地清理费，是指发生承保风险所致损失后，为清理工地现场所必须支付的一项费用，不包括在工程合同价格之内。该项保险金额通常具有限额，大工程通常不超过其工程合同价格的5%，小工程通常不超过工程合同价格的10%。

6）工地内已有的建筑物，是指不在承保的工程范围内的，业主或承包单位所有的或由其保管的工地内已有的建筑物或财产。该项保险金额由双方共同商定，但最高不得超过该建筑物的实际价值。

7）双方约定纳入保险合同范围内的其他现场财产。

以上各部分之和为建筑工程一切险物质损失部分的总保险金额。货币、票证、有价证券、文件、账簿、图表、技术资料，领有公共运输执照的车辆、船舶以及其他无法鉴定价值的财产，不能作为建筑工程一切险的保险项目。

（2）第三者责任

第三者责任是指被保险人在工程保险期内因意外事故造成工地及工地附近的第三者人身伤亡或财产损失依法应负的赔偿责任。保险金额一般通过一个赔偿限额来确定，该限额根据工地责任风险的大小确定。通常有两种方式：

1）只规定每次事故的赔偿限额，不具体限定人身伤亡或财产损失的分项限额，也不规定在保险期限内的累计赔偿限额，这种方式适用于责任风险较低的第三者责任。

2）先规定每次事故人身伤亡及财产损失的分项赔偿限额，进而规定对每人的限额，然后将分项的人身伤亡限额与财产损失限额汇总成每次事故的总赔偿限额，最后再规定保险期限内的累计赔偿限额，这种方式适用于责任风险较大的第三者责任。

（3）附加险

根据投保人的特别要求或某项工程的特性需要，可以增加一些附加保险，保险金额由双方商定。

4. 责任范围

（1）物质损失的责任范围

在保险期限内，若保险单列明的被保险财产在列明的工地范围内，因发生除外责任之外的任何自然灾害或意外事故造成的物质损失，保险人应负责赔偿；赔偿范围包括必要的场地清理费用和专业费用等，也包括被保险人采取施救措施而支出的合理费用。但这些费用并非自动承保，保险人在承保时须在明细表中列明有关费用，并加上相应的附加条款。如果被保险人没有向保险公司投保清理费用，保险公司将不负责该项费用的赔偿。

（2）物质损失的除外责任

保险人对以下情况不承担赔偿责任：

1）设计错误引起的损失和费用（因设计错误等原因引起保险财产的直接损失及其有关费用本身不予赔偿，但对于因设计错误等原因造成其他保险财产的损失仍予以负责）。

2）自然磨损、内在或潜在缺陷、物质本身变化、自燃、自热、氧化、锈蚀、渗漏、鼠咬、虫蛀、大气（气候或气温）变化、正常水位变化或其他渐变原因造成的被保险财产自身的损失和费用。

3）因原材料缺陷或工艺不善引起的被保险财产本身的损失以及为换置、修理或矫正这些缺点错误所支付的费用。

4）非外力引起的机械或电气装置的本身损失，或施工用机具、设备、机械装置失灵造成的本身损失。

5）维修保养或正常检修的费用。

6）档案、文件、账簿、票据、现金、各种有价证券、图表资料及包装物料的损失。

7）盘点时发现的短缺。

8）领有公共运输行驶执照的，或已由其他保险予以保障的车辆、船舶和飞机的损失。

9）除已列入保险范围的工地内现成的建筑物或其他财产外，在被保险工程开始以前已经存在或形成的位于工地范围内或其周围的属于被保险人的财产的损失。

10）除非另有约定，在保险期限终止以前，被保险财产中已由工程所有人签发完工验收证书或验收合格或实际占有、使用或接收的部分。

（3）第三者责任的责任范围

在保险期限内，因发生与承保工程直接相关的意外事故引起工地内及邻近区域的第三者人身伤亡、疾病或财产损失；及因上述原因而支付的诉讼费用以及事先经保险人书面同意而支付的其他费用，保险人负责赔偿。

（4）第三者责任的除外责任

保险人对以下情况不承担赔偿责任：

1）物质损失项下或本应在该项下予以负责的损失及各种费用。

2）由于振动、移动或减弱支撑而造成的任何财产、土地、建筑物的损失及由此造成的任何人身伤害和物质损失。

3）工程所有人、承包商或其他关系方或他们所雇佣的在工地现场从事与工程有关工作的职员、工人以及他们的家庭成员的人身伤亡或疾病。

4）工程所有人、承包商或其他关系方或他们所雇佣的职员、工人所有的或由其照管控制的财产发生的损失。

5）领有公共运输行驶执照的车辆、船舶、飞机造成的事故。

6）被保险人根据与他人的协议应支付的赔偿或其他款项。但即使没有这种协议，被保险人仍应承担的责任不在此限。

（5）总除外责任

由下列原因引起的不论是物质损失还是第三者责任亦或是附加险，保险人均不承担保险责任：

1）战争、类似战争行为、敌对行为、武装冲突、恐怖活动、叛乱、政变引起的任何损失、费用和责任。

2）政府命令或任何公共当局的没收、征用、销毁或毁坏。

3）罢工、暴动、民众骚乱引起的任何损失、费用和责任。

4）核裂变、核聚变、核武器、核材料、核辐射及放射性污染引起的任何损失、费用和责任。

5）大气、土地、水污染及其他各种污染引起的任何损失、费用和责任。

6）工程部分停工或全部停工引起的任何损失、费用和责任。

7）罚金、延误、丧失合同及其他后果。

8）保险合同约定的免赔额。

5. 保险期限

保险期限是在保险单列明的建筑期限内，自投保工程动工日或自被保险项目被卸至建筑工地时起生效，直至建筑工程完毕经验收合格时终止。

（1）建筑期

1）保险责任的开始有两种情况：①工程破土动工之日；②保险工程材料、设备运抵至工地时。通常以先发生者为准，但不得早于保单规定的生效日期。

2）保险责任的终止也有两种情况：①工程所有人对部分或全部工程签发验收证书或验收合格时；②工程所有人实际占有或使用或接受该部分或全部工程时。以先发生者为准，且最迟不得超过保单规定的终止日期。

在实际承保中，在保险期限终止日前，如其中一部分保险项目先完工验收移交或实际投入使用时，该完工部分自验收移交或交付使用时，保险责任即告终止。

（2）试车期

若被保险设备本身是在本次安装前已被使用过的设备或转手设备，则自其试车之日起，保险责任即告终止。如安装的是新机器，保险人按保单列明的试车期，对试车和考核期限内引起的损失、费用和责任负责赔偿。

（3）保证期

保证期的保险期限一般与工程合同中规定的质量保修期一致。从工程所有人对部分或全部工程签发完工验收证书或验收合格，或工程所有人实际占有或使用或接收该部分或全部工程时起算，以先发生者为准。保证期投保与否，由投保人自己决定，需要投保时，必须加批单，增收相应的保费。

（4）保险期限的延长

如工程不能在保险单规定的保险期内完工，经投保人申请并加缴规定的保费后，可签发批单延长保险期限。

6. 赔偿方式

保险人可有三种赔偿方式，即以现金支付赔款；修复或重置；赔付修理费用。具体采用的方式以双方当事人协商为准。损失赔付后，保险金额应相应减少，并且不退还保险金额减少部分的保险费。如被保险人要求恢复至原保险金额，应另行协商补缴相应的保险费。在发生第三者责任项下的索赔时：保险人有权以被保险人的名义接办或自行处理任何诉讼或解决任何索赔案件。被保险人有义务向保险人提供一切所需的资料和协助。

（二）安装工程一切险

1. 概念

安装工程一切险是以设备的购货合同价和安装合同价加各种费用或以安装工程的最后建成价格为保额的，以重置基础进行赔偿的，专门承保机器、设备或钢结构建筑物在安装调试期间，由于保险责任范围内的风险造成的保险财产的物质损失和列明的费用的保险。保险金额的确定与承包方式有关，在采用完全承包方式时，为该项目的承包合同价；由业主投保引进设备时，保险金额应包括设备的购货合同价加上国外运费和保险费、国内运费和保险费、关税和安装费。

适用安装工程一切险的工程通常包括：新建工厂、矿山或某一车间生产线安装的成套设备；单独的大型机械装置如发电机组、锅炉、巨型吊车，传送装置的组装工程；各种钢结构建筑物如储油罐、桥梁、电视发射塔之类的安装和管道、电缆的铺设工程等。

与建筑工程一切险相比，安装工程一切险具有下列特点：

（1）建筑工程保险的标的从开工以后逐步增加，保险额也逐步提高，而安装工程一切险的保险标的一开始就存放于工地，保险公司一开始就承担着全部货价的风险。在机器安装好之后，试车、考核和保证阶段风险最大。由于风险集中，试车期的安装工程一切险的保险费通常占整个工期的保费的1/3左右。

（2）在一般情况下，建筑工程一切险承担的风险主要为自然灾害，而安装工程一切险承担的风险主要为人为事故损失。

（3）安装工程一切险的风险较大，保险费率也要高于建筑工程一切险。建筑工程一切险和安装工程一切险在保单结构、条款内容、保险项目上基本一致，是承保工程项目相辅相成的两个险种，两者也常常合并为建筑安装工程一切险。

2. 被保险人与投保人

（1）被保险人

安装工程一切险的被保险人包括：

1）业主。

2）承包商（含分包商）。

3）供货商。

4）制造商，但因制造商的过失引起的直接损失，即本身部分，不包括在安装工程险责任范围内。

5）技术顾问。

6）其他关系方。

（2）投保人

一般来说，在全部承包方式下，由承包商作为投保人投保整个工程的安装工程保险。同时把有关利益方列为共同被保险人。如非全部承包方式，最好由业主投保。

3. 保险范围

安装工程一切险的保险范围同样包括 3 个部分：

（1）物质损失

1）安装项目：这是安装工程险承保的主要保险项目，包括被安装的机器设备、装置、物料、基础工程以及工程所需的各种临时设施如水、电、照明、通信等设施。

2）土木建筑工程项目：指安装工程附带的必需的土建工程配套部分。该项保险金额不能超过安装工程一切险金额的 20%，超过 20% 时，应按建筑工程保险费率计收保险费。超过 50% 时，则需单独投保建筑工程一切险。

3）安装施工用机器设备。

4）业主或承包商在工地上的其他财产。

5）清理费用，其范围同建筑工程一切险。

被保险人可以以工程合同规定的工程造价确定投保金额。

（2）第三者责任险

第三者责任险的确定同建筑工程一切险。

（3）附加险

附加险的确定同建筑工程一切险。

4. 责任范围

安装工程一切险的保险责任与建筑工程一切险基本相同。

安装工程一切险与建筑工程一切险的除外责任除以下一条外基本相同：由于超负荷、短路等电气原因造成电气设备或电气用具本身的损失，安装工程一切险不予负责，只对由于电气原因造成的其他保险财产的损失予以赔偿。建筑工程一切险对于此种原因造成的任何损失都不予赔偿。同样，如果采用 2017 版 FIDIC 合同或投保建筑安装工程一切险，则除此项外责任同安装工程一切险一致。

5. 保险期限

（1）安装期

保险责任的开始在保险单列明的起始日期前提下，实际保险责任的开始有 2 种情形：①投保工程动工之日；②保险财产运到施工地点之日以先发生者为准，但不得早于保单列明的生效日。保险责任的终止，也有 2 种情况：①验收合格时签发验收证书；②工程所有人实际占有或使用或接受该部分或全部工程之时。最晚终止日不超过保险单中列明的终止日期。

在实践中，工程的安装一般分期或分项进行，尤其是大型项目。因此，对于在保险期限内提前验收移交或实际投入使用的部分项目，则在验收完毕或实际投入使用时对该部分的责任即告终止。

（2）试车考核期

试车考核期是指工程安装完毕后的冷试、热试和试生产，具体期限由双方自行约定，一般不超过 3 个月。

（3）保证期

同建筑工程一切险的规定。

要注意的是，对旧的机器设备，通常不负责试车，也不承保保证期责任。

6. 赔偿方式

同建筑工程一切险的规定。

（三）第三者责任险

第三者责任险可以作为独立险种投保，但习惯上通常将其作为安装工程一切险的扩展条款处理。其主要内容如前文建筑工程一切险和安装工程一切险的相关内容，不再重复，但要注意以下 2 点：

（1）第三者责任险应当附加"交叉责任条款"，即明确保单项下的保险范围给予所有列明的被保险人，相当于每个被保险人均享有一份独立保单，明确多个被保险人互相侵权时，保险公司不得向负有责任的被保险人追偿。

（2）第三者责任险作为扩展条款时，其应当约定独立的保险期限，而不应与主保险标的共用保险期限，原因在于，第三者责任险的保险责任往往与施工现场直接挂钩，如果现场不开工或停工，自然不存在保险责任；现场施工活跃程度越高，则保险风险越大；因此其保险期限与建筑工程一切险或安装工程一切险的期限并不完全一致，应当独立约定。

（四）业主责任险

1. 概念

业主责任保险是业主为其雇员办理的保险，保障雇员在受雇期间因工作而受到意外、伤亡或患职业病后，将取得的医疗费用、伤亡赔偿、工伤假期工资、康复费用及必要的诉讼费用等。

业主责任险在国外多数国家都属于强制保险，其典型特点是伤害只要发生，业主就必须负责，而不以业主是否具有过失为前提；赔偿范围为实际需要而不是实际损失；法律强制业主对雇员可能遭受的伤害投保不因业主破产或停业而受影响；多采用定期支付取代一次性抚恤金；相关赔付费用可列入生产成本。

在国际建设工程施工合同中，业主可以要求承包商必须要为所有的承包商雇员（包括分包商）投保业主责任险（分包商的投保可以由相关单位自行负责，但承包商负有确保业主责任险全面覆盖的义务）；也可以进一步要求承包商为业主方雇员（包括业主方本身的员工及业主聘请的咨询工程师）在施工期间投保业主责任险。

2. 被保险人与投保人

业主责任险的被保险人包括：

（1）业主员工。

（2）承包商员工（含分包商员工）。

（3）业主聘请的咨询工程师。

（4）双方另行约定的其他关系方。

一般来说，由承包商作为投保人对所有被保险人进行投标，但也可以由承包商与业主为各自的员工投保。

3. 保险责任

（1）保险责任范围

凡被保险人雇佣的员工，在其雇佣期间因从事保险单所载明的被保险人的工作而遭受意外事故，或患有与工作有关的国家规定的职业性疾病所致伤、致残或死亡，对被保险人因此依法应承担的死亡赔偿金、伤残赔偿金、误工费用、医疗费用，保险公司须书面同意必要的、合理的诉讼费用，并由保险公司负责在保险单中规定的累计赔偿限额内进行赔偿。

被保险人所雇佣的员工一般包括：合同工、劳务工、临时工等。

（2）除外责任

业主责任险的除外责任一般包括：

1）战争、类似战争行为、叛乱、罢工、暴动或由于核辐射所致的被雇人员伤残、死亡或疾病。

2）被雇人员由疾病、传染病、分娩、流产以及因这些疾病而施行内外科治疗手术所致的伤残或死亡。

3）被雇人员自杀、自残、犯罪、酗酒及无证驾驶各种机动车所致伤残或死亡。

4）被保险人的故意行为或重大过失。

4. 赔偿金额

死亡赔偿金额通常情况下和保险费率直接相关，最高赔偿额度按保险合同约定处理，通常费率越高则赔偿额度越高，可以是死者生前年工资的 3 ～ 5 倍。

关于伤残的赔偿金额规定如下。

（1）永久丧失全部工作能力：最高赔偿额度按保险合同规定办理。

（2）永久丧失部分工作能力：最高赔偿额度按受伤部位及程度，参照保险合同中所附赔偿金额表规定的百分率乘以合同规定的赔偿额度。

（3）暂时丧失工作能力超过 5 天的，在此期间，经医生证明，按被雇人员的工资给予赔偿。

（4）保险公司对上述各项总的赔偿金额，最高不超过保险合同规定的赔偿限额。

赔偿时，被雇人员的月工资是按事故发生之日或经医生证明发生疾病之日该人员前 12 个月的平均工资，不足 12 个月按实际月数平均计算。

（五）职业责任险

1. 概念

工程保险中所称的职业责任保险通常包括设计师、监理工程师职业责任保险。在国外，职业责任是指当事人对其所提供的职业服务中的过失行为导致的损失或损害的，通过责任保险转由保险公司承担当事方索赔责任的一种保险。国际工程中，监理工程师职业责任险较为少见，主要投保的险种为设计师职业责任险。

设计师职业责任保险属于高风险险种，其保险市场一直处于一种动态的变化过程中，风险的变化条件既支配着保险公司提供保险的能力，也支配着保险的条款和费率。

2. 被保险人与投保人

设计师职业责任保险的被保险人是为建筑工程或主要设备提供设计服务的设计师；如果采用工程总承包模式的，通常由承包商投保；承包商不承揽设计业务的，由业主投保。

3. 保险责任

（1）保险责任范围

设计师职业责任险的保险范围为被保险人在保险合同明细表中列明的追溯期或保险期限内，针对合同约定的期限内或针对某个特定的建设工程的设计，由于疏忽或过失而引发的工程质量事故造成下列损失或费用，由保险人代为赔偿。

1）工程本身的物质损失。

2）第三者人身伤亡或财产损失。

3）事先经保险人书面同意的诉讼费用。

上述三项的每次赔偿金额不得超过保险合同约定的每次赔偿限额。被保险人为缩小或减少经济赔偿责任所支付的必要、合理费用，保险人应当赔偿。

（2）除外责任

下列原因造成的损失、费用和责任，保险人不负责赔偿。

1）保险人及其代表的故意行为。

2）战争、敌对行为、军事行为、武装冲突、罢工、骚乱、暴动、盗窃、抢劫。

3）政府有关当局的行政行为或执法行为。

4）核反应、核辐射和放射性污染。

5）地震、雷击、暴雨、洪水等自然灾害。

6）火灾、爆炸。

7）委托人提供的账册、文件或其他资料的损毁、灭失、盗窃、抢劫、丢失。

8）他人冒用被保险人或与被保险人签订劳动合同的人员的名义设计的工程。

9）被保险人将工程设计任务转让、委托给其他单位或个人完成的。

10）被保险人承接超过保险合同约定设计业务范围承接业务的。

11）被保险人的设计人员超越执业范围承接业务。

12）未按所在国规定或合理的建设程序进行的工程设计。

13）委托人提供的工程测量图、地质勘查等资料存在错误。

14）由于设计错误引起的停产、减产等间接经济损失。

15）被保险人延误交付设计文件所致的任何后果损失。

16）被保险人在保险合同明细表中列明和追溯期起始日之前执行工程设计业务所致的赔偿责任。

17）未与被保险人签订劳动合同的人员签名出具的施工图纸引起的任何索赔。

18）被保险人或其雇员的人身伤亡及其所有或管理的财产的损失。

19）被保险人对委托人的精神损害。

20）罚款、罚金、惩罚性赔款或违约金。

21）因勘察而引起的任何索赔。

22）被保险人与他人签订协议所约定的责任，但依照法律规定应由被保险人承担的不在此列。

（六）工程机械综合险

1. 概念

工程机械综合险又称施工机具险，是对施工机械（不包括作为建设工程一部分的生产设备）使用过程中发生意外所导致的施工机械的损害、施工机械操作人员的人身损害及第三者责任进行的保险，常作为建筑工程一切险或安装工程一切险的扩展条款，亦可以独立承保。从工程实践看，对于常用机械，一般作为建安工程一切险的扩展条款处理；对于工程中部分价值较大但使用频次较低的工程机械，可以独立投保。

2. 被保险人与投保人

工程机械综合险中的工程机械损害、工程机械操作人员的人身损害部分的被保险人是承包商；第三者责任险部分可以包括所有与工程现场相关的利益方，包括：业主、工程师、承包商及其他第三方的所有雇员。

3. 保险责任

工程机械综合险通常包括工程机械损害保险、工程机械第三者责任险及工程机械操作人员人身保险。

（1）工程机械损害保险

工程机械损害保险责任包括如下原因造成的工程机械损害：

1）设计、制造或安装错误，铸造和原材料缺陷。

2）工人、技术员的操作错误、缺乏经验、疏忽、过失、恶意行为。

3）离心力引起的断裂。

4）电气短路和其他电气原因。

5）除外责任规定以外的其他不可预见的意外事故。

工程机械损害保险除外责任一般包括以下内容：

1）被保险人或其代表的故意行为或重大过失。

2）战争、类似战争行为、敌对行为、武装冲突、没收、征用、罢工、暴动、骚动、核反应和辐射或放射性污染。

3）被保险人或其代表在投保前已知或应知的被保险机械的瑕疵导致的损失或费用。

4）应由供货方或制造人承担的损失及费用。

5）工程机械使用后必然引起的后果，如自然磨损、氧化等。

6）正常更换的易耗品。

7）保险事故发生后引起的各种间接损失及责任。

8）保险合同中免赔额部分。

9）火灾、爆炸、盗窃及各种自然灾害。

10）无证操作所造成的损失或责任。

（2）工程机械第三者责任险保险责任范围

指明的工程范围中，由于使用工程机械时发生意外事故，致使第三方人身伤亡或财产损失，依法应由被保险人承担的损害赔偿责任。与其他险种的第三者责任险一样，其赔偿责任包含以下三部分：

1）对任何第三者所造成的意外人身伤害和死亡。

2）对任何第三者的财产所造成的意外损失或损坏。

3）经保险人书面同意的诉讼费用及其他费用。

工程机械第三者责任险对下列责任或损失不承担赔偿责任：

1）被保险人根据协议应承担的责任。如要加保协议约定的责任，被保险人应将此责任申报，并提供协议副本，作为加收保费的依据。

2）被保险人雇佣的任何人员所遭受的伤害责任。

3）被保险人自有财产、土地、房屋或建筑。

4）由于振动、移动或减弱支撑引起任何土地或财产、房屋的损害责任，或由于上述原因造成的人身伤亡或财产损失。

5）被保险人的故意或违法行为。

（3）工程机械操作人员人身保险

对于被保险人的工程机械操作员，在保单约定的施工范围内，从事与其职业有关工作时遭受意外而致伤、残、死亡，或患与业务有关的职业性疾病、所致伤残或死亡，保险人在保单规定的限额内予以经济补偿，具体包括：

1）被保险人的雇员，在保单约定的施工范围内，从事与其职业有关工作时遭受意外而致伤残或死亡，但若非从事职业有关的业务时，则不承担保险责任。

2）雇员患与业务有关的职业性疾病所致伤残或死亡的赔偿责任。

3）医药费用。

工程机械操作人员人身保险除外责任范围包括：

1）战争、类似战争行为、叛乱、罢工、暴动，或由于核反应和辐射或放射性污染所致的雇员伤残、死亡或疾病。

2）雇员由于疾病、传染病、分娩、流产以及因这些疾病而施行内外科治疗手术所致的伤残或死亡。

3）由于雇用人员自身伤害、自杀、犯罪行为，酗酒及无照驾驶各种机动车辆所致的伤残或死亡。

4）被保险人的故意行为或重大过失。

（4）工程机械综合险的常见的特别附加条款

1）运输条款：主要承保工程机械在运输过程中的风险。

2）盗窃条款：主要承保机械存放在工地仓库时发生的盗窃风险。

3）水泥、混凝土搅拌机损害条款：扩展承保搅拌机滚筒及搅拌时因意外所致的损失。

4）钻头损失条款：扩展承保钻机的钻头在工作过程中因意外事故所致的损失。

5）起重机吊臂损失条款：扩展承保起重机在工作过程中，因遭受意外事故致使吊臂单独损坏的损失。

6）交叉责任条款：该条款免除保险单项下工地上不同被保险人相互被追索的第三者责任。

（七）货物运输保险

1. 概念

货物运输保险是针对由于自然灾害或意外事故导致的运输货物损失的保险。按照运输方式可分为直运货物运输保险、联运货物运输保险、集装箱运输保险。按照运输工具分类可分为水上货物运输保险、陆上货物运输保险、航空货物运输保险。

货物运输保险属于运程保险，保险责任的起止时间从货物运离发货人仓库开始，直至运达目的地的收货人仓库或储存地，按保险标的实际所需的运输途程为准。

2. 被保险人与投保人

货物运输保险的被保险人可能是采购方（即承包商或分包商）、供货商、制造人或承运人；投保人通常是运输风险承担的一方进行投保，当然也可以自由约定，一般包括采购方（即承包商或分包商）、供货商或制造人。

3. 保险责任

货物运输保险应承担被保险财产的直接损失以及为避免损失扩大采取施救、保护等措施而产生的合理费用以及货物在运输过程中因破碎、渗漏、包装破裂、遭受盗窃以及整件货物提不到而引起的损失，以及按照一般惯例应分摊的共同损失和救助费用。

保险除外责任包括货物本身缺陷或自然损耗、包装不善、被保险人的故意行为或过失。

（八）质量缺陷保险

1. 概念

质量缺陷保险又称工程质量潜在缺陷保险（简称 IDI），是指保险公司对在保险合同约定的保险范围和保险期间内出现的，由于工程质量潜在缺陷所造成的投保工程的损坏承担赔偿保险金责任的保险。

2. 被保险人与投保人

质量缺陷保险的被保险人通常是工程的业主，即建设工程在保险期间的所有权人；投保人通常是建设工程的业主，也可由设计方、承包商、预拌混凝土生产及建筑预制构配件生产供应等有关单位及其人员投保工程质量责任保险。根据我国的政策法规，若承包商投保工程质量责任保险的，业主不应再预留工程质量保证金。

3. 保险责任

质量缺陷保险应承担保险范围和保险期间内出现的因工程质量潜在缺陷所导致的投保建筑物损坏。此处所称工程质量潜在缺陷是指工程在竣工验收时未能发现的，因设计、施工及建筑材料、建筑构配件和设备等原因造成的工程质量不符合工程建设标准、设计文件或合同要求，并在使用过程中暴露出的质量缺陷。

质量缺陷保险的基本承保范围为地基基础和主体结构工程、保温和防水工程。建筑装饰装修工程、建筑给水排水及供暖工程、通风与空调工程、建筑电气工程、智能建筑工程、建筑节能工程、电梯工程等其他分部分项工程可以作为附加险的范围进行承保。

质量缺陷保险的除外责任包括：

（1）工程所有权人或使用人超过设计标准增大荷载、擅自拆改房屋承重结构、擅自改变设备位置等未按照设计用途正常使用造成的质量缺陷。

（2）在工程使用过程中，因所有权人或使用人以外的第三方造成的质量缺陷。

（3）合同约定的不可抗力造成的质量缺陷。

三、国际工程保险投保和理赔主要风险及防范

（一）投保范围的风险

国际工程承包中常见的保险主要有以下几种：工程一切险第三者责任险、工程和承包商设备的保险、运输保险、车辆保险、人身保险、承包商雇员的社保（工伤）等，这些风险基本属于承包商风险，由承包商投保，这是较为成熟的工程惯例，保费也较低。

对于业主方的风险，一般都是特殊险种，投保成本较高，如果招标文件中要求承包商投保此类保险，会导致工程成本增加。此类项目是否投标以及如何计算保费所带来的相应成本，需进一步考量项目的性质以及业主与承包商之间具体协商的结果。

（二）保险条款的风险

对于承包商而言，需要关注的保险条款包括施工合同中的保险条款和依照施工合同的要求进行投保时与保险公司签署的保险条款两部分。某个险种的投保人应在施工合同中明确约定。对施工合同中保险条款的审核要关注承包商必须投保的类别、投保额度、保险责任范围、受益人、保险赔款的适用等事项的规定是否合理。此外，还应注意避免在保险公司的选择上受到较大的限制。例如，有些国家规定，工程保险仅能向国营保险公司投保，但当地国营保险公司仅一家或数量极少；一旦签订此等合同，承包商在保险费的谈判上就会处于非常被动的地位。也有些国家规定本国境内的项目的工程险必须向本国保险公司投保。所以，在合同的保险条款内应尽量争取排除这种限制性条款。

（三）保险条款与承包合同要求不一致的风险

承包商在进行投保、签署保险合同时，应关注保险的风险类别和保险额度是否符合工程合同中的具体要求，并对风险识别、评估时针对应当转移的工程风险考虑是否全部转移。

如果未按照合同要求投保，业主通常有权自行投保并从工程款中扣除相应费用，或者在发生本应由保险公司承担责任的风险事故时，要求承包商承担责任。

如果应当转移的合同风险未作转移，则发生相应事故时，承包商就要自行承担相应责任。

（四）被保险人、保险期限等其他条款风险

被保险人可以同时涵盖业主、承包商、贷款银行等与工程有利害关系的多方当事人，

应当对此复核承包合同约定，避免漏保。

同时，保险期限、保险公司的除外责任及免赔额都是承包商应该在保险条款中重点关注的事项。发生工程变更事项，导致与投保时向保险公司提供的工程信息不一致时，应及时通知保险公司。工程延期并超出原定保险期限的，也应及时延长保险期限，避免保险公司拒赔。

还应注意，合同适用法律对保险是否存在特殊要求。例如法国、阿尔及利亚等众多法语国家都要求承包商投保强制性的十年责任险。

第三节　国际工程项目中的工程担保

一、国际工程担保概述

工程担保制度是国际上一种常见的信用工具，也是国际市场工程风险管理的重要组成部分。它能有效地转移项目风险，将发承包人之间的履约风险转化为保证人与被担保人之间的信用风险，能有效解决业主与承包商之间互相不信任的问题。正是因为工程担保的上述优势，工程担保已经成为国际工程市场的一种工程惯例。我国工程担保起步较晚，与国际发达国家的差距还的较大。

（一）美国

美国是世界上最大也是最早的建设工程担保市场。早在1894年，美国国会就提出了《赫德法案》(Heard Act)，要求联邦政府工程的承包商都需要提供一份履约保证担保，目前来说，美国50个州均模仿《赫德法案》制定类似但略有差异的公共建筑工程项目担保的相关案例。至今，美国保证担保市场的保费收入占全世界的60%，高达24亿美元。在美国，90%的工程保证担保的业务由保险公司提供，还有部分专门的保证担保公司，但数量较少；与其他国家不同的是，美国禁止银行从事工程保证担保业务。

（二）英国

与美国、加拿大等国家强制立法要求对公共建筑实行工程担保不同；英国及英联邦国家不一定强制要求实行工程担保，但工程担保同样是英属国家的工程惯例之一。英国土木工程师协会编制的"ICE合同条款"中不可或缺的组成部分中就包括了保函条款。

（三）日本

日本的法律规定中仅对政府投资的工程项目强制要求需要提供工程担保。在日本官方公共工程招标流程中规定"承包合同签订后，承包商必须交付一定额度的保证金或到保险公司购买一定数额的工程保险作为担保"。但对非政府投资项目未做规定。

日本市场常见的保险类型包括：①契约保证金；②有价债券（通常用于作为契约保证金的替代）；③金融机关的保证（包括银行、财务公司、保险公司或专业担保机构提供的担保）；④履约担保；⑤履约保证保险；⑥工程完工保证人。

二、国际工程中工程担保的应用

保函是国际工程领域最为常见的担保形式，根据适用场合和担保内容的不同，分为投标保函、预付款保函、履约保函、保留金保函、业主支付保函等。保函的出具主体虽然不限于银行，但银行保函是保函最常见的形式。本节的论述主要以银行保函为对象，以2017版FIDIC合同条件为例，简要介绍各类工程担保的一般性要求。

（一）投标保函

投标保函（Tender Security）是承包商在投标前或提交投标文件的同时向业主提交的保函，其主要的保证范围为承包商在投标有效期内撤销投标文件、中标后在规定期限内不签订合同或未在规定的期限内提交履约担保等行为[①]，发生此类行为的业主可没收投标保函。投标保函的额度一般为投标价总额的 1% ~ 2%，小额合同可以达到 3% ~ 5%。但由于在投标保函额度占投标价总额比例固定的情况下，通过各投标人的投标保函额度可以倒推出投标人的报价，很多项目目前都要求投标保函金额为固定数额，以避免发生投标人报价提前泄露的情况。

2017版FIDIC合同条件在《专用条件编写指南》的附件 B 中提供了"投标保函范例格式"，并说明该文件应附于投标人须知。根据"投标保函范例格式"的规定，投标保函自开立之日起即生效，其有效期为投标函有效期期满后 35 天，可索赔的具体情况包括：①投标人未经招标人同意，在规定的递交报价的最终时间后和其有效期限期满前，撤回其报价；②招标人拒绝接受对其按照上述邀请条件所做报价中的错误的改正；③招标人已将合同授予投标人，但投标人未能遵照合同条件第 1.6 款在收到中标函后 35 天内签订合同协议书（本情况仅限红皮书和黄皮书）；④招标人已将合同授予投标人，但投标人未能遵照合同条件第 4.2.1 项提交履约保函。

（二）预付款保函

根据 2017 版 FIDIC 合同条件第 14.2 款［预付款］的规定，业主应提前支付一笔无息贷款作为预付款用于承包商开展相关工作，该预付款将随着期中付款的支付按比例逐步扣回，最终全部返还给业主。业主支付该笔预付款的前提条件之一是承包商已自费获得并提交预付款保函（Advance Payment Guarantee），即用于担保承包商按照合同的约定返还业主支付的预付款的保函。预付款保函的目的是为了确保承包商将业主支付的预付款全额用于工程建设，避免承包商挪用预付款、破产或恶意违约而业主不能取回预付款。因此，预付款保函的金额应等同于预付款金额，常为合同价的 10% ~ 30%。在全部返还预付款前，承包商应确保预付款保函一直有效并可执行，但保函金额可随预付款的扣回而逐步减少。

2017 版 FIDIC 合同条件在《专用条件编写指南》的附件 E 中提供了"预付款保函范例

[①]《住房和城乡建设部等部门关于加快推进房屋建筑和市政基础设施工程实行工程担保制度的指导意见》第二条第（二）款。

格式"，并说明该文件应附于专用条件。根据第 14.2 款［预付款］以及"预付款保函范例格式"的规定，可索赔的具体情况为承包商未能按照合同条件归还预付款。预付款保函应自承包商收到预付款时开始生效，并最晚在预期的竣工时间后 70 天失效。如果保函中明确了有效期截止日，而在该到期日前 28 天，预付款尚未完全偿还的，则承包商应将保函的有效期延长，直至预付款完全偿还，并向业主提交保函已延期的证据。如果业主在保函到期日前 7 天仍未收到保函延期的证据，则有权根据尚未偿还的预付款金额索赔该保函。除此之外，预付款保函的金额与币种应与预付款相同；出具该预付款保函的机构及其所在国应由业主事先同意；保函应基于招标文件中包括的保函模板格式或者业主同意的其他格式。

（三）履约保函

履约保函是担保承包商按照合同的约定履行其义务的保函，其额度一般为合同价格的10%。根据 2017 版 FIDIC 合同条件第 4.2 款［履约担保］的规定，承包商应在收到中标函（红皮书、黄皮书）或签署合同协议书（银皮书）后 28 天内自费获得并向业主提交履约保函，并确保履约保函在履约证书出具和承包商完成现场清理工作前持续有效。如果履约保函中明确了有效期截止日，而在该到期日前 28 天，承包商尚未有权获得履约证书的，则承包商应将履约保函的有效期延长直至履约证书出具和承包商完成现场清理工作。在履约证书出具且承包商完成现场清理工作后 21 天内，业主应向承包商退还履约保函。

履约保函的金额与币种应与合同数据表中规定的相符，如果合同约定的变更与调整导致合同价格增减超过 20% 的，则保函金额应提高或在业主同意后降低。除此之外，出具履约保函的机构及其所在国应由业主事先同意；履约保函应基于专用条件所附的格式或者业主同意的其他格式。此外，根据第 2.1 款［现场进入权］、第 14.2.2 款［预付款支付］以及第 14.6 款［期中付款］的规定，履约担保也是承包商进场以及业主支付预付款和进行期中付款的前提。

第 4.2.2 款［履约担保项下索赔］列明了业主可以索赔履约保函的情形，包括：①承包商未能按本条款所述延长履约保函的有效期，这时业主可以索赔履约保函的全部金额；②承包商未能在商定、确定、决定或仲裁裁决（视情况而定）后的 42 天内，根据商定、确定、决定或裁决的应付金额付给业主；③承包商未能在 42 天内纠正根据第 15.1 款［改正通知］发出的通知中所述的违约行为；④根据第 15.2 款［因承包商违约终止］业主有权终止合同的情况；⑤承包商未在通知期限内修复移出现场的缺陷或损坏设备并重新安装测试。

最后需要注意的是，2017 版 FIDIC 合同条件中使用了履约担保（Performance Security）的概念，即并不一定要求担保形式一定是保函，并在《专用条件编写指南》中以附件 C 和附件 D 的形式分别提供了见索即付保函（Demand Guarantee）和担保保证（Surety Bond）形式的履约担保范例格式，因此，上述关于履约保函的规定，同样也适用于担保保证等其他履约担保的形式。

（四）保留金保函

在国际工程实践中，业主一般会从期中付款中扣留一定比例的金额（通常为 5% ～ 10%）作为保留金，以确保承包商能够按约完成工程以及在缺陷通知期内履行修复义务。

根据 2017 版 FIDIC 合同条件第 14.3 款［期中付款的申请］和第 14.9 款［保留金的返还］的规定，该保留金的性质为现金担保，扣留后业主将在颁发工程接收证书后返还保留金的一半，并在缺陷通知期届满后返还另一半。但《专用条件编写指南》还提供了另外一种选择，即用保留金保函换取部分保留金的返还，并在附件 F 中提供了保留金保函（Retention Money Guarantee）的范例格式。该种方式可以有效缓解承包商的现金流压力，我国近年来也在大力提倡以银行保函替代工程质量保证金。

根据《专用条件编写指南》第 14.9 款［保留金的返还］下的范例条款，当扣留的保留金达到合同数据表中规定的保留金上限的 60% 时，承包商可以提交金额为保留金上限一半的保留金保函，以提前获得业主对同等额度保留金的放还，而剩余的另一半保留金应在接收证书办理后返还。保留金保函的有效期应与履约保函一致，且承包商应确保保留金保函在颁发履约证书以及承包商完成第 11.11 款［现场清理］规定的清理义务之前一直有效。

（五）业主支付保函

2017 版 FIDIC 合同条件在《专用条件编写指南》第 14 条［合同价格和付款］末尾的"融资安排"部分指出，对于需要从援助机构、开发银行、出口信贷机构或其他国际融资机构获取资金的项目，承包商可能愿意主动着手进行融资安排，而融资机构就可能要求业主就支付提供某种形式的担保，并在附件 G 中提供了"业主支付保函范例格式"。在设备采购量较大的工程项目中，也常常引入信用证作为业主的支付手段和工具。

该业主支付保函（Payment Guarantee by Employer）实际上是业主方的履约担保，确保业主按照合同约定条件支付工程价款，否则由担保人承担担保义务，是承包商履约担保对等行为，通常以承包商提交履约担保为前提，并应在开工之前提供给承包商。根据"业主支付保函范例格式"的规定，承包商向担保人提出保函索赔时，需说明按照合同业主应付的合同款，但业主在合同规定付款期限过后 14 天内仍未全额支付及未支付的金额。该保函应自开立之日起生效，并在预计的工程缺陷通知期限届满后 6 个月失效。

（六）质量担保

质量担保保证承包商在一定期限内对工程出现的质量问题进行负责的担保。若建设工程在合同约定的保证期内出现质量问题，而承包商拒绝修复或无法修复，由保证人赔偿损失。

以美国为例，美国目前最常用的是高保额有条件保函模式。该模式的特点是保额金额为 100% 合同价格，发包人就保函索赔时必须证明承包人违约（即有条件）。该模式下，担保人的赔付责任与承包人的违约责任挂钩，担保人为了避免自身承担过高的赔付责任，会一同监督工程的建设工作，避免发生违约或违约未及时处理导致损失扩大。该模式下，如果业主未履行相关合同义务，则担保人对相应的赔付责任免责，这种机制也直接促使业主履约。可以说该模式为美国建筑市场的健康发展作出了卓越的贡献。

三、国际工程担保主要风险及防范

在担保人付款，保函实现了其担保功能之后，担保人有权向保函申请人追偿，而保函申请人与受益人之间在基础合同关系上的争议也将浮出水面。对于工程项目而言，如果业主是在承包商未违约的情况下索赔了保函，或者说索赔的保函金额超过了承包商就其违约应支付的赔偿，那么承包商可以要求业主予以赔偿。虽然承包商和业主之间的利益分配与矫正，最终是在作为基础合同关系的建设工程合同项下获得解决的，但建设工程合同的争议解决时间和费用成本均较高，结果具有不确定性，作为保函申请人的承包商，做好保函风险识别与防范，仍然具有重要的意义。以保函申请人的立场，保函的相关风险主要包括以下几个方面。

（一）国际工程担保相关信用风险

1. 信用风险的主要类型

（1）基础交易的执行人（或卖方）带来的风险

基础交易的执行人作为签署基础商务合同的重要一方，通常也是对外开立国际担保的申请人，其风险主要体现在两方面：一是能否按照基础交易合同的约定，按期保质保量履行合约；二是在其违约而遭到受益人索赔时，当担保人对外赔付后，其能否足额补偿担保人。

（2）基础交易的中介人与代理人带来的风险

基础交易合约的获取，有时通过项目所在地中介人与代理人进行，因中介人与代理人的不诚信而带来风险。

（3）转包行为及分包商带来的风险

通过转包、分包方式执行基础交易合约时，有时因转包行为及分包商未能诚信履约带来的风险。

（4）担保受益人带来的风险

在基础交易合约执行过程中，有时因担保受益人不诚信带来的风险，如受益人利用担保的独立性进行恶意索赔等。

（5）转开担保项下委托人（反担保人）带来的风险

转开担保时，有时因委托人（反担保人）的不诚信带来的风险，如不能按期支付转开费以及当受益人索赔时不能及时赔付等。

2. 信用风险的管理

（1）对担保申请人进行全面的资信调查与审查

担保人在出具担保之前，要对申请人进行全面的调查与审查，看其是否具备签约的条件以及自身经营情况、财务状况如何，是否具备相关资质和履约能力等。同时对申请人申请开立该笔担保时所提供的抵押、质押、第三方保证等反担保措施进行审查。

（2）对该笔担保涉及的基础交易背景进行审查

担保项下的基础交易背景直接关系各方能否顺利履约，如所签署的商务合同内容和条款是否严谨合理并符合有关国家政策法规，尤其应了解申请人与受益人签署商务合同的动机及双方合作是否具有合法性，防范欺诈行为。

（3）对相关中介人、代理人以及分包商进行审查

担保项目下如有中介人、代理人以及采取转包、分包等形式的，应对相关当事人开展必要的尽职调查，了解履约能力，尤其应调查了解是否有不良记录。

（4）对担保受益人进行资信调查与审查

担保人在出具担保前应对担保受益人进行必要的资信调查，由于国际担保的受益人通常地处境外，对其资信的调查，除依靠申请人提交的有关材料外，还可委托受益人所在地的银行、国际知名的咨询与评级机构或商会等民间组织进行，以防范不法商人利用担保的独立性进行不合理索赔、骗取赔偿金。对于金额较大的担保项目，必要时可通过实地考察、走访客户或通过相关机构调查了解受益人的经营状况和经营作风等，尤其应重点关注受益人是否与申请人产生过业务纠纷、是否发生过担保项下不合理的索赔记录等情况。

（5）谨慎办理担保转开业务

办理转开担保业务时，担保人应选择资信较好、实力强大、无不良记录的委托人，同时对转开担保所涉及项目进行必要的调查了解，保证基础交易背景的真实合法性。

（二）国际工程担保相关经营风险

1. 经营风险的主要类型

（1）因市场变化导致成本增加带来的经营风险

一些大的担保项目，有时实施周期较长，而在此期间因原材料及人工等经营成本的急剧上升，导致项目执行人在实施项目过程中开支不断增加并超初期预算，可能出现项目巨额亏损的情况，以致中途主动放弃履约或要求受益人加价未果而放弃履约，从而带来履约纠纷与索赔风险。

（2）因担保项目结算货币大幅贬值带来的经营风险

担保项目执行过程中，有时因担保项目结算货币的大幅贬值，导致担保申请人出现亏损情况，可能带来的履约风险。

（3）因担保申请人综合经营失误而带来的经营风险

担保申请人在担保项目履约过程中，有时因其综合经营出现失误，如申请人其他业务出现巨额亏损，以致其无法持续经营时，必然影响担保项目的履约，从而带来履约风险。

2. 经营风险的管理

（1）担保申请人在争取担保项目时，需对未来履约过程中可能出现的各种成本变动风险进行充分评估，切勿低价竞标。担保项目要按时开工并安排好履约进度，同时及时做好成本价格变化预测与应对工作。如因受益人原因导致履约拖期而带来的成本变动风险，可与受益人进行协商补偿。

（2）做好担保项目履约期间货币汇率市场变动应对工作，可通过购买银行货币保值避险产品，积极规避汇率风险，也可以使用两种货币进行担保项目的结算，以分散汇率风险。

（3）密切关注担保申请人的综合经营情况，一旦发现担保申请人综合经营情况恶化而对担保项目履约出现不利情况时，应及时采取应对措施，如可采取对担保项目实行封闭监管，确保资金专款专用，以保证按期履约，防范风险。

（三）保函文本的风险

1. 保函规则风险

虽然 URDG 是得到广泛适用的见索即付保函规则，但并非所有的保函都明确约定适用 URDG。如前所述，URDG 并非强制性的规则，也未成为我国境内的市场惯例，未经当事人选择并不必然适用。在不适用 URDG 的情况下，如果完全适用国内法，则保函规则的不确定性较大。[①]另一方面，即使当事人选择适用 URDG，保函本身仍然需要确定适用的法律。无论哪种情况，如果保函适用的是承包商缺乏了解的法律，则对承包商而言都存在一定的法律风险。

2. 担保范围风险

根据保函的一般原理，保函担保的是基础关系项下保函申请人的履约行为，预付款保函担保的是承包商按照合同约定偿还预付款，履约保函担保的则是承包商遵守合同义务。但业主可能利用其优势地位，不当地要求扩大保函的担保范围，将非承包商违约的情形纳入保函。保函应与特定的基础合同和其项下的义务人对应，不应将其他合同项下的义务或其他主体的义务纳入保函的担保范围。

3. 保函金额风险

保函金额是担保人根据保函应向受益人支付的最高金额。保函应对保函金额作出明确的规定，如果约定模糊，将极易产生争议。预付款保函的金额一般等同于预付款金额，而履约保函的金额则根据工程类型、市场环境，以及业主的风险偏好的不同而存在不同的比例，如果保函金额比例过高，则不仅增加了承包商的风险，而且也会增加承包商的保函费用。另外，对于预付款保函而言，其保函金额应该随着预付款的分期偿还进行扣减，如果保函条款对此未有约定或约定不明，则将存在减额的困难。还需要指出的是，URDG758 在第 17 条规定了部分索赔和多次索赔，允许受益人在保函可用的金额内根据申请人违约的具体情况确定索赔部分的金额，而如果保函条款禁止部分索赔，则承包商可能因其轻微的违约行为承担整个保函被索赔的后果。

4. 有效期风险

如前所述，保函的有效期由保函条款确定，与基础合同无关。而对于保函条款而言，不仅未规定任何失效日或失效事件将导致风险敞口，而且如下的几种失效约定的方式，也将导致承包商面临较大风险：①约定保函自动延期的；②约定以业主出具书面说明同意保函到期等为失效事件的，在这种情况下，业主的行为超出了承包商的控制，也可能超出了基础合同的约束；③模糊地约定承包商完全履行合同义务为失效事件，而未与任何履约证书等相联系的；④约定以银行收到保函正本为失效事件的。

5. 转让风险

URDG 第 33 条 a 款规定："保函只有特别声明'可转让'方可转让"。即默认不可转让，但很多业主往往从自身利益出发，利用其优势地位，要求在保函中纳入可以转让的条款。保函的转让虽然本身并不改变保函项下的付款条件与付款义务，但使保函脱离了开具时的商业背景，面对受让保函的新受益人，银行往往难以拒绝付款，因此可转让保函发生恶意兑付的可能性将大大增加，承包商将在事实上承担更大的风险。

6. 单据条件风险

对于见索即付保函而言，单据是担保人确认相符交单并付款的唯一依据。对单据条件的约定直接决定了承包商的保函风险。为保证保函运作的便捷性，URDG758 对单据的要

---

① 《联合国独立担保和备用信用证公约》虽然于 1995 年 12 月即由联合国大会通过，但迄今为止仅少数国家签署，大部分国家，包括中国在内，都不是该公约的成员国，亦即直接适用公约的可能性也较低。

求仅包括索赔书和支持声明，其中支持声明的内容应是由受益人指出申请人在基础关系中违约的事项。但 URDG 第 15 条 c 款允许保函约定排除该支持声明的适用。如果业主在不指出具体违约事项的情况下，即可以索赔保函，将对保函赔付后的基础法律关系争议的解决带来困难。此外，URDG 本身对单据的形式没有严格要求，单据可以是经签署的，也可以是未经签署的，可以是纸质的，也可以是电子形式的，而如果保函中对受益人交单的程序和形式也缺乏要求，则将增加恶意兑付和争议发生的可能性。

（四）保函管理的风险

1. 保函的开立

国际工程中的保函应由合同约定的国家（或其他司法管辖区）内的银行等担保机构开立，对此承包商应与业主尽量争取将开立机构选定为承包商所在国的银行。一方面，保函相关争议通常由保函开立机构所在地的法院依照当地法律管辖，如发生恶意兑付等争议更有利于承包商维护自身权益；另一方面，开立银行往往会要求承包商就开立保函提供现金担保等反担保措施，承包商使用其所在地有业务往来和信用额度的银行开立保函更为简便可行。

2. 保函的转开

通常情况下，业主仅接收工程所在国银行或者其认可的其他特定银行开具的保函，而承包商可能在这些银行没有信用额度或者存在其他不方便、不经济的情况，因此承包商选择委托另一个合作银行向业主认可的银行开出反担保函，而由接受反担保函的银行以业主为受益人开具保函，这就是所谓的转开保函。此类转开保函可能会导致法律适用冲突，并增加保函欺诈的风险，因承包商申请止付需同时证明开立行和转开行均满足保函独立性原则的例外情形。因此，承包商应尽量争取以直开或转递形式开立保函，如业主坚持要求转开，则需特别注意转开行应选择中立、有信誉的银行，以降低其偏袒业主，进行不当支付的风险。

3. 保函的提交

如前文对银皮书相关保函条款的引述所示，建设工程合同通常对承包商提交的保函有比较严格的要求。承包商应按照合同要求的保函格式、金额和币种，由业主同意的机构出具保函。未能提交符合要求的保函，本身就是合同项下的违约。且根据 2017 版 FIDIC 合同条件，承包未提交预付款保函的，不能获得预付款；未提交履约保函的，不能进场和获得期中付款。由此对工期造成的影响，应由承包商承担相应的责任。

4. 保函的延期

对于有确定失效日的保函而言，一旦发生保函将失效而保函担保的义务尚未履行完毕，即保函目的尚未完全实现时，则承包商有义务根据合同的约定对保函进行延期。而承包商未及时完成保函延期的，则构成索赔保函的事由，极有可能导致业主在保函期限届满前提出索赔或直接没收保函。

5. 保函的减额和注销

虽然保函满足自身条款约定的失效条件即已失效，但部分银行根据其内部政策，要求获得业主退还的保函正本才能够注销保函，否则保函不能完全闭合，承包商也无法释放信用额度。而对于承包商而言，保函正本并非由其保管，国际工程的建设周期长，最后能否顺利获得保函正本存在不确定性。因此开立保函时应合理约定注销条件，一旦保函失效应及时注销。另外对于预付款保函，由于其金额随着工程进行逐步递减，应注意及时办理减额手续，加强过程管理。

（五）保函的止付

见索即付保函以其独立性和单据化的特点，满足了国际工程中对可靠的担保形式的需求，受到了业主的普遍欢迎，但另一方面也极大地加重了承包商作为保函申请人的风险。从属担保中担保人和被担保人基于基础合同的抗辩权，在独立担保中并不适用。制定URDG的国际商会认为，在适用URDG的情况下，担保人必须支付相符的索赔款项，任何抗辩均不应根据URDG，而是应该根据保函适用的法律来确定。[①] 虽然各国的法律不尽相同，但关于独立保函付款义务的抗辩中，欺诈例外是一个普遍的规则。除了这条实体性规则以外，基于保函救济的紧迫性，各国法律也普遍规定了止付令制度，即在对保函纠纷进行实体审理前，先行要求担保人中止付款。

以中国法为例，《最高人民法院关于审理独立保函纠纷案件若干问题的规定》（法释〔2016〕24号）确定了独立保函案件的裁判规则，其第十二条规定："具有下列情形之一的，人民法院应当认定构成独立保函欺诈：（一）受益人与保函申请人或其他人串通，虚构基础交易的；（二）受益人提交的第三方单据系伪造或内容虚假的；（三）法院判决或仲裁裁决认定基础交易债务人没有付款或赔偿责任的；（四）受益人确认基础交易债务已得到完全履行或者确认独立保函载明的付款到期事件并未发生的；（五）受益人明知其没有付款请求权仍滥用该权利的其他情形。"关于止付令，第十三条规定："独立保函的申请人、开立人或指示人发现有本规定第十二条情形的，可以在提起诉讼或申请仲裁前，向开立人住所地或其他对独立保函欺诈纠纷案件具有管辖权的人民法院申请中止支付独立保函项下的款项，也可以在诉讼或仲裁过程中提出申请。"第二十条规定，"如果人民法院经审理独立保函欺诈纠纷案件，能够排除合理怀疑地认定构成独立保函欺诈，则除了对于保障善意付款的开立人追偿权的反担保函外，[②] 应当判决开立人终止支付独立保函项下被请求的款项。"

对于保函诉讼而言，首先需要确定的是管辖的法院和适用的法律。URDG758第34条a款规定："除非保函另有约定，保函的适用法律应为担保人开立保函的分支机构或营业场所所在地的法律。"第35条a款规定："除非保函另有约定，担保人与受益人之间有关保函的任何争议应由担保人开立保函的分支机构或营业场所所在地有管辖权的法院专属管辖。"一般而言，业主会要求由工程所在国的机构开具保函，这也就意味着除非特别约定，否则保函诉讼的管辖法院将是工程所在国法院，承包商应向当地法院提起诉讼，并申请止付令。

根据URDG758第20条的规定，如果提交索赔时没有表明此后将补充其他单据，则担保人应从交单翌日起五个营业日内审核该索赔，并确定该索赔是否相符。一旦担保人确

---

① ICC Banking Commission Opinions 2009 – 2011：New Opinions on UCP 600，ISBP 681，UCP 500，URC 522 and URDG 758，ICC Publication No. 732E，第140页。

② 该司法解释第十四条第三款规定："开立人在依指示开立的独立保函项下已经善意付款的，对保障该开立人追偿权的独立保函，人民法院不得裁定止付。"

定索赔是相符的，就应当付款。也就是说，申请人通常应该在受益人索赔后五个工作日内即获得法院的止付令，否则即使构成保函欺诈，一旦担保人已经善意付款，根据上述《关于审理独立保函纠纷案件若干问题的规定》第二十条的规则，法院将不会裁定相应的反担保函止付或终止支付。

第四节　典型案例

一、工程保险典型案例

（一）案例介绍 ①

亭可马里综合基建项目包括斯里兰卡亭可马里地区 97.11km 的 A 级国家级道路和拜提拷拉地区 42.6km 的 B 级国家级道路以及亭可马里地区 11.9km 的 C 级滨海省级道路的重建及复原项目，共计全长约 151km，还包含有亭可马里地区 C 级滨海省级道路余下的 21.325km 的测量、勘测和设计任务。该项目由中国港湾工程有限责任公司（下称港湾公司）承建。

该地区为亚热带地区，季节仅分旱季和雨季，年均降雨量 1700mm，雨季 3 个月，年均气温 29℃。除了雨季外，其他时间均为适宜作业天气。雨季中，按照当地气象的惯常情形，雨季如果出现连续大雨，会发生短暂积水，但积水通常在第二天就会因气温蒸发，不会影响施工，最迟也可以在 2 天之内完全蒸发，即使出现持续下雨状况，则现场停工，但不会有灾害发生。项目设计洪水标准为 20 年一遇。项目自 2008 年开工以来至 2010 年雨季到来之前，没有发生过洪水灾害。

2010 年 12 月 26 日当地发生连续极端暴雨，最终导致 2011 年 1 月 9 日晚发生百年一遇的洪水灾害，项目 3 条线路全线受灾。2011 年 1 月 17 日，施工方可对洪水阻断处的道路进行紧急疏通，以保证该地区的交通顺畅，并组织洪水灾害索赔取证工作，但部分地段因仍被洪水淹没无法通车，部分地段无法取证。2011 年 1 月 26 日起，新一轮暴雨又至，最终导致 2011 年 2 月 1 日晚引发了比第一次洪水还要猛烈的第二次洪水灾害，项目遭遇更进一步更严重的损坏，此次连项目营地和办公区都被洪水淹没，道路工程损失长度超过 150km。

本次洪水灾害属于施工合同中不可抗力的范围之内，并且依据合同约定，承包人就项目的损失部分已向斯里兰卡保险公司投保。

2011 年 2 月 14 日承包商向斯里兰卡保险公司递交第一次洪水索赔报告开始至 2011 年 10 月，没有得到任何结果。原因在于斯里兰卡保险公司已就该项目向再保险公司进行了投保。但两份保险合同因一词之差而语义完全不同。

斯里兰卡保险公司与承包商的保障条款内容如下：

---

① 张晓强 .FIDIC 合同条件在亭可马里项目的索赔管理应用研究 . 大连理工大学 2014 年硕士学位论文。

Endorsement 106 Warranty Concerning Sections : It is agreed and understood that otherwise subject to the terms, exclusions, provisions and conditions contained in the Policy or endorsed thereon, the Insurers shall not indemnify the Insured for loss, damage or liability directly or indirectly caused to or by embankments, cuttings and benchings, ditches, canals or road work if these embankments, cuttings and benchings, ditches, canals or road work ale constructed in sections not exceeding in total the length stated below, irrespective of the state of completion of the insured works, and the indemnification for any one loss event shall be limited to the cost of repair of such sections. Maximum length of section : 1000 meters。

从上述内容可见，斯里兰卡保险公司与承包商约定，损失超过 1000m 的，承包商可以取得全额赔偿。但斯里兰卡保险公司与再保险公司约定的保障条款中"not"的位置变成了"only"，语义就变成了最大仅赔偿 1000m 的损失，两者语义完全相反，导致斯里兰卡保险公司不仅要赔偿承包商所有损失，而且不能从再保险公司处得到追偿。

斯里兰卡保险公司无力承担此赔偿额，于是援引与再保险公司之间的条款，主张与承包商的保险条款打印错误，以此为由拒赔。承包商对此提出明确的异议：①合同具有相对性。斯里兰卡保险公司无权以第三方合同主张与承包商之间的权利义务关系；②斯里兰卡保险公司在与承包商签订保险合同前提供的"样本合同"中就注明是"not"，不可能是错误，且即使是错误，该样本合同是承包商缔约的主要出发点之一，已经对承包商的理解合同内容造成了根本性的误导；③保费的缴纳也显然是按照全部赔偿的范围进行缴纳。据此，仅从合同条款本身而言显然有利于承包商。

但承包商自身也存在其他履约过错。保险合同规定，承包商应根据合同要求履行承包商人员、设备、计划有任何变动时及时通知保险公司备案的义务。承包商没有履行其义务，在洪水发生时的现场计划已经比起初递交给保险公司的计划迟了 4 个月之久，另外人员、设备更新清单也都没有及时更新。

因此对于承包商而言，保险索赔既有优势也有劣势，且保险公司确实无力支付该笔赔偿款。最后，双方经多次谈判，达成一致：以 3 条路每条路 1000m 做出赔偿，其中 A15 路以分包商分段个数，每段赔偿 1000m。以此为本次保险争议画上句号。

本次事件的核心争议点在于风险的转移问题。保险是工程风险管理的重要手段，对于已签约的项目而言，风险自留和风险转移一定要无缝衔接。对于经评估可以自留的风险予以自留，应转移的风险应及时通过保险予以转移；避免出现应转移的风险未转移而错误自留导致自身利益受损的不良后果。本次事件中，斯里兰卡保险公司就错误地将应转移给再保险公司的风险错误地自留，导致自身利益受损。

（二）案例启示

针对承包商在保险领域的上述风险，我们提出如下的防范建议：

1. 保险范围的合理界定

风险自留和风险转移是工程风险最重要的管理手段，风险管理的目标就在于对于已识别的风险作出最合适的管理。

例如，对于不可抗力，发承包人可以约定不可抗力的范围及不可抗力的后果。对于施工合同约定中由承包人承担的不可抗力损失，承包人应当进行风险评估并评价是否通过采用保险转移的方式进行转移，比如自然灾害条件下承包人的施工机械损失往往由承包人自行承担不可抗力损失，该损失可以通过投保机械综合险的方式进行转移。

又例如，部分不可索赔费用承包人也可以采用工程保险的方式进行风险转移。例如EPC模式下，设计错误引起的损失由承包人承担，承包人可以通过投保职业责任险转移部分风险于保险公司。

因此，承包人应当通过合理的风险识别与风险评估合理界定风险自留和风险转移的范围，避免某项风险未识别或未合理转移，导致自身损失。

2. 选择具有充足偿付能力的保险公司

应争取业主同意在中国保险公司或者国际性保险公司投保，并且将保费打入工程报价。如此投保，一旦发生保险风险，索赔较为容易，如果与保险公司发生争议，也能得到更好地解决和执行。

承包人投标前应当细致地调研、询价，如果承包人自身没有足够的能力，可以通过有经验的保险经纪公司进行工程保险的策划。对于保险没有覆盖的风险，应当根据工程国际惯例和项目实际情况，与业主协商合理确定风险分配，如果由承包商承担，应在报价中打入足够的保险费。

3. 合理界定受益人和被保险人的范围

如果业主要求承包商投保的收益人/被保险人不止一个，则该受益人应为业主与承包商，有时融资银行也要求将其作为受益人，但是，其他人如现场的其他承包商，不应作为受益人。如果一方当事人在保险事故中负有责任，把业主与承包商作为共同受益人，也可以避免保险人在向一方做出赔偿后转向另一方赔偿。

4. 应按保险合同约定履行投保人义务

承包人在签订保险合同后，应当按照保险合同的约定缴纳保费、提供必要资料等合同义务；发生保险事故后应当履行尽快通知保险公司，同时采取措施减少损失或者避免损失扩大等保险义务，避免因为自身履约过错导致无法索赔。

5. 根据项目实际情况合理设置免赔额

通常情况下，保费与免赔额直接相关，部分投保人为了取得较低的保费，忽略了相关风险，例如对于地震、战争等较为罕有发生的风险，往往认为不可能发生，从而对此设立较高的免赔额，以换取较低的保费，导致事故发生时，无法取得充分的赔偿。因此，免赔额应当根据风险识别的结果合理评估，应当在保费与风险之间合理平衡，根据实际情况合理界定。

二、工程担保典型案例

（一）案例介绍

1. 利比亚银行保函延期事件

2011年利比业内战爆发，大量中国企业承包的工程项目停工，工作人员撤离。与此同时，利比亚银行作为保函转开行向中国国内银行提出保函或延期或支付的要求。2011年4月2日，中华人民共和国商务部官方网站发布如下消息："根据商务部掌握的情况，截至目前，利比亚 2 家银行共向中国进出口银行、中国银行、中国建设银行提出 11 笔保函延期要求，总金额 4.97 亿美元，涉及中土集团、中水电集团、葛洲坝集团、大连国际、北京建工、北京宏福、华丰公司等 7 家企业的 8 个项目。其中，进出口银行收到 6 笔，涉及金额 2.25 亿美元；中国银行收到 4 笔，涉及金额 2.3 亿美元；建设银行收到 1 笔，涉及金额 3185 万美元。有关银行主要是针对已到期及即将到期的保函提出延期要求。上述 11 笔保函到期日多集中在 2011 年 4 月、5 月、7 月和 8 月，最早的为 3 月 25 日。其中，利比亚撒哈拉银行就 7 笔保函、利比亚共和国银行就 1 笔保函提出'不延期即付款'的要求，其余 3 笔仅提出延期要求。"①

利比亚银行保函事件是由转开保函引发的一起法律事件，产生了巨大的影响。在该起事件中，由于内战的原因，导致利比亚境内大量工程停工。由于比利亚当地银行开具的保函约定了特定的失效日期，而在该失效日期届满前，承包商因为停工尚不能完全履行合同项下义务。根据合同的规定，业主有权要求承包商对保函及时进行延期，否则可以要求利比亚当地银行付款。对于利比亚当地银行而言，其愿意延长保函期限的前提是中国国内银行向其提供的反担保函先行延期，否则其将承担兑付保函后无法有效追偿的风险。中国国内银行面临的风险是，如果不对反担保函进行延期，则利比亚当地银行为防范其自身的上述风险，将在中国国内银行开具的反担保函到期前索赔反担保函。对于该反担保函而言，其性质同样是见索即付保函。URDG758 第 1 条 a 款即规定："如果应反担保人的请求，开立的见索即付保函适用 URDG，则反担保函也应适用 URDG，除非该反担保函明确排除适用 URDG。"即在见索即付保函项下，中国国内银行对利比亚当地银行的索赔将缺乏有效的抗辩，即使在保函有效期届满前工程未能完工并非由于承包商的原因。如果中国国内银行拒绝索赔，则这种违反保函条款的行为将对其国际信誉产生重大的影响，而一旦中国国内银行作出付款，则其将向中国承包商提出追偿，最终仍将由中国承包商承担损失。

然而，与其他的索赔事由不同，该事件并非由违约引起，无论是业主对利比亚当地银行可能提出的索赔，还是利比亚国内银行对中国国内银行可能提出的索赔，均只关于保函期限本身。在这种情况下，索赔方在提出索赔时可以将延期作为担保人或反担保人的一个选项。URDG 第 23 条 a 款规定："当一项相符索赔中包含作为替代选择的展期请求时，担保人有权在收到索赔翌日起不超过三十个日历日的期间内中止付款。"b 款则规定："当中止付款之后，担保人在反担保函项下提出一项相符索赔，其中包含作为替代选择的展期请求时，反担保人有权中止付款，该中止付款期间不超过保函项下的中止付款期间减四个日历日。"d 款规定："在本条 a 款或 b 款规定的期限内，如果索赔中请求的展期期间或者索赔方同意的其他展期期间已获满足，则该索赔视为已被撤回。如果该展期期间未获满足，则应对该相符索赔予以付款，而无需再次索赔。"也就是说，如果业主向利比亚当地银行提出"延期或付款"的索赔，则利比亚当地银行有 30 天的时间来决定是付款还是延期，由于其是转开行，所以可向中国国内银行也提出"延期或付款"的索赔。如果中国国内银行同意延期，利比亚当地银行也同意延期，则两家银行均无需实际付款。当然，担保人或者反担保人也可以拒绝延期，但此时就应当承担付款义务。

利比亚事件的起因虽然是由于罕见的内战，承包商未按期完工并非自身的原因，但保

---

① http://www.mofcom.gov.cn/aarticle/ae/ai/201104/20110407480936.html，2018 年 9 月 1 日最后访问。

函由于其独立性和单据化的特点，仍然适用见索即付的规则。从法律的角度而言，中国国内银行只能作出付款或者延期的选择。当然，如果因为保函延期增加了承包商的费用，承包商可以根据合同中关于不可抗力的条款，要求业主承担其相应的费用。

2. 安徽省外经建设（集团）有限公司诉东方置业房地产有限公司保函欺诈纠纷案

本案经最高人民法院再审于 2017 年 12 月 14 日作出（2017）最高法民再 134 号民事判决，判决书全文刊载于《最高人民法院公报》2018 年第 3 期，并经最高人民法院审判委员会讨论决定于 2019 年 2 月 25 日作为指导案例第 109 号发布。① 最高人民法院《关于案例指导工作的规定》（法发〔2010〕51 号）第七条规定："最高人民法院发布的指导性案例，各级人民法院审判类似案例时应当参照。"因此，本案作为指导性案例，对于保函案件的审理具有极为重要的意义。

在本案中，中国承包商外经集团公司认为，根据《关于审理独立保函纠纷案件若干问题的规定》第十二条第三项、第四项、第五项，应当认定哥斯达黎加业主东方置业公司构成独立保函欺诈，并据此诉请开具反担保函的建设银行安徽省分行和转开行哥斯达黎加银行止付相应保函项下款项。而最高人民法院认为，人民法院在审理独立保函及与独立保函相关的反担保案件时，对基础交易的审查，应当坚持有限原则和必要原则，审查的范围应当限于受益人是否明知基础合同的相对人并不存在基础合同项下的违约事实或者不存在其他导致独立保函付款的事实。否则，对基础合同的审查将会动摇独立保函"见索即付"的制度价值。哥斯达黎加银行开立的履约保函明确规定了实现保函需要提交的文件为：说明执行保函理由的证明文件、通知外经中美洲公司执行保函请求的日期、保函证明原件和已经出具过的修改件。东方置业公司向哥斯达黎加银行提交的《项目工程检验报告》构成证明外经集团公司基础合同项下违约行为的初步证据，外经集团公司提供的证据不足以证明上述报告存在虚假或者伪造，亦不足以证明东方置业公司明知基础合同的相对人并不存在基础合同项下的违约事实或者不存在其他导致独立保函付款的事实而要求实现保函。东方置业公司基于外经集团公司基础合同项下的违约行为，依据合同的规定，提出实现独立保函项下的权利不构成保函欺诈。另外，即使存在受益人在独立保函项下的欺诈性索款情形，亦不能推定担保行在独立反担保函项下构成欺诈性索款。只有担保行明知受益人系欺诈性索款且违反诚实信用原则付款，并向反担保行主张独立反担保函项下款项时，才能认定担保行构成独立反担保函项下的欺诈性索款。外经集团公司不仅不能证明哥斯达黎加银行向东方置业公司支付独立保函项下款项存在欺诈，亦没有举证证明哥斯达黎加银行在独立反担保函项下存在欺诈性索款情形，其主张止付独立反担保函项下款项没有事实依据。

虽然根据《关于审理独立保函纠纷案件若干问题的规定》第二十五条，本案属于在该司法解释施行前已经终审的案件，按照审判监督程序再审，不应适用其规定，但最高人民法院的本案判决仍然符合该司法解释的精神。该司法解释充分尊重了见索即付保函的独立性和单据化，其第六条第一款规定："受益人提交的单据与独立保函条款之间、单据与单据之间表面相符，受益人请求开立人依据独立保函承担付款责任的，人民法院应予支持。"本款是对见索即付保函单据化的肯定，而单据化正是最高人民法院在本案中依据履约保函内容判断东方置业公司构成相符交单而非欺诈的理由之一。

---

① 相关案情及裁判结果请参见判决书原文和《最高人民法院关于发布第 21 批指导性案例的通知》（法〔2019〕3 号）。

　　第六条第二款则规定："开立人以基础交易关系或独立保函申请关系对付款义务提出抗辩的，人民法院不予支持；但有本规定第十二条情形的除外。"本款一方面从抗辩角度重申了见索即付保函的独立性原则，另一方面以但书的形式说明该独立性原则以第十二条规定的保函欺诈为例外。就保函欺诈的审理而言，法院虽然会对基础交易关系进行审查，但这种审查并非没有限度，更非以基础交易关系中的纠纷为审理的对象，最高人民法院在本案中明确了对基础交易的审查的有限原则和必要原则，将审查的范围限定于受益人是否明知基础合同的相对人并不存在基础合同项下的违约事实或者不存在其他导致独立保函付款的事实，并且认为受益人自身在基础合同履行中存在的违约情形，不必然构成独立保函项下的欺诈索款。这种司法的尺度显然极大地限制了第十二条的适用可能，而事实上，对保函欺诈认定的严格限制是各国法院的普遍做法，也是在司法层面保障见索即付保函的效力及其制度价值的体现。特别是在本案中，转开行哥斯达黎加银行已经兑付了履约保函，如果中国法院在保函欺诈的认定尺度上脱离国际通行的标准，轻易认定保函欺诈导致反担保函的功能不能实现，则不仅会影响中国法院的权威，而且会严重影响中国的银行在国际金融业界的信誉。

（二）案例启示

　　针对承包商在保函领域的上述风险，我们提出如下的防范建议：

1. 项目前期的风险防范

　　在项目接洽或招标过程中，承包商应对工程所在国的经济环境和商业习惯进行调研，并尽可能考察业主的资信状况，特别是其之前有无恶意索赔保函的情形。更重要的是，应针对招标文件中关于保函的要求进行认真分析，招标文件中有保函格式的，应提前进行审核。对保函规则或适用的法律有疑问的，应及时咨询律师。在充分掌握信息的基础上，审慎评估项目风险。对于业主资信不良、保函金额却较高的项目，应警惕存在保函欺诈的可能性，考虑是否放弃项目。

2. 保函类型的选择

　　虽然业主基于其优势地位，对于采用的保函类型有较大的话语权，但在可能的情况下，承包商也应在谈判磋商中尽量争取对自己有利的保函类型。

　　首先，应尽量避免使用见索即付的独立保函。虽然见索即付保函得到了广泛的应用，但如前所述其整体的设计是对承包商较为不利的。如果业主基于承包商良好的资信，愿意采用例如母公司担保等其他的担保形式，对承包商而言将会极大降低不必要的风险。

　　其次，应尽量提供我国银行直开的保函。与前文所述的转开保函不同，所谓直开保函，是指根据申请人委托，担保银行直接以业主为受益人开出的保函。由我国银行开具直开保函，减少了中间环节，一方面可以节省我国承包商的成本，另一方面便于承包商和银行之间的沟通，也减少了转开行恶意付款的风险。我国的银行金融机构目前正在进行国际化的发展，在很多国家和地区都建立了分支机构，随着商誉的不断积累，相信我国银行直开的保函会获得越来越高的接受度。此外，还有一种特殊的转递保函，即业主为便利保函的运作，在接受外国银行开具的保函时，要求必须有一家当地的银行向业主呈交保函并接受业主可能的索赔交单。在这种情况下，开立行仍然是外国银行，承担保函项下义务，当地银行只承担转递的职能。转递保函相比单纯的直开保函，更容易为业主所接受。

3. 保函文本的审核

保函文本的确认，往往由业主、承包商和银行三方共同进行。银行方面虽然有着较为严格和完善的审核标准，但由于追偿权以及反担保措施的存在，银行实际承担的风险要小于承包商，更有可能对业主作出妥协，因此，承包商应积极主动地参与保函文本的订立中。保函审核的要点具体包括：

（1）关于规则适用，应确认保函是否约定适用了 URDG 等特定的国际规则，并基于该国际规则评估保函风险。在适用法律上避免适用不熟悉的法律，如果经业主要求只能选择工程所在地法律或其他不熟悉的法律，应就保函风险向该法域的律师进行必要的咨询。

（2）应在保函文本中明确基础合同，必要时应注明合同编号，并将担保的范围严格限定在承包商在基础合同项下的履约义务。

（3）应合理设置保函的失效日期和失效事件，避免出现风险敞口。优先约定特定的失效日期，对于以接收证明或履约证书出具为失效事件的，也应同时规定一个特定日期作为最后的失效日，届时再进行延期，以避免保函期限过于不确定。

（4）关于单据条件，应明确交单的形式和程序，确保以业主签署的正式书面文件进行交单，且交单应明确依据索赔的承包商违约事由。事实上，URDG758 虽然仅规定了单据包括索赔书和支持声明，但在随附的保函模板中也给任何附加单据的约定预留了空间。承包商完全可以附加单据和业主进行谈判，以限制业主索赔的权利，比如要求索赔时提供监理工程师的证明等。

（5）尽量在其他条款中维护自身利益，如就保函金额与业主进行磋商，尽量降低保函金额比例；对于预付款保函，则明确约定减额规则；避免业主将可转让条款纳入保函等。

4. 保函出具后的风险防范

其实对于保函出具后的风险防范而言，最为重要的是确保基础合同项下的履约，避免触发保函索赔事由。除此之外，应在建立保函档案、记录保函信息的基础上，及时办理保函的减额、延期和注销。尤其是保函延期问题，可能构成保函索赔事由，应予以高度重视，在保函为转开保函，中间环节较多的情况下，更应充分预留办理时间。在保函失效后，也应按照合同约定向业主及时索回保函正本，尽快办理注销手续。在合同履行过程中，应与业主和银行保持良好的沟通，及时掌握关于保函的信息，当发现业主提出保函索赔时，果断采取合理的对策，包括向法院申请止付令，及时阻止银行付款。

附　录

附录一 "一带一路"倡议政策、法规列表

"一带一路"倡议政策、法规列表 附表 1-1

（一）"一带一路"倡议之宏观政策文件

序号	名称	发布日期	发布机关	文号
1	关于构建开放型经济新体制的若干意见	2015 年 5 月 5 日	中共中央、国务院	
2	关于推进国际产能和装备制造合作的指导意见	2015 年 5 月 16 日	国务院	国发〔2015〕30 号
3	关于支持沿边重点地区开发开放若干政策措施的意见	2016 年 1 月 7 日	国务院	国发〔2015〕72 号
4	关于扩大对外开放积极利用外资若干措施的通知	2017 年 1 月 17 日	国务院	国发〔2017〕5 号
5	关于促进外资增长若干措施的通知	2017 年 8 月 16 日	国务院	国发〔2017〕39 号
6	关于积极有效利用外资推动经济高质量发展若干措施的通知	2018 年 6 月 15 日	国务院	国发〔2018〕19 号
7	转发商务部等部门关于扩大进口促进对外贸易平衡发展意见的通知	2018 年 7 月 9 日	国务院办公厅	国办发〔2018〕53 号

（二）"一带一路"倡议之司法服务和保障文件

序号	名称	发布日期	发布机关	文号
1	关于做好检察机关预防职务犯罪工作服务和保障"一带一路"倡议的十条意见	2015 年 6 月 4 日	最高人民检察院职务犯罪预防厅	
2	关于人民法院为"一带一路"建设提供司法服务和保障的若干意见	2015 年 6 月 16 日	最高人民法院	法发〔2015〕9 号
3	涉"一带一路"建设典型案例（第二批）	2017 年 5 月 15 日	最高人民法院	
4	关于设立国际商事法庭若干问题的规定	2018 年 6 月 27 日	最高人民法院	法释〔2018〕11 号
5	关于成立国际商事专家委员会的决定	2018 年 8 月 24 日	最高人民法院	法〔2018〕224 号
6	关于确定首批纳入"一站式"国际商事纠纷多元化解决机制的国际商事仲裁及调解机构的通知	2018 年 11 月 13 日	最高人民法院办公厅	法办〔2018〕212 号
7	最高人民法院国际商事法庭程序规则（试行）	2018 年 11 月 21 日	最高人民法院办公厅	法办发〔2018〕13 号

序号	名称	发布日期	发布机关	文号
8	最高人民法院国际商事专家委员会工作规则	2018 年 11 月 21 日	最高人民法院办公厅	法办发〔2018〕14 号
9	涉"一带一路"建设专题指导性案例	2019 年 2 月 25 日	最高人民法院	

（三）"一带一路"倡议之部委文件

序号	文件名称	发布日期	发布机关	文号
1	推动共建丝绸之路经济带和 21 世纪海上丝绸之路的愿景与行动	2015 年 3 月 28 日	国家发展改革委、外交部、商务部（经国务院授权发布）	
2	关于推进"一带一路"建设工作的意见	2015 年 4 月 14 日	国家质量监督检验检疫总局	国质检通〔2015〕151 号
3	关于落实"一带一路"发展倡议要求 做好税收服务与管理工作的通知	2015 年 4 月 21 日	国家税务总局	税总发〔2015〕60 号
4	共同推动认证认可服务"一带一路"建设的愿景与行动	2015 年 6 月 9 日	国家认证认可监督管理局	
5	国家卫生计生委关于推进"一带一路"卫生交流合作三年实施方案（2015-2017）	2015 年 10 月 14 日	国家卫生和计划生育委员会	国卫办国际函〔2015〕866 号
6	标准联通"一带一路"行动计划（2015—2017）	2015 年 10 月 22 日	推进"一带一路"建设工作领导小组办公室	
7	"一带一路"计量合作愿景与行动	2016 年 7 月 14 日	国家质量监督检验检疫总局	质检总局公告 2016 年第 58 号
8	推进共建"一带一路"教育行动	2016 年 7 月 13 日	教育部	教外〔2016〕46 号
9	国家认监委办公室关于组织开展检验检疫标准化服务"一带一路"工作的通知	2016 年 8 月 1 日	国家认证认可监督管理委员会	认办科函〔2016〕149 号
10	推进"一带一路"建设科技创新合作专项规划	2016 年 9 月 8 日	科学技术部、发改委、外交部、商务部	
11	中欧班列建设发展规划（2016-2020 年）	2016 年 10 月 8 日	推进"一带一路"建设工作领导小组办公室	
12	国防科工局、发展改革委关于加快推进"一带一路"空间信息走廊建设与应用的指导意见	2016 年 10 月 22 日	国家国防科技工业局	科工一司〔2016〕1199 号
13	中医药"一带一路"发展规划（2016-2020 年）	2016 年 12 月 26 日	国家中医药管理局、国家发展和改革委员会	国中医药国际发〔2016〕44 号

序号	文件名称	发布日期	发布机关	文号
14	文化部"一带一路"文化发展行动计划（2016—2020年）	2016年12月29日	文化部	文外发〔2016〕40号
15	关于推进绿色"一带一路"建设的指导意见	2017年4月24日	环境保护部、外交部、国家发展和改革委员会、商务部	
16	保监会关于保险业服务"一带一路"建设的指导意见	2017年4月27日	保监会	保监发〔2017〕38号
17	共建"一带一路"：理念、实践与中国的贡献	2017年5月10日	推进"一带一路"建设工作领导小组办公室	
18	推动丝绸之路经济带和21世纪海上丝绸之路能源合作愿景与行动	2017年5月12日	国家发展和改革委员会、国家能源局	
19	共同推进"一带一路"建设农业合作的愿景与行动	2017年5月1日	农业部、发展改革委员会、商务部、外交部	
20	"一带一路"生态环境保护合作规划	2017年5月12日	环境保护部	环国际〔2017〕65号
21	推进"一带一路"贸易畅通合作倡议	2017年5月14日	商务部	
22	"一带一路"建设海上合作设想	2017年6月19日	国家发展改革委、国家海洋局	发改西部〔2017〕1026号
23	关于开展支持中小企业参与"一带一路"建设专项行动的通知	2017年7月27日	工业和信息化部、中国国际贸易促进委员会	工信部联企业〔2017〕191号
24	关于加强对外经济合作领域信用体系建设的指导意见	2017年10月31日	发改委、商务部等28部门	发改外资〔2017〕1893号
25	国家邮政局关于推进邮政业服务"一带一路"建设的指导意见	2017年12月20日	国家邮政总局	国邮发〔2017〕103号
26	标准联通共建"一带一路"行动计划（2018—2020年）	2017年12月22日	推进"一带一路"建设工作领导小组办公室	
27	关于进一步完善人民币跨境业务政策促进贸易投资便利化的通知	2018年1月5日	中国人民银行	银发〔2018〕3号
28	关于引导对外投融资基金健康发展的意见	2018年4月10日	发改委、财政部等六部门	发改外资〔2018〕553号
29	关于工业通信业标准化工作服务于"一带一路"建设的实施意见	2018年11月5日	工业和信息化部	工信部科〔2018〕231号

序号	文件名称	发布日期	发布机关	文号
30	共建"一带一路"倡议：进展、贡献与展望	2019 年 4 月 22 日	推进"一带一路"建设工作领导小组办公室	
31	关于促进对外承包工程高质量发展的指导意见	2019 年 8 月 29 日	商务部、外交部、发改委等 19 部门	商 合 发〔2019〕273 号

（四）"一带一路"倡议之地方文件

序号	省市	名称	发布日期	发布机关	文号
1	北京	北京市推进共建"一带一路"三年行动计划（2018—2020 年）	2018 年 10 月 24 日	北京市推进"一带一路"建设工作领导小组	京"一带一路"〔2018〕1 号
2	天津	天津市参与丝绸之路经济带和 21 世纪海上丝绸之路建设实施方案	2016 年	天津市人民政府	津政发〔2016〕1 号
		关于加快实施企业"走出去"战略促进对外投资合作健康有序发展行动方案（2017—2020 年）	2017 年 8 月 28 日	天津市人民政府办公厅	津政办函〔2017〕91 号
		天津市"一带一路"科技创新合作行动计划（2017—2020 年）	2017 年 11 月 2 日	天津市科委	津科规〔2017〕5 号
3	上海	上海服务国家"一带一路"建设发挥桥头堡作用行动方案	2017 年 10 月	上海市推进"一带一路"建设工作领导小组办公室	
4	重庆	重庆市开放平台协同发展规划（2018—2020 年）	2018 年 5 月	重庆市人民政府办公厅	渝府办发〔2018〕64 号
5	河北	关于积极参与"一带一路"建设推进国际产能合作的实施方案	2018 年 7 月 8 日	河北省人民政府办公厅	冀 政 办 字〔2018〕110 号
		河北省推进共建"一带一路"教育行动计划	2016 年 9 月 1 日	河北省教育厅	冀 教 外〔2016〕108 号
6	山西	山西省参与建设丝绸之路经济带和 21 世纪海上丝绸之路实施方案	2015 年 9 月	山西省委省政府	
		山西省参与"一带一路"建设三年（2018—2020 年）滚动实施方案	2018 年 6 月		
7	内蒙古	内蒙古自治区建设国家向北开放桥头堡和沿边经济带规划	2015 年 11 月	自治区政府	

序号	省市	名称	发布日期	发布机关	文号
8	黑龙江	黑龙江省贯彻"一带一路"倡议总体情况	2015 年 5 月	"龙江丝路带"建设领导小组办公室	
		黑龙江省推进国际产能和装备制造合作工作实施方案	2016 年 6 月 3 日	黑龙江省人民政府办公厅	黑政办发〔2016〕60号
		《中共黑龙江省委黑龙江省人民政府"中蒙俄经济走廊"黑龙江陆海丝绸之路经济带建设规划》摘要	2015 年 4 月 13 日	黑龙江陆海丝绸之路经济带建设领导小组办公室	
9	辽宁	辽宁"一带一路"综合试验区建设总体方案	2018 年 8 月 28 日	中共辽宁省委辽宁省人民政府	
		关于贯彻落实"一带一路"倡议推动企业"走出去"的指导意见	2015 年 1 月 21 日	辽宁省人民政府办公厅	辽政办发〔2015〕14 号
10	吉林	省委省政府关于进一步优化区域协调发展空间布局的意见	2019 年 1 月 28 日	中共吉林省委、吉林省人民政府	
		沿中蒙俄开发开放经济带发展规划（2018—2025 年）	2018 年 7 月 29 日	吉林省发展和改革委员会	
11	浙江	浙江省打造"一带一路"枢纽行动计划	2018 年 6 月 1 日		
		宁波"一带一路"建设综合试验区总体方案	2017 年 9 月 20 日	浙江省发展和改革委员会	浙发改函〔2017〕166 号
12	江苏	中共江苏省委江苏省人民政府关于高质量推进"一带一路"交汇点建设的意见	2018 年 12 月 12 日	中共江苏省委江苏省人民政府	苏发〔2018〕30 号
		江苏省人民政府关于抢抓"一带一路"建设机遇进一步做好境外投资工作的意见			苏政发〔2014〕131号
13	江西	江西省参与丝绸之路经济带和21 世纪海上丝绸之路建设实施方案	2015 年 5 月 15 日	江西省人民政府	赣府发〔2015〕26 号
14	福建	福建省 21 世纪海上丝绸之路核心区建设方案	2015 年 11 月 17 日	福建省发改委、福建省外办、福建省商务厅（经福建省人民政府授权发布）	
		福建省开展 21 世纪海上丝绸之路核心区创新驱动发展试验实施方案	2018 年 5 月 30 日	福建省人民政府办公厅	闽政办〔2018〕48 号

序号	省市	名称	发布日期	发布机关	文号
15	河南	关于以"一带一路"建设为统领加快构建内陆开放高地的意见	2019年6月18日	中共河南省委、河南省人民政府	
		河南省参与建设"一带一路"实施方案	2015年11月	河南省发展改革委（经省委、省政府授权发布）	
		郑州—卢森堡"空中丝绸之路"建设专项规划（2017—2025年）	2017年9月18日	河南省人民政府	豫政〔2017〕31号
		河南省与塔吉克斯坦经济合作工作方案（2016—2020年）	2016年5月27日	河南省人民政府办公厅	豫政办〔2016〕87号
		推进郑州—卢森堡"空中丝绸之路"建设工作方案	2017年9月12日	河南省人民政府办公厅	豫政办〔2017〕107号
16	山东	山东省参与建设丝绸之路经济带和21世纪海上丝绸之路实施方案	2016年4月1日		
		山东省"融入'一带一路'倡议，齐鲁文化丝路行"实施意见	2017年4月6日	山东省文化厅	
17	安徽	安徽省参与建设丝绸之路经济带和21世纪海上丝绸之路实施方案	2016年		
		2018年度安徽省支持中小企业参与"一带一路"建设工作意见	2017年11月1日		
		安徽省人民政府关于贯彻国家依托黄金水道推动长江经济带发展战略的实施意见	2015年4月23日	安徽省人民政府	皖政〔2015〕40号
18	四川	四川省推进国际产能和装备制造合作三年行动方案（2017—2019年）	2017年11月		
		四川文化融入"一带一路"倡议实施意见（2017—2020年）	2017年6月		
		四川省推进"一带一路"建设标准化工作实施方案	2016年5月		
19	广东	广东省参与丝绸之路经济带和21世纪海上丝绸之路建设实施方案	2015年12月31日	广东省发展改革委	
		广东省参与"一带一路"建设重点工作方案（2015—2017年）	2016年6月		
		广东省促进中医药"一带一路"发展行动计划（2017—2020年）	2018年2月		

序号	省市	名称	发布日期	发布机关	文号
20	海南	海南省参与建设丝绸之路经济带和21世纪海上丝绸之路三年（2017—2019）滚动行动计划	2017年5月		
		海南省参与"一带一路"建设对外交流合作五年行动计划（2017—2021年）	2017年		
		海南省参与"一带一路"建设涉外工作方案	—		
21	甘肃	甘肃省参与建设丝绸之路经济带和21世纪海上丝绸之路的实施方案	2015年12月	中共甘肃省委、甘肃省人民政府	
		丝绸之路经济带甘肃段"6873"交通突破行动实施方案	2015年5月		
		"丝绸之路经济带"甘肃段建设总体方案	2014年5月		
		关于推动国际货运班列和航空货运稳定运营的意见	2018年12月		
		甘肃省合作共建中新互联互通项目南向通道工作方案（2018—2020年）	2018年2月28日	甘肃省人民政府办公厅	甘政办发〔2018〕30号
22	青海	青海省参与建设丝绸之路经济带和21世纪海上丝绸之路的实施方案	2015年		
		青海省丝绸之路文化产业带发展规划及行动计划（2018-2025）	2017年12月21日	青海省文化和新闻出版厅	
		青海省2019年度推进"一带一路"建设重点工作分工方案	2019年5月13日	青海省参与丝绸之路经济带和21世纪海上丝绸之路建设协调领导小组办公室（省发展改革委代章）	青发改国际〔2019〕310号
23	湖北	湖北省2017—2018年度"一带一路"重点支持项目库			
		中欧班列（武汉）建设发展规划（2016—2020年）			
		湖北省"一带一路"生态环境保护合作规划			

序号	省市	名称	发布日期	发布机关	文号
		标准联通"一带一路"湖北行动计划（2018—2020 年）			
24	湖南	湖南省对接"一带一路"战略 行动方案（2015—2017 年）	2015 年 8 月 14 日	湖南省人民政府	湘政发〔2015〕34 号
		湖南省人民政府关于推进国际产能和装备制造合作的实施意见	2015 年 9 月 29 日	湖南省人民政府	湘政办发〔2015〕40 号
		湖南省参与建设丝绸之路经济带和 21 世纪海上丝绸之路的实施方案	2015 年 12 月 25 日		湘发〔2015〕24 号
		湖南省人民政府关于加快推进国际产能合作的意见	2017 年 3 月 3 日	湖南省人民政府	湘政发〔2017〕8 号
		湖南对接国家"一带一路"倡议工作方案	2015 年 8 月 19 日	湖南省人民政府办公厅	湘政办发〔2015〕67 号
		湖南省对接"一带一路"倡议推动优势企业"走出去"实施方案	2015 年 9 月 26 日	湖南省人民政府办公厅	湘政办发〔2015〕80 号
		湖南省推进国际产能和装备制造合作三年行动计划（2018—2020 年）	2018 年 3 月 12 日	湖南推进"一带一路"建设暨国际产能合作领导小组	
25	广西	广西参与建设丝绸之路经济带和 21 世纪海上丝绸之路的思路与行动	2016 年 6 月 21 日	自治区推进"一带一路"有机衔接重要门户工作领导小组办公室	桂一带一路办发〔2016〕1 号
		广西参与"一带一路"科技创新行动计划实施方案（2018—2020 年）	2018 年 6 月 5 日	广西壮族自治区科学技术厅	桂科外字〔2018〕102 号
		广西参与"一带一路"建设 2018 年工作要点	2018 年 4 月 1 日		
26	贵州	贵州省推动企业沿着"一带一路"方向"走出去"行动计划（2018—2020 年）	2018 年 10 月 25 日	贵州省人民政府	黔府办发〔2018〕36 号
27	云南	云南省参与建设丝绸之路经济带和 21 世纪海上丝绸之路实施方案			
		中共云南省委 云南省人民政府关于加快建设我国面向南亚东南亚辐射中心的实施意见			

序号	省市	名称	发布日期	发布机关	文号
27	云南	中共云南省委 云南省人民政府关于加快建设我国面向南亚东南亚辐射中心规划（2016—2020年）			
		云南省建设面向南亚东南亚经济贸易中心规划（2016—2020年）			
		云南省建设面向南亚东南亚科技创新中心规划（2016—2020年）			
		云南省建设面向南亚东南亚金融服务中心规划（2016—2020年）			
		云南省建设面向南亚东南亚人文交流中心规划（2016—2020年）			
28	新疆	丝绸之路经济带核心区交通枢纽中心建设规划（2016—2030年）	2017年7月17日	新疆维吾尔自治区人民政府	新政发〔2017〕103号
		关于推进新疆丝绸之路经济带核心区医疗服务中心建设方案	2015年8月6日	新疆维吾尔自治区人民政府	新政发〔2015〕85号
		新疆参与中蒙俄经济走廊建设实施方案	2017年12月		
		丝绸之路经济带核心区区域金融中心建设规划（2016—2030年）	2017年11月29日	新疆维吾尔自治区人民政府	
		贯彻落实习近平总书记重要讲话精神加快推进丝绸之路经济带核心区建设的意见	2017年10月13日	自治区推进丝绸之路经济带核心区建设工作领导小组办公室	新核心区发〔2017〕1号
		丝绸之路经济带核心区（新疆）能源规划	2018年2月	新疆维吾尔自治区发展和改革委员会	
	新疆生产建设兵团	新疆生产建设兵团参与建设丝绸之路经济带的实施方案	2016年3月	新疆生产建设兵团	
		新疆生产建设兵团参与丝绸之路经济带核心区交通枢纽中心建设实施方案（2016—2030年）	2018年7月10日	新疆生产建设兵团办公厅	新兵发〔2018〕30号
29	陕西	陕西省推进建设丝绸之路经济带和21世纪海上丝绸之路实施方案（2015—2020年）	2017年2月15日	陕西省推进"一带一路"建设办公室	陕发〔2016〕4号
		陕西省"一带一路"建设2019年行动计划	2019年2月26日	陕西省人民政府办公厅	陕政办发〔2019〕7号

序号	省市	名称	发布日期	发布机关	文号
29	陕西	陕西省推进绿色"一带一路"建设实施意见	2018年1月29日	陕西省环境保护厅、陕西省人民政府外事办公室、陕西省发展改革委员会、陕西省商务厅	陕环发〔2018〕2号
		陕西省标准联通共建"一带一路"行动计划（2018—2020年）	2018年		
30	宁夏	宁夏回族自治区党委关于融入"一带一路"加快开放宁夏建设的意见	2015年7月27日	中国共产党宁夏回族自治区第十一届委员会第六次全体会议通过	宁党发〔2015〕22号
		关于贯彻落实国家《丝绸之路经济带和21世纪海上丝绸之路建设战略规划》重要政策举措的分工方案	2015年10月	宁夏回族自治区人民政府办公厅	宁政办发〔2015〕147号
		自治区推进"一带一路"和内陆开放型经济试验区建设2019年工作计划	2019年4月4日	自治区推进"一带一路"暨宁夏内陆开放型经济试验区建设领导小组	
31	西藏	西藏面向南亚开放重要通道建设规划	2017年5月		

附录二 我国对外投资和对外承包工程主要法规列表

我国对外投资和对外承包工程主要法规列表 附表 2-1

序号	分类	法规名称	发布时间	发布机构	文号
1	境外投资	企业境外投资管理法	2017 年 12 月 26 日	国家发展和改革委员会	国家发展和改革委员会令 2017 年第 11 号
2		境外投资管理办法	2014 年 9 月 6 日	商务部	商务部令 2014 年第 3 号
3		中央企业境外投资监督管理办法	2017 年 1 月 7 日	国有资产监督管理委员会	国有资产监督管理委员会令第 35 号
4		境内机构境外直接投资外汇管理规定	2009 年 7 月 13 日	国家外汇管理局	汇发〔2009〕30 号
5		关于进一步引导和规范境外投资方向的指导意见	2017 年 8 月 4 日	国务院办公厅	国办发〔2017〕74 号
6	对外承包工程	对外承包工程管理条例	2008 年 7 月 21 日	国务院	国务院令第 527 号公布，2017 年 3 月国务院令第 676 号修订
7		对外承包工程项下外派劳务管理暂行办法	2006 年 1 月 10 日	商务部	商合发〔2005〕726 号
8		对外承包工程保函风险专项资金管理暂行办法	2001 年 10 月 10 日	财政部、对外贸易经济合作部	财企〔2001〕625 号
9		财政部 商务部关于印发《对外承包工程保函风险专项资金管理暂行办法》补充规定的通知	2003 年 3 月 31 日	财政部、商务部	财企〔2003〕137 号
10		商务部等 19 部门关于促进对外承包工程高质量发展的指导意见	2019 年 8 月 29 日	商务部、外交部、发改委等 19 部门	商合发〔2019〕273 号
11	对外劳务合作	对外劳务合作管理条例	2012 年 6 月 4 日	国务院	国务院令第 620 号
12		对外劳务合作风险处置备用金管理办法（试行）	2014 年 7 月 18 日	商务部、财政部	商务部、财政部令 2014 年第 2 号；2017 年 9 月 14 日商务部令 2017 年第 3 号修改

序号	分类	法规名称	发布时间	发布机构	文号
13	境外中资企业管理	境外中资企业机构和人员安全管理规定	2010 年 8 月 13 日	商务部、外交部、国家发展改革委、公安部、国资委、国家安监总局、全国工商联	商合发〔2010〕313 号
14		境外中资企业（机构）员工管理指引	2011 年 3 月 14 日	商务部、外交部、国资委、国工商联	商合发〔2011〕64 号
15		对外投资合作环境保护指南	2013 年 2 月 18 日	商务部、环境保护部	商合函〔2013〕74 号
16		对外投资合作境外安全事件应急响应和处置规定	2013 年 7 月 1 日	商务部、外交部、住房城乡建设部、国家卫计委、国资委、国家安监总局	商合发〔2013〕242 号
17		境外企业知识产权指南（试行）	2014 年 2 月 8 日	商务部	商法函〔2014〕61 号
18		对外投资合作境外安全风险预警和信息通报制度	2010 年 8 月 26 日	商务部	商合发〔2010〕第 348 号
19	风险管理与合规管理	中央企业全面风险管理指引	2006 年 6 月 6 日	国务院国有资产监督管理委员会	国资发改革〔2006〕108 号
20		中央企业合规管理指引（试行）	2018 年 11 月 2 日	国务院国有资产监督管理委员会	国资发法规〔2018〕106 号
21		企业境外经营合规管理指引	2018 年 12 月 26 日	国家发展改革委、外交部、商务部、人民银行、国资委、外汇局、全国工商联	发改外资〔2018〕1916 号
22		民营企业境外投资经营行为规范	2017 年 12 月 6 日	国家发展改革委、商务部、人民银行、外交部、全国工商联	发改外资〔2017〕2050 号
23		规范对外投资合作领域竞争行为的规定	2013 年 3 月 18 日	商务部	商合发〔2013〕88 号

附录三 我国对外投资和对外承包工程主要法规摘要

对外承包工程管理条例（2017年修订）

（2008年5月7日国务院第8次常务会议通过，2008年7月21日国务院令第527号公布。2017年3月国务院令第676号修订。）

第一章 总 则

第一条 为了规范对外承包工程，促进对外承包工程健康发展，制定本条例。

第二条 本条例所称对外承包工程，是指中国的企业或者其他单位（以下统称单位）承包境外建设工程项目（以下简称工程项目）的活动。

第三条 国家鼓励和支持开展对外承包工程，提高对外承包工程的质量和水平。

国务院有关部门制定和完善促进对外承包工程的政策措施，建立、健全对外承包工程服务体系和风险保障机制。

第四条 开展对外承包工程，应当维护国家利益和社会公共利益，保障外派人员的合法权益。

开展对外承包工程，应当遵守工程项目所在国家或者地区的法律，信守合同，尊重当地的风俗习惯，注重生态环境保护，促进当地经济社会发展。

第五条 国务院商务主管部门负责全国对外承包工程的监督管理，国务院有关部门在各自的职责范围内负责对外承包工程相关的管理工作。

国务院建设主管部门组织协调建设企业参与对外承包工程。

省、自治区、直辖市人民政府商务主管部门负责本行政区域内对外承包工程的监督管理。

第六条 有关对外承包工程的协会、商会按照章程为其成员提供与对外承包工程有关的信息、培训等方面的服务，依法制定行业规范，发挥协调和自律作用，维护公平竞争和成员利益。

第二章 对外承包工程活动

第七条 国务院商务主管部门应当会同国务院有关部门建立对外承包工程安全风险评估机制，定期发布有关国家和地区安全状况的评估结果，及时提供预警信息，指导对外承包工程的单位做好安全风险防范。

第八条　对外承包工程的单位不得以不正当的低价承揽工程项目、串通投标，不得进行商业贿赂。

第九条　对外承包工程的单位应当与境外工程项目发包人订立书面合同，明确双方的权利和义务，并按照合同约定履行义务。

第十条　对外承包工程的单位应当加强对工程质量和安全生产的管理，建立、健全并严格执行工程质量和安全生产管理的规章制度。

对外承包工程的单位将工程项目分包的，应当与分包单位订立专门的工程质量和安全生产管理协议，或者在分包合同中约定各自的工程质量和安全生产管理责任，并对分包单位的工程质量和安全生产工作统一协调、管理。

对外承包工程的单位不得将工程项目分包给不具备国家规定的相应资质的单位；工程项目的建筑施工部分不得分包给未依法取得安全生产许可证的境内建筑施工企业。

分包单位不得将工程项目转包或者再分包。对外承包工程的单位应当在分包合同中明确约定分包单位不得将工程项目转包或者再分包，并负责监督。

第十一条　从事对外承包工程外派人员中介服务的机构应当取得国务院商务主管部门的许可，并按照国务院商务主管部门的规定从事对外承包工程外派人员中介服务。

对外承包工程的单位通过中介机构招用外派人员的，应当选择依法取得许可并合法经营的中介机构，不得通过未依法取得许可或者有重大违法行为的中介机构招用外派人员。

第十二条　对外承包工程的单位应当依法与其招用的外派人员订立劳动合同，按照合同约定向外派人员提供工作条件和支付报酬，履行用人单位义务。

第十三条　对外承包工程的单位应当有专门的安全管理机构和人员，负责保护外派人员的人身和财产安全，并根据所承包工程项目的具体情况，制定保护外派人员人身和财产安全的方案，落实所需经费。

对外承包工程的单位应当根据工程项目所在国家或者地区的安全状况，有针对性地对外派人员进行安全防范教育和应急知识培训，增强外派人员的安全防范意识和自我保护能力。

第十四条　对外承包工程的单位应当为外派人员购买境外人身意外伤害保险。

第十五条　对外承包工程的单位应当按照国务院商务主管部门和国务院财政部门的规定，及时存缴备用金。

前款规定的备用金，用于支付对外承包工程的单位拒绝承担或者无力承担的下列费用：

（一）外派人员的报酬；

（二）因发生突发事件，外派人员回国或者接受其他紧急救助所需费用；

（三）依法应当对外派人员的损失进行赔偿所需费用。

第十六条　对外承包工程的单位与境外工程项目发包人订立合同后，应当及时向中国驻该工程项目所在国使馆（领馆）报告。

对外承包工程的单位应当接受中国驻该工程项目所在国使馆（领馆）在突发事件防范、工程质量、安全生产及外派人员保护等方面的指导。

第十七条　对外承包工程的单位应当制定突发事件应急预案；在境外发生突发事件时，应当及时、妥善处理，并立即向中国驻该工程项目所在国使馆（领馆）和国内有关主管部门报告。

国务院商务主管部门应当会同国务院有关部门，按照预防和处置并重的原则，建立、健全对外承包工程突发事件预警、防范和应急处置机制，制定对外承包工程突发事件应急预案。

第十八条 对外承包工程的单位应当定期向商务主管部门报告其开展对外承包工程的情况，并按照国务院商务主管部门和国务院统计部门的规定，向有关部门报送业务统计资料。

第十九条 国务院商务主管部门应当会同国务院有关部门建立对外承包工程信息收集、通报制度，向对外承包工程的单位无偿提供信息服务。

有关部门应当在货物通关、人员出入境等方面，依法为对外承包工程的单位提供快捷、便利的服务。

第三章 法律责任

第二十条 对外承包工程的单位有下列情形之一的，由商务主管部门责令改正，处10万元以上20万元以下的罚款，对其主要负责人处1万元以上2万元以下的罚款；拒不改正的，商务主管部门可以禁止其在1年以上3年以下的期限内对外承包新的工程项目；造成重大工程质量问题、发生较大事故以上生产安全事故或者造成其他严重后果的，建设主管部门或者其他有关主管部门可以降低其资质等级或者吊销其资质证书：

（一）未建立并严格执行工程质量和安全生产管理的规章制度的；

（二）没有专门的安全管理机构和人员负责保护外派人员的人身和财产安全，或者未根据所承包工程项目的具体情况制定保护外派人员人身和财产安全的方案并落实所需经费的；

（三）未对外派人员进行安全防范教育和应急知识培训的；

（四）未制定突发事件应急预案，或者在境外发生突发事件，未及时、妥善处理的。

第二十一条 对外承包工程的单位有下列情形之一的，由商务主管部门责令改正，处15万元以上30万元以下的罚款，对其主要负责人处2万元以上5万元以下的罚款；拒不改正的，商务主管部门可以禁止其在2年以上5年以下的期限内对外承包新的工程项目；造成重大工程质量问题、发生较大事故以上生产安全事故或者造成其他严重后果的，建设主管部门或者其他有关主管部门可以降低其资质等级或者吊销其资质证书。

（一）以不正当的低价承揽工程项目、串通投标或者进行商业贿赂的；

（二）未与分包单位订立专门的工程质量和安全生产管理协议，或者未在分包合同中约定各自的工程质量和安全生产管理责任，或者未对分包单位的工程质量和安全生产工作统一协调、管理的；

（三）将工程项目分包给不具备国家规定的相应资质的单位，或者将工程项目的建筑施工部分分包给未依法取得安全生产许可证的境内建筑施工企业的；

（四）未在分包合同中明确约定分包单位不得将工程项目转包或者再分包的。

分包单位将其承包的工程项目转包或者再分包的，由建设主管部门责令改正，依照前款规定的数额对分包单位及其主要负责人处以罚款；造成重大工程质量问题，或者发生较大事故以上生产安全事故的，建设主管部门或者其他有关主管部门可以降低其资质等级或者吊销其资质证书。

　　第二十二条　对外承包工程的单位有下列情形之一的，由商务主管部门责令改正，处2万元以上5万元以下的罚款；拒不改正的，对其主要负责人处5000元以上1万元以下的罚款：

　　（一）与境外工程项目发包人订立合同后，未及时向中国驻该工程项目所在国使馆（领馆）报告的；

　　（二）在境外发生突发事件，未立即向中国驻该工程项目所在国使馆（领馆）和国内有关主管部门报告的；

　　（三）未定期向商务主管部门报告其开展对外承包工程的情况，或者未按照规定向有关部门报送业务统计资料的。

　　第二十三条　对外承包工程的单位通过未依法取得许可或者有重大违法行为的中介机构招用外派人员，或者不依照本条例规定为外派人员购买境外人身意外伤害保险，或者未按照规定存缴备用金的，由商务主管部门责令限期改正，处5万元以上10万元以下的罚款，对其主要负责人处5000元以上1万元以下的罚款；逾期不改正的，商务主管部门可以禁止其在1年以上3年以下的期限内对外承包新的工程项目。

　　未取得国务院商务主管部门的许可，擅自从事对外承包工程外派人员中介服务的，由国务院商务主管部门责令改正，处10万元以上20万元以下的罚款；有违法所得的，没收违法所得；对其主要负责人处5万元以上10万元以下的罚款。

　　第二十四条　商务主管部门、建设主管部门和其他有关部门的工作人员在对外承包工程监督管理工作中滥用职权、玩忽职守、徇私舞弊，构成犯罪的，依法追究刑事责任；尚不构成犯罪的，依法给予处分。

第四章　附　　则

　　第二十五条　对外承包工程涉及的货物进出口、技术进出口、人员出入境、海关以及税收、外汇等事项，依照有关法律、行政法规和国家有关规定办理。

　　第二十六条　对外承包工程的单位以投标、议标方式参与报价，金额在国务院商务主管部门和国务院财政部门等有关部门规定标准以上的工程项目的，其银行保函的出具等事项，依照国务院商务主管部门和国务院财政部门等有关部门的规定办理。

　　第二十七条　对外承包工程的单位承包特定工程项目，或者在国务院商务主管部门会同外交部等有关部门确定的特定国家或者地区承包工程项目的，应当经国务院商务主管部门会同国务院有关部门批准。

　　第二十八条　中国内地的单位在香港特别行政区、澳门特别行政区、台湾地区承包工程项目，参照本条例的规定执行。

　　第二十九条　中国政府对外援建的工程项目的实施及其管理，依照国家有关规定执行。

　　第三十条　本条例自2008年9月1日起施行。

对外劳务合作管理条例

（2012 年 5 月 16 日国务院第 203 次常务会议通过，2012 年 6 月 4 日国务院令第 620 号公布）

第一章 总 则

第一条 为了规范对外劳务合作，保障劳务人员的合法权益，促进对外劳务合作健康发展，制定本条例。

第二条 本条例所称对外劳务合作，是指组织劳务人员赴其他国家或者地区为国外的企业或者机构（以下统称国外业主）工作的经营性活动。

国外的企业、机构或者个人不得在中国境内招收劳务人员赴国外工作。

第三条 国家鼓励和支持依法开展对外劳务合作，提高对外劳务合作水平，维护劳务人员的合法权益。

国务院有关部门制定和完善促进对外劳务合作发展的政策措施，建立健全对外劳务合作服务体系以及风险防范和处置机制。

第四条 国务院商务主管部门负责全国的对外劳务合作监督管理工作。国务院外交、公安、人力资源社会保障、交通运输、住房和城乡建设、渔业、工商行政管理等有关部门在各自职责范围内，负责对外劳务合作监督管理的相关工作。

县级以上地方人民政府统一领导、组织、协调本行政区域的对外劳务合作监督管理工作。县级以上地方人民政府商务主管部门负责本行政区域的对外劳务合作监督管理工作，其他有关部门在各自职责范围内负责对外劳务合作监督管理的相关工作。

第二章 从事对外劳务合作的企业与劳务人员

第五条 从事对外劳务合作，应当按照省、自治区、直辖市人民政府的规定，经省级或者设区的市级人民政府商务主管部门批准，取得对外劳务合作经营资格。

第六条 申请对外劳务合作经营资格，应当具备下列条件：

（一）符合企业法人条件；

（二）实缴注册资本不低于 600 万元人民币；

（三）有 3 名以上熟悉对外劳务合作业务的管理人员；

（四）有健全的内部管理制度和突发事件应急处置制度；

（五）法定代表人没有故意犯罪记录。

第七条 申请对外劳务合作经营资格的企业，应当向所在地省级或者设区的市级人民政府商务主管部门（以下称负责审批的商务主管部门）提交其符合本条例第六条规定条件的证明材料。负责审批的商务主管部门应当自收到证明材料之日起 20 个工作日内进行审查，作出批准或者不予批准的决定。予以批准的，颁发对外劳务合作经营资格证书；不予批准的，书面通知申请人并说明理由。

申请人持对外劳务合作经营资格证书，依法向工商行政管理部门办理登记。

负责审批的商务主管部门应当将依法取得对外劳务合作经营资格证书并办理登记的企业（以下称对外劳务合作企业）名单报至国务院商务主管部门，国务院商务主管部门应当及时通报中国驻外使馆、领馆。

未依法取得对外劳务合作经营资格证书并办理登记，不得从事对外劳务合作。

第八条　对外劳务合作企业不得允许其他单位或者个人以本企业的名义组织劳务人员赴国外工作。

任何单位和个人不得以商务、旅游、留学等名义组织劳务人员赴国外工作。

第九条　对外劳务合作企业应当自工商行政管理部门登记之日起 5 个工作日内，在负责审批的商务主管部门指定的银行开设专门账户，缴存不低于 300 万元人民币的对外劳务合作风险处置备用金（以下简称备用金）。备用金也可以通过向负责审批的商务主管部门提交等额银行保函的方式缴存。

负责审批的商务主管部门应当将缴存备用金的对外劳务合作企业名单向社会公布。

第十条　备用金用于支付对外劳务合作企业拒绝承担或者无力承担的下列费用：

（一）对外劳务合作企业违反国家规定收取，应当退还给劳务人员的服务费；

（二）依法或者按照约定应当由对外劳务合作企业向劳务人员支付的劳动报酬；

（三）依法赔偿劳务人员的损失所需费用；

（四）因发生突发事件，劳务人员回国或者接受紧急救助所需费用。

备用金使用后，对外劳务合作企业应当自使用之日起 20 个工作日内将备用金补足到原有数额。

备用金缴存、使用和监督管理的具体办法由国务院商务主管部门会同国务院财政部门制定。

第十一条　对外劳务合作企业不得组织劳务人员赴国外从事与赌博、色情活动相关的工作。

第十二条　对外劳务合作企业应当安排劳务人员接受赴国外工作所需的职业技能、安全防范知识、外语以及用工项目所在国家或者地区相关法律、宗教信仰、风俗习惯等知识的培训；未安排劳务人员接受培训的，不得组织劳务人员赴国外工作。

劳务人员应当接受培训，掌握赴国外工作所需的相关技能和知识，提高适应国外工作岗位要求以及安全防范的能力。

第十三条　对外劳务合作企业应当为劳务人员购买在国外工作期间的人身意外伤害保险。但是，对外劳务合作企业与国外业主约定由国外业主为劳务人员购买的除外。

第十四条　对外劳务合作企业应当为劳务人员办理出境手续，并协助办理劳务人员在国外的居留、工作许可等手续。

对外劳务合作企业组织劳务人员出境后，应当及时将有关情况向中国驻用工项目所在国使馆、领馆报告。

第十五条　对外劳务合作企业、劳务人员应当遵守用工项目所在国家或者地区的法律，尊重当地的宗教信仰、风俗习惯和文化传统。

对外劳务合作企业、劳务人员不得从事损害国家安全和国家利益的活动。

第十六条 对外劳务合作企业应当跟踪了解劳务人员在国外的工作、生活情况，协助解决劳务人员工作、生活中的困难和问题，及时向国外业主反映劳务人员的合理要求。

对外劳务合作企业向同一国家或者地区派出的劳务人员数量超过100人的，应当安排随行管理人员，并将随行管理人员名单报中国驻用工项目所在国使馆、领馆备案。

第十七条 对外劳务合作企业应当制定突发事件应急预案。国外发生突发事件的，对外劳务合作企业应当及时、妥善处理，并立即向中国驻用工项目所在国使馆、领馆和国内有关部门报告。

第十八条 用工项目所在国家或者地区发生战争、暴乱、重大自然灾害等突发事件，中国政府作出相应避险安排的，对外劳务合作企业和劳务人员应当服从安排，予以配合。

第十九条 对外劳务合作企业停止开展对外劳务合作的，应当对其派出的尚在国外工作的劳务人员作出妥善安排，并将安排方案报负责审批的商务主管部门备案。负责审批的商务主管部门应当将安排方案报至国务院商务主管部门，国务院商务主管部门应当及时通报中国驻用工项目所在国使馆、领馆。

第二十条 劳务人员有权向商务主管部门和其他有关部门投诉对外劳务合作企业违反合同约定或者其他侵害劳务人员合法权益的行为。接受投诉的部门应当按照职责依法及时处理，并将处理情况向投诉人反馈。

第三章　与对外劳务合作有关的合同

第二十一条 对外劳务合作企业应当与国外业主订立书面劳务合作合同；未与国外业主订立书面劳务合作合同的，不得组织劳务人员赴国外工作。

劳务合作合同应当载明与劳务人员权益保障相关的下列事项：

（一）劳务人员的工作内容、工作地点、工作时间和休息休假；

（二）合同期限；

（三）劳务人员的劳动报酬及其支付方式；

（四）劳务人员社会保险费的缴纳；

（五）劳务人员的劳动条件、劳动保护、职业培训和职业危害防护；

（六）劳务人员的福利待遇和生活条件；

（七）劳务人员在国外居留、工作许可等手续的办理；

（八）劳务人员人身意外伤害保险的购买；

（九）因国外业主原因解除与劳务人员的合同对劳务人员的经济补偿；

（十）发生突发事件对劳务人员的协助、救助；

（十一）违约责任。

第二十二条 对外劳务合作企业与国外业主订立劳务合作合同，应当事先了解国外业主和用工项目的情况以及用工项目所在国家或者地区的相关法律。

用工项目所在国家或者地区法律规定企业或者机构使用外籍劳务人员需经批准的，对外劳务合作企业只能与经批准的企业或者机构订立劳务合作合同。

对外劳务合作企业不得与国外的个人订立劳务合作合同。

第二十三条　除本条第二款规定的情形外，对外劳务合作企业应当与劳务人员订立书面服务合同；未与劳务人员订立书面服务合同的，不得组织劳务人员赴国外工作。服务合同应当载明劳务合作合同中与劳务人员权益保障相关的事项，以及服务项目、服务费及其收取方式、违约责任。

对外劳务合作企业组织与其建立劳动关系的劳务人员赴国外工作的，与劳务人员订立的劳动合同应当载明劳务合作合同中与劳务人员权益保障相关的事项；未与劳务人员订立劳动合同的，不得组织劳务人员赴国外工作。

第二十四条　对外劳务合作企业与劳务人员订立服务合同或者劳动合同时，应当将劳务合作合同中与劳务人员权益保障相关的事项以及劳务人员要求了解的其他情况如实告知劳务人员，并向劳务人员明确提示包括人身安全风险在内的赴国外工作的风险，不得向劳务人员隐瞒有关信息或者提供虚假信息。

对外劳务合作企业有权了解劳务人员与订立服务合同、劳动合同直接相关的个人基本情况，劳务人员应当如实说明。

第二十五条　对外劳务合作企业向与其订立服务合同的劳务人员收取服务费，应当符合国务院价格主管部门会同国务院商务主管部门制定的有关规定。

对外劳务合作企业不得向与其订立劳动合同的劳务人员收取服务费。

对外劳务合作企业不得以任何名目向劳务人员收取押金或者要求劳务人员提供财产担保。

第二十六条　对外劳务合作企业应当自与劳务人员订立服务合同或者劳动合同之日起10个工作日内，将服务合同或者劳动合同、劳务合作合同副本以及劳务人员名单报负责审批的商务主管部门备案。负责审批的商务主管部门应当将用工项目、国外业主的有关信息以及劳务人员名单报至国务院商务主管部门。

商务主管部门发现服务合同或者劳动合同、劳务合作合同未依照本条例规定载明必备事项的，应当要求对外劳务合作企业补正。

第二十七条　对外劳务合作企业应当负责协助劳务人员与国外业主订立确定劳动关系的合同，并保证合同中有关劳务人员权益保障的条款与劳务合作合同相应条款的内容一致。

第二十八条　对外劳务合作企业、劳务人员应当信守合同，全面履行合同约定的各自的义务。

第二十九条　劳务人员在国外实际享有的权益不符合合同约定的，对外劳务合作企业应当协助劳务人员维护合法权益，要求国外业主履行约定义务、赔偿损失；劳务人员未得到应有赔偿的，有权要求对外劳务合作企业承担相应的赔偿责任。对外劳务合作企业不协助劳务人员向国外业主要求赔偿的，劳务人员可以直接向对外劳务合作企业要求赔偿。

劳务人员在国外实际享有的权益不符合用工项目所在国家或者地区法律规定的，对外劳务合作企业应当协助劳务人员维护合法权益，要求国外业主履行法律规定的义务，赔偿损失。

因对外劳务合作企业隐瞒有关信息或者提供虚假信息等原因，导致劳务人员在国外实际享有的权益不符合合同约定的，对外劳务合作企业应当承担赔偿责任。

第四章　政府的服务和管理

第三十条　国务院商务主管部门会同国务院有关部门建立对外劳务合作信息收集、通报制度，为对外劳务合作企业和劳务人员无偿提供信息服务。

第三十一条　国务院商务主管部门会同国务院有关部门建立对外劳务合作风险监测和评估机制，及时发布有关国家或者地区安全状况的评估结果，提供预警信息，指导对外劳务合作企业做好安全风险防范；有关国家或者地区安全状况难以保障劳务人员人身安全的，对外劳务合作企业不得组织劳务人员赴上述国家或者地区工作。

第三十二条　国务院商务主管部门会同国务院统计部门建立对外劳务合作统计制度，及时掌握并汇总、分析对外劳务合作发展情况。

第三十三条　国家财政对劳务人员培训给予必要的支持。

国务院商务主管部门会同国务院人力资源社会保障部门当加强对劳务人员的培训、指导和监督。

第三十四条　县级以上地方人民政府根据本地区开展对外劳务合作的实际情况，按照国务院商务主管部门会同国务院有关部门的规定，组织建立对外劳务合作服务平台（以下简称服务平台），为对外劳务合作企业和劳务人员无偿提供相关服务，鼓励、引导对外劳务合作企业通过服务平台招收劳务人员。

国务院商务主管部门会同国务院有关部门加强对服务平台运行的指导和监督。

第三十五条　中国驻外使馆、领馆为对外劳务合作企业了解国外业主和用工项目的情况以及用工项目所在国家或者地区的法律提供必要的协助，依据职责维护对外劳务合作企业和劳务人员在国外的正当权益，发现违反本条例规定的行为及时通报国务院商务主管部门和有关省、自治区、直辖市人民政府。

劳务人员可以合法、有序地向中国驻外使馆、领馆反映相关诉求，不得干扰使馆、领馆正常工作秩序。

第三十六条　国务院有关部门、有关县级以上地方人民政府应当建立健全对外劳务合作突发事件预警、防范和应急处置机制，制定对外劳务合作突发事件应急预案。

对外劳务合作突发事件应急处置由组织劳务人员赴国外工作的单位或者个人所在地的省、自治区、直辖市人民政府负责，劳务人员户籍所在地的省、自治区、直辖市人民政府予以配合。

中国驻外使馆、领馆协助处置对外劳务合作突发事件。

第三十七条　国务院商务主管部门会同国务院有关部门建立对外劳务合作不良信用记录和公告制度，公布对外劳务合作企业和国外业主不履行合同约定、侵害劳务人员合法权益的行为，以及对对外劳务合作企业违法行为的处罚决定。

第三十八条　对违反本条例规定组织劳务人员赴国外工作，以及其他违反本条例规定的行为，任何单位和个人有权向商务、公安、工商行政管理等有关部门举报。接到举报的部门应当在职责范围内及时处理。

国务院商务主管部门会同国务院公安、工商行政管理等有关部门，建立健全相关管理制度，防范和制止非法组织劳务人员赴国外工作的行为。

第五章　法律责任

第三十九条　未依法取得对外劳务合作经营资格，从事对外劳务合作的，由商务主管部门提请工商行政管理部门依照《无照经营查处取缔办法》的规定查处取缔；构成犯罪的，依法追究刑事责任。

第四十条　对外劳务合作企业有下列情形之一的，由商务主管部门吊销其对外劳务合作经营资格证书，有违法所得的予以没收：

（一）以商务、旅游、留学等名义组织劳务人员赴国外工作；

（二）允许其他单位或者个人以本企业的名义组织劳务人员赴国外工作；

（三）组织劳务人员赴国外从事与赌博、色情活动相关的工作。

第四十一条　对外劳务合作企业未依照本条例规定缴存或者补足备用金的，由商务主管部门责令改正；拒不改正的，吊销其对外劳务合作经营资格证书。

第四十二条　对外劳务合作企业有下列情形之一的，由商务主管部门责令改正；拒不改正的，处 5 万元以上 10 万元以下的罚款，并对其主要负责人处 1 万元以上 3 万元以下的罚款：

（一）未安排劳务人员接受培训，组织劳务人员赴国外工作；

（二）未依照本条例规定为劳务人员购买在国外工作期间的人身意外伤害保险；

（三）未依照本条例规定安排随行管理人员。

第四十三条　对外劳务合作企业有下列情形之一的，由商务主管部门责令改正，处 10 万元以上 20 万元以下的罚款，并对其主要负责人处 2 万元以上 5 万元以下的罚款；在国外引起重大劳务纠纷、突发事件或者造成其他严重后果的，吊销其对外劳务合作经营资格证书：

（一）未与国外业主订立劳务合作合同，组织劳务人员赴国外工作；

（二）未依照本条例规定与劳务人员订立服务合同或者劳动合同，组织劳务人员赴国外工作；

（三）违反本条例规定，与未经批准的国外业主或者与国外的个人订立劳务合作合同，组织劳务人员赴国外工作；

（四）与劳务人员订立服务合同或者劳动合同，隐瞒有关信息或者提供虚假信息；

（五）在国外发生突发事件时不及时处理；

（六）停止开展对外劳务合作，未对其派出的尚在国外工作的劳务人员作出安排。

有前款第四项规定情形，构成犯罪的，依法追究刑事责任。

第四十四条　对外劳务合作企业向与其订立服务合同的劳务人员收取服务费不符合国家有关规定，或者向劳务人员收取押金、要求劳务人员提供财产担保的，由价格主管部门依照有关价格的法律、行政法规的规定处罚。

对外劳务合作企业向与其订立劳动合同的劳务人员收取费用的，依照《中华人民共和国劳动合同法》的规定处罚。

第四十五条　对外劳务合作企业有下列情形之一的，由商务主管部门责令改正；拒不改正的，处 1 万元以上 2 万元以下的罚款，并对其主要负责人处 2000 元以上 5000 元以下的罚款：

（一）未将服务合同或者劳动合同、劳务合作合同副本以及劳务人员名单报商务主管部门备案；

（二）组织劳务人员出境后，未将有关情况向中国驻用工项目所在国使馆、领馆报告，或者未依照本条例规定将随行管理人员名单报负责审批的商务主管部门备案；

（三）未制定突发事件应急预案；

（四）停止开展对外劳务合作，未将其对劳务人员的安排方案报商务主管部门备案。

对外劳务合作企业拒不将服务合同或者劳动合同、劳务合作合同副本报商务主管部门备案，且合同未载明本条例规定的必备事项，或者在合同备案后拒不按照商务主管部门的要求补正合同必备事项的，依照本条例第四十三条的规定处罚。

第四十六条　商务主管部门、其他有关部门在查处违反本条例行为的过程中，发现违法行为涉嫌构成犯罪的，应当依法及时移送司法机关处理。

第四十七条　商务主管部门和其他有关部门的工作人员，在对外劳务合作监督管理工作中有下列行为之一的，依法给予处分；构成犯罪的，依法追究刑事责任：

（一）对不符合本条例规定条件的对外劳务合作经营资格申请予以批准；

（二）对外劳务合作企业不再具备本条例规定的条件而不撤销原批准；

（三）对违反本条例规定组织劳务人员赴国外工作以及其他违反本条例规定的行为不依法查处；

（四）其他滥用职权、玩忽职守、徇私舞弊，不依法履行监督管理职责的行为。

第六章　附　　则

第四十八条　有关对外劳务合作的商会按照依法制定的章程开展活动，为成员提供服务，发挥自律作用。

第四十九条　对外承包工程项下外派人员赴国外工作的管理，依照《对外承包工程管理条例》以及国务院商务主管部门、国务院住房城乡建设主管部门的规定执行。

外派海员类（不含渔业船员）对外劳务合作的管理办法，由国务院交通运输主管部门根据《中华人民共和国船员条例》以及本条例的有关规定另行制定。

第五十条　组织劳务人员赴中国香港特别行政区、中国澳门特别行政区、中国台湾地区工作的，参照本条例的规定执行。

第五十一条　对外劳务合作企业组织劳务人员赴国务院商务主管部门会同国务院外交等有关部门确定的特定国家或者地区工作的，应当经国务院商务主管部门会同国务院有关部门批准。

第五十二条　本条例施行前按照国家有关规定经批准从事对外劳务合作的企业，不具备本条例规定条件的，应当在国务院商务主管部门规定的期限内达到本条例规定的条件；逾期达不到本条例规定条件的，不得继续从事对外劳务合作。

第五十三条　本条例自 2012 年 8 月 1 日起施行。

企业境外投资管理办法

（国家发展和改革委员会令 2017 年第 11 号，2017 年 12 月 26 日发布）

第一章　总　　则

第一条　为加强境外投资宏观指导，优化境外投资综合服务，完善境外投资全程监管，促进境外投资持续健康发展，维护我国国家利益和国家安全，根据《中华人民共和国行政许可法》《国务院关于投资体制改革的决定》《国务院对确需保留的行政审批项目设定行政许可的决定》等法律法规，制定本办法。

第二条　本办法所称境外投资，是指中华人民共和国境内企业（以下称"投资主体"）直接或通过其控制的境外企业，以投入资产、权益或提供融资、担保等方式，获得境外所有权、控制权、经营管理权及其他相关权益的投资活动。

前款所称投资活动，主要包括但不限于下列情形：

（一）获得境外土地所有权、使用权等权益；

（二）获得境外自然资源勘探、开发特许权等权益；

（三）获得境外基础设施所有权、经营管理权等权益；

（四）获得境外企业或资产所有权、经营管理权等权益；

（五）新建或改扩建境外固定资产；

（六）新建境外企业或向既有境外企业增加投资；

（七）新设或参股境外股权投资基金；

（八）通过协议、信托等方式控制境外企业或资产。

本办法所称企业，包括各种类型的非金融企业和金融企业。

本办法所称控制，是指直接或间接拥有企业半数以上表决权，或虽不拥有半数以上表决权，但能够支配企业的经营、财务、人事、技术等重要事项。

第三条　投资主体依法享有境外投资自主权，自主决策、自担风险。

第四条　投资主体开展境外投资，应当履行境外投资项目（以下称"项目"）核准、备案等手续，报告有关信息，配合监督检查。

第五条　投资主体开展境外投资，不得违反我国法律法规，不得威胁或损害我国国家利益和国家安全。

第六条　国家发展和改革委员会（以下称"国家发展改革委"）在国务院规定的职责范围内，履行境外投资主管部门职责，根据维护我国国家利益和国家安全的需要，对境外投资进行宏观指导、综合服务和全程监管。

第七条　国家发展改革委建立境外投资管理和服务网络系统（以下称"网络系统"）。投资主体可以通过网络系统履行核准和备案手续、报告有关信息；涉及国家秘密或不适宜使用网络系统的事项，投资主体可以另行使用纸质材料提交。网络系统操作指南由国家发展改革委发布。

第二章 境外投资指导和服务

第八条 投资主体可以就境外投资向国家发展改革委咨询政策和信息、反映情况和问题、提出意见和建议。

第九条 国家发展改革委在国务院规定的职责范围内，会同有关部门根据国民经济和社会发展需要制定完善相关领域专项规划及产业政策，为投资主体开展境外投资提供宏观指导。

第十条 国家发展改革委在国务院规定的职责范围内，会同有关部门加强国际投资形势分析，发布境外投资有关数据、情况等信息，为投资主体提供信息服务。

第十一条 国家发展改革委在国务院规定的职责范围内，会同有关部门参与国际投资规则制定，建立健全投资合作机制，加强政策交流和协调，推动有关国家和地区为我国企业开展投资提供公平环境。

第十二条 国家发展改革委在国务院规定的职责范围内，推动海外利益安全保护体系和能力建设，指导投资主体防范和应对重大风险，维护我国企业合法权益。

第三章 境外投资项目核准和备案

第一节核准、备案的范围

第十三条 实行核准管理的范围是投资主体直接或通过其控制的境外企业开展的敏感类项目。核准机关是国家发展改革委。

本办法所称敏感类项目包括：

（一）涉及敏感国家和地区的项目；

（二）涉及敏感行业的项目。

本办法所称敏感国家和地区包括：

（一）与我国未建交的国家和地区；

（二）发生战争、内乱的国家和地区；

（三）根据我国缔结或参加的国际条约、协定等，需要限制企业对其投资的国家和地区；

（四）其他敏感国家和地区。

本办法所称敏感行业包括：

（一）武器装备的研制生产维修；

（二）跨境水资源开发利用；

（三）新闻传媒；

（四）根据我国法律法规和有关调控政策，需要限制企业境外投资的行业。

敏感行业目录由国家发展改革委发布。

第十四条 实行备案管理的范围是投资主体直接开展的非敏感类项目，也即涉及投资主体直接投入资产、权益或提供融资、担保的非敏感类项目。

实行备案管理的项目中，投资主体是中央管理企业（含中央管理金融企业、国务院或国务院所属机构直接管理的企业，下同）的，备案机关是国家发展改革委；投资主体是地方企业，且中方投资额 3 亿美元及以上的，备案机关是国家发展改革委；投资主体是地方企业，且中方投资额 3 亿美元以下的，备案机关是投资主体注册地的省级政府发展改革部门。

本办法所称非敏感类项目，是指不涉及敏感国家和地区且不涉及敏感行业的项目。

本办法所称中方投资额，是指投资主体直接以及通过其控制的境外企业为项目投入的货币、证券、实物、技术、知识产权、股权、债权等资产、权益以及提供融资、担保的总额。

本办法所称省级政府发展改革部门，包括各省、自治区、直辖市及计划单列市人民政府发展改革部门和新疆生产建设兵团发展改革部门。

第十五条　投资主体可以向核准、备案机关咨询拟开展的项目是否属于核准、备案范围，核准、备案机关应当及时予以告知。

第十六条　两个以上投资主体共同开展的项目，应当由投资额较大一方在征求其他投资方书面同意后提出核准、备案申请。如各方投资额相等，应当协商一致后由其中一方提出核准、备案申请。

第十七条　对项目所需前期费用（包括履约保证金、保函手续费、中介服务费、资源勘探费等）规模较大的，投资主体可以参照本办法第十三条、第十四条规定对项目前期费用提出核准、备案申请。经核准或备案的项目前期费用计入项目中方投资额。

第二节　核准的程序和时限

第十八条　实行核准管理的项目，投资主体应当通过网络系统向核准机关提交项目申请报告并附具有关文件。其中，投资主体是中央管理企业的，由其集团公司或总公司向核准机关提交；投资主体是地方企业的，由其直接向核准机关提交。

第十九条　项目申请报告应当包括以下内容：

（一）投资主体情况；

（二）项目情况，包括项目名称、投资目的地、主要内容和规模、中方投资额等；

（三）项目对我国国家利益和国家安全的影响分析；

（四）投资主体关于项目真实性的声明。

项目申请报告的通用文本以及应当附具的文件（以下称"附件"）清单由国家发展改革委发布。

第二十条　项目申请报告可以由投资主体自行编写，也可以由投资主体自主委托具有相关经验和能力的中介服务机构编写。

第二十一条　项目申请报告和附件齐全、符合法定形式的，核准机关应当予以受理。

项目申请报告或附件不齐全、不符合法定形式的，核准机关应当在收到项目申请报告之日起 5 个工作日内一次性告知投资主体需要补正的内容。逾期不告知的，自收到项目申请报告之日起即为受理。

核准机关受理或不予受理项目申请报告，都应当通过网络系统告知投资主体。投资主体需要受理或不予受理凭证的，可以通过网络系统自行打印或要求核准机关出具。

第二十二条　项目涉及有关部门职责的，核准机关应当商请有关部门在 7 个工作日内出具书面审查意见。有关部门逾期没有反馈书面审查意见的,视为同意。

第二十三条 核准机关在受理项目申请报告后,如确有必要,应当在 4 个工作日内委托咨询机构进行评估。除项目情况复杂的,评估时限不得超过 30 个工作日。项目情况复杂的,经核准机关同意,可以延长评估时限,但延长的时限不得超过 60 个工作日。

核准机关应当将咨询机构进行评估所需的时间告知投资主体。

接受委托的咨询机构应当在规定时限内提出评估报告,并对评估结论承担责任。

评估费用由核准机关承担,咨询机构及其工作人员不得收取投资主体任何费用。

第二十四条 核准机关可以结合有关单位意见、评估意见等,建议投资主体对项目申请报告有关内容进行调整,或要求投资主体对有关情况或材料作进一步澄清、补充。

第二十五条 核准机关应当在受理项目申请报告后 20 个工作日内作出是否予以核准的决定。项目情况复杂或需要征求有关单位意见的,经核准机关负责人批准,可以延长核准时限,但延长的核准时限不得超过 10 个工作日,并应当将延长时限的理由告知投资主体。

前款规定的核准时限,包括征求有关单位意见的时间,不包括咨询机构评估的时间。

第二十六条 核准机关对项目予以核准的条件为:

(一)不违反我国法律法规;

(二)不违反我国有关发展规划、宏观调控政策、产业政策和对外开放政策;

(三)不违反我国缔结或参加的国际条约、协定;

(四)不威胁、不损害我国国家利益和国家安全。

第二十七条 对符合核准条件的项目,核准机关应当予以核准,并向投资主体出具书面核准文件。

对不符合核准条件的项目,核准机关应当出具不予核准书面通知,并说明不予核准的理由。

第二十八条 项目违反有关法律法规、违反有关规划或政策、违反有关国际条约或协定、威胁或损害我国国家利益和国家安全的,核准机关可以不经过征求意见、委托评估等程序,直接作出不予核准的决定。

第三节 备案的程序和时限

第二十九条 实行备案管理的项目,投资主体应当通过网络系统向备案机关提交项目备案表并附具有关文件。其中,投资主体是中央管理企业的,由其集团公司或总公司向备案机关提交;投资主体是地方企业的,由其直接向备案机关提交。

项目备案表格式文本及附件清单由国家发展改革委发布。

第三十条 项目备案表和附件齐全、符合法定形式的,备案机关应当予以受理。

项目备案表或附件不齐全、项目备案表或附件不符合法定形式、项目不属于备案管理范围、项目不属于备案机关管理权限的,备案机关应当在收到项目备案表之日起 5 个工作日内一次性告知投资主体。逾期不告知的,自收到项目备案表之日起即为受理。

备案机关受理或不予受理项目备案表,都应当通过网络系统告知投资主体。投资主体需要受理或不予受理凭证的,可以通过网络系统自行打印或要求备案机关出具。

第三十一条 备案机关在受理项目备案表之日起 7 个工作日内向投资主体出具备案通知书。

备案机关发现项目违反有关法律法规、违反有关规划或政策、违反有关国际条约或协定、威胁或损害我国国家利益和国家安全的，应当在受理项目备案表之日起 7 个工作日内向投资主体出具不予备案书面通知，并说明不予备案的理由。

第四节　核准、备案的效力、变更和延期

第三十二条　属于核准、备案管理范围的项目，投资主体应当在项目实施前取得项目核准文件或备案通知书。

本办法所称项目实施前，是指投资主体或其控制的境外企业为项目投入资产、权益（已按照本办法第十七条办理核准、备案的项目前期费用除外）或提供融资、担保之前。

第三十三条　属于核准、备案管理范围的项目，投资主体未取得有效核准文件或备案通知书的，外汇管理、海关等有关部门依法不予办理相关手续，金融企业依法不予办理相关资金结算和融资业务。

第三十四条　已核准、备案的项目，发生下列情形之一的，投资主体应当在有关情形发生前向出具该项目核准文件或备案通知书的机关提出变更申请：

（一）投资主体增加或减少；

（二）投资地点发生重大变化；

（三）主要内容和规模发生重大变化；

（四）中方投资额变化幅度达到或超过原核准、备案金额的 20%，或中方投资额变化 1 亿美元及以上；

（五）需要对项目核准文件或备案通知书有关内容进行重大调整的其他情形。

核准机关应当在受理变更申请之日起 20 个工作日内作出是否同意变更核准的书面决定。备案机关应当在受理变更申请之日起 7 个工作日内作出是否同意变更备案的书面决定。

第三十五条　核准文件、备案通知书有效期 2 年。确需延长有效期的，投资主体应当在有效期届满的 30 个工作日前向出具该项目核准文件或备案通知书的机关提出延长有效期的申请。

核准机关应当在受理延期申请之日起 20 个工作日内作出是否同意延长核准文件有效期的书面决定。备案机关应当在受理延期申请之日起 7 个工作日内作出是否同意延长备案通知书有效期的书面决定。

第三十六条　核准、备案机关应当依法履行职责，严格按照规定权限、程序、时限等要求实施核准、备案行为，提高行政效能，提供优质服务。

第三十七条　对核准、备案机关实施的核准、备案行为，相关利害关系人有权依法申请行政复议或提起行政诉讼。

第三十八条　对不符合本办法规定条件的项目予以核准、备案，或违反本办法规定权限和程序予以核准、备案的，应当依法予以撤销。

第三十九条　核准、备案机关应当按照《政府信息公开条例》规定将核准、备案有关信息予以公开。

第四章　境外投资监管

第四十条　国家发展改革委和省级政府发展改革部门根据境外投资有关法律法规和政策，按照本办法第十三条、第十四条规定的分工，联合同级政府有关部门建立协同监管机制，通过在线监测、约谈函询、抽查核实等方式对境外投资进行监督检查，对违法违规行为予以处理。

第四十一条　倡导投资主体创新境外投资方式、坚持诚信经营原则、避免不当竞争行为、保障员工合法权益、尊重当地公序良俗、履行必要社会责任、注重生态环境保护、树立中国投资者的良好形象。

第四十二条　投资主体通过其控制的境外企业开展大额非敏感类项目的，投资主体应当在项目实施前通过网络系统提交大额非敏感类项目情况报告表，将有关信息告知国家发展改革委。

投资主体提交的大额非敏感类项目情况报告表内容不完整的，国家发展改革委应当在收到之日起5个工作日内一次性告知投资主体需要补正的内容。逾期不告知的，视作内容完整。大额非敏感类项目情况报告表格式文本由国家发展改革委发布。

本办法所称大额非敏感类项目，是指中方投资额3亿美元及以上的非敏感类项目。

第四十三条　境外投资过程中发生外派人员重大伤亡、境外资产重大损失、损害我国与有关国家外交关系等重大不利情况的，投资主体应当在有关情况发生之日起5个工作日内通过网络系统提交重大不利情况报告表。重大不利情况报告表格式文本由国家发展改革委发布。

第四十四条　属于核准、备案管理范围的项目，投资主体应当在项目完成之日起20个工作日内通过网络系统提交项目完成情况报告表。项目完成情况报告表格式文本由国家发展改革委发布。

前款所称项目完成，是指项目所属的建设工程竣工、投资标的股权或资产交割、中方投资额支出完毕等情形。

第四十五条　国家发展改革委、省级政府发展改革部门可以就境外投资过程中的重大事项向投资主体发出重大事项问询函。投资主体应当按照重大事项问询函载明的问询事项和时限要求提交书面报告。

国家发展改革委、省级政府发展改革部门认为确有必要的，可以公示重大事项问询函及投资主体提交的书面报告。

第四十六条　投资主体按照本办法第四十二条、第四十三条、第四十四条、第四十五条规定提交有关报告表或书面报告后，需要凭证的，可以通过网络系统自行打印提交完成凭证。

第四十七条　国家发展改革委、省级政府发展改革部门可以根据其掌握的国际国内经济社会运行情况和风险状况，向投资主体或利益相关方发出风险提示，供投资主体或利益相关方参考。

第四十八条　投资主体应当对自身通过网络系统和线下提交的各类材料的真实性、合法性、完整性负责，不得有虚假、误导性陈述和重大遗漏。

第四十九条　有关部门和单位、驻外使领馆等发现企业违反本办法规定的，可以告知核准、备案机关。公民、法人或其他组织发现企业违反本办法规定的，可以据实向核准、备案机关举报。

国家发展改革委建立境外投资违法违规行为记录，公布并更新企业违反本办法规定的行为及相应的处罚措施，将有关信息纳入全国信用信息共享平台、国家企业信用信息公示系统、"信用中国"网站等进行公示，会同有关部门和单位实施联合惩戒。

第五章　法律责任

第五十条　国家发展改革委工作人员有下列行为之一的，责令其限期改正，并依法追究有关责任人的行政责任；构成犯罪的，依法追究刑事责任。

（一）滥用职权、玩忽职守、徇私舞弊、索贿受贿的；

（二）违反本办法规定程序和条件办理项目核准、备案的；

（三）其他违反本办法规定的行为。

第五十一条　投资主体通过恶意分拆项目、隐瞒有关情况或提供虚假材料等手段申请核准、备案的，核准、备案机关不予受理或不予核准、备案，对投资主体及主要责任人处以警告。

第五十二条　投资主体通过欺骗、贿赂等不正当手段取得项目核准文件或备案通知书的，核准、备案机关应当撤销该核准文件或备案通知书，对投资主体及主要责任人处以警告；构成犯罪的，依法追究刑事责任。

第五十三条　属于核准、备案管理范围的项目，投资主体有下列行为之一的，由核准、备案机关责令投资主体中止或停止实施该项目并限期改正，对投资主体及有关责任人处以警告；构成犯罪的，依法追究刑事责任。

（一）未取得核准文件或备案通知书而擅自实施的；

（二）应当履行核准、备案变更手续，但未经核准、备案机关同意而擅自实施变更的。

第五十四条　投资主体有下列行为之一的，由国家发展改革委或投资主体注册地的省级政府发展改革部门责令投资主体限期改正；情节严重或逾期不改正的，对投资主体及有关责任人处以警告。

（一）未按本办法第四十二条、第四十三条、第四十四条、第四十五条规定报告有关信息的；

（二）违反本办法第四十八条规定的。

第五十五条　投资主体在境外投资过程中实施不正当竞争行为、扰乱境外投资市场秩序的，由国家发展改革委或投资主体注册地的省级政府发展改革部门责令投资主体中止或停止开展该项目并限期改正，对投资主体及主要责任人处以警告。

第五十六条　境外投资威胁我国国家利益和国家安全的，由国家发展改革委或投资主体注册地的省级政府发展改革部门责令投资主体中止实施项目并限期改正。

境外投资损害我国国家利益和国家安全的，由国家发展改革委或投资主体注册地的省级政府发展改革部门责令投资主体停止实施项目、限期改正并采取补救措施，对投资主体及有关责任人处以警告；构成犯罪的，依法追究刑事责任。

投资主体按照本办法第四十三条规定及时提交重大不利情况报告表并主动改正的，可以减轻或免除本条规定的行政处罚。

第五十七条 金融企业为属于核准、备案管理范围但未取得核准文件或备案通知书的项目提供融资、担保的，由国家发展改革委通报该违规行为并商请有关金融监管部门依法依规处罚该金融企业及有关责任人。

第六章 附 则

第五十八条 各省级政府发展改革部门要加强对本地企业境外投资的指导、服务和监管，可以按照本办法的规定制定具体实施办法。

第五十九条 国家发展改革委对省级政府发展改革部门的境外投资管理工作进行指导和监督，对发现的问题及时予以纠正。

第六十条 核准、备案机关及其工作人员，以及被核准机关征求意见、受核准机关委托进行评估的单位及其工作人员，依法对投资主体根据本办法提交的材料负有保守商业秘密的义务。

第六十一条 事业单位、社会团体等非企业组织对境外开展投资参照本办法执行。

第六十二条 投资主体直接或通过其控制的企业对香港、澳门、台湾地区开展投资的，参照本办法执行。

投资主体通过其控制的香港、澳门、台湾地区企业对境外开展投资的，参照本办法执行。

第六十三条 境内自然人通过其控制的境外企业或香港、澳门、台湾地区企业对境外开展投资的，参照本办法执行。

境内自然人直接对境外开展投资不适用本办法。境内自然人直接对香港、澳门、台湾地区开展投资不适用本办法。

第六十四条 法律、行政法规对境外投资管理有专门规定的，从其规定。

第六十五条 本办法由国家发展改革委负责解释。

第六十六条 本办法自 2018 年 3 月 1 日起施行。《境外投资项目核准和备案管理办法》（国家发展和改革委员会令第 9 号）同时废止。

境外投资管理办法

（商务部令 2014 年第 3 号，2014 年 9 月 6 日发布）

第一章　总　　则

第一条　为了促进和规范境外投资，提高境外投资便利化水平，根据《国务院关于投资体制改革的决定》《国务院对确需保留的行政审批项目设定行政许可的决定》及相关法律规定，制定本办法。

第二条　本办法所称境外投资，是指在中华人民共和国境内依法设立的企业（以下简称企业）通过新设、并购及其他方式在境外拥有非金融企业或取得既有非金融企业所有权、控制权、经营管理权及其他权益的行为。

第三条　企业开展境外投资，依法自主决策、自负盈亏。

第四条　企业境外投资不得有以下情形：

（一）危害中华人民共和国国家主权、安全和社会公共利益，或违反中华人民共和国法律法规；

（二）损害中华人民共和国与有关国家（地区）关系；

（三）违反中华人民共和国缔结或者参加的国际条约、协定；

（四）出口中华人民共和国禁止出口的产品和技术。

第五条　商务部和各省、自治区、直辖市、计划单列市及新疆生产建设兵团商务主管部门（以下称省级商务主管部门）负责对境外投资实施管理和监督。

第二章　备案和核准

第六条　商务部和省级商务主管部门按照企业境外投资的不同情形，分别实行备案和核准管理。

企业境外投资涉及敏感国家和地区、敏感行业的，实行核准管理。

企业其他情形的境外投资，实行备案管理。

第七条　实行核准管理的国家是指与中华人民共和国未建交的国家、受联合国制裁的国家。必要时，商务部可另行公布其他实行核准管理的国家和地区的名单。

实行核准管理的行业是指涉及出口中华人民共和国限制出口的产品和技术的行业、影响一国（地区）以上利益的行业。

第八条　商务部和省级商务主管部门应当依法办理备案和核准，提高办事效率，提供优质服务。

商务部和省级商务主管部门通过"境外投资管理系统"（以下简称"管理系统"）对企业境外投资进行管理，并向获得备案或核准的企业颁发《企业境外投资证书》（以下简称

《证书》)。《证书》由商务部和省级商务主管部门分别印制并盖章，实行统一编码管理。

《证书》是企业境外投资获得备案或核准的凭证，按照境外投资最终目的地颁发。

第九条 对属于备案情形的境外投资，中央企业报商务部备案；地方企业报所在地省级商务主管部门备案。

中央企业和地方企业通过"管理系统"按要求填写并打印《境外投资备案表》(以下简称《备案表》)，加盖印章后，连同企业营业执照复印件分别报商务部或省级商务主管部门备案。

《备案表》填写如实、完整、符合法定形式，且企业在《备案表》中声明其境外投资无本办法第四条所列情形的，商务部或省级商务主管部门应当自收到《备案表》之日起3个工作日内予以备案并颁发《证书》。企业不如实、完整填报《备案表》的，商务部或省级商务主管部门不予备案。

第十条 对属于核准情形的境外投资，中央企业向商务部提出申请，地方企业通过所在地省级商务主管部门向商务部提出申请。

企业申请境外投资核准需提交以下材料：

（一）申请书，主要包括投资主体情况、境外企业名称、股权结构、投资金额、经营范围、经营期限、投资资金来源、投资具体内容等；

（二）《境外投资申请表》，企业应当通过"管理系统"按要求填写打印，并加盖印章；

（三）境外投资相关合同或协议；

（四）有关部门对境外投资所涉的属于中华人民共和国限制出口的产品或技术准予出口的材料；

（五）企业营业执照复印件。

第十一条 核准境外投资应当征求我驻外使（领）馆（经商处室）意见。涉及中央企业的，由商务部征求意见；涉及地方企业的，由省级商务主管部门征求意见。征求意见时，商务部和省级商务主管部门应当提供投资事项基本情况等相关信息。驻外使（领）馆（经商处室）应当自接到征求意见要求之日起7个工作日内回复。

第十二条 商务部应当在受理中央企业核准申请后20个工作日内[包含征求驻外使（领）馆（经商处室）意见的时间]作出是否予以核准的决定。申请材料不齐全或者不符合法定形式的，商务部应当在3个工作日内一次告知申请企业需要补正的全部内容。逾期不告知的，自收到申请材料之日起即为受理。中央企业按照商务部的要求提交全部补正申请材料的，商务部应当受理该申请。

省级商务主管部门应当在受理地方企业核准申请后对申请是否涉及本办法第四条所列情形进行初步审查，并在15个工作日内[包含征求驻外使（领）馆（经商处室）意见的时间]将初步审查意见和全部申请材料报送商务部。申请材料不齐全或者不符合法定形式的，省级商务主管部门应当在3个工作日内一次告知申请企业需要补正的全部内容。逾期不告知的，自收到申请材料之日起即为受理。地方企业按照省级商务主管部门的要求提交全部补正申请材料的，省级商务主管部门应当受理该申请。商务部收到省级商务主管部门的初步审查意见后，应当在15个工作日内做出是否予以核准的决定。

第十三条 对予以核准的境外投资，商务部出具书面核准决定并颁发《证书》；因存在本办法第四条所列情形而不予核准的，应当书面通知申请企业并说明理由，告知其享有依法申请行政复议或者提起行政诉讼的权利。企业提供虚假材料申请核准的，商务部不予核准。

第十四条　两个以上企业共同开展境外投资的，应当由相对大股东在征求其他投资方书面同意后办理备案或申请核准。如果各方持股比例相等，应当协商后由一方办理备案或申请核准。如投资方不属同一行政区域，负责办理备案或核准的商务部或省级商务主管部门应当将备案或核准结果告知其他投资方所在地商务主管部门。

第十五条　企业境外投资经备案或核准后，原《证书》载明的境外投资事项发生变更的，企业应当按照本章程序向原备案或核准的商务部或省级商务主管部门办理变更手续。

第十六条　自领取《证书》之日起 2 年内，企业未在境外开展投资的，《证书》自动失效。如需再开展境外投资，应当按照本章程序重新办理备案或申请核准。

第十七条　企业终止已备案或核准的境外投资，应当在依投资目的地法律办理注销等手续后，向原备案或核准的商务部或省级商务主管部门报告。原备案或核准的商务部或省级商务主管部门根据报告出具注销确认函。

终止是指原经备案或核准的境外企业不再存续或企业不再拥有原经备案或核准的境外企业的股权等任何权益。

第十八条　《证书》不得伪造、涂改、出租、出借或以任何其他形式转让。已变更、失效或注销的《证书》应当交回原备案或核准的商务部或省级商务主管部门。

第三章　规范和服务

第十九条　企业应当客观评估自身条件、能力，深入研究投资目的地投资环境，积极稳妥地开展境外投资，注意防范风险。境内外法律法规和规章对资格资质有要求的，企业应当取得相关证明文件。

第二十条　企业应当要求其投资的境外企业遵守投资目的地法律法规，尊重当地风俗习惯，履行社会责任，做好环境、劳工保护、企业文化建设等工作，促进与当地的融合。

第二十一条　企业对其投资的境外企业的冠名应当符合境内外法律法规和政策规定。未按国家有关规定获得批准的企业，其境外企业名称不得使用"中国""中华"等字样。

第二十二条　企业应当落实人员和财产安全防范措施，建立突发事件预警机制和应急预案。在境外发生突发事件时，企业应当在驻外使（领）馆和国内有关主管部门的指导下，及时、妥善处理。

企业应当做好外派人员的选审、行前安全、纪律教育和应急培训工作，加强对外派人员的管理，依法办理当地合法居留和工作许可。

第二十三条　企业应当要求其投资的境外企业中方负责人当面或以信函、传真、电子邮件等方式及时向驻外使（领）馆（经商处室）报到登记。

第二十四条　企业应当向原备案或核准的商务部或省级商务主管部门报告境外投资业务情况、统计资料，以及与境外投资相关的困难、问题，并确保报送情况和数据真实准确。

第二十五条　企业投资的境外企业开展境外再投资，在完成境外法律手续后，企业应当向商务主管部门报告。涉及中央企业的，中央企业通过"管理系统"填报相关信息，打印《境外中资企业再投资报告表》（以下简称《再投资报告表》）并加盖印章后报商务部；涉及地方企业的，地方企业通过"管理系统"填报相关信息，打印《再投资报告表》并加盖印章后报省级商务主管部门。

第二十六条 商务部负责对省级商务主管部门的境外投资管理情况进行检查和指导。省级商务主管部门应当每半年向商务部报告本行政区域内境外投资的情况。

第二十七条 商务部会同有关部门为企业境外投资提供权益保障、投资促进、风险预警等服务。

商务部发布《对外投资合作国别（地区）指南》、国别产业指引等文件，帮助企业了解投资目的地投资环境；加强对企业境外投资的指导和规范，会同有关部门发布环境保护等指引，督促企业在境外合法合规经营；建立对外投资与合作信息服务系统，为企业开展境外投资提供数据统计、投资机会、投资障碍、风险预警等信息。

第四章 法律责任

第二十八条 企业以提供虚假材料等不正当手段办理备案并取得《证书》的，商务部或省级商务主管部门撤销该企业境外投资备案，给予警告，并依法公布处罚决定。

第二十九条 企业提供虚假材料申请核准的，商务部给予警告，并依法公布处罚决定。该企业在一年内不得再次申请该项核准。

企业以欺骗、贿赂等不正当手段获得境外投资核准的，商务部撤销该企业境外投资核准，给予警告，并依法公布处罚决定。该企业在三年内不得再次申请该项核准；构成犯罪的，依法追究刑事责任。

第三十条 企业开展境外投资过程中出现本办法第四条所列情形的，应当承担相应的法律责任。

第三十一条 企业伪造、涂改、出租、出借或以任何其他形式转让《证书》的，商务部或省级商务主管部门给予警告；构成犯罪的，依法追究刑事责任。

第三十二条 境外投资出现第二十八至三十一条规定的情形以及违反本办法其他规定的企业，三年内不得享受国家有关政策支持。

第三十三条 商务部和省级商务主管部门有关工作人员不依照本办法规定履行职责、滥用职权、索取或者收受他人财物或者谋取其他利益，构成犯罪的，依法追究刑事责任；尚不构成犯罪的，依法给予行政处分。

第五章 附 则

第三十四条 省级商务主管部门可依照本办法制定相应的工作细则。

第三十五条 本办法所称中央企业系指国务院国有资产监督管理委员会履行出资人职责的企业及其所属企业、中央管理的其他单位。

第三十六条 事业单位法人开展境外投资、企业在境外设立分支机构参照本办法执行。

第三十七条 企业赴中国香港、中国澳门、中国台湾地区投资参照本办法执行。

第三十八条 本办法由商务部负责解释。

第三十九条 本办法自 2014 年 10 月 6 日起施行。商务部 2009 年发布的《境外投资管理办法》（商务部令 2009 年第 5 号）同时废止。

关于印发《中央企业合规管理指引（试行）》的通知

国资发法规〔2018〕106号

各中央企业：

为推动中央企业全面加强合规管理，加快提升依法合规经营管理水平，着力打造法治央企，保障企业持续健康发展，我委制定了《中央企业合规管理指引（试行）》，现印发给你们。请遵照执行。工作中的情况和问题请及时反馈。

国资委

2018年11月2日

中央企业合规管理指引（试行）

第一章　总　则

第一条　为推动中央企业全面加强合规管理，加快提升依法合规经营管理水平，着力打造法治央企，保障企业持续健康发展，根据《中华人民共和国公司法》、《中华人民共和国企业国有资产法》等有关法律法规规定，制定本指引。

第二条　本指引所称中央企业，是指国务院国有资产监督管理委员会（以下简称国资委）履行出资人职责的国家出资企业。

本指引所称合规，是指中央企业及其员工的经营管理行为符合法律法规、监管规定、行业准则和企业章程、规章制度以及国际条约、规则等要求。

本指引所称合规风险，是指中央企业及其员工因不合规行为，引发法律责任、受到相关处罚、造成经济或声誉损失以及其他负面影响的可能性。

本指引所称合规管理，是指以有效防控合规风险为目的，以企业和员工经营管理行为为对象，开展包括制度制定、风险识别、合规审查、风险应对、责任追究、考核评价、合规培训等有组织、有计划的管理活动。

第三条　国资委负责指导监督中央企业合规管理工作。

第四条　中央企业应当按照以下原则加快建立健全合规管理体系：

（一）全面覆盖。坚持将合规要求覆盖各业务领域、各部门、各级子企业和分支机构、全体员工，贯穿决策、执行、监督全流程。

（二）强化责任。把加强合规管理作为企业主要负责人履行推进法治建设第一责任人职责的重要内容。建立全员合规责任制，明确管理人员和各岗位员工的合规责任并督促有效落实。

（三）协同联动。推动合规管理与法律风险防范、监察、审计、内控、风险管理等工作相统筹、相衔接，确保合规管理体系有效运行。

（四）客观独立。严格依照法律法规等规定对企业和员工的行为进行客观评价和处理。合规管理牵头部门独立履行职责，不受其他部门和人员的干涉。

第二章 合规管理职责

第五条 董事会的合规管理职责主要包括：

（一）批准企业合规管理战略规划、基本制度和年度报告；

（二）推动完善合规管理体系；

（三）决定合规管理负责人的任免；

（四）决定合规管理牵头部门的设置和职能；

（五）研究决定合规管理有关重大事项；

（六）按照权限决定有关违规人员的处理事项。

第六条 监事会的合规管理职责主要包括：

（一）监督董事会的决策与流程是否合规；

（二）监督董事和高级管理人员合规管理职责履行情况；

（三）对引发重大合规风险负有主要责任的董事、高级管理人员提出罢免建议；

（四）向董事会提出撤换公司合规管理负责人的建议。

第七条 经理层的合规管理职责主要包括：

（一）根据董事会决定，建立健全合规管理组织架构；

（二）批准合规管理具体制度规定；

（三）批准合规管理计划，采取措施确保合规制度得到有效执行；

（四）明确合规管理流程，确保合规要求融入业务领域；

（五）及时制止并纠正不合规的经营行为，按照权限对违规人员进行责任追究或提出处理建议；

（六）经董事会授权的其他事项。

第八条 中央企业设立合规委员会，与企业法治建设领导小组或风险控制委员会等合署，承担合规管理的组织领导和统筹协调工作，定期召开会议，研究决定合规管理重大事项或提出意见建议，指导、监督和评价合规管理工作。

第九条 中央企业相关负责人或总法律顾问担任合规管理负责人，主要职责包括：

（一）组织制订合规管理战略规划；

（二）参与企业重大决策并提出合规意见；

（三）领导合规管理牵头部门开展工作；

（四）向董事会和总经理汇报合规管理重大事项；

（五）组织起草合规管理年度报告。

第十条 法律事务机构或其他相关机构为合规管理牵头部门，组织、协调和监督合规管理工作，为其他部门提供合规支持，主要职责包括：

（一）研究起草合规管理计划、基本制度和具体制度规定；

（二）持续关注法律法规等规则变化，组织开展合规风险识别和预警，参与企业重大事项合规审查和风险应对；

（三）组织开展合规检查与考核，对制度和流程进行合规性评价，督促违规整改和持续改进；

（四）指导所属单位合规管理工作；

（五）受理职责范围内的违规举报，组织或参与对违规事件的调查，并提出处理建议；

（六）组织或协助业务部门、人事部门开展合规培训。

第十一条　业务部门负责本领域的日常合规管理工作，按照合规要求完善业务管理制度和流程，主动开展合规风险识别和隐患排查，发布合规预警，组织合规审查，及时向合规管理牵头部门通报风险事项，妥善应对合规风险事件，做好本领域合规培训和商业伙伴合规调查等工作，组织或配合进行违规问题调查并及时整改。

监察、审计、法律、内控、风险管理、安全生产、质量环保等相关部门，在职权范围内履行合规管理职责。

第三章　合规管理重点

第十二条　中央企业应当根据外部环境变化，结合自身实际，在全面推进合规管理的基础上，突出重点领域、重点环节和重点人员，切实防范合规风险。

第十三条　加强对以下重点领域的合规管理：

（一）市场交易。完善交易管理制度，严格履行决策批准程序，建立健全自律诚信体系，突出反商业贿赂、反垄断、反不正当竞争，规范资产交易、招投标等活动；

（二）安全环保。严格执行国家安全生产、环境保护法律法规，完善企业生产规范和安全环保制度，加强监督检查，及时发现并整改违规问题；

（三）产品质量。完善质量体系，加强过程控制，严把各环节质量关，提供优质产品和服务；

（四）劳动用工。严格遵守劳动法律法规，健全完善劳动合同管理制度，规范劳动合同签订、履行、变更和解除，切实维护劳动者合法权益；

（五）财务税收。健全完善财务内部控制体系，严格执行财务事项操作和审批流程，严守财经纪律，强化依法纳税意识，严格遵守税收法律政策；

（六）知识产权。及时申请注册知识产权成果，规范实施许可和转让，加强对商业秘密和商标的保护，依法规范使用他人知识产权，防止侵权行为；

（七）商业伙伴。对重要商业伙伴开展合规调查，通过签订合规协议、要求作出合规承诺等方式促进商业伙伴行为合规；

（八）其他需要重点关注的领域。

第十四条　加强对以下重点环节的合规管理：

（一）制度制定环节。强化对规章制度、改革方案等重要文件的合规审查，确保符合法律法规、监管规定等要求；

（二）经营决策环节。严格落实"三重一大"决策制度，细化各层级决策事项和权限，加强对决策事项的合规论证把关，保障决策依法合规；

（三）生产运营环节。严格执行合规制度，加强对重点流程的监督检查，确保生产经营过程中照章办事、按章操作；

（四）其他需要重点关注的环节。

第十五条 加强对以下重点人员的合规管理：

（一）管理人员。促进管理人员切实提高合规意识，带头依法依规开展经营管理活动，认真履行承担的合规管理职责，强化考核与监督问责；

（二）重要风险岗位人员。根据合规风险评估情况明确界定重要风险岗位，有针对性加大培训力度，使重要风险岗位人员熟悉并严格遵守业务涉及的各项规定，加强监督检查和违规行为追责；

（三）海外人员。将合规培训作为海外人员任职、上岗的必备条件，确保遵守我国和所在国法律法规等相关规定；

（四）其他需要重点关注的人员。

第十六条 强化海外投资经营行为的合规管理：

（一）深入研究投资所在国法律法规及相关国际规则，全面掌握禁止性规定，明确海外投资经营行为的红线、底线；

（二）健全海外合规经营的制度、体系、流程，重视开展项目的合规论证和尽职调查，依法加强对境外机构的管控，规范经营管理行为。

（三）定期排查梳理海外投资经营业务的风险状况，重点关注重大决策、重大合同、大额资金管控和境外子企业公司治理等方面存在的合规风险，妥善处理、及时报告，防止扩大蔓延。

第四章 合规管理运行

第十七条 建立健全合规管理制度，制定全员普遍遵守的合规行为规范，针对重点领域制定专项合规管理制度，并根据法律法规变化和监管动态，及时将外部有关合规要求转化为内部规章制度。

第十八条 建立合规风险识别预警机制，全面系统梳理经营管理活动中存在的合规风险，对风险发生的可能性、影响程度、潜在后果等进行系统分析，对于典型性、普遍性和可能产生较严重后果的风险及时发布预警。

第十九条 加强合规风险应对，针对发现的风险制定预案，采取有效措施，及时应对处置。对于重大合规风险事件，合规委员会统筹领导，合规管理负责人牵头，相关部门协同配合，最大限度化解风险、降低损失。

第二十条 建立健全合规审查机制，将合规审查作为规章制度制定、重大事项决策、重要合同签订、重大项目运营等经营管理行为的必经程序，及时对不合规的内容提出修改建议，未经合规审查不得实施。

第二十一条 强化违规问责，完善违规行为处罚机制，明晰违规责任范围，细化惩处标准。畅通举报渠道，针对反映的问题和线索，及时开展调查，严肃追究违规人员责任。

第二十二条 开展合规管理评估，定期对合规管理体系的有效性进行分析，对重大或反复出现的合规风险和违规问题，深入查找根源，完善相关制度，堵塞管理漏洞，强化过程管控，持续改进提升。

第五章　合规管理保障

第二十三条　加强合规考核评价，把合规经营管理情况纳入对各部门和所属企业负责人的年度综合考核，细化评价指标。对所属单位和员工合规职责履行情况进行评价，并将结果作为员工考核、干部任用、评先选优等工作的重要依据。

第二十四条　强化合规管理信息化建设，通过信息化手段优化管理流程，记录和保存相关信息。运用大数据等工具，加强对经营管理行为依法合规情况的实时在线监控和风险分析，实现信息集成与共享。

第二十五条　建立专业化、高素质的合规管理队伍，根据业务规模、合规风险水平等因素配备合规管理人员，持续加强业务培训，提升队伍能力水平。

海外经营重要地区、重点项目应当明确合规管理机构或配备专职人员，切实防范合规风险。

第二十六条　重视合规培训，结合法治宣传教育，建立制度化、常态化培训机制，确保员工理解、遵循企业合规目标和要求。

第二十七条　积极培育合规文化，通过制定发放合规手册、签订合规承诺书等方式，强化全员安全、质量、诚信和廉洁等意识，树立依法合规、守法诚信的价值观，筑牢合规经营的思想基础。

第二十八条　建立合规报告制度，发生较大合规风险事件，合规管理牵头部门和相关部门应当及时向合规管理负责人、分管领导报告。重大合规风险事件应当向国资委和有关部门报告。

合规管理牵头部门于每年年底全面总结合规管理工作情况，起草年度报告，经董事会审议通过后及时报送国资委。

第六章　附　　则

第二十九条　中央企业根据本指引，结合实际制定合规管理实施细则。

地方国有资产监督管理机构可以参照本指引，积极推进所出资企业合规管理工作。

第三十条　本指引由国资委负责解释。

第三十一条　本指引自公布之日起施行。

关于印发《企业境外经营合规管理指引》的通知

发改外资〔2018〕1916 号

各省、自治区、直辖市及计划单列市、新疆生产建设兵团发展改革委、外事办公室、商务主管部门、人民银行分行、国资委、外汇局分局（外汇管理部）、工商联，有关企业：

合规是企业"走出去"行稳致远的前提，合规管理能力是企业国际竞争力的重要方面。为更好的服务企业开展境外经营，推动企业持续提升合规管理水平，发展改革委、外交部、商务部、人民银行、国资委、外汇局、全国工商联共同制定了《企业境外经营合规管理指引》，现予以发布，供企业参考。有关方面可以结合实际，在此基础上制定更具体的合规管理指引。

国家发展改革委
外　交　部
商　务　部
人　民　银　行
国　资　委
外　汇　局
全　国　工　商　联
2018 年 12 月 26 日

企业境外经营合规管理指引

第一章　总　　则

第一条　目的及依据

为更好的服务企业开展境外经营业务，推动企业持续加强合规管理，根据国家有关法律法规和政策规定，参考《合规管理体系指南》GB/T 35770—2017 及有关国际合规规则，制定本指引。

第二条　适用范围

本指引适用于开展对外贸易、境外投资、对外承包工程等"走出去"相关业务的中国境内企业及其境外子公司、分公司、代表机构等境外分支机构（以下简称"企业"）。

法律法规对企业合规管理另有专门规定的，从其规定。行业监管部门对企业境外经营合规管理另有专门规定的，有关行业企业应当遵守其规定。

第三条　基本概念

本指引所称合规，是指企业及其员工的经营管理行为符合有关法律法规、国际条约、监管规定、行业准则、商业惯例、道德规范和企业依法制定的章程及规章制度等要求。

第四条　合规管理框架

企业应以倡导合规经营价值观为导向，明确合规管理工作内容，健全合规管理架构，制定合规管理制度，完善合规运行机制，加强合规风险识别、评估与处置，开展合规评审与改进，培育合规文化，形成重视合规经营的企业氛围。

第五条　合规管理原则

（一）独立性原则。企业合规管理应从制度设计、机构设置、岗位安排以及汇报路径等方面保证独立性。合规管理机构及人员承担的其他职责不应与合规职责产生利益冲突。

（二）适用性原则。企业合规管理应从经营范围、组织结构和业务规模等实际出发，兼顾成本与效率，强化合规管理制度的可操作性，提高合规管理的有效性。同时，企业应随着内外部环境的变化持续调整和改进合规管理体系。

（三）全面性原则。企业合规管理应覆盖所有境外业务领域、部门和员工，贯穿决策、执行、监督、反馈等各个环节，体现于决策机制、内部控制、业务流程等各个方面。

第二章　合规管理要求

第六条　对外贸易中的合规要求

企业开展对外货物和服务贸易，应确保经营活动全流程、全方位合规，全面掌握关于贸易管制、质量安全与技术标准、知识产权保护等方面的具体要求，关注业务所涉国家（地区）开展的贸易救济调查，包括反倾销、反补贴、保障措施调查等。

第七条　境外投资中的合规要求

企业开展境外投资，应确保经营活动全流程、全方位合规，全面掌握关于市场准入、贸易管制、国家安全审查、行业监管、外汇管理、反垄断、反洗钱、反恐怖融资等方面的具体要求。

第八条　对外承包工程中的合规要求

企业开展对外承包工程，应确保经营活动全流程、全方位合规，全面掌握关于投标管理、合同管理、项目履约、劳工权利保护、环境保护、连带风险管理、债务管理、捐赠与赞助、反腐败、反贿赂等方面的具体要求。

第九条　境外日常经营中的合规要求

企业开展境外日常经营，应确保经营活动全流程、全方位合规，全面掌握关于劳工权利保护、环境保护、数据和隐私保护、知识产权保护、反腐败、反贿赂、反垄断、反洗钱、反恐怖融资、贸易管制、财务税收等方面的具体要求。

第三章　合规管理架构

第十条　合规治理结构

企业可结合发展需要建立权责清晰的合规治理结构，在决策、管理、执行三个层级上划分相应的合规管理责任。

（一）企业的决策层应以保证企业合规经营为目的，通过原则性顶层设计，解决合规管理工作中的权力配置问题。

（二）企业的高级管理层应分配充足的资源建立、制定、实施、评价、维护和改进合规管理体系。

（三）企业的各执行部门及境外分支机构应及时识别归口管理领域的合规要求，改进合规管理措施，执行合规管理制度和程序，收集合规风险信息，落实相关工作要求。

第十一条　合规管理机构

企业可根据业务性质、地域范围、监管要求等设置相应的合规管理机构。合规管理机构一般由合规委员会、合规负责人和合规管理部门组成。尚不具备条件设立专门合规管理机构的企业，可由相关部门（如法律事务部门、风险防控部门等）履行合规管理职责，同时明确合规负责人。

（一）合规委员会

企业可结合实际设立合规委员会，作为企业合规管理体系的最高负责机构。合规委员会一般应履行以下合规职责：

（1）确认合规管理战略，明确合规管理目标。

（2）建立和完善企业合规管理体系，审批合规管理制度、程序和重大合规风险管理方案。

（3）听取合规管理工作汇报，指导、监督、评价合规管理工作。

（二）合规负责人

企业可结合实际任命专职的首席合规官，也可由法律事务负责人或风险防控负责人等担任合规负责人。首席合规官或合规负责人是企业合规管理工作具体实施的负责人和日常监督者，不应分管与合规管理相冲突的部门。首席合规官或合规负责人一般应履行以下合规职责：

（1）贯彻执行企业决策层对合规管理工作的各项要求，全面负责企业的合规管理工作。

（2）协调合规管理与企业各项业务之间的关系，监督合规管理执行情况，及时解决合规管理中出现的重大问题。

（3）领导合规管理部门，加强合规管理队伍建设，做好人员选聘培养，监督合规管理部门认真有效地开展工作。

（三）合规管理部门

企业可结合实际设置专职的合规管理部门，或者由具有合规管理职能的相关部门承担合规管理职责。合规管理部门一般应履行以下合规职责：

（1）持续关注我国及业务所涉国家（地区）法律法规、监管要求和国际规则的最新发展，及时提供合规建议。

（2）制定企业的合规管理制度和年度合规管理计划，并推动其贯彻落实。

（3）审查评价企业规章制度和业务流程的合规性，组织、协调和监督各业务部门对规章制度和业务流程进行梳理和修订。

（4）组织或协助业务部门、人事部门开展合规培训，并向员工提供合规咨询。

（5）积极主动识别和评估与企业境外经营相关的合规风险，并监管与供应商、代理商、分销商、咨询顾问和承包商等第三方（以下简称"第三方"）相关的合规风险。为新产品和新业务的开发提供必要的合规性审查和测试，识别和评估新业务的拓展、新客户关系的建立以及客户关系发生重大变化等所产生的合规风险，并制定应对措施。

（6）实施充分且具有代表性的合规风险评估和测试，查找规章制度和业务流程存在的缺陷，并进行相应的调查。对已发生的合规风险或合规测试发现的合规缺陷，应提出整改意见并监督有关部门进行整改。

（7）针对合规举报信息制定调查方案并开展调查。

（8）推动将合规责任纳入岗位职责和员工绩效管理流程。建立合规绩效指标，监控和衡量合规绩效，识别改进需求。

（9）建立合规报告和记录的台账，制定合规资料管理流程。

（10）建立并保持与境内外监管机构日常的工作联系，跟踪和评估监管意见和监管要求的落实情况。

第十二条　合规管理协调

（一）合规管理部门与业务部门分工协作

合规管理需要合规管理部门和业务部门密切配合。境外经营相关业务部门应主动进行日常合规管理工作，识别业务范围内的合规要求，制定并落实业务管理制度和风险防范措施，组织或配合合规管理部门进行合规审查和风险评估，组织或监督违规调查及整改工作。

（二）合规管理部门与其他监督部门分工协作

合规管理部门与其他具有合规管理职能的监督部门（如审计部门、监察部门等）应建立明确的合作和信息交流机制，加强协调配合，形成管理合力。企业应根据风险防控需要以及各监督部门的职责分工划分合规管理职责，确保各业务系统合规运营。

（三）企业与外部监管机构沟通协调

企业应积极与境内外监管机构建立沟通渠道，了解监管机构期望的合规流程，制定符合监管机构要求的合规制度，降低在报告义务和行政处罚等方面的风险。

（四）企业与第三方沟通协调

企业与第三方合作时，应做好相关的国别风险研究和项目尽职调查，深入了解第三方合规管理情况。企业应当向重要的第三方传达自身的合规要求和对对方的合规要求，并在商务合同中明确约定。

第四章　合规管理制度

第十三条　合规行为准则

合规行为准则是最重要、最基本的合规制度，是其他合规制度的基础和依据，适用于所有境外经营相关部门和员工，以及代表企业从事境外经营活动的第三方。合规行为准则应规定境外经营活动中必须遵守的基本原则和标准，包括但不限于企业核心价值观、合规目标、合规的内涵、行为准则的适用范围和地位、企业及员工适用的合规行事标准、违规的应对方式和后果等。

第十四条　合规管理办法

企业应在合规行为准则的基础上，针对特定主题或特定风险领域制定具体的合规管理办法，包括但不限于礼品及招待、赞助及捐赠、利益冲突管理、举报管理和内部调查、人力资源管理、税务管理、商业伙伴合规管理等内容。

企业还应针对特定行业或地区的合规要求，结合企业自身的特点和发展需要，制定相应的合规风险管理办法。例如，金融业及有关行业的反洗钱及反恐怖融资政策，银行、通信、医疗等行业的数据和隐私保护政策等。

第十五条 合规操作流程

企业可结合境外经营实际，就合规行为准则和管理办法制定相应的合规操作流程，进一步细化标准和要求。也可将具体的标准和要求融入现有的业务流程当中，便于员工理解和落实，确保各项经营行为合规。

第五章　合规管理运行机制

第十六条 合规培训

企业应将合规培训纳入员工培训计划，培训内容需随企业内外部环境变化进行动态调整。境外经营相关部门和境外分支机构的所有员工，均应接受合规培训，了解并掌握企业的合规管理制度和风险防控要求。决策层和高级管理层应带头接受合规培训，高风险领域、关键岗位员工应接受有针对性的专题合规培训。合规培训应做好记录留存。

第十七条 合规汇报

合规负责人和合规管理部门应享有通畅的合规汇报渠道。

合规管理部门应当定期向决策层和高级管理层汇报合规管理情况。汇报内容一般包括但不限于合规风险评估情况，合规培训的组织情况和效果评估，发现的违规行为以及处理情况，违规行为可能给组织带来的合规风险，已识别的合规漏洞或缺陷，建议采取的纠正措施，合规管理工作的整体评价和分析等。

如发生性质严重或可能给企业带来重大合规风险的违规行为，合规负责人或合规管理部门应当及时向决策层和高级管理层汇报，提出风险警示，并采取纠正措施。

第十八条 合规考核

合规考核应全面覆盖企业的各项管理工作。合规考核结果应作为企业绩效考核的重要依据，与评优评先、职务任免、职务晋升以及薪酬待遇等挂钩。

境外经营相关部门和境外分支机构可以制定单独的合规绩效考核机制，也可将合规考核标准融入总体的绩效管理体系中。考核内容包括但不限于按时参加合规培训，严格执行合规管理制度，积极支持和配合合规管理机构工作，及时汇报合规风险等。

第十九条 合规咨询与审核

境外经营相关部门和境外分支机构及其员工在履职过程中遇到合规风险事项，应及时主动寻求合规咨询或审核支持。

企业应针对高合规风险领域规定强制合规咨询范围。在涉及重点领域或重要业务环节时，业务部门应主动咨询合规管理部门意见。合规管理部门应在合理的时间内答复或启动合规审核流程。

对于复杂或专业性强且存在重大合规风险的事项，合规管理部门应按照制度规定听取法律顾问、公司律师意见，或委托专业机构召开论证会后再形成审核意见。

第二十条　合规信息举报与调查

企业应根据自身特点和实际情况建立和完善合规信息举报体系。员工、客户和第三方均有权进行举报和投诉，企业应充分保护举报人。

合规管理部门或其他受理举报的监督部门应针对举报信息制定调查方案并开展调查。形成调查结论以后，企业应按照相关管理制度对违规行为进行处理。

第二十一条　合规问责

企业应建立全面有效的合规问责制度，明晰合规责任范围，细化违规惩处标准，严格认定和追究违规行为责任。

第六章　合规风险识别、评估与处置

第二十二条　合规风险

合规风险，是指企业或其员工因违规行为遭受法律制裁、监管处罚、重大财产损失或声誉损失以及其他负面影响的可能性。

第二十三条　合规风险识别

企业应当建立必要的制度和流程，识别新的和变更的合规要求。企业可围绕关键岗位或者核心业务流程，通过合规咨询、审核、考核和违规查处等内部途径识别合规风险，也可通过外部法律顾问咨询、持续跟踪监管机构的有关信息、参加行业组织研讨等方式获悉外部监管要求的变化，识别合规风险。

企业境外分支机构可通过聘请法律顾问、梳理行业合规案例等方式动态了解掌握业务所涉国家（地区）政治经济和法律环境的变化，及时采取应对措施，有效识别各类合规风险。

第二十四条　合规风险评估

企业可通过分析违规或可能造成违规的原因、来源、发生的可能性、后果的严重性等进行合规风险评估。

企业可根据企业的规模、目标、市场环境及风险状况确定合规风险评估的标准和合规风险管理的优先级。

企业进行合规风险评估后应形成评估报告，供决策层、高级管理层和业务部门等使用。评估报告内容包括风险评估实施概况、合规风险基本评价、原因机制、可能的损失、处置建议、应对措施等。

第二十五条　合规风险处置

企业应建立健全合规风险应对机制，对识别评估的各类合规风险采取恰当的控制和处置措施。发生重大合规风险时，企业合规管理机构和其他相关部门应协同配合，依法及时采取补救措施，最大限度降低损失。必要时，应及时报告有关监管机构。

第七章　合规评审与改进

第二十六条　合规审计

企业合规管理职能应与内部审计职能分离。企业审计部门应对企业合规管理的执行情况、合规管理体系的适当性和有效性等进行独立审计。审计部门应将合规审计结果告知合规管理部门，合规管理部门也可根据合规风险的识别和评估情况向审计部门提出开展审计工作的建议。

第二十七条　合规管理体系评价

企业应定期对合规管理体系进行系统全面的评价，发现和纠正合规管理贯彻执行中存在的问题，促进合规体系的不断完善。合规管理体系评价可由企业合规管理相关部门组织开展或委托外部专业机构开展。

企业在开展效果评价时，应考虑企业面临的合规要求变化情况，不断调整合规管理目标，更新合规风险管理措施，以满足内外部合规管理要求。

第二十八条　持续改进

企业应根据合规审计和体系评价情况，进入合规风险再识别和合规制度再制定的持续改进阶段，保障合规管理体系全环节的稳健运行。

企业应积极配合监管机构的监督检查，并根据监管要求及时改进合规管理体系，提高合规管理水平。

第八章　合规文化建设

第二十九条　合规文化培育

企业应将合规文化作为企业文化建设的重要内容。企业决策层和高级管理层应确立企业合规理念，注重身体力行。企业应践行依法合规、诚信经营的价值观，不断增强员工的合规意识和行为自觉，营造依规办事、按章操作的文化氛围。

第三十条　合规文化推广

企业应将合规作为企业经营理念和社会责任的重要内容，并将合规文化传递至利益相关方。企业应树立积极正面的合规形象，促进行业合规文化发展，营造和谐健康的境外经营环境。

附录四　风险管理、合规管理国家标准列表

风险管理、合规管理国家标准列表　　　　　　　　　　　附表 4-1

序号	文件名称	发布与实施时间	发布机构	文号
1	风险管理术语	2013 年 12 月 31 日发布 2014 年 7 月 1 日实施	国家质量监督检验检疫总局、国家标准化管理委员会	GB/T23694—2013
2	风险管理 原则与实施指南	2009 年 9 月 30 日发布 2009 年 12 月 1 日实施	国家质量监督检验检疫总局、国家标准化管理委员会	GB/T24353—2009
3	风险管理 风险评估技术	2011 年 12 月 30 日发布 2012 年 2 月 1 日实施	国家质量监督检验检疫总局、国家标准化管理委员会	GB/T27921—2011
4	供应链风险管理指南	2009 年 9 月 30 日发布 2009 年 12 月 1 日实施	国家质量监督检验检疫总局、国家标准化管理委员会	GB/T24420-2009
5	公司治理风险管理指南	2011 年 1 月 14 日发布 2011 年 5 月 1 日实施	国家质量监督检验检疫总局、国家标准化管理委员会	GB/T26317-2010
6	企业法律风险管理指南	2011 年 12 月 20 日发布 2012 年 2 月 1 日实施	国家质量监督检验检疫总局、国家标准化管理委员会	GB/T 27914-2011
7	合规管理体系指南	2017 年 12 月 29 日发布 2018 年 7 月 1 日实施	国家质量监督检验检疫总局、国家标准化管理委员会	GB/T 35770-2017 ISO 19600：2014

附录五　我国对外签订双边投资协定一览表

（资料来源于商务部条法司网站[①]，数据截至 2016 年 12 月 12 日）

我国对外签订双边投资协定一览表　　　　　　　　附表 5-1

序号	洲	国家	签署日期	生效日期	备注
1	欧洲	瑞典	1982 年 3 月 29 日	1982 年 3 月 29 日	
	欧洲	瑞典议定书	2004 年 9 月 27 日	2004 年 9 月 27 日	签字即生效
2	欧洲	德国	1983 年 10 月 7 日	1985 年 3 月 18 日	
	欧洲	德国	2003 年 12 月 1 日	2005 年 11 月 11 日	重新签订
3	欧洲	法国	1984 年 5 月 30 日	1985 年 3 月 19 日	2007 年 11 月 26 日重新签订，新协定取代旧协定
	欧洲	法国	2007 年 11 月 26 日	2010 年 8 月 20 日	重新签订
4	欧洲	比利时与卢森堡	1984 年 6 月 4 日	1986 年 10 月 5 日	
	欧洲	比利时与卢森堡	2005 年 6 月 6 日	2009 年 12 月 1 日	重新签订
5	欧洲	芬兰	1984 年 9 月 4 日	1986 年 1 月 26 日	
	欧洲	芬兰	2004 年 11 月 15 日	2006 年 11 月 15 日	重新签订
6	欧洲	挪威	1984 年 11 月 21 日	1985 年 7 月 10 日	
7	欧洲	意大利	1985 年 1 月 28 日	1987 年 8 月 28 日	
8	欧洲	丹麦	1985 年 4 月 29 日	1985 年 4 月 29 日	
9	欧洲	荷兰	1985 年 6 月 17 日	1987 年 2 月 1 日	
	欧洲	荷兰	2001 年 11 月 26 日	2004 年 8 月 1 日	重新签订
10	欧洲	奥地利	1985 年 9 月 12 日	1986 年 10 月 11 日	
11	欧洲	英国	1986 年 5 月 15 日	1986 年 5 月 15 日	
12	欧洲	瑞士	1986 年 11 月 12 日	1987 年 3 月 18 日	
	欧洲	瑞士	2009 年 1 月 27 日	2010 年 4 月 13 日	重新签订
13	欧洲	波兰	1988 年 6 月 7 日	1989 年 1 月 8 日	
14	欧洲	保加利亚	1989 年 6 月 27 日	1994 年 8 月 21 日	
	欧洲	保加利亚附加议定书	2007 年 6 月 26 日	2007 年 11 月 10 日	
15	欧洲	俄罗斯	2006 年 11 月 9 日	2009 年 5 月 1 日	

[①] 商务部条法司网站，http：//tfs.mofcom.gov.cn/article/Nocategory/201111/20111107819474.shtml，2019 年 9 月 17 日最后访问。

序号	洲	国家	签署日期	生效日期	备注
16	欧洲	匈牙利	1991 年 5 月 29 日	1993 年 4 月 1 日	
17	欧洲	捷克和斯洛伐克	1991 年 12 月 4 日	1992 年 12 月 1 日	
	欧洲	斯洛伐克	2005 年 12 月 7 日	2007 年 5 月 25 日	附加议定书
18	欧洲	葡萄牙	1992 年 2 月 3 日	1992 年 12 月 1 日	
	欧洲	葡萄牙	2005 年 12 月 9 日	2008 年 7 月 26 日	重新签订
19	欧洲	西班牙	1992 年 2 月 6 日	1993 年 5 月 1 日	
	欧洲	西班牙	2005 年 11 月 24 日	2008 年 7 月 1 日	重新签订
20	欧洲	希腊	1992 年 6 月 25 日	1993 年 12 月 21 日	
21	欧洲	乌克兰	1992 年 10 月 31 日	1993 年 5 月 29 日	
22	欧洲	摩尔多瓦	1992 年 11 月 6 日	1995 年 3 月 1 日	
23	欧洲	白俄罗斯	1993 年 1 月 11 日	1995 年 1 月 14 日	
24	欧洲	阿尔巴尼亚	1993 年 2 月 13 日	1995 年 9 月 1 日	
25	欧洲	克罗地亚	1993 年 6 月 7 日	1994 年 7 月 1 日	
26	欧洲	爱沙尼亚	1993 年 9 月 2 日	1994 年 6 月 1 日	
27	欧洲	斯洛文尼亚	1993 年 9 月 13 日	1995 年 1 月 1 日	
28	欧洲	立陶宛	1993 年 11 月 8 日	1994 年 6 月 1 日	
29	欧洲	冰岛	1994 年 3 月 31 日	1997 年 3 月 1 日	
30	欧洲	罗马尼亚（新）	1994 年 7 月 12 日	1995 年 9 月 1 日	
	欧洲	罗马尼亚附加议定书	2007 年 4 月 16 日	2008 年 9 月 1 日	
31	欧洲	南斯拉夫	1995 年 12 月 18 日	1996 年 9 月 12 日	注：塞尔维亚承接了前南斯拉夫的国际协定
32	欧洲	马其顿	1997 年 6 月 9 日	1997 年 11 月 1 日	
33	欧洲	马耳他	2009 年 2 月 22 日	2009 年 4 月 1 日	
34	欧洲	塞浦路斯	2001 年 1 月 17 日	2002 年 4 月 29 日	
35	亚洲	泰国	1985 年 3 月 12 日	1985 年 12 月 13 日	
36	亚洲	新加坡	1985 年 11 月 21 日	1986 年 2 月 7 日	
37	亚洲	科威特	1985 年 11 月 23 日	1986 年 12 月 24 日	
38	亚洲	斯里兰卡	1986 年 3 月 13 日	1987 年 3 月 25 日	
39	亚洲	日本	1988 年 8 月 27 日	1989 年 5 月 14 日	
40	亚洲	马来西亚	1988 年 11 月 21 日	1990 年 3 月 31 日	
41	亚洲	巴基斯坦	1989 年 2 月 12 日	1990 年 9 月 30 日	
42	亚洲	土耳其	1990 年 11 月 13 日	1994 年 8 月 19 日	
43	亚洲	蒙古	1991 年 8 月 25 日	1993 年 11 月 1 日	

序号	洲	国家	签署日期	生效日期	备注
44	亚洲	乌兹别克斯坦	1992 年 3 月 13 日	1994 年 4 月 12 日	2011 年 4 月 19 日重新签署，新协定取代旧协定
	亚洲	乌兹别克斯坦	2011 年 4 月 19 日	2011 年 9 月 1 日	重新签订
45	亚洲	吉尔吉斯斯坦	1992 年 5 月 14 日	1995 年 9 月 8 日	
46	亚洲	亚美尼亚	1992 年 7 月 4 日	1995 年 3 月 18 日	
47	亚洲	菲律宾	1992 年 7 月 20 日	1995 年 9 月 8 日	
48	亚洲	哈萨克斯坦	1992 年 8 月 10 日	1994 年 8 月 13 日	
49	亚洲	韩国	1992 年 9 月 30 日	1992 年 12 月 4 日	
	亚洲	韩国	2007 年 9 月 7 日	2007 年 12 月 1 日	重新签订
50	亚洲	土库曼斯坦	1992 年 11 月 21 日	1994 年 6 月 6 日	
51	亚洲	越南	1992 年 12 月 2 日	1993 年 9 月 1 日	
52	亚洲	老挝	1993 年 1 月 31 日	1993 年 6 月 1 日	
53	亚洲	塔吉克斯坦	1993 年 3 月 9 日	1994 年 1 月 20 日	
54	亚洲	格鲁吉亚	1993 年 6 月 3 日	1995 年 3 月 1 日	
55	亚洲	阿联酋	1993 年 7 月 1 日	1994 年 9 月 28 日	
56	亚洲	阿塞拜疆	1994 年 3 月 8 日	1995 年 4 月 1 日	
57	亚洲	印度尼西亚	1994 年 11 月 18 日	1995 年 4 月 1 日	
58	亚洲	阿曼	1995 年 3 月 18 日	1995 年 8 月 1 日	
59	亚洲	以色列	1995 年 4 月 10 日	2009 年 1 月 13 日	
60	亚洲	沙特阿拉伯	1996 年 2 月 29 日	1997 年 5 月 1 日	
61	亚洲	黎巴嫩	1996 年 6 月 13 日	1997 年 7 月 10 日	
62	亚洲	柬埔寨	1996 年 7 月 19 日	2000 年 2 月 1 日	
63	亚洲	叙利亚	1996 年 12 月 9 日	2001 年 11 月 1 日	
64	亚洲	也门	1998 年 2 月 16 日	2002 年 4 月 10 日	
65	亚洲	卡塔尔	1999 年 4 月 9 日	2000 年 4 月 1 日	
66	亚洲	巴林	1999 年 6 月 17 日	2000 年 4 月 27 日	
67	亚洲	伊朗	2000 年 6 月 22 日	2005 年 7 月 1 日	
68	亚洲	缅甸	2001 年 12 月 12 日	2002 年 5 月 21 日	
69	亚洲	朝鲜	2005 年 3 月 22 日	2005 年 10 月 1 日	
70	亚洲	印度	2006 年 11 月 21 日	2007 年 8 月 1 日	
71	亚洲	日本、韩国	2012 年 5 月 13 日	2014 年 5 月 17 日	
72	大洋洲	澳大利亚	1988 年 7 月 11 日	1988 年 7 月 11 日	
73	大洋洲	新西兰	1988 年 11 月 22 日	1989 年 3 月 25 日	
74	大洋洲	巴布亚新几内亚	1991 年 4 月 12 日	1993 年 2 月 12 日	

序号	洲	国家	签署日期	生效日期	备注
75	非洲	加纳	1989 年 10 月 12 日	1990 年 11 月 22 日	
76	非洲	埃及	1994 年 4 月 21 日	1996 年 4 月 1 日	
77	非洲	摩洛哥	1995 年 3 月 27 日	1999 年 11 月 27 日	
78	非洲	毛里求斯	1996 年 5 月 4 日	1997 年 6 月 8 日	
79	非洲	津巴布韦	1996 年 5 月 21 日	1998 年 3 月 1 日	
80	非洲	阿尔及利亚	1996 年 10 月 17 日	2003 年 1 月 28 日	
81	非洲	加蓬	1997 年 5 月 9 日	2009 年 2 月 16 日	
82	非洲	尼日利亚	1997 年 5 月 12 日		已废除
	非洲	尼日利亚	2001 年 8 月 27 日	2010 年 2 月 18 日	重新签订
83	非洲	苏丹	1997 年 5 月 30 日	1998 年 7 月 1 日	
84	非洲	南非	1997 年 12 月 30 日	1998 年 4 月 1 日	
85	非洲	佛得角	1998 年 4 月 21 日	2001 年 10 月 1 日	
86	非洲	埃塞俄比亚	1998 年 5 月 11 日	2000 年 5 月 1 日	
87	非洲	突尼斯	2004 年 6 月 21 日	2006 年 7 月 1 日	
88	非洲	赤道几内亚	2005 年 10 月 20 日	2006 年 11 月 15 日	
89	非洲	马达加斯加	2005 年 11 月 21 日	2007 年 7 月 1 日	
90	非洲	马里	2009 年 2 月 12 日	2009 年 7 月 16 日	
91	非洲	坦桑尼亚	2013 年 3 月 24 日	2014 年 4 月 17 日	
92	非洲	刚果	2000 年 3 月 20 日	2015 年 7 月 1 日	
93	美洲	玻利维亚	1992 年 5 月 8 日	1996 年 9 月 1 日	
94	美洲	阿根廷	1992 年 11 月 5 日	1994 年 8 月 1 日	
95	美洲	乌拉圭	1993 年 12 月 2 日	1997 年 12 月 1 日	
96	美洲	厄瓜多尔	1994 年 3 月 21 日	1997 年 7 月 1 日	
97	美洲	智利	1994 年 3 月 23 日	1995 年 8 月 1 日	
98	美洲	秘鲁	1994 年 6 月 9 日	1995 年 2 月 1 日	
99	美洲	牙买加	1994 年 10 月 26 日	1996 年 4 月 1 日	
100	美洲	古巴	1995 年 4 月 24 日	1996 年 8 月 1 日	
	美洲	古巴	2007 年 4 月 20 日	2008 年 12 月 1 日	重新修订
101	美洲	巴巴多斯	1998 年 7 月 20 日	1999 年 10 月 1 日	
102	美洲	特立尼达多巴哥	2002 年 7 月 22 日	2004 年 12 月 7 日	
103	美洲	圭亚那	2003 年 3 月 27 日	2004 年 10 月 26 日	
104	美洲	加拿大	2012 年 9 月 9 日	2014 年 10 月 1 日	

附录六 我国签订的避免双重征税协定一览表

（资料来源于国家税务总局网站[①]，数据截至 2018 年 12 月 12 日）

我国签订的避免双重征税协定一览表 　　　　　　　附表 6-1

序号	国家或地区	签署日期	生效日期	执行日期
1	日本	1983.9.6	1984.6.26	1985.1.1
2	美国	1984.4.30	1986.11.21	1987.1.1
3	法国	1984.5.30	1985.2.21	1986.1.1
	法国	2013.11.26	2014.12.28	2015.1.1
4	英国	1984.7.26	1984.12.23	1985.1.1
	英国	2011.6.27	2013.12.13	中：2014.1.1 英：所得税和财产收益税 2014.4.6； 公司税：2014.4.1
5	比利时	1985.4.18	1987.9.11	1988.1.1
	比利时	2009.10.7	2013.12.29	2014.1.1
6	德国	1985.6.10	1986.5.14	1985.1.1/7.1
	德国	2014.3.28	2016.4.6	2017.1.1
7	马来西亚	1985.11.23	1986.9.14	1987.1.1
8	挪威	1986.2.25	1986.12.21	1987.1.1
9	丹麦	1986.3.26	1986.10.22	1987.1.1
	丹麦	2012.6.16	2012.12.27	2013.1.1
10	新加坡	1986.4.18	1986.12.11	1987.1.1
	新加坡	2007.7.11	2007.9.18	2008.1.1
11	加拿大	1986.5.12	1986.12.29	1987.1.1
12	芬兰	1986.5.12	1987.12.18	1988.1.1
	芬兰	2010.5.25	2010.11.25	2011.1.1
13	瑞典	1986.5.16	1987.1.3	1987.1.1
14	新西兰	1986.9.16	1986.12.17	1987.1.1
	新西兰	2019.4.1	（尚未生效）	
15	泰国	1986.10.27	1986.12.29	1987.1.1

[①] 国家税务总局网站，http：//www.chinatax.gov.cn/chinatax/n810341/n810770/index.html，2019 年 9 月 27 日最后访问。

序号	国家或地区	签署日期	生效日期	执行日期
16	意大利	1986.10.31	1989.11.14	1990.1.1
	意大利	2019.3.23	（尚未生效）	
17	荷兰	1987.5.13	1988.3.5	1989.1.1
	荷兰	2013.5.31	2014.8.31	2015.1.1
18	捷克斯洛伐克 （适用于斯洛伐克）②	1987.6.11	1987.12.23	1988.1.1
19	波兰	1988.6.7	1989.1.7	1990.1.1
20	澳大利亚	1988.11.17	1990.12.28	1991.1.1
21	南斯拉夫 （适用于波斯尼亚和 黑塞哥维那）③	1988.12.2	1989.12.16	1990.1.1
22	保加利亚	1989.11.6	1990.5.25	1991.1.1
23	巴基斯坦	1989.11.15	1989.12.27	1989.1.1/7.1
24	科威特	1989.12.25	1990.7.20	1989.1.1
25	瑞士	1990.7.6	1991.9.27	1990.1.1
	瑞士	2013.9.25	2014.11.15	2015.1.1
26	塞浦路斯	1990.10.25	1991.10.5	1992.1.1
27	西班牙	1990.11.22	1992.5.20	1993.1.1
	西班牙	2018.11.28	（尚未生效）	
28	罗马尼亚	1991.1.16	1992.3.5	1993.1.1
	罗马尼亚	2016.7.4	2017.6.17	2018.1.1
29	奥地利	1991.4.10	1992.11.1	1993.1.1
30	巴西	1991.8.5	1993.1.6	1994.1.1
31	蒙古	1991.8.26	1992.6.23	1993.1.1
32	匈牙利	1992.6.17	1994.12.31	1995.1.1
33	马耳他	1993.2.2	1994.3.20	1995.1.1
	马耳他	2010.10.18	2011.8.25	2012.1.1
34	阿联酋	1993.7.1	1994.7.14	1995.1.1
35	卢森堡	1994.3.12	1995.7.28	1996.1.1
36	韩国	1994.3.28	1994.9.27	1995.1.1
37	俄罗斯	1994.5.27	1997.4.10	1998.1.1
	俄罗斯	2014.10.13	2016.4.9	2017.1.1
38	巴新	1994.7.14	1995.8.16	1996.1.1
39	印度	1994.7.18	1994.11.19	1995.1.1

序号	国家或地区	签署日期	生效日期	执行日期
40	毛里求斯	1994.8.1	1995.5.4	1996.1.1
41	克罗地亚	1995.1.9	2001.5.18	2002.1.1
42	白俄罗斯	1995.1.17	1996.10.3	1997.1.1
43	斯洛文尼亚	1995.2.13	1995.12.27	1996.1.1
44	以色列	1995.4.8	1995.12.22	1996.1.1
45	越南	1995.5.17	1996.10.18	1997.1.1
46	土耳其	1995.5.23	1997.1.20	1998.1.1
47	乌克兰	1995.12.4	1996.10.18	中：1997.1.1 乌：股利特个人 1996.12.17； 企业所得税 1997.1.1.
48	亚美尼亚	1996.5.5	1996.11.28	1997.1.1
49	牙买加	1996.6.3	1997.3.15	1998.1.1
50	冰岛	1996.6.3	1997.2.5	1998.1.1
51	立陶宛	1996.6.3	1996.10.18	1997.1.1
52	拉脱维亚	1996.6.7	1997.1.27	1998.1.1
53	乌兹别克斯坦	1996.7.3	1996.7.3	1997.1.1
54	孟加拉国	1996.9.12	1997.4.10	中：1998.1.1 孟：1998.7.1
55	南斯拉夫联盟（适用于塞尔维亚和黑山）[④]	1997.3.21	1998.1.1	1998.1.1
56	苏丹	1997.5.30	1999.2.9	2000.1.1
57	马其顿	1997.6.9	1997.11.29	1998.1.1
58	埃及	1997.8.13	1999.3.24	2000.1.1
59	葡萄牙	1998.4.21	2000.6.7	2001.1.1
60	爱沙尼亚	1998.5.12	1999.1.8	2000.1.1
61	老挝	1999.1.25	1999.6.22	2000.1.1
62	塞舌尔	1999.8.26	1999.12.17	2000.1.1
63	菲律宾	1999.11.18	2001.3.23	2002.1.1
64	爱尔兰	2000.4.19	2000.12.29	中：2001.1.1 爱：2001.4.6
65	南非	2000.4.25	2001.1.7	2002.1.1
66	巴巴多斯	2000.5.15	2000.10.27	2001.1.1
67	摩尔多瓦	2000.6.7	2001.5.26	2002.1.1
68	卡塔尔国	2001.4.2	2008.10.21	2009.1.1
69	古巴	2001.4.13	2003.10.17	2004.1.1

序号	国家或地区	签署日期	生效日期	执行日期
70	委内瑞拉	2001.4.17	2004.12.23	2005.1.1
71	尼泊尔	2001.5.14	2010.12.31	2011.1.1
72	哈萨克斯坦	2001.9.12	2003.7.27	2004.1.1
73	印度尼西亚	2001.11.7	2003.8.25	2004.1.1
74	阿曼	2002.3.25	2002.7.20	2003.1.1
75	尼日利亚	2002.4.15	2009.3.21	2010.1.1
76	突尼斯	2002.4.16	2003.9.23	2004.1.1
77	伊朗	2002.4.20	2003.8.14	2004.1.1
78	巴林	2002.5.16	2002.8.8	2003.1.1
79	希腊	2002.6.3	2005.11.1	2006.1.1
80	吉尔吉斯	2002.6.24	2003.3.29	2004.1.1
81	摩洛哥	2002.8.27	2006.8.16	2007.1.1
82	斯里兰卡	2003.8.11	2005.5.22	2006.1.1
83	特立尼达和多巴哥	2003.9.18	2005.5.22	针对不同所得项目分别于2005.6.1和2006.1.1起执行
84	阿尔巴尼亚	2004.9.13	2005.7.28	2006.1.1
85	文莱	2004.9.21	2006.12.29	2007.1.1
86	阿塞拜疆	2005.3.17	2005.8.17	2006.1.1
87	格鲁吉亚	2005.6.22	2005.11.10	2006.1.1
88	墨西哥	2005.9.12	2006.3.1	2007.1.1
89	沙特阿拉伯	2006.1.23	2006.9.1	2007.1.1
90	阿尔及利亚	2006.11.6	2007.7.27	2008.1.1
91	塔吉克斯坦	2008.8.27	2009.3.28	2010.1.1
92	埃塞俄比亚	2009.5.14	2012.12.25	2013.1.1
93	土库曼斯坦	2009.12.13	2010.5.30	2011.1.1
94	捷克	2009.8.28	2011.5.4	2012.1.1
95	赞比亚	2010.7.26	2011.6.30	2012.1.1
96	叙利亚	2010.10.31	2011.9.1	2012.1.1
97	乌干达	2012.1.11	（尚未生效）	
98	博茨瓦纳	2012.4.11	（尚未生效）	
99	厄瓜多尔	2013.1.21	2014.3.6	2015.1.1
100	智利	2015.5.25	2016.8.8	2017.1.1
101	津巴布韦	2015.12.1	2016.9.29	2017.1.1
102	柬埔寨	2016.10.13	2018.1.26	2019.1.1

续表

序号	国家或地区	签署日期	生效日期	执行日期
103	肯尼亚	2017.9.21	（尚未生效）	
104	加蓬	2018.9.1	（尚未生效）	
105	刚果（布）	2018.9.5	（尚未生效）	
106	安哥拉	2018.10.9	（尚未生效）	
107	阿根廷	2018.12.2	（尚未生效）	

内地与港澳签订的避免双重征税安排一览表　　　　附表 6-2

序号	地区	签署日期	生效日期	执行日期
1	香港特别行政区	2006.8.21	2006.12.8	内地：2007.1.1 香港：2007.4.1
2	澳门特别行政区	2003.12.27	2003.12.30	2004.1.1

大陆与中国台湾签订的避免双重征税协议　　　　附表 6-3

序号	地区	签署日期	生效日期	执行日期
1	中国台湾	2015.8.25	（尚未生效）	

注：(1) 截至 2018 年 12 月 12 日，我国已对外正式签署 107 个避免双重征税协定，其中 100 个协定已生效，和香港、澳门两个特别行政区签署了税收安排，与台湾签署了税收协议。

(2) ①中国政府于 1985 年 6 月 10 日、1987 年 6 月 8 日先后与德意志联邦共和国、德意志民主共和国政府签订避免对所得和财产双重征税协定、避免对所得双重征税和防止偷漏税协定。1990 年 10 月 3 日，德意志联邦共和国与德意志民主共和国统一为德意志联邦共和国，中国政府 1985 年 6 月 10 日与德意志联邦共和国政府签订的避免对所得和财产双重征税协定继续适用于中国和统一以后的德意志联邦共和国。

②中国政府于 1987 年 6 月 11 日与捷克斯洛伐克社会主义共和国政府签订避免对所得双重征税和防止偷漏税协定。1990 年，捷克斯洛伐克社会主义共和国先后改国名为捷克斯洛伐克联邦共和国、捷克和斯洛伐克联邦共和国，上述协定继续适用。1993 年 1 月 1 日，捷克和斯洛伐克联邦共和国分解为捷克共和国和斯洛伐克共和国，上述协定继续适用于中国和上述两国。2009 年 8 月 28 日，中国政府与捷克共和国政府签订避免对所得双重征税和防止偷漏税协定，该协定适用于捷克共和国。

③中国政府于 1988 年 12 月 2 日与南斯拉夫社会主义联邦共和国议会联邦执行委员会（南斯拉夫政府）签订避免对所得和财产双重征税协定，后来南斯拉夫解体，据外交部告，该协定由解体后的各国继承，后来中国政府陆续与解体后的各国政府签订避免对所得和财产双重征税协定，仅有波斯尼亚和黑塞哥维那政府未单独签订，上述协定继续适用于中国和波斯尼亚和黑塞哥维那。

④中国政府于 1997 年 3 月 21 日与南斯拉夫联盟共和国联盟政府（南斯拉夫联盟政府）签订避免对所得和财产双重征税协定。2003 年 2 月 4 日，南斯拉夫联盟共和国改国名为塞尔维亚和黑山共和国，上述协定继续适用。2006 年 6 月 3 日，塞尔维亚和黑山共和国分解为塞尔维亚共和国和黑山共和国，上述协定继续适用于中国和上述两国。

附录七　我国对外缔结的民事、商事司法协助条约一览表

（资料来源于外交部网站①，数据截至 2019 年 7 月）

我国对外缔结的民事、商事司法协助条约一览表　　　　　　　附表 7-1

序号	地区	国别	条约名称	签署时间	生效时间
1	欧洲地区	白俄罗斯	中华人民共和国和白俄罗斯共和国关于民事和刑事司法协助的条约	1993 年 1 月 11 日	1993 年 11 月 29 日
2		保加利亚	中华人民共和国和保加利亚共和国关于民事司法协助的协定	1993 年 6 月 2 日	1995 年 6 月 30 日
3		比利时	中华人民共和国和比利时王国关于民事司法协助的协定	1987 年 11 月 20 日	尚未生效
4		波黑	中华人民共和国和波斯尼亚和黑塞哥维那关于民事和商事司法协助的条约	2012 年 12 月 18 日	2014 年 10 月 12 日
5		波兰	中华人民共和国和波兰人民共和国关于民事和刑事司法协助的协定	1987 年 6 月 5 日	1988 年 2 月 13 日
6		俄罗斯	中华人民共和国和俄罗斯联邦关于民事和刑事司法协助的条约	1992 年 6 月 19 日	1993 年 11 月 14 日
7		法国	中华人民共和国和法兰西共和国关于民事、商事司法协助的协定	1987 年 5 月 4 日	1988 年 2 月 8 日
8		立陶宛	中华人民共和国和立陶宛共和国关于民事和刑事司法协助的条约	2000 年 3 月 20 日	2002 年 1 月 19 日
9		罗马尼亚	中华人民共和国和罗马尼亚关于民事和刑事司法协助的条约	1991 年 1 月 16 日	1993 年 1 月 22 日
10		塞浦路斯	中华人民共和国和塞浦路斯共和国关于民事、商事和刑事司法协助的条约	1995 年 4 月 25 日	1996 年 1 月 11 日
11		土耳其	中华人民共和国和土耳其共和国关于民事、商事和刑事司法协助的协定	1992 年 9 月 28 日	1995 年 10 月 26 日
12		乌克兰	中华人民共和国和乌克兰关于民事和刑事司法协助的条约	1992 年 10 月 31 日	1994 年 1 月 19 日
13		西班牙	中华人民共和国和西班牙王国关于民事、商事司法协助的条约	1992 年 5 月 2 日	1994 年 1 月 1 日
14		希腊	中华人民共和国和希腊共和国关于民事和刑事司法协助的协定	1994 年 10 月 17 日	1996 年 6 月 29 日

① 中国外交部《司法协助类条约缔约情况一览表》，https：//www.fmprc.gov.cn/web/ziliao_674904/tytj_674911/tyfg_674913/default_1.shtml，2019 年 9 月 17 日最后访问。

序号	地区	国别	条约名称	签署时间	生效时间
15		匈牙利	中华人民共和国和匈牙利共和国关于民事和商事司法协助的条约	1995年10月9日	1997年3月21日
16		意大利	中华人民共和国和意大利共和国关于民事司法协助的条约	1991年5月20日	1995年1月1日
17		阿拉伯联合酋长国	中华人民共和国和阿拉伯联合酋长国关于民事和商事司法协助的协定	2004年4月21日	2005年4月12日
18		朝鲜	中华人民共和国和朝鲜民主主义人民共和国关于民事和刑事司法协助的条约	2003年11月19日	2006年1月21日
19		哈萨克斯坦	中华人民共和国和哈萨克斯坦共和国关于民事和刑事司法协助的条约	1993年1月14日	1995年7月11日
20		韩国	中华人民共和国和大韩民国关于民事和商事司法协助的条约	2003年7月7日	2005年4月27日
21		吉尔吉斯	中华人民共和国和吉尔吉斯共和国关于民事和刑事司法协助的条约	1996年7月4日	1997年9月26日
22		科威特	中华人民共和国和科威特国关于民事和商事司法协助的协定	2007年6月18日	2013年6月6日
23	亚洲地区	老挝	中华人民共和国和老挝人民民主共和国关于民事和刑事司法协助的条约	1999年1月25日	2001年12月15日
24		蒙古	中华人民共和国和蒙古人民共和国关于民事和刑事司法协助的条约	1989年8月31日	1990年10月29日
25		塔吉克斯坦	中华人民共和国和塔吉克斯坦共和国关于民事和刑事司法协助的条约	1996年9月16日	1998年9月2日
26		泰国	中华人民共和国和泰王国关于民商事司法协助和仲裁合作的协定	1994年3月16日	1997年7月6日
27		乌兹别克斯坦	中华人民共和国和乌兹别克斯坦共和国关于民事和刑事司法协助的条约	1997年12月11日	1998年8月29日
28		新加坡	中华人民共和国和新加坡共和国关于民事和商事司法协助的条约	1997年4月28日	1999年6月27日
29		伊朗	中华人民共和国和伊朗伊斯兰共和国关于民事和商事司法协助的条约	2016年1月23日	尚未生效
30		越南	中华人民共和国和越南社会主义共和国关于民事和刑事司法协助的条约	1998年10月19日	1999年12月25日
31	非洲地区	阿尔及利亚	中华人民共和国和阿尔及利亚民主人民共和国关于民事和商事司法协助的条约	2010年1月10日	2012年6月16日
32		埃及	中华人民共和国和阿拉伯埃及共和国关于民事、商事和刑事司法协助的协定	1994年4月21日	1995年5月31日

序号	地区	国别	条约名称	签署时间	生效时间
33	非洲地区	埃塞俄比亚	中华人民共和国和埃塞俄比亚联邦民主共和国关于民事和商事司法协助的条约	2014 年 5 月 4 日	2018 年 1 月 3 日
34		摩洛哥	中华人民共和国和摩洛哥王国关于民事和商事司法协助的协定	1996 年 4 月 16 日	1999 年 11 月 26 日
35		突尼斯	中华人民共和国和突尼斯共和国关于民事和商事司法协助的条约	1999 年 5 月 4 日	2000 年 7 月 20 日
36	拉丁美洲大洋洲地区	阿根廷	中华人民共和国和阿根廷共和国关于民事和商事司法协助的条约	2001 年 4 月 9 日	2011 年 10 月 9 日
37		巴西	中华人民共和国和巴西联邦共和国关于民事和商事司法协助的条约	2009 年 5 月 19 日	2014 年 8 月 16 日
38		秘鲁	中华人民共和国和秘鲁共和国关于民事和商事司法协助的条约	2008 年 3 月 19 日	2012 年 5 月 25 日
39		古巴	中华人民共和国和古巴共和国关于民事和刑事司法协助的协定	1992 年 11 月 24 日	1994 年 3 月 26 日

附录八 《承认及执行外国仲裁裁决公约》缔约国名单

（名单来源于联合国国际贸易法委员会网站^①，数据截至 2019 年 9 月 17 日）

《承认及执行外国仲裁裁决公约》缔约国名单　　　　附表 8-1

序号	国家	注	签字日期	批准、加入（*）、核准（†）、接受（‡）或继承（§）	生效日期
1	阿富汗	(1)、(3)		30/11/2004（*）	28/02/2005
2	阿尔巴尼亚			27/06/2001（*）	25/09/2001
3	阿尔及利亚	(1)、(3)		07/02/1989（*）	08/05/1989
4	安道尔			19/06/2015（*）	17/09/2015
5	安哥拉			06/03/2017（*）	04/06/2017
6	安提瓜和巴布达	(1)、(3)		02/02/1989（*）	03/05/1989
7	阿根廷	(1)、(3)	26/08/1958	14/03/1989	12/06/1989
8	亚美尼亚	(1)、(3)		29/12/1997（*）	29/03/1998
9	澳大利亚			26/03/1975（*）	24/06/1975
10	奥地利			02/05/1961（*）	31/07/1961
11	阿塞拜疆			29/02/2000（*）	29/05/2000
12	巴哈马			20/12/2006（*）	20/03/2007
13	巴林	(1)、(3)		06/04/1988（*）	05/07/1988
14	孟加拉国			06/05/1992（*）	04/08/1992
15	巴巴多斯	(1)、(3)		16/03/1993（*）	14/06/1993
16	白俄罗斯	(2)	29/12/1958	15/11/1960	13/02/1961
17	比利时	(1)	10/06/1958	18/08/1975	16/11/1975
18	贝宁			16/05/1974（*）	14/08/1974
19	不丹	(1)、(3)		25/09/2014（*）	24/12/2014
20	玻利维亚（多民族国）			28/04/1995（*）	27/07/1995
21	波斯尼亚和黑塞哥维那	(1)、(3)、(9)		01/09/1993（§）	06/03/1992
22	博茨瓦纳	(1)、(3)		20/12/1971（*）	19/03/1972
23	巴西			07/06/2002（*）	05/09/2002
24	文莱达鲁萨兰国	(1)		25/07/1996（*）	23/10/1996
25	保加利亚	(1)、(2)	17/12/1958	10/10/1961	08/01/1962

---

① https：//uncitral.un.org/zh/texts/arbitration/conventions/foreign_arbitral_awards/status2，2019 年 9 月 17 日最后访问。

序号	国家	注	签字日期	批准、加入（＊）、核准（†）、接受（‡）或继承（§）	生效日期
26	布基纳法索			23/03/1987（＊）	21/06/1987
27	布隆迪	（3）		23/06/2014（＊）	21/09/2014
28	佛得角			22/03/2018（＊）	20/06/2018
29	柬埔寨			05/01/1960（＊）	04/04/1960
30	喀麦隆			19/02/1988（＊）	19/05/1988
31	加拿大	（4）		12/05/1986（＊）	10/08/1986
32	中非共和国	（1）、（3）		15/10/1962（＊）	13/01/1963
33	智利			04/09/1975（＊）	03/12/1975
34	中国	（1）、（3）、（8）		22/01/1987（＊）	22/04/1987
35	哥伦比亚			25/09/1979（＊）	24/12/1979
36	科摩罗			28/04/2015（＊）	27/07/2015
37	库克群岛			12/01/2009（＊）	12/04/2009
38	哥斯达黎加		10/06/1958	26/10/1987	24/01/1988
39	科特迪瓦			01/02/1991（＊）	02/05/1991
40	克罗地亚	（1）、（3）、（9）		26/07/1993（§）	08/10/1991
41	古巴	（1）、（3）		30/12/1974（＊）	30/03/1975
42	塞浦路斯	（1）、（3）		29/12/1980（＊）	29/03/1981
43	捷克	（1）、（2）		30/09/1993（§）	01/01/1993
44	刚果民主共和国			05/11/2014（＊）	03/02/2015
45	丹麦	（1）、（3）、（6）		22/12/1972（＊）	22/03/1973
46	吉布提	（1）、（3）		14/06/1983（§）	27/06/1977
47	多米尼克			28/10/1988（＊）	26/01/1989
48	多米尼加			11/04/2002（＊）	10/07/2002
49	厄瓜多尔	（1）、（3）	17/12/1958	03/01/1962	03/04/1962
50	埃及			09/03/1959（＊）	07/06/1959
51	萨尔瓦多		10/06/1958	26/02/1998	27/05/1998
52	爱沙尼亚			30/08/1993（＊）	28/11/1993
53	斐济			27/09/2010（＊）	26/12/2010
54	芬兰		29/12/1958	19/01/1962	19/04/1962
55	法国	（1）	25/11/1958	26/06/1959	24/09/1959
56	加蓬			15/12/2006（＊）	15/03/2007
57	格鲁吉亚			02/06/1994（＊）	31/08/1994
58	德国		10/06/1958	30/06/1961	28/09/1961

续表

序号	国家	注	签字日期	批准、加入（*）、核准（†）、接受（‡）或继承（§）	生效日期
59	加纳			09/04/1968（*）	08/07/1968
60	希腊	(1)、(3)		16/07/1962（*）	14/10/1962
61	危地马拉	(1)、(3)		21/03/1984（*）	19/06/1984
62	几内亚			23/01/1991（*）	23/04/1991
63	圭亚那			25/09/2014（*）	24/12/2014
64	海地			05/12/1983（*）	04/03/1984
65	教廷	(1)、(3)		14/05/1975（*）	12/08/1975
66	洪都拉斯	(1)、(3)		03/10/2000（*）	01/01/2001
67	匈牙利	(1)、(3)		05/03/1962（*）	03/06/1962
68	冰岛			24/01/2002（*）	24/04/2002
69	印度	(1)、(3)	10/06/1958	13/07/1960	11/10/1960
70	印度尼西亚	(1)、(3)		07/10/1981（*）	05/01/1982
71	伊朗（伊斯兰共和国）	(1)、(3)		15/10/2001（*）	13/01/2002
72	爱尔兰	(1)		12/05/1981（*）	10/08/1981
73	以色列		10/06/1958	05/01/1959	07/06/1959
74	意大利			31/01/1969（*）	01/05/1969
75	牙买加	(1)、(3)		10/07/2002（*）	08/10/2002
76	日本	(1)		20/06/1961（*）	18/09/1961
77	约旦		10/06/1958	15/11/1979	13/02/1980
78	哈萨克斯坦			20/11/1995（*）	18/02/1996
79	肯尼亚	(1)		10/02/1989（*）	11/05/1989
80	科威特	(1)		28/04/1978（*）	27/07/1978
81	吉尔吉斯斯坦			18/12/1996（*）	18/03/1997
82	老挝人民民主共和国			17/06/1998（*）	15/09/1998
83	拉脱维亚			14/04/1992（*）	13/07/1992
84	黎巴嫩	(1)		11/08/1998（*）	09/11/1998
85	莱索托			13/06/1989（*）	11/09/1989
86	利比里亚			16/09/2005（*）	15/12/2005
87	列支敦士登	(1)		07/07/2011（*）	05/10/2011
88	立陶宛	(2)		14/03/1995（*）	12/06/1995
89	卢森堡	(1)	11/11/1958	09/09/1983	08/12/1983
90	马达加斯加	(1)、(3)		16/07/1962（*）	14/10/1962
91	马来西亚	(1)、(3)		05/11/1985（*）	03/02/1986

序号	国家	注	签字日期	批准、加入（＊）、核准（†）、接受（‡）或继承（§）	生效日期
92	马里			08/09/1994（＊）	07/12/1994
93	马耳他	（1）、（9）		22/06/2000（＊）	20/09/2000
94	马绍尔群岛			21/12/2006（＊）	21/03/2007
95	毛里塔尼亚			30/01/1997（＊）	30/04/1997
96	毛里求斯			19/06/1996（＊）	17/09/1996
97	墨西哥			14/04/1971（＊）	13/07/1971
98	摩纳哥	（1）、（3）	31/12/1958	02/06/1982	31/08/1982
99	蒙古	（1）、（3）		24/10/1994（＊）	22/01/1995
100	黑山	（1）、（3）、（9）		23/10/2006（§）	03/06/2006
101	摩洛哥	（1）		12/02/1959（＊）	07/06/1959
102	莫桑比克	（1）		11/06/1998（＊）	09/09/1998
103	缅甸			16/04/2013（＊）	15/07/2013
104	尼泊尔	（1）、（3）		04/03/1998（＊）	02/06/1998
105	荷兰	（1）、（5）	10/06/1958	24/04/1964	23/07/1964
106	新西兰	（1）		06/01/1983（＊）	06/04/1983
107	尼加拉瓜			24/09/2003（＊）	23/12/2003
108	尼日尔			14/10/1964（＊）	12/01/1965
109	尼日利亚	（1）、（3）		17/03/1970（＊）	15/06/1970
110	挪威	（1）、（10）		14/03/1961（＊）	12/06/1961
111	阿曼			25/02/1999（＊）	26/05/1999
112	巴基斯坦	（1）	30/12/1958	14/07/2005	12/10/2005
113	巴拿马			10/10/1984（＊）	08/01/1985
114	巴布亚新几内亚			17/07/2019（＊）	15/10/2019
115	巴拉圭			08/10/1997（＊）	06/01/1998
116	秘鲁			07/07/1988（＊）	05/10/1988
117	菲律宾	（1）、（3）	10/06/1958	06/07/1967	04/10/1967
118	波兰	（1）、（3）	10/06/1958	03/10/1961	01/01/1962
119	葡萄牙	（1）		18/10/1994（＊）	16/01/1995
120	卡塔尔			30/12/2002（＊）	30/03/2003
121	大韩民国	（1）、（3）		08/02/1973（＊）	09/05/1973
122	摩尔多瓦共和国	（1）、（9）		18/09/1998（＊）	17/12/1998
123	罗马尼亚	（1）、（2）、（3）		13/09/1961（＊）	12/12/1961
124	俄罗斯联邦	（2）	29/12/1958	24/08/1960	22/11/1960

序号	国家	注	签字日期	批准、加入（*）、核准（†）、接受（‡）或继承（§）	生效日期
125	卢旺达			31/10/2008（*）	29/01/2009
126	圣文森特和格林纳丁斯	(1)、(3)		12/09/2000（*）	11/12/2000
127	圣马力诺			17/05/1979（*）	15/08/1979
128	圣多美和普林西比			20/11/2012（*）	18/02/2013
129	沙特阿拉伯	(1)		19/04/1994（*）	18/07/1994
130	塞内加尔			17/10/1994（*）	15/01/1995
131	塞尔维亚	(1)、(3)、(9)		12/03/2001（§）	27/04/1992
132	新加坡	(1)		21/08/1986（*）	19/11/1986
133	斯洛伐克	(1)、(2)		28/05/1993（§）	01/01/1993
134	斯洛文尼亚	(9)		06/07/1992（§）	25/06/1991
135	南非			03/05/1976（*）	01/08/1976
136	西班牙			12/05/1977（*）	10/08/1977
137	斯里兰卡		30/12/1958	09/04/1962	08/07/1962
138	巴勒斯坦国			02/01/2015（*）	02/04/2015
139	苏丹			26/03/2018（*）	24/06/2018
140	瑞典		23/12/1958	28/01/1972	27/04/1972
141	瑞士		29/12/1958	01/06/1965	30/08/1965
142	阿拉伯叙利亚共和国			09/03/1959（*）	07/06/1959
143	塔吉克斯坦	(1)、(9)、(10)		14/08/2012（*）	12/11/2012
144	泰国			21/12/1959（*）	20/03/1960
145	前南斯拉夫的马其顿共和国	(3)、(9)		10/03/1994（§）	17/11/1991
146	特立尼达和多巴哥	(1)、(3)		14/02/1966（*）	15/05/1966
147	突尼斯	(1)、(3)		17/07/1967（*）	15/10/1967
148	土耳其	(1)、(3)		02/07/1992（*）	30/09/1992
149	乌干达	(1)		12/02/1992（*）	12/05/1992
150	乌克兰	(2)	29/12/1958	10/10/1960	08/01/1961
151	阿拉伯联合酋长国			21/08/2006（*）	19/11/2006
152	大不列颠及北爱尔兰联合王国	(1)、(7)		24/09/1975（*）	23/12/1975
153	坦桑尼亚联合共和国	(1)		13/10/1964（*）	11/01/1965
154	美利坚合众国	(1)、(3)		30/09/1970（*）	29/12/1970
155	乌拉圭			30/03/1983（*）	28/06/1983

序号	国家	注	签字日期	批准、加入（＊）、核准（†）、接受（‡）或继承（§）	生效日期
156	乌兹别克斯坦			07/02/1996（＊）	07/05/1996
157	委内瑞拉（玻利瓦尔共和国）	（1）、（3）		08/02/1995（＊）	09/05/1995
158	越南	（1）、（2）、（3）		12/09/1995（＊）	11/12/1995
159	赞比亚			14/03/2002（＊）	12/06/2002
160	津巴布韦			29/09/1994（＊）	28/12/1994

注：

根据第一条第3款和第十条第1款作出的声明或发出的其他通知

（1）该国适用《公约》仅限于承认和执行在另一个缔约国领土上作出的裁决。

（2）对非缔约国领土上做出的裁决，该国适用《公约》仅限于提供互惠待遇的那些国家。

（3）该国适用《公约》仅限于根据国内法被认为属于商业性质而无论是否属于合同性质的任何问题在法律关系上所产生的分歧。

（4）加拿大声明，加拿大适用《公约》仅限于根据加拿大法律被认为属于商业性质而无论是否属于合同性质的任何问题在法律关系上所产生的分歧，但魁北克省除外，该省法律没有规定这种限制。

（5）1964年4月24日，荷兰声明将《公约》适用于荷属安的列斯群岛。

（6）1976年2月10日，丹麦声明将《公约》适用于法罗群岛和格陵兰岛。

（7）2014年2月24日，联合王国提交一项通知，将《公约》的地域适用范围扩展到英属维尔京群岛。联合王国提交了关于下述领地的通知，其中扩大了地域适用范围，并声明《公约》只应适用于承认和执行在另一缔约国境内作出的裁决：直布罗陀（1975年9月24日）、马恩岛（1979年2月22日）、百慕大（1979年11月14日）、开曼群岛（1980年11月26日）、格恩西岛（1985年4月19日）、泽西辖区（2002年5月28日）。

（8）中国政府于1997年7月1日恢复对香港的主权后，立即按照中国加入《公约》之初所作的声明，将《公约》的领土适用范围延伸至中国香港特别行政区。2005年7月19日，中国宣布，按照中国加入《公约》之初所作的声明，《公约》适用于中国澳门特别行政区。

保留或其他通知

（9）该国在《公约》的追溯适用方面提出了保留。

（10）该国在涉及不动产的案件中适用《公约》方面提出了保留。

附录九 《关于解决国家与他国国民之间投资争端公约》签署国与缔约国名单

（名单来源于世界银行网站①，数据截至 2019 年 4 月 12 日）

截至 2019 年 4 月 12 日，163 个国家签署了《华盛顿公约》，其中 154 个国家已交存批准文书。

《关于解决国家与他国国民之间投资争端公约》签署国缔约国名单　　附表 9-1

序号	国家	签署日期	批准文书交存日期	生效日期
1	阿富汗	1966 年 9 月 30 日	1968 年 6 月 25 日	1968 年 7 月 25 日
2	阿尔巴尼亚	1991 年 10 月 15 日	1991 年 10 月 15 日	1991 年 11 月 14 日
3	阿尔及利亚	1995 年 4 月 17 日	1996 年 2 月 21 日	1996 年 3 月 22 日
4	阿根廷	1991 年 5 月 21 日	1994 年 10 月 19 日	1994 年 11 月 18 日
5	亚美尼亚	1992 年 9 月 16 日	1992 年 9 月 16 日	1992 年 10 月 16 日
6	澳大利亚	1975 年 3 月 24 日	1991 年 5 月 2 日	1991 年 6 月 1 日
7	奥地利	1966 年 5 月 17 日	1971 年 5 月 25 日	1971 年 6 月 24 日
8	阿塞拜疆	1992 年 9 月 18 日	1992 年 9 月 18 日	1992 年 10 月 18 日
9	巴哈马群岛	1995 年 10 月 19 日	1995 年 10 月 19 日	1995 年 11 月 18 日
10	巴林	1995 年 9 月 22 日	1996 年 2 月 14 日	1996 年 3 月 15 日
11	孟加拉国	1979 年 11 月 20 日	1980 年 3 月 27 日	1980 年 4 月 26 日
12	巴巴多斯	1981 年 5 月 13 日	1983 年 11 月 1 日	1983 年 12 月 1 日
13	白俄罗斯	1992 年 7 月 10 日	1992 年 7 月 10 日	1992 年 8 月 9 日
14	比利时	1965 年 12 月 15 日	1970 年 8 月 27 日	1970 年 9 月 26 日
15	伯利兹	1986 年 12 月 19 日		
16	贝宁	1965 年 9 月 10 日	1966 年 9 月 6 日	1966 年 10 月 14 日
17	波斯尼亚和黑塞哥维那	1997 年 4 月 25 日	1997 年 5 月 14 日	1997 年 6 月 13 日
18	博茨瓦纳	1970 年 1 月 15 日	1970 年 1 月 15 日	1970 年 2 月 14 日
19	文莱	2002 年 9 月 16 日	2002 年 9 月 16 日	2002 年 10 月 16 日
20	保加利亚	2000 年 3 月 21 日	2001 年 4 月 13 日	2001 年 5 月 13 日
21	布基纳法索	1965 年 9 月 16 日	1966 年 8 月 29 日	1966 年 10 月 14 日

① 世界银行网站，https : //icsid.worldbank.org/en/Documents/icsiddocs/List%20of%20Contracting%20States%20and%20Other%20Signatories%20of%20the%20Convention%20-%20Latest.pdf，2019 年 9 月 19 日最后访问。

序号	国家	签署日期	批准文书交存日期	生效日期
22	布隆迪	1967 年 2 月 17 日	1969 年 11 月 5 日	1969 年 12 月 5 日
23	佛得角	2010 年 12 月 20 日	2010 年 12 月 27 日	2011 年 1 月 26 日
24	柬埔寨	1993 年 11 月 5 日	2004 年 12 月 20 日	2005 年 1 月 19 日
25	喀麦隆	1965 年 9 月 23 日	1967 年 1 月 3 日	1967 年 2 月 2 日
26	加拿大	2006 年 12 月 15 日	2013 年 11 月 1 日	2013 年 12 月 1 日
27	中非共和国	1965 年 8 月 26 日	1966 年 2 月 23 日	1966 年 10 月 14 日
28	乍得	1966 年 5 月 12 日	1966 年 8 月 29 日	1966 年 10 月 14 日
29	智利	1991 年 1 月 25 日	1991 年 9 月 24 日	1991 年 10 月 24 日
30	中国	1990 年 2 月 9 日	1993 年 1 月 7 日	1993 年 2 月 6 日
31	哥伦比亚	1993 年 5 月 18 日	1997 年 7 月 15 日	1997 年 8 月 14 日
32	科摩罗	1978 年 9 月 26 日	1978 年 11 月 7 日	1978 年 12 月 7 日
33	刚果民主共和国	1968 年 10 月 29 日	1970 年 4 月 29 日	1970 年 5 月 29 日
34	刚果共和国	1965 年 12 月 27 日	1966 年 6 月 23 日	1966 年 10 月 14 日
35	哥斯达黎加	1981 年 9 月 29 日	1993 年 4 月 27 日	1993 年 5 月 27 日
36	科特迪瓦	1965 年 6 月 30 日	1966 年 2 月 16 日	1966 年 10 月 14 日
37	克罗地亚	1997 年 6 月 16 日	1998 年 9 月 22 日	1998 年 10 月 22 日
38	塞浦路斯	1966 年 3 月 9 日	1966 年 11 月 25 日	1966 年 12 月 25 日
39	捷克共和国	1993 年 3 月 23 日	1993 年 3 月 23 日	1993 年 4 月 22 日
40	丹麦	1965 年 10 月 11 日	1968 年 4 月 24 日	1968 年 5 月 24 日
41	吉布提	2019 年 4 月 12 日		
42	多米尼加共和国	2000 年 3 月 20 日		
43	埃及	1972 年 2 月 11 日	1972 年 5 月 3 日	1972 年 6 月 2 日
44	萨尔瓦多	1982 年 6 月 9 日	1984 年 3 月 6 日	1984 年 4 月 5 日
45	爱沙尼亚	1992 年 6 月 23 日	1992 年 6 月 23 日	1992 年 7 月 23 日
46	斯威士兰	1970 年 11 月 3 日	1971 年 6 月 14 日	1971 年 7 月 14 日
47	埃塞俄比亚	1965 年 9 月 21 日		
48	斐济	1977 年 7 月 1 日	1977 年 8 月 11 日	1977 年 9 月 10 日
49	芬兰	1967 年 7 月 14 日	1969 年 1 月 9 日	1969 年 2 月 8 日
50	法国	1965 年 12 月 22 日	1967 年 8 月 21 日	1967 年 9 月 20 日
51	加蓬	1965 年 9 月 21 日	1966 年 4 月 4 日	1966 年 10 月 14 日
52	冈比亚	1974 年 10 月 1 日	1974 年 12 月 27 日	1975 年 1 月 26 日
53	格鲁吉亚	1992 年 8 月 7 日	1992 年 8 月 7 日	1992 年 9 月 6 日
54	德国	1966 年 1 月 27 日	1969 年 4 月 18 日	1969 年 5 月 18 日
55	加纳	1965 年 11 月 26 日	1966 年 7 月 13 日	1966 年 10 月 14 日

序号	国家	签署日期	批准文书交存日期	生效日期
56	希腊	1966 年 3 月 16 日	1969 年 4 月 21 日	1969 年 5 月 21 日
57	格林纳达	1991 年 5 月 24 日	1991 年 5 月 24 日	1991 年 6 月 23 日
58	危地马拉	1995 年 11 月 9 日	2003 年 1 月 21 日	2003 年 2 月 20 日
59	几内亚	1968 年 8 月 27 日	1968 年 11 月 4 日	1968 年 12 月 4 日
60	几内亚比绍	1991 年 9 月 4 日		
61	圭亚那	1969 年 7 月 3 日	1969 年 7 月 11 日	1969 年 8 月 10 日
62	海地	1985 年 1 月 30 日	2009 年 10 月 27 日	2009 年 11 月 26 日
63	洪都拉斯	1986 年 5 月 28 日	1989 年 2 月 14 日	1989 年 3 月 16 日
64	匈牙利	1986 年 10 月 1 日	1987 年 2 月 4 日	1987 年 3 月 6 日
65	冰岛	1966 年 7 月 25 日	1966 年 7 月 25 日	1966 年 10 月 14 日
66	印度尼西亚	1968 年 2 月 16 日	1968 年 9 月 28 日	1968 年 10 月 28 日
67	伊拉克	2015 年 11 月 17 日	2015 年 11 月 17 日	2015 年 12 月 17 日
68	爱尔兰	1966 年 8 月 30 日	1981 年 4 月 7 日	1981 年 5 月 7 日
69	以色列	1980 年 6 月 16 日	1983 年 6 月 22 日	1983 年 7 月 22 日
70	意大利	1965 年 11 月 18 日	1971 年 3 月 29 日	1971 年 4 月 28 日
71	牙买加	1965 年 6 月 23 日	1966 年 9 月 9 日	1966 年 10 月 14 日
72	日本	1965 年 9 月 23 日	1967 年 8 月 17 日	1967 年 9 月 16 日
73	约旦	1972 年 7 月 14 日	1972 年 10 月 30 日	1972 年 11 月 29 日
74	哈萨克斯坦	1992 年 7 月 23 日	2000 年 9 月 21 日	2000 年 10 月 21 日
75	肯尼亚	1966 年 5 月 24 日	1967 年 1 月 3 日	1967 年 2 月 2 日
76	韩国	1966 年 4 月 18 日	1967 年 2 月 21 日	1967 年 3 月 23 日
77	科索沃	2009 年 6 月 29 日	2009 年 6 月 29 日	2009 年 6 月 29 日
78	科威特	1978 年 2 月 9 日	1979 年 2 月 2 日	1979 年 3 月 4 日
79	吉尔吉斯	1995 年 6 月 9 日		
80	拉脱维亚	1997 年 8 月 8 日	1997 年 8 月 8 日	1997 年 9 月 7 日
81	黎巴嫩	2003 年 3 月 26 日	2003 年 3 月 26 日	2003 年 4 月 25 日
82	莱索托	1968 年 9 月 19 日	1969 年 7 月 8 日	1969 年 8 月 7 日
83	利比里亚	1965 年 9 月 3 日	1970 年 6 月 16 日	1970 年 7 月 16 日
84	立陶宛	1992 年 7 月 6 日	1992 年 7 月 6 日	1992 年 8 月 5 日
85	卢森堡	1965 年 9 月 28 日	1970 年 7 月 30 日	1970 年 8 月 29 日
86	马达加斯加	1966 年 6 月 1 日	1966 年 9 月 6 日	1966 年 10 月 14 日
87	马拉维	1966 年 6 月 9 日	1966 年 8 月 23 日	1966 年 10 月 14 日
88	马来西亚	1965 年 10 月 22 日	1966 年 8 月 8 日	1966 年 10 月 14 日
89	马里	1976 年 4 月 9 日	1978 年 1 月 3 日	1978 年 2 月 2 日

序号	国家	签署日期	批准文书交存日期	生效日期
90	马耳他	2002 年 4 月 24 日	2003 年 11 月 3 日	2003 年 12 月 3 日
91	毛里塔尼亚	1965 年 7 月 30 日	1966 年 1 月 11 日	1966 年 10 月 14 日
92	毛里求斯	1969 年 6 月 2 日	1969 年 6 月 2 日	1969 年 7 月 2 日
93	墨西哥	2018 年 1 月 11 日	2018 年 7 月 27 日	2018 年 8 月 26 日
94	密克罗尼西亚联邦	1993 年 6 月 24 日	1993 年 6 月 24 日	1993 年 7 月 24 日
95	摩尔多瓦	1992 年 8 月 12 日	2011 年 5 月 5 日	2011 年 6 月 4 日
96	蒙古	1991 年 6 月 14 日	1991 年 6 月 14 日	1991 年 7 月 14 日
97	黑山	2012 年 7 月 19 日	2013 年 4 月 10 日	2013 年 5 月 10 日
98	摩洛哥	1965 年 10 月 11 日	1967 年 5 月 11 日	1967 年 6 月 10 日
99	莫桑比克	1995 年 4 月 4 日	1995 年 6 月 7 日	1995 年 7 月 7 日
100	纳米比亚	1998 年 10 月 26 日		
101	瑙鲁	2016 年 4 月 12 日	2016 年 4 月 12 日	2016 年 5 月 12 日
102	尼泊尔	1965 年 9 月 28 日	1969 年 1 月 7 日	1969 年 2 月 6 日
103	荷兰	1966 年 5 月 25 日	1966 年 9 月 14 日	1966 年 10 月 14 日
104	新西兰	1970 年 9 月 2 日	1980 年 4 月 2 日	1980 年 5 月 2 日
105	尼加拉瓜	1994 年 2 月 4 日	1995 年 3 月 20 日	1995 年 4 月 19 日
106	尼日尔	1965 年 8 月 23 日	1966 年 11 月 14 日	1966 年 12 月 14 日
107	尼日利亚	1965 年 7 月 13 日	1965 年 8 月 23 日	1966 年 10 月 14 日
108	北马其顿	1998 年 9 月 16 日	1998 年 10 月 27 日	1998 年 11 月 26 日
109	挪威	1966 年 6 月 24 日	1967 年 8 月 16 日	1967 年 9 月 15 日
110	阿曼	1995 年 5 月 5 日	1995 年 7 月 24 日	1995 年 8 月 23 日
111	巴基斯坦	1965 年 7 月 6 日	1966 年 9 月 15 日	1966 年 10 月 15 日
112	巴拿马	1995 年 11 月 22 日	1996 年 4 月 8 日	1996 年 5 月 8 日
113	巴布亚新几内亚	1978 年 10 月 20 日	1978 年 10 月 20 日	1978 年 11 月 19 日
114	巴拉圭	1981 年 7 月 27 日	1983 年 1 月 7 日	1983 年 2 月 6 日
115	秘鲁	1991 年 9 月 4 日	1993 年 8 月 9 日	1993 年 9 月 8 日
116	菲律宾	1978 年 9 月 26 日	1978 年 11 月 17 日	1978 年 12 月 17 日
117	葡萄牙	1983 年 8 月 4 日	1984 年 7 月 2 日	1984 年 8 月 1 日
118	卡塔尔	2010 年 9 月 30 日	2010 年 12 月 21 日	2011 年 1 月 20 日
119	罗马尼亚	1974 年 9 月 6 日	1975 年 9 月 12 日	1975 年 10 月 12 日
120	俄罗斯联邦	1992 年 6 月 16 日		
121	卢旺达	1978 年 4 月 21 日	1979 年 10 月 15 日	1979 年 11 月 14 日
122	萨摩亚	1978 年 2 月 3 日	1978 年 4 月 25 日	1978 年 5 月 25 日
123	圣马力诺	2014 年 4 月 11 日	2015 年 4 月 18 日	2015 年 5 月 18 日

序号	国家	签署日期	批准文书交存日期	生效日期
124	圣多美和普林西比	1999 年 10 月 1 日	2013 年 5 月 20 日	2013 年 6 月 19 日
125	沙特阿拉伯	1979 年 9 月 28 日	1980 年 5 月 8 日	1980 年 6 月 7 日
126	塞内加尔	1966 年 9 月 26 日	1967 年 4 月 21 日	1967 年 5 月 21 日
127	塞尔维亚	2007 年 5 月 9 日	2007 年 5 月 9 日	2007 年 6 月 8 日
128	塞舌尔	1978 年 2 月 16 日	1978 年 3 月 20 日	1978 年 4 月 19 日
129	塞拉利昂	1965 年 9 月 27 日	1966 年 8 月 2 日	1966 年 10 月 14 日
130	新加坡	1968 年 2 月 2 日	1968 年 10 月 14 日	1968 年 11 月 13 日
131	斯洛伐克共和国	1993 年 9 月 27 日	1994 年 5 月 27 日	1994 年 6 月 26 日
132	斯洛文尼亚	1994 年 3 月 7 日	1994 年 3 月 7 日	1994 年 4 月 6 日
133	所罗门群岛	1979 年 11 月 12 日	1981 年 9 月 8 日	1981 年 10 月 8 日
134	索马里	1965 年 9 月 27 日	1968 年 2 月 29 日	1968 年 3 月 30 日
135	南苏丹	2012 年 4 月 18 日	2012 年 4 月 18 日	2012 年 5 月 18 日
136	西班牙	1994 年 3 月 21 日	1994 年 8 月 18 日	1994 年 9 月 17 日
137	斯里兰卡	1967 年 8 月 30 日	1967 年 10 月 12 日	1967 年 11 月 11 日
138	圣基茨和尼维斯	1994 年 10 月 14 日	1995 年 8 月 4 日	1995 年 9 月 3 日
139	圣卢西亚	1984 年 6 月 4 日	1984 年 6 月 4 日	1984 年 7 月 4 日
140	圣文森特和格林纳丁斯	2001 年 8 月 7 日	2002 年 12 月 16 日	2003 年 1 月 15 日
141	苏丹	1967 年 3 月 15 日	1973 年 4 月 9 日	1973 年 5 月 9 日
142	瑞典	1965 年 9 月 25 日	1966 年 12 月 29 日	1967 年 1 月 28 日
143	瑞士	1967 年 9 月 22 日	1968 年 5 月 15 日	1968 年 6 月 14 日
144	叙利亚	2005 年 5 月 25 日	2006 年 1 月 25 日	2006 年 2 月 24 日
145	坦桑尼亚	1992 年 1 月 10 日	1992 年 5 月 18 日	1992 年 6 月 17 日
146	泰国	1985 年 12 月 6 日		
147	东帝汶	2002 年 7 月 23 日	2002 年 7 月 23 日	2002 年 8 月 22 日
148	多哥	1966 年 1 月 24 日	1967 年 8 月 11 日	1967 年 9 月 10 日
149	汤加	1989 年 5 月 1 日	1990 年 3 月 21 日	1990 年 4 月 20 日
150	特立尼达和多巴哥	1966 年 10 月 5 日	1967 年 1 月 3 日	1967 年 2 月 2 日
151	突尼斯	1965 年 5 月 5 日	1966 年 6 月 22 日	1966 年 10 月 14 日
152	土耳其	1987 年 6 月 24 日	1989 年 3 月 3 日	1989 年 4 月 2 日
153	土库曼斯坦	1992 年 9 月 26 日	1992 年 9 月 26 日	1992 年 10 月 26 日
154	乌干达	1966 年 6 月 7 日	1966 年 6 月 7 日	1966 年 10 月 14 日
155	乌克兰	1998 年 4 月 3 日	2000 年 6 月 7 日	2000 年 7 月 7 日
156	阿拉伯联合酋长国	1981 年 12 月 23 日	1981 年 12 月 23 日	1982 年 1 月 22 日
157	英国	1965 年 5 月 26 日	1966 年 12 月 19 日	1967 年 1 月 18 日

序号	国家	签署日期	批准文书交存日期	生效日期
158	美国	1965 年 8 月 27 日	1966 年 6 月 10 日	1966 年 10 月 14 日
159	乌拉圭	1992 年 5 月 28 日	2000 年 8 月 9 日	2000 年 9 月 8 日
160	乌兹别克斯坦	1994 年 3 月 17 日	1995 年 7 月 26 日	1995 年 8 月 25 日
161	也门共和国	1997 年 10 月 28 日	2004 年 10 月 21 日	2004 年 11 月 20 日
162	赞比亚	1970 年 6 月 17 日	1970 年 6 月 17 日	1970 年 7 月 17 日
163	津巴布韦	1991 年 3 月 25 日	1994 年 5 月 20 日	1994 年 6 月 19 日

注：

（1）玻利维亚共和国政府于 1991 年 5 月 3 日签署了公约，并于 1995 年 6 月 23 日交存了批准文书。该公约于 1995 年 7 月 23 日对玻利维亚生效。2007 年 5 月 2 日，保存人收到玻利维亚退出公约的书面通知。根据"公约"第 71 条，退出于收到玻利维亚通知 6 个月后生效，即 2007 年 11 月 3 日。

（2）厄瓜多尔共和国政府于 1986 年 1 月 15 日签署了公约，并在同一天交存了批准文书。该公约于 1986 年 2 月 14 日对厄瓜多尔生效。2009 年 7 月 6 日，保存人收到厄瓜多尔退出公约的书面通知。根据"公约"第 71 条，退约生效收到厄瓜多尔通知后六个月，即 2010 年 1 月 7 日。

（3）委内瑞拉玻利瓦尔共和国政府于 1993 年 8 月 18 日签署了公约，并于 1995 年 5 月 2 日交存了批准文书。该公约于 1995 年 6 月 1 日对委内瑞拉玻利瓦尔共和国生效。2012 年 1 月 24 日，保存人收到了委内瑞拉共和国退出公约的书面通知。根据"公约"第 71 条，退出于收到通知 6 个月后生效，即 2012 年 7 月 25 日。

附录十 最高人民法院、外交部、司法部等部门颁布的关于国际民商事司法协助、涉港澳台司法协助的法律文件

最高人民法院、外交部、司法部等部门颁布的关于国际民商事
司法协助的法律文件

附表 10-1

序号	法律文件名称	颁布单位	文号	颁布日期
1	关于我国法院和外国法院通过外交途径相互委托送达法律文书若干问题的通知	最高人民法院、外交部司法部	外发〔1986〕47号	1986年8月14日
2	关于执行我国加入的《承认及执行外国仲裁裁决公约》的通知	最高人民法院	法（经）发〔1987〕5号	1987年4月10日
3	关于我国法院和外国法院通过外交途径相互委托送达法律文书和调查取证收费的通知	最高人民法院、外交部、司法部	外领五函〔1990〕4号	1990年1月9日
4	关于执行《关于向国外送达民事或商事司法文书和司法外文书公约》有关程序的通知	最高人民法院、外交部、司法部	外发〔1992〕8号	1992年3月4日
5	关于印发《关于执行海牙送达公约的实施办法》的通知	司法部、最高人民法院、外交部	司发通〔1992〕093号	1992年9月19日
6	关于我国法院接受外国法院通过外交途径委托送达法律文书和调查取证收费的通知	最高人民法院、外交部、司法部	外发〔1992〕18号	1992年6月11日
7	最高人民法院办公厅转发外交部条约法律司《关于我国与有关国家司法协助条约生效情况的通知》的通知	最高人民法院	法办〔1994〕50号	1994年7月5日
8	关于终止地方法院与国外地方法院司法部门司法协助协议的通知	最高人民法院	法〔1995〕4号	1995年1月28日
9	关于我国人民法院应否承认和执行日本国法院具有债权债务内容裁判的复函	最高人民法院	〔1995〕民他字第17号	1995年6月26日
10	最高人民法院关于承认和执行外国仲裁裁决收费及审查期限问题的规定	最高人民法院	法释〔1998〕28号	1998年11月14日
11	关于向外国公司送达司法文书能否向其驻华代表机构送达并适用留置送达问题的批复	最高人民法院	法释〔2002〕15号	2002年6月18日

序号	法律文件名称	颁布单位	文 号	颁布日期
12	最高人民法院办公厅关于就外国执行民商事文书送达收费事项的通知	最高人民法院	法办〔2003〕242 号	2003 年 7 月 28 日
13	关于指定北京市、上海市、广东省、浙江省、江苏省高级人民法院依据海牙送达公约和海牙取证公约直接向外国中央机关提出和转递司法协助请求和相关材料的通知	最高人民法院	法办〔2003〕297 号	2003 年 9 月 23 日
14	最高人民法院关于涉外民事或商事案件司法文书送达问题若干规定	最高人民法院	法释〔2006〕5 号	2006 年 8 月 10 日
15	最高人民法院关于依据国际公约和双边司法协助条约办理民商事案件司法文书送达和调查取证司法协助请求的规定	最高人民法院	法释〔2013〕11 号	2013 年 4 月 7 日
16	关于依据国际公约和双边司法协助条约办理民商事案件司法文书送达和调查取证司法协助请求的规定实施细则（试行）	最高人民法院	法发〔2013〕6 号	2013 年 4 月 7 日
17	最高人民法院关于对国外仲裁机构的裁决申请承认和申请执行是否应一并提出问题的请示的复函	最高人民法院	〔2013〕民四他字第 43 号	2013 年 7 月 30 日

最高人民法院颁布的涉港澳台司法协助的法律文件   附表 10-2

序号	法律文件名称	颁布单位	文号	颁布日期
1	最高人民法院办公厅关于"送达公约"适用于香港的通知	最高人民法院	法办〔1992〕86 号	1992 年 7 月 15 日
2	最高人民法院关于内地与香港特别行政区法院相互委托送达民商事司法文书的安排	最高人民法院	法释〔1999〕9 号	1999 年 3 月 29 日
3	内地与澳门特别行政区关于相互认可和执行民商事判决的安排	最高人民法院	法释〔2006〕2 号	2006 年 3 月 21 日
4	最高人民法院关于涉港澳民商案件司法文书送达问题若干规定	最高人民法院	法释〔2009〕2 号	2009 年 3 月 9 日
5	关于内地与澳门特别行政区相互认可和执行仲裁裁决的安排	最高人民法院	法释〔2007〕17 号	2007 年 12 月 12 日
6	最高人民法院关于涉台民事诉讼文书送达的若干规定	最高人民法院	法释〔2008〕4 号	2008 年 4 月 17 日
7	最高人民法院关于进一步规范人民法院涉港澳台调查取证工作的通知	最高人民法院	法〔2011〕243 号	2011 年 8 月 7 日
8	最高人民法院关于人民法院办理海峡两岸送达文书和调查取证司法互助案件的规定	最高人民法院	法释〔2011〕15 号	2011 年 6 月 14 日
9	最高人民法院关于认可和执行台湾地区法院民事判决的规定	最高人民法院	法释〔2015〕13 号	2015 年 6 月 29 日
10	最高人民法院关于认可和执行台湾地区仲裁裁决的规定	最高人民法院	法释〔2015〕14 号	2015 年 6 月 29 日
11	最高人民法院关于进一步规范人民法院涉港调查取证司法协助工作的通知	最高人民法院	法〔2013〕26 号	2013 年 2 月 4 日
12	关于内地与香港特别行政区法院相互认可和执行民商事案件判决的安排	最高人民法院		2019 年 1 月 18 日
13	关于内地与香港特别行政区法院就仲裁程序相互协助保全的安排	最高人民法院		2019 年 9 月 26 日

附录十一　参编人员分工

章节	编写人员
第一章　国际工程合规与风控概述	耿超　金哲远　吕万里　滕桦楠（建纬上海总所）
第二章　国际工程的合规管理	刘思俣（建纬上海总所）
第三章　政治风险	朱亚　鲁忠江（建纬合肥分所）
第四章　经济风险	费本根　顾增平　林隐　童跃　陆宝成（建纬南京分所）　龙晓忠　张博　万妍玫　杨睿奇　江宝灵（建纬南昌分所）
第五章　法律风险	栗魁　徐海亮　侯伟华　王猛　张建伟　朱命强　吴娜丽　付莹　李灿（建纬郑州分所）　李硕（建纬包头分所）
第六章　项目相关方风险	林桢　林芳漩（建纬福州分所）　石鹏（建纬上海总所）
第七章　投标与缔约风险	张雪　王欢　潘天浩　李晨阳（建纬西安分所）　向锐（建纬上海总所）
第八章　合同管理与履约风险	陈少飞（建纬昆明分所）　张戈　张海涛（建纬武汉分所）　李靖祺（建纬上海总所）
第九章　计价和支付风险	何红霞　杨哲文　邓南平　裴敏　姚春华（建纬武汉分所）
第十章　不可抗力风险	戴勇坚　张彪（建纬长沙分所）　向锐（建纬上海总所）
第十一章　争议解决风险	彭丹（建纬深圳分所）
第十二章　工程保险和担保	陈沸　徐丹（建纬杭州分所）　张维帆（建纬上海总所）
附录	滕桦楠（建纬上海总所）
审稿人员	池红美　于智浮（建纬上海总所） 鲁忠江（建纬合肥分所） 张先庆（建纬南京分所） 万平　蔡颖（建纬南昌分所） 徐海亮　晋一巍（建纬郑州分所） 李硕（建纬包头分所） 林芳漩（建纬福州分所） 刘彦林　李晨阳（建纬西安分所） 陈少飞（建纬昆明分所） 张戈（建纬武汉分所） 戴勇坚　张彪（建纬长沙分所） 彭丹（建纬深圳分所） 徐丹（建纬杭州分所）

参考文献

［1］雷胜强.国际工程风险管理与保险.北京：中国建筑工业出版社，2012.

［2］梁静波.中国企业海外投资的政治风险与对策.求实，2013（4）.

［3］周平."一带一路"面临的地缘政治风险及其管控.探索与争鸣，2016（1）.

［4］黄丽娟，郭进."一带一路"战略面临的政治风险与中国的战略选择.青海社会科学，2017（1）.

［5］张晓磊，张二震."一带一路"沿线恐怖活动风险的贸易隔离效应.世界经济文汇，2017（1）.

［6］孙永生，吴永超.一带一路：中国海外利益安全风险防控.智库理论与实践，2017（12）.

［7］陈成.中国对外直接投资中的政治风险及其防范机制研究.中国市场，2013（46）.

［8］协天紫光，张亚斌，赵景峰.政治风险、投资者保护与中国 OFDI 选择——基于"一带一路"沿线国家数据的实证研究.经济问题探索，2017（7）.

［9］朱伟东.关于建立"一带一路"争端解决机制的思考.法治现代化研究，2018（3）.

［10］李猛."一带一路"中我国企业海外投资风险的法律防范及争端解决.中国流通经济，2018（8）.

［11］王小霞."一带一路"沿线国家投资环境不断改善.中国经济时报，2018 -5-7.

［12］方旖旎."一带一路"倡议下中国企业对海外直接投资国的风险评估.现代经济探讨，2016（1）.

［13］王军杰.论"一带一路"沿线投资政治风险的法律应对.现代法学，2018（3）.

［14］张健.国际工程承包政治风险应对策略研究.北京交通大学，2017，硕士学位论文.

［15］许勤华教授主编.2018"一带一路"能源资源投资政治风险评估报告.

［16］海外投资：中国需要自己的政治风险咨询公司.网易财经，http://money.163.com/15/0129/11/AH4EL57M00253B0H.html.

［17］汤吉军，陈俊龙.国有企业海外投资风险防范机制研究.国有经济评论，2015（7）.

［18］陈庆滨，陈相利.天津自贸区累计对外投资 171.7 亿美元，设"走出去"政治风险统保平台.http://www.cnr.cn/tj/jrtj/20161027/t20161027_523225979.shtml，2019-10-27 最后访问.

［19］商务部.中铁十四局集团公司在阿富汗承包的北部昆都士公路修复项目工地遭恐怖分子袭击.http://www.mofcom.gov.cn/article/ae/ai/200406/20040600232801.shtml；阿富汗昆都士公路项目举行竣工通车典礼仪式.http://af.mofcom.gov.cn/aarticle/jmxw/200607/20060702580322.html；2019-10-19.

［20］张心林.国际工程承包项目外汇风险管理——汇率风险产生环节及应对措施.国际商务财会，2011（8）.

［21］许朝阳，常晔，弓晶.我国与"一带一路"沿线国家金融合作现状、挑战及政策建议.西部金融，2018（3）.

［22］杨虹.对人民币国际化的思考——基于美元、日元、欧元国际化的比较.南京审计学院学报，2010（3）.

［23］易文雄.国际工程承包企业汇率风险及其管控策略.财经界（学术版），2016（17）.

［24］沈鑫刚，肖哲.如何运用金融工具规避外汇风险.经济视角（中旬刊），2011（9）.

［25］商务部.2017年度中国对外投资合作数据抢先看.http：//www.mofcom.gov.cn/article/i/jyjl/m/201801/20180102701507.shtml.

［26］中国对外承包工程商会.2017年对外承包工程行业回顾及展望.http：//www.chinca.org/CICA/info/18070914310111.

［27］高鸿业.西方经济学（宏观部分）.北京：中国人民大学出版社，2010.

［28］［美］N·格里高利·曼昆.宏观经济学.卢远瞩译.北京：中国人民大学出版社，2011.

［29］吕文学，刘学姣，游庆磊.国际工程中建筑材料价格的风险管理.国家经济合作，2009（8）.

［30］肖利民.国际工程承包项目风险预警研究.广州：华南理工大学出版社，2006.

［31］赵君华.EPC工程总承包项目的风险因素与风险管理.大陆桥视野，2012（8）.

［32］倪伟峰.中铁进军欧洲折戟波兰：怎样搞砸海外项目.新世纪，2011-7-25.

［33］中国驻老挝人民民主共和国大使馆经济商务参赞处.广东省水利水电第三工程局承建老挝万象市2号路工程项目正式交接.http：//la.mofcom.gov.cn/aarticle/jmxw/200403/20040300200879.html.

［34］孙鑫磊.企业管理中的资本风险管理研究.中国商贸，2010（20）.

［35］朱树英."一带一路"下的法律风险防控.施工企业管理，2017（3）.

［36］孙冰玉.浅谈海外工业园建设的风险因素.中国工程咨询，2017（3）.

［37］郭彤荔，伊日和.建立境外投资风险防控机制的思考.中国国土资源经济，2013（9）.

［38］李峰."一带一路"沿线国家的投资风险与应对策略.中国流通经济，2016（2）.

［39］吴茂伟，周晓娟.劳动合同法视角下的劳动用工风险防范.法制与社会，2015（11）.

［40］杨紫烜，徐杰.经济法学.北京：北京大学出版社，1998.

［41］清华大学廉政与治理研究中心.商业反贿赂守则.北京：中国方正出版社，2005.

［42］孔祥俊.反不正当竞争法的适用和例解.北京：法律出版社，2005.

［43］何旭东，许敏.华为真的在海外行贿了吗？.IT时代周刊，2005（15）.

［44］朱宇.中交建设否认海外行贿.中国证券报，2009-1-15：B03.

［45］世界银行.关于预防和打击国际复兴开发银行贷款和国际开发协会信贷和赠款资助项目中的欺诈和腐败行为的指导方针（2006）.

［46］陈一峰.世界银行反腐败制裁机制与全球治理.国际法研究，2015（6）.

［47］张峰，吕亚芳.谈关联企业的法律概念与认定判断.财会月刊（理论版），2007（7）.

［48］张水波，陈勇强.国际工程合同管理.北京：中国建筑工业出版社，2011.

［49］颖瑜.投资移民泰国需注意法律政策.http：//yjbys.com/liuxue/chuguo/taiguo/205682.html.

［50］乔永璞.中煤科工集团亚洲煤炭工程目标市场选择的研究.北京：北京交通大学，2011年硕士学位论文.

［51］中国气象局.南亚14亿人口面临严重自然灾害威胁.http：//www.cma.gov.cn/2011xwzx/2011xqxxw/2011xqxyw/201603/t20160326_307632.html.

［52］商务部国际贸易经济合作研究研究，商务部投资促进事务局，中国驻孟加拉国大使馆经济商务参赞处.对外投资合作国别（地区）指南——孟加拉国（2016年）.http：//fec.Mofcom.gov.cn/article/gbdqzn/upload/mengjiala.pdf.

［53］商务部国际贸易经济合作研究研究，商务部投资促进事务局，中国驻哈萨克斯坦大使馆经济商务参赞处.对外投资合作国别（地区）指南——哈萨克斯坦（2016年）.http：//zhs.Mofcom.gov.cn/article/gbdqzn/upload/hasakesitan.Pdf.

［54］中国一带一路网.2017对外投资合作国别（地区）指南——哈萨克斯坦.https：//www.yidaiyilu.gov.cn/wcm.files/upload/CMSydylgw/201712/201712290849033.pdf.

［55］原亚强.FIDIC施工合同条件下建设项目业主方的索赔处理与反索赔研究.南开大学，2009年硕士学位论文.

［56］上海市建纬律师事务所."一带一路"国家工程与投资法律制度及风险防范.北京：中国建筑工业出版社，2018.

［57］羊朝花.海外工程项目的风险定量分析初探.上海交通大学机械与动力工程学院，2011年硕士学位论文.

［58］朱树英.应对新版合同 重点在十二个问题.建筑，2013（13）.

［59］王志.工程项目管理之成本控制.山西建筑，2011（7）.

［60］程建，张辉璞，胡明.FIDIC合同下的国际工程索赔管理——非洲某公路项目索赔案例实证分析.国际经济合作，2007（9）.

［61］陈勇强，吕文学，张水波等.FIDIC2017版系列合同条件解析.北京：中国建筑工业出版社，2019.

［62］国际咨询工程师联合会，中国工程咨询协会编译.菲迪克（FIDIC）合同指南.北京：机械工业出版社，2003.

［63］王海侠，黄齐东.《国际工程承包商应对"不可抗力"风险的策略与实务》.河海大学学报（哲学社会科学版），2005（1）.

［64］丘健雄，格利高里·琼斯，胡远航.利比亚危机下中国承包商的应对策略.国际经济合作，2011（5）.

［65］何铁军.国际工程承包合同承包商的索赔——以菲迪克（FIDIC）合同条件为视角.哈尔滨商业大学学报（社会科学版），2008（4）.

［66］贺为民.FIDIC施工合同条件下的承包商索赔问题分析.建筑施工，2004（2）.

［67］周天恩.不可抗力实例.国际经济合作，2008（7）.

［68］陈得敢.FIDIC施工合同条件下不可抗力事件的风险防范.工程经济，2015（10）.

［69］周月萍，周兰萍.如何应对不可抗力导致的国际工程承包合同纠纷？.施工企业管理，2011（5）.

［70］毕颖.工程项目中非可控因素导致的索赔问题研究.郑州大学，2011，硕士学位论文.

［71］南方周末.中东战火，与中国关联有几多.http：//news.sina.com.cn/o/2006-08-10/15099713909s.shtml.

［72］中华人民共和国驻哈萨克斯坦共和国大使馆经济商务参赞处.哈萨克斯坦最高法院称将在阿斯塔纳建立国际仲裁中心.http：//kz.mofcom.gov.cn/article/jmxw/201506/20150601003963.shtml.

［73］黄雯.中国企业对"一带一路"沿线国直接投资的国家风险研究.北京：经济科学出版社，2017.

［74］商务部中国国际工程咨询协会.中国工程承包企业海外经营风险——基于风险案例的分析.http：//caiec.mofcom.gov.cn/article/jingmaotongji/201705/20170502567422.shtml.

［75］蔡从燕，李尊然.国际投资发生的间接征收问题.北京：法律出版社，2015.

［76］石俭平.国际投资条约中的征收条款研究.上海：上海社会科学院出版社，2015.

［77］张建.国际投资仲裁中东道国终止合同行为兼评 Vigotop 诉匈牙利仲裁案.邢台学院学报，2017，32（1）.

［78］张建.国际投资仲裁中东道国终止合同行为兼评 Vigotop 诉匈牙利仲裁案.邢台学院学报，2017，32（1）.

［79］栗亮，陈华清.跨境投资风险控制与政治风险保险.北京：中国经济出版社，2018.

［80］张梦媛.中国高铁境外投资争议解决机制研究.观察探索，2018（10）：86.

［81］兰花.用尽当地救济原则与国际投资争议解决.河南省政法管理干部学院学报，2002（6）（总75）：104.

［82］余劲松.国际投资法.北京：法律出版社，1994.

［83］王铁崖.国际法.北京：法律出版社，2004.

［84］李庆明.美国联邦法院确认外国仲裁裁决的管辖权问题——以涉及中国政府的两个案例为例.国际法研究，2015（3）：82.

［85］刘晓红.非内国仲裁裁决的理论与实证论析.法学杂志，2013（5）：79.

［86］杨家华.越南外国商事仲裁裁决的承认与执行制度浅析.广西政法管理干部学院学报，2018，33（1）：120-121.

［87］张义兵.论我国对1958年〈纽约公约〉的互惠保留.中国政法大学，2008，硕士学位论文：8.

［88］涂玲芳.国际商事仲裁裁决承认与执行中的正当程序——〈纽约公约〉第5条第1款b项评析.湖南师范大学，2014，硕士学位论文：15-19.

［89］刘璐.欧美法院对国际商事仲裁中"超裁"问题的认定标准及启示——以索尼拉案为例.法律适用，2018（12）：117-118.

［90］加里·B.博恩著.白麟，陈福勇，李汀洁译.国际仲裁：法律与实践.商务印书馆，2015.

［91］梁蓉.国际商事仲裁裁决承认与执行中的公共政策.西南政法大学，2013，硕士学位论文：15.

［92］欧福永，王素娥.瑞士民事管辖权及判决的承认与执行制度初探.李双元.国际法与比较法论坛，2003：606.

［93］王吉文.外国判决承认与执行的国际合作机制研究.北京：中国政法大学出版社，2014.

［94］刘卫翔.欧盟联盟国际私法.北京：法律出版社，2001.

［95］郝英男.论我国法院判决在外国的承认与执行.华东政法大学，2015，硕士学位论文：26.

［96］陈津生.建设工程保险实务与风险管理.北京：中国建材工业出版社，2008.

［97］宋玉祥，李欧文.国际工程承包前沿问题解析（上篇）.威科先行法律信息库，http://lawv3.wkinfo.com.cn/topic/61000000406/index.HTML，2019年10月27日最后访问.

［98］周红军，蔡俊锋翻译.国际商会见索即付保函统一规则（UDRG758）（2010年修订本）.北京：中国民主法制出版社，2010.

［99］张晓强.FIDIC合同条件在亭可马里项目的索赔管理应用研究.大连理工大学，2014，专业学位硕士学位论文.